Lin Jaldati
Eberhard Rebling

Sag nie, du gehst den letzten Weg

LIN JALDATI
EBERHARD REBLING

Sag nie, du gehst den letzten Weg

Erinnerungen

Buchverlag Der Morgen
Berlin

ISBN 3-371-00010-9

© Buchverlag Der Morgen, Berlin 1986

Für unsere Enkel Katharina, Jakob und Tobias

In dem vergänglichen Gefäß, das da Mensch heißt, fließt das Lied wie das Wasser der Ewigkeit. Alles wäscht es weg, alles gebiert es neu.

Isaak Babel

Ein Wort zuvor

Unsere Kinder und Enkel, Freunde und Bekannte, in den letzten Jahren vor allem viele junge Menschen, haben uns gebeten, unsere Erlebnisse aufzuschreiben. Doch wir zögerten immer wieder, weil wir uns an vieles kaum mehr oder nur sehr verschwommen erinnerten.

Aber dann kam das Fernsehen zu uns ins Haus, zu Lins 70. Geburtstag sollte ein Dokumentarfilm gedreht werden. Man hat all unsere Berichte aufgenommen, auf achtundzwanzig Tonbändern. Beinahe zur gleichen Zeit erhielten wir aus Amerika über einhundertfünfzig Briefe, die Eberhard von 1933 bis 1941 an einen Freund geschrieben hatte. Nun wurden wir selbst neugierig, besuchten das Archiv des Nederlands Theater Instituuts und das Jüdische Museum in Amsterdam und fanden vieles, was wir vergessen hatten oder nicht mehr richtig datieren konnten. Wir meinten jetzt, daß es nützlich sein könnte, einmal gemeinsam aufzuschreiben, wie wir die schreckliche Zeit des Faschismus und des Krieges durchgestanden haben.

Obwohl das nun schon längst Vergangenheit ist, dürfen wir nicht schweigen. Was geschehen ist, darf nicht vergessen werden, damit sich für niemanden das wiederholt, was wir ertragen mußten.

L. J. / E. R.

Ziegenhals, im Januar 1986

Eberhard –
Berlin 1911 bis Den Haag 1938

Der erste Krieg

Vom deutschen Kaiserreich sprachen mein Vater und seine Freunde immer von der guten, alten Zeit. War diese Zeit wirklich so gut? Sie endete zumindest am 1. August 1914. Aus meinen Kinderjahren sind mir nur einige Momente in Erinnerung geblieben – da war aber schon Krieg.

Es muß an einem warmen August- oder Septemberabend 1914 gewesen sein. Meine Mutter war mit meinen beiden um sechs und drei Jahre älteren Brüdern und mir von Oppeln (Opole) in Oberschlesien zu ihrem Vater nach Breslau (Wrocław) gefahren. Ich sehe noch den sternklaren Himmel über mir, als Mutter auf die Klingel an der Haustür drückte. Wahrscheinlich hat sich mir dieses Bild so eingeprägt, weil alles in schrecklicher Aufregung war. Der Krieg hatte gerade begonnen. Da Oppeln nicht weit von der russischen Grenze entfernt war – Polen existierte ja noch nicht –, fürchtete man einen Angriff aus dem Osten. Deshalb floh meine Mutter mit uns drei Kindern zu ihrem Vater. Wie lange wir in Breslau blieben, weiß ich nicht, aber wohl nur wenige Tage, denn die Russen waren in Ostpreußen vorgerückt, aber ein Angriff auf Schlesien blieb aus.

Bei Kriegsbeginn war ich noch nicht drei Jahre alt. Geboren wurde ich am 4. Dezember 1911 in Berlin-Mariendorf, Krumme Straße 3. Mein Vater war stolzer Oberleutnant der kaiserlichen Armee. Ein Foto aus dieser Zeit zeigt ihn mit gedrechseltem »Es ist erreicht«-Schnurrbart à la Wilhelm Zwo in pikfeiner Uniform und mit Degen. Mein Vater war nur für einige Zeit zum Studium an der Militärakademie in Berlin geschickt worden. Daher kehrte die Familie schon 1913 wieder nach Oppeln zurück, wo das 63. Infanterieregiment, dem er angehörte, stationiert war.

Meine Erinnerungen an jene Kriegsjahre sind nicht erfreulich. Da wurde eine große Aktion gestartet: »Gold gab ich für Eisen.« Als Offiziersfrau konnte sich meine Mutter dem nicht entziehen. Aber all ihre goldenen Schmuckstücke hat sie bestimmt nicht abgegeben, denn nach dem Krieg trug sie wieder ihre Golduhr, goldene Ringe und Broschen. Sie nahm mich mit zur »Erfassungsstelle«, wo wir in einer langen Reihe warten mußten, ehe die Edelmetalle eingetauscht wurden. Auch andere Gegenstände verschwanden aus der Wohnung, dicke Gardinenstangen aus Messing, Kupferkessel und Zinnteller – alles fürs teure Vaterland.

Dann gab es auf dem Marktplatz in Oppeln einen riesigen Hindenburg aus Holz. Diesem Popanz wurden eiserne, silbern oder goldglänzende Spendennägel eingeschlagen, so daß die hölzerne Figur von Tag zu Tag metallener aussah. Ich fand das sehr komisch.

Meinen Vater sah ich während des Krieges ganz selten. Er kam jedes Jahr immer nur für ein paar Tage auf Urlaub. Wir Kinder drückten unsere Nasen platt an den Fensterscheiben im Wohnzimmer unseres Hauses Hafenstraße 22, um ihn spätabends kommen zu sehen: Ein glühendes Zigarrenende konnte man in der verdunkelten Straße schon von weitem erkennen. Vater hatte sich im ersten Kriegswinter an der Westfront eine Fußverletzung zugezogen. Danach wurde er – zur Freude meiner Mutter – in die rückwärtige Kriegsverwaltung des Generalgouvernements Belgien nach Brüssel versetzt. Dort scheint er für die kaiserlich-deutschen Besatzer wichtige Dienste geleistet zu haben, denn in einem vom Chef des Stabes, Generalleutnant von Winterfeldt, unterzeichneten »Dienstleistungszeugnis« wurde seine Arbeit »zum größten Nutzen des Vaterlandes« lobend hervorgehoben. »Arbeit« wohl auch zum eigenen Nutzen auf Kosten der belgischen Bevölkerung, denn ab und zu bekamen wir mit der Post eine Kiste mit Lebensmitteln aus Brüssel, Linsen, Erbsen, Bohnen, Mehl und vieles andere – meist hoffnungslos durcheinandergeschüttelt. Daraus machte Mutter eine »Gemengselsuppe«. Uns Kindern gefiel »De goede Kwatta«-Schokolade am besten, lauter »Liebesgaben« aus dem okkupierten Belgien.

Einen kurzen Besuch meines Vaters werde ich nie vergessen. Ich hatte wohl irgendwas ausgefressen, er legte mich über einen Stuhl, zog mir die Hosen herunter und schlug in wildem Jähzorn mit einem Stock auf meinen Hintern. Seitdem habe ich nie ein herzliches Verhältnis zu ihm finden können. Ich habe ihn mit seinem ganzen militärischen Rummel immer gehaßt, unbewußt wohl auch als Eindringling, denn mein Kinderbett stand in Mutters Schlafzimmer, die Brüder schliefen in einem anderen Zimmer. Als er nach Kriegsende als Major a. D. entlassen wurde, fragte ich verwundert: »Bleibt der Onkel jetzt immer bei uns?«

Mutter hat es in diesen schlimmen Jahren bestimmt nicht leicht gehabt mit uns drei Jungen, wenn auch in dem gutbürgerlichen Hause immer ein Kindermädchen da war, die gütige, nicht mehr junge Franziska, von der ich einige Worte Wasserpolnisch lernte und der ich immer all meine kleinen Sorgen anvertrauen konnte. Geschlagen hat uns Mutter nie, wenn sie böse auf uns war, hat sie nur »große Augen« gemacht. Davor hatten wir gehörigen Respekt und parierten. Ab und zu nahm sie mich auch am Sonntagvormittag mit in die Kirche. Schrecklich langweilig fand ich besonders die ellenlangen Predigten, von denen ich kein Wort begriff.

Die Ängste der strengen Mutter gerade um mich, den Jüngsten, machten aus mir einen Angsthasen, vor allen möglichen Dingen war mir schrecklich bange: den Blüten der Pappeln vor unserem Haus, die sich wie gräßliche Raupen auf dem Boden bewegten, dem fürchterlichen Wasserrauschen, wenn ich auf dem engen Klo die Kette zog und schnell wegrannte, den kleinen roten Tierchen im Graben neben dem Weg zum Bahnhof, wohin mich Mutter ihre täglichen Briefe an den Vater in Brüssel bringen ließ, oder vor dem ständigen Hinfallen und dem Einknicken der Fußgelenke bei den ersten Versuchen im Schlittschuhlaufen. Auch wenn Mutter mir aus dem »Struwwelpeter« vorlas, bekam ich es oft mit der Angst zu tun.

Ängste stand ich auch im ersten Schuljahr aus, besonders im Religionsunterricht. Von den biblischen Geschichten, die wir nachplappern mußten, begriff ich rein gar nichts und verhaspelte mich immer, wenn ich an die Reihe kam. Lesen, Rechnen und Schreiben machten mir dagegen gar keine Mühe. Im Zeugnis hatte ich dann auch nur gute Noten außer einer Fünf in Religion. Da machte Mutter wieder große Augen. Zur Strafe bekam ich keine »Kwatta«-

Schokolade, und um mich zu ärgern, aßen die Brüder ihr Stück seelenruhig vor meinen Augen auf. Trost fand ich nur bei der lieben Franziska.

Als Mutter einmal nicht zu Haus war, ließ mich Franziska beim Wischen und Schrubben des Korridors helfen. Das fand ich wunderbar, denn wenn Mutter da war, durfte ich mich nicht mit so »schmutziger« Arbeit beschäftigen. Fanziska versorgte auch das obligatorische Bad am Samstagabend; ein Badezimmer hatten wir nicht. Sie schleppte Eimer warmen Wassers aus der Küche ins Wohnzimmer. Da stand eine ovale Holztobbe, und nacheinander wurden wir drei Jungen saubergeschrubbt.

Mutter verwöhnte mich zwar mit ihrer Fürsorge und paßte immer auf, daß ich beim Spielen und Herumtollen auf dem hohen Deich gegenüber unserer Straße nicht den steilen Hang zum Nebenarm der Oder abstürzte. Dennoch fühlte ich mich als »Nesthäkchen mit den blauen Augen« stets wie ein Anhängsel zurückgesetzt. ich hatte ständig das Gefühl, nicht für voll genommen zu werden, besonders wenn irgendwelche Tanten aus der schlesischen Verwandtschaft meiner Mutter uns besuchten und mich als »den lieben Kleinen« lächelnd verhätschelten.

Im Oktober 1918, kurz vor Kriegsende, bekam ich infolge einer Grippe eine Mittelohrentzündung. Der Oppelner Ohrenspezialist war irgendwo in einem Kriegslazarett, und unser Hausarzt, Dr. Schlesinger – einer von den »guten Juden«, den Vater später als Alibi für seine ach so tolerante Haltung mißbrauchte –, konnte nichts mehr ausrichten. Penizillin gab es damals noch nicht. So fuhr Mutter mit mir nach Breslau zum Großpapa mit dem weißen Bart.

Breslau erschien mir im Vergleich zu Oppeln wie eine Großstadt. Da gab es elektrische Straßenbahnen, an den Triebwagen war vorn als Erkennungszeichen eine Kugel angebracht, Linie 22 mit der roten Kugel endete vor Großpapas Haus in der Kürassierstraße. Beinahe jeden Tag fuhr Mutter mit mir in eine Spezialklinik, ich immer mit einem dicken Verband um den brummenden Kopf. Aber die Behandlung nützte nichts, ich mußte operiert werden. Das war schrecklich. Den gräßlichen Traum während der Narkose – riesige Schlangen sah ich immer näher auf mich zukommen – werde ich nie vergessen.

Großpapa Hugo Bieder wohnte allein mit einer herzguten älteren Haushälterin, Katarina Kuchnia. Als pensionierter Präsident des schlesischen Gerichtshofes lebte er in gutbürgerlichem Wohlstand. Er muß ein strenger, verschlossener Mensch gewesen sein, obwohl er zu mir sehr gütig war. Aber echte Kinderliebe empfand ich dort nur zu Katharina mit dem Mittelscheitel, mit nach hinten geknotetem Haar und langer Schürze. Am liebsten sprach sie polnisch, aber Großpapa mochte das nicht, ihr Deutsch hatte einen harten schlesischen Klang. Sie konnte so offenherzig lachen und brachte mir herrliche Anisplätzchen, als ich in der Klinik lag.

Schräg gegenüber Großpapas Haus war eine große Kaserne. Im November hingen dort plötzlich statt der üblichen schwarz-weißroten Fahne und der Kriegsflagge riesige rote Tücher. Großpapa war darüber empört. Erst viel später ging mir ein Licht auf: Das war die Revolution, der Kaiser hatte endgültig abgewirtschaftet!

Nach überstandener Operation fuhr Mutter mit mir wieder zurück nach Oppeln. Es war inzwischen Dezember geworden. Der Krieg war aus, hieß es. Was das für unsere Zukunft bedeutete, begriff ich überhaupt nicht. Vater wurde mit vielen Orden und Ehrenzeichen entlassen und blieb nun bei der Familie. Seine Galauniform und all seine Orden hob er sorgsam auf, um damit bei späteren Gelegenheiten prunken zu können.

Ich möchte noch etwas über die Familie meiner Mutter erzählen. Als jüngste von vier Geschwistern wurde sie am 3. Juni 1882 in Namslau (Namysłow) im ehemaligen Schlesien geboren. Ihre Mutter, die früh verstorbene Frau meines Großpapas in Breslau, war die Tochter eines Bierbrauereibesitzers namens Haselbach. Die Haselbachs wohnten im Schloß von Namslau, einem großen, alten Bauwerk, das ich als Schuljunge während einer Ferienreise kennenlernte. Dort herrschte ein strenger Ton, und ich fühlte mich gar nicht wohl.

Ein Vetter meiner Mutter, Albrecht Haselbach, hatte die Fabrik des in ganz Schlesien bekannten »Haselbach-Bieres« übernommen. Mir kam er wie ein komischer Kauz vor, etwas überkandidelt. Er fuhr immer im eigenen Auto herum, damals noch eine große Seltenheit, spielte sehr gut Klavier und komponierte auch sentimentale Operetten, richtige Schmachtfetzen. Eine davon, »Madonna, wo bist du?«, wurde in den zwanziger Jahren viel gespielt.

Meine Großmutter Bieder geborene Haselbach muß eine sehr schöne, liebenswerte Frau gewesen sein, auf einem alten Gemälde blickt sie uns heute noch freundlich an. Großpapa muß sie sehr geliebt haben, er war etwa fünfzig Jahre alt, als sie 1891 starb. Er hat nicht noch einmal geheiratet. Ich erinnere mich noch, wie er sagte: »Man kann nur einmal im Leben wirklich lieben.«

Nach dem Tode seiner Frau mußte er nun allein für die vier Kinder sorgen, die er sehr streng erzog. Die älteste Tochter, meine Tante Else, heiratete einen Gutsbesitzer namens Becker, der jahrzehntelang Landrat in Osterholz-Scharmbeck in der Nähe von Bremen war. Dort verbrachte ich auch einmal meine Schulferien, aber ich fühlte mich einsam und verlassen. Dieser Landrat muß erzkonservativ gewesen sein, in den zwanziger Jahren hat er gegenüber einigen fortschrittlichen Malern der Künstlerkolonie in Worpswede eine sehr unrühmliche Rolle gespielt.

An die zweite Tochter meines Großpapas Bieder, Tante Leni, habe ich viel freundlichere Erinnerungen, sie war herzig und lachte gern. Ihr Mann war ein Rechtsanwalt namens Weber, er arbeitete am Oberlandesgericht in Berlin. Sie ist vierundneunzig Jahre alt geworden. Dann war da als drittes Kind ein Sohn Kurt, ein etwas verschrobener Mensch, der schon in jungen Jahren nach der damaligen deutschen Kolonie Südwestafrika, dem heutigen Namibia, auswanderte.

Und die Jüngste, die Marthel, war meine Mutter. Wie in wohlhabenden bürgerlichen Familien damals üblich, schickte ihr Vater sie in ein Schweizer Mädchenpensionat. Dort lernte sie kochen, nähen, sticken, Französisch und Klavier spielen. Irgendeinen Beruf zu erlernen schickte sich zu Kaisers Zeiten nicht für eine »höhere Tochter«.

Als sie dann wieder nach Schlesien zurückgekehrt war, lernte sie in Oppeln auf einem Ball meinen Vater kennen, den schneidigen Leutnant Rebling, der unheimliches Glück hatte, solch eine »gute Partie« machen zu können. 1903 fand die Hochzeit statt. Mein wohlsituierter Großpapa sorgte für eine reichliche Aussteuer.

Wie es sich für ein ehrsames, begütertes junges Mädchen geziemte, war Mutter ihrem kaisertreuen Ehemann eine gehorsame und liebevolle Gattin. Er kommandierte, und sie hatte zu gehorchen. Das tat sie dann auch sechsundfünfzig Jahre lang bis zu seinem Tode. Jetzt lebt sie in einem Altersheim, hundertunddrei Jahre alt. Sie schenkte, wie man zu sagen pflegte, ihrem Mann vier Söhne. Der älteste starb schon ein paar Tage nach der Geburt. Und der jüngste war ich.

Klavierunterricht mit Schwierigkeiten

Im Frühjahr 1919 zogen wir um nach Berlin. Vater hatte im dritten Stock des Hauses Brandenburgische Straße 19 in Wilmersdorf eine Achtzimmerwohnung gemietet, für monatlich dreihundertzwanzig Mark, damals eine Riesensumme. Er hatte den Ehrgeiz, seiner Familie ein schönes Heim zu geben und seine Söhne studieren zu lassen, damit etwas »Anständiges« aus ihnen würde – leider keine Offiziere, denn die Zeit war ja nun vorbei.

Dank seiner Beziehungen zu vielen »alten Kameraden«, die sich in der Nachkriegszeit gegenseitig unterstützten, paßte Vater sich an und wurde Kaufmann. Er bekam eine feste Anstellung als Berliner Vertreter der Hamburger Exportfirma Katzenstein & Co. Dieser edle Geschäftsmann kam auch manchmal nach Berlin und pflegte sich so vorzustellen: »Angenehm, Katzenstein, kein Jude!« Was da so alles exportiert wurde, habe ich nie erfahren.

Als der D-Zug aus Oppeln in Berlin einfuhr, staunte ich über die großen Bahnhöfe. Die vielen Straßenbahnen, die zweistöckigen Autobusse, auf denen man oben unter freiem Himmel sitzen konnte, das Gewimmel auf den Straßen verwirrten mich anfangs sehr. Leider war meine liebe Franziska zurückgeblieben, am Bahnhof in Oppeln habe ich mich weinend von ihr verabschiedet. Dafür kam ein junges »Dienstmädchen« namens Hedwig aus Schlesien mit.

Nach den Osterferien kam ich in die zweite Klasse der Vorschule. Meine beiden Brüder gingen schon aufs Gymnasium, wo Latein und Griechisch gelehrt wurde. Der älteste, Werner, wollte aber Ingenieur werden und konnte die alten Sprachen gar nicht gebrauchen. Der zweite, Dietrich, hatte große Schwierigkeiten im Lernen, einmal blieb er sogar sitzen und schaffte nur das »Einjährige«, die neunte Klasse. Daraufhin beschloß mein Vater kurzerhand, mich auf ein Realgymnasium mit modernen Sprachen zu schicken, nachdem ich 1921 das dritte Vorschuljahr abgeschlossen hatte, obwohl ich zweimal längere Zeit fehlen mußte. Ich hatte wieder Mittelohrentzündung bekommen und wurde zweimal operiert, diesmal von einem Dr. Peiser in der Grolmannstraße – »auch ein anständiger Jude«, meinte mein Vater. Das zweitemal machte er das so gut, daß ich mein ganzes Leben lang von Beschwerden verschont geblieben bin. »Nur tauchen oder ins Wasser springen darf der Junge niemals, weil sein linkes Trommelfell durchlöchert ist«, hatte er gewarnt.

Es war eine Fehlentscheidung, meine Brüder und nicht mich aufs Gymnasium zu schicken, denn gerade ich hätte später Latein, Griechisch und die ganze humanistische Bildung sehr gut gebrauchen können. So kam ich auf die Goethe-Schule in der Münsterschen Straße, kaum fünf Minuten von unserer Wohnung entfernt.

In den ersten Berliner Jahren lernte ich außer unserer näheren Umgebung nur sehr wenig von der Stadt kennen. Aber ich war sehr neugierig und machte ganz allein bald meine Erkundungsspaziergänge, jedesmal ein Stückchen weiter. Mit der Straßenbahn fuhr ich immer gern, besonders vorn beim Fahrer. Die Linie 3 war eine Ringlinie; ich machte einmal die Fahrt mit durch ganz Berlin, Nord, Ost und Süd, und kam wohlbehalten, aber sehr spät, wieder in unserer Brandenburgischen Straße an. Mutter war ganz aufgeregt, ich fand irgendeine Ausrede.

Manchmal lud Vater einen seiner alten »Kriegskameraden« mit oder ohne Frau Gemahlin sonntags zum Mittagessen ein. Und wenn das gar ein Oberst a. D., einmal sogar irgendein adliger General a. D. war, mußten wir Jungen zur Begrüßung einen tiefen Diener machen und der Dame die Hand küssen. Das war vorher genau einstudiert worden, ich fand es immer peinlich untertänig. Bei Tisch durften wir kein Wort reden. Nur wenn wir von dem hohen Gast gefragt wurden, mußten wir bescheiden, kurz und bündig antworten. Hedwig, die nur den Hinteraufgang »für Dienstboten« benutzen durfte – eine Wendeltreppe, die mir viel sympathischer war als der mit dicken roten Läufern ausgelegte Hauptaufgang »Nur für Herrschaften« –, Hedwig mußte bei solchen Gastmahlen ein Extrakleid anziehen, schwarz mit weißer Schürze. Die Speisen hatte sie, wie es sich gehörte, jedem am Tisch von links zu reichen, und zwar in vorgeschriebener Reihenfolge. Ich war immer der letzte.

Das schlimmste bei solchen Besuchen kam für mich immer erst nach dem Essen. Wenn dann die Herren im Herrenzimmer und die Damen im Damensalon Platz genommen hatten, wurde von meinem stolzen Papa verkündet, daß ich nun zur Unterhaltung der Gäste etwas auf dem Klavier zum besten geben würde. Ich fand es schauderhaft, wie ein dressiertes Pferd im Zirkus vorgeführt zu werden.

Wie ich zum Klavierspiel gekommen bin? Nun, höchst einfach. Mutter spielte ganz passabel; sie war besonders stolz darauf, daß auch ihr Vater, der Großpapa Bieder, sehr gut gespielt haben soll. In Oppeln hatte Mutter schon oft Kinderlieder für mich gesungen und sich dazu auf dem Klavier begleitet. Traurig wurde ich immer bei dem Lied »Hänschen hat der Hund gebissen ...«. Das Bild dazu über den Noten, ein böser, den kleinen Jungen beißender Hund, machte mich ganz ängstlich.

Eines Tages kam Tante Dora mit der sehr hohen Frisur zu Besuch, eine von Mutters vielen schlesischen Kusinen. Ich hatte enormen Respekt vor ihr, weil sie sich sehr selbstbewußt ans Klavier setzte und, ohne Noten, über die ganze Tastatur rauschte. Ich stand mit großen Augen und offenen Ohren daneben: Was man doch für laute und leise, harte und weiche, schreiende und flüsternde Klänge aus dem Instrument herausholen konnte! Ab und zu sang sie auch dazu. Ich höre es heute noch: »Durch die Wähäl-däär, durch die Au-en ...« So schön und gewaltig wollte ich auch einmal Klavier spielen können.

Als wir nach Berlin umgezogen waren, suchte Mutter nach einer Klavierlehrerin für meinen ältesten Bruder und mich; Tante Leni in Lichterfelde empfahl uns eine »sehr gute«. So kam also Frau Elisabeth von Lengyel jede Woche einmal zu uns ins Haus. Mein Bruder war zuerst an der Reihe, dann ich. Besagte Frau von Lengyel trug immer ein schwarzes Kleid, und wenn sie zur Haustür hereinkam, legte sie ihren schwarzen Hut mit langem schwarzem Schleier ab. Weswegen sie immer in Trauer ging, habe ich nie erfahren.

Ich lernte schon nach kurzer Zeit die C-Dur-Tonleiter mit beiden Händen übers ganze Klavier zu spielen. Und dann machte sie die Probe aufs Exempel: Sie legte auf beide Handrücken je einen Groschen, denn ich durfte nur mit den Fingern spielen, mußte dabei ganz gerade sitzen und die Hände so wenig wie möglich bewegen. Wenn ich die Tonleiter rauf und runter spielte, ohne die Groschen fallen zu lassen, war sie ganz glücklich – ich natürlich auch. Sie umarmte mich und schenkte mir die Groschen. Dafür holte ich mir aus dem Süßigkeitsautomaten im U-Bahnhof Fehrbelliner Platz gebrannte Mandeln.

Dann kamen die ersten Etüden an die Reihe, aus Czernys »Schule der Geläufigkeit«. Frau von Lengyel prägte mir nachdrücklich ein, das wichtigste sei die Geläufigkeit der Finger. Ab und zu klemmte sie mir ein Taschentuch unter den Arm, das ich während des Spiels nicht fallen lassen sollte.

Bald durfte ich die ersten Stücke spielen, von Chopin natürlich, diesen »großen Pariser Salonkomponisten« liebte Frau von Lengyel ganz besonders. Die Noten der Mazurkas und Walzer schenkte sie mir mit der höchstpersönlichen Widmung »Meinem geliebten Schüler Eberhard Rebling zu seinem 8. Geburtstag am 4. Dezember 1919«. Mit dem h-Moll-Walzer quälte ich mich ziemlich herum. Dann kam das As-Dur-Impromptu an die Reihe, diesen Titel konnte ich noch gar nicht richtig schreiben, die beiden »leichten« Sonaten op. 49 von Beethoven, einige Stücke von Schubert, Mendelssohn Bartholdy und die A-Dur-Sonate mit dem »Türkischen Marsch« von Mozart.

Meinen Bruder hatte ich bald überflügelt. Wenn jemand zu Besuch kam, mußte ich natürlich vorspielen. Anfangs machte mir das Spaß, weil ich nun meinen Brüdern vorgezogen wurde. Einmal hatte ich sogar richtiges Lampenfieber, als nämlich Tante Dora erschien, die doch so phantastisch Klavier spielen konnte. Als ich ihr etwas von Chopin vorgetragen hatte, schluchzte sie vor Rührung und umarmte mich heftig: »Ach mein lieber Kleiner, du bist ja ein richtiges Wunderkind!« Das Vorspielen wurde bald zu einer zeremoniellen Pflichtübung, besonders wenn Vaters »Kriegskameraden« zu Besuch kamen. Das hing mir bald zum Halse heraus.

Aber es sollte noch schlimmer kommen. Eines Tages schenkte mir Vater ein dickes Notenheft mit preußischen Militärmärschen. In der Mitte prangte ein buntes Bild des abgedankten Kaisers, und rundherum stand in großen gotischen Lettern »Alte Kameraden«. »Spiel mir mal was daraus vor«, sagte Vater, aber er drohte gleich mit dem Zeigefinger: »Frau von Lengyel darf das auf keinen Fall erfahren!« Und wenn Mutter Sonntagvormittag zur Kirche ging, mußte ich meinem Vater »Preußens Gloria«, »Friedericus Rex« und andere Märsche vorspielen. Dabei zuckte es immer im Takt durch seinen ganzen Körper. Er strahlte vor Glückseligkeit, Militärmärsche waren für ihn die höchste Offenbarung der Musik.

Als ich neun Jahre alt war, fand Mutter, daß ich nun auch Sinfoniekonzerte besuchen konnte. So kaufte Vater für die Sonntagsvormittags-Konzerte im Deutschen Opernhaus in der Bismarckstraße zwei Abonnements, für Mutter und mich, er interessierte sich nicht dafür. Eine neue Welt eröffnete sich mir: der riesige Saal, das große Orchester und der Dirigent Rudolf Krasselt. Ich lernte Sinfonien von Haydn, Mozart, Beethoven und Brahms, Klavier- und Violinkonzerte kennen.

An ein Konzert erinnere ich mich noch genau. Meiner Tante Else in Düsseldorf, der älteren Schwester meines Vaters, schrieb ich in einem Brief am 29. Dezember 1921: »Im letzten Konzert (18. 12. 21) wurden wunderschöne Sachen gespielt: 1. Symphonie Nr. 7 (A-Dur) op. 92 von L. van Beethoven, es war wunderschön. 2. Arie der Leonore aus der Oper ›Fidelio‹ von Beethoven, Solistin Beatrice Noljora, es war wundervoll. 3. ›Symphonische Musik für Kammerorchester, Solovioline, Sopran, Harmonium, Klavier von Emil Peeters (Uraufführung). Zum Verrücktwerden: Es kam der Komponist, da fingen die Leute zu zischen an, dann kam er noch mal und hat sich furchtbar blamiert.« Das war mein Debüt als Musikkritiker.

Als der Komponist vor das zischende Publikum getreten war, fragte ich Mutter: »Warum kommt der denn auf die Bühne und Beethoven vorhin nicht?« Sie lachte mich aus. »Aber Junge, der hat doch schon vor hundert Jahren gelebt!« So begann mein Geschichtsbewußtsein.

Ich studierte die Einführungen in den Programmheften der Konzerte und sammelte sie. Dann entdeckte ich in Vaters Bücherschrank Brockhaus' siebzehnbändiges Konversationslexikon aus dem Jahre 1908 und fand darin viel Interessantes über Musik und Komponisten. Außerdem begann ich Postkarten mit Komponistenporträts zu sammeln, die ich von meinem Taschengeld bei dem

Papierwarenhändler Gumpel unten in unserem Haus erstand. Bald reichte meine Kollektion von Palestrina, Schütz, Bach und Händel bis zu Leo Fall, Richard Strauss und Franz Lehár.

Als ich zehn Jahre alt war, durfte ich zum erstenmal auch in die Oper gehen, natürlich in »Hänsel und Gretel« von Humperdinck in der Staatsoper. Bald darauf folgten gleich die »Meistersinger«, ich fand die Aufführung zwar schrecklich lang, aber gefallen hat es mir trotzdem. Von nun an begann ich alles, was mit Musik zusammenhing, begierig aufzusaugen.

Etwa drei Jahre dauerte mein Unterricht bei Frau von Lengyel. Mein Bruder Werner hatte schon aufgegeben. Ab und zu fuhr ich auch mit der S-Bahn – damals noch richtige Eisenbahnzüge mit Dampfloks – vom Bahnhof Hohenzollerndamm nach Schöneberg, da erhielt ich den Unterricht in der Wohnung der ewig trauernden Dame. Ihr Musikzimmer in der Ebersstraße war mit allem möglichen altmodischem Kram vollgestopft, und es roch muffig. Aber sie hatte einen Flügel, und da klang alles viel schöner als auf unserem Steingräber-Klavier.

Es gab bald Schwierigkeiten. Wenn ich längere schnelle Passagen spielen mußte, besonders mit der linken Hand, wurde mein Arm ganz steif, ich bekam Schmerzen im Unterarm. Das lag natürlich an der schrecklichen Methode, alles nur mit den Fingern zu spielen. In den Sinfoniekonzerten hatte ich schon einige berühmte Pianisten gehört und gesehen – besonders Edwin Fischer machte mit dem Es-Dur-Klavierkonzert von Beethoven großen Eindruck auf mich. Aber er und auch andere Pianisten hielten die Hände und Arme gar nicht so steif und verkrampft wie ich, im Gegenteil, manche machten – zum Ärger meiner Mutter – große Bewegungen, warfen die Arme manchmal in die Höhe, und bei glitzernden Passagen bewegten sich die Handgelenke ganz schnell auf und ab.

Mein Verhältnis zu Frau von Lengyel kühlte sich merklich ab, ich begann an ihrer Methode zu zweifeln. Als ich ihr von Edwin Fischer erzählte, wurde sie mürrisch: »Die moderne Spielart ist doch scheußlich, man darf sich nicht so viel bewegen, so herumfuchteln beim Spiel – das verstehst du noch nicht.«

Ich wurde störrisch und wollte nicht mehr zu ihr in den Unterricht gehen. Eine andere Lehrerin wurde für mich gesucht. Und wieder vermittelte Tante Leni in Lichterfelde. Bei ihr in der Nähe wohnte eine bekannte Pianistin, die sogar komponierte, Hildegard Quiel, sie war Schülerin von Humperdinck. Ich durfte ihr vorspielen, und sie begriff sofort meine Schwierigkeiten. »Wir müssen alles erst ganz locker machen, das wird aber nicht so schnell gehen«, meinte sie. Jede Woche fuhr ich einmal mit der Linie 44 nach Lichterfelde.

Fräulein Quiel war ein herzensguter Mensch. Sie gab sich redlich Mühe, mich zu »entkrampfen«. Zunächst ließ sie mich leichtere Stücke spielen, Sonatinen von Clementi und besonders Bach. Das machte mir anfangs viel Spaß, aber ich war ungeduldig, mir war das alles zu leicht. Gegen ihren Willen spielte ich doch immer wieder meine Paradestücke, das As-Dur-Impromptu von Schubert und anderes. Sie ließ viel zuviel durchgehen. Ein strenges Wort habe ich nie von ihr gehört.

Auf die Dauer konnte das nicht so weitergehen. Ich war inzwischen schon zwölf und Untertertianer. Fräulein Quiel empfahl meiner Mutter, eine andere Lehrerin für mich zu suchen: »Lydia Lenz ist eine hervorragende Pädagogin, sie hat sehr gute Schüler, nächste Woche gibt sie im Meistersaal einen Schülerabend. Gehen Sie doch dorthin und fragen Sie, ob sie Eberhard unterrichten möchte. Sie ist streng und nimmt nur sehr begabte Schüler. Sagen Sie ihr ruhig, daß ich ihr Eberhard sehr empfehle.«

Gesagt, getan. Wir gingen in den Meistersaal. Da spielten drei Mädchen und auch ein junger Mann, alle viel älter als ich, schon große, schwierige Stücke. Lydia Lenz saß vorn in der ersten Reihe, umgeben von einer Schar Verehrerinnen. Am Schluß des Konzertes drängten sich viele Menschen um sie herum, gaben ihr Blumen und beglückwünschten sie. Meine Mutter traute sich gar nicht an sie heran, aber ich zog sie fort, wir drängelten uns durch.

Da stand ich nun vor Fräulein Lenz. Sie saß immer noch auf ihrem Stuhl. Zunächst sah ich nur, daß sie furchtbar dick war. Aber hinter ihrem starken Pincenez blinzelten mir zwei lebhafte Augen entgegen. »Ich möchte gern bei Ihnen Unterricht haben«, rief ich vorlaut, dann erst sprach Mutter kurz mit ihr. »Wenn der Junge begabt ist, wollen wir mal sehen.« Sie gab Mutter ihre Adresse und verabredete einen Termin.

Ich war noch nie so aufgeregt wie in diesem Augenblick, als ich in Mutters Begleitung vor Fräulein Lenz' Wohnungstür in der Hähnelstraße in Friedenau ankam. Wir wurden in ein Zimmer geführt, in dem ein Flügel, ein großer Sessel, einige Stühle und ein kleiner Tisch standen. An den Wänden hingen eine Menge Bilder von Komponisten und berühmten Pianisten. Wir warteten einige Minuten, das Herz schlug mir bis zum Hals. Da rauschte sie mit resoluten Schritten herein, begrüßte uns kurz, schaute mich durchdringend an und nahm im Sessel Platz. »Na, zeig mal, was du kannst.«

Ich zitterte am ganzen Leib, setzte mich an den Flügel und begann mit meinem Paradestück. Wegen der Aufregung ging es zwar anfangs nicht so glatt wie sonst, aber nach einigen Takten hatte ich mich gefangen und legte richtig los. Ich war gerade beim lyrischen Mittelteil, da sagte sie: »So, das reicht. Oder noch etwas?« Ich spielte Bach und einen Satz Clementi. Da unterbrach sie mich wieder. Ich war schon ganz ärgerlich. Warum läßt sie mich denn nicht ausspielen? Sie wandte sich gleich an meine Mutter: »Also, Begabung ist zweifellos vorhanden, aber er hat schlechten Unterricht gehabt, ist verkrampft und muß noch mal ganz von vorn anfangen.« Mein Herz sank in die Hosentasche meines Matrosenanzugs. »Ich nehme ihn gern, aber zwei Wochenstunden sind unbedingt erforderlich. Zehn Mark pro Stunde.« Jetzt erschrak Mutter, aber anscheinend hatte sie von Vater Vollmacht erhalten, denn nach einigem Zögern sagte sie zu.

Von nun an fuhr ich regelmäßig zweimal wöchentlich nach Friedenau mit der 44, ganz allein, obwohl Mutter sich ängstigte, wenn ich mal etwas später zurückkam. Lydia Lenz unterrichtete immer mehrere Schüler nacheinander und schaute dabei nie auf die Uhr. Ich schnappte viel auf, wenn ich noch nicht an der Reihe war, und sie forderte mich auf, auch beim nächsten Schüler noch zu bleiben. »Von den Fehlern anderer kann man viel lernen«, sagte sie.

Sie fing mit mir tatsächlich ganz von vorn an: richtiges Sitzen, Arme und Schultern ganz locker, dann ein einzelner Ton, mit dem ganzen Arm aus der Schulter schwingend mit nur kurz vor dem Anschlag gespannten Finger – das war ganz neu für mich. Dann erst kam der nächste Ton dran, dann eine einfache Fünffingerübung und die H-Dur-Tonleiter. »Das ist die einfachste, das hat Chopin schon gewußt«, sagte sie. »So, und nun jeden Tag mindestens anderthalb Stunden üben, auch sonntags, möglichst mit Unterbrechungen, und vorläufig kein Chopin, nicht Beethoven und kein Vorspielen zu Hause. Wenn es wieder soweit ist, sage ich dir schon Bescheid. Mindestens ein halbes Jahr wird das wohl dauern.«

Das war hart, aber ich sah ein, daß es richtig war. Ihr energischer, sachlicher Ton imponierte mir. Einen Vorteil hatte das: Ich brauchte nun die Militärmärsche für Vater nicht mehr zu spielen. Ich gab mir große Mühe, alles genauso zu tun, wie sie es verlangte. Sie war wirklich sehr streng und schrieb mir in ein dickes Heft alle Aufgaben ein. Ich mußte täglich die genauen Uhrzeiten angeben, wann ich geübt hatte. Schummeln hatte keinen Zweck, sie hätte es doch sofort gemerkt. Nach jeder Unterrichtsstunde gab sie mir eine Zensur, meist eine Zwei, ab und zu auch eine Eins. Sie lobte selten und wurde böse, wenn es mal eine Vier war. Bald ließ sie mich die Zensur einer Stunde selbst vorschlagen.

Es ging schneller als erwartet. Schon nach sechs Wochen gab sie mir kleine Stücke von Bach auf, aber nur solche, die ich bei Fräulein Quiel noch nicht gespielt hatte, dann einige Kinderstücke von Mendelssohn und schließlich das Es-Dur-Rondo von Hummel, in dem mir nur ein langer Triller anfangs viel Mühe machte. Und nach einem Dreivierteljahr war es soweit, ich durfte an ihrem nächsten Schülerabend im Meistersaal mitmachen.

Ich war bei weitem der Jüngste an diesem Abend Ende Oktober 1925, noch nicht ganz vierzehn Jahre, in kurzen Hosen. Am 3. November stand im »Steglitzer Anzeiger« eine Kritik: »Die bekannte Friedenauer Pianistin und Musikpädagogin Lydia Lenz veranstaltete auch in diesem Jahre im Meistersaal mit ihren Schülern einen Klavierabend, der erneut bewies, auf welcher hohen künstlerischen Stufe diese Schule steht. Es handelt sich hier um ein Musizieren im wahrsten Sinne des Wortes. Nichts ist auf äußere Wirkung berechnet, auf virtuosen Erfolg zugeschnitten. ... Der vierzehnjährige Eberhard Rebling überraschte und erfreute ebenfalls durch sein gesundes, gemütvolles Spiel bei glatter und flüssiger Technik ...« Ich las meinen Namen zum erstenmal in der Zeitung und war mächtig stolz. Es dauerte noch einige Jahre, ehe ich begriff, daß Lydia Lenz sehr klug begonnen hatte, einen Pianisten aus mir zu machen.

Großvater Rebling

Inzwischen hatte ich mich in der Goethe-Schule schnell zurechtgefunden, das Lernen machte mir wenig Mühe. Unser Klassenlehrer, Herr Lorenz, unterrichtete Deutsch und Französisch. Er war ziemlich pedantisch und legte größten Wert auf die Beherrschung der Grammatik, bis wir die unregelmäßigen Verben im Schlaf herunterrasseln konnten. Geschichte hatten wir bei einem Herrn Becker, der einen etwas verklemmten Eindruck machte und sehr streng sein konnte. Wenn wir bei ihm eine Arbeit zu schreiben hatten, lief er immer zwischen den Bänken hin und her, es war also unmöglich, voneinander abzuschreiben. Unser Turnlehrer, Herr Podschus, war nicht mehr jung, aber der einzige, dem wir auch mal persönliche Sorgen mitteilen konnten. Turnen machte mir viel Freude, besonders am Reck beherrschte ich bald Knie- und Bauchwelle vor- und rückwärts, am Klettergerüst war ich meist als einer der ersten ganz oben.

Als ich in der Sexta, der ersten Klasse der Goethe-Schule, die erste Musikstunde hatte – Gesang hieß das damals –, war ich fürchterlich erkältet und total heiser. Der Lehrer Hinzemann, ein älterer, lieber Herr, ließ jeden von uns ein paar Töne oder den Anfang eines Liedes einzeln vorsingen und teilte die Klasse je etwa zur Hälfte in »Singer« und »Brummer« ein. Als ich an der Reihe war, krächzte ich einige kaum hörbare Geräusche – und mußte zu den Brummern. Dabei sang ich doch sehr gern, kannte viele Lieder und soll eine hübsche Sopranstimme gehabt haben. Ich war schrecklich enttäuscht, ja empört. In den nächsten Stunden beschäftigte sich Herr Hinzemann nur mit den Singern, die Brummer mußten still zuhören. Meine Erkältung war längst vorüber, ich versuchte leise mitzusingen, aber mit einer Handbewegung wehrte er sofort ab. Ich hielt meinen Mund und dachte, na ja, meine Chance werde ich noch kriegen.

Und ich kriegte sie. Als nach drei oder vier Wochen Herr Hinzemann auf dem Klavier eine Tonleiter vorspielte und nach einzelnen Tönen fragte, sagte einer der Singer: »Das ist e.« – »Ja, mein Junge«, meinte Herr Hinzemann. »Nein«, rief ich frech dazwischen, »das ist f!« Böse blickte Hinzemann mich an. »Woher weißt du denn das?« – »Das ist bestimmt f, ich habe absolutes Gehör!« Er ging zum Klavier. »Du hast recht. Aber wie kommst du denn zu den Brummern?« – »Weil ich beim Vorsingen heiser war, jetzt aber schon lange nicht mehr.« Und ich sang aus voller Kehle einen Dreiklang rauf und runter: »Das war Fis-Dur!« Soweit war der Lehrer mit dem Pensum noch gar nicht gekommen. Mich aber ließ er gleich zu den Singern hinüberwechseln. In den nächsten Stunden mußte ich oft vorsingen, die Antworten auf Hinzemanns Fragen wußte ich sowieso. Daß ich Klavier spielen konnte, wagte ich nicht zu sagen, denn eigentlich war ich sehr schüchtern, nur wenn ich meinen Willen unbedingt durchsetzen wollte, konnte ich auch frech sein.

Was ich sonst noch in diesen Jahren erlebte? Nun, eine ganze Menge. Zunächst einmal: Ich verliebte mich zum erstenmal.

Wir hatten einen Schrebergarten, gar nicht weit von der Wohnung entfernt. Vieles dort machte mir Spaß. Nur das ewige Unkrautzupfen fand ich langweilig. Nachmittags war ich oft allein. Darüber war ich sehr froh, denn in einem anderen Garten war ein junges Mädchen, Inge hieß sie. Wir hatten uns ja so viel zu erzählen! Und bei Regen verkrochen wir uns in unserer hölzernen Laube. Inge hatte dunkle Kulleraugen und wunderschönes braunes Haar, das ich gern streichelte. Wir machten allerlei Zukunftspläne und waren fest entschlossen, später einmal zu heiraten. Aber nach etwa einem Jahr zogen ihre Eltern fort. Wir weinten beim Abschied bitterlich.

In jenen Nachkriegsjahren passierte ja so allerlei, gerade in Berlin. Doch das blieb mir verschlossen. Vater sprach nie in meiner Gegenwart über Politik, Mutter meinte, das sei Angelegenheit der Männer, und in der Schule war sowieso keine Rede davon.

Großpapa Bieder in Breslau war mit einundachtzig Jahren gestorben, und Mutter erwartete eine größere Erbschaft, doch die Inflation fraß sie weg. Sie erhielt als Entschädigung eine Summe, mit der gerade eine Monatsmiete unserer Wohnung bezahlt werden konnte. Vater schimpfte und wiederholte immer wieder, so etwas wäre in der guten alten Zeit nie möglich gewesen.

Bald gingen die Preise in die Millionen, Milliarden, ja Billionen. Ich begriff das alles noch gar nicht, aber mir wurde klar, daß gerade Leute mit wenig Geld am meisten darunter zu leiden hatten. »Kooft

Aktien, kooft Aktien«, rief Onkel Georg immerfort, ein schrulliger Vetter meiner Mutter. Aber um Aktien kaufen zu können, mußte man doch Geld haben, und wer hatte das schon in dieser aufregenden Zeit. Die Zahl der Bettler gerade am Kurfürstendamm nahm zu. Das Schreckgespenst des letzten Kriegsjahres tauchte in der Erinnerung auf. Wenn's nur nicht wieder Kohlrüben gibt, dachte ich mir.

Vater jammerte, daß die Firma Katzenstein & Co. wegen der Inflation immer weniger Aufträge bekam, und seinen Zorn ließ er dann an Mutter und uns Jungen aus. Aber plötzlich wurde »saniert«, das war noch 1924: 1 Billion Mark = 1 Rentenmark. Vater war erleichtert und jubelte über den tüchtigen Hjalmar Schacht, der dieses Wunder zustande gebracht hatte.

Ein gutes Resultat aber hatte die Inflation für mich: Ich begann Briefmarken zu sammeln. Bei der ständigen Teuerung wurden immer wieder neue Briefmarken herausgegeben. Schließlich behalf man sich damit, auf alte Marken die neuen Werte zu drucken, 1 Million, 20 Millionen, ja sogar 1 Billion. Davon habe ich viele gesammelt, das sollte mir später noch nützlich sein.

Inzwischen war Onkel Kurt, der Bruder meiner Mutter, aus Südwestafrika zurückgekommen. Er hatte es dort auch nicht weit gebracht als Angestellter irgendeiner Kolonialfirma in Windhoek. Er war zwar schon ein Mittvierziger, aber geheiratet hatte er noch nicht. In der Familie wurde viel darüber geredet, daß nun endlich eine Frau für ihn gefunden werden müsse. Und sie wurde gefunden. Die Hochzeit fand in unserer großen Wohnung statt. Ich mußte auf Wunsch von Mutter und Tante Leni an einem kleinen »Schauspiel« teilnehmen: in altmodischer Biedermeierkleidung sollte ich meiner Kusine Annemarie den Hof machen mit genau einstudierten Worten und Bewegungen. Ich fühlte mich scheußlich in dieser Vermummung, schauspielern lag mir überhaupt nicht. Und als am Schluß alle lachten, fühlte ich mich getroffen und wurde bis über die Ohren rot. Überhaupt wurde ich oft rot, schämte mich dann entsetzlich und litt sehr darunter. Erst als ich am Klavier Mendelssohns Hochzeitsmarsch spielen durfte, vierhändig mit meinem Bruder Werner, fühlte ich mich wieder in meinem Element.

Bisher kannte ich nur die Familie meiner Mutter. Doch das sollte sich bald ändern. Am 4. Juli 1924 feierten Vaters Eltern goldene Hochzeit, am gleichen Tage wurde Großvater Oskar Rebling achtundsiebzig Jahre alt, sie lebten in Bückeburg. Meine Eltern fuhren dorthin, und ich durfte mitreisen. Die Großeltern hatten mich noch nie gesehen. Das war nun wieder einmal eine Gelegenheit für meinen Vater, seine Majorsuniform mit allen Orden anzuziehen. Nur – er hatte vom Biertrinken einen Schmerbauch bekommen.

Zu Großvater bekam ich sehr schnell Kontakt. Er war ein schlanker, sportlicher Typ mit kurzem Spitzbart. Großmutter Marie, geborene Jürgensen, sie stammte aus Schleswig-Holstein, habe ich als eine etwas schwerhörige, immer zu Späßen aufgelegte, rundlichpummelige Frau in Erinnerung. Ihr zuliebe mußte ich auf dem Klavier immer wieder das schnulzige Heimatlied »Schleswig-Holstein meerumschlungen« spielen, da begannen ihre Augen zu glänzen, und sie sang aus voller Kehle mit.

Großvater Oskar wurde mein bester Freund. Er war viel herzlicher und verständnisvoller als alle meine Tanten und Onkel und besonders als Vater. Er machte jeden Vormittag einen langen Spaziergang, ich begleitete ihn. Wir gingen immer auf den Harrl, einen bewaldeten Berg unweit Bückeburgs, Großvater etwas gebeugt, mit Spazierstock, und ich quirlig um ihn herum. Er wies mich auf die Schönheiten der Landschaft hin, machte mich auf Pflanzen, Sträucher, Bäume, Tiere des Waldes und besonders Vögel aufmerksam, deren Namen er alle kannte. Nach Regentagen sammelten wir Pilze. Bei schönem Wetter ging er mit mir in die Badeanstalt und lehrte mich schwimmen. Auch als Achtzigjähriger fand er es unter seiner Würde, mit den Beinen zuerst ins Wasser zu steigen, für ihn kam nur der Kopfsprung in Betracht. Ich beneidete ihn darum, weil ich das ja wegen meines Ohres nicht durfte.

Vater hatte mir schon erzählt, daß Großvater ein hervorragender Pädagoge und Schulleiter war, viele Jahre Direktor des Gymnasiums im westfälischen Altena. Auf einem unserer Spaziergänge fragte ich ihn, wie er dazu gekommen sei, als Fachlehrer für Latein und Griechisch soviel Sport zu treiben, denn das war in seiner Generation eine große Ausnahme, im Schwimmbad war er immer der einzige Alte. »Ja weißt du«, antwortete er, »der alte Turnvater Jahn hatte schon recht, und von den alten Römern stammt das Wort

›mens sana in corpore sano‹, ein gesunder Geist in einem gesunden Körper, daran habe ich mich seit meiner Jugend gehalten. Das war damals gar nicht so leicht, denn Körperkultur galt als etwas Nutzloses, ja sogar Unmoralisches. Aber ich habe mich an der Turn- und Gymnastikbewegung der neunziger Jahre beteiligt, viele meiner Kollegen haben mich ausgelacht. Doch sie leben alle nicht mehr, eben weil sie zu dumm und zu prüde waren, etwas für ihren Körper zu tun.«

»Also du warst ein sehr moderner Mensch«, meinte ich bewundernd. Er lächelte still, wurde dann aber ganz ernst. »Ach, ich habe auch die Kriege 1866 und 1870/71 miterlebt, das war furchtbar, der Weltkrieg war ja noch viel schlimmer. Ich habe immer den Standpunkt verteidigt, daß man friedlich miteinander reden und sich nicht gegenseitig totschießen soll. Die Menschen sollen ein schönes, glückliches Leben haben, sich körperlich und geistig gut entwickeln, und dazu gehört eben auch die Körperbewegung und natürlich eine vielseitige Bildung.«

»Großvater, wie kam es dann, daß Vater Offizier geworden ist und sehr stolz von der Kriegszeit erzählt?«

»Nun, das ist nicht ganz leicht zu erklären. Dein Vater hatte ja auch wie ich anfangs den Lehrerberuf gewählt. Ich hatte dafür gesorgt, daß er an den Universitäten in Kiel, Lausanne und Marburg Geschichte und moderne Sprachen studieren konnte. Aber kurz vor der Jahrhundertwende herrschte in Deutschland so eine nationale Begeisterung für den Kaiser und das Militär, daß er das Studium an den Nagel hängte und Berufsoffizier wurde.«

»Und du hast das erlaubt?« wandte ich ein. »Erlaubt oder nicht erlaubt«, antwortete er, »was hätte das genützt? Wenn ich's verboten hätte, wär er's früher oder später doch geworden. Wenn ein junger Mensch seinen Willen durchsetzen will, dann tut er's doch oder vielleicht gerade dann, wenn sich die Eltern dagegen sträuben. Sein jüngerer Bruder, dein Onkel Franz, fühlte sich dagegen damals in Deutschland gar nicht wohl, er wanderte nach Mexiko aus und hat sich dort eine Existenz geschaffen. Das war für Großmutter und mich sehr schwer, aber ich bin nun einmal dagegen, daß Eltern den Kindern ihren Willen aufzwingen.«

Ich begriff, daß ihm die Entwicklung seiner beiden Söhne viel

Kummer bereitet hatte. Seit diesem Gespräch mit Großvater stand es fest, und Lydia Lenz ermutigte mich dazu: Ich werde Pianist, daran gibt's nichts zu rütteln!

Erst einige Jahre später, als ich einmal in der Berliner Staatsbibliothek im Katalog unter »Rebling« suchte, entdeckte ich, daß Großvater, der 1929 im Alter von dreiundachtzig Jahren starb, schon 1883 ein Buch veröffentlicht hatte, »Versuch einer Charakteristik der römischen Umgangssprache«. Sein besonderes Interesse galt also dem Volk, dem Plebs – und das während des Bismarckschen Sozialistengesetzes. Er muß also ein demokratisch denkender Mensch gewesen sein.

Auf unseren Spaziergängen erzählte er mir auch mit Hochachtung von seinem Vater, also meinem Urgroßvater Christian Gottlob Wilhelm Rebling, der als Stadtsyndikus in Greußen, einem Städtchen zwischen Erfurt und Sondershausen, führend an der Revolution 1848 teilgenommen hatte und dann von 1851 bis zu seinem Tod als Appellationsgerichtsrat und »Geheimer Justizrat« in Eisenach wegen seiner Integrität sehr geachtet war.

»Interessiert es dich, noch mehr über deine und meine Vorfahren zu hören?« fragte er mich. Na, und ob mich das interessierte! »Also, ich bin in Greußen geboren, dort lebten die Reblings schon seit einigen Generationen. Mein Großvater hieß Johann Friedrich Theodosius und war Steuereinnehmer, aber er verdiente seinen Unterhalt vor allem als Branntweinbrenner. Dessen Vater wiederum war in Greußen ein biederer Fleischermeister. Die weiteren Vorfahren waren Kupferschmiede und Schuhmacher, lauter fleißige Handwerker. Sie stammten aus Röblingen, einer kleinen Stadt zwischen Halle und Eisleben. Ein Röbling war um 1850 aus Sondershausen nach Amerika ausgewandert und wurde dort ein berühmter Brückenbauer, zusammen mit seinem Sohn baute er die erste Hängebrücke über den East River in New York.«

Ich hörte ihm staunend zu.

»Übrigens, das wird dich besonders interessieren«, fuhr er fort, »es gibt auch Musiker unter den Reblings. Ein Onkel von mir, er hieß Gustav, war Organist, Chordirigent und Komponist in Magdeburg, er gründete dort den Reblingschen Gesangsverein. Sein Bruder Friedrich Rebling war ein bekannter Sänger, man hat viel über ihn erzählt. Er war lyrischer Tenor am Leipziger Opernhaus, so in den sechziger bis siebziger Jahren, und wirkte dann als Gesangspädagoge am Leipziger Konservatorium.«

Ich lächelte still vor mich hin. Er blieb stehen und schaute mich an. »Was ist los, warum blinzelst du so fröhlich?« – »Großvater, was du da erzählt hast, ist ganz wichtig für mich.« – »Wieso?« – »Ja, Mutters Kusinen aus Schlesien sagen immer, Musik ist eine brotlose Kunst, aber ich möchte doch Musiker werden.« – »Kümmer dich nicht darum, Junge. Wer in seinem Fach etwas kann, der erreicht auch etwas. Wenn du Musiker werden willst, mußt du sehr fleißig arbeiten, das ist kein leichter Beruf!« – »Das weiß ich, Großvater. Außerdem stimmt es ja gar nicht, was mein Onkel Albrecht Haselbach, der Brauereibesitzer in Namslau, immer behauptet, daß ich die musikalische Begabung von den Haselbachs geerbt hätte.« Da lachte Großvater laut auf. »Das ist doch völlig unwichtig, wo du das her hast. Du mußt nur wirklich wollen, sehr fleißig sein, dann wirst du dein Ziel schon erreichen!« Und er ging wieder weiter, ich nachdenklich neben ihm. Dieses Gespräch werde ich nie vergessen.

Die Sommerferienreisen nach Bückeburg – seit 1925 fuhr ich allein, vierte Klasse Personenzug, um Geld zu sparen – brachten noch eine schöne Abwechslung. Im nahe gelegenen Minden wohnte Vaters Schwester, Cläre Lauffs, ihr Mann war im Krieg gefallen, sie zog ihre fünf Kinder allein auf. Besonders mit ihrer jüngsten Tochter, Elschen, die in meinem Alter war, habe ich mich glänzend verstanden und war wohl auch ein bischen verliebt in sie. Einmal bin ich auch von Bückeburg noch weiter nach Düsseldorf gefahren zu Tante Else, der älteren Schwester meines Vaters, sie war sehr belesen, musikliebend und mit einer Klavierlehrerin befreundet, der ich natürlich sofort vorspielen mußte.

Von diesen Sommerferien kehrte ich stets mit zwiespältigen Gefühlen nach Berlin zurück. Ich nahm mir vor, einmal so zu werden wie Großvater und sein Vater. Es drängte mich nach der täglichen Arbeit am Klavier, nach der Musik, die mein Leben war. In Berlin vermißte ich die anregende, herzliche Atmosphäre des großelterlichen Hauses und jene unbeschwerte Heiterkeit, wie ich sie in Minden erlebte.

In der Schule war ich jetzt, 1925, in der Obertertia (achte Klasse) angelangt. Ich lernte ohne größere Schwierigkeiten, jetzt auch Englisch. Mich interessierten vor allem Geschichte und Botanik. Der Naturkundelehrer, Dr. Franz, ließ uns ein Herbarium anlegen, eine Sammlung mit getrockneten Pflanzen und Blumen. Mit Großvaters Hilfe besaß ich bald ein dickes Album mit Wiesenknöterich, Storchschnabel, Brennessel, Akelei, Vergißmeinnicht, Maiglöckchen und vielem anderen.

Ärger bekam ich allerdings mit unserem neuen Musiklehrer, Herrn Kraft. Er war nach meinem Empfinden recht amusisch. Am Klavier trat er immer mit dem linken Fuß auf das rechte Pedal. Herr Kraft nahm mich wegen meiner Sopranstimme in den Schulchor auf – ich mutierte erst mit fünfzehn Jahren. Die Chorproben fanden stets als sechste Unterrichtsstunde bis nach halb zwei Uhr statt, waren also schon fast eine Strafe, vor allem weil wir das Singen sehr langweilig fanden, immer dieselben Lieder und Chöre, dazu meist – wie ich meinte – in viel zu langsamem Tempo.

Einmal wollte ich mich für diese Langeweile rächen. Wir sangen oft bei Schulfeiern »Tochter Zion, freu ... e dich!«, allerdings recht gleichgültig, keineswegs freudestrahlend. Bei einer Chorprobe schmierten wir die fünf Töne auf die Silbe »freu«. Herr Kraft mahnte uns, bei jedem dieser Töne ein »h« dazwischenzuschieben. Bei der Feier klang der Chor dann so freudig und lustig wie noch nie: »Toch-tä-är Zi-on, freu-heu-heu-heu-heu-e dich!« Das entsetzte Gesicht des dirigierenden Herrn Kraft sehe ich noch heute.

Was ich sonst so tat? Ich bekam große Lust zum Lesen, besonders im Winter, verschlang vor allem Jules Verne und Karl May, sammelte weiter eifrig Briefmarken, ging im Sommer viel schwimmen und im Winter Schlittschuhlaufen. Jetzt mußte ich täglich mindestens zwei Stunden üben, außerdem studierte ich Lehrbücher über Musiktheorie, Harmonielehre und Instrumentenkunde.

Nach dem ersten öffentlichen Auftreten ging es rasch vorwärts. Meine Verkrampfungen waren schon großenteils überwunden, ich konnte jetzt Präludien und Fugen aus Bachs »Wohltemperiertem Klavier«, leichtere Beethoven-Sonaten, Schumanns Fantasiestücke und vieles andere mehr studieren. Lydia Lenz warnte mich immer wieder, Stücke auszuwählen, die zu weit über meinem Leistungsstand lagen, die As-Dur-Ballade von Chopin war vorläufig das für mich Erreichbare. »Man muß sich immer Aufgaben stellen«, prägte sie mir ein, »die gerade ein Stückchen über dem liegen, was man kann, sowohl technisch als auch geistig-musikalisch. Wenn man sich zu hohe Aufgaben stellt, folgt die Enttäuschung, da man das Ziel nicht erreicht hat. Ist die Aufgabe zu einfach, fehlt der Ansporn, sich durch die Überwindung von Schwierigkeiten weiterzuentwickeln.« Außerdem ging ich ab und zu in Konzerte und in die Oper.

Aber alles wurde auf einmal viel schwieriger. Die Firma Katzenstein & Co. machte bankrott. Vater übernahm zeitweise Vertretungen anderer Firmen. Er verdiente immer weniger, manchmal monatelang auch gar nichts. Seine kleine Pension als Exoffizier reichte für eine fünfköpfige Familie mit Diestmädchen nicht aus. Mein ältester Bruder, Werner, hatte 1924 das Abitur gemacht und studierte an der Technischen Hochschule in Berlin. Mein zweiter Bruder, Dietrich, wurde nach dem »Einjährigen« Lehrling bei Osram in der Warschauer Straße. Mein Klavierstudium war teuer. Mutter versuchte Lydia Lenz zu überreden, mir nur eine Unterrichtsstunde pro Woche zu geben, aber vergeblich, zwei Stunden waren unbedingt erforderlich.

Von unserer großen Wohnung vermieteten die Eltern möblierte Zimmer, erst zwei, dann drei, zeitweilig sogar vier, so daß sich das ganze Familienleben in einem Wohnzimmer abspielte. Die meisten Untermieter waren »paying guests«, also mit voller Pension. Mutter ging immer zum Markt, dort war es billiger, und schleppte schwere Taschen nach Haus. Hedwig, das Dienstmädchen, mußte die Wohnung sauberhalten und kochen, durfte aber nicht einkaufen, weil sie immer mit dem Geld schummelte.

Vater begann bei einigen seiner alten Kameraden Geld zu pumpen. Das schlimmste war, daß er sich schrecklich darüber ärgerte, arbeitslos zu sein, er empfand es als eine Schande. Er wurde mürrisch, zänkisch und saß nun viel zu Haus herum, wurde nervös, wenn ich stundenlang Klavier übte. Unter diesen Umständen gewöhnte ich mir an, mich ganz auf mein Spiel zu konzentrieren, und merkte bald überhaupt nicht mehr, was um mich herum geschah.

Trotz der Finanzmisere konnte sich Vater nicht von seinen alten Gewohnheiten trennen. Mutter stellte zum Frühstück und Abendbrot immer zwei Butterdosen auf den Tisch, eine mit Butter, die war nur für ihn, und eine mit Margarine, die war für sie und uns Kinder. Sie war erfinderisch im billigeren Kochen, auch das Frühstücksei am Sonntag wurde abgeschafft – außer für Vater. Das steigerte meinen Unmut nur noch mehr. Und abends mußte er immer seinen Liter Bier haben, darauf wollte er ebensowenig verzichten wie auf seine Brasilzigarren. Wenn ich abends nicht ins Konzert ging, mußte ich immer das Bier für ihn aus einer Kneipe in der Konstanzer Straße holen, viele Jahre lang. Als sich dann dort SA-Männer einfanden und ihre gräßlichen Lieder grölten, wurde mir diese Bierholerei immer mehr zuwider. Deshalb habe ich mein Leben lang nie Bier getrunken.

In den zahlreichen Berliner Konzertsälen traten jeden Abend mehr oder weniger bekannte Musiker des In- und Auslandes auf. Es kam den meisten vor allem darauf an, gute Kritiken zu erhalten. Daher konnte man leicht Freikarten oder Karten zum Vorzugspreis von fünfundzwanzig oder fünfzig Pfennig bekommen. Lydia Lenz verhalf mir dazu. Und so verschwand ich abends oft in irgendein Konzert oder auch in die Oper, der Stehplatz im vierten Rang der Staatsoper kostete nur eine Mark, ebenso die obersten Plätze im Deutschen Opernhaus (dann Städtische Oper) in Charlottenburg. Ich hörte mir wahllos alles an, was gerade geboten wurde, Klavierabende, Kammermusikkonzerte, Liederabende, Geiger, Cellisten, nur selten mal ein Orchesterkonzert, denn dafür mußte man mehr bezahlen. Über alles, was ich hörte, führte ich Buch, meine »Kritiken« schrieb ich gleich am nächsten Tag auf. Ich war entweder enorm begeistert oder tief enttäuscht. Auch die Programme hob ich auf und sammelte sie in Schnellheftern.

Damals kam gerade der Rundfunk auf, 1924 begann die »Funkstunde« mit regelmäßigen Sendungen. Mein Bruder Werner bastelte wie viele andere junge Leute in jenen Jahren einen primitiven Detektorempfänger zusammen. Man brauchte nur mit einer Nadel eine richtige Stelle auf dem kleinen Kristall zu erwischen und eine Spule richtig zu drehen, da erklang im Kopfhörer Musik.

Zur Konfirmation 1927 durfte ich zum erstenmal lange Hosen tragen. Wir Konfirmanden mußten vorn vor dem Altar Platz nehmen. Der Pfarrer stellte Fragen. Ich meldete mich mehrmals, war aber wieder mal schrecklich heiser. Als ich aufgerufen wurde, krächzte ich die Antwort so leise, daß der Pfarrer nichts verstand und mich vorsorglich nichts mehr fragte. Beim Abendmahl war mir gar nicht feierlich zumute, es schien mir eher eine etwas peinliche Komödie zu sein. Seitdem bin ich nie wieder in die Kirche gegangen. Zu Hause bekam ich ein paar kleinere Geschenke, ein Buch, Süßigkeiten, Briefmarken, aber kein Fahrrad, wie mein Bruder sechs Jahre zuvor.

Musik und Schule

Ich war nun fünfzehn Jahre alt. In der Schule stand es außer Frage, daß ich auch die drei Jahre bis zum Abitur schaffen würde. Lydia Lenz kontrollierte mein tägliches Üben sehr genau – jetzt zwei bis drei Stunden täglich, sonntags noch etwas mehr. Meine Zeit war voll ausgefüllt. Freunde hatte ich kaum, und an Freundinnen dachte ich schon gar nicht.

Im Juli 1927 bekam Vater endlich wieder Arbeit als Referent im »Reichskuratorium für Wirtschaftlichkeit«, einer halbstaatlichen Institution, die Empfehlungen zur Rationalisierung von Arbeitsprozessen in der Industrie ausarbeitete. Er war für die Planung und Organisation einer »Ortsnumerierung« verantwortlich, der erste Versuch, ein System von Postleitzahlen auszuarbeiten. Er ging morgens um sieben Uhr aus dem Haus und kam erst spätnachmittags wieder zurück, denn nach dem Dienst ging er natürlich noch in die Kneipe. Trotz täglicher Massage mit dem damals modernen Gummi-Punktroller wurde sein Bauch nicht dünner. Er machte häufig Dienstreisen, das war für mich sehr vorteilhaft: Tagsüber konnte ich nun ungestört üben. Ich bekam wieder mehr Taschengeld, so daß ich mir auch Eintrittskarten für Orchesterkonzerte leistete.

Das Musikleben jener Jahre, bis 1933, war unglaublich vielseitig, es stand auf hohem Niveau. Berlin galt damals zu Recht als Musikzentrum der Welt. Keine andere Stadt hatte solch eine Fülle im Angebot aufzuweisen: allabendlich drei Opernvorstellungen und etwa acht bis zehn verschiedene Konzerte. Alle großen Tageszeitungen veröffentlichten Musikkritiken. Aus Berlin gute Kritiken vorweisen zu können war für jeden Künstler unentbehrlich. In der »Deutschen Allgemeinen Zeitung«, die mein Vater abonniert hatte, war jeden Freitag eine ganze Seite für Musikkritiken über alle Konzerte der Woche reserviert, ich studierte sie von A bis Z.

Seit dem Winter 1927/28 habe ich sehr viel gehört. Ich erinnere mich noch an viele musikalische Ereignisse dieser Jahre, nur das Wichtigste möchte ich nennen. Doch womit beginnen? Am neugierigsten war ich natürlich auf Pianisten. Bei Lydia Lenz lernte ich absolute Ehrlichkeit des Musizierens, differenzierte, dabei rational gesteuerte Gefühlsäußerung, möglichst vielfältige Ausdrucks-, Gestaltungs- und Anschlagsnuancierung. Sie sprach oft mit Hochachtung über ihren Lehrmeister James Kwast, noch Anfang der zwanziger Jahre in Berlin einer der bedeutendsten Klavierpädagogen. Sie erklärte mir auch, daß Kwast ein Schüler Theodor Kullaks gewesen ist, dessen Lehrer wiederum der Beethoven-Schüler Carl Czerny war: »Wir setzen also eine lange, ungebrochene musikalische Tradition fort, das ist eine große Verpflichtung.« Einen der wichtigsten Grundsätze dieser Pianistenschule impfte sie mir auch ein, nämlich jede persönliche Eitelkeit, oberflächliche Virtuosität, äußerlich auftrumpfendes »Gedonner« wie »sentimentales Säuseln« zu verabscheuen, sich selbst nur bescheiden als Mittler zwischen Komponist und Publikum zu begreifen. Diese ästhetischen, ja ethischen Ansprüche waren für mich nun auch Maßstab bei der Beurteilung vieler Pianisten, die ich in jenen Jahren hörte.

1927 gab es sehr viele Konzerte zu Beethovens hundertstem Todestag. Arthur Schnabel spielte in der Philharmonie alle zweiunddreißig Klaviersonaten. Mit den Noten in der Hand und mit einem Bleistift bewaffnet, verfolgte ich den ganzen Zyklus. Ich habe viel dabei gelernt, dennoch akzeptierte ich Schnabels großartige Leistung nicht kritiklos. Bei aller Perfektion erschien mir manches zu ausgeklügelt, mir fehlte etwas von der emotionalen Spontaneität, die ich an Edwin Fischers Beethoven-Interpretation bewunderte, der technisch bei weitem nicht so präzis wie Schnabel musizierte, nicht selten auch mal einen falschen Ton dazwischenmogelte. Ich fand das sympathisch, denn so konnte ich Fischer als Kronenzeugen anführen, wenn ich selbst mal beim Vorspielen danebenhaute.

Besonders gespannt war ich auf die Waldsteinsonate, die ich gerade selbst studierte. Von Schnabel lernte ich, das Rondo vom zarten, ruhigen Beginn bis zum Prestissimo der Coda in einem großen Bogen aufzubauen. Mich störte aber die Pedanterie, mit der er Beethovens Pedalanweisungen ausführte, besonders das Rondothema acht Takte lang mit einem einzigen Pedaldruck. Immerhin wirkte das Pedal bei den Instrumenten der Beethoven-Zeit lange nicht so stark wie beim modernen Flügel. Ich experimentierte daher mit etwas ganz anderem, was ich bisher noch bei keinem Pianisten beobachtet hatte: dem Vibratopedal, um den Baßton durchklingen zu lassen, ohne daß die Harmonien ineinander verschwimmen.

Außer den Antipoden Schnabel und Fischer beurteilte ich viele andere hervorragende Pianisten nach meinen Maßstäben. Da waren drei alte Meister der ins äußerlich Virtuose abgeglittenen Liszt-Nachfolge. Emil von Sauer spielte mir zu trocken, zu sauer. Moritz Rosenthal hatte bei seinen Klavierabenden nach der Pause immer nur vier oder fünf kurze Stücke von Schumann, Chopin und Liszt auf den Programmzettel drucken lassen, dann aber folgten viele virtuose Zugaben. Es kam schon gar nicht mehr darauf an, was er spielte, sondern nur wie er das tat. Während das Publikum immer mehr verlangte, ebbte meine Bewunderung ab. Solche äußerliche Klingelei, Effekthascherei, Eitelkeit und Selbstherrlichkeit hielt ich für altmodisch.

Am merkwürdigsten aber war ein Konzert des beinahe achtzigjährigen Wladimir von Pachmann in der Philharmonie. Er ließ sich von einem jungen hübschen Mädchen an den Flügel führen, und schon bevor er begann, aber auch während des Spiels schwatzte er allerlei Unverständliches. Wie immer saß ich weit zurück auf einem der billigsten Plätze. Wir da hinten wollten aber auch gern verstehen, was er so murmelte, und so stürzten im zweiten Teil des Programms erst einige, dann immer mehr Besucher nach vorn an die Rampe, ich natürlich auch. Wie Rosenthal spielte er lauter Zugaben, auch Chopins Terzenetüde. Bei den ersten beiden Takten hielt er die linke, freie Hand über die rechte und murmelte so leise, daß ich es gerade noch verstehen konnte: »Niemand soll meinen Fingersatz sehen, das bleibt mein Geheimnis!« Ich sah es aber doch – von unten.

Das waren also die Virtuosen alten Stils, über die ich nur noch lächelte. Aber es gab auch jüngere, die ich nicht mochte, weil bei ihnen die technische Brillanz dominierte, beispielsweise Alexander Brailowsky. Auch Frederick Lamond; Lydia Lenz erklärte mir, er sei Schotte und müsse »Lämend« ausgesprochen werden. Er schien mir mit seinem vielgepriesenen Beethoven-Spiel mehr auf äußere Wirkung als auf gehaltvolle Intensität bedacht zu sein.

Dann gab es Pianisten, die mir zu trocken, zu wenig temperamentvoll, einfach zu langweilig spielten: Leonid Kreutzer und Richard Rößler, beide Professoren an der Berliner Musikhochschule. Auch Wilhelm Backhaus sagte mir nur wenig zu, erst später lernte ich sein überlegenes, durchgeistigtes Musizieren schätzen.

Ich schwärmte vor allem für einige jüngere Pianisten, die meinen Idealen viel näher kamen. Da war Walter Gieseking, durch den ich zum erstenmal französische Klaviermusik kennenlernte. Dafür hatte aber Lydia Lenz nichts übrig: »Das ist oberflächliches Schillern, es fehlt die Gemütstiefe«, meinte sie zu Debussy. Dann Wladimir Horowitz, ich fand es fabelhaft, wie er Tschaikowskis b-Moll-Konzert und das zweite Brahms-Konzert geradezu sinfonisch aufbaute, ohne die Details im geringsten zu vernachlässigen. Da war ferner der etwas eigenbrötlerische Eduard Erdmann, der an einem Abend nur drei große Werke spielte, also das Gegenstück zu Sauer und Rosenthal: Bachs Goldberg-Variationen, Schuberts große A-Dur-Sonate und Mussorgskis »Bilder einer Ausstellung«. Mussorgski wirkte in den zwanziger Jahren wie eine Offenbarung, vorher kannte man ihn gar nicht.

Ich erlebte auch den »Boris Godunow« bei einem Berlin-Gastspiel der Pariser Russischen Oper mit Fjodor Schaljapin in der Titelrolle, die Sterbeszene sehe und höre ich noch heute in meiner Erinnerung. Und nun dieses gewaltige Klavierwerk! Ich besorgte mir sofort die Noten und begann es zu studieren, zunächst nur so nebenbei, ohne Lydia Lenz etwas davon zu sagen.

Und da war Alexander Borowsky, ich fand es aufregend, wie er Prokofjews Toccata op. 11 spielte, ein faszinierendes Stück, das ich auch bald einübte. Zu den jüngeren Pianisten, die ich bewunderte, gehörten auch Egon Petri und Rudolf Serkin. Wilhelm Kempff dagegen, dessen Spiel in den Zeitungen hochgelobt wurde, war mir zu weichlich, er konzentrierte sich zu sehr auf das melodische Detail und vernachlässigte die Bässe.

Dann hörte ich den greisen Eugen d'Albert in Beethovens Es-Dur-Konzert, sehr romantisiert, die Ces-Dur-Episode im 1. Satz zum Adagio sentimentalisiert; der Grandseigneur Sergej Rachmaninow imponierte mir in seinem 3. Klavierkonzert.

Durch den äußerst gewissenhaft musizierenden Ludwig Kentner lernte ich viel russische Musik kennen. Die von ihren Anbetern umschwärmte Elly Ney spielte mir zu pathetisch und aufgedonnert. Dann war da Johannes Strauß, ich nannte ihn einen eitlen Fatzken, er wohnte ein paar Häuser weiter in unserer Straße und trug auch bei sengender Sommerhitze hellbraune Glacéhandschuhe, um sein hohes Künstlertum demonstrativ zur Schau zu stellen. Moritz Mayer-Mahr spielte immer mit einem Brillantring am rechten kleinen Finger, damit man ja seine Hände gut beobachte. Und schließlich Erwin Bodky, der öffentlich behauptete, alle technischen Übungen seien Unfug, man müsse nur »ganz aus dem Geiste« musizieren, sein Klavierspiel fand ich dementsprechend miserabel. So hatte ich mir über jeden meine eigene Meinung gebildet. Ich könnte die Liste noch fortsetzen.

Immer wieder stellte ich mir die Frage, ob ich es jemals schaffen würde, bei einer so enormen Konkurrenz auf dem Konzertpodium zu bestehen. Oft zweifelte ich, aber wenn ich von einem erlebnisreichen Klavierabend nach Hause kam, schöpfte ich immer wieder neuen Mut. Und wenn ich einen meiner Meinung nach mittelmäßigen oder schlechten Pianisten gehört hatte, dachte ich mir: Das kann ich bald viel besser!

Ich ging auch oft in Orchester- und Kammermusikkonzerte, Liederabende und Orgelkonzerte. Eine Plejade hervorragender Dirigenten wirkte damals in Berlin, andere kamen zu Gastspielen in die Hauptstadt. In der Philharmonie gab es die billigen »unnumerierten« Sitze hinter den breiten Säulen des Saales, aber wenn man schnell genug war, konnte man einen Platz direkt hinter den teuren Logen erwischen und alles vorzüglich hören und sehen. Allerdings mußte man sich dann etwa eine Stunde vor Beginn bei der Eingangstür anstellen. Wenn dann geöffnet wurde, rannte alles so schnell wie möglich an den Garderoben vorbei zu den besten unnumerierten Plätzen, völlig außer Atem sicherte ich mir einen Stuhl ganz vorn.

So lernte ich die gesamte gängige Orchestermusik kennen. Um alles gründlich studieren zu können, besorgte ich mir Taschenpartituren zum Mitlesen. Da aber mein Geld dafür nicht ausreichte, nahm ich eines Tages kurz entschlossen die beiden dicken Alben meiner Briefmarkensammlung unter den Arm, klapperte alle Briefmarkenläden in der Nettelbeckstraße ab und verkaufte sie dem Meistbietenden. Ich bekam zweiundneunzig Mark. Mir war klar, daß man mich jungen Spund übers Ohr gehauen hatte, aber wo hätte ich mehr kriegen können? Für mich war das eine Menge Geld, ich kaufte mir Albert Schweitzers Bach-Biographie, die zwei Bände Jahn-Aberts »Mozart«, einige andere Bücher, Partituren und Klavierauszüge von Opern.

An viele weitere künstlerische Ereignisse entsinne ich mich noch gut. Ich sehe noch Altmeister Karl Muck mit den Hamburger Philharmonikern von mir: Er dirigierte mit ganz sparsamen Hand- und Armbewegungen, aber äußerst exakt, das Pult ganz hochgestellt, die Partiturseiten behutsam umschlagend. Seine Beethoven-Interpretation faszinierte mich. Als Solist trat der schon legendäre Fritz Kreisler mit Beethovens Violinkonzert auf, er spielte geradezu grandios, aber unsicher in der Intonation; das stimmte mich traurig.

Wilhelm Furtwängler dagegen hatte eine ganz persönliche Art des Dirigierens: Er schwenkte die Arme vor dem Einsatz mehrmals auf und ab, dann kam der erste Akkord. Die Berliner Philharmoniker waren ganz auf diese ungewöhnliche Art spannungerzeugenden Dirigierens eingestellt und musizierten sehr präzise. Von Furtwängler ging eine starke Suggestivkraft aus, von ihm dirigierte Sinfonien von Beethoven bis Bruckner waren Sternstunden schönsten Musizierens.

Unter uns jungen Zuhörern gab es oft Diskussionen über die Interpretationsstile der berühmten Berliner Dirigenten. So begann auch ich die Grenzen der sehr individuellen Musizierweise Furtwänglers zu erkennen, seine manchmal recht anfechtbare Wahl der Tempi, besonders seine allzu schwelgerische, breit ausladende Wiedergabe der Bachschen »Matthäuspassion« und seine in der Programmwahl deutlich erkennbare Abneigung gegen neue Musik.

Furtwängler kannte natürlich diese Einwände, und um seinen Kritikern eins auszuwischen, brachte er am 2. Dezember 1928 die Uraufführung der Orchestervariationen op. 31 von Arnold Schönberg. Ich konnte beim ersten, unvorbereiteten Hören noch nicht viel anfangen damit. Doch was geschah? Ein Teil des vornehmen Abonnementpublikums tobte, schrie und pfiff, ich sah elegant gekleidete Damen hysterisch gestikulieren und Herren im Smoking verwirrt die Köpfe schütteln. Es war ein richtiger Skandal. Viele Besucher spendeten auch ostentativ Beifall, wir Jungen auf den unnumerierten Plätzen klatschten uns die Hände rot und riefen laut »Bra-vo!« Furtwängler und Schönberg verneigten sich, ein Teil der Orchestermitglieder lächelte.

Andere Eindrücke hinterließen die Orchesterkonzerte Bruno Walters. Seine noble, tief bewegende, auch in der Zeichengebung sehr beherrschte Art des Musizierens fand ich äußerst sympathisch. Trotz aller Bewunderung war ich auch bei Walter mit jugendlicher Kritik zur Stelle. Er galt damals als der ideale Mozart-Dirigent. Mir aber war seine Auffassung beispielsweise der g-Moll-Sinfonie bei aller klanglichen und expressiven Differenziertheit zu weich, nicht dramatisch genug. Ich hatte durch das Studium der Mozart-Biographie von Jahn-Abert schon ein anderes Bild von Mozart und bemühte mich beim Einstudieren mancher Sonaten und Variationen, die naive Heiterkeit mit dem oftmals Dramatischen, ja Eruptiven dieser Musik in Einklang zu bringen.

Durch Bruno Walter lernte ich Gustav Mahler kennen und lieben. Die Aufführung des »Liedes von der Erde« mit Madame Charles Cahier und dem Holländer Jacques Urlus als Solisten öffnete mir Ohr und Herz für eine neue musikalische Gedankenwelt. Auch die Aufführung von Mahlers II. Sinfonie, der »Auferstehungs-Sinfonie«, unter der Leitung von Oskar Fried erschütterte mich. In einem Konzert des Amsterdamer Concertgebouw-Orchesters unter Willem Mengelberg hörte ich zum erstenmal Mahlers herrliche IV. Sinfonie.

In dem Mengelberg-Konzert fesselte mich der Klangunterschied zwischen dem Orchester aus Amsterdam und den mir so vertrauten Berliner Philharmonikern, aber es gelang mir nicht, diese Eindrücke in Worte zu fassen. Wie schwierig ist es doch, dachte ich, musikalische Klänge zu beschreiben. Auch mit den Worten »satt, warm, eigenartiger Glanz« fand ich den Klang der Dresdner Staatskapelle unter Fritz Busch nur ganz unzulänglich charakterisiert. An dieses Konzert mit der herrlich musizierten IV. Sinfonie von Brahms habe ich später, nach 1933, noch oft denken müssen.

Ein ganz besonderer Anziehungspunkt in jenen Jahren waren gerade für uns Junge die Sinfoniekonzerte in der Krolloper. Wie kein anderer Dirigent setzte sich Otto Klemperer konsequent für die neue Musik ein. Gerade diese Konzerte stachelten meine Wißbegierde an, denn bis 1928 hatte ich mich beinahe ausschließlich mit der Musik der Vergangenheit beschäftigt. Auch Lydia Lenz stimulierte meine Neugier für die zeitgenössische Musik gar nicht, Stücke von Max Reger und Alexander Tscherepnin empfahl sie mir als das »Modernste«.

Eines Tages war in der Krolloper die Erstaufführung der Ballettmusik »Les Noces« von Igor Strawinsky angekündigt. Mich lockte das vor allem, weil vier Klaviere mitwirken sollten. Aber die Aufführung enttäuschte mich sehr, die harten Klänge fand ich fremd, ja abstoßend. Das Konzert wurde am nächsten Tag wiederholt, ich ging ein zweites Mal hin. Jetzt konnte ich nur über mich selbst staunen: Ich war wie verwandelt. Die harten Klänge erschienen mir plötzlich sehr differenziert und spannungsgeladen. Ich fand viel Gemeinsames zwischen diesem Werk und Prokofjews Toccata op. 11, zum Schluß war ich sogar begeistert. An dieses Erlebnis habe ich später noch oft gedacht: Wenn ich ein neues Werk zum erstenmal höre und es gefällt mir nicht, vielleicht urteile ich ganz anders, wenn ich es ein zweites Mal höre.

Durch Otto Klemperer lernte ich noch andere Werke von Strawinsky kennen. »Die Geschichte vom Soldaten« hörte ich mir zwei- oder dreimal an, ich fand jedesmal mehr Gefallen an der heiteren Skurrilität dieses Stückes. Daß Musiker so unkonventionell hemdsärmelig auf der Bühne spielten, amüsierte mich. Strawinsky kam auch selbst nach Berlin, unter Klemperers Leitung spielte er sein Capriccio für Klavier und Orchester und dirigierte seine Ballettmusiken »Der Kuß der Fee« und » Apollon Musagète«. Die Knappheit, Transparenz und Farbigkeit dieser Musik imponierten mir, aber ich fand sie zu kühl, zu wenig temperamentvoll. »Petruschka« sagte mir dagegen viel mehr zu. Mit »Oedipus rex« kam ich gar nicht zurecht: Wozu diese bewußte Distanz durch den Gebrauch der lateinischen Sprache? Wozu diese Mystifizierung?

Bei Klemperer hörte ich noch viele andere Werke, besonders von Paul Hindemith, der damals im Berliner Musikleben als eine Art Enfant terrible galt, bei dem man nie so recht wußte wo »Hin damit«. Die Uraufführung seiner Konzertmusik für Klavier, Blechbläser und zwei Harfen mit Walter Gieseking – der dieses eine Mal entgegen seiner Gewohnheit vom Blatt spielte – gefiel mir wegen der ungewöhnlichen Instrumentation ohne Streicher und der unbekümmert spielerischen Haltung ohne hochtrabend bekenntnishaften Anspruch.

Ich sah mir auch Hindemiths Oper »Neues vom Tage« an. Bekannte Kritiker fanden den Chor der Stenotypistinnen und die Badezimmerszene geschmacklos und provozierend, ich amüsierte mich köstlich dabei. Überhaupt diese Nonchalance, ja Wurstigkeit, dieses Unpathetische in Hindemiths Musik und in seinem Auftreten als Bratscher waren mir sehr sympathisch. Diese Haltung nahm dem Musiker den Nimbus des Besonderen, des Anzuhimmelnden, des Über-den-anderen-Stehenden, wie ihn so manche Virtuosen alten Stils immer noch kultivierten.

Es war aber nicht nur die neue Musik, mit der Klemperer Furore machte. Geradezu eine Sensation war seine Interpretation der »Johannespassion« von Bach, die damals gegenüber der oft gespielten »Matthäuspassion« arg vernachlässigt worden war. Mit hinreißendem Temperament, lebhaften Tempi, dramatischer Spannkraft in den Chören, äußerst differenzierter Gestaltung der Arien und Choräle sowie einem unsentimental erzählenden Gestus des Evangelisten – von Julius Patzak leicht fließend und innig vorgetragen – etablierte er zum erstenmal eine entmystifizierte, säkularisierte, vermenschlichte Bach-Interpretation. Auch die Solisten sangen ungewöhnlich: Elisabeth Schumann entzückend beschwingt die Arie »Ich folge dir gleichfalls mit freudigen Schritten«, die Altarien Eva Liebenbergs klangen nicht so zähflüssig und schwer wie sonst immer bei Emmi Leisner in der »Matthäuspassion«. Das alles entsprach durchaus der mir von Lydia Lenz empfohlenen Lebhaftigkeit und Ausdrucksvielfalt beim Spiel der Präludien und Fugen aus dem »Wohltemperierten Klavier«.

Wenn ich anfangs noch recht wahllos Opernaufführungen besuchte, so begann ich seit 1927 sorgfältiger zu unterscheiden: Ich bevorzugte Aufführungen mit profilierten Sängern oder Dirigenten, vor allem aber wollte ich neue Opern kennenlernen. Gerade bei Aufführungen mit prominenten Gästen war es nicht einfach, billige Eintrittskarten zu ergattern, die Stehplätze in der Staatsoper waren immer schnell ausverkauft. Deshalb mußte man sich am Sonntagvormittag, wenn um zehn Uhr der Vorverkauf für die Vorstellungen der kommenden Woche begann, rechtzeitig an der Kasse einfinden.

Ich stellte also sonntags den Wecker auf halb fünf oder fünf Uhr, fuhr mit der ersten U-Bahn zum Hausvogteiplatz und eilte zur Staatsoper. Da standen oft schon ein gutes Dutzend Leute geduldig bei Wind und Wetter in der Reihe, manche konnte man dort jede Woche wiedersehen. Wer erst um acht oder neun Uhr kam, hatte schon keine Chance mehr, die billigeren Karten zu bekommen. Unter den Wartenden gab es immer heftige Diskussionen über den Spielplan, einzelne Aufführungen, Inszenierungen, Dirigenten und Sänger. Hier lernte ich auch Heinz Hollitscher kennen, er wohnte ganz in meiner Nähe in der Düsseldorfer Straße, wir fuhren oft gemeinsam zur Oper. Er war nur wenig älter als ich, ging aber in eine andere Schule. Diese Bekanntschaft wurde bald zu einer echten Freundschaft, die sich schon weit über ein halbes Jahrhundert bewährt hat. (Er lebt in Wien, wir stehen in ständigem Briefkontakt.) Oft wechselten wir uns beim Anstehen vor der Opernkasse ab und kauften füreinander die Karten. Heinz schrieb auch bald Kritiken für irgendein Pressebüro, er bekam für manche Konzerte Freikarten, von denen er mir dann eine abgab.

Wenn man aber Stehplatzkarten bekommen hatte, ergab sich ein weiteres Problem. Von den Stehplätzen war nur ein Teil günstig: Man stand dann vorn an der Rampe und konnte die ganze Bühne überblicken. Wenn man aber etwas später kam, mußte man sich ausrecken, um über die Köpfe der anderen die Bühne zu sehen, und man konnte sich nicht aufstützen, das war bei langen Wagner-Opern eine Strapaze.

Ich habe damals so ungefähr das ganze Opernrepertoire kennengelernt. Aber natürlich hatte ich meine Vorlieben. Das war einmal Mozart. Ich hörte die »Zauberflöte« mit Richard Tauber als Tamino, im »Don Giovanni« bewunderte ich den stimmgewaltigen Michael Bohnen in der Titelrolle, eine faszinierende Persönlichkeit. An eine wunderbare »Figaro«-Aufführung im intimen Schauspielhaus am Gendarmenmarkt entsinne ich mich noch besonders gut: Furtwängler dirigierte ein kleines Orchester und ein erlesenes Solistenensemble mit Alexander Kipnis als Graf und der bezaubernden Gitta Alpar als Cherubino.

Einige Jahre lang schwärmte ich für Wagner, ich sah alle Opern, vom »Rienzi« bis zum »Parsifal«. Den »Tristan« kannte ich schon halb auswendig und ärgerte mich, wenn im 2. Akt lange Striche gemacht wurden. Wir verglichen die Aufführungen miteinander, kritisierten Sänger und Dirigenten. Wenn wir am Karfreitag eine der »Parsifal«-Vorstellungen besuchen wollten, wählten wir lieber die Charlottenburger Oper, mit Leo Blech am Pult begann die Aufführung um sechs Uhr, sie endete um elf. Wenn Max von Schillings in der Staatsoper dirigierte, dauerte die Vorstellung von halb sechs bis halb zwölf. Seine allzu breiten Tempi fanden wir entsetzlich langweilig.

Es gab auch viel Erheiterndes. Einmal sang der Italiener Tino Pattiera von der Dresdner Staatsoper den Lohengrin mit strahlendleichtfließender Stimme, wir aber bekamen Lachkrämpfe bei seinen vokalen Unarten. In der Gralserzählung klang das so: »In feranem Land ... ein lichtera Tempel ... mein Vatera Parsifal trägt seine Karona, sein Rittera ich ...« usw. Eine »Carmen«-Aufführung in der Städtischen Oper hatte einen ungewöhnlichen Erfolg. Kurz vor Schluß sang Sigrid Onegin, eine phantastische Carmen mit wunderbarer Stimme, dann mußte Carl Martin Öhmann als Don José auftreten, um sie zu erwürgen. Er kam aber nicht, er verpaßte seinen Auftritt. Leo Blech klopfte ab, das Orchester schwieg. Peinliche Stille im großen Saal, es schien Minuten zu dauern, ein erstes unterdrücktes Kichern im Publikum war schon zu hören. Sigrid Onegin stand allein hilflos auf der Bühne, da flüsterte sie mit ihrer Stentorstimme: »Wo bleibt denn der Tenooor?« Endlich kam Öhmann bedripst von der Seite, das Orchester setzte wieder ein, er erwürgte Carmen, aber die Spannung war weg. Als der Vorhang fiel, lachte das Publikum schallend.

Gegenüber dem Wagner-Rausch, auch noch in den zwanziger

Jahren, hatten es Intendanten, Dirigenten und Regisseure immer noch schwer, sich mit Verdi-Opern durchzusetzen. Gewiß, »Rigoletto«, »Troubadour«, »La Traviata« und »Aida« gehörten in oft recht verstaubten Inszenierungen zum ständigen Repertoire, und man bemühte sich, mit prominenten ausländischen Gästen die Kassen zu füllen. So erlebte ich noch den kleinen, agilen Benjamino Gigli mit sehr heller, leuchtender Stimme als Grafen in »Rigoletto«, nach dem hohen C in »La donna e mobile« jubelte das Publikum. Der junge Pole Jan Kiepura gewann als Radames sofort die Herzen der Berliner Opernenthusiasten. Aber all diese Aufführungen waren sehr konventionell, die Sänger bewegten sich oft geradezu lächerlich pathetisch.

Dann aber setzten sich Carl Ebert in Berlin, bis 1933 Intendant der Städtischen Oper, und Fritz Busch in Dresden für eine Verdi-Renaissance ein. Wir diskutierten heiß über Aufführungen zuvor ganz unbekannter Opern wie »Simone Boccanegra«, »Macbeth«, »Luisa Miller«, vor allem aber »Otello« und »Falstaff«. Geradezu sensationell war die Aufführung der »Macht des Schicksals« in einer Inszenierung von Carl Ebert mit Fritz Busch am Pult, hier wurde nicht nur vortrefflich gesungen, sondern auch spannungsvoll dramatisch gespielt. Übrigens trug auch Franz Werfels brillanter »Verdi«-Roman, den ich begierig verschlang, zur Ehrenrettung des italienischen Meisters nicht unwesentlich bei. Auch Bruno Walters Entdeckung von Donizettis »Don Pasquale« mit der zarten, beispiellos leicht und perlend singenden Maria Ivogün als Despina war für mich eine große Überraschung.

Dank dieser Verdi-Renaissance war es möglich, daß der Generalintendant der Staats- und Krolloper, Heinz Tietjen, ein Gastspiel der Mailänder Scala mit Solisten, Chor, Orchester und Dekorationen Ende Mai 1929 in der Staatsoper durchsetzen konnte. Die Eintrittspreise waren bei dieser Gelegenheit auf fünf Mark für den Stehplatz und bis zu hundert Mark im Parkett erhöht worden, damals geradezu unwahrscheinliche Summen. Ich konnte mir nur einen Stehplatz leisten. Heinz Hollitscher und ich eroberten Stehplätze für die »Falstaff«-Vorstellung. Für den »Troubadour« und für »Aida« reichte das Taschengeld nicht. Aber welch ein Erlebnis! Der auswendig dirigierende Arturo Toscanini – wir konnten ihn von oben genau beobachten – imponierte uns durch seine ebenso temperamentvolle wie exakt beherrschte Stabführung, das ganze Ensemble mit Mariano Stabile in der Titelrolle sang mit unglaublicher Klangschönheit und Präzision in perfekter Übereinstimmung mit dem Orchester. Aber ... ich hatte Pech. Es war sehr heiß an diesem Tag, besonders da oben im »Olymp«. Gerade als Falstaff im Hause Fords in einem Waschkorb versteckt worden war, gegen Ende des zweiten Aktes, wurde mir ganz schwindlig, ich fiel beinahe um und mußte hinausgehen. Als ich mich einigermaßen erholt hatte, war Falstaff mit dem Waschkorb schon zum Fenster hinausgeworfen, schade – das hatte ich versäumt.

Erstaufführungen von Opern ließen wir uns niemals entgehen. Einige Opern von Richard Strauss waren damals noch neu: »Intermezzo« unter seiner Leitung gefiel mir nicht, auch den »Rosenkavalier« dirigierte er beinahe unbewegt, zu nüchtern. Mich interessierten einige schöne Gesangsstimmen mehr. »Die Frau ohne Schatten« mit Barbara Kemp als Färbersfrau fand ich zu mystisch, mit dem schwer verständlichen Inhalt konnte ich nichts anfangen. Die Opern »Der ferne Klang« und »Die Gezeichneten« von Franz Schrecker, damals Rektor der Berliner Musikhochschule, waren mir zu schwülstig. Einfach langweilig fand ich Pfitzners »Palestrina«.

Tiefen Eindruck dagegen machte auf mich jene schon legendäre Staatsopern-Aufführung von Alban Bergs »Wozzeck« unter Erich Kleiber mit Leo Schützendorf in der Titelrolle. Die äußerst sensible Musik, das damals auf der Opernbühne ganz ungewöhnliche soziale Milieu und die phantastischen Bühnenbilder von Panos Aravantinos empfand ich als etwas ungemein Neues, Zukunftweisendes. Zwar recht reißerisch, aber durch die Einbeziehung von Jazzelementen sehr anregend, so beurteilte ich Ernst Kreneks »Jonny spielt auf« in der Städtischen Oper. Wie sehr enttäuschten uns dann aber bald seine romantischen »Reisebilder aus den österreichischen Alpen« und auch seine Oper »Leben des Orest«, das schien uns eine Zurücknahme von bereits erreichten künstlerischen und ästhetischen Positionen zu sein.

Augen und Ohren für die neue französische Musik öffneten mir interessante Aufführungen von Jacques Iberts »Angélique«, Darius

Milhauds »Der arme Matrose« und vor allem Mihauds »Christophe Colombe« unter Erich Kleibers Leitung. Wahrhaft aufsehenerregend waren dann 1930 Schönbergs »Erwartung« und »Die glückliche Hand« mit Alexander Zemlinsky am Pult in der Krolloper. Jetzt begriff ich Schönberg besser, aber das war schon nach meiner Schulzeit.

Neben dem Gastspiel der Mailänder Scala gab es zu den Berliner Festwochen im Juni 1929 noch eine Sensation: Das berühmte Ensemble Sergej Djagilews trat mit Balletten von Strawinsky, Prokofjew, Sauguet und den »Polowetzer Tänzen« aus Borodins Oper »Fürst Igor« auf. Einige Ballettaufführungen hatte ich vorher schon gesehen, »Der Leierkasten« von Jaap Kool und Strawinskys »Pulcinella« in der Choreographie von Max Terpis hinterließen allerdings keine nachhaltigen Eindrücke. Erst dieses Auftreten des Djagilew-Balletts offenbarte mir plötzlich die Vielfalt, Aussagekraft und Schönheit des Tanztheaters. Besonders Prokofjews »Der verlorene Sohn« mit den Bühnenbildern von Georges Rouault fand ich außerordentlich eindrucksvoll. Ich sehe in der Erinnerung noch vor mir, wie der junge Serge Lifar im letzten Bild auf den Knien in die Arme des Vaters zurückkehrt. Die von Ernest Ansermet dirigierte Musik faszinierte mich, gab es doch außer einigen Auftritten russischer Pianisten kaum Gelegenheit, mehr von Prokofjew kennenzulernen.

Dieses Erlebnis der Ballets russes reizte mich, auch andere Tanzveranstaltungen zu besuchen: Ich sah die ausdrucksstarke Mary Wigman, die heitere Palucca, die exzentrische Valesca Gert, die liebenswürdige Niddy Impekoven und bekam selbst Lust, rhythmische Gymnastik zu treiben. Schulen des Ausdruckstanzes und der Gymnastik schossen in jenen Jahren wie Pilze aus dem Boden. In unserem Haus eröffnete Berthe Trümpy solch eine Schule, aber ich sah immer nur Mädchen hineingehen. Eines Tages stand ich vor einer Schule von Rudolf Bode in Wilmersdorf und wollte mich schon anmelden. Doch da besann ich mich: Pianist, bleib bei deinen Tasten, sagte ich mir, verzettle dich nicht, als Ausgleichssport reicht ja das Schwimmen! Und dabei blieb es. Daß ich mich viele Jahre später sehr intensiv mit Tanz und Ballett beschäftigen würde, konnte ich damals nicht vermuten.

Noch vieles ließe sich über das Musikleben Berlins jener Zeit erzählen, es gab kaum etwas, das ich nicht begierig aufnehmen wollte. Ich hörte die Geiger Bronislaw Huberman, Adolf Busch, Carl Flesch und Joseph Szigeti, einmal auch im Duo mit Béla Bartók, die Cellisten Pablo Casals und Gregor Piatigorsky, die Cembalistin Wanda Landowska – »Mückenstiche« nannte Lydia Lenz die Cembaloklänge –, die bekanntesten Streichquartette, das Klaviertrio Schnabel-Flesch-Piatigorsky und viele, viele andere ... Eine Nachtvorstellung im Alhambra-Kino mit neuen Filmmusiken, auch von Hindemith, hätte ich beinahe vergessen, der Dirigent war Paul Dessau. Wer hätte ahnen können, daß wir vierzig Jahre später gute Freunde werden würden.

Diese musikalischen Jugenderinnerungen sind tief in mir verwurzelt, so lernte ich auch an mich selbst hohe Anforderungen zu stellen. Das sollte mir später sehr zugute kommen.

Das Musikstudium bei Lydia Lenz und die Konzert- und Opernbesuche bildeten meinen Arbeits-, ja Lebensinhalt, die Schule interessierte mich immer weniger. Lydia Lenz stellte an mich dieselben Forderungen wie an einen Musikstudenten. Seit 1925 war es ihr nicht mehr möglich, öffentliche Schülerabende zu organisieren, das finanzielle Risiko war zu groß. Hinzu kam, daß sie längere Zeit krank war. Anfangs übernahm Fräulein Dedering den Unterricht, eine frühere Schülerin und Vertraute von ihr, mit der sie zusammen wohnte. Die Krankheit zog sich länger hin. Lydia Lenz ließ dann ihr Bett ins Musikzimmer stellen. So unterrichtete sie liegend, die kranken Beine auf Kissen hochgestellt. Allerdings konnte sie nur noch wenige Schüler betreuen, eine Zeitlang war ich der einzige, der zu ihr kommen durfte. Dabei schaute sie nie auf die Uhr, aus einer Stunde wurden manchmal zwei oder drei. In dieser Situation war sie gezwungen, alles, auch technische Details, mündlich zu erklären, am Klavier konnte sie es mir nicht vormachen. Dabei habe ich für meine spätere pädagogische Praxis viel profitiert, nämlich wegzukommen vom einfachen Abgucken und Nachahmen dessen, was der Lehrer vormacht, das nannte sie die Papageienmethode.

Ganz selten hatte ich Gelegenheit, vor Publikum zu spielen. Einmal bot Vater sie mir. Er hatte regelmäßig Zusammenkünfte mit seinen alten »Regimentskameraden«. Alljährlich zum Geburtstag des längst abgedankten Kaisers mieteten sie einen Saal und feierten mit einem dreifachen »Hipp, hipp, hurra!«, mit Ansprachen und dem Austausch glorreicher Erinnerungen an die gute alte Kriegszeit. Solch eine »Kaiserfeier« sollte ich nun als Sechzehnjähriger mit meinem Klavierspiel verschönern. Ich war froh, endlich einmal Beethovens Waldsteinsonate vor einem Publikum spielen zu können. Mein Vater war voller Stolz und Freude. Seine Kameraden in ihren alten Uniformen mit Orden klatschten begeistert, sie sahen aus wie auf Zeichnungen von George Grosz, den ich damals noch nicht kannte. Aber ich weigerte mich, als Zugabe Militärmärsche zu spielen, trotz allen Drängens meines Vaters. Als schlagendes Argument führte ich die Weisung meiner Lehrmeisterin an, nur das vorzuspielen, was ich richtig studiert hatte.

Endlich, 1929, Lydia Lenz war inzwischen wieder gesund und spielte auch selbst wieder, bot sich mir eine einmalige Gelegenheit. Der Berliner Tonkünstlerverein, dem sie angehörte, organisierte einen Wettbewerb junger Instrumentalisten, und sie nominierte mich als einzigen ihrer Schüler zur Teilnahme. Bedingung war, daß nur zeitgenössische Musik gespielt werden durfte. Ich nahm mir einige Stücke von Prokofjew vor, darunter die Gavotte aus op. 32 und den Marsch aus der Oper »Die Liebe zu den drei Orangen« – Lydia Lenz nannte das »rote Musik« – und einige ganz neue Stücke von Ernst Toch, darunter »Sonnenspiel«, »Wetterleuchten« und als virtuosen Abschluß »Der Jongleur«, das wurden meine Bravourstücke. Da viele Teilnehmer gemeldet waren, mußte ich mich vor einer gestrengen Jury drei Auswahlprüfungen unterziehen. Die ersten beiden Runden schaffte ich. Beim drittenmal brauchte ich zu meinem Leidwesen nicht mehr alle Stücke vorzuspielen. »Ein Prokofjew und ein Toch genügen«, sagte der Juryvorsitzende, Professor Kurt Schubert. Lydia Lenz saß immer ganz still dabei, an ihrer Miene konnte ich nicht ablesen, ob sie zufrieden war oder nicht.

Dann aber kam Anfang Dezember das letzte, entscheidende Vorspiel vor geladenem Publikum. Trotz großer Aufregung glaubte ich gut gespielt zu haben, zweifelte aber doch, ob ich zu den Preisträgern gehören würde. Es dauerte etwa eine halbe Stunde, bis die Jury aufs Podium trat und der Vorsitzende feierlich das Ergebnis mitteilte. Ich traute meinen Ohren nicht: »Den ersten Preis für junge

Pianisten erhält Eberhard Rebling.« In mir jubelte es! Das war das schönste Geschenk zu meinem achtzehnten Geburtstag. Die Preisträger durften einige Tage später in einem öffentlichen Konzert im Breitkopfsaal in der Steglitzer Straße auftreten. Ich war der jüngste, zugleich auch der einzige, der noch zur Schule ging.

Noch etwas Wichtiges ergab sich 1929 für mich: Ich konnte zum erstenmal unterrichten. Das kam so. Lydia Lenz hatte eine ehemalige Schülerin, Fräulein Braun, die als Klavierlehrerin in Swinemünde tätig war. Sie kam meist in den Oster- und Herbstferien nach Berlin, um sich bei Lydia Lenz weiterzubilden. Diese hatte aber keine Zeit und empfahl ihr, bei mir Unterricht zu nehmen. Ich gab mir natürlich große Mühe, studierte mit ihr technische Übungen, Etüden, Stücke von Bach und leichtere Sonaten von Mozart und Beethoven. Sie war sehr zufrieden, lobte meine Geduld, meinen Eifer und verließ sich ganz auf meine Hinweise und Anregungen, die ich ihr fürs Selbststudium mit auf den Weg gab. Im Herbst unterrichtete ich sie wieder, jeweils zwei Doppelstunden pro Woche. Ich entdeckte, daß Unterrichten Freude machen kann. Mein Selbstbewußtsein, anderen Nützliches und Wichtiges vermitteln zu können, festigte sich. Außerdem verdiente ich zum erstenmal mit dieser »brotlosen Kunst« mein eigenes Geld.

Aber die Schule war ja auch noch da. Im allgemeinen langweilte sie mich. Meine Abneigung gegen die »Penne« wuchs so sehr, daß ich nur wenige interessante Erlebnisse, vorwiegend negative oder provozierend-heitere Episoden, im Gedächtnis behalten habe. Aber eine sehr gute pädagogische Neuerung wurde damals eingeführt: In den beiden obersten Klassen mußte jeder Schüler eine »Jahresarbeit« auf ein selbstgewähltes Thema schreiben. Zur Ausarbeitung hatten wir einige Monate Zeit. In der Unterprima schrieb ich einen zwanzig Seiten langen Aufsatz über die Vorzüge und Mängel des Berliner Musiklebens. Ich schrieb über Konzerte und Opernaufführungen, demonstrierte an Beispielen die mangelnde Planung, ja völlige Anarchie in der Programmwahl, ich kritisierte, daß manchmal an einem Abend in zwei Opernhäusern dieselbe Oper, in einer Woch dieselbe Sinfonie zwei- oder dreimal oder Schumanns »Carnaval« von verschiedenen Pianisten mehrmals pro Woche gespielt wurden, daß viel zuwenig zeitgenössische Musik erklang usw. Als Konsequenz dieser Mißstände forderte ich die Einrichtung einer Art Musikrat beim Magistrat von Groß-Berlin, in dem Vertreter aller Institutionen ihre Vorhaben und Absichten miteinander in Übereistimmung bringen sollten, um das Musikleben abwechslungsreicher und interessanter zu machen. Auch über die sehr unterschiedlichen Eintrittspreise sollte diskutiert werden. In meiner jugendlichen Phantasie malte ich mir das ganz ideal aus, ohne zu begreifen, daß bei dem herrschenden Konkurrenzkampf meine Vorschläge Illusion bleiben mußten.

Am Ende des Schuljahres bekamen wir unsere Arbeiten wieder zurück, ich bekam die Note Eins. Unser Klassenlehrer, Dr. Schulz, fühlte sich wohl nicht kompetent, meine Epistel zu beurteilen, und meinte nur: »Schickn Se die Arbeit doch dem Obabürjermeesta, vielleicht kann der wat damit anfangn!« Das ärgerte mich.

In der Oberprima wählte ich als Thema meiner Jahresarbeit einen Vergleich zwischen Bachs »Hoher Messe« und Beethovens »Missa solemnis«, zwei in Haltung und Stil sehr unterschiedliche Vertonungen des katholischen Messetextes. Dabei stellte ich mir die Frage, auf welche tieferen Ursachen wohl diese unterschiedlichen Haltungen beider Komponisten zurückzuführen seien – ohne eine Antwort darauf geben zu können. Ich bekam dennoch wieder eine Eins.

Im Gegensatz zu unserem berlinernden Deutschlehrer lernte ich bei Dr. Hammer zwar nur wenig Latein, aber gut Sächsisch. Dieser Lehrgang war fakultativ, ich machte ihn mit, weil ich meinte, Lateinkenntnisse für ein Studium der Musikgeschichte gebrauchen zu können. Das stimmte zwar, aber sie reichten bei weitem nicht aus. Aber ich lernte »ladeinisch« zu deklinieren, das klang sehr lustig. Wir kamen bis zu Texten aus »Cäsars ›De bello Galligo‹«.

In den letzten Schuljahren interessierte ich mich sehr für Biologie. Unser Lehrer, Dr. Franz, verstand es vorzüglich, uns Gründkenntnisse über die lebende Materie zu vermitteln. Er machte uns mit der Lehre Darwins bekannt und empfahl uns, Ernst Haeckels »Welträtsel« zu lesen. Ich kaufte mir eine billige Volksausgabe, las das Buch mit großer Spannung und erhielt einen ersten Einblick in die Entstehungsgeschichte der Welt, der Erde und der Menschen.

Der Musikunterricht bei Herrn Kraft langweilte mich schon einige Jahre schrecklich. Da ich ja alles längst kannte, was er erzählte oder hören ließ, machte ich heimlich schon meine Schularbeiten für den nächsten Tag, um für den Nachmittag Zeit zu gewinnen. Daß ich mich diesem armen Schulmeister weit überlegen fühlte, habe ich ihn sicherlich oft genug merken lassen. Daher bekam ich für meine Leistungen nur eine Zwei. Zum Abitur durfte man sich ein Wahlfach aussuchen, für mich kam nur Musik in Frage. Ich spielte die Orgel-Fantasie und -Fuge g-Moll von Bach in der Bearbeitung von Liszt, gab dazu eine gut vorbereitete Analyse und bekam als Gesamtnote in Musik doch noch eine Eins.

Das Abitur hatte ich dann endlich hinter mich gebracht. Nach den letzten mündlichen Prüfungen ging ich ins Theater und sah Max Pallenberg in einem Erfolgsstück Ödön von Horváths. Über Pallenbergs Improvisationen und Wortspielereien lachte ich Tränen, wohl auch, weil ich heilfroh war, die Schule endlich loszusein.

Zu meinen Brüdern hatte ich auch während der letzten Schuljahre nur noch eine lose Verbindung. Wir waren nicht, was man Brüder oder Freunde nennt, sondern lebten nebeneinander her. Außerdem waren sie meist schon außer Haus, wir sprachen uns nicht oft. Meinem Vater war ich zwar sehr dankbar, daß er mir das kostspielige Musikstudium bei Lydia Lenz ermöglichte, aber inneren Kontakt fand ich nicht zu ihm. Nur zu meiner Mutter hatte ich ein Vertrauensverhältnis. Besonders am Mittagstisch, wenn wir nur zu zweit waren, erzählte ich ihr viel. Aber da sie kaum eine eigene Meinung zu haben wagte und mich als ihren Jüngsten verwöhnte, widersprach sie mir auch selten.

Ein Thema jedoch war auch zwischen ihr und mir tabu, das war ja in gutbürgerlichem Hause so üblich: das Verhältnis von Jungen und Mädchen. Sie hatte mir zwar schon in jungen Jahren gesagt, daß sie meine Brüder und mich »unter dem Herzen getragen« habe, aber das war auch alles; was der Mann damit zu tun hatte, blieb unerwähnt. Die »Aufklärung« mußte ich mir schon irgendwo anders suchen. Ich fand sie in Vaters siebzehnbändigem Brockhaus-Lexikon. Dort habe ich nachgesucht, von einem Stichwort zum nächsten, bis ich gefunden hatte, was ich wissen wollte. So konnte ich bei geheimnistuerischen Gesprächen mit Schulkameraden mitreden.

Freunde hatte ich unter meinen Klassenkameraden nur wenige, eigentlich nur einen. Seit der Obertertia saß ich mit Gerhard Fuchs auf einer Schulbank. Er war zwar etwas jünger als ich, aber an Lebenserfahrung, politischen Einsichten und im Umgang mit Mädchen reifer, darum fühlte ich mich von ihm angezogen. Vielleicht reizte ihn an mir meine Unbekümmertheit, eine noch kindliche Naivität, die er nicht mehr besaß. Und er hatte großen Respekt vor meinem Klavierspiel. So ergab sich eine Freundschaft des gegenseitigen Nehmens und Gebens. Wir machten zusammen Schularbeiten, meist ging ich zu ihm in die Uhlandstraße. Dort spielte ich auch gern vor, eine Zeitlang gab ich ihm Klavierunterricht, als Freundschaftsdienst natürlich. Er schenkte mir dafür eine schöne Ausgabe der Werke Heinrich Heines, über den wir in der Schule so gut wie nichts erfahren haben.

In Gerhards Familie fand ich eine Aufgeschlossenheit und Herzenswärme, die mir zu Hause fehlte. Seine Mutter war eine vertrauenerweckende Frau, sein Vater, Dr. Sigbert Fuchs, ein in der Öffentlichkeit wohlbekannter Mitarbeiter des sozialdemokratischen »Vorwärts«. Hier wurde auch viel über Politik gesprochen. Während mein Vater für Hindenburg schwärmte und stets Deutsche Volkspartei wählte, hörte ich hier zum erstenmal etwas über das Leben der Arbeiter und über die Arbeiterbewegung, besonders als dann 1929 die Wirtschaftskrise hereinbrach und die Zahl der Arbeitslosen in die Millionen stieg. Wir waren uns völlig einig in der Ablehnung der braunen Horden, der faschistischen SA, die immer frecher auftraten.

Gerhard Fuchs war Jude, durch ihn erfuhr ich ganz allmählich etwas über die Geschichte der Juden. In unserer Klasse war beinahe die Hälfte aller Schüler jüdisch. Einige waren mit ihren Eltern erst nach dem Weltkrieg aus Polen gekommen und hatten noch Schwierigkeiten mit der deutschen Sprache. So lernte ich gesellschaftliche Probleme kennen, über die in unserer Familie nie gesprochen wurde.

Ein plötzliches Ereignis erschütterte mich zutiefst. Gerhards Vater beging Selbstmord, aus welchen Gründen, blieb mir unbekannt, doch begriff ich schon, daß sie mit der angsterregenden Gefahr des Faschismus zusammenhingen. Ich bemühte mich, Gerhard und seine Mutter zu trösten. Ich ging mit zum Weißenseer Friedhof, es war das erste Begräbnis, das ich erlebte, und ich bekam so – mit einer Mütze auf dem Kopf – einen ersten Einblick in jüdische Traditionen. Das Totengebet machte auf mich einen tiefen Eindruck, ich fand, daß es orientalisch klang.

Die Wirtschaftskrise hing wie ein schweres Gewitter über uns. In der Zeitschrift »Die Musik«, die ich abonniert hatte, las ich im Oktober 1930 etwas mich Erschreckendes: »Von etwa 6000 statistisch erfaßten Berliner Musikern gehen zur Zeit 4000 stempeln ... der Abbau beträgt bei uns 60 bis 75 Prozent ... Rundfunk, Tonfilm und Schallplatte sind keineswegs die alleinigen Ursachen des allgemeinen Elends ... der erwerbslose Musiker erhält in Berlin 22,50 Mark pro Woche ... wie viele Musiklehrer und Musikschriftsteller wären glücklich, wenn sie mit einer täglichen Einnahme von 5 Mark rechnen könnten!«

Lydia Lenz riet mir trotzdem, beim Klavierspiel zu bleiben: »Du bist begabt genug und sehr fleißig, du wirst dich durchsetzen, mit Unterrichten wirst du dir schon dein Brot verdienen können.« Sie war strikt dagegen, daß ich an der Akademie für Kirchen- und Schulmusik in Charlottenburg studieren sollte – an die sie seit kurzem zum Professor berufen worden war –, weil dem Schulmusiker viele andere Pflichten auferlegt würden, so daß für das Klavierstudium zu wenig Zeit übrig bliebe. Zum Schulmusikerberuf hatte ich ohnehin keine Lust.

Mein Vater aber hatte den Ehrgeiz, wenigstens zwei seiner Söhne akademisch ausbilden zu lassen; bei meinem Bruder Dietrich hatte es dazu nicht gereicht. Ich besorgte mir also ein Vorlesungsverzeichnis der Friedrich-Wilhelm-Universität und durchdachte alle Möglichkeiten. Vater ging es jetzt materiell besser, seine Schulden bezahlte er ratenweise. Sein Vorschlag war, Wirtschaftswissenschaften zu belegen, denn das, so argumentierte er, sei für einen einigermaßen begabten jungen Menschen immer aussichtsreich – trotz der Krise auf alle Fälle aussichtsreicher als die Musik. Dazu spürte ich aber gar keine Neigung. Ich bestand darauf, Musikwissenschaft zu studieren, die Vorlesungen lockten mich sehr. Außerdem hatte mein Freund Heinz Hollitscher dieselbe Absicht. Vater mußte wohl oder übel nachgeben.

Ostern 1930 begann ich mit dem Universitätsstudium. Der Unterricht bei Lydia Lenz ging weiter.

Meine »kopernikanische Wende«

Die Studentenzeit galt früher als ein freier, glücklicher Lebensabschnitt eines jungen Menschen. Auf mich traf das nur sehr bedingt zu.

Frei von der Schule zu sein machte mich glücklich. An der Universität konnte man sich immatrikulieren lassen, wenn der Ordinarius der betreffenden Fachrichtung das befürwortete und die entsprechenden Gebühren bezahlt wurden. Im Fach Musikwissenschaft mußte man mindestens sechs Semester studiert haben, um dann – im allgemeinen frühestens nach vier Jahren – eine Dissertation einreichen zu können, nach deren Bestätigung der Antrag auf das mündliche Examen gestellt werden konnte. Nach bestandenen mündlichen Prüfungen folgte dann die Promotion. Als Pflichtnebenfach wurde Philosophie gefordert, als obligatorisches Nebenfach wählte ich Germanistik, weil Gerhard Fuchs sich dafür als Hauptfach entschieden hatte.

Kurz vor meinem Abitur ging ich also in die Sprechstunde des Ordinarius für Musikwissenschaft, Prof. Dr. Arnold Schering, in die Universitätsstraße 7, und bat ihn um die Genehmigung einer Immatrikulation. Er empfing mich sehr freundlich. »Rebling heißen Sie? Dieser Name ist ja in der Musik nicht unbekannt!« Ich berichtete ihm über mein Klavierstudium, legte ein Gutachten von Prof. Lydia Lenz vor, erzählte von meinen Konzert- und Opernbesuchen und auch von meiner letzten Jahresarbeit in der Schule. Er stellte mir einige Fragen, deren Beantwortung mir keine Schwierigkeiten machte. So wurde ich immatrikuliert.

Daß ich nun ganz frei über meine Zeit verfügen konnte, war anfangs noch etwas befremdlich. Denn dieses Freisein bedeutete eigentlich ein Alleinsein, ganz Auf-sich-selbst-gestellt-Sein. Ich belegte im ersten Semester zweiundzwanzig Stunden, in den darauffolgenden Semestern sechzen und ab viertem Semester nur noch etwa zwölf Stunden in der Woche. Obwohl ich selbst mit Klavier- und Korrepetitionsstunden schon etwas verdiente, besuchte ich möglichst nur solche Vorlesungen und Übungen, die später für das Examen unbedingt erforderlich waren oder mich besonders interessierten, sonst wäre es zu teuer geworden. Im Herbst 1932 reichte das Geld tatsächlich nicht, ich mußte mich ein Semester lang beurlauben lassen. Ich wollte nämlich das Universitätsstudium möglichst selbst bezahlen, um nicht noch mehr von meinem Vater abhängig zu sein.

An der Berliner Universität wirkten damals international hochgeschätzte Musikwissenschaftler. Bei Schering hörte ich zunächst Übersichtsvorlesungen, bei Curt Sachs die Geschichte der Musikinstrumente, bei Georg Schünemann Geschichte der Klaviermusik, bei Johannes Wolf Musikgeschichte des Mittelalters und bei dem Privatdozenten Friedrich Blume Übungen in musikalischer Stilkritik, die mich besonders reizten, weil hier stilistische Vergleiche zwischen Bach, Mozart und ihren Zeitgenossen gemacht wurden. Das 18. Jahrhundert wurde schon seit dem ersten Semester mein Spezialgebiet. Später hörte ich noch eine hochinteressante Vorlesungsreihe von Erich M. von Hornbostel über Musikethnologie. Von den Professoren mied ich nur Hans-Joachim Moser, er las über deutsche Musik, das war mir zu national.

Den größten Eindruck auf mich machten die Vorlesungen von Curt Sachs über die Kulturgeschichte des Tanzes. Im Unterschied beispielsweise zu Schünemann, der alles aus einem dicken Manuskript vorlas, sprach Sachs frei, nur ab und zu schaute er in seine Notizen, außerdem illustrierte er das Gesagte mit vielen Lichtbildern. Ich hatte im Theater des Westens die Tanz- und Musikgruppe des Inders Uday Shankar erlebt: Die Vielfalt der Trommelklänge und die eigenartigen, unerhört suggestiven Tänze, etwa der majestätische, nur im Sitzen ausgeführte Shiva-Tanz, eröffneten mir völlig Neues, Außereuropäisches. Ich war begeistert von dieser außergewöhnlich differenzierten, aussagestarken indischen Kunst. Da sich die ganze Ausbildung in der Schule und größtenteils auch an der Universität ganz auf Europa beschränkte, erkannte ich durch Sachs, Hornbostel und Uday Shankar Dimensionen der Weltkultur, von der ich zuvor nichts geahnt hatte. Das erweckte schon damals meinen Wunsch, mich in Zukunft einmal ausführlicher gerade mit asiatischen Kulturen zu beschäftigen. Curt Sachs veröffentlichte 1933 seine bahnbrechenden Erkenntnisse über den Tanz in dem Buch »Eine Weltgeschichte des Tanzes«, ein Standardwerk auf diesem Gebiet.

Um bei Schering im Proseminar und später im Hauptseminar aufgenommen zu werden – wer bei ihm promovieren wollte, konnte sich dem nicht entziehen –, mußte man zwölf Fragen schriftlich beantworten. Darunter war auch immer eine Fangfrage, das hatte ich schon von älteren Kommilitonen gehört. Diese Frage lautete: »Mit welchem Akkord beginnt die ›Oberon‹-Ouvertüre von Weber?« Nun, das war für mich nicht schwer: Mit gar keinem Akkord, sondern mit einem Hornsolo. Ansonsten wählte er Fragen aus der ganzen europäischen Musikgeschichte. Bis auf eine konnte ich sie alle beantworten und wurde aufgenommen.

Schering zog mich während des Seminars mehrmals zu pianistischen Aufgaben heran. Um beispielsweise den Einfluß Liszts auf Wagner zu demonstrieren, ließ er mich eine wenig bekannte Lisztsche Klavierbearbeitung des »Feuerzaubers« aus der »Walküre« vorspielen, danach machte das Wagnersche Original den Eindruck der Orchestrierung eines Klavierstückes von Liszt. Während Blume sich auf stilistische Vergleiche verschiedener Komponisten eines Zeitalters konzentrierte, bemühte sich Schering um das Aufspüren von Zusammenhängen zwischen Musik und außermusikalischen Erscheinungen. Er nahm sogar das Risiko in Kauf, Gedankenkonstruktionen zu verkünden, die sich als wissenschaftlich nicht haltbar erweisen könnten. Das war damals gerade mit seinen Beethoven-Deutungen der Fall, mit denen er uns überraschte, ja verblüffte. Da Beethoven einige Male geäußert hatte, daß man bei seiner Musik an Shakespeare oder Schiller denken solle, verabsolutierte er diesen Gedanken und unterlegte Worte Shakespeares und Schillers den Themen aus Sinfonien und Sonaten, dabei benutzte er die Übersetzungen Shakespearescher Stücke, die Beethoven gelesen hatte. Mich interessierte an diesen Deutungen weniger das oftmals recht fragwürdige Ergebnis als die Absicht, gerade in der Instrumentalmusik Zusammenhänge mit außermusikalischen Erscheinungen aufzuspüren.

An der Universität begann ich mich auch mit Philosophie zu beschäftigen. Ich hörte Einführungs- und Übersichtsvorlesungen von Eduard Spranger, Max Dessoir, dem Psychologen Wolfgang Köhler und las viel in der damals gängigen »Geschichte der Philosophie« von Karl Vorländer. Ein Jahr später beschäftigte ich mich schon etwas eingehender mit Spinoza, Kant und Hegel. Heinz Hollitscher machte mich auf Sigmund Freud aufmerksam. Die Psychonanalyse gab mir Aufschluß auch über mein Innenleben, meine Wunschträume. Sollte ich etwa den Ödipuskomplex gehabt haben? Vielleicht schon ein kleines bißchen.

Für mein Pflichtfach Germanistik blieb nicht viel Zeit übrig. Ich hörte sehr anregende, rhetorisch eindrucksvolle Vorlesungen von Max Herrmann, der später in Theresienstadt umgekommen ist, und sehr langweilige von Julius Petersen, beschäftigte mich etwas mit Alt- und Mittelhochdeutsch, denn das war Pflicht. Daneben verließ ich mich auf die Kollegnotizen von Gerhard Fuchs und las allerlei Romane von Balzac, Zola, Tolstoi bis Thomas und Heinrich Mann und Feuchtwanger.

Zu meiner großen Enttäuschung reichte der Lateinabschluß des Realgymnasiums nicht aus, ich mußte das Große Latinum nachholen. Bei einem Vetter von Gerhard Fuchs, Heinz Blau, mit dem ich mich ebenso wie mit seinem Bruder Günter schnell anfreundete, nahm ich Unterricht. Ein Jahr später meldete ich mich zur Prüfung und fiel glanzvoll durch, das einzige Mal in meinem Leben, daß mir so etwas passierte. Also noch ein Jahr Latein büffeln, und dann endlich schaffte ich es.

So wißbegierig ich anfangs alles aufnahm, was mir das Studium bot, so begann ich doch schon im zweiten Jahr zu zweifeln. Je mehr ich lernte, um so weniger war es mir möglich, tiefere Zusammenhänge zu ergründen und größere Entwicklungslinien zu erkennen. Ich stellte mir schon die Frage, wozu diese Anhäufung von Wissen nützlich sein könne. Sei es nicht sinnlos, Wissen um des Wissens willen aufzustapeln?

Lydia Lenz war von Anfang an der Meinung, das wissenschaftliche Studium sei für mich einfach Zeitvergeudung. Mit ihr über solche Probleme zu reden war zwecklos, ich begann mich allmählich von ihrem starken Einfluß zu lösen. Während ich in der Schulzeit zwei bis drei Stunden täglich üben konnte, so verlangte sie jetzt von mir fünf bis sechs Stunden – und so lange übte ich auch meistens.

Der Erfolg des Wettbewerbs 1929 hatte mein Selbstvertrauen so gestärkt, daß ich nun auch durch die längere Übungszeit größere Fortschritte machte als zuvor. Ich studierte jetzt die letzten Klaviersonaten Beethovens – »öffentlich solltest du sie aber erst spielen, wenn du in zehn Jahren die nötige menschliche Reife besitzt«, schärfte mir die Lehrmeisterin ein –, Schumanns »Carnaval«, Mussorgskis »Bilder einer Ausstellung«, Konzerte von Mozart, Beethoven, Mendelssohn und Brahms.

Auftrittsmöglichkeiten außer in kleinem privatem Kreis gab es bei der wirtschaftlichen Misere so gut wie gar nicht. Solche Möglichkeiten mußte ich mir schon selbst suchen. Meine Mutter hatte die Idee, es einmal in Oppeln zu versuchen, da die Eltern dort noch viele Freunde und Bekannte hatten. Ich schrieb an die dortige Konzertdirektion, ob sie einen Klavierabend für mich organisieren könnte. Die Antwort war positiv, die Kosten relativ gering und die Aussicht, durch gute Propaganda in der örtlichen Presse genügend Zuhörer zu gewinnen, um die Kosten zu decken, durchaus real. So gab ich also am 14. März 1931 in der Aula des Oppelner Gymnasiums meinen ersten eigenen Klavierabend mit einem Programm bewährter Repertoirestücke von Bach – Liszt bis Prokofjew und Toch. Einen Frack konnte ich mir noch nicht leisten, also spielte ich in meinem blauen Abiturientenanzug. Die Presse hatte das Publikum neugierig gemacht, der Saal war gut besucht, das finanzielle Problem also gelöst. Mutter saß schrecklich aufgeregt in der ersten Reihe, neben ihr die alte Katharina Kuchnia, die Haushälterin meines längst verstorbenen Großpapas.

Ich war glücklich, endlich einmal einen ganzen Abend lang zeigen zu können, was ich konnte, spielte mit vollem Einsatz und riß mir beim Schlußglissando in Tochs »Jongleur« das Nagelbett des dritten Fingers meiner rechten Hand blutig. Starker Beifall, einige Zugaben und herzliche Umarmungen hinterher. Katharina rief immer wieder ganz begeistert: »Je, o je, un alles aus'm Koppe!« Am nächsten Tag bescheinigte mir die Presse große Begabung und berechtigte Hoffnungen für die Zukunft. Bei dem Fotografen Glauer, einem alten Freund der Familie, ließen wir einige Fotos machen; ich sah aus wie ein schüchternes Jünglichen von vielleicht sechzehn. Ein Jahr danach gab ich in Oppeln einen zweiten Abend mit anderem Programm und bekam wieder gute Kritiken.

Inzwischen lernte ich in Berlin einen jungen, zwar nicht sehr guten, aber unternehmungslustigen Geiger, Fritz Händschke, kennen, der im Festsaal der Kreuzkirche am Hohenzollerndamm eine Reihe von Kammermusikkonzerten organisieren wollte. Er zog noch einen zweiten Geiger, den ausgezeichneten Bratscher Walter Müller – später Solobratscher bei den Berliner Philharmonikern – und den Cellisten Heinrich Joachim hinzu, wir begannen eifrig zu proben. In diesen Konzerten spielten wir Trios, Quartette und Klavierquintette, ferner bot jeder von uns an einem Abend ein Solostück. Mit Walter Müller spielte ich die Bratschensonate von Hindemith, mit Heinrich Joachim die e-Moll-Sonate von Brahms und als eigenes Solo die Waldsteinsonate von Beethoven. Um es ganz offiziell zu machen, ließen wir uns Fräcke anfertigen. Der Saal war zwar meist halbleer, aber das war in jenen Jahren sogar bei arrivierten Künstlern normal. Wir bekamen viele Kritiken, manche freundlich und wohlwollend, einige auch arrogant und bissig, aber auch das war üblich. Das Musizieren machte mir großen Spaß. Merkwürdig, daß mir die Kammermusik mehr Freude bereitete als das Solospiel. War ich dafür vielleicht nicht egozentrisch genug?

Mit Heinrich Joachim freundete ich mich schnell an. Neben diesen Konzerten vereinbarten wir, uns einen Abend in der Woche zum gemeinsamen Musizieren zu treffen. Bei mir zu Haus ging das nicht, mein Vater wollte abends immer ungestört sein Bier trinken. Also fuhr ich nach Lichterfelde. In der Joachim-Familie wurde ich mit großer Herzlichkeit aufgenommen. Heinrich hatte eine Freundin, Ilonka, die oft bei unserem Musizieren anwesend war. Hier fand ich wieder eine Herzenswärme und familiäre Geborgenheit, dazu eine musische Atmosphäre, die ich im Elternhaus entbehren mußte. Im Laufe der Zeit studierten Heinrich und ich von Boccherini bis Brahms und Hindemith die ganze gängige Celloliteratur. Diese Abende waren immer eine wahre Freude für mich. Wir musizierten auch bei Familienfeiern. Sonntags machten wir zusammen Ausflüge oder hörten uns bei Ilonka schöne Schallplatten an. Wir waren bald so aufeinander eingespielt, daß ich größere Werke wie Beethovens A-Dur-Sonate oder die beiden Brahms-Sonaten auswendig spielte, das war etwas ganz Ungewöhnliches.

So erweiterte sich mein Freundes- und Bekanntenkreis und damit auch die Möglichkeit, Klavierschüler und Korrepetitionsstunden zu bekommen. Mit dem Klavierunterricht verdiente ich zwar wenig, aber immerhin etwas. Die Altistin Eva Liebenberg, die ich über Umwege kennenlernte, zahlte allerdings zwei Mark für eine Korrepetitionsstunde. Ich hatte sie schon in Konzerten gehört und ihre sonore Stimme bewundert. Als ich zum erstenmal mit ihr arbeitete, mußte ich feststellen, daß sie nicht einmal Noten lesen konnte! Tatsächlich ließ sie sich von ihren Korrepetitoren – sie hatte wohl mehrere – jede einzelne Note einbläuen. Ein Stimmphänomen als musikalische Analphabetin – mir schien das absurd. Aber ich hatte eine ergiebige Einnahmequelle.

Etwas später lernte ich den Tänzer Alexander von Swaine kennen. Die Arbeit mit Tänzern war neu für mich und anfänglich auch gar nicht einfach, denn es waren oft schwierige Stücke wie Debussys »L'Après-midi d'un faune«, und ich mußte mehr auf die Tanzbewegungen schauen als auf die Noten oder Tasten. Da er aber dieselben Passagen, ja einzelne Takte häufig zehn- bis zwanzigmal wiederholen ließ, kannte ich die Musik bald auswendig.

Inzwischen hatte ich das brave Steingräber-Klavier in unserem Wohnzimmer so entsetzlich abgeklappert, daß es für die tägliche stundenlange Arbeit nicht mehr brauchbar war. Der Klavierstimmer schüttelte nur noch den Kopf, da sei eben nichts mehr zu machen. Ein Flügel mußte also angeschafft werden. Zum Glück waren die Preise während der Wirtschaftskrise erheblich gesunken. Vater und ich gingen in ein Verkaufshaus, ich entschied mich für einen wunderschönen Bechstein-Flügel aus dem Jubiläumsjahr 1910. Der Preis: 1950,– Mark, erstaunlich billig, aber für uns eine schier unerschwingliche Summe. Nur auf Abstottern innerhalb von drei Jahren ließ sich das machen, ich versprach, nach meinen Möglichkeiten mitzuhelfen. Einige Tage später stand der Bechstein im Wohnzimmer, das extra dafür umgeräumt werden mußte. Meine Freude war grenzenlos, wie eine Geliebte umarmte und küßte ich das schwarzgelackte große Ding, das mich nun mein ganzes Leben begleiten sollte.

Küssen, ja, das hatte ich inzwischen auch gelernt, ich war nämlich ganz plötzlich bis über beide Ohren verliebt. Eigentlich merkwürdig, daß das erst so spät geschah. Ich glaube, meine Liebe zur Musik war all die Jahre so stark ausgeprägt, daß ich meine Sehnsüchte und Hoffnungen in Musik umsetzte. Vielleicht war es auch, daß meine

Liebe zu Mutter und Lydia Lenz mich so gefangenhielt, daß ich für Mädchen meines Alters kaum Interesse fand. Sicherlich lagen die Gründe aber noch tiefer, denn auch meine beiden Brüder fanden erst sehr spät ihre Partnerinnen.

Eines Tages ging ich wie üblich zum Klavierunterricht, und während ich gerade spielte, trat ein entzückendes chinesisches Mädchen ganz leise ins Zimmer. Sie wurde als neue Schülerin von Lydia Lenz vorgestellt. Ihr Name: Chin-hsin Yao. Da sie noch wenig deutsch, aber perfekt englisch sprach, konnte ich sogar als Dolmetscher fungieren. Ich erlebte auf einmal jenes viel besungene und bedichtete, kaum beschreibbare Gefühl einer tiefen Zuneigung, mir schien, ich müßte sofort Taminos Arie »Dies Bildnis ist bezaubernd schön« aus der »Zauberflöte« singen. Ich wartete natürlich das Ende ihrer Unterrichtsstunde ab und begleitete sie in die Westfälische Straße, wo sie in Untermiete wohnte. Wir trafen uns bald häufiger, machten lange Spaziergänge, hatten einander viel zu erzählen. Ich schwelgte in Seligkeit.

Chin-hsin blieb nicht lange bei Lydia Lenz, denn sie wollte an der Hochschule bei Hindemith Komposition studieren, deshalb war sie nach Berlin gekommen. An der Hochschule bekam sie bei dem braven, aber trockenen und wenig phantasievollen Richard Rößler Klavierunterricht, der ihr viel weniger zusagte als die Stunden bei Lydia Lenz. Daraus ergab sich von selbst, daß sie zwar brav zu Rößler in den Unterricht ging, aber faktisch bei mir auf dem schönen Bechstein-Flügel künstlerisches Klavierspiel lernte. Das mußte aber geheim bleiben, denn an der Hochschule war es verboten, außerhalb des Hauses Unterricht zu nehmen. Mein Vater staunte nicht wenig, daß ich nun außer jüdischen Freunden auch noch eine chinesische Schülerin ins Haus brachte!

Nach einiger Zeit fragte Chin-hsin mich, ob ich zwei jungen Mädchen, etwa elf und acht Jahre alt, Kindern des chinesischen Botschafters in Berlin, Klavierunterricht geben wollte – »aber fordere nicht zu wenig Honorar«, mahnte sie mich. So ging ich also etwa drei Jahre lang jede Woche einmal in die chinesische Botschaft am Kurfürstendamm und gab den Mädchen Unterricht (auf englisch), ließ sie Bach, leichte Beethoven-Stücke und Mozart vierhändig spielen. Während des Unterrichts saß immer eine Art Gouvernante götzenartig unbeweglich in einem Sessel und paßte auf, daß wirklich nur Klavier gespielt wurde. Das Botschafterehepaar war mit den Fortschritten ihrer Töchter sehr zufrieden, wie mir Chin-hsin mehrmals bestätigte.

Schon während der beiden ersten Studienjahre wurde mir in zunehmendem Maße bewußt, daß ich ganz allmählich aus der Enge, aus den kleinbürgerlichen Zwängen meines Elternhauses ausbrach: Die Konzentration auf die Musik, die Erweiterung meines geistigen Horizonts durch das Studium besonders der Philosophie, die Lektüre vieler Romane, so des »Zauberbergs« von Thomas Mann oder Hermann Hesses »Narziß und Goldmund«, die Gespräche mit Gerhard Fuchs und Heinz Hollitscher über die immer gespannter werdende politische Situation, die Erzählungen Chin-hsins über die fürchterlichen Zustände in China – immer noch verkrüppelte Füße vieler junger Mädchen, das Verheiratetwerden von Kindern durch die Eltern, die unvorstellbare Korruption, das Verschwinden riesiger Geldsummen, die zur Bekämpfung regelmäßig wiederkehrender Überschwemmungen bereitgestellt wurden, aber in den Taschen einiger Mächtiger verschwanden –, all das ließ mich allmählich erkennen, daß die Welt doch viel komplizierter und unendlich weniger heil war, als mir das im Elternhaus vorgespiegelt wurde.

Nun muß ich noch erwähnen, wie ich englisch sprechen lernte. Die Eltern hatten, wie ich schon sagte, mehrere Zimmer unserer großen Wohnung vermietet. Als einmal ein Zimmer frei war, las mein Vater in der »BZ am Mittag« eine Anzeige: Ein junger Engländer wollte zwei Jahre als »paying guest« in eine Familie aufgenommen werden, um Deutsch zu lernen. Auf einen Brief meines Vaters antwortete ein Herr gleich am nächsten Tag, er schaute sich unsere Wohnung an und sagte zu. Er wohnte zufällig bei uns um die Ecke in der Wittelsbacher Straße. So kam also Richard Malone, wir nannten ihn nur Dick, in unser Haus. Ich freundete mich schnell mit ihm an. Er erzählte uns, sein Vater sei Direktor einer Rückversicherungsgesellschaft – also ein Parasit von Parasiten, wie ich es zwei Jahre später formulierte – und fahre gern Auto. Einige Monate danach kamen Papa Malone und die Frau Mama mit einem schicken Auto vorgefahren, einem Sechssitzer mit zwei Klappstühlen. Malone sen. war sehr jovial, bei aller Geschäftstüchtigkeit auch künstlerisch interessiert, er schrieb nämlich Märchenstücke für Kinder. Von Dick hatte er schon gehört, daß ich Klavier spielte, ich mußte ihm gleich vorspielen. Er liebe vor allem »dreamy music«, sagte er, sein Lieblingsstück sei der zweite Satz aus Beethovens »Pathétique«. Als ich ihm das gleich vortrug, war er außer sich vor Entzükken. »I invite you to visit us in our summerhouse during the holidays.« Ich zweifelte allerdings daran. Aber nein, im Juli 1930, nach meinem ersten Studiensemester, schickte er Dick zwei Fahrkarten Berlin – London.

Mit dem Schnellzug ging's los ab Bahnhof Charlottenburg. Als wir kurz vor Mitternacht in Hoek van Holland auf die Bootfähre stiegen, sagte Dick feierlich: »Jetzt verläßt du zum erstenmal Europa!« – »Wieso?« fragte ich, »Großbritannien gehört doch auch zu Europa?« – »No«, sagte er entschieden, jetzt wieder in seiner Muttersprache, »Great Britain is Great Britain, the continent is Europe!«

Wir blieben einige Tage in London. Die Malones bewohnten ein großes Flat in der Nähe des Marble Arch, einer der vornehmsten Gegenden Londons. Die Stadt machte einen gewaltigen Eindruck auf mich: viel mehr Verkehr als in Berlin, ein verwirrendes Gewimmel von Menschen in den Hauptstraßen, viele Herren mit Regenschirm und mit einer Melone auf dem Kopf. Diese Geschäftigkeit der hastenden Menschen, die zuvorkommende Höflichkeit an Autobushaltestellen oder in der U-Bahn, die Herzlichkeit und Ungezwungenheit in der Familie – aber auch eine gewisse Oberflächlichkeit, mir schien, daß sich das Denken nur auf Alltägliches bezog, sehr »materialistisch« sei, wie ich in einem Brief schrieb, über politische, kulturelle oder gar philosophische Fragen wurde kaum diskutiert –, das alles fand ich sehr bemerkenswert.

Dann fuhren wir mit dem großen Auto nach Essex, in die Nähe von Chelmsford, wo die Malones ein großes Sommerhaus hatten. Hier traf sich die ganze Familie, Onkel und Tanten, Nichten und Neffen. Ein kauziger, unverheirateter Bruder der Frau Mama machte mir Avancen. Diese immer dreister werdenden Zudringlichkeiten waren mir zuwider, aber alle anderen lachten nur darüber, sie waren es wohl von ihm gewohnt. Im Wohnzimmer stand ein Klavier, jeden Abend mußte ich »dreamy music« spielen, also immer wieder das Beethoven-Adagio.

Diese Englandreise war sehr nützlich für mich. Ich lernte nicht nur gut englisch sprechen, ich erlebte zum erstenmal ein ganz anderes Land mit mir bisher fremden Traditionen, Gewohnheiten und Denkweisen. Ich vermochte auf einmal die eigene Berliner Umgebung aus Distanz, aus einem anderen Blickwinkel zu betrachten.

Auf der Rückreise nach Berlin machten Dick und ich noch einen Tag Station in Amsterdam. Wir wohnten ganz vornehm im Hotel »Astoria«, gegenüber dem Zentralbahnhof, frühstückten in einem teuren Restaurant am Rokin, ich genoß erstmals einen zarten holländischen Hering, Dick bezahlte alles. Bei diesigem, nassem Wetter durchstreifte ich die Stadt, ergötzte mich an den Schönheiten der Grachten, schaute ins Rijksmuseum, schlenderte über die Amstel in die Jodenhoek, sah das Rembrandt-Haus und den von Menschen wimmelnden Markt auf dem Waterlooplein. Nie wäre ich auf die Idee gekommen, daß ich hier einmal eine neue Heimat, meine Liebe fürs Leben finden würde. Sollten wir uns an diesem Tage etwa schon begegnet sein ...?

In Berlin stürzte ich mich gleich wieder in die Arbeit. Die unbeschwerte Heiterkeit des England-Erlebnisses wurde sofort wieder überschattet von heftiger aufbrechenden Widersprüchen und drohenden Gefahren.

Es ist heute sicher nur schwerlich nachzuempfinden, unter welchem Druck, mit welcher Angst vor der ungewissen Zukunft wir in den Jahren 1932/33 lebten. Ich fühlte immer stärker den Widerspruch zwischen meinen persönlichen Ansprüchen und der stets unerträglicher werdenden Umwelt. Die Armut, die ständigen finanziellen Sorgen, die vielen Bettler auf den Straßen, die meist leeren Konzertsäle, die fieberhafte Hektik der Großstadt Berlin und vor allem die immer brutaler auftretenden Nazis erschreckten mich. Wo sollte das hinführen?

In meiner nächsten Umgebung – mit Ausnahme meines Bruders Dietrich, der zu meinem Entsetzen Naziparolen verkündete, bald in die Partei Hitlers eintrat und SA-Uniform anzog – waren sich eigentlich alle einig in der Ablehnung des Faschismus. Es wird schon nicht so schlimm werden, wie es aussieht, meinten viele. Sogar mein Vater äußerte sein Mißfallen gegenüber dem »Führer«, nicht so sehr wegen dessen Nationalismus und Antisemitismus, nein, er verachtete ihn, weil er es im ersten Weltkrieg nur bis zum Gefreiten gebracht hatte.

Es wurde immer schlimmer. Mit eigenen Augen sah ich, wie die braunen Horden über den Kurfürstendamm stürmten, gräßliche Lieder grölten, Schaufensterscheiben jüdischer Geschäfte einschlugen, »Juda verrecke« und andere rassistische Losungen und Hakenkreuze auf Mauern und Türen schmierten, ohne daß die Polizei eingriff. Als ich im März 1932 mein zweites Konzert in Oppeln gab, wohnte in dem einzigen besseren Hotel der Stadt eine ganze Truppe von SA-Leuten, auch der berüchtigte »Gauleiter« von Schlesien, Edmund Heines, der zwei Jahre später wegen seiner Machtgelüste und angeblich wegen seiner Homosexualität von Hitlers Kommando erschossen wurde.

Mein Haß gegen Militarismus und Faschismus war grenzenlos. Aber was konnte ich dagegen tun als junger Musiker? Mit zwanzig Jahren wurde ich wahlberechtigt. 1932 gab es mehrere Wahlen, gleich im Januar die Reichstagswahl. Aber welche Partei sollte ich ankreuzen? Die Ultrarechten hatten sich gerade in der »Harzburger Front« zusammengeschlossen. Die Deutsche Volkspartei, auf die mein Vater und natürlich auch meine Mutter schwörten, schien mir noch viel zu sehr am alten Preußentum zu hängen, also mußte ich mich für weiter links entscheiden. Die SPD und KPD begriff ich noch zuwenig. Der Zentrumspolitiker Brüning wehrte sich gegen rechts, wenigstens in Worten. Also gab ich der Zentrumspartei meine Stimme.

Als ich das meinem Vater sagte, schrie er mich an: »Was? Diesen Pfaffen wählst du? Eine Schande!« Seitdem schwieg ich, politische Diskussionen mit ihm erschienen mir sinnlos.

Dann kam die Reichspräsidentenwahl im März/April. Die Hitlerpartei hatte schon in ganz Deutschland über ein Drittel aller Stimmen bekommen, und die Zahl der Arbeitslosen stieg immer noch! Mein Vater schwärmte für Hindenburg. Der kam für mich nicht in Frage, außerdem schien mir dieser Mummelgreis völlig unfähig zu sein, wieder das höchste Amt im Staate zu übernehmen. Und nun setzte sich auch die Zentrumspartei, ja sogar die SPD noch für diesen alten Militaristen als das »kleinere Übel« ein. Aber auf großen Plakaten laß ich: »Wer Hindenburg wählt, hilft den Nazis!«

und »Wer Hitler wählt, wählt den Krieg!« Der Kommunist Thälmann hatte das gesagt. Mir leuchtete das ein, und ich wählte Thälmann. Was wäre wohl passiert, wenn ich das zu Haus gesagt hätte?! Nur mit Heinz Hollitscher und Gerhard Fuchs, die für die SPD waren, diskutierte ich darüber.

Da ich jetzt viel zu tun hatte und Geld sparen wollte, ging ich weniger in Konzerte oder in die Oper. Heinz hatte mich auf die Uraufführung von Brecht/Weills »Der Jasager« aufmerksam gemacht. Wir waren beide begeistert über die Härte und Kraft dieser Musik, obwohl ich die Tragweite des Inhalts und der ästhetischen Grundhaltung noch nicht begriff. Aber als dann einige Monate später ausgerechnet der Deutschnationale Hans-Joachim Moser seine Schuloper »Der Reisekamerad« als Gegenstück aufführen ließ, ging mir ein Licht auf: Die krassen Gegensätze in Politik und Gesellschaft spielten sich also auch auf musikerzieherischem Gebiet ab.

In der Volksbühne war ich von Heinz Thiessens Chorwerk »Aufmarsch« hingerissen, eine Kampfansage gegen Militarismus und Faschismus. Heinz nahm mich auch mit ins Funkhaus zur Uraufführung von Strawinskys Violinkonzert, ich hörte Else C. Kraus alle Klavierwerke von Schönberg spielen, erlebte Schönberg selbst in einem interessanten Streitgespräch in der Musikhochschule. Daß der Skandal nach der Uraufführung seiner Orchestervariationen unter Furtwänglers Leitung 1928 einen eindeutig nationalistisch-antisemitischen Hintergrund hatte, wurde mir erst jetzt klar. Hindemiths Oratorium »Das Unaufhörliche« auf einen sehr verschwommenen Text von Gottfried Benn gefiel mir dagegen nicht, das war mir zu mystisch.

Zwei Ereignisse im Frühjahr 1932 waren es, die meinen weiteren Lebensweg entscheidend bestimmten. Als erstes ein für mich ganz ungewöhnliches Konzert an einem Sonntagvormittag im Theater am Nollendorfplatz. Der Saal war bis auf den letzten Platz gefüllt. Aber es war ein anderes Publikum, als ich es sonst von Abenden bekannter Sänger her kannte. Hier saßen Menschen, die man sonst nie in Konzerten sah, Arbeiter mit schwieligen Händen, meist blassen Gesichtern, ohne Schlips und Kragen. Und sie gaben ihrer gespannten Erwartung vor Beginn, ihrer begeisterten Zustimmung nach jedem Lied, vor allem aber am Schluß, unverblümt, ungehemmt Ausdruck. Sie riefen sogar den Künstlern auf der Bühne Titel von Liedern zu, die sie hören wollten, die mir aber unbekannt waren. Zuhörer, die so voll Spannung mitgingen und herzhaft reagierten, hatte ich noch nie erlebt. Wenn ich doch auch einmal vor solch einem Publikum spielen könnte!

Das war meine erste Begegnung mit Ernst Busch und Hanns Eisler. Die metallisch glänzende Stimme, ohne sentimentalen Opernschmelz, die Deutlichkeit der Diktion, die Kraft der Aussage, auch der beißende Spott, als vom »Silberstreif am Horizont« die Rede war, den irgendein Minister zu erkennen geglaubt hatte, das alles packte mich sehr. Und dann Hanns Eisler: Wie ein Besessener konnte er die ganze Kraft seines gedrungenen Körpers über die Finger auf die Tasten übertragen, mit dem rechten Fuß rhythmisch auf das Pedal stampfen, aber dem Instrument auch ganz zarte, freundliche Klänge entlocken. Ich war fasziniert von dieser für mich ganz neuartigen, dem Proletarierpublikum zugedachten Musik.

Und nun das zweite Ereignis, die Bekanntschaft mit einem Menschen, der mein Denken und Handeln völlig umkrempelte. Schon vor meinem zweiten Klavierabend in Oppeln hatte ich die Idee, anläßlich des bevorstehenden zweihundertsten Geburtstages von Joseph Haydn ein Programm mit Werken dieses immer noch als gemütlicher »Papa Haydn« verkannten Meisters zusammenzustellen und dafür eine Sängerin, einen Geiger oder Cellisten zu gewinnen. Aber wer konnte so etwas schon organisieren? Alle künstlerischen Institutionen litten in jenen Krisenjahren unter chronischem Geldmangel. Nun gab es eine »Gemeinnützige Vereinigung zur Pflege deutscher Kunst« mit Hauptsitz in Berlin und Zweigstellen im ganzen Lande, die auch Konzerte veranstaltete. Ich zog also meinen Abiturientenanzug an, band mir einen Schlips um und meldete mich klopfenden Herzens bei der Direktion. Einem eleganten Herrn, der mich höflich empfing, erläuterte ich meinen Plan. »Zumal doch für Haydn viel zuwenig getan wird«, versuchte ich ihn zu überzeugen – und legte ihm die Kritiken meines ersten Oppelner Konzertes vor. »Eine gute Idee. Wir werden sehen, was sich machen läßt«, sagte er lächelnd. »Sie werden von uns hören.«

Nun, Hoffnung machte ich mir kaum. Zu meiner Überraschung bekam ich jedoch einige Wochen danach einen Brief, in dem meinem Plan zugestimmt wurde, es seien einige Konzerte in oberschlesischen Städten geplant, eine Sängerin und ein Geiger aus Schlesien würden daran mitwirken, und ich möchte meinen Programmvorschlag einreichen. Die Reisekosten, Übernachtungen und Tagesspesen übernehme die Vereinigung, aber wegen der schwierigen Finanzlage könne man mir nur ein ganz bescheidenes Honorar anbieten, ob ich damit einverstanden sei. Na und ob ich einverstanden war! Mein Herz hüpfte vor Freude. Man muß eben frech sein und selbst etwas tun, dachte ich mir. Mein Selbstbewußtsein bekam gehörigen Auftrieb.

Telefonisch wurde mir dann noch mitgeteilt, an dem Programm würde noch ein gewisser Dr. Leo Balet mit zwei kurzen Vorträgen über Haydn mitwirken, ich würde ihn eine Viertelstunde vor Abfahrt des Zuges am Südeingang des Bahnhofs Charlottenburg treffen, er sei klein, habe eine Glatze und würde die »BZ am Mittag« in der Hand halten.

Es war Mitte Mai, herrliches Wetter. Am Bahnhof traf ich Dr. Balet. Wir stellten uns vor. Ich war zunächst etwas reserviert, denn eigentlich wollte ich ja diese kurzen Vorträge selbst halten. Im Schnellzug nach Breslau erzählte ich ihm von meinen pianistischen Erfolgen und meinem Universitätsstudium. Mit gezielten Fragen erkundigte er sich genauer nach meinen Eindrücken und Sorgen. Ich sagte ihm freimütig, daß ich zwar hervorragende Lehrer hätte, aber abgesehen von nur wenigen Vorlesungen und Seminaren, die wirklich anregend seien, würden wir mit einem Wust von historischen Fakten überschüttet, ohne etwas über Hintergründe und Zusammenhänge zu erfahren. Er lächelte nur. »Na, und weiter?« – »Nun«, antwortete ich, »was soll das ganze Studium, Fakten kann man doch auch in Büchern nachlesen. Schon in der Schule habe ich mir Gedanken gemacht, weshalb Beethovens ›Missa solemnis‹ so ganz anders ist als Bachs h-Moll-Messe. Das muß doch tiefere, nicht nur musikalische Gründe haben.«

Da wurde er ganz ernst und schaute mich durchdringend an: »Haben Sie schon einmal etwas von Karl Marx gehört?« – »Marx? Nein, wer ist das?« Da lachte er auf. »«Soso, schon vier Semester studiert, Musikwissenschaft und Philosophie, und keine Ahnung von Marx! So sind eben unsere Universitäten!«

Bis Oppeln hielt er mir dann einen Vortrag über dialektischen und historischen Materialismus, über Kapitalismus, Sozialismus und Kommunismus, über die Oktoberrevolution und Ernst Thälmann, über die Sozialdemokratie und den Faschismus. Immer wieder stellte ich Zwischenfragen ... Die Eisenbahnfahrt verging wie im Fluge.

Wir gaben Konzerte in Oppeln, Kreuzburg, Rosenberg und Guttentag. Annie Bernert, die »schlesische Nachtigall«, sang nicht immer ganz sauber, der Geiger Willi Wunderlich fiedelte mehr schlecht als recht, Balet sprach mit viel Humor über Haydns Stellung zwischen Feudalabsolutismus und neuem bürgerlichem Konzertleben, und ich rackerte mich auf meist heruntergewirtschafteten Flügeln ab. Die Kritiker lobten Balet und mich über alle Maßen, die anderen kamen nicht so gut weg.

In Bummelzügen und kleinen Hotels führten Balet und ich unsere Gespräche weiter. Ich fragte und fragte, er freute sich über meine Neugier. Er erzählte mir auch, daß er ursprünglich Holländer sei, das katholische Priesterseminar in Leiden absolviert, sich jedoch von der jesuitischen Heuchelei angewidert gefühlt habe. Aha, dachte ich, er rebellierte schon vor dreißig Jahren, wie ich jetzt gegen mein Elternhaus rebelliere. Er hatte dann in Paris und Freiburg (Breisgau) Kunstwissenschaft studiert, war in Bremen schon vor dem ersten Weltkrieg Museumsdirektor gewesen und lebte nun seit etlichen Jahren in Berlin. »Besuchen Sie mich doch mal, ich wohne in der ›roten‹ Künstlerkolonie am Breitenbachplatz.« Das brauchte er mir nicht zweimal zu sagen.

Auf der Rückreise machte ich noch einen Tag in Breslau Station. Mein Onkel Albrecht Haselbach, der Bierbrauereibesitzer, war aus Namslau zu meinen Konzerten nach Oppeln gekommen und drängte mich, unbedingt dem bekannten Pianisten und Pädagogen Bronislaw von Pozniak in Breslau vorzuspielen. Ich meldete mich an, kam in seine Wohnung, spielte Haydn, Brahms und Prokofjew. Er wollte mich überreden, nach Breslau zu ziehen und bei ihm weiterzustudieren, denn »Lydia Lenz ist doch wohl nicht das Richtige für einen jungen Mann wie Sie«. Da ich meine Lehrmeisterin immer noch sehr verehrte, war ich empört über diese plumpe Art der Abwerbung. Ich lehnte höflich ab und ging.

Die Reise fand dennoch ein sehr schönes Ende. An der Berliner Universität hatte die Lufthansa Propaganda gemacht für Inlandflüge, die Studenten zum Preis einer Eisenbahnfahrt zweiter Klasse nutzen könnten – wenn noch Plätze in den Linienmaschinen frei seien. Das Fliegen war damals etwas ganz Neues, nur Reiche konnten sich das leisten. Ich fuhr zum Breslauer Flugplatz, und siehe da, in einer kleinen Maschine nach Berlin waren noch Plätze frei. So flog ich also zum erstenmal, ein phantastisches Erlebnis. Über dem Müggelsee machte das Flugzeug eine Runde, der Horizont hob sich beängstigend, ja, da unten auf dem See lag das große Wasserflugzeug, die berühmte DO X, von der in den Zeitungen so viel die Rede war wie einige Jahre zuvor vom Zeppelin, den ich natürlich auch gesehen hatte. Wir landeten in Tempelhof. –

Nach der Haydn-Tournee besorgte ich mir sofort marxistisch-leninistische Literatur: Ich las, nein verschlang das »Kommunistische Manifest«, Lenins »Was tun?« und »Staat und Revolution«, vor allem aber Engels' »Anti-Dühring«. Mir eröffnete sich auf einmal eine ungeahnte Perspektive: den dialektischen und historischen Materialismus auf die Musikwissenschaft anzuwenden. Ich erkannte, daß von diesem Gesichtspunkt aus eigentlich die ganze Musikgeschichte neu untersucht und geschrieben werden müßte. Und selbstverständlich kaufte ich mir jetzt oft »Die Weltbühne« und die »Rote Fahne«. Zu Haus mußte ich das allerdings verschweigen, die marxistische Literatur versteckte ich in meinem Bücher- und Notenschrank.

Die Hektik der sich überstürzenden politischen Ereignisse in Deutschland kam mir noch deutlicher zu Bewußtsein, als mich Vater Malone zum zweitenmal zu einem Ferienaufenthalt nach England einlud. Dick wohnte nicht mehr bei uns, die Fahrkarte Berlin – London bekam ich per Post zugeschickt. In London erschien mir das Leben diesmal viel gelassener, konservativer. Über Politik sprach man wenig, ich wurde nur über Hitler und seine »Bewegung« ausgefragt, konnte aber auf Verständnis und Sympathie rechnen, als ich meinen Abscheu nicht verhehlte. Aber ich hatte den Eindruck, daß man den deutschen Faschismus nicht ernst nahm, die Gefahren, auch für England, total unterschätzte. Einmal wurde mir gesagt, daß ich so anders sei als viele andere junge Deutsche, weil ich beim Grüßen keinen Diener mache und die Hacken nicht zusammenschlage. Ich empfand das als Kompliment.

Dick hatte ein damals noch ganz ungewöhnliches Hobby, das nur wenigen erschwinglich war. Er hatte sich ein kleines Flugzeug, einen Doppeldecker mit zwei Sitzen, gekauft und flog nun nach Herzenslust. Als ich auf dem Landsitz der Malones war, organisierte er auf einem großen freien Feld einen Flugtag. Mehrere seiner fliegenden Freunde zogen eine Show ab und machten sogar Loopings. Für die Rückkehr nach Deutschland lud er mich ein, mit ihm zusammen von London nach Düsseldorf zu fliegen. Ein Abenteuer!

Wir starteten auf einem Flugplatz westlich von London. Ich hoffte, die Riesenstadt aus der Luft bewundern zu können, denn es war klares, wolkenloses Wetter. Aber ach, von oben sah ich über der Stadt nur eine graue Dunstglocke, in der Straßen, Häuser und sogar das silbern glänzende Band der Themse verschwanden. Wir flogen über den Ärmelkanal – ein bißchen ängstlich war mir schon zumute – und dann über Frankreich und Belgien nach Düsseldorf. Ich konnte alles wunderbar beobachten: die Kreidefelsen an der englischen Küste, die Schiffe in der Meerenge zwischen Dover und Calais, Städte, Dörfer, Felder, Wälder und schließlich den Rhein. In Düsseldorf trennten wir uns, Dick fuhr irgendwohin zu Bekannten, ich zu meiner Tante Else, der älteren Schwester meines Vaters.

Nach dieser wunderbaren Ferienreise platzte ich wieder hinein in die Hektik Berlins. Die Nazis waren mir noch widerlicher geworden, wie ein Damoklesschwert hing der drohende Faschismus über uns. Viel Arbeit wartete auf mich: tägliches Klavierstudium, Unterrichten und Korrepetieren, Vorbereitung auf einige Kammermusikkonzerte und das wissenschaftliche Studium. Ich hatte mir vorgenommen, meine Dissertation über den Stilwandel der Musik in Deutschland im 18. Jahrhundert zu schreiben und konnte nun schon viel Vorarbeit leisten.

Und wieder hatte ich unwahrscheinliches Glück. Eines Abends im September war ich bei Balet zu Besuch. Er erzählte mir, er habe schon Material gesammelt für ein Buch, das er schreiben wolle, und zwar ... über das 18. Jahrhundert in Deutschland! Er beabsichtige nicht, neue Fakten zusammenzutragen, sondern wolle aus historisch-materialistischer Sicht zum erstenmal eine ganze Kunstperiode analysieren, dabei aber alle Künste einbeziehen. »Das kann ich nicht allein«, meinte er, »dazu brauche ich, wenn irgend möglich, zwei Mitarbeiter, einen für Literatur und einen für Musik, denn die Musik ist ja gerade in dieser Epoche so überaus wichtig. Mir kommt es weniger auf eine Beschreibung der Tatsachen an als auf eine Bloßlegung der Zusammenhänge und Widersprüche. Das ist eine sehr schwierige Sache, denn bei der Vereinzelung der Kunstwissenschaften gibt es noch kein Beispiel für solch eine Betrachtungsweise. Es muß etwas Neues werden, eine Pioniertat, das ist riskant. Und vor allem müssen wir uns die Gesetze der Dialektik aneignen, um das zu schaffen.«

Ich hörte mit offenen Augen und Ohren zu. Er sagte weiter: »Ich habe schon einmal angefangen, mit einem Musikwissenschaftler zusammenzuarbeiten, aber er ist kein Marxist, das ging nicht. Mir bleibt nichts anderes übrig, als mich mit jungen, noch unverbildeten Leuten zusammenzutun.« Er nahm einen Schluck aus der Tasse mit sehr starkem Tee. »Wollen Sie mit mir zusammenarbeiten?«

Solch ein Angebot hätte ich nie erwartet. Es schien mir verlockend, weil ich als junger Student nie an eine Buchveröffentlichung zu denken wagte. Die Aussicht, an den Erfahrungen eines vielseitig gebildeten, marxistischen Kunstwissenschaftlers teilhaben zu können, fiel mir wie ein Geschenk in den Schoß. Ich sagte sofort zu, gab aber zu bedenken, daß ich auf wissenschaftlichem Gebiet ein Neuling sei und daran zweifle, seinen Erwartungen entsprechen zu können. »Wir werden uns schon zusammenraufen«, meinte er lakonisch.

Von diesem Tage an habe ich Balet regelmäßig einmal wöchentlich besucht. Er zeigte mir die Resultate seiner Vorarbeiten, vor allem über die Klassengegensätze und -kämpfe des Bürgertums gegen den Feudalabsolutismus, über die Philosophie der Aufklärung, die Religions- und Kunstgeschichte. »Wir müssen noch eine große Schwierigkeit bewältigen«, sagte er. »Es gibt bisher noch keine brauchbare Wirtschaftsgeschichte dieser Zeit, wir werden uns das alles aus den verschiedensten Quellen selbst zusammensuchen müssen.«

Ich legte bald erste Ergebnisse meiner Untersuchungen vor. Wir diskutierten oft bis tief in die Nacht hinein. Das erstaunlichste für mich war aber, daß er mir gegenüber nie überheblich-belehrend auftrat, sondern mich von Anfang an als gleichberechtigten Partner akzeptierte, obwohl er schon vierundfünfzig Jahre alt war, ich dagegen erst zwanzig. Gewiß lächelte er manchmal, wenn ich ihm allzu simple Zusammenhänge auftischte, aber bei seinem immensen Wissen hatte er immer die richtigen Argumente bereit, mich zu korrigieren.

Auf Balets Wunsch brachte ich einmal einen Kommilitonen der Germanistik mit, der auch fortschrittliche Ansichten vertrat, er hieß Prengel, um ihn als dritten Mitarbeiter für unser Projekt zu gewinnen. Wir arbeiteten eine Zeitlang mit ihm zusammen, aber er brachte selbst wenig Ideen ein, zweifelte überhaupt am Nutzen unserer Arbeit, und auch menschlich kam kein rechter Kontakt zustande. Bald machten die politischen Umstände sowieso eine Weiterarbeit mit ihm unmöglich. »Dann machen wir es eben allein«, meinte Balet, »Sie können die Lyrik übernehmen, die doch eng mit der Musik zusammenhängt, ich werde mich mit der Geschichte des Romans befassen, und über die Dramatik habe ich auch schon eine Menge zusammengesucht.«

Ein Problem war für uns die Erarbeitung der Methode des dialektischen Denkens. Wir nahmen uns vor, jede Woche bestimmte Abschnitte aus Werken von Hegel, Marx, Engels und Lenin zu studieren, um bei unserer nächsten Zusammenkunft darüber zu diskutieren und uns im Anwenden der Dialektik auf unser Spezialgebiet zu üben. Eines Tages zeigte mir Balet ein Buch, das er gerade in der Bibliothek aufgestöbert hatte, die 1923 erschienene »Theorie der Dialektik« von Jonas Cohn. Obwohl diese Formenlehre der Dialektik idealistisch war, hat uns das Studium dieses Buches doch genützt. Ich habe auch in den nächsten Jahren immer wieder darin gelesen und versucht, die gewonnenen Erkenntnisse für die eigene Arbeit nutzbar zu machen.

Diese Abende bei Balet waren für mich mehr wert als alle Vorlesungen und Seminare an der Universität, sie waren eine unersetzliche Lehrschule für mein ganzes Leben. Balet nahm mich auch zu Vorträgen marxistischer Wissenschaftler mit. So erinnere ich mich noch sehr gut an einen Vortrag über die Notwendigkeit der Planwirtschaft im Sozialismus. Ich erkannte, daß dies die einzig vernünftige Alternative zur kapitalistischen Produktionsweise ist.

Ich begleitete Balet auch bei Diskussionsabenden des »Schutzverbandes deutscher Schriftsteller«. Das Auftreten von Erich Mühsam, Georg Lukács und Andor Gábor beeindruckte mich. Einmal gingen wir auch zusammen zu einer Großkundgebung der KPD in der Hasenheide, Ernst Thälmann sprach, Erich Weinert rezitierte, Ernst Busch sang, wie immer von Hanns Eisler begleitet, auch die »Roten Tänzer« traten auf.

Ich war, so meinte ich, Marxist und Kommunist geworden. Balet nannte das »die historisch gesetzmäßige kopernikanische Wende« im Denken und in der Lebenshaltung. Welche Konsequenzen das für mich haben sollte, ahnte ich noch nicht.

Die braune Flut

In Konzerte und Opernvorstellungen ging ich jetzt noch seltener. Ein Abend aber blieb mir unvergeßlich. Im November 1932 spielte Sergej Prokofjew in einem Furtwängler-Konzert die Uraufführung seines 5. Klavierkonzertes. Ich war gespannt, ihn persönlich erleben zu können. Doch das Konzert enttäuschte mich. Gewiß, ich bewunderte seine bestechenden pianistischen Fertigkeiten, aber das neue Werk schien mir zu glatt, ja beinahe akademisch zu sein, ich hatte mehr von dem rhythmischen Elan der Klaviertoccata oder der Kraft des Marsches aus »Die Liebe zu den drei Orangen« erwartet. Dieses Konzert fand übrigens während des Berliner Verkehrsstreiks statt. Ich hatte darüber in der »Roten Fahne« gelesen und fand es gar nicht schlimm, statt mit der U-Bahn mit dem Fahrrad zur Philharmonie fahren zu müssen.

Die immer instabiler werdende politische Situation war natürlich ständig Hauptthema in den Diskussionen mit Freunden und Kommilitonen, wir stritten uns heftig über den Faschismus, über die mutige Rede Clara Zetkins im Reichstag und über die wankelmütige Haltung der sozialdemokratischen Führer. Manchmal gab es aber auch Anlaß zum Spott, so beispielsweise, als der Innenminister der Papen-Regierung Bracht seinen »Zwickelerlaß« veröffentlichte. Die kleine dreieckige Badehose für Männer war in Mode gekommen, je kleiner desto besser – ich hatte mir natürlich auch eine besorgt. Über solche »Verwilderung der Sitten« waren nun manche Herrschaften sehr empört, und Herr Bracht ordnete an, daß beim öffentlichen Baden nur Badehosen mit Zwickel getragen werden dürften, in manchen Zeitungen gab es dazu genaue Erläuterungen. Kein Wunder, daß man sich gerade unter uns Studenten viele Witze darüber erzählte.

Bei den Reichstagswahlen im November hatten die Nazis schon vier Prozent ihrer Stimmen verloren, und in Berlin war die KPD zur stärksten Partei aufgerückt, das machte auch mir Mut. Wir alle hofften, daß Hitler doch nicht die Regierung übernehmen werde.

Aber es kam anders. Den 30. Januar 1933 werde ich immer als einen schrecklichen Tag im Gedächtnis behalten. Hindenburg übertrug im Auftrag einflußreicher Kräfte des Großkapitals und der Junker dem Rattenfänger von Braunau die Staatsmacht. Ernst Thälmann hatte leider recht behalten: »Wer Hindenburg wählt, hilft den Nazis!« – und wann würde der Krieg kommen? Die braunen Horden strömten hysterisch brüllend durchs Brandenburger Tor. Fürchterliches stand bevor, das war sicher. Ich hatte mit Widerwillen, jedoch um informiert zu sein, Alfred Rosenbergs »Mythos des 20. Jahrhunderts« gelesen und auch in Hitlers »Mein Kampf« geblättert. Daß die Faschisten nun die Macht mißbrauchen würden, um ihre verbrecherischen Ziele zu erreichen, bezweifelte ich keinen Augenblick.

Ich stand am Scheidewege. Was sollte ich tun? Sollte ich gegen mein Gewissen, gegen meine politischen, moralischen, humanistischen Überzeugungen handeln und mit den Wölfen heulen? Oder sollte ich irgendwohin ins Ausland gehen? Vielleicht nach England?

Vieles stürmte auf mich ein. Lydia Lenz sagte: »Jetzt bekommst du eine große Chance. Juden wie Schnabel, Mayer-Mahr, Kreutzer und viele andere haben ausgespielt. Jetzt beginnt ein neues, nationales Musikleben. Du kannst viel und wirst in einigen Jahren Professor an der Hochschule oder der Akademie für Kirchen- und Schulmusik sein können. Ich habe da Einfluß, bald werden Stellen frei, und ich kann dir dabei helfen!«

Mein Vater sagte: »Die Nazis werden in die Musik und Kunst nicht gerade viel einbringen können, aber trotz aller Vorbehalte, die ich habe, ist doch viel Gutes dran. Es ist nun einmal so in diesen wechselhaften Zeiten, man muß sein Mäntelchen nach dem Wind hängen, es bleibt gar nichts weiter übrig. Sieh mal, ich hab erst die Kaiserzeit, dann die Weimarer Republik erlebt, aber so wie bisher kann es doch nicht weitergehen, jetzt werden wir uns auch an den Nationalsozialismus gewöhnen müssen.«

Dann waren da andere, die meinten, es werde doch nicht alles so heiß gegessen, wie es gekocht wird. Soll der Hitler doch mal erst tun, was er so alles versprochen hat, in einigen Monaten hat er sowieso abgewirtschaftet.

Und da waren Balet, einige wenige Kommilitonen und auch Chin-hsin, die sagten: Es wird schlimm werden, es wird zum Krieg kommen!

Also was tun? Wie sollte ich als völlig unbekannter, blutjunger Pianist bei dem Überangebot an Künstlern irgendwo im Ausland Fuß fassen können?

Das alles ging mir durch den Kopf. In einer Panikstimmung nahm ich alle Nummern der »Weltbühne«, die ich aufgehoben hatte, und warf sie irgendwo im Dunkeln weg. Die marxistischen Bücher versteckte ich zwischen meinen Noten. Doch schon nach einigen Tagen dachte ich mir: Dummkopf, laß dir doch etwas Zeit, du mußt dich ja nicht gleich heute entscheiden. Für die Ratschläge von Lydia Lenz und meinem Vater hatte ich nur ein stummes Lächeln übrig. Nein, ich werde nicht gegen mein Gewissen handeln. Aber warum sollte ich Hals über Kopf ins Ausland gehen? Mach erst dein Studium zu Ende, sagte ich mir, als Dr. phil. kannst du auch im Ausland leichter etwas erreichen. Außerdem war ich politisch nicht organisiert und konnte meine Entscheidungen also ganz allein treffen.

Ich hatte zwar schon einige Wochen lang daran gedacht, Mitglied der KPD zu werden, aber doch noch gezögert, weil ich glaubte, noch nicht reif dafür zu sein.

Unter diesem Druck ging das Leben weiter. Ich mußte mich auf einen Kammermusikabend in der Schmargendorfer Kreuzkirche vorbereiten: das Klaviertrio op. 77 b von Max Reger, die Bratschensonate von Hindemith und Dvořáks Klavierquintett – ein happiges Pensum. Wie ich an diesem 7. Februar gespielt habe, weiß ich nicht mehr, aber nervös war ich sicher.

Ich arbeitete viel in der Staatsbibliothek. Die Lesesäle waren bis neun Uhr abends geöffnet, und dann ging ich meist zu Fuß über die Linden, durchs Brandenburger Tor, den ganzen Tiergarten und den Kurfürstendamm entlang nach Haus. Diese Stunde Fußweg war für mich immer eine Entspannung und eine Gelegenheit, jüngste Eindrücke und Gedanken zu verarbeiten. Auch am 27. Februar ging ich diesen Weg. Schon Unter den Linden merkte ich an den vielen Polizeiautos, daß etwas im Gange war. Am Brandenburger Tor stand die SA und ließ niemand durch. Ich schaute nach rechts: Der Reichstag brannte!

Am nächsten Tag war ich wieder mit Balet verabredet. Ich klingelte, Käte öffnete und teilte mir ganz aufgeregt mit, Leo sei am Abend zuvor mit dem Schnellzug nach Holland geflohen, sie müßte noch einige Sachen erledigen – ich wußte, daß sie schwanger war – und würde ihm folgen. Die Genossen der Siedlung am Breitenbachplatz, wo direkt neben Balet auch Erich Weinert, Ernst Busch, Hermann Budzislawski und viele andere wohnten, seien gestern gewarnt worden, daß Haussuchungen und Verhaftungen vorgenommen werden sollten. Tatsächlich wollten SA-Leute auch Balet am frühen Morgen mitnehmen, aber er war schon weg. Die Manuskripte und alle Notizen für das Buch habe er mitgenommen, er habe versprochen, mir aus Holland zu schreiben. »Kommen Sie nicht mehr hierher«, sagte sie, »es könnte gefährlich für Sie werden, rufen Sie auch nicht mehr an. Sie werden von uns hören.« Wir verabschiedeten uns kurz, völlig konsterniert ging ich die Treppe hinunter.

Wie sollte nun alles weitergehen? Nach außen hin schien sich kaum etwas geändert zu haben. Ich übte weiter fleißig Klavier, gab Unterricht, korrepetierte, arbeitete einmal wöchentlich mit Heinrich Joachim und besuchte ab Ostern wieder Vorlesungen und Seminare an der Universität. Sonntags machte ich mit Chin-shin oder anderen Vertrauten Ausflüge in die Umgebung Berlins. Rundum häuften sich die Hiobsbotschaften: Kommunisten, linke Sozialdemokraten, andere Anifaschisten und Juden wurden auf Grund der »Verordnung zum Schutze von Volk und Staat«, die am Tage nach dem Reichstagsbrand veröffentlicht worden war, verhaftet; von der SS geleitete Konzentrationslager wurden eingerichtet; »KZ« wurde zum Schreckenswort. Was da wirklich geschah, wußte niemand, aber – so hieß es – wenn man erst einmal drin ist, kommt man nicht wieder heraus. Auf dem Platz vor der Universität fand die berüchtigte Bücherverbrennung statt, auch die SPD und die Gewerkschaften wurden verboten. In Musikerkreisen hörte man, daß bekannte jüdische Komponisten und Interpreten ins Ausland geflohen seien, immer wieder neue Namen wurden genannt.

Die Nachricht vom Skandal in der Dresdner Staatsoper verbreitete sich wie ein Lauffeuer. Fritz Busch, als »deutschester aller deutschen Dirigenten« einst von der Rechtspresse gepriesen, hatte aus seiner antifaschistischen Haltung nie ein Hehl gemacht. An jenem 7. März 1933 trat er wie gewöhnlich ans Dirigentenpult, »Rigoletto« stand auf dem Programm. Da erhob sich im Zuschauerraum ein wüstes Geschrei: »Nieder mit Busch! – Verräter, raus!« Einige Besucher ließen ein empörtes »Hoch, Busch!« hören. Es kam zu einer Schlägerei. Die Dresdener Nazis hatten an die SA und ihre Anhänger gratis Karten verteilt, der braune Mob tobte sich aus.

Ruhigen Schrittes verließ Fritz Busch die Semperoper und ihr Ensemble, das er in elf Jahren zu glänzenden Leistungen geführt hatte. Kapellmeister Striegler, der »zufällig« im Hause war, übernahm die Leitung der Aufführung. Bald darauf reiste Busch nach Buenos Aires ab, wo er mehrere Spielzeiten im Teatro Colon Opernaufführungen und Konzerte leitete, die als beispielhaft gerühmt wurden. –

Ausländische Zeitungen konnte man schon bald nicht mehr bekommen, sie waren im Handumdrehen ausverkauft. Aber es sprach sich herum, daß es am Kurfürstendamm eine Zeitungsstube gab, in der man Zeitungen und Zeitschriften aus dem Ausland gegen ganz geringes Entgelt einsehen konnte. Wenn ich abends aus der Staatsbibliothek kam, ging ich oft dorthin und las nun auch die Wahrheit über den beispiellosen Dresdner Theaterskandal. Im Volksmund hieß diese Zeitungsstube »Klub der Neinstimmer«. Ich hatte bei den letzten Wahlen Anfang März KPD gewählt.

Die kleine Zeitungsstube konnte sich noch bis 1935 halten. Ich las dort regelmäßig englische und bald auch holländische Zeitungen, der Raum war immer überfüllt. Hier herrschte eine merkwürdige Atmosphäre. Man saß da in einem Sessel, kannte einander nur vom Sehen, gesprochen wurde nicht. Es war eine schweigsame Gemeinschaft, eine einsame Oase inmitten einer Wüste von Terror, Angst und Schrecken. Hier las ich auch im Herbst ausführliche Berichte über den Reichstagsbrandprozeß und verglich sie mit denen der inzwischen längst »gleichgeschalteten« einheimischen Presse. Das unerschrockene Auftreten Dimitroffs und sein Rededuell mit dem vor Wut schäumenden dicken Göring gab uns neuen Mut.

Doch zurück zur Musik. Ich war unmittelbar Zeuge der skrupellosen Vernichtung des blühenden Konzertlebens. Von den großen Dirigenten Berlins verließen Otto Klemperer, Bruno Walter, Leo Blech, Fritz Stiedry, Oscar Fried, Alexander von Zemlinsky und bald auch Erich Kleiber die Stätten ihres langjährigen Wirkens. Kleiber hatte noch den Mut, trotz der lautstarken Kampagnen gegen die »entartete, kulturbolschewistisch verseuchte Musik« in einem Konzert der Berliner Philharmoniker Strawinskys »Sacre du Printemps« aufzuführen. Der Beifall steigerte sich zu einer politischen Demonstration.

Die Lücken, die dieser Aderlaß hervorragender Dirigenten riß, mußten irgendwie geschlossen werden, zumal auch zahlreiche berühmte ausländische Künstler ihre schon öffentlich angekündigten Gastspiele kurzfristig absagten.

Es war ein abscheuliches Schauspiel erschreckender Charakterlosigkeit und üblen Opportunismus – so beurteilte ich mit einigen treuen Freunden die nun einsetzenden Aktivitäten einiger Musiker. Allen voran Richard Strauss, der es wahrhaftig nicht nötig gehabt hätte, sich aus purer Eitelkeit, Gewinnsucht und politischer Instinktlosigkeit den neuen Machthabern bereitwilligst anzubieten. Er übernahm als Dirigent Konzerte und Opernaufführungen in Berlin, leitete im Sommer 1933 bei den von den Nazis beweihräucherten Wagner-Festspielen die »Parsifal«-Aufführungen, die Toscanini aus politischen Gründen abgesagt hatte, ließ sich dann im November zum Präsidenten der faschistischen Reichsmusikkammer ernennen und schließlich zu seinem 70. Geburtstag am 11. Juni 1934 mit einem Festakt in Dresden, mit ihm gewidmeten Festwochen in Berlin, Dresden und München und mit hohen Auszeichnungen ehren; stets in Anwesenheit prominenter Nazis, versteht sich. Erst als gegen den Widerstand von Goebbels ein Jahr später in Dresden seine neueste Oper »Die schweigsame Frau« mit dem Text des »jüdischen Kulturbolschewisten« Stefan Zweig uraufgeführt wurde, fiel Strauss etwas in Ungnade. Er mußte zwar als Präsident der Reichsmusikkammer abtreten, übernahm aber die Leitung des »Ständigen Rates für die internationale Zusammenarbeit der Komponisten«, also der Organisation, die den Faschisten genehme Komponisten im Ausland propagierte und ausländische Komponisten für Aufführungen im Dritten Reich gewinnen wollte. Diese Funktion bekleidete er bis zum bitteren Ende 1945, »Die schweigsame Frau« hatte Karl Böhm durchgesetzt, der bereitwillig Nachfolger Fritz Buschs geworden war.

Die Zivilcourage eines Fritz Busch haben leider nur wenige Musiker aufgebracht, auch Furtwängler nicht. Als Goebbels verlangte, daß jüdische Musiker aus allen Orchestern fristlos zu entlassen seien, setzte sich Furtwängler energisch für ein Verbleiben des Ersten Konzertmeisters Simon (später Szymon) Goldberg und des Ersten Solocellisten Emanuel Feuermann im Philharmonischen Orchester ein, kurzzeitig sogar mit Erfolg. Und noch im März 1934 brachte er die Sinfonie »Mathis der Maler« von Paul Hindemith zur Uraufführung, Hindemith, der zwar noch in der Musikhochschule unterrichten durfte – zum Ärger der Nazis war er kein Jude! –, aber dessen Musik als ebenso »entartet« galt wie die von Mendelssohn, Mahler, Schönberg oder Strawinsky und nicht mehr erklingen durfte.

Nach dieser Aufführung wurde eine perfide Verleumdungskampagne gegen Hindemith in Gang gesetzt. Als sich dann Furtwängler mit einem Artikel »Der Fall Hindemith« in der »Deutschen Allgemeinen Zeitung« für Hindemith einsetzte und ihn als einen Komponisten »ausgesprochen deutschen Typus« charakterisierte, fiel die von Goebbels dirigierte Presse wie eine Meute aufgehetzter Hunde über Furtwängler her. Er erlitt einen Nervenzusammenbruch, wurde zunächst für ein Jahr aller seiner Ämter, vor allem als Chef der Philharmoniker, enthoben und soll, wie überall erzählt wurde, zur Erholung nach Ägypten gereist sein. Jetzt hatten die Nazis also auch den letzten großen Dirigenten Berlins hinausgeekelt.

Wir bewunderten damals Furtwänglers konsequente Haltung. Um so größer aber war unsere Enttäuschung, als er, der im Ausland genauso aktiv hätte wirken können wie Fritz Busch, Otto Klemperer oder Bruno Walter, nach einem Jahr zurückkehrte, seine Stelle als Chefdirigent wieder einnahm und sich sogar zum Mitglied des »Staatsrates« ernennen ließ. Er erlag dem tragischen Irrtum, durch die Pflege des humanistischen Erbes auf die Gesellschaft positiv einwirken zu können. Dieser Kniefall vor den faschistischen Machthabern zwang ihn dann dazu, mitten im Krieg Hitler zu »Ehren« an dessen Geburtstag die IX. Sinfonie von Beethoven zu dirigieren. Welch ein Hohn, den Jubelgesang auf die friedliche Verbrüderung der Menschheit dem Unmenschen zu widmen, unter dessen wahnwitzigem Machtstreben im gleichen Moment Menschen gefoltert, vergast, erhängt und erschossen wurden!

Es gab noch viele, vor 1933 mehr oder weniger bekannte, gute und auch schlechte Musiker, die sich den neuen Potentaten an den Hals warfen und sich in die Stellen drängelten, die durch die erzwungene Emigration anderer frei geworden waren. Ich möchte nur ein Beispiel nennen, das mich und meine Freunde damals empörte. Der Violinist, Pädagoge und auch Dirigent Gustav Havemann, Professor an der Berliner Musikhochschule, erregte (um 1930) einmal Aufsehen, als er mit einer roten Nelke im Knopfloch auftrat, um seine »linken« Sympathien kundzutun. 1933 aber marschierte er stramm mit den Nazis. Da nun Carl Flesch, der berühmte Geiger und Violinmethodiker, als sein Konkurrent an der Hochschule ausgebootet wurde, meinte Havemann wohl, daß jetzt seine Zeit gekommen sei. Wir nannten ihn nur noch den »eisernen Gustav«, nach dem Beispiel eines Berliner Kutschers, der in jener Zeit mit seiner Pferdedroschke von Berlin nach Paris und wieder zurück kutschierte.

Wir beurteilten jeden Menschen, ob prominent oder nicht, ausschließlich nach seiner Haltung zu den Nazis. Die Menschenfeindlichkeit und der Terror des Hitlerregiments waren von einer solchen Perfidie gegen alles Humane und Fortschrittliche geprägt, daß auf der Gegenseite nur ein abgrundtiefer Abscheu gegen Hitler, seine braunen Banden und alle, die ihm zujubelten, hervorgerufen werden konnte. Gewiß, unsere Urteile waren auch schon mal einseitig und überspitzt, denn manch einem, der erst auf die faschistische Demagogie hereinfiel, gingen nach einigen Jahren – 1935, als die Wehrpflicht wieder eingeführt wurde, 1936 bei dem Politspektakel der Olympiade oder gar erst nach der »Kristallnacht« 1938 und dem Kriegsbeginn 1939 – die Augen auf. Aber da war es schon fast zu spät, sich aktiv in die Front der Hitlergegner einzureihen.

Ich bin der Zeit schon ein wenig vorausgeeilt, aber ich mußte doch etwas genauer schildern, wie wir den Zusammenbruch des Berliner Musiklebens aus nächster Nähe miterlebten, zwischen der Freude über charakterfestes Handelns und auch oftmals Erbitterung über Karrierismus.

Das Leben wurde immer einsamer für mich. Balet war geflohen, Gerhard Fuchs zog in die Schweiz und studierte in Fribourg weiter, Heinz Hollitscher reiste zu seinem Vater nach Prag, auch er setzte sein Studium fort. Der Germanistik-Kommilitone Prengel, mit dem Balet und ich eine Zeitlang zusammenarbeiteten, emigrierte nach Frankreich. So schrumpfte mein Freundeskreis.

Glücklicherweise blieb Chin-hsin noch. Sie studierte bei Hindemith, und ich half ihr beim Klavierstudium. Wir machten wie früher Ausflüge, wurden aber einige Male von SA-Leuten angerempelt, so daß wir auf der Straße nicht mehr Arm in Arm gehen konnten. Wie liebten uns sehr, obwohl ihr Verlobter, mit dem sie gegen ihren Willen schon in jungen Jahren zusammengekettet worden war, ab und zu einmal auftauchte, er war auch Student.

Und dann waren da noch immer die Abende im Hause der Familie Joachim. Heinrich und ich arbeiteten fleißig und bereiteten uns auf Konzerte vor.

Auch an der Universität gab es große Veränderungen. Curt Sachs mußte nach Paris emigrieren, Erich M. von Hornbostel ging nach Amerika. Mit Arnold Schering hatte ich schon das Thema für meine Dissertation vereinbart: »Die soziologischen Grundlagen der Stilwandlung der Musik in Deutschland um die Mitte des 18. Jahrhunderts.« Die Soziologie war seit Ende der zwanziger Jahre up to date. Es wurde viel über die Notwendigkeit gesprochen, die Wissenschaft von der gesellschaftlichen Entwicklung auch in die Kunstwissenschaften einzubeziehen, daher war Schering mit meinem Vorschlag, das einmal an einem Beispiel der Musikgeschichte zu demonstrieren, sehr einverstanden. Genaugenommen war ja der Titel der Dissertation unrichtig, es konnte sich nicht um die soziologischen, sondern nur um die gesellschaftlichen und sozialen Grundlagen jener Zeit handeln. Soziologie war eben modern und opportun – zwar nicht mehr unter Hitler, aber Schering ermutigte mich, die Arbeit trotzdem zu machen.

Im Sommersemester 1933 gab es eines Tages im Musikhistorischen Hauptseminar Scherings einen fürchterlichen Skandal. Als unser Professor den Saal betrat, es waren etwa vierzig bis fünfzig Teilnehmer anwesend, drängte sich plötzlich ein bisher kaum in Erscheinung getretener Student, Hugo Rasch, in SA-Uniform ans Rednerpult und hielt, sekundiert von zwei anderen SA-Männern, in zackig-schreiender Nazimanier eine Schandrede. Es müsse nun endlich Schluß sein mit dem »kulturbolschewistisch verseuchten Liberalismus« des Musikwissenschaftlichen Instituts, der »hehre deutsche Geist« müsse wieder einziehen, und wenn sich nicht bald Grundlegendes ändere, würde »mit harter Hand durchgegriffen« werden. Obwohl Scherings Name nicht fiel, richtete sich diese Attacke offensichtlich gegen ihn. Mit »Heil Hitler!« beendete Rasch seine Tirade und setzte sich auf seinen Platz mitten unter uns.

Eisiges Schweigen. Schering war kreidebleich, seine Hände zitterten, er bewahrte aber Haltung, wartete einen Augenblick und ging ans Rednerpult. Ohne mit einem einzigen Wort auf diese Provokation einzugehen, wandte er sich dem Thema des Seminars zu. Uns imponierte seine Festigkeit, zum Schluß erhielt er ungewöhnlich starken Beifall. Rasch und seine beiden Trabanten wurden nicht mehr beachtet und zogen ab.

Inzwischen hatte ich von Balet Nachricht bekommen. Er habe in Leiden Unterkunft gefunden, die Arbeit gehe gut voran, er ermahnte mich weiterzumachen, unser Plan müsse unbedingt realisiert werden. Bald gingen die Briefe hin und her, er schickte mir Durchschläge seiner Typoskripte, ich sandte sie ihm korrigiert und mit Anmerkungen versehen wieder zurück mit meinen eigenen Elaboraten.

Anfangs fürchtete ich, die Briefe könnten zensiert werden, und bemühte mich in politischen Fragen um doppelsinnige Formulierungen. So schrieb ich am 4. Juli 1933: »Ich freue mich wirklich, in Ihnen einen ausländischen Bekannten zu haben, der die deutschen

Verhältnisse so objektiv und klar beobachtet; wenn das nur das ganze Ausland täte!« Statt »marxistisch« schrieb ich immer »katholisch«, also auch »vulgär-katholisch«. Aber bald merkte ich, daß die Briefe immer ganz pünktlich am übernächsten Tag ankamen, es ging auch keiner verloren. Anscheinend standen unsere Namen noch nicht auf der Liste der Zensoren.

Ein glücklicher Umstand machte es mir inzwischen möglich, die Zusammenarbeit zwischen Balet und mir ziemlich genau zu rekonstruieren und auch viele andere Begebenheiten jener Jahre, an die ich mich zum Teil nur verschwommen erinnere, exakt zu datieren. Im Juli 1982 erhielt ich aus Amerika von Frenny de Graaff, die mit Leo und Käte Balet bis zu deren Tode in engem Kontakt gestanden hat und deren Nachlaß betreute, alle meine Briefe an Leo Balet wieder. Er hatte sie treu bewahrt. Allein aus den drei Jahren von Balets Flucht aus Berlin bis 1936 sind über hundertdreißig Briefe und Postkarten von mir erhalten geblieben. Mir dagegen war es durch die Umstände nicht möglich, auch nur einen einzigen seiner Briefe aufzuheben.

Im Schriftverkehr allein konnten wir nicht alle Fragen der Zusammenarbeit klären. Ich entschloß mich also Ende Mai 1933, zu versuchen, für die Sommerferien wieder eine Einladung nach England zu erhalten, um auf der Durchreise Balet besuchen zu können. Am 14. Juni konnte ich Balet mitteilen: »Heute morgen bekam ich aus England die Nachricht, daß ich dieses Jahr im August wieder rüberkommen soll; die meiste Freude darüber habe ich nur, weil ich Sie bei dieser Gelegenheit wiedersehen kann..., ach, ich habe Ihnen so viel zu erzählen!«

Am 1. August reiste ich nach Den Haag. Die Kontrollen an der deutschen Grenze waren strenger als im Jahr zuvor. Balet holte mich am Bahnhof ab und umarmte mich vor Freude. Sonst war er immer sehr zurückhaltend, aber in diesem Augenblick... Wir stiegen in die »Blauwe Tram« nach Leiden und blieben im Mittelraum stehen. Ich fühlte mich unbeobachtet und begann sofort über die Lage in Berlin zu berichten. Gerade wollte ich den neusten Göring-Witz erzählen, da legte Balet nur den Finger auf den Mund. »Nicht hier«, sagte er und schaute sich um. Und wir redeten über das Wetter.

In Leiden wohnte Balet mit seiner Frau in zwei kleinen Zimmern. Jetzt erfuhr ich, daß Käte einige Tage nach Balets Flucht eine Fehlgeburt hatte, ins Krankenhaus mußte und erst drei Wochen später nach Holland fahren konnte. Käte war wieder in ihrem alten Beruf als Krankenschwester tätig. Balet und ich arbeiteten von früh bis abends an unseren Manuskripten, änderten, stritten uns über die Disposition und den Titel des Buches, strichen manches, schrieben anderes neu und legten einen genauen Plan für die weitere Arbeit fest.

Ich erzählte natürlich, daß ich versuchen wollte, nach meiner Promotion, also in etwas zwei bis drei Jahren, irgendwo im Ausland Fuß zu fassen. »Hier in Holland ist das nicht leicht«, sagte er, »dieses kleine Ländchen wird jetzt von deutschen Emigranten der verschiedensten Berufe überschwemmt, und obwohl es viel Hilfe von Organisationen und Einzelpersonen gibt, sieht man staatlicherseits dem Flüchtlingsstrom nur mit Unbehagen zu.« Balet hatte in den fünf Monaten mehrfach versucht, an einem Museum oder in einem Kunstverlag eine Stellung zu bekommen, leider vergeblich.

Durch Balet lernte ich zwei bekannte holländische Genossen kennen, den Kunstwissenschaftler I. A. N. Knuttel in Leiden, der mir etwas mürrisch und wenig hilfsbereit zu sein schien, und in Wassenaar W. A. de Graaff, Eigentümer eines Tulpenzwiebelunternehmens, und seine Frau, eine geborene Deutsche. Daß diese Begegnung für mich von großer Bedeutung werden würde, konnte ich damals noch nicht wissen. Das schon bejahrte Ehepaar empfing Balet und mich eines Nachmittags mit großer Herzlichkeit in einem wunderschönen Haus am Lange Kerkdam 74. Sie erkundigten sich verständnisvoll nach meinen Erfahrungen unter der faschistischen Knute und versprachen mir zu helfen, wenn ich wieder nach Holland käme. Ich vermutete, daß die de Graaffs auch den Balets behilflich waren. Die jüngere Tochter des Hauses, Frenny, von der ich nahezu fünfzig Jahre später (aus Amerika) alle meine Briefe an Balet zurückbekam, lernte ich bei dieser ersten Begegnung noch nicht kennen.

Die Tage in Leiden vergingen wie im Fluge. Vor lauter Arbeit kam ich nicht einmal dazu, kurz an die See zu fahren, die Badehose (ohne Zwickel!) blieb unbenutzt in meinem Koffer. Ich versprach Balet, alles zu tun, um zur Fortsetzung der Arbeit bald wieder einmal zu ihm zu kommen. Der Abschied fiel uns beiden schwer.

Ich reiste weiter nach London, wo ich von den Malones wie ein alter Freund des Hauses aufgenommen wurde. An Balet schrieb ich: »Ich erhole mich hier blendend und mäste mir ein Doppelkinn an.« Über Freunde der Malones versuchte ich, Beziehungen zu Persönlichkeiten des Londoner Musiklebens anzuknüpfen. Aber während der Urlaubszeit war niemand erreichbar. Man versprach mir jedoch, im nächsten Winter eine »musical party« für mich zu arrangieren, ich sollte spielen und einige wichtige Leute kennenlernen.

Die Aussicht, nach einigen Monaten wieder nach London und auf der Durchreise auch nach Holland zu kommen, machte mir Mut, als ich Ende August wieder »in meiner alten Behausung gelandet« war. »Ich hatte erklärlicherweise absolut keine Lust zurückzukehren, aber es mußte halt sein«, schrieb ich am 1. September an Balet.

Während der nächsten Monate arbeitete ich sehr intensiv. Vorlesungen brauchte ich nicht mehr zu besuchen, alle Pflichtkollegs und -seminare hatte ich bereits hinter mir. Meine Dissertation wollte ich bis Ende des Jahres schreiben und gleichzeitig die Arbeit an dem Buch mit Balet fortsetzen. Mit Heinrich Joachim musizierte ich fleißig weiter. Er dachte vorläufig nicht daran, zu emigrieren, sondern suchte sogar nach Möglichkeiten, in die Reichsmusikkammer aufgenommen zu werden. Darüber stritten wir uns ständig, denn für mich kam es überhaupt nicht in Frage, Mitglied einer faschistischen Organisation zu werden.

Ich wollte nach meinem Examen ins Ausland und die Zeit bis dahin so gut wie möglich überbrücken. Vorläufig konnte man auftreten, ohne eine Mitgliedskarte der Musikkammer vorweisen zu müssen. Mit Heinrich gab ich ein Konzert im Bechsteinsaal, die Kritiken waren ausgezeichnet. So schrieb die »Allgemeine Musikzeitung« am 30. März 1934: »Zwei blutjunge Künstler ... stellten sich in einem gemeinsamen Konzert vor. Sie musizierten frisch, gesund, voller Kultur, mit tiefer Empfindung, erfüllt von leidenschaftlicher Musikalität und mit ausgezeichnetem technischem Können – kurz so, wie man sich das Musizieren junger Künstler wünscht.«

Auch im »Lokalanzeiger«, einer nationalistischen Tageszeitung für Kleinbürger und Spießer, schrieb Dr. Max Donisch lobende

Worte über mich. Diesem Mann hatte mein Vater, den er von seinem Stammtisch in der Nazikneipe bei uns um die Ecke her kannte, schon viel über mich erzählt. Natürlich wurde Donisch strammer Parteigenosse und avancierte zum Chef der Musikabteilung des Rundfunks. Eines Tages rief er mich an und fragte, ob ich im Rundfunk spielen wolle. Er bot mir ein für einen Anfänger sehr ordentliches Honorar an. Aha, dachte ich, jetzt möchten sie mich ködern. Andererseits hatte ich das Geld dringend nötig und sagte zu.

Zuerst spielte ich mit dem Bratscher Walter Müller und zwei anderen Musikern im »Täglichen Hauskonzert« das wenig bekannte Klavierquintett von Hermann Götz und bald darauf in zwei Sendungen Soloprogramme mit Werken von Mozart und Schumann. Alles wurde live gesendet, Bandaufnahmen gab es noch nicht. Es war sehr nützlich, Erfahrungen im Musizieren vor dem Mikrophon und ohne Zuhörer zu bekommen. Vor dem Eingang des Rundfunkgebäudes in der Masurenallee standen immer zwei SA-Männer Posten, die man mit »Heil Hitler!« zu grüßen hatte. Ich ging jedesmal schnell und ohne Gruß ins Haus. Nach einer Mitgliedskarte der Reichsmusikkammer wurde ich niemals gefragt, man nahm wohl als selbstverständlich an, daß ein so junger blonder, blauäugiger Germane wie ich angemeldet war. –

Im Februar 1934 reiste ich zum viertenmal nach England. Meine englischen Freunde hatten Wort gehalten, sie organisierten eine Musical party. Der Abend verlief sehr schön, alles klatschte eifrig und beglückwünschte mich, aber Kritiker waren nicht da. In London fanden jetzt, wie vor 1933 in Berlin, allabendlich so viele Konzerte der berühmtesten Musiker statt, daß solch eine private Veranstaltung darin völlig verschwand.

Ich unterhielt mich mit einem angesehenen Musiker, der speziell eingeladen worden war, über Möglichkeiten, nach London zu emigrieren. »Well«, sagte er, »das ist wohl möglich, obwohl jetzt viele deutsche Musiker hierherkommen. Aber die englischen Gewerkschaften verlangen von jedem Ausländer, der bei uns bleiben will, daß er erst ein halbes Jahr wohnhaft sein muß, ehe er hier regelmäßig arbeiten darf. Man muß also für den Anfang schon eine finanzielle Grundlage haben.« Ich muß wohl ein sehr enttäuschtes Gesicht gemacht haben, denn er fügte hinzu: »Well, da läßt sich zwar nichts dran ändern, aber Gastspiele können Sie hier jederzeit geben.«

Trotz aller Bemühungen meiner Freunde war das nun ein Mißerfolg. Denn wo sollte ich das Geld hernehmen, um in London ein halbes Jahr ohne Arbeit zu leben? Ich reiste also ab, wieder sehr herzlich verabschiedet.

Während der Wintermonate bewohnten die Balets in Noordwijk direkt an der Nordsee ein kleines Häuschen, das den Sommer über von Badegästen genutzt wurde. Dort verbrachte ich einige erlebnisreiche Tage. Manchmal arbeiteten wir am Buch bis tief in die Nacht. Da es in der Berliner Staatsbibliothek Quellen gab, die Balet in Holland nicht einsehen konnte, hatten wir vereinbart, daß ich davon Exzerpte machte. So arbeitete ich vier dicke Folianten einer »Allgemeinen Schatzkammer der Kaufmannschaft« durch und fand heraus, daß in der Wirtschaftsgeschichte von Cunow manches falsch dargestellt war. Außer mit der Musik, dem Tanz und der Lyrik beschäftigte ich mich faktisch mit allen Fragen, die in dem Buch behandelt wurden, also mit der Aufklärung, dem Sturm und Drang, der Toleranz, mit Lavater, Chodowiecki, Kant, dem jungen Fichte und mit vielen anderen Persönlichkeiten und Problemen. Inzwischen war die Arbeit so weit gediehen, daß wir spätestens in einem Jahr, also Anfang 1935, fertig sein wollten. Balet bemühte sich schon um einen Verleger.

Zur Entspannung und zum Diskutieren machten wir zwischendurch Spaziergänge am Strand. Das Wetter war stürmisch, die See brodelte, schäumte. Zum erstenmal war ich mit einem grundlegenden Argument Balets nicht einverstanden. Gewiß, wir hatten schon häufig Auseinandersetzungen über bestimmte Begriffe und Formulierungen. So widersprach ich in einem Brief vom 23. Dezember 1933 seiner These von einem »Schnittpunkt um 1750« in der Entwicklung der Künste: »Ich glaube nicht, hier von einem Schnittpunkt reden zu können, sondern eher, daß die Entwicklung allmählich in ein anderes Stadium übergeht ... In der Musik kann sich der Übergang in das neue Stadium aus dem einfachen Grund nicht in so frappanter Weise vollziehen ..., sie ist nicht so gegenständlich wie die Literatur.« Den Begriff »Schnittpunkt« gaben wir zu Recht auf.

Diesmal jedoch ging es um eine fundamentale Frage. »Ich bin zu der Überzeugung gelangt«, sagte Balet, »daß die Dialektik ausschließlich im menschlichen Denken existiert, in der Materie, in der Natur gibt es sie nicht.« Ich führte dagegen den wissenschaftlichen Nachweis Friedrich Engels' an, daß die Dialektik in der Natur selbst vorhanden sei und das menschliche Denken diese materiellen Prozesse nur bewußt mache. Er spöttelte über Stalin und manche marxistischen Theoretiker, die immer wieder den Übergang von Wasser in Dampf als exemplarisches Beispiel für den Umschlag von Quantität und Qualität anführten. »Das ist Dialektik op Klompen« (Dialektik auf Holzschuhen), pflegte er zu sagen. »Das ist mir alles zu primitiv, die dialektischen Denkprozesse sind viel komplizierter.«

Ich stimmte mit ihm überein, daß das dialektische Denken besonders in den Kunstwissenschaften überhaupt erst entwickelt werden müsse und manche Darlegungen marxistischer Publizisten viel zu simpel seien im Vergleich zu all dem, was ich bei Marx im ersten Band des »Kapitals«, bei Engels im »Anti-Dühring« und in der »Dialektik der Natur« oder bei Lenin in »Materialismus und Empiriokritizismus« gelesen hatte.

Diese und einige andere Werke der Klassiker, wie Schulbücher sauber mit einer Schutzhülle versehen, holte ich in stillen Stunden immer wieder aus meinem Notenschrank hervor. Ich begann nun zaghaft an Balets materialistischer Weltanschauung zu zweifeln. Erst nach Jahren wurde mir bewußt, daß manche dialektischen Konstruktionen in unserem Buch auf die von Balet – trotz aller vorzüglichen Einzelanalysen – nie ganz überwundene idealistische Haltung bezüglich der Dialektik zurückzuführen sind. Die Anwendungen des Marxismus-Leninismus auf die äußerst komplizierten Prozesse der gesellschaftlichen, ideologischen, kulturellen und künstlerischen Entwicklung ist eben eine sehr schwierige Angelegenheit, mit der wir Marxisten uns immer wieder von neuem auseinanderzusetzen haben.

Schon in London hatte ich mir die neuesten Nummern der »Neuen Weltbühne« und anderer Exilzeitschriften besorgt und mir auch einige in Deutschland verbotene Filme angeschaut. Wie ein ausgetrockneter Schwamm nahm ich alles in mir auf.

In Berlin wurde ich von vielen Seiten mit Behauptungen konfrontiert, Hitler habe doch in einem Jahr schon viel Gutes erreicht. Vor allem habe er die Arbeitslosigkeit erheblich vermindert, weil – wie ich nun wußte – der erzwungene »Reichsarbeitsdienst« und der mit viel Rummel propagierte Bau der Autobahnen der Vorbereitung auf einen neuen Krieg diente. Und er habe doch die Anarchie der Weimarer Republik überwunden und wieder »Zucht und Ordnung« geschaffen, behauptete mein Vater.

Bei solchen Argumenten wurde geflissentlich verschwiegen, daß Hunterttausende in Konzentrationslager und in Gefängnisse gesperrt oder ins Exil gezwungen worden waren. »Nun ja, wo gehobelt wird, fallen halt Späne«, hieß es, wenn auch nur andeutungsweise davon die Rede war. Auch über die Hinrichtungen einiger seiner eigenen Leute, darunter des berüchtigten Gauleiters Heines, am 30. Juni 1934 – ich war an diesem Tage gerade bei Heinrich Joachim in Lichterfelde und hörte die Schießereien in der nahe gelegenen Kaserne – wurde nur hinter vorgehaltener Hand gesprochen. Denn jede antinazistische Äußerung war gefährlich. Immer wieder hörte man, daß dieser und jener aufrichtige Mensch denunziert und ins KZ gesperrt worden war, nur weil er sich unvorsichtigerweise kritisch geäußert hatte. Ich mußte mich davor hüten, daß mein eigener Bruder Dietrich irgend etwas von meiner Haltung und von meinen Aktivitäten erfuhr, als SA-Mann wäre er verpflichtet gewesen, mich anzuzeigen. Glücklicherweise wohnte er nicht mehr in Berlin, ich sah ihn sehr selten.

Eines Tages rief mich ein mir Unbekannter an, er möchte mich dringend sprechen. Wir verabredeten einen Treff an einer ruhig gelegenen Straßenecke. Er erklärte, meine Adresse aus Prag bekommen zu haben, und bat mich, regelmäßig, etwa einmal monatlich, einen kritischen Bericht über das Musikleben im faschistischen »Reich« und Informationen, die ich aus Musikerkreisen erhielt, an eine bestimmte Adresse in Prag zu schicken, mit fingiertem Absender natürlich. Er konnte mir beweisen, daß er mit Heinz Hollitscher in Verbindung stand, er machte auf mich einen sehr vertrauenerweckenden Eindruck. Ich sagte zu. Etwa zwei Jahre lang schickte ich regelmäßig meine Berichte. Was damit geschah, wußte ich allerdings nicht. Ich begriff schon einige Regeln der Konspiration, dazu gehörte eben auch, daß ich nicht erfahren durfte, wofür meine Berichte verwendet wurden. In dieser Tätigkeit erblickte ich eine erste Chance, dem antifaschistischen Widerstandskampf ein wenig nützlich sein zu können.

Neben der Zusammenarbeit mit Balet beanspruchte 1934 die Vorbereitung auf die Promotion den größten Teil meiner Zeit. Im Januar hatte ich die Rohfassung meiner Dissertation fertiggestellt und Schering zugeleitet. In den wenigen Monaten, seitdem ich ihn nicht mehr gesehen hatte, schien er mir gealtert, die Spuren des Druckes, der auch auf ihm lastete, waren deutlich erkennbar.

Ich hatte es mir so schön ausgedacht, erst über die ökonomischen und gesellschaftlichen Entwicklungen zu schreiben, über den Aufstieg des Bürgertums im 18. Jahrhundert, dann über die wichtigsten ideologischen Prozesse, um schließlich den Werdegang des neuen bürgerlichen Musiklebens eingehend zu schildern und im letzten Kapitel die Veränderungen in der Musik selbst darzulegen. Schering meinte, ich müsse doch wohl besser von der Musik ausgehen und diese an den Beginn stellen. Ich begriff nicht sofort, daß er von seiner Warte aus gar nicht anders reagieren konnte. Er war zwar sehr freundlich und machte mir Mut, aber ich mußte nun doch meine Konzeption über den Haufen werfen. Ich arbeitete das Ganze also um, stellte die »Stilwandlung« an den Beginn und schilderte danach erst »die soziologischen Kräfteverschiebungen«.

Mitte März übergab ich Schering dann das fertige Typoskript. Daraufhin bestellte er mich noch einmal zu einem Gespräch. Am 1. April schrieb ich darüber an Balet: »Ich habe augenblicklich eine unglaubliche Sauwut auf Schering. Der Mann verlangt noch größere Konzessionen von mir: Ich muß noch etwas mehr Schmus über ›die Entwicklung des seelischen Lebens‹ oder ›den Kampf um die Seele des Menschen‹ hineinbringen in meine Disserrtation; es ist entsetzlich!!« Ich mußte also wohl oder übel noch einige Passagen ändern und gab die Endfassung ab.

Aber ich irrte mich. Schering ließ mich noch zweimal kommen. Erst am 7. Juli konnte ich an Balet schreiben: »Gestern endlich ist mir ein Quaderstein vom Herzen gefallen, der mir ungefähr ein halbes Jahr lang umsonst darauflag: Der ›Alte‹, wie er bei seinen Schülern allgemein genannt wird ..., hat endlich, endlich meine Dissertation als fertig anerkannt. Wie der Mann mich schikaniert hat, können Sie sich kaum vorstellen. Nur ein paar Beispiele. An einer Stelle schrieb ich: die und die Sache wurde konsequent durchgeführt. Sagte er doch: Tja, ich würde es doch unbedingt für angebrachter erscheinen lassen, in diesem Falle an die Stelle des Wortes konsequent folgerichtig zu setzen! Ein anderes Mal wollte er statt Unzahl große Anzahl. Fehlte bloß noch, daß er nach Kommafehlern gesucht hat! Im ersten Entwurf schrieb ich über Friedemann Bach, daß dieser Mann in seiner Zeit umkommen mußte, da er sich den Teufel um Vorgesetzte, Herren und Publikum kümmerte, sondern so schrieb, wie ihm die Feder lief. Der Alte war einverstanden. Darauf zwei Monate später ...: Tja, wissen Sie, lieber Herr Rebling, was Sie da über Friedemann Bach sagen, tja ..., ich glaube annehmen zu können, daß sich das so, wie Sie es formuliert haben, tja, wohl wissenschaftlich kaum wird halten können! Friedemann war ein verbummeltes Genie ... Ich mit wahnsinniger Wut im Bauch mußte natürlich schreiben, F. B. war ein verbummeltes Genie. Und so weiter ...«

Ich hatte gehofft, noch vor den Sommerferien auch das mündliche Examen ablegen zu können, aber daraus wurde nun nichts. Obwohl ich mit meiner Dissertation eher fertig war als alle Kommilitonen meines Jahrgangs und sogar solche, die zwei oder drei Semester älter waren als ich, stand ich sehr unter Zeitdruck. Nicht nur, weil ich so bald wie möglich ins Ausland ziehen und den ständigen »Scherereien mit meinem Papa«, über die ich mehrmals in meinen Briefen klagte, entgehen wollte, sondern auch aus einem politischen Grund. Schon im Sommersemester 1934 waren alle Studenten des dritten bis fünften Studienjahres gezwungen, einige Wochen Arbeitsdienst (RAD) abzuleisten. Und es ging das Gerücht – das sich später als richtig erwies –, daß von Januar 1935 an Studenten nur zu einem akademischen Examen zugelassen wurden, wenn sie ein halbes Jahr Reichsarbeitsdienst nachweisen konnten. Das hätte für mich bedeutet, auf die Promotion überhaupt zu verzichten.

Mitte Juni meldete ich mich also zum Examen an, mußte aber gleich die Hälfte der Gebühren, hundert Mark, zahlen, für mich ein enorm hoher Betrag. Ich hatte mir das gerade zusammengespart und saß nun wieder ganz auf dem trockenen. In diesem Zusammenhang schilderte ich Balet ein Erlebnis: »Neulich ruft mich mein englischer Lord an... Er war für ein paar Tage hier und lud mich zum Dinner ein. Wissen Sie, was er für ein Essen für zwei Personen bezahlt hat? Ganze vierzig Mark! Das Geld, was ich da verfressen und versoffen habe, hätte er mir lieber geben sollen. Ich wäre auch mit Bockwurst und Kartoffelsalat zufrieden gewesen. Aber so sind die Leute. Wenn sie einen einladen, dann protzen sie bis dahinaus... Aber wenn ich ihn bitten würde, mir für eine Woche ein Pfund zu leihen, würde er es mir glatt abschlagen.«

Ich hatte noch gehofft, wie in den Jahren zuvor in den Sommerferien wieder nach England eingeladen zu werden, aber daraus wurde nichts, weil »die Lady des Hauses sehr schwer krank« war. Es war dringend nötig, daß ich wieder mit Balet zusammenkam. Die Bahnfahrt Berlin–Den Haag und retour aber kostete dreiundfünfzig Mark, die ich nicht aufbringen konnte. Das schrieb ich Balet, und postwendend erhielt ich die Nachricht, daß unser gemeinsamer Freund W. A. de Graaff die Reise bezahlen würde. So konnte ich also doch noch im August vierzehn Tage zu Balet nach Leiden reisen. Wir arbeiteten gründlich und ausgiebig. Dennoch war dieser Hollandaufenthalt eine Erholung für mich.

Schon im Frühjahr hatte ich begonnen, mich auf die mündliche Prüfung vorzubereiten. Da ich ein ausgesprochen visuelles Gedächtnis habe, fertigte ich mir viele Zettelchen mit Stichpunkten zu den verschiedensten Sachgebieten an: zur Geschichte einzelner musikalischer Gattungen und Formen wie der Oper, der Suite, der Sinfonie, des Oratoriums, der Notation, der alten Niederländer usw. Dasselbe tat ich für die anderen Prüfungsfächer Philosophie, Akustik und Germanistik. »Mir kommt diese ganze Paukerei von so vielem unnützen Zeug, was ich garantiert vier Wochen nach dem Examen längst wieder vergessen haben werde, wie verlorene Zeit vor«, schrieb ich in einem Brief. »Gott sei Dank ist das bald zu Ende!« Als Termine für die Prüfungen wurden mir der 13. bis 15. November mitgeteilt.

Im Oktober fuhr ich noch ein paar Tage nach Leipzig, Gerhard Fuchs war aus Fribourg zu seinen Schwiegereltern gekommen, ich konnte auch bei ihnen wohnen. Wir hatten uns ein ganzes Jahr lang nicht gesehen. Er paukte mir Mittelhochdeutsch, die Lautverschiebungen und andere Examensthemen ein. Als wir uns verabschiedeten, ahnten wir nicht, daß wir uns erst über dreißig Jahre später wiedersehen würden.

Für die Prüfung bei Schering bereitete ich mich auf sein Steckenpferd vor. Er hatte gerade sein Buch »Beethoven in neuer Deutung« veröffentlicht und darin versucht, Sinfonien und Sonaten als klingende Umsetzungen von Schauspielen Shakespeares und Schillers zu deuten. Ich hoffte, daß er in der Prüfung darauf zu sprechen käme.

Die Philosophieprüfung sollte Eduard Spranger abnehmen, ein damals sehr bekannter Philosoph und Psychologe, der zahlreiche Arbeiten zur Kulturphilosophie veröffentlicht hatte, deren irrationalistische und psychologistische Konzeption einer soziologischen Kulturbetrachtung, wie ich sie in meiner Dissertation vertrat, grundlegend widersprach. Bei ihm mußte ich mich also treu »geisteswissenschaftlich« verhalten.

Über diese Prüfungen habe ich Balet in einem Brief vom 16. November genau informiert. Da es nach so langer Zeit interessant und auch belustigend ist, wie ich mich damals benommen habe, möchte ich diesen Brief mit einigen kleinen Kürzungen hier einfügen:

»Mein lieber Balet, so, nun kann ich mich auch zu der Kategorie von Menschen rechnen, die verdammt sind, ihr ganzes Leben lang zwei Buchstaben mehr auf ihrem Buckel herumtragen zu müssen.... Die Prüfungen waren zum Teil sehr ulkig (das heißt, für mich jetzt hinterher, während man Blut und Wasser schwitzt, ist einem nicht gerade ulkig zumute).... Die Philosophieprüfung bei Spranger war sehr angenehm, wenn auch schwer. Ich hatte Leibniz und die Ästhetik des 18. Jahrhunderts als Spezialgebiet angegeben, worauf er glücklicherweise einging. Spranger zieht die Prüfung immer als ›Unterhaltung‹ auf, und die Schwierigkeit ist, bei seinen interessanten und stets neuartigen ›geisteswissenschaftlichen‹ Gedankengängen mitzugehen. Er prüft mit Absicht Können und nicht allein Wissen, was natürlich außerordentlich zu befürworten ist. Also wir hackten tüchtig ›geisteswissenschaftlich‹ auf Leibniz und seinem Einfluß auf das 18. Jahrhundert herum, machten einige Abstecher zu Pythagoras, Neuplatonismus, Hegel und einen ziemlich ausgedehnten Ausflug zu Kant. Er ging ziemlich auf Einzelheiten ein ... Ganz am Schluß der halben Stunde mußte ich der Eitelkeit des geheimrätlich-

hochstehkragigen Professors einen Tribut zollen. Wir sprachen gerade über Lavater, als er sagte: ›So, nun noch ein letztes Problem: Wie steht es mit der Chiffreschrift der menschlichen Natur? Der Ausdruck findet sich bei Kant, und ich habe seinerzeit einmal darüber geschrieben.‹ Ich hatte natürlich keinen blassen Schimmer, was er meinte. In meiner Wurschtigkeit sagte ich aber ganz gelassen: ›Ich könnte mir vorstellen, daß damit die Fixierung dessen gemeint sei, wie sich das menschliche Innere im Äußeren manifestiert.‹ Darauf er: ›Nein, es ist im metaphysischen Sinne gemeint.‹ Na schön, dachte ich mir. Nachher erfuhr ich, daß in seinem Buch über W. von Humboldt ein Kapitel darüber handelt! – Ist das nicht typisch für diese Art von Leuten?

War Spranger sehr angenehm, so war Schering ganz wider Erwarten noch angenehmer! Da er weiß, daß ich mich besonders für ›geisteswissenschaftliche Zusammenhänge‹ interessiere, fragte er mich nach Ästhetik und ähnlichen Scherzen. Das heißt, er fragte nicht richtig, sondern die Sache gestaltete sich schließlich zu einer Art ›Unterhaltung‹ im Sinne von Spranger, nur mit dem Unterschied, daß Spranger führte, während sich Schering führen ließ. Hauptsächlich über ›Renaissance‹ haben wir geschmust, anders kann ich es beim besten Willen nicht bezeichnen. Und schließlich kam er auf Hanslick und Bruckner, wobei er mir verriet, daß er mit Bruckner Ähnliches vorhat, was er für Beethoven getan hat. Um eine möglichst gute Zensur herauszuschinden, hatte ich nun nichts Eiligeres zu tun, als über ›Vorstellungskomplexe in Bruckners Seele‹ zu quatschen. Mit dem ironischsten Lächeln der Welt setzte ich ihm auseinander, daß doch Bruckner bei jedem Motiv, das seiner Feder entfloß, eine visionäre oder auch ganz konkrete Vorstellung gehabt haben muß, die sich nun die Nachwelt zu rekonstruieren habe! Er fiel glatt auf den Schwindel herein, ich hatte ihn beim Steckenpferd erwischt, lachte mir eins ins Fäustchen und dachte bei mir im stillen: ... wenn du wüßtest!!! So verschmusten wir die Stunde in fröhlichstem Geplauder. Was konnte es Angenehmeres geben? Vielleicht hat er womöglich noch aus meinem Gequassele einige Gesichtspunkte bekommen, die er uns in seinem zukünftigen Brucknerbuch verzapfen wird!

So urkomisch das war, so ungemütlich war's bei dem Akustiker und dem Nebenfächler, die beide nur stursstes Wissen fragten. Der erste fragte nach Konsonanztheorien, Fechnerschem Gesetz, Vokalformanten und ähnlichen Dingen, und der zweite fragte alles andere, nur nicht das 18. Jahrhundert, das ich ihm als Spezialgebiet angegeben hatte. Zum Beispiel: Welches sind die Quellen des Nibelungenliedes? Welcher Dichter hat in allemanischer Mundart geschrieben? Wie verhält sich Luthers Sprache zu den sechs Ablautreihen der mittelhochdeutschen Verben? Erzählen Sie mir etwas über den Begriff des Tragischen bei Hebbel! Was wissen Sie über Novalis? Was wissen Sie von Tieck? Und in diesem Stil eine halbe Stunde lang! Ich kann Ihnen sagen, den Blödsinn, den ich mir dabei zusammengefaselt habe, möchte ich nicht noch einmal hören! Ich habe immer nur geraten, manchmal richtig, manchmal, meistens sogar falsch. Bei Tieck war das einzige, was ich wußte, die Shakespeareübersetzung. Ich wollte damit zu Wieland überleiten, er sprang aber zu Shakespeare und fragte: Welches ist der Unterschied in der Auffassung des Geistes bei Shakespeare und den alten Germanen? ... Na und in dem Stile immer weiter! Gott sei Dank hatte ich bei Schering so gut abgeschnitten, daß mir dieser Mann nichts mehr anhaben konnte und mein Gesamtresultat doch cum laude blieb. Aber schön ist anders!

So, nun habe ich gebeichtet! Der Mist ist hinter mir, und ich bin überglücklich, nun endlich so arbeiten zu können, wie ich es möchte.

Ein paar Tage gönne ich mir noch Ruhe von der nervlichen Anstrengung, die so eine Sache mit sich bringt, und dann können Sie versichert sein, stürze ich mich auf meine Abschnitte für unser Buch, daß es nur so raucht! ...

Recht herzliche Grüße an Sie beide, Sie hören bald wieder von mir, Ihr getreuer

Rebling.«

Übrigens, Schering hat sein Brucknerbuch nicht mehr veröffentlicht. Das war meine letzte Begegnung mit ihm. Ich habe ihm nicht nur fachlich, sondern vor allem wegen seiner aufrichtigen Haltung und seiner tiefen humanistischen Gesinnung viel zu verdanken. Einige Jahre später, 1941, starb er.

Meinen Eltern hatte ich den Prüfungstermin verschwiegen, damit sie mich nicht vorher nervös machen konnten. Schrecklich stolz war mein Vater, daß sein Jüngster den Titel Dr. phil. errungen hatte. Und Chin-hsin, die ich noch am Abend der letzten Prüfung traf, war überglücklich. »Sie hatte sich mein Examen fast noch mehr zu Herzen genommen als ich«, gestand ich Balet in meinem nächsten Brief.

Unsere »Verbürgerlichung«

Die Prüfungen hatte ich kurz vor meinem dreiundzwanzigsten Geburtstag glücklich bestanden. Aber das war noch nicht alles, ich mußte noch die offizielle Promotion einleiten. Das kostete eine Menge Geld. Bedingung war, daß die Dissertation gedruckt vorliegen mußte und in hundertfünfzig Exemplaren abzugeben war. Es gab damals mehrere kleine Verlage, die ausschließlich Dissertationen herausgaben. Ich entschied mich für das billigste Angebot: dreihundertzwanzig Mark. Für die Urkunde, die noch nach altem Brauch in großem Format auf Büttenpapier in lateinischer Sprache gedruckt werden mußte, und für den Überreichungsakt war auch noch eine beträchtliche Summe zu entrichten. Es gab nur eine Möglichkeit: Ich lieh mir das Geld und stotterte die Schuld in monatlichen Raten ab.

Als dann Mitte April 1935 die Dissertation gedruckt vorlag und ich alle Formalitäten erfüllt hatte, wurde mir im Mai mit vielen anderen Doktoranden im Senatssaal der Universität die »Bulle« in mehreren Exemplaren in einem großen blauen Köcher recht unfeierlich vom neuen Rektor, einem Nazi natürlich, überreicht. Damit war mein Studium endgültig abgeschlossen.

Um möglichst bald ins Ausland reisen zu können, hatte ich schon mehrmals meine Fühlhörner in verschiedene Richtungen ausgestreckt. Durch Heinrich Joachim bot sich eine Möglichkeit, nach Schweden zu kommen. Er sollte im Januar/Februar für den schwedischen Rundfunk mit dem Stockholmer Rundfunkorchester das Cellokonzert von Haydn spielen. Ich schrieb auch gleich einen Brief an den Radiotjänst und erhielt das Angebot, am 21. Februar anläßlich des 250. Geburtstages von Händel dessen d-Moll-Suite und einige Phantasiestücke von Schumann vorzutragen.

Als wir in Saßnitz die strengen Paß- und Zollkontrollen passiert hatten, überkam Heinrich und mich auf der Bootsfähre ein unbeschreibliches Gefühl der Erleichterung. Jetzt wurde uns so recht bewußt, unter welchem Druck und Zwang wir ständig in Berlin standen.

In Stockholm besorgten wir uns ein billiges Zimmer in der Sibyllegatan bei Fröken Ekström, die uns liebevoll versorgte. Zunächst nisteten wir uns für einen Monat ein in der Hoffnung, länger bleiben zu können. Die Presse interessierte sich sehr für uns, das »Aftonbladet« brachte am Tage unserer Ankunft auf der Titelseite ein Foto von uns beiden mit einem wohlwollenden Kommentar. Am nächsten Tag fand unser erstes Konzert im Kleinen Saal des Konserthuset statt. Der gefürchtete Stockholmer Musikkritiker M. Pergament schrieb im »Svenska Dagbladet« eine enthusiastische Kritik, in der es hieß: »Mit einem Partner wie dem ausgezeichneten deutschen Pianisten Eberhard Rebling kann es nicht anders als eine Befriedigung für Heinrich Joachim sein, sich selbst zu vergessen, um eine höhere künstlerische Einheit zu erreichen – das ideale Zusammenspiel, welches ganz in der Interpretation des Werkes im Sinne des Komponisten aufgeht. Es war daher ganz natürlich, daß die Herren auswendig spielten. Sie gehören eben zu denen, welche die Noten im Kopf haben statt die Augen im Notenheft.«

Mehr konnten wir wirklich nicht verlangen. Auch die Rundfunksendungen und Heinrichs Auftreten mit dem Orchester verliefen erfolgreich.

Wir bekamen auch Kontakte zu einigen einflußreichen Persönlichkeiten. Der nach Schweden emigrierte deutsche Dirigent Herbert Sandberg lud uns zum Abendessen in seine Wohnung ein, von der man einen wunderschönen Ausblick auf den Mälaren und das Stadtzentrum hatte. Er erkundigte sich eingehend nach der Situation im Dritten Reich, machte uns aber gar keine Hoffnung, in Schweden eine geregelte Arbeit zu finden. »Die Schweden leben vom Oktober bis zum April im Winterschlaf«, sagte er, »und die Musiker spielen immer im schwedischen Einheitstempo, Moderato assai. Ausländer kommen zu Gastspielen, rütteln für ein paar Stunden auf, reisen wieder ab, und der Winterschlaf geht weiter. Nein, machen Sie sich keine Hoffnungen. Einige deutsche Musiker kamen schon im vorigen Jahr hierher und haben den Markt abgegrast. Nur Prominente wie Fritz Busch oder Leo Blech haben hier eine Chance, für so junge Leute wie Sie besteht überhaupt keine Aussicht, irgendwo eine feste Anstellung zu bekommen, und Privatschüler kann man nur kriegen, wenn man in der Stockholmer Gesellschaft gut eingeführt ist, und das ist sehr schwer.«

In Gesprächen mit anderen Musikern hörten wir ähnliche Meinungen, man fürchtete die Konkurrenz der Ausländer. Tatsächlich wurde einige Monate später verfügt, daß ein ausländischer Musiker im schwedischen Rundfunk nur einmal pro Jahr auftreten durfte.

Wir machten auch die Bekanntschaft einer hochgebildeten adligen Russin. Sie äußerte sich wohlwollend gegenüber der Sowjetunion und reiste öfter nach Leningrad, wo sie noch Verwandte und Freunde hatte. Der Zufall wollte es, daß während unserer Anwesenheit Sergej Rachmaninow einige Tage in Stockholm weilte. Er war mit dieser Dame gut befreundet und wohnte in ihrem Haus. Wir erlebten einen Klavierabend Rachmaninows im Großen Saal des Konserthuset. Er spielte wunderbar, viel strenger, beherrschter, ohne starke Gefühlsausbrüche, als ich es erwartet hatte. Seine starke persönliche Ausstrahlung und makellose Technik faszinierten mich.

Am Tage nach diesem Konzert hatte die russische Dame auch Heinrich und mich zu einem Empfang für Rachmaninow in ihrem Hause eingeladen. Im persönlichen Gespräch machte er den Eindruck eines edelmütigen, vielseitig gebildeten Aristokraten, der trotz seines Weltruhms bescheiden geblieben war. Doch das ständige Herumreisen als Klaviervirtuose, zu dem er sich auf Jahre hinaus verpflichtet hatte, ermüde ihn allzu sehr, sagte er in einem Anflug von Resignation. »Und dann diese kalten Monate«, klagte er, »meine Fingerspitzen springen bei dem vielen Spielen auf, so daß ich oft, wie auch gestern, über einige Finger kleine durchsichtige Gummischützer ziehen muß, sonst bluten die Finger.« Seinem Spiel hätte ich das nie angemerkt, wandte ich ein. »Das darf auch nicht sein, aber angenehm ist es nicht.« Heinrich und mich fragte er noch nach der Lage in Berlin. »Nein, solange dort ein Hitler herrscht, komme ich nicht wieder nach Deutschland«, sagte er ruhig, aber entschieden. In seiner aufrichtigen Haltung, seinem hohen Berufsethos, seiner Erhabenheit über jegliche Art von Arroganz und Eitelkeit erkannte ich Eigenschaften, die eben bedeutende Persönlichkeiten auszeichnen.

Das Zimmer bei Fröken Ekström mußten wir nach einem Monat kündigen. Auf dem Rückweg musizierten wir noch für die Mellersta Sveriges Kammermusikförening in Norrköping und Kristianstad mit großem Erfolg, aber für ein sehr geringes Honorar. An Erfahrungen reicher, kehrten wir in die schreckliche Heimat zurück.

Noch ein paarmal gelang es Heinrich und mir, in Berlin Konzerte zu arrangieren. Wir spielten Beethoven, Schumann, Brahms und Tschaikowski, mit dem Bratscher Walter Müller das c-Moll-Klavierquartett von Brahms. Jeder von uns trat mit einem Solo auf, ich spielte Schuberts große posthume A-Dur-Sonate, Heinrich die C-Dur-Suite von Bach und Sam Emsellem, ein Franzose von Algier, mit mir die Violinsonate von Debussy.

Das waren meine letzten Konzerte mit Heinrich Joachim. Durch die Fürsprache des Geigers Ricardo Odnoposoff, eines Schülers Carl Fleschs in Berlin, wurde Heinrich angeboten, in dem soeben gegründeten staatlichen Konservatorium in Guatemala-City zu günstigen finanziellen Bedingungen eine Cello-Klasse zu übernehmen. Er zögerte. »Was soll ich denn da, so weit weg?« – »Menschenskind«, hielt ich ihm entgegen, »du wärst ja dumm, das Angebot abzuschlagen. Hitler hat gerade die allgemeine Wehrpflicht eingeführt, die Rüstungsindustrie läuft auf vollen Touren, für Halbjuden gibt es demnächst keine Möglichkeiten mehr, öffentlich aufzutreten, ins Ausland darf man jetzt nur noch zehn Mark pro Monat mitnehmen, alles wird verschärft, eingeschränkt, du merkst das doch selbst! In einigen Jahren gibt's hier in Europa Krieg! Sei froh, dann so weit vom Schuß zu sein, hier hast du doch keine Chance mehr. Und von Guatemala aus ist es näher nach New York als von Berlin. Also, entscheide dich!«

Heinrich zögerte immer noch. »Schade, daß man dort niemanden braucht, eine Klavierklasse aufzubauen«, sagte ich, »keinen Moment würde ich zögern!« Als er sogar schon vor dem guatemaltekischen Konsulat am Kurfürstendamm stand, wollte er zunächst nicht hineingehen. Erst als ich noch einmal nachdrücklich auf ihn einredete, klingelte er an der Tür.

Anfang Oktober 1935 fuhr Heinrich per Schiff aus Hamburg ab.

Seine Frau folgte ihm nach einigen Monaten. Wir schrieben uns noch ein paarmal, ich habe ihn aber nie wiedergesehen. Später hörte ich, daß er nach einigen Jahren bei den New-Yorker Philharmonikern spielte.

Die Oase gemeinsamen Musizierens und Diskutierens war nun versiegt. Mein Leben wurde noch einsamer. An Balet in Holland schickte ich noch mal drei Dutzend eng beschriebener Manuskriptseiten. Er wurde ungeduldig. Er war auch sehr verärgert, daß er eine Stelle im Museum Lakenhal in Leiden trotz mündlicher Zusicherungen nicht bekommen hatte – die »Jugendsünde« seines Kirchenaustritts dreißig Jahre zuvor hatte man ihm nicht verziehen. Käte mußte sich abrackern, um für beide den Lebensunterhalt zu verdienen. Er warf mir plötzlich vor, »kein Interesse« mehr an unserem Projekt zu haben und meine Zeit mit »allerlei anderen Dingen« zu vergeuden. Am 7. Januar 1935 schrieb ich ihm, daß mich sein letzter Brief »tief geschmerzt« habe. Ich verteidigte mich: »Tag für Tag saß ich in der Bibliothek, ich habe mir nicht die geringste Ruhe gegönnt, keine Vergnügungen mitgemacht, alle Einladungen abgesagt..., da sich die Auftritte mit meinem Vater, die mir mein Dasein zur Hölle machen, in noch nie dagewesener Weise häuften, stürzte ich mich um so mehr in die Arbeit..., ich arbeitete, schuftete kann ich wohl sagen, 13 bis 14 Stunden täglich ... Ich muß unter allen Umständen versuchen, aus diesem Dasein herauszukommen.«

Aus meinem nächsten Brief vom 16. Januar geht hervor, daß Balet wohl eingelenkt hat. Ich versprach ihm, die »jetzt folgenden Teile« über »Gefühl« und »Natürlichkeit«, die »viel einfacher sind als alles Bisherige, möglichst schnell abzuschließen.«. Auch nach Stockholm hatte ich schon alle Unterlagen mitgenommen und dort intensiv gearbeitet. Die Zeit drängte, das Manuskript mußte abgeschlossen werden. Obwohl ich nicht mit allem einverstanden war, blieb mir nichts anderes übrig, als Balets Fassung mit einigen Verbesserungen zu akzeptieren.

Mitte Juli 1935 war es dann soweit. Balet hatte einen Verleger gefunden, I. Ginsberg in Leiden, und bei dem Verlag Heitz & Co. in Straßburg erwirkt, daß unsere Arbeit im gleichen Druck, nur mit einem anderen Umschlag, als Band 18 der »Sammlung musikwissenschaftlicher Abhandlungen« erscheint. Mir war klar, daß das nur durch finanzielle Hilfe von W. H. de Graaff möglich geworden war. Ab August erhielt ich die Druckfahnen. Um zu Hause kein Aufsehen zu erregen, ließ ich mir alles postlagernd schicken.

So spazierte ich jede Woche zwei- bis dreimal in die Lietzenburger Straße zum Postamt W 15 und holte mir die dicken Briefe ab. Da der Setzer anscheinend die deutsche Sprache nicht beherrschte, waren entsetzlich viele Fehler zu korrigieren. Balet schimpfte in seinen Briefen über diese mühsame Arbeit. Wir hatten uns schon zuvor darauf geeinigt, für mich das Pseudonym Dr. E. Gerhard zu verwenden, weil ich noch in Berlin war.

Endlich, am 2. November, bekam ich das erste Exemplar unseres Buches »Die Verbürgerlichung der deutschen Kunst, Literatur und Musik im 18. Jahrhundert«. Ich hatte noch versucht, einen etwas zugkräftigeren Titel zu wählen, auch das Ehepaar de Graaff war dieser Meinung, aber in diesem Punkte wollte Balet keine Konzession machen.

Schon zuvor hatten Balet und ich Adressen von Fachzeitschriften und einflußreichen Persönlichkeiten gesammelt, die Rezensionsexemplare bekommen sollten. Nun warteten wir neugierig, wie die Resonanz sein würde. Ich schaute in der Bibliothek regelmäßig alle Zeitschriften durch, aber es dauerte noch Monate, ehe wir die verschiedensten Meinungen zusammentragen konnten. Die erste Kritik schickte mir Heinz Hollitscher aus Prag, sie stand in der Wiener Zeitschrift »Der Anbruch«, wohlwollend, aber wenig aussagestark.

Daß einige Kritiker im Dritten Reich vor Wut schäumen würden, war nicht anders zu erwarten. So regte sich der hochangesehene Professor Rudolf Steglich in der »Zeitschrift für Musik« (September 1936) über unsere »einseitige, materialistische Geschichtsauffassung« auf, er meinte, wir hätten »versucht, die Weltgeltung der deutschen Kunst als der ›stolzesten Verteidigung des deutschen Volkes‹ zu untergraben«. In der »Zeitschrift für Ästhetik und allgemeine Kunstwissenschaft« (1937) dagegen wurden die »marxistische Unterbau-Überbau-These« offen hervorgehoben und »die unbestreitbaren Verdienste dieses umfangreichen Werkes« anerkannt – immerhin eine im faschistischen Deutschland erstaunlich mutige Aussage. Auch im Ausland, besonders in der deutschen Exilpresse, gab es zahlreiche positive Äußerungen.

Eines Tages im Mai 1936 erhielt mein Vater von einer seiner ehemaligen Sekretärinnen einen Brief mit einem Zeitungsausschnitt aus der »Sunday Times«, den sie zufällig entdeckt hatte. Darin stand ein Artikel von Ernest Newman, einem der angesehensten englischen Musikkritiker, über meine Dissertation. Mein Vater war mächtig stolz, seinen Sohn in dieser englischen Zeitung lobend genannt zu sehen. Newman bezog sich darin auf einen zuvor abgedruckten ersten Artikel über das Buch von Leo Balet und E. Gerhard und meinte: »Es ist merkwürdig, daß Dr. Balet und Dr. Rebling über das gleiche Thema und in vielem nach den gleichen Prinzipien gearbeitet haben und daß diese beiden Bücher ungefähr zur gleichen Zeit erschienen sind.« Sollte er die Identität von E. Gerhard und E. Rebling vermutet haben? Vielleicht hätte ich ihm schreiben sollen, aber auf diesen Gedanken kam ich nicht.

Wegen des Pseudonyms hatte ich meinen Eltern das Erscheinen der »Verbürgerlichung« bisher verschwiegen. Ich mußte nun bekennen, daß das Buch publiziert war. Blitzschnell fiel mir eine Ausrede ein. »Ein Buch eines so jungen Menschen wie ich würde überhaupt keine gute Kritik bekommen können, vor allem ein Buch, das ganz neue Wege beschreitet.«

An Balet – endlich duzten wir uns, ich hatte ihm das schon seit langem vorgeschlagen – schrieb ich: »Meine Mutter hat das Buch ausgelesen und fand es sehr spannend geschrieben. Mein Vater liest es gerade, und er sagt dasselbe. Vor allem die kurzen Sätze und den scharfen Stil findet er schön, ja, er nennt die Schärfe ›typisch preußisch‹! Ist das nicht zum Schießen? Aber manchmal, meinte er, sind die Fürsten doch etwas zu schlecht weggekommen, z. B. Friedrich Wilhelm I., aber das sind nur Ausnahmen. Im ganzen findet er das Buch prachtvoll.«

Balet und ich waren uns bewußt, daß die »Verbürgerlichung« damals auf Grund der komplizierten politischen Verhältnisse nur eine begrenzte Wirkung haben konnte. Wir waren aber optimistisch genug und glaubten, das Buch würde in einiger Zukunft schon den Widerhall finden, den es verdient. Daß dies jedoch erst rund vierzig Jahre später, etliche Jahre nach Balets Tod, geschehen würde, konnten wir nicht ahnen.

Nach den gescheiterten Versuchen, in England oder Schweden

Fuß zu fassen, war ich fest entschlossen, nach Holland auszuwandern, sobald ich meine Schulden abbezahlt haben würde. Ich hatte mir eine holländische Grammatik und ein Wörterbuch besorgt. Über Heinrich Joachim lernte ich eine Frau kennen, die schon viele Jahre in Holland gelebt hatte. Sie bot mir an, mit ihr unentgeltlich holländische Konversation zu betreiben.

Und das Wichtigste: Balet hatte schon vor einiger Zeit den Gedanken geäußert, nach Abschluß der »Verbürgerlichung« eine ähnliche Arbeit über das 17. Jahrhundert in Holland zu beginnen, über Rembrandt und Spinoza, die markantesten Repräsentanten dieser Zeit – obgleich, sie waren keine Musiker. So begannen wir zunächst unabhängig voneinander mit den Vorarbeiten. Ich las in der Staatsbibliothek viele holländische Publikationen und beschäftigte mich gründlich mit Sweelinck und den Geusenliedern. Nach einigen Monaten war es notwendig, daß wir uns über dieses neue Projekt ausführlich unterhielten. Frau de Graaff lud mich ein, vierzehn Tage bei ihr zu logieren. Das Reisegeld verdiente ich mir diesmal selbst mit einer Rundfunksendung.

Während dieser schönen Tage in Wassenaar im Februar 1936 bemühte ich mich nicht nur, holländisch zu sprechen und mit Balet die neue Arbeit gründlich vorzubereiten, ich versuchte auch Kontakte zum niederländischen Rundfunk und zu Orchestern zu finden. Frau de Graaff brachte mich auf die Idee, Vorträge für Volksuniversitäten auszuarbeiten und in verschiedenen Städten anzubieten. Diese Institutionen standen auf einem hohen Niveau, bekannte Professoren und Publizisten hielten dort Vorlesungen. Da ich solche Vorträge mit Beispielen am Klavier attraktiv machen und mit dem Vorspiel auch größerer Werke abschließen könnte, meinte sie, hätte ich wohl Chancen, engagiert zu werden, weil es niemanden gab, der zugleich als Musikwissenschaftler und als Pianist auftreten konnte.

Durch Balet und de Graaffs lernte ich einen jungen Medizinstudenten kennen, Ben Polak, der mir Mut machte, nach Holland zu kommen. »Wir werden schon Möglichkeiten finden, daß du Arbeit kriegst«, sagte er. Ich fuhr also in der festen Absicht nach Hause zurück, in einigen Monaten Berlin endgültig zu verlassen.

Nach den letzten Konzerten mit Heinrich Joachim hatte ich außer einigen Rundfunksendungen keine Gelegenheit mehr, öffentlich aufzutreten, ich bemühte mich auch nicht mehr darum. Um aber in engstem Kreis Klavierkonzerte spielen zu können, rief ich eine Kusine meiner Mutter, Clara Güttler, in Zehlendorf an. Wir hatten kaum Verbindung zu ihr, aber ich wußte, daß sie in einer großen Villa wohnte und zwei Flügel besaß. Sie ging gern auf meinen Vorschlag ein, und so gaben wir, Chin-hsin und ich, ein Hauskonzert mit dem D-Dur-Krönungskonzert von Mozart und dem d-Moll-Klavierkonzert von Brahms. Es war ein wunderschöner Abend.

In dieser Zeit kühlte sich mein Verhältnis zu Chin-hsin ab. In einem langen Brief an Balet berichtete ich alles wahrheitsgetreu: »Ich hatte mich wahnsinnig in sie verliebt. Auch sie liebte mich sehr, zumal sie in einer hilflosen Situation war – der von ihr gehaßte Verlobte war noch in Berlin –, so daß sie meine Liebe mit um so offeneren Armen aufnahm. Als nun im vorigen Juli ihr Verlobter wieder nach China ging, verlebten wir sehr glückliche Tage miteinander... Ende vorigen Jahres kam nun ein Chinese nach Berlin, um hier Musik zu studieren, den sie von früher ganz flüchtig kannte. Beide schienen sich zunächst gar nicht füreinander zu interessieren. Ich gab ihm Klavierunterricht und lernte in ihm einen sehr feinen, charaktervollen und intelligenten Menschen mit modernen Anschauungen kennen. ... Aber wie es so kommen mußte, so kam es ... Letzte Woche gestand sie mir, daß sie ihn sehr liebe. Obwohl ich das schon lange gefühlt hatte, war das für mich doch ein furchtbarer Schlag. Acht Tage war es mir nicht möglich, sie zu sehen oder zu sprechen. Allmählich aber bin ich wieder ins reine gekommen mit mir selber und mit ihr ... Wir haben uns jetzt gegenseitig versprochen, auch weiterhin Freunde zu bleiben. Und ich weiß jetzt, daß wir noch lange, lange sehr befreundet sein werden ... Glücklicherweise bin ich ja noch jung, und ich muß zugeben, was die Liebe angeht, trotz meiner 24 Jahre sogar noch sehr jung. Chin-hsin war meine erste wirklich große Liebe und ein ganz großes Erlebnis für mich. Aber ich hoffe, mein Schicksal wird mich noch weit herumkommen lassen; und da glaube ich fest, daß ich auch die Frau finden werde, die zu mir gehört. – Hoffentlich nur recht bald!«

Balet antwortete mir sofort in sehr herzlichem Ton, um mich zu trösten. Auch Frau de Graaff schrieb mir einen Brief, in dem sie mit mir die ganz bestimmte Hoffnung teilte, daß ich später einmal, wenn ich erst in der Umgebung leben werde, in die ich mich schon als gehörig betrachtete, auch den Menschen finde, der ganz zu mir paßt und zu dem ich passe.

Die Freundschaft mit Chin-hsin hat die Jahrzehnte bis heute überdauert. Sie hatte sich schon bald von diesem chinesischen Pianisten getrennt, war 1937 nach den USA gereist, wo sie Schülerin von Hanns Eisler wurde, und erst 1948 nach China zurückgekehrt.

In Berlin fühlte ich mich nun vollends vereinsamt. Ich hatte zwar noch einige zuverlässige Bekannte, aber alle meine Freunde waren weg. Chin-hsin sah ich nur noch selten und immer nur in Gegenwart anderer. Mit Heinz Hollitscher korrespondierte ich ab und zu. Er lud mich ein, Ende Mai 1936 ein paar Tage zu ihm nach Prag zu kommen, er wohnte immer noch bei seinem Vater in der Budečská 34. Mit Freuden nahm ich an. Heinz hatte in Prag für die »Verbürgerlichung« geworben. Mit etlichen seiner Freunde gab es interessante Diskussionen.

In Prag bat mich ein deutscher Genosse, der mir verständlicherweise seinen Namen verschwieg, um ein Gespräch. Er erklärte mir, durch Heinz viel über mich erfahren zu haben, auch die »Verbürgerlichung« kannte er. Er bedankte sich auch für meine Berichte aus Berlin, die sehr nützlich und informativ seien, ich sollte auch weiterhin schreiben. Und dann kam er mit einem Vorschlag, der mich überraschte: Es wäre besser, wenn ich nicht nach Holland ginge, sondern in Deutschland selbst antifaschistisch tätig werden würde. Gerade wenn ich zum Arbeitsdienst und später auch zum Wehrdienst verpflichtet werden würde, wäre es günstig, wenn ich als Antifaschist in der Höhle des Löwen politisch illegal wirksam werden könnte. Es beständen viele Verbindungen gerade von der ČSR aus, und die Genossen würden mich selbstverständlich genau instruieren und unterstützen. Daß er mich wie einen Genossen betrachtete und einschätzte, ehrte mich, aber da ich nicht Mitglied der Partei war, konnte er mir keinen Auftrag geben.

Gewiß, ich hatte schon mehrfach gehört, daß illegale Gruppen der KPD im »Reich« tätig waren, aber von dieser illegalen politischen Arbeit selbst hatte ich keine Ahnung. Durch meine nun schon über dreijährige Isolierung war ich so auf meine künstlerische und wissenschaftliche Arbeit konzentriert, daß ich mich außerstande sah, den komplizierten Bedingungen der Illegalität gewachsen zu sein. Der Genosse versuchte mich zu überzeugen, wie notwendig es sei, daß Antifaschisten wie ich in der faschistischen Wehrmacht tätig werden. Ich meinte dagegen, bei der chauvinistischen Hysterie im Hitlerreich und dem altpreußischen Drill in der Armee sei es für mich aussichtslos, als einzelner dagegen zu kämpfen, das wäre Selbstmord. Ich bezweifelte auch, daß ich die nervliche Kraft dafür aufzubringen vermochte. Ich sähe meine Aufgabe darin, auf meinem Fachgebiet als Pianist und Musikwissenschaftler marxistisch-leninistische Positionen zu vertreten. Auf diese Weise könnte ich als qualifizierter Spezialist dem gesellschaftlichen Fortschritt und der kommunistischen Bewegung mehr nützen als durch eine illegale Tätigkeit, die mit meinem Beruf kaum in Übereinstimmung zu bringen sei.

Das Gespräch endete zwar freundlich, aber negativ. Der Genosse wünschte mir alles Gute und bat mich, über die künstlerischen Ereignisse der bevorstehenden Olympiade in Berlin zu berichten.

Diese Bitte erfüllte ich, es war mein letzter Bericht aus Berlin. Ich schilderte darin meine Eindrücke von der pompösen Veranstaltung im Stadion, die ich im Rundfunk hörte. In Anwesenheit des »Führers« und der gesamten Naziprominenz bot Mary Wigman mit ihrer Gruppe ein großes Tanzbild: »Totenklage«. Die Wigman hatte sich mehrfach sehr positiv über das Hitlerregime geäußert, aber diese Darbietung konnte als eine unverhüllte Warnung vor einem drohenden Krieg aufgefaßt werden. Das Gerücht ging um, Goebbels habe deshalb einen Tobsuchtsanfall bekommen. Seit dieser Zeit wurden Mary Wigman immer größere Schwierigkeiten gemacht.

Im Sommer 1936 bereitete ich mich auf meine Emigration vor. Ich schickte etliche Briefe an niederländische Orchester und an die Volksuniversität in Den Haag. Die Antworten waren zum Teil hoffnungsvoll. Einige Orchester schrieben, wenn ich wieder einmal in Holland sei, würden sie mich gern hören wollen. Die Volksuniversität meinte, ihr Programm für die nächste Wintersaison sei zwar bereits festgelegt, aber für das Jahr darauf gebe es vielleicht eine Chance. Trotzdem machte ich mich an die Ausarbeitung einiger

Vorträge und konzipierte auch einige kürzere Einführungen zu Klavierwerken meines Repertoires, um das dem niederländischen Rundfunk anbieten zu können. »Vielleicht habe ich damit einigen Erfolg, vor allem weil das etwas ganz Neues ist«, schrieb ich im August an Balet. Schließlich durchforstete ich die Geschichtsliteratur über das 17. Jahrhundert in Holland. Aber da in der Staatsbibliothek zu wenig Spezialliteratur zu finden war, hatte ich einen sehr plausiblen Grund, zum Zwecke eingehender wissenschaftlicher Forschungen für längere Zeit nach den Niederlanden reisen zu müssen.

Meine Schulden hatte ich beglichen. Ab April schickte ich Balet monatlich zehn Mark, mehr durfte man nicht überweisen, um wenigstens für den Anfang eine kleine Summe zu haben. Ich kleidete mich völlig neu ein, lernte weiter fleißig Holländisch, meine Briefe an Balet schieb ich schon seint einigen Monaten nicht mehr auf deutsch. Ich besorgte mir einen neuen Reisepaß, der zwei Jahre gültig war und meldete mich polizeilich ab, als neue Adresse gab ich an: Bei W. H. Graaff, Wassenaar/Holland.

Am 13. Oktober 1936 war es endlich soweit. Mit zwei Koffern, einer Schreibmaschine und mit zehn Mark im Portemonnaie reiste ich mit dem Nachtzug ab. Die Strecke kannte ich ja schon zur Genüge, aber schlafen konnte ich nicht, zu vieles bewegte mich.

Ich blickte zurück. Wieviel Unvorhergesehenes und auch glückliche Umstände hatten meine bisherige Entwicklung geprägt! Es war sicherlich ein Zufall, daß ich einige Monate vor dem Entscheidungsjahr 1933 gerade Leo Balet getroffen hatte, der mir den Weg zum Marxismus-Leninismus wies. Und war es nicht auch ein Zufall, daß schon zuvor Dick Malone durch eine Zeitungsannonce in unser Haus gekommen war? Nur dadurch war es möglich geworden, daß ich Balet schon 1933 und 1934 in Holland besuchen konnte. Und war es nicht Glück, daß ich gerade noch vor jenem fatalen Januar 1935 mein Examen ablegen konnte, als der Arbeitsdienst zur Pflicht jedes Doktoranden gemacht wurde? Und wie anders hätte alles werden können, wenn ich schon Mitglied der KPD geworden wäre, bevor Hitler zum Reichskanzler hochgeschossen wurde.

Es gibt im Leben Zufälle, sagte ich mir, die für die persönliche Entwicklung entscheidend sind. Ich nannte das damals schon die

Notwendigkeit des Zufalls. Aber es kommt doch immer darauf an, so argumentierte ich in Gedanken weiter, ob man die Zufälligkeit einer Begegnung oder eines glücklichen Umstandes zu nutzen versteht und selbst Entscheidungen trifft. Läßt man solche Zufälle vorbeiziehen, ohne selbst mit allen sich daraus ergebenden Konsequenzen zu entscheiden, kann man sein Leben auch nicht selbst in die Hand nehmen. Geht man Entscheidungen aus dem Weg oder läßt die Umstände entscheiden, so wird man gelebt – Beweise dafür fand ich in meiner Berliner Umgebung mehr als genug. Nur wer selbst entscheidet, kann sich persönlich, seinen Fähigkeiten entsprechend, weiterentwickeln und glücklich werden. Ich war froh, endlich emigrieren zu können.

Dennoch war es ein merkwürdiges Gefühl, die Brücken zur Heimat abgebrochen zu haben. Ich hatte kein Zuhause mehr und blickte in eine ungewisse Zukunft. Wie sollte ich mir in Holland eine Existenz aufbauen können? Balet war das in dreieinhalb Jahren nicht gelungen. Die Konkurrenz unter jungen Pianisten und Musikwissenschaftlern war groß, schon viele andere deutsche Emigranten hatten das kleine Land förmlich überschwemmt.

Doch ich vertraute einigen lieben holländischen Freunden, die mir Hilfe zugesagt hatten, und meinem eigenen Können. Als Marxist fühlte ich mich den niederländischen Musikschriftstellern überlegen. Vor allem aber vertraute ich auf das Glück, das mich auch in Zukunft wohl nicht im Stich lassen würde.

Als Emigrant im Gemeinschaftshaus

Selbstbewußt und voller Hoffnung kam ich bei de Graaffs in Wassenaar an, wo ich die ersten vierzehn Tage wohnte. Hier fühlte ich mich schon wie zu Haus, konnte ich doch täglich ungestört Klavier spielen. Frau de Graaff half mir bei der Formulierung einiger Briefe, die ich an den AVRO-Rundfunk, an Dirigenten, Volksuniversitäten, Zeitschriften und Zeitungen mit verschiedenen Vorschlägen schrieb. (in den Niederlanden teilten sich fünf Rundfunkanstalten die Sendezeit: die AVRO – Algemene Vereniging Radio Omroep, die sozialdemokratische VARA und drei kirchliche.)

Innerhalb dieser ersten vierzehn Tage hatte ich schon zwei Erfolge. Die AVRO verpflichtete mich für einen Auftritt von einer halben Stunde (am 1. Dezember), das Programm konnte ich selbst wählen, aber ein Stück von Bach wurde gewünscht. Ich schlug die »Chromatische Fantasie und Fuge« vor, dazu zwei Scarlatti-Sonaten und die kleine B-Dur-Sonate von Mozart. Die Antwort kam postwendend: einverstanden, Honorar vierzig Gulden. Davon konnte ich mindestens einen Monat leben.

Der zweite Erfolg war die positive Antwort des Genossen A. S. de Leeuw, damals der ideologische Kopf der niederländischen KP und Chefredakteur der theoretischen Monatsschrift der Partei »Politiek en Cultuur«, auf meine Anfrage, einen Artikel über »Die bürgerlichen Musikauffassungen Willem Mengelbergs« zu veröffentlichen. Leo Balet hatte in dieser Zeitschrift unter dem Pseudonym Leo van Gestel schon zwei Aufsätze über das Thema »Warum wurde Holland kalvinistisch?« publiziert, er empfahl mich bei de Leeuw. Über Musik hatte »Politiek en Cultuur« kaum jemals etwas gebracht, daher war das für mich eine Chance. Willem Mengelberg, jahrzehntelang Chefdirigent des Amsterdamer Concertgebouw-Orchesters, weltweit hoch angesehen und in Holland geradezu als Idol verehrt, hatte zwei Jahre zuvor eine Professur der Utrechter Universität bekommen und eine bis dahin kaum kritisierte Inauguralrede gehalten. Ich zerrupfte seine subjektivistischen Musikanschauungen, die in einer Beweihräucherung des Dirigenten-Starunwesens gipfelten.

Mein Artikel erschien im Januar 1937, er fand bei den Genossen begeisterte Zustimmung und wurde in bürgerlichen Kreisen aufmerksam gelesen. Ich durfte mich als Ausländer nicht politisch betätigen – dazu gehörte selbstverständlich auch die Mitwirkung an kommunistischen Publikationsorganen. Das wurde mir immer wieder unter Androhung der sofortigen Ausweisung eingehämmert, wenn ich mich zur Verlängerung meiner Aufenthaltsgenehmigung regelmäßig bei der Fremdenpolizei meldete. Deshalb wählte ich als Pseudonym Dr. P. van Noorden. Aber natürlich kannte in Fachkreisen jeder jeden, so sprach es sich bald herum, wer dieser ominöse neue Musikschriftsteller war. Besonders Paul F. Sanders, ein hervorragender, grundehrlicher Musikpublizist der sozialdemokratischen Presse, den ich kurz darauf in Amsterdam persönlich kennenlernte, äußerte sich sehr anerkennend über meinen Aufsatz. Ich hatte mich auch beim Concertgebouw-Orchester als Solist angeboten, wurde aber nicht einmal zu einem Probevorspiel eingeladen, das mag wohl auch die Folge meines Artikels gewesen sein.

Als ich noch von Wassenaar aus A. S. de Leeuw im Parteiverlag »Pegasus« in Amsterdam besuchte, machte er mir den Vorschlag, ein Büchlein mit revolutionären Liedern aus der niederländischen Geschichte zu veröffentlichen. »Aber wir können dir kein Honorar versprechen«, fügte er gleich hinzu, »höchstens deine Unkosten vergüten.« Trotzdem nahm ich den Auftrag an. Ich arbeitete ja mit Balet ohnehin über die Künste in den Niederlanden des 17. Jahrhunderts, über die Geusenlieder aus dem Freiheitskrieg des 16. und 17. Jahrhunderts. Ich mußte also nur noch Lieder aus der Zeit der »Patriotten«-Bewegung von 1780 bis 1795 sammeln, die für Freiheit und Gleichheit aller Bürger kämpfte, die amerikanische Unabhängigkeitserklärung unterstützte und sich gegen die Zusammenarbeit des Königshauses Oranje und der Stadtregenten mit dem französischem Ancien régime richtete.

In der Koninklijke Bibliotheek in Den Haag wälzte ich Dutzende von alten Liederbüchern und Pamphleten, suchte fünfzig der schönsten Geusen- und vierzig Patrioten-Lieder aus, machte Anmerkungen zu den Texten und schrieb für beide Teile je eine historische Einführung. Ich war sehr stolz, als ein paar Monate später die »Revolutionnaire Liederen uit Nederlands Verleden« erschienen. Nico Rost schrieb in der belgischen Zeitung »Vooruit« einen zweispaltigen Artikel darüber. Daß der »Nieuwe Rotterdamsche Courant« meine Einführungen als »einseitige« Deutungen historischer Klassenkämpfe kritisierte, empfand ich als Lob.

So hatte ich mich schnell als Dr. P. van Noorden in Holland eingeführt, aber das brachte nichts ein. Noch drei Wochen lang konnte ich bei einer Familie in Bussum und bei einem Ehepaar in Utrecht wohnen, aber dann war ich ganz auf mich allein gestellt. Als ich das gastliche Haus der de Graaffs in Wassenaar verlassen mußte, besaß ich nur noch dreißig Gulden. Von Bussum aus, wo ich mich in der riesigen Villa einer reichen, aber total amusischen deutschen Familie schrecklich unwohl fühlte, fuhr ich einige Male mit einem billigen Autobus nach Amsterdam und arbeitete in der Universitätsbibliothek.

Viel heimischer und freundlicher dagegen war die Atmosphäre im Haus des Rechtsanwalts de Wilde in Utrecht. Die Dame des Hauses, eine gebürtige Österreicherin, konnte sich nicht an die »muffige Provinzialität« Utrechts – wie sie es nannte – gewöhnen, ich mußte mir geduldig ihre Klagen über ihr »enges, in der Etiquette erstarrendes« Leben anhören. Aber sie hatte einen schönen Bösendorfer-Flügel, auf dem ich mich nach Herzenslust austoben und auf die Rundfunksendung vorbereiten konnte. Und vor allem – sie hatte gute Beziehungen zu einflußreichen Kreisen und vermittelte mir Gespräche mit angesehenen Persönlichkeiten.

Dem Vorsitzenden der Utrechter Volksuniversität, Prof. Dr. Wagenvoort, unterbreitete ich meinen Vorschlag, sechs Vorträge über die Musik von Bach bis Mozart mit praktischen Beispielen am Klavier zu halten. Er schien sehr interessiert und versprach mir, mit dem ganzen Vorstand darüber zu beraten. Einige Monate später erhielt ich den Auftrag für diese Vortragsreihe, allerdings erst von Januar bis März 1938. Außerdem gab er mir noch Adressen einiger anderer Volksuniversitäten. Ich schrieb also wieder mehrere Briefe, ab Oktober 1937 wurde ich auch für Vorträge in Amsterdam und Den Briel engagiert.

Dann besuchte ich den Dirigenten des Utrechter Sinfonieorchesters, Henri van Goudoever. Ich spielte ihm vor, und er stellte mir in Aussicht, einmal in einem Volkskonzert als Solist auftreten zu können. »Aber unsere Finanzlage ist so prekär, daß wir nur sehr geringe Honorare zahlen können«, fügte er gleich hinzu. »Außerdem wollen auch viele holländische Pianisten bei mir spielen, doch die Zahl meiner Konzerte ist begrenzt.« Das wußte ich ja bereits. Trotzdem machte ich mir einige Hoffnungen, aber engagiert hat er mich nie.

Der dritte Besuch verlief ähnlich. Prof. Dr. Albert Smijers, Ordinarius für Musikwissenschaften an der Utrechter Universität, ein international hochgeschätzter Wissenschaftler, empfing mich in seinem Priestergewand. Mit zarter Stimme und väterlichem Wohlwollen zeigte er mir stolz den Aufbau und die Organisation der Bibliothek. Als ich ihn bescheiden fragte, ob er in seinem Institut historische Konzerte oder Vorträge für mich organisieren oder mich anderweitig einsetzen könne, hob er segnend seine Hände und meinte freundlich lächelnd, leider könne er mir irgendwelche Tätigkeiten nicht vermitteln, aber er wünsche mir von Herzen alles Gute. Na ja, also nicht, sagte ich mir. Irgendwie werde ich schon weiterkommen. Doch wie sollte ich die lange Zeit bis zum nächsten Oktober, also fast ein ganzes Jahr, überbrücken? Meine Einladung bei dem Ehepaar de Wilde in Utrecht endete Mitte November. Wo sollte ich ein Unterkommen finden?

Nun hatte mir Ben Polak, der clevere und unternehmungslustige Medizinstudent aus Den Haag, gleich nach meiner Ankunft in Wassenaar erzählt, in Voorburg, einem südlichen Vorort Den Haags, existiere ein »Gemeenschapshuis«, in dem etwa ein Dutzend junger fortschrittlicher Leute, meist Studenten, auf kooperativer Basis wohnten. Alle Wohn- und Verpflegungskosten würden gemeinschaftlich geteilt, so daß man dort sehr billig leben könne. Demnächst werde wahrscheinlich ein Zimmer frei werden, er werde mich sofort benachrichtigen. Aber ich bekam keine Nachricht. Ungeduldig fragte ich mehrmals an, ob das Zimmer schon frei sei. Nein, ich müsse noch Geduld haben.

So blieb mir nichts anderes übrig, als von Utrecht nach Den Haag zu reisen und vorläufig ein möbliertes Zimmer zu mieten. Am späten Nachmittag kam ich an und erspähte unweit des Bahnhofs einen Tabakladen, in dessen Schaufenster möblierte und unmöbilierte Wohnungen und Zimmer angeboten wurden. Es gab damals in Holland viele freie Wohnungen und Häuser, die große Wirtschaftskrise wirkte immer noch nach. Der Besitzer wollte seinen Laden gerade schließen, als ich eintrat und ihn fragte: »Wo kann ich hier in der Nähe ein Zimmer mieten?« Er sah mich rasch von oben bis unten an, mein Koffer und die Schreibmaschine verrieten, daß ich gerade mit der Eisenbahn angekommen war. Er dachte wohl, ich sei Geschäftsmann, und schien sich zu wundern, weshalb ich nicht nach einem Hotel gefragt hatte. »Schauen Sie«, sagte er in freundlichem Ton, »wenn Sie hier die Straße hinuntergehen«, mit einer Armbewegung deutete er die Richtung an, »kommen Sie gleich dahinten auf den Fluwelen Burgwal, eine Querstraße nach links; im ersten Haus, Nummer 8, finden Sie bestimmt, was Sie suchen.«

Das Haus fand ich gleich, klingelte, und eine stark geschminkte Dame mittleren Alters ließ mich eintreten. »Ja gewiß, hier können Sie ein Zimmer bekommen«, antwortete sie auf meine Frage. »Und wie lange wollen Sie bleiben? Eine Nacht? Oder länger? Für eine Woche ist es billiger, das kostet mit bescheidenem Frühstück sieben Gulden.« Das war tatsächlich sehr billig. Sie führte mich eine Treppe hoch und zeigte mir das Zimmer. Es kam mir zwar wegen einer kitschigen Tapete mit lauter roten Rosen und der sehr schummrigen Beleuchtung recht komisch vor, aber ich sagte zu.

Als ich dann wieder auf die Straße gehen wollte, kamen mir auf der Treppe einige junge Damen entgegen, auch sehr geschminkt und spärlich bekleidet. Jetzt erst ging mir ein Licht auf: Ich war in einem Puff gelandet. In meiner Naivität war mir gar nicht der Gedanke gekommen, daß ich in Den Haag in solch eine Gegend geraten konnte. Die Damen des Hauses fanden es sicher sehr merkwürdig, daß ich eine Woche lang von ihren Diensten keinen Gebrauch machte. Zum Mittagessen, in Holland wird abends um sechs Uhr die warme Mahlzeit verzehrt, leistete ich mir für zwanzig Cent einen Stamppot – ein Gericht aus gestampften Kartoffeln und Gemüse – mit einem Stück Gelderse Wurst in einer Cafeteria. Zum Lunch kaufte ich mir beim Bäcker für zehn Cent drei Puddingbroodjes, dicke, nahrhafte Kuchenscheiben, die aus Backresten des vorigen Tages hergestellt wurden, also das Billigste vom Billigen. Das mußte reichen.

Am Tage nach meiner Ankunft in Den Haag mußte ich mich bei der Fremdenpolizei anmelden. Der Beamte sagte nur: »Fluwelen Burgwal? Das ist doch keine Gegend für Sie!« Ich nickte gleich bereitwillig und sagte zu, ab nächster Woche ein anderes Zimmer zu mieten. Das fand ich dann auch in der Riouwstraat, einer gutbürgerlichen Gegend. Das Zimmer kostete allerdings zehn Gulden pro Woche. Also an Essen sparen, doch ich hatte ja das AVRO-Engagement in Aussicht.

Tagsüber arbeitete ich lange in der Koninklijke Bibliotheek. Da war es angenehm warm. Aber ich mußte auch irgendwo Klavier üben. Nur wo? Kurz entschlossen ging ich am Noordeinde, nicht weit vom Palast der Königin, in das Haus der renommierten Klavierfirma Rijken. Einem liebenswürdigen älteren Herrn erklärte ich mein Anliegen. »Aber bitte schön«, rief er, »hier hinten haben wir für auswärtige Künstler einen kleinen Übungsraum mit einem Steinway-Flügel eingerichtet. Sie können jeden Tag kommen und arbeiten«. – »Und was kostet das?« fragte ich schüchtern. »Ich bitte Sie«, rief er abwehrend, »das gehört bei uns zum Dienst am Kunden.«

Dieser Herr van Veen hat mir auch später noch oft geholfen. Wenn ich in Den Haag irgendwo auftreten mußte, besorgte er mir gute Flügel. Er hatte viel Humor und gab stets irgendwelche heitere Episoden zum besten. So erzählte er mir verschmitzt lächelnd, jedes Jahr käme der große französische Violinist Jacques Thibaud zu einem Gastspiel nach Den Haag, immer mit einer anderen Frau, die eine schöner und jünger als die andere. Dabei wiederholte er immer dieselbe Begrüßungszeremonie: »Monsieur van Veen – Madame Thibaud!«

So vergingen die ersten Wochen. Da ich mir keine Zeitungen kaufen konnte, las ich eingehend die Aushänge der Haager Tageblätter an den Häusern der Redaktionen. Die Ereignisse in Spanien und die verräterische Nichteinmischungspolitik der französischen Regierung Léon Blum überschatteten alles, aber es gab immer wieder auch erfreuliche Berichte wie die Verleihung des Nobelpreises an Carl von Ossietzky oder der sensationelle Erfolg David Oistrachs als erster Preisträger des Ysaye-Wettbewerbs in Brüssel. Jede gute Nachricht machte mir neuen Mut.

Das AVRO-Konzert in Hilversum verlief zur Zufriedenheit. Die vierzig Gulden bekam ich gleich ausbezahlt, ich fühlte mich als reicher Mann. Die AVRO forderte mich gleich auf, weitere Programme einzureichen. Aus Berlin hatte ich schon Erfahrungen mit unkonventionellen Programmen mitgebracht. In den nächsten Jahren engagierte man mich beispielsweise mit einem Programm »Humoristische Klaviermusik«, mit Beethovens »Wut über den verlorenen Groschen« und lustigen Stücken von Poulenc, Prokofjew und Toch, und einem Programm »Naturklänge«. Man mußte immer etwas Ausgefallenes finden.

Endlich war es dann soweit. Um den 10. Dezember teilte mir Ben Polak mit, das Zimmer im Gemeinschaftshaus sei frei geworden. Ich könne sofort einziehen. Ein Stein fiel mir vom Herzen. Mit der Straßenbahn fuhr ich also, bepackt mit Koffer und Schreibmaschine, zum Koningin-Wilhelmina-Laan 312 b in Voorburg. Ich klingelte, eine junge Frau meines Alters öffnete freundlich lächelnd: »Ich bin Epi, Epi Loeb, herzlich willkommen in unserem Gemeinschaftshaus. Ich bin hier Haushälterin und werde dir alles erklären. Du wirst dich hier bestimmt wohl fühlen.«

Epi führte mich in ein größeres Zimmer mit einem langen Tisch und etwa einem Dutzend Stühle. »Das ist der Gemeinschaftsraum, hier essen wir immer zusammen.« Es kam noch eine zweite junge Frau hinzu, Cleo, und sagte, sie sei Tänzerin gewesen. Zusammen gingen wir durch mehrere einfach, aber geschmackvoll eingerichtete Zimmer. Dann öffnete Epi eine letzte Tür. »Das ist dein Zimmer, zwar klein, aber dafür auch billig. Hier hat jeder seine eigenen Möbel, aber in diesem Zimmer wohnte Wim de Lathouder, er ist nach Spanien zu den Internationalen Brigaden gegangen, Bett, Tisch und Stuhl hat er hiergelassen, das kannst du jetzt alles benutzen. Bis vorgestern wohnte hier Hans Wolf, ein Fotograf und Zeichner, der jetzt nach Amsterdam gezogen ist.« Hans Wolf hatte die glatte weiße Wand über dem Bett mit einer großen Nixe mit flotter Flosse und üppigen Brüsten verziert.

Epi und Cleo erzählten mir mehr über das Gemeinschaftshaus. Einige junge Leute mit wenig Geld hatten die oberen Etagen dreier nebeneinanderstehender Häuser auf Epis Namen gemietet. Ihr Vater, ein bekannter Haager Arzt, hatte eine Bürgschaft dafür abgegeben. Jeder mußte sein eigenes Zimmer selbst sauberhalten. Gegessen wurde dreimal täglich gemeinsam. Epi kaufte ein, sorgte für das Essen, hielt den Gemeinschaftsraum und den Treppenaufgang rein, dafür bekam sie von den Mitbewohnern ein Gehalt, das dem Durchschnittseinkommen aller entsprach. Die Finanzen regelte Leo Ziekenoppasser, Cleos Mann, der tagsüber in einem Büro arbeitete. Außer Cleo und Leo wohnte nur noch ein verheiratetes Paar im Haus, der große blonde Lex Metz, Sohn eines Seeoffiziers, Student an der Akademie für bildende Künste, und seine Frau Theun. Alle anderen waren unverheiratet. Epi wohnte mit dem rothaarigen Jan Kann zusammen, einem pfiffigen Witzbold, ebenfalls Student, Emmy Andriesse, eine bereits sehr bekannte Fotografin, mit Ben Polak und die lebhafte blonde Hans IJzerman mit dem dunkelhaarigen, stillen Wim Brusse, der Reklame-Design studierte.

Es war damals auch in Holland noch ungewöhnlich, daß junge Menschen ohne Trauschein zusammen wohnten. Manche Nachbarn fanden das zwar anstößig, aber im Gemeinschaftshaus scherte man sich nicht darum.

Beim Abendessen lernte ich die anderen Bewohner kennen, nachher versammelten wir uns alle im Zimmer von Cleo und Leo. Das war eine ungezwungene, fröhliche Gesellschaft. Ben hatte schon viel über mich erzählt, aber nun bestürmte man mich mit Fragen über die Zustände im faschistischen Deutschland, über mein bisheriges Leben und meine Arbeit. Einige hatten die »Verbürgerlichung« bereits gelesen und fragten mich darüber aus. Alle waren überzeugte Antifaschisten, einige waren Mitglieder, andere Sympathisanten der Kommunistischen Partei.

In Cleos Zimmer stand ein Klavier, und man forderte mich auf, etwas vorzuspielen. Einen Pianisten gab es in diesem Freundeskreis noch nicht. »Verdomd mooi!« und »Mieters!« riefen alle durcheinander, damals die gängigen Begeisterungsrufe.

Man wußte, daß ich Geld verdienen mußte. »Wir werden schon was für dich finden«, meinte Jan Kann. Von allen Seiten kamen Vorschläge. Theun sagte: »Ich nehme gleich Klavierunterricht bei dir, aber mehr als fünf Gulden im Monat kann ich nicht bezahlen.« Ich sagte zu. Cleo wollte mich beim Leiter einer bekannten Schule für klassischen Tanz, Peter Leoneff, als Klavierbegleiter empfehlen. Jan Kann und Lex Metz beabsichtigten bei ihren Lehrern der Reklame-Abteilung der Akademie anzuregen, daß ich dort einen Vortrag hielt. Ich schlug vor, über »Die moderne Musik im Vergleich mit den modernen bildenden Künsten« zu sprechen, mit Beispielen am Klavier oder mit Schallplatteneinlagen. »Diapositive von Gemälden und Bauhaus-Arbeiten haben wir in der Akademie, da kannst du was Passendes aussuchen«, ergänzte Jan Kann. Cleo warf ein: »Ja, ihr macht schon Pläne, aber erst müßt ihr eure Lehrer, vor allem Paul Schuitema, dafür interessieren. Wie wär's, Eberhard, wenn du noch vor Weihnachten hier in diesem Zimmer ein kleines Hauskonzert gibst, und wir laden dazu einige wichtige Leute ein?« – »Eine wunderbare Idee, na klar!« Und Epi meinte: »Ich werde dich meinen Eltern vorstellen, sie wohnen im Laan van Meerdervoort und haben einen schönen Flügel, da kannst du sicher auch üben, außerdem kennen sie allerlei wichtige Leute des Haager Musiklebens.« Hans IJzerman, die bisher noch nichts gesagt hatte, rief plötzlich: »Ist ja alles gut und schön, aber wie soll Eberhard das ohne Fahrrad schaffen? Sag mal, Wim«, sie wandte sich an ihren Freund, »du hast doch im Keller eurer Wohnung in Rotterdam noch ein altes Fahrrad stehen, bring das am nächsten Wochenende mit.« Wim sagte zu.

So verlief der Abend äußerst anregend und lustig. Als wir dann endlich zu Bett gingen, drehte sich mir alles im Kopf. Ich war mit einemmal in ein Kollektiv gleichgesinnter junger Menschen aufgenommen worden, hatte neue Freunde gefunden, menschliche Wärme und Hilfsbereitschaft zu spüren bekommen. Das Alleinsein und das Hin und Her von einem Quartier zum anderen waren zu Ende.

Alle Vorschläge wurden realisiert. Wim brachte mir das Fahrrad, ein alter Klapperkasten zwar, aber noch brauchbar. Epis Eltern waren sehr fürsorglich, ich konnte dort mehrmals in der Woche üben und wurde immer zu einem ausgedehnten Lunch eingeladen. Der Klavierabend in Cleos Zimmer fand noch vor Weihnachten statt, Paul Schuitema und einige andere mir noch unbekannte Leute waren da. Paul lud mich für den 24. Dezember zum Abendessen ein, um alles weitere wegen des Vortrages in der Akademie zu beraten.

Es war ein merkwürdiges Gefühl, zum erstenmal einen Heiligen Abend ohne Weihnachtsbaum, »Stille Nacht« und sentimentale Stimmung zu erleben. Obwohl ich dieser alljährlichen Zeremonie im Elternhaus längst überdrüssig geworden war, spürte ich doch zunächst eine gewisse Leere. Doch das angeregte Gespräch mit Paul, der die Ideen des Bauhauses praktizierte und seinen Studenten vermittelte, half mir rasch darüber hinweg, ich gewöhnte mich daran, daß Weihnachten in Holland nicht gefeiert wurde. Ich besprach mit ihm die Konzeption meines Vortrages: Debussy und Ravel wollte ich mit Monet und Degas vergleichen, den Expressionismus Schönbergs mit dem »Blauen Reiter« und Meidner, die »Neue Sachlichkeit« Mondriaans und den Funktionalismus des Bauhauses mit Satie und Strawinsky. Auch auf den damals noch sehr umstrittenen Surrealismus wollte ich eingehen – alles auf der Grundlage der sich verschärfenden Krise der bürgerlichen Gesellschaft. Er versprach mir, einige zum Thema passende Diapositive zur Auswahl zu besorgen.

In den nächsten Wochen hatte ich viel Arbeit. Die Korrepetitionsstunden in der Tanzschule begannen, für den Vortrag in der Akademie mußte ich mich mit den bildenden Künsten beschäftigen, die Arbeit an den revolutionären Liedern und für das geplante Buch mit Balet ging weiter. Den Vortrag arbeitete ich noch in Deutsch aus. Frau de Graaff half mir bei der Übersetzung ins Holländische.

Am 5. Februar war ich aufgeregter als vor einem öffentlichen Klavierabend: Mein erster Vortrag in einer Fremdsprache, das war keine Kleinigkeit. Paul Schuitema, Jan Kann, Lex Metz und Wim Brusse hatten tüchtig Propaganda gemacht. Der Direktor der Akademie, Dr. I. H. Plantenga, erschien persönlich, der Saal war gerammelt voll, und alles verlief vortrefflich. Ein solcher Vergleich zwischen den Künsten war etwas Neues, mein Klavierspiel machte Eindruck. Am meisten imponierte aber wohl, daß ich nach gut drei Monaten schon ein ganz passables Holländisch sprach und außerdem noch ein Verlaine-Gedicht auf französisch vortrug. Dr. Plantenga veröffentlichte am nächsten Tag einen Artikel, den ich als Empfehlung für meine geplanten Vorlesungsreihen ausgiebig verwenden konnte.

Im Gemeinschaftshaus fühlte ich mich sofort heimisch, man hatte sich auch rasch an mich gewöhnt. In irgendeinem der Zimmer eines Paares gab es allabendlich Zusammenkünfte, man diskutierte über Politik, machte sich über die Vorbereitungen zur königlichen Hochzeit der Prinzessin Juliana mit dem deutschen Prinzen Bernhard – hier immer nur Benno genannt – lustig, man philosophierte über Gott und die Welt. Manchmal beteiligte ich mich an diesen Gesprächen, meist jedoch zog ich mich in mein kleines Zimmer mit der üppigen Nixe zurück – und arbeitete.

Im Gemeinschaftshaus übernachteten häufig junge Leute aus Amsterdam, Rotterdam und anderen Städten. Sehr fröhlich ging es immer zu, wenn Heinz Keijzer vorbeikam. Er hatte ein Auto, etwas ganz Außergewöhnliches, das meist mit Kapstokken (Kleiderhaken) verschiedenster Art vollgestopft war, er handelte damit. Er war in Deutschland aufgewachsen, sprach holländisch, wie ich nicht akzentfrei; wir wurden unserer Aussprache wegen gehörig gehänselt. Überhaupt gab es immer wieder erheiternde Episoden. Bekanntlich verzichtet man in Holland gern auf Gardinen, so daß man von der Straße aus in die Wohnzimmer gucken kann. Im Gemeinschaftsraum gab es im zweiten Stockwerk an der Straßenseite aber nur Wohn-Schlafzimmer. Epi hatte schon einige Male beobachtet, daß ihr vom gegenüberliegenden Haus ein Mann mit einem Feldstecher zuschaute, wenn sie zu Bett ging. Jan Kann sagte lächelnd: »Dem werden wir eins auswischen.« Als sich Epi bei voller Beleuchtung abends wieder auszog und der ungebetene Zaungast gegenüber prompt sein Fernglas zückte, stellte sich Jan mit seinem Hinterteil vors offene Fenster und zog die Hosen herunter – der Mann gegenüber verschwand sofort.

Einmal wöchentlich fuhr ich mit dem Fahrrad nach Leiden zu Balet, um mit ihm an unserem Projekt weiterzubasteln, und von dort nach Oegstgeest zu dem Zahnarzt Dr. Pos, einem Holländer, der bis 1934 in Berlin lebte, sich dann aber hier niedergelassen hatte. Seinem Sohn Edgar gab ich Klavierunterricht, der Herr Papa zahlte dafür einen Rijksdaalder (2,50 Gulden) pro Stunde, für mich ein fürstliches Honorar. Dr. Pos war ein Unikum, er sprach halb holländisch, halb deutsch und verdrehte allerlei Sprichwörter, die er bei jeder passenden und unpassenden Gelegenheit anbrachte. Jeden dritten Satz begann er mit »kort of klein«, meinte aber »kurz und gut«. Seine Frau war eine ausgezeichnete italienische Sängerin, die ich in Berlin schon in Händels »Poros« gehört hatte, aber in Holland hatte sie keine Chance.

Sonntagnachmittags gab es im Hause de Graaff in Wassenaar bei einer Tasse Tee stets interessante Unterhaltung. Herr de Graaff war Kommunist. Sein Bruder aber, mit dem er zusammen eine Tulpenfarm besaß, war Faschist. Auch Balet und Käte waren meist da, ebenso Frenny de Graaff, die jüngste Tochter des Hauses, die in Amsterdam mit dem Schriftsteller Theun de Vries zusammenlebte und in der Vereinigung »Freunde der Sowjetunion« tätig war.

Ab und zu kamen auch andere interessante Leute zu Besuch. Hier lernte ich David Wijnkoop und seine Frau kennen, einen Mitbegründer der holländischen Kommunistischen Partei, der durch seine Hartnäckigkeit stets für prinzipielle ideologische Auseinandersetzungen sorgte. Freimütig wurde über die Moskauer politischen Prozesse diskutiert, die Haltung des französischen Schriftstellers André Gide zur Sowjetunion kritisiert und über alle möglichen Tagesfragen debattiert. Für mich waren diese Nachmittage eine gute politische Schulung.

Balets Haltung zu mir erlitt zeitweilig eine merkwürdige Abkühlung. Er zeigte sich über meinen Akademievortrag und über die Zusagen dreier Volksuniversitäten einerseits erfreut, andererseits auch verärgert, weil ihm trotz aller Bemühungen solche Erfolge versagt blieben. Er schien den Eindruck zu haben, daß sich für mich Vorteile aus unserer Zusammenarbeit an der »Verbürgerlichung« ergeben hätten, die ihm nicht vergönnt waren. In einem Brief entschuldigte ich mich aufrichtig bei ihm, ihn möglicherweise völlig unbeabsichtigt gekränkt zu haben. ich versicherte ihm, bei jeder Gelegenheit, auch in meinen Vorträgen, immer wieder zu betonen, daß er mein Lehrmeister sei, daß ich ihm sehr viel zu verdanken habe und meinen Anteil an der »Verbürgerlichung« keineswegs überschätze. Obwohl sich seitdem unser Verhältnis offensichtlich entspannte, blieb er mir gegenüber zwar freundlich und wohlwollend, aber die frühere Herzlichkeit war irgendwie gestört. Balet war ein schwieriger, widerspruchsvoller Mensch, ich bemühte mich immer wieder, ihm meine Dankbarkeit und Zuneigung zu beweisen.

Obwohl ich in den ersten Monaten des Jahres 1937 viel Arbeit hatte, blieben meine finanziellen Einkünfte bescheiden, kaum dreißig Gulden pro Monat, Unterkunft und Verpflegung im Gemeinschaftshaus kosteten etwas mehr als zwanzig, für alles andere blieb kaum etwas übrig. Große Sorge machte ich mir um die kommenden Sommermonate, weil ich während der Ferienzeit kein Geld verdienen konnte, meine Vorträge an der Amsterdamer Volksuniversität begannen erst im Oktober. Ich hätte sicherlich hier und da Geld borgen können, aber ich sah gar keine Chance, es in absehbarer Zeit zurückzahlen zu können. Außerdem war ich viel zu stolz dazu, vielleicht auch zu feige, ich wollte unbedingt auf eigenen Füßen stehen. So mußte ich also manchmal aufs Mittagessen verzichten oder mich mit billigen Puddingbroodjes begnügen. Letztendlich vertraute ich wieder dem Glück und Zufall.

Und tatsächlich, wieder hatte ich Glück, großes Glück sogar. Es muß gegen Ende April gewesen sein, als Cleo erzählte, Darja Collin, damals die angesehenste niederländische Solotänzerin, die am

Noordeinde eine eigene Tanzschule leitete, habe eine Einladung vom Niederländisch-Ostindischen Kunstkring erhalten, eine mehrwöchige Tournee durch Java und Sumatra zu machen. »Einen ständigen Pianisten hat Darja nicht, das wäre doch eine Chance für dich, Eberhard«, meinte Cleo. Ja, aber wie sollte ich an sie herankommen?

Um die gleiche Zeit gab Peter Leoneff mit seinen Schülern einen öffentlichen Tanzabend, ich trat als Klavierbegleiter auf. Da gab es vom Strauß-Walzer bis zum ukrainischen Gopak, von Schumanns »Träumerei« bis zu Sindings »Frühlingsrauschen« alle möglichen kurzen Piècen. Peter Leoneff war bekannt für seine gediegene klassische Schulung – wie so viele andere Tänzerinnnen und Tänzer westlicher Länder hatte er sich auch einen russischen Namen zugelegt –, aber bei der Auswahl geeigneter Musikstücke hielt er sich nur an Allbekanntes. Das Tanzprogramm reichte jedoch nicht für einen ganzen Abend, so daß ich zweimal mit einem Solo auftreten durfte. So konnte ich mich in Den Haag zum erstenmal öffentlich als Pianist hören lassen. Ich wählte zwei virtuose Stücke, Chopins As-Dur-Ballade und Liszts Dante-Sonate.

Über welchen Weg Cleo Darja Collin auf mich aufmerksam gemacht hatte, weiß ich nicht, auf alle Fälle erfuhr ich kurz vor der Vorstellung, daß der Manager von Darja Collin und ihre engste Mitarbeiterin und Schülerin, Edmée Monod de Froideville, im Saal anwesend waren. Da ich die Tanzstücke dank der vielen Proben schon längst auswendig kannte, konzentrierte ich mich beim Begleiten ganz auf die Tanzenden. Bei meinen Solostücken legte ich tapfer los, achtete vor allem auf differenzierte Klangkontraste und donnerte bei Liszt die Oktaven mit aller Vehemenz. Alle waren begeistert. Zum Schluß kamen der Manager und die junge Tänzerin zu mir, stellten sich vor, beglückwünschten mich und vereinbarten mit mir einen Termin am nächsten Morgen zum Vorspiel.

Pünktlich erschien ich bei Darja, einer schönen blonden Frau mit einem etwas verschmitzten Lächeln, ich schätzte sie auf etwas über Dreißig. Sie kam gleich zur Sache: »Ich habe schon viel Gutes über Sie gehört als Tanzbegleiter und Solist, bitte spielen Sie mir etwas vor.« In dem großen Atelier im Dachgeschoß des Hauses, ausgestattet mit Ballettstangen und großen Spiegeln, stand ein Blüthner-Flügel. Ich spielte Chopin. Darja nickte zustimmend. »Soll ich noch etwas anderes spielen?« – »Nein, das genügt. Wollen Sie mit mir nach Ostindien reisen?« Ich mußte mich sehr beherrschen, ihr vor Freude nicht gleich um den Hals zu fallen. »Oh ja, sehr gern.« – »Gut, wir werden vorher unser Programm noch in den Koninklijke Schouwburg aufführen und Ende Juni abreisen, ich nehme an, daß wir zwei bis drei Monate unterwegs sein werden. Alle anderen Dinge besprechen Sie bitte mit meinem Verwalter.« Ich verabschiedete mich freudestrahlend. Also: Eine phantastische Reise, und keine Geldsorgen mehr bis Oktober!

Die Unterredung mit dem Manager war sachlich und kurz. »Ein festes Honorar kann ich Ihnen nicht versprechen, es hängt davon ab, wieviel Abende wir geben können, zwanzig sind garantiert. Die Schiffsreisen beszahlt der Kunstkring. Sie werden überall privat untergebracht, Tropenkleidung stellen wir, alles andere wird sich ergeben. Nächste Woche erwartet Sie Frau Collin zu den ersten Proben, wir zahlen einen Gulden fünfzig pro Stunde. Sind Sie einverstanden?« Was für eine Frage! »Ja, ich bin einverstanden!« Jubelnd fuhr ich auf meinem alten Klapperrad ins Gemeinschaftshaus zurück. Alle umarmten mich vor Freude. Welch eine wunderbare Truppe, wenn einer in Not war, halfen alle, wenn einer Erfolg hatte, freuten sich alle mit.

Die Proben mit Darja und Edmée machten viel Spaß, Darja konnte hart arbeiten an sich selbst, und an ihre Mitarbeiter stellte sie höchste Ansprüche. Wie in den zwanziger Jahren üblich, hatte sie zunächst den »Modernen« oder »Ausdruckstanz« bei Gertrud Leistikow und Mary Wigman studiert, dann aber in Paris alljährlich einige Wochen bei den berühmten russischen Ballerinen Olga Preobrashenskaja und Vera Trefilowa die klassische Technik, bei spanischen Meistern Folkloretanz erlernt und ein vielseitiges Repertoire eigener Solotänze erarbeitet.

Nach einer Probe sagte Darja bei einer Tasse Tee: »Sag mal, Ebi«, sie nannte mich zärtlich so, »wir zwei Weiber können doch nicht nur allein auf der Bühne erscheinen, ich muß noch einen männlichen Partner haben.« Ich schlug Alexander von Swaine vor, der international einen guten Namen hatte. »Ich habe in Berlin längere Zeit mit ihm gearbeitet, einige seiner Tänze – ›Der Verworfene‹ auf

Musik von Bartók, ›Der Derwisch‹ oder seine Goya-Impression ›Jota aragonese‹ – würden gut in unser Programm passen.« – »Ebi, was für eine ausgezeichnete Idee, gib mir seine Adresse, ich schreibe ihm sofort.«

Anfang Juni kam Alexander, wir arbeiteten nun zu viert. Der Abend im Königlichen Theater, dem größten Theatersaal der Stadt, wurde ein künstlerisches und gesellschaftliches Ereignis. Besonders Darja wurde gefeiert, ihr Chopin-Walzer, ihr lyrischer Tanz »Idol« auf Musik von Eric Satie, ihre diffizilen und heiteren Tanzkompositionen auf Casellas »Galopp« und Debussys »Eccentric Général Lavine« erhielten den meisten Applaus. Ich spielte zwischendurch Scarlatti und Prokofjew und bekam auch gute Kritiken.

Inzwischen hatte ich mich in Edmée verliebt, wenn sie den Ges-Dur-Walzer von Chopin tanzte, wurde es mir am Klavier ganz weich ums Herz. Ihr Lächeln, ihre Stimme, ihr wohlproportionierter Körper hatten es mir angetan. Aber mir war von vornherein klar, daß sich zwischen uns nie eine engere Bindung anbahnen konnte, sie kam aus einer vornehmen Familie und wußte oder begriff nichts von meiner politisch-ideologischen Haltung. Ich hatte eine aus meiner Herkunft erklärliche Moralvorstellung, mit einem Mädchen nur intime Beziehungen aufzunehmen, wenn ich ziemlich gewiß sein würde, daß sich daraus ein dauerhaftes Zusammenbleiben entwickeln könnte.

Die Vorbereitungen auf die große Reise verliefen zügig. Ich bekam bei einem Spezialschneider meine weißleinenen Tropenanzüge, für die Konzerte eine leichte weiße Smokingjacke, und legte mir einige Reiselektüre zurecht, Lenins »Materialismus und Empiriokritzismus«, Hegels »Ästhetik«, Jonas Cohns »Theorie der Dialektik«. Auf den langen Schiffsreisen wollte ich die Manuskripte meiner Vorlesungen »Von Bach bis Mozart« ins Holländische übersetzen.

Im Gemeinschaftshaus gab es an einem strahlenden Junisonnabend noch ein sehr lustiges Fest ohne Alkohol. Bedingung war, daß jeder seine Zehen verzieren mußte. Sogar aus Amsterdam waren einige Freundinnen und Freunde gekommen. Cleo bekam die Würde der Königin mit den am schönsten bemalten Zehen, ich hatte mich mit einigen bunten Strippen und Bändern begnügt. Es wurde getanzt, geschwatzt und gelacht.

Dann kam der Tag des Abschieds. Auf dem Bahnhof waren die Bewohner des Gemeinschaftshauses beinahe vollzählig erschienen. Sie wußten, daß ich gern Ananas aß, mir das aber nie leisten konnte, jetzt schenkten sie mir allerlei zum Naschen. Ananist nannte Ben mich zum Gaudium der Umstehenden. Wir umarmten uns, der Zug fuhr ab.

Reise nach Niederländisch-Ostindien

In Paris eilten wir in zwei Taxis – wegen der Tanzkostüme hatten wir viel Gepäck – von dem Gare du Nord zum Gare de Lyon. In Marseille bestiegen wir den norwegischen Frachter »Trianon«, der uns bis Singapur bringen sollte. Als das Schiff bei schönstem Sommerwetter auslief, standen wir lange an Deck, ganz allmählich verschwanden der Hafen, die Stadt mit der Notre-Dame-de-la-Garde am Horizont.

Darjas Verwalter hatte von Den Haag aus ein altes Klavier organisiert, das an Deck aufgestellt worden war. Die Tänzer machten jeden Morgen ihre Exercices, dann arbeiteten wir etwa zwei Stunden an unseren Programmen, danach konnte ich selbst noch üben. Es war schon recht heiß, so saß ich, nur mit einem Short und einer weißen Mütze bekleidet, in der prallen Sonne am Klavier. Die Mahlzeiten nahmen wir gemeinsam mit dem Kapitän in einem schlichten Speiseraum ein. Die Fahrt bei ganz ruhiger See schien zu einem Erlebnis zu werden, es wurde viel gegessen, getrunken – und geflirtet.

Vorbei an der ägyptischen Küste fuhren wir nachts durch den Suezkanal, der mir viel schmaler erschien, als ich ihn mir vorgestellt hatte. Nach kurzer Unterbrechung in Suez gelangten wir nach Port Sudan. Hier konnten wir in einem speziell eingerichteten kleinen Boot über Untiefen mit phantastisch anmutenden, bunt schillernden Korallenriffen fahren. Ganz anders als in Suez kam uns die schwarze Bevölkerung aufgeschlossen, neugierig und freundlich entgegen, ohne Bettelei oder Handelsabsichten. Im Hause eines Engländers wurden wir ausgiebig bewirtet.

Einige Tage später legten wir in Aden an. Als wir wieder an Bord gingen, war das Klavier unter Deck geschafft worden. »Wir kommen gleich in den Monsun, dann kann unser Schiff ganz schön schlingern«, warnte uns der Kapitän. Im Indischen Ozean schäumten die Wogen immer höher auf, es wurde merklich kühler, die »Trianon« schaukelte mächtig. Vom täglichen Training konnte keine Rede mehr sein. Es dauerte noch einige Tage, bis wir uns der Küste Ceylons (heute Sri Lanka) mit ihren üppigen grünen Kokospalmen näherten. Nach Colombo dann endlich Singapur. Hier war alles zollfrei, und ich kaufte mir für einen einzigen holländischen Gulden ein weißseidenes Oberhemd.

Wir verabschiedeten uns sehr herzlich von der »Trianon« und ihrer Besatzung. Der einzige Nachteil an Bord dieses Frachtschiffes war die völlige Abgeschiedenheit von der übrigen Welt. Ich war vor allem begierig auf Nachrichten aus Spanien. An Bord gab es nur ein Rundfunkgerät für die Mannschaft. In jedem Hafen besorgte ich mir englische Zeitungen, über deren Berichterstattung ich entsetzt war: kolonialistische Überheblichkeit und Arroganz sprang mir aus allen Artikeln entgegen, in bezug auf Spanien wurde nur verächtlich über die »Roten« geschrieben, allerlei unsinnige Berichte über die Sowjetunion stammten aus deutsch-faschistischen Quellen. Mit einem holländischen Passagierschiff ging es dann weiter nach Batavia, dem heutigen Jakarta.

Unsere Tournee führte uns nun über fünf Wochen durch ganz Java, von Jakarta über Bandung, Ciribon, Tegal, Semarang nach Surabaya und dieselbe Route wieder zurück. Manchmal mußten wir an mehreren Abenden nacheinander in verschiedenen Städten auftreten, dann hatten wir einige Tage frei. Die Konzerte waren überall gut besucht, das Publikum bestand beinahe ausschließlich aus Holländern.

Am Eröffnungsabend in Jakarta, am 21. Juli, beehrten uns der niederländische »Landvogt«, Generalgouverneur van Starkenborgh, und sein Gefolge mit ihrem Besuch. Da Seine Exzellenz zu solch festlichem Anlaß in europäischer Abendkleidung zu erscheinen pflegte, mußte auch ich meinen Frack anziehen. Während sich die Tänzer abwechselten und zwischendurch mal kurz ausruhen konnten, war ich als Pianist den ganzen Abend ununterbrochen beschäftigt. Klimaanlagen gab es damals noch nicht. Ich schwitzte bei mindestens dreißig Grad fürchterlich, manchmal konnte ich die Tasten kaum sehen, weil mir die Schweißtropfen über die Brille perlten. Hinter der Bühne gab es Duschen und eine Waage. Ich stellte fest, daß ich etwa zwei Liter verdampft hatte! An allen anderen Abenden konnte ich statt des Fracks glücklicherweise meine leichte weiße Smokingjacke tragen. Wie meine Kollegen bekam auch ich für meine Soli Beifall, die Presse bescheinigte mir »glänzende Technik«, »temperamentvolles Spiel«, »beneidenswert feinfühligen Anschlag«, »jugendliches Feuer« ...

Wir wohnten immer privat bei Holländern, die es sich als Ehrensache anrechneten, uns in ihren großen Wohnungen mit vielen Bediensteten zu beherbergen. Einige zeigten sich künstlerisch sehr interessiert, ihre Meinungen über unsere Darbietungen waren oftmals kritischer als die der Journalisten, die kaum Ahnung von Tanz und Musik hatten.

In Surabaya logierte ich bei einem Ingenieur, der in seiner Freizeit Cello spielte und eine wunderbare Plattensammlung besaß. Gesprächen über Politik mit meinen höflichen Gastgebern bin ich möglichst aus dem Weg gegangen, ihre konservativ-kolonialistische Haltung enttäuschte mich. Mit einer Ausnahme: In Bandung wohnte ich in dem sehr geschmackvoll eingerichteten Haus von Cilia und Albert de la Court. Cilia ist die ältere Tochter der de Graaffs in Wassenaar, Frau de Graaff hatte mir schon viel von ihr und ihrer Familie erzählt und ihr auch meine Ankunft schriftlich angekündigt. Albert lebte schon lange in Indonesien, in Bandung war er Leiter einer Fachschule ausschließlich für indonesische Pädagogikstudenten. Er war ein sehr fortschrittlicher Mann und bei seinen Studenten, wie ich mich selbst überzeugen konnte, sehr beliebt. Sein Verhältnis zu der einheimischen Bevölkerung war so ganz anders als das der Plantagenbesitzer und Ingenieure.

Leider war unser Aufenthalt in Bandung nur kurz. Von der Familie de la Court nahm ich sehr bewegt Abschied, ohne zu ahnen, daß unsere Freundschaft für mich einige Jahre später in Holland entscheidend wichtig werden würde.

Wir eilten weiter von Stadt zu Stadt, mußten oft schon vor Sonnenaufgang aufstehen und probten intensiv. Auf solch einer Tournee sind auch Zwischenfälle unvermeidlich. In Solo machten den Tänzern einige von Termiten gefressene Löcher im Fußboden der

Bühne sehr zu schaffen. Als wir auf der Rückreise von Surabaya auf derselben Bühne unser zweites Programm zeigten, hatten die Veranstalter diese Löcher sorgfältig mit Pech zugestopft. Doch als von Swaine mitten im »Nachmittag eines Fauns« eine langsame Rolle machte, berührte er mit seiner Nasenspitze solch einen Pechfleck. Ohne es selbst zu merken, tanzte er mit schwarzer Nase weiter, außerdem begann seine goldene Perücke zu verrutschen, so daß sein dunkler Haaransatz sichtbar wurde. Das Publikum begann schon zu kichern. Auch ich am Flügel hatte Mühe, das Stück ruhig zu Ende zu spielen. Von Swaine begriff gar nichts. Als der Vorhang gefallen war, stürzte er wütend auf mich zu. »Warum lachen denn die Leute?« Ich antwortete nur: »Na, guck mal in den Spiegel.«

Nach dieser Vorstellung in Solo besuchten wir eine Aufführung des Wayang Wong, die theatralische Darbietung einer Episode aus dem Ramayana-Epos. Mich faszinierten das nahtlose Übergehen vom Sprechen zum Singen und Tanzen, die Gamelanmusik, die prachtvollen Kostüme. Die gleichsam epische Spielweise ohne nennenswerte Mimik, dabei die starken Spannungen, die vom ausschließlich javanischen Publikum mit atemloser Stille mitvollzogen wurden, dann wieder das befreiende Lachen beim Erscheinen dreier komischer Figuren. Die lauten Zwischenrufe aus dem Saal und der zwar kurze, aber tosende Beifall machten einen unauslöschlichen Eindruck auf mich. Nur die kitschige Bühnendekoration in der Art eines europäischen Provinztheaters empfand ich als stillos.

Noch mehr jedoch sind mir ein Nachmittag und ein Abend in Yogyakarta in Erinnerung geblieben. Der Sultan (Susuhunan) Mangkunegoro hatte unsere Vorstellung besucht und uns eingeladen, an seinem Hofe, dem Kraton, einer Darbietung des klassischen javanischen Tanzes beizuwohnen. In einer großen, nach drei Seiten offenen Halle wurden wir Zeugen einer jahrhundertealten Kultur, die mich zwar an den Tanzabend des Inders Uday Shankar erinnerte und doch so ganz anders, eben indonesisch war. Mir sind vor allem einige Kampfszenen des Helden Arjuna mit einem bösen Widersacher, die manchmal gleitenden, dann wieder ruckartigen, äußerst gespannten Tanzbewegungen zu einer ungemein klangfarbenreichen Gamelanmusik im Gedächtnis geblieben.

Auch am Hofe von Surakarta (Solo) konnten wir eine Tanzvorführung sehen. Sie war in manchen Details anders als die in Yogyakarta. Mich störte jedoch, daß hier das Gamelanorchester mit vier Violinen, zwei Klarinetten und einer europäischen Militärtrommel »modernisiert« worden war.

Schon damals fesselte mich diese fremdartige, äußerst verfeinerte Kunst so sehr, daß ich mir vornahm, irgendwann in Zukunft diese einzigartige Tanz- und Musikkultur eingehender zu studieren, um die Erkenntnisse meines hochverehrten Lehrers Curt Sachs, der nie in Indonesien war, ergänzen und vertiefen zu können.

Von Yogyakarta aus machten wir eines Nachmittags einen Ausflug zu den großen architektonisch-bildkünstlerischen Monumenten Javas. Zunächst sahen wir den Mendut-Tempel mit einer wunderbaren Buddhastatue, dann die übriggebliebenen Teile des hinduistischen Tempelkomplexes Prambanan mit prachtvollen steinernen Reliefs und schließlich, kurz vor Sonnenuntergang, das große buddhistische Heiligtum der Javaner, den Borobudur aus dem 9. Jahrhundert. Ich war überwältigt von der Schönheit dieses Bauwerks mitten in der tropischen Berglandschaft, von dem imponierenden architektonischen Aufbau und der geradezu unwahrscheinlichen Lebensnähe der vielen Reliefdarstellungen aus der buddhistischen Legende mit vielen tanzenden und musizierenden Menschen, einem fahrenden Segelschiff und vielen, vielen anderen bewegten und bewegenden Handlungen.

So vergingen die fünf Wochen auf Java wie im Fluge. Ich war totmüde, als wir Ende August mit der niederländischen »Van Swieten« von Jakarta nach Palembang im Süden Sumatras weiterreisten. Hier waren die Menschen lebhafter, spontaner als die ruhigen, beherrschten Javaner. Im Museum dort konnte ich erstaunlich plastische Zeugnisse einer ebenfalls sehr alten Kultur bewundern. Nach drei Tagen ging es weiter, wir fuhren mit einem anderen kleineren Passagierdampfer an der Ostküste Sumatras entlang nach Medan. Dort gaben wir zwei Abende und wurden von zwei Plantagenbesitzern aufgefordert, unser Programm auf ihren Niederlassungen vorzuführen, das bedeutete Extrahonorare.

Hier, in Pematang Siantar und Laras, erlebte ich den niederländischen Kolonialismus in Reinkultur. Als ich an einem frühen Nachmittag allein durch ein Dorf ging, in dessen Nähe wir bei einem Großunternehmer feudal untergebracht waren, fiel mir auf, daß alle Einheimischen, denen ich begegnete, mit tief gesenktem Kopf an mir vorbeigingen, einige kamen auf dem Fahrrad, stiegen etwa zehn Meter vor mir ab und fuhren erst weiter, als sie hinter mir waren. Beim Nachmittagstee fragte ich nichtsahnend unsere Gastgeber, was das zu bedeuten habe. »Vor einigen Wochen«, lautete die strenge Antwort, »ist einer der Unsrigen hier in der Nähe im Wald überfallen und niedergeschossen worden.« – »Weshalb denn?« – »Die Bataker hier sind nicht wie die Javaner auf den Plantagen ruhig, beherrscht und demütig, nein, ganz im Gegenteil, sie sind starrsinnig, oft sogar aufsässig und haßerfüllt. Deshalb habe ich angeordnet, daß alle Eingeborenen vor jedem Weißen den Hut ziehen und gebückt an ihm vorbeigehen!« Der Grundbesitzer sagte das in so apodiktischem Ton, daß ich nicht weiter fragte und nur daran dachte, zu welchen Hungerlöhnen die Landarbeiter schuften und welch abgrundtiefer Haß sich bei ihnen gegen ihre Ausbeuter aufgestaut haben mußte.

Bei diesem Nachmittagstee war ein großer Stuhl – eine bezeichnende Marotte dieses Herrn – für einen zahmen Orang-Utan reserviert, der sich mit uns an den Tisch setzte und mit seinen Pranken eine extragroße Tasse an sein Maul führte. Dieses »Haustier« stank fürchterlich.

Unser Aufenthalt in Niederländisch-Ostindien näherte sich seinem Ende. Ich kaufte noch kleine kunstgewerbliche Andenken ein, Ringe, Halsketten, Armbänder, Batiktücher – für die Freunde daheim im Gemeinschaftshaus. Ich hatte selbst auch einige schöne Geschenke erhalten, Holzschnitzereien, zwei kleine Buddhafiguren, von Cilia und Albert de la Court in Bandung einen geschnitzten Bambusköcher, die mich heute noch an diese unvergeßlichen Wochen erinnern.

Die Rückfahrt von Medan nach Marseille auf dem holländischen Passagierschiff »Dempo« verlief schneller als die Hinfahrt, nur in wenigen Häfen wurde Station gemacht. Im Golf von Aden gaben wir an Bord noch eine Vorstellung, es war wieder sehr heiß. Außer einigen Fest- und Tanzveranstaltungen war das Leben an Bord recht langweilig. Ich hatte Zeit genug, viel zu lesen und meine Vorlesungen zu übersetzen.

Von Marseille aus fuhren wir mit dem Nachtzug nach Paris. Von Alexander von Swaine verabschiedeten wir uns nicht gerade herzlich, er hatte sich auf der ganzen Reise nicht immer kollegial verhalten. Darja und Edmée nahmen mich mit zu einer Hospitation bei der russischen Ballerina Vera Trefilowa. Sie war sehr klein, schlank, liebenswürdig; auf einem Stuhl stehend, dirigierte sie die große Zahl ihrer Schülerinnen, indem sie auf einfache, selbstgefundene Melodien die Schritte, Haltungen und Richtungen angab.

Als die beiden Damen nach Holland abgereist waren, gönnte ich mir noch einen ganzen Tag für einen Besuch der Weltausstellung. Vor allem den prächtigen sowjetischen Pavillon mit dem weithin sichtbaren Stahlmonument »Arbeiter und Kolchosbäuerin« und Picassos Gemälde »Guernica« (im spanischen Pavillon) betrachtete ich tiefbewegt. Für den Louvre blieb mir nur wenig Zeit, aber Leonardo da Vincis »Mona Lisa« wollte ich doch unbedingt gesehen haben.

Konnte es einen würdigeren Abschluß dieser dreimonatigen Reise geben? Die unzähligen, manchmal überwältigenden Eindrücke eines fernen Teils der Welt erweiterten nicht nur meinen geistigen Horizont. Die schon in Holland begonnene, vor allem im Gemeinschaftshaus geförderte Änderung meiner Lebenshaltung, die fortschreitende Überwindung der mich bedrückenden kleinbürgerlich-preußischen Enge wurde mir besonders in den Mußestunden während der Seereise so recht bewußt. Ich begann ein anderer, freierer, reiferer Mensch zu werden. Meine Vergangenheit im faschistischen Berlin schien mir in weite Ferne gerückt, obwohl ich erst kaum ein Jahr im Exil lebte.

Auf den ersten Blick ...

Am 1. Oktober 1937 traf ich wieder in Den Haag ein. Wie mir Cleo und Epi schon in Briefen nach Jakarte mitgeteilt hatten, gab es im Gemeinschaftshaus große Veränderungen. Jan Kann und Emmy Andriesse waren nach Amsterdam gezogen, auch Epi ging weg, einige Zeit später heiratete sie Heinz Keijzer. Cleo und Leo nahmen nun die Leitung des Hauses in die Hand. Die drei Oberetagen in

Voorburg wurden aufgegeben und dafür ein ansehnliches dreistöckiges Haus mit mehreren Bodenkammern in der Bankastraat 131 in Den Haag gemietet. Für mich hatte man das große Hinterzimmer mit Balkon im zweiten Stock reserviert.

Die Wiedersehensfreude war herzlich, ich verteilte meine kleinen Geschenke und mußte ausgiebig über meine Erlebnisse berichten. »Jij bent een bofneus« (Du bist ein Glückspilz), rief Cleo lachend. Ja, das war ich wirklich. Und Lex Metz stellte befriedigt fest, ich hätte in drei Monaten mehr von Indonesien gesehen als die meisten Holländer, die dort nur an einem Ort tätig seien. Am nächsten Sonntag war ich wieder bei de Graaffs zu Gast, auch Balet und Käte waren gekommen, und erzählte eingehend von meiner Begegnung mit Cilia und Albert de la Court und ihren vier Kindern in Bandung.

Von dem Geld, das ich auf der Reise verdient hatte, kaufte ich mir Matten als Fußbodenbelag, einen Kachelofen, ein Bett, Bettwäsche, Tisch, Stuhl und einen Sessel. Das mußte zunächst genügen. Vor allem wollte ich mir meinen Bechstein-Flügel aus Berlin nachkommen lassen. Ich ging also auf Empfehlung des Klavierhändlers van Veen zu einer bekannten Speditionsfirma, die auf Transporte von Flügeln in dazu passenden Holzkisten spezialisiert war, und erkundigte mich nach dem Preis. »Etwa fünfundsiebzig bis achtzig Gulden«, war die Antwort, man sagte mir auch zu, das Fahrrad meines Bruders, das irgendwo unbenutzt im Keller stand, und zwei Kisten mit meinen Büchern und Noten mitgehen zu lassen.

Nach knapp zwei Wochen stand ein großer Möbelwagen vor der Tür, der Flügel wurde ausgeladen. Und wie das in Holland wegen der schmalen, steilen Treppen üblich ist: Die beiden Transportleute warfen ein langes Seil über den großen Haken am Dachgiebel, verknoteten fachgerecht den Flügel im Vorgarten und zogen ihn bis zum zweiten Stock hoch. Mir blieb das Herz stehen, als ich mein geliebtes Instrument so zwischen Himmel und Erde schweben sah. Doch alles ging gut. Der Flügel wurde durch ein großes Fenster hineingehievt, und nach wenigen Minuten stand er ausgepackt und wie noch immer schwarz glänzend in meinem Zimmer. Ich war glücklich!

Die Transportmänner freuten sich mit mir. Der eine gab mir dann die Rechnung. Ich las: »112 Gulden 50 Cent« und bekam einen furchtbaren Schreck, denn ich besaß gerade noch hundertdreizehn Gulden! »Es tut mir leid, aber ein Trinkgeld kann ich Ihnen nicht geben. Das ist alles, was ich besitze.« Die Männer lachten nur. »Macht nichts, ist schon in Ordnung. Unten stehen noch die zwei Kisten und das Fahrrad.« Ich bedankte mich.

Da saß ich nun wieder ohne Geld. Mit einigen wenigen Klavier- und Korrepetitionsstunden verdiente ich zwar etwas, aber das reichte nicht hin und nicht her. Dafür hatte ich meine Vorlesungen an den Volksuniversitäten in Aussicht. Die erste sollte Ende Oktober in Amsterdam stattfinden. Pro Vorlesung bekam ich fünfundzwanzig Gulden plus Fahrgeld Eisenbahn erster Klasse. Mir blieb nichts anderes übrig, als das erstemal per Anhalter nach Amsterdam zu fahren, »vlooien« (flöhen) nannte man das in Holland. Ich zog also schon früh am Nachmittag los, um nicht zu spät zu kommen, war natürlich viel zu früh in Amsterdam und spazierte in aller Ruhe nach der Reinier Vinkeleskade zu einer Familie, die mich zum Essen eingeladen hatte.

Im kleinen Saal des Muzieklyceums begrüßte mich die Sekretärin der Volksuniversität, ein Fräulein de Boer. Es kamen über fünfzig Zuhörer. »Das ist sehr viel«, meinte sie. Den Vortrag beschloß ich mit Bachs »Chromatischer Fantasie und Fuge« und bekam viel Beifall. Fräulein de Boer strahlte, gab mir die Hand, sagte: »Sehr schön, auf Wiedersehen bis zum nächstenmal« und verschwand.

Da stand ich wieder auf der Straße. Ich hatte erwartet, das Honorar plus Fahrgeld gleich ausbezahlt zu bekommen. Aber nichts davon. Eine Woche später wiederholte sich dasselbe Schauspiel. »Sehr schön, auf Wiedersehen bis zum nächstenmal«, sagte Fräulein de Boer, als ich mit der d-Moll-Suite von Händel geendet hatte. Wieder per Anhalter zurück nach Den Haag.

Tags darauf schrieb ich Fräulein de Boer einen höflichen Brief mit der bescheidenen Anfrage, wann ich die Honorare zu erwarten hätte. Postwendend kam die Antwort: »Hochgelehrter Herr Doktor, es ist üblich, daß die Honorare mit dem Fahrgeld am Ende des ganzen Zyklus ausbezahlt werden.«

Da saß ich nun mit meinen gebackenen Birnen, wie man in Holland sagt, ich mußte mich also noch bis Anfang Dezember gedulden. Aber dann würde ich einen ganzen Batzen auf einmal bekommen, hundertfünfzig Gulden und Reisespesen erster Klasse. Doch bis dahin hieß es wieder: Jedes Dubbeltje dreimal umdrehen!

Jetzt hatte ich genügend Zeit für meine musikhistorischen Studien. Einmal wöchentlich besuchte ich Balet in Leiden, die Zusammenarbeit ging zügig voran. Um aber die Verweltlichung und den Wirklichkeitssinn der holländischen Künste im 17. Jahrhundert begreifen zu können, mußten wir die ganze Entwicklung seit dem 12. Jahrhundert wenigstens in groben Zügen darstellen. Ich las also viele Bücher über die komplizierten philosophischen, ideologischen und künstlerischen Prozesse beim Übergang vom Mittelalter zur Renaissance, wir entdeckten historische Parallelen zwischen den bildenden Künsten und der Musik und bemühten uns, diese Entwicklungen unter Begriffen wie Entfeudalisierung, Verbürgerlichung, Säkularisierung, Vermenschlichung, Hinwendung zum Rationalismus und Realismus zusammenzufassen. Bei diesen Studien gelang es mir, die Entwicklung des niederländischen Volksliedes am Beispiel des Liedes »Den lustelycken Mey«, das ich in etwa fünfzehn verschiedenen Versionen aus der Zeit von 1539 bis 1700 fand, sehr deutlich aufzuzeigen: Aus einer rhythmisch frei schwebenden modalen Melodie wurde ein lustig hüpfender Tanz im Viervierteltakt, eine Gavotte. An den zahlreichen Zwischenstationen konnte ich die künstlerischen und ideologischen Prozesse einer ganzen Kunstperiode ablesen.

Inzwischen ereignete sich ganz plötzlich einer jener notwendigen Zufälle, die für mein ganzes weiteres Leben bestimmend werden sollten. Im Gemeinschaftshaus übernachteten häufig allerlei Gäste. Eines Abends gegen Mitte November versammelte sich unsere Gemeinschaft wie allabendlich zum Essen im großen Hinterzimmer des Erdgeschosses. Cleo hatte schon den langen Tisch gedeckt und hantierte noch in der Küche. Da trat ein junges Mädchen mit großen dunklen Augen ein und begrüßte die Anwesenden. Ich stand am Ofen in der Mitte des Zimmers, ging auf sie zu und stellte mich vor: »Eberhard Rebling.« Sie sagte etwas beiläufig: »Lin Jaldati«, drückte mir flüchtig die Hand und schaute mich nur ganz kurz an. Mich durchschoß es wie ein Blitz. Während sie mit Cleo sprach, konnte ich keinen Blick von ihr lassen. Ihr schönes Gesicht, die funkelnden Augen, die gewölbte Stirn mit dem Haaransatz in zwei weit geschwungenen Rundungen, das volle, lose nach hinten gekämmte dunkle Haar, ihr schlanker und doch kräftiger Körper, ihre lebhaften Bewegungen, ihre dunkle Stimme – alles zog mich wie ein Magnet an. Obwohl sie ab und zu herzlich lachte, schien es mir, als ob sie irgendwie traurig, ja niedergedrückt war.

Das war Liebe auf den ersten Blick, offensichtlich leider nur meinerseits. Oben in meinem Zimmer schwirrten mir wirre Gedanken und Zukunftsträume durch den Kopf: Mit ihr ein ganzes Leben zu zweit aufzubauen schien mir zu schön, um wahr zu werden. Wie sollte ich ihr Interesse, ihre Zuneigung gewinnen können?

In den nächsten Tagen erfuhr ich einiges über sie und auch von ihr selbst. Wir sahen uns nur beim gemeinschaftlichen Abendessen. Sie erzählte, daß sie als Tänzerin täglich zu den Proben für die neue Bouwmeester-Revue gehen müsse, die im Januar Premiere haben sollte. Sie würde also noch einige Wochen im Hause bleiben. Von Cleo erfuhr ich, daß Lin sich gerade von ihrem Freund in Amsterdam getrennt hatte, in depressiver Stimmung sei und auf keinen Fall eine neue feste Verbindung eingehen wolle. Warum sagte mir Cleo das? Sollte sie mich so gut beobachtet haben?

Tagtäglich wartete ich sehnsüchtig auf den Moment, Lin abends beim Essen anschauen zu können. Als nach einigen Tagen bei Tisch gerade über das Verhalten junger Männer gegenüber ihren Freundinnen geplaudert wurde, sagte sie kurz: »Ich will mich nicht mehr binden, nur schlimm genug, daß wir doch so ab und zu einen Mann brauchen.« Was für Enttäuschungen mußte sie wohl erlebt haben. Sollte sie wirklich den Glauben an eine echte Liebe verloren haben? Oder war es nur eine zeitweilige Depression?

Am Nikolaustag, dem 5. Dezember, organisierte Cleo wieder ein Fest. Alle mußten als Sinterklaas verkleidet erscheinen. Und wie das an diesem Tag in Holland üblich ist, sollte jeder anonym ein Geschenk für einen Mitbewohner mit einem Gedicht dazu abgeben. Ich hatte mir eine hohe rote Mitra mit Violin- und Baßschlüssel gebastelt und einen Bart mit Noten aus Papier umgebunden. Ben Polak erhielt ein als Harem umfunktioniertes Puppenhaus mit lauter kleinen nackten Püppchen. Ich bekam ein Gedicht mit allerlei zungenbrecherischen Aussprüchen wie »Schippersschuit of Scheveningen« oder »Miesje, meisje, meesje, muisje, musje« (Mietze, Mädchen, Meischen, Mäuschen, Spätzchen), die ich vorlesen mußte. Das größte Vergnügen schien Lin zu haben, sie imitierte meine Fehler und lachte. Ich lachte mit. Zum erstenmal fühlte ich, wenn auch nur ganz kurz, einen Gleichklang zwischen ihr und mir.

Einige Tage danach war Lin bei Glatteis mit dem Fahrrad gestürzt und lag mit einer Gehirnerschütterung zu Bett, direkt unter meinem Zimmer. »Das ist nicht so schlimm«, sagte Ben, der Medizinstudent, »aber sie braucht vier Wochen lang absolute Ruhe.« Wir mußten also ganz still sein, ich durfte auch nicht mehr üben und ging wieder zu Herrn van Veen von der Klavierfirma Rijken oder zu Epis Eltern. Nach etwa zehn Tagen durften wir Lin auf Bens Empfehlung abwechselnd einige Minuten besuchen. Ich stand etwas hilflos an ihrem Bett, sie sagte nur: »Es geht schon wieder besser, spiel doch ruhig Klavier da oben, das höre ich gern, vor allem Chopin.« Ben stimmte zu: »Aber nicht gleich fortissimo und nicht zu lange.« Ich spielte also wieder, zunächst nur zarte Stücke von Chopin, Préludes, Mazurkas, Etüden, aber aus vollem Herzen, ich spielte nur für Lin allein.

Dann kam der Silvesterabend. Beinahe alle Mitbewohner waren weg, zu ihren Eltern oder Verwandten. Nur Jan Sorber, ein Student, dessen Eltern in Indonesien lebten, Annetje Cohen, die auch allein war, und ich blieben übrig. Lin ging es schon besser, aber sie mußte noch immer liegen. Wir saßen zu dritt bei ihr und tranken ein Gläschen Wein. Um zwölf Uhr war es dann soweit. Wir wünschten einander viel Glück fürs neue Jahr. Ich streichelte ihre Wangen, gab ihr den ersten Kuß. Ein unbeschreibliches Glücksgefühl durchströmte mich. Was ich mir wünschte, wagte ich noch nicht auszusprechen. Dann zogen wir uns wieder in unsere Zimmer zurück.

Nach einigen Tagen durfte Lin für kurze Zeit aufstehen und dann auch am Gemeinschaftstisch wieder mit uns zusammen essen. Aber die Treppe hinunter und wieder hinauf mußte sie getragen werden. Das waren Glücksminuten, wenn ich sie auf meine Arme nehmen konnte. Ich durfte nun auch wieder jeden Vormittag einige Stunden üben und besuchte sie jetzt öfter. Wir erzählten uns viel, ich bildete mir schon ein, ihrem Herzen ein wenig näher gekommen zu sein. Als sie dann selbst wieder, zunächst ganz vorsichtig, Treppen steigen durfte, kam sie einige Male zu mir herauf. »Spiel nur weiter, ich will dich nicht stören«, sagte sie und setzte sich still in eine Ecke auf den Fußboden, aber so, daß ich sie sehen konnte. Und natürlich spielte ich wieder Chopin, jetzt auch die As-Dur-Ballade, das cis-Moll-Scherzo und die As-Dur-Polonaise – ich fühlte mich im siebten Himmel.

Eines Tages, Mitte Januar, zog sie weg. Sie durfte wieder mit der Arbeit beginnen; die Bouwmeester-Revue spielte zunächst in Rotterdam. Sie nicht mehr in meiner Nähe zu wissen, das machte mich ganz traurig. »Aber am achten März mußt du unbedingt kommen«, sagte ich ihr, »ich gebe hier in meinem Zimmer ein Hauskonzert. Die E-Dur-Etüde von Chopin habe ich extra für dich studiert.«

Und sie kam. Das Zimmer war voll besetzt. Außer den Hausbewohnern waren noch viele Gäste gekommen, auch Käte und Leo Balet aus Leiden. Eintritt ein Gulden, Studenten fünfzig Cent. Ich hatte ein umfangreiches Programm vorbereitet.

Das war mein erster Klavierabend in Holland: Händels d-Moll-Suite, Mozarts B-Dur-Sonate, Schumanns »Carnaval«, acht Etüden von Chopin und Mussorgskis »Bilder einer Ausstellung«. Lin saß links, direkt neben mir. Leider, leider verschwand sie am nächsten Tag wieder. Die Bouwmeester-Revue machte Ferien, die Proben für die Haager Premiere fanden erst Ende März statt, sie reiste bis dahin nach Paris. Und ich war wieder allein, arbeitete viel, hielt meine Vorträge in Utrecht und Den Briel und sehnte mich nach Lins Rückkehr.

Inzwischen häuften sich die Hiobsbotschaften aus dem faschistischen Deutschland. Immer mehr Flüchtlinge tauchten auch in den Niederlanden auf, aus den Konzentrationslagern sickerten schreckliche Nachrichten ins Ausland. Hitler annektierte mit viel Geschrei Österreich, die Aufrüstungsmaschinerie lief auf vollen Touren. Immer drohender und frecher gebärdeten sich die faschistischen Machthaber, die westeuropäischen Regierungen aber schauten untätig zu.

Im Gemeinschaftshaus war immer irgendetwas los, im großen Eßzimmer organisierten wir Solidaritätsabende für Spanien und für deutsche Antifaschisten, bekannte Genossen leiteten Diskussionsabende über aktuelle politische Themen, besonders über den sozialistischen Aufbau in der Sowjetunion. Nach meinem Klavierabend hielt auch ich eine Reihe von Vorträgen.

Am 27. März sprach ich über die Anwendung der Dialektik bei der Betrachtung der modernen Künste. Ohne vorherige Ankündigung war Lin wieder zurückgekehrt. Ich freute mich schrecklich und machte daraus auch gar kein Hehl. Nach der Diskussion über meinen Vortrag saßen wir noch ein Stündchen gemütlich beieinander. Ich wußte, daß Cleo einen anderen Gast beherbergte, Lin konnte also nicht im Zimmer unter mir übernachten. Ich erwartete sehnsüchtig, daß sie nun endlich zu mir heraufkommen würde.

Ja, an diesem Abend kam sie dann, mein Herz pochte vor Aufregung und Glück ... Ich wünschte mir, nun nie mehr allein zu sein. Wir liebten uns und blieben von jetzt ab zusammen.

Lin –
Amsterdam 1912 bis
Den Haag 1938

Die Schlacht auf dem Nieuw Markt

Wenn ich etwas über meine Jugend sage, so muß ich über das alte Amsterdam erzählen, denn dort bin ich geboren und aufgewachsen. Aber dieses alte Amsterdam existiert nicht mehr. An meine ersten Lebensjahre erinnere ich mich nur lückenhaft, aber wenn ich erzähle, kommen die Erinnerungen doch allmählich wieder zurück.

Ich wurde in den Joden Houttuinen, Ecke Uylenburgersteeg geboren, im Herzen, dem ärmsten Teil des Amsterdamer Judenviertels, die Holländer nennen das die Jodenhoek, die Judenecke. Von meinem Geburtshaus, nicht weit vom Rembrandthaus in der Jodenbreestraat, haben wir noch ein Foto gefunden. An Stelle mehrerer Häuserblöcke steht jetzt dort ein riesiger scheußlicher Betonklotz, von den Amsterdamern Maupoleum genannt. Mein Geburtshaus hatte auch ein Pothuis, einen für viele alte Häuser in Amsterdam typischen kleinen niedrigen Vorbau, der wie angeklebt wirkt. In diesem Pothuis hat mein Vater angefangen, Schuster zu spielen, er hat seine verschiedenen Berufe immer gespielt, auf holländisch nennt man das »zwölf Berufe und dreizehn Unfälle«. Das war typisch für meinen Vater Joseph Brilleslijper, genannt Jopie. Er stürzte manchmal von einem Unglück ins andere, aber an jedem Unglück fand er immer noch etwas Gutes. Er war eben ein unverbesserlicher Optimist.

Meine Mutter liebte Vater abgöttisch, bis zum gemeinsamen Ende in den Gaskammern von Auschwitz-Birkenau. Ihre Eltern namens Gerritse hatten ein Nachtgeschäft am Zeedijk, einer berüchtigten, sehr belebten engen Straße in der Hafengegend. Schon als Kind mußte Mutter im Laden mithelfen, schwankenden Seeleuten, Huren und anderen zwielichtigen Figuren dieser Gegend Heringe, Käse, saure Gurken und ähnliche Dinge verkaufen. Sie war so klein, daß sie hinter dem Ladentisch auf einem Schemel stehen mußte, um die Käufer bedienen zu können. Unterm Ladentisch war, unsichtbar für die Kunden, eine Warnklingel angebracht. Wenn ein Käufer zudringlich wurde, drückte sie nur auf die Klingel, und einer ihrer Brüder kam ihr zu Hilfe. So lernte sie schon früh, was Arbeit heißt. Viel Freude hat sie in ihrer Jugend nicht gekannt. Dennoch waren ihre Eltern für damalige Verhältnisse gut situiert. Mutter hat über ihre Eltern nie ein schlechtes Wort gesagt oder sich beklagt.

Wie meine Mutter, Fijtje Gerritse, genannt Fietje, meinen Vater, einen richtigen Hallodri, kennengelernt hat, weiß ich nicht. Aber ihre ganze Familie war strikt gegen ihn, eine Heirat dieses anständigen, bildschönen Mädchens mit diesem hergelaufenen Laffen mußte unbedingt verhindert werden. Er war zu unseriös, hatte keinen richtigen Beruf, war gar kein Kaufmann und lief dauernd von zu Hause weg zu seinem Großvater Voet, der mit einem Zirkuszelt ständig unterwegs war. »Stell dir vor«, soll Opa Jacob Gerritse zu Oma Marianne gesagt haben, »in einem richtigen Zirkus! Das ist doch kein guter Chosen für unsere Fietje, sie kommt doch aus einer so guten Mischpoche! Und Jopie«, also mein Vater, »ist doch ein reiner Zigeuner, ein Luftmensch! Nein, das geht auf keinen Fall!« Alle stürmten auf die arme kleine Fietje ein, sie sei verrückt, sich einem solchen Nichtsnutz an den Hals zu werfen. Aber sie setzte ihren Willen durch.

Mutter hatte drei Brüder, das waren richtige Riesen, jüdische Riesen. Die Jungen Gerritse waren in der ganzen Gegend bekannt, auch daß sie sehr stark waren, und in dem Geschäft ihrer Eltern mußten sie das ja sein. Als sich meine Eltern lange vor ihrer Hochzeit irgendwo trafen, haben die drei Brüder sie mehrmals überrascht und meinen Vater fürchterlich verdroschen. Trotzdem ist Vater zu den Eltern Gerritse gegangen und hat ihnen mitgeteilt, daß er und Fietje sich innig lieben und auf alle Fälle heiraten werden, sie alle seien freundlich eingeladen, zur Hochzeit zu kommen. Da haben ihn die Brüder noch einmal verdroschen und aus der Wohnung geschmissen.

Vater hat das alles natürlich seinem um vier Jahre älteren Bruder

Ruwie (Ruben), der mit seiner Frau Vogie (Vögelchen) in der Jodenbreestraat wohnte, haargenau geschildert. Ruwie meinte, das könne man keineswegs auf sich beruhen lassen. Er trommelte einige Freunde der Jodenbreestraat und der Joden Houttuinen zusammen, mit von der Partie war auch ein bärenstarker Stummer, der immer nur der Stumme Eupie (sprich Öpie) genannt wurde. Diese Truppe ging zum Nieuw Markt bei der Fischhalle und lauerte auf die Brüder Gerritse, die oft dorthin kamen, und fiel übel sie her. Es entstand eine enorme Keilerei, die drei riesigen Brüder wurden zum erstenmal selbst verdroschen. In unsere Familiengeschichte ist dieser Vorfall als »die Schlacht auf dem Nieuw Markt« eingegangen. Man sprach noch Monate, ja Jahre später in dieser Gegend darüber.

Und meine arme Mutter Fietje wurde zwischen ihrer Liebe zu Jopie und der Bindung an ihre Familie hin und her gerissen. Onkel Ruwie sagte zu ihr: »Du mußt unbedingt von zu Hause weg, nebbich, du kannst hier bei Vogie und mir einziehen und dich mit Jopie treffen.« Was sollte sie tun? Sie liebte Vater sehr, weil er charmant und geistreich war – so nahm sie dieses Angebot an. Onkel Ruwie und Tante Vogie hatten schon geheiratet, als sie sechzehn Jahre alt waren, das war seinerzeit nur mit ausdrücklicher Genehmigung der Königin möglich. Sie wohnten jetzt in einem großen Zimmer mit einem Bettschrank, das Doppelbett stand in einem hölzernen Verschlag, der mit einer Holztür verschlossen werden konnte. Und dann hatten sie nur noch eine Küche. Sie hatten schon ein Kind, Lientje, ein zweites war unterwegs, und trotzdem haben sie die arme Fietje, meine Mutter, aufgenommen. So war das eben.

Die Ehegesetze waren damals in Holland noch sehr streng. Unter einundzwanzig Jahren durfte man nicht ohne die Zustimmung der Eltern heiraten, unter achtzehn war die Genehmigung der Königin erforderlich. Auch bei Volljährigkeit, also über einundzwanzig, mußten beide Elternpaare zustimmen. Taten sie das nicht, konnte eine Heirat trotzdem durch Gerichtsbeschluß vollzogen werden. Mutter war am 14. Januar und Vater am 27. Februar 1912 volljährig geworden. Sie meldeten sich sofort zur Heirat an, aber der Gerichtsbeschluß ließ noch zwei Monate auf sich warten. So konnten sie endlich am 1. Mai 1912 heiraten.

Mutter hat sehr geweint, weil niemand von ihrer Familie kam.

Später hat sie aber immer erzählt, daß es dennoch eine sehr, sehr schöne Hochzeit war, an diesem Tag sei wunderbares Wetter gewesen, und die ganze Umgebung, Nachbarn und viele Freunde, hätten mitgefeiert, Tante Vogie und Onkel Ruwie hätten ihre eigene Familie sehr gut vertreten. Und dann waren da mein Opa Jacob Brilleslijper, über den ich noch mehr erzählen muß, und seine zweite Frau Sien. Vaters Mutter war ein Jahr nach seiner Geburt gestorben. Sie hatte zwischen 1885 und 1891 fünf Kinder bekommen, von denen drei gestorben sind, ehe sie ein halbes Jahr alt waren. Übriggeblieben waren nur Onkel Ruwie und mein Vater, die es in ihrer Jugend sehr schwer gehabt haben. Aus Opa Jacob Brilleslijpers zweiter Ehe stammten aber noch fünf Kinder: meine Tante Betje, eigentlich Elisabeth, Tante Klaartje, Onkel Michel, Tante Rosette und als jüngste Tante Anna, die bei der Hochzeit meiner Eltern fünf Jahre alt war. Opa Jacob Brilleslijpers zweite Frau Sien bevorzugte ihre Kinder sehr gegenüber Onkel Ruwie und meinem Vater, der das in seiner Jugend besonders oft zu spüren bekam. Als mein Vater Opa Jacob fragte, ob er die schöne Fijtje Gerritse heiraten dürfe, hat er einfach gesagt: »Du liebst das Mädchen? Schön, da hast du meinen Segen!«

So wurde also meine Mutter in Opa Jacobs große Familie aufgenommen. Als Hochzeitsgeschenk hatte Opa Jaap meinen Eltern die Wohnung in den Joden Houttuinen Ecke Uylenburgersteeg besorgt, wo sie nun glücklich einzogen. Und dort erblickte ich am 13. Dezember 1912 das Licht der Welt. Es war ein Freitag, also Freitag der dreizehnte. Sollte mir das Glück bringen? Als ich viele Jahre später Mutter fragte, wie denn das möglich gewesen sei, sie habe am 1. Mai geheiratet und ich sei schon am 13. Dezember geboren, versuchte sie sich verlegen herauszureden: »Ja, das kam, weil ..., das ging eben nicht anders ..., das mußt du schon verstehen.« Es muß für ein anständiges jüdisches Mädchen damals sehr schlimm gewesen sein, schon vor der Hochzeit schwanger zu sein.

Nach meiner Geburt stand Tante Vogie, die inzwischen ihren Sohn Nathan bekommen hatte, meiner Mutter bei. Ebenso selbstverständlich war es, daß ich wie Vogies älteste Tochter, die Große Lientje, nach Vaters Mutter, der früh verstorbenen Rebekka Brilleslijper, geborene Voet, auch den Namen Lientje bekam. Daran hängt auch wieder eine ganze Geschichte, die ich noch erzählen muß.

Das kam so. Der Vater meiner Großmutter Rebekka, also mein Urgroßvater, muß ein Unikum gewesen sein. Er hieß Ruben Voet (sprich Fuut, wahrscheinlich nach dem jiddischen Fuss, und Ruben wie mein Onkel Ruwie) und war schon in seiner Jugend in Böhmen in eine Zirkustruppe gekommen. Er wurde musikalischer Clown. Er spielte Geige und Trompete, aber seine erfolgreichste Nummer war etwas anderes: In der Zirkusarena wurden etwa zehn bis zwölf Stühle aufgestellt, die verschiedene Töne erklingen ließen, wenn man sich draufsetzte, und so hat er mit seinem Hintern, von Stuhl zu Stuhl elegant hin- und herhopsend, zum Gaudium der Zuschauer bekannte Melodien gespielt. Außerdem muß er ein sehr charmanter Kerl und Komödiant gewesen sein.

Als dieser Zirkus von Böhmen nach Holland kam, hatte mein Urgroßvater mit seiner Nummer auch Riesenerfolg. Aber nicht nur als Musikclown. In Holland lernte er die Familie Mullens kennen, auch bekannte Zirkusartisten. So zogen sie von Stadt zu Stadt. Und Vater war in seiner Jugend oft mit ihnen auf Reisen. Auch bei Frau Mullens scheint der jiddisch sprechende Ruben Voet viel Erfolg gehabt zu haben. Als er später alt war, wohnte er als Grandpère der Familie Mullens in deren Haus in Den Haag. Für mich als kleines Mädchen war es immer ein Fest, wenn ich ihn, meinen Urgroßvater, mit meinem Vater in Den Haag besuchen durfte. Einer der Söhne Mullens', das konnte ich auf einem Foto deutlich feststellen, hatte große Ähnlichkeit mit meinem Vater.

Dieser Urgroßvater Ruwie Voet war zusammen mit Mullens einer der ersten Filmproduzenten in Holland. Sie haben ihre Filme selbst aufgenommen, selbst gespielt, selbst montiert, im Zirkus vorgeführt und dazu Musik gemacht. Einer dieser Filme hieß: »Der Herr, der am Strand von Scheveningen seine Pantalons verlor.«

Als nun die Frau dieses Urgroßvaters Ruwie Voet, sie wohnten damals in der Korte Houtstraat im Amsterdamer Judenviertel, eine Tochter geboren hatte, war er sehr glücklich über dieses erste Kind, er liebte ja die Mädchen sehr. Mit zwei Kumpels ist er zum Standesamt gegangen, das damals in der Nähe von Artis, dem Amsterdamer Zoo, lag. Auf dem Weg dahin gab es mehrere Kneipen. Juden sind keine Säufer, aber bei solch einer besonderen Gelegenheit wird schon einmal über die Stränge geschlagen.

Sie wurden beim Standesbeamten vorgelassen. Ruwie Voet sprach ein schweres Holländisch. »Das Kind soll heißen Krojne.« Das ist jiddisch und bedeutet Krönchen, eine Abkürzung von Caroline. Dabei haben alle schrecklich gelacht und sich in die Seiten geknufft. »Dos Kind soll hajssn Krojne, Krojnenju!« Der Beamte wurde stutzig. Er verstand immer noch nicht, was diese jungen angeschickerten Juden meinten. Er war bestimmt kein Antisemit, hatte aber wohl mitgekriegt, daß ein Mädchen geboren war. Vielleicht könnte er etwas vorschlagen. »Rebekka?«

Die jungen Leute waren verblüfft. Da sagte mein Urgroßvater: »Far wos nischt Rebekka? Rifkele is ojch a guter jidischer Nomen. Reb Beamter, lebn sol dos Kind, 's sol hajssn Rebekka! Maseltow ajch alen!« Und so wurde meine Großmutter als Rebekka Voet beim Standesamt registriert, aber immer Caroline, Krojne, Lin oder Lientje genannt.

Aus Pietät vor ihrem Großvater ließen Onkel Ruwie und Tante Vogie ihre älteste Tochter mit dem Namen Rebekka eintragen, aber sie wurde Lientje gerufen, das war Große Lin, und ich war Kleine Lin. So ist das bis zum Kriegsende geblieben, da gab es keine Große Lin mehr, sie ist von den braunen Henkern umgebracht worden.

Mein Vorname bereitete mir als Kind manchmal Schwierigkeiten. Schon im Kindergarten – in Holland nannte man das Kackschule – wurde ich ganz richtig Rebekka aufgerufen, aber ich blieb sitzen und vergaß, daß ich damit gemeint war.

Alle diese Geschichten über meine Familie und meine früheste Jugend weiß ich von meinem Vater. Er konnte wunderbar Geschichten erzählen.

Jetzt fang ich mit meiner Geburt an. Die Wohnung meiner Eltern war sehr klein: ein Zimmer mit Bettschrank und eine Küche. In einer Ecke der Küche stand ein Plumpsklo, das war damals so üblich. Und einmal in der Woche kam der Scheißwagen und holte das ab. Die meisten Wohnungen in der Jodenhoek waren schlecht und klein, oft wohnten acht bis zehn Personen in einem Zimmer. Daher spielte sich das Leben vor allem draußen im Freien ab. Jeder kannte jeden, und alle redeten, lachten und stritten miteinander.

So gab es unten auf der Straße immer großen Trubel, ein Verkaufsstand war neben dem anderen aufgestellt. Das war ein Brodeln und Leben wie in einem Ameisenhaufen. Auf dem Markensteeg war immer Fischmarkt, die Juden aßen gern Fisch, der war billig und nahrhaft. Da lagen die schönsten Rogen zum Verkauf bereit, rosa sahen sie aus wie kleine Höschen, so nannte man sie auch, und wenn Mutter sie gebraten hatte, war das ein Festessen. Dann gab es dort Fischleber und Scharren, das war eine Art Flunder, gesalzene und in der Sonne getrocknete Fische, die mit der Schere in Stücke geschnitten wurden, das schmeckte vorzüglich. Auch Spieringe hat Mutter gern gebacken, ganz kleine, silberne, billige Fische, die man außer dem Kopf ganz essen konnte. Ferner gab es geräucherten und gesalzenen Lachs und frischen oder geräucherten Eelt, ich weiß nicht, wie der auf deutsch heißt. Lustig war es, einem Wasserklopfer zugucken zu können, das war ein richtiger Beruf: Mit einem langen Stock schlug er immerzu in die Bottiche, um die Fische am Leben zu halten. Manchmal wurden auch Schollen oder Kabeljaue von hinten mit einem Röhrchen aufgeblasen, damit sie dicker aussahen. Fisch wurde nur von Frauen verkauft, wir waren Stammkunde bei Tante Naatje.

An anderen Ständen wurden Lemunen verkauft, große Zitronen in Essig, auch saure und salzige Gurken, Oliven und Karootjes, ganze Rotkohlköpfe in Gewürzessig, und natürlich Matjesheringe und saure Heringe. Auf dem Obststand in den Joden Houttuinen gab es Feigen und Datteln, Apfelsinen, Mandarinen und vieles andere. Der Bäcker hatte herrliche fette Ingwertörtchen, die heißen auch jetzt noch Gemberbolussen, und Challebrot in Zopfform ausgestellt. Was wäre ein Schabbesabend ohne Challe gewesen! Die ganze Straße roch salz-säuer-süßlich, da fühlten sich die Juden zu Hause. Andere rösteten Kastanien oder Erdnüsse – die nannten wir Kessausies – und im Herbst mispelbraune Früchte, die wie Seide aussahen und sehr süß schmeckten; ich habe sie nie wieder irgendwo gesehen. Alles wurde mit lautem Schreien angepriesen. Jeder Händler hatte seinen eigenen melodischen Ruf, immer in derselben Tonhöhe, so daß man ihn sofort erkennen konnte. Jeder hatte seine Sorgen und redete mit den Nachbarn. Es gab auch viel Klatsch und Streit, aber es wurde noch mehr gelacht. So lebte die ganze Straße, besonders abends, wenn die Karbidlampen ihr fahlwarmes Licht ausstrahlten, die Verkaufsstände erhellten und die brodelnde

Straße mit der Lebhaftigkeit der Menschen und ihrer Wärme beleuchteten.

Dann erinnere ich mich, wie Vater mich an die Hand nahm, er hatte so schöne warme, für einen Mann sehr zarte und kleine Hände. So gingen wir an den Verkaufsständen entlang über die Jodenbreestraat zum Waterlooplein. Aber ich konnte nie lange gehen, ich mußte immer hopsen und springen, das ärgerte Vater. »Warum bist du bloß kein Junge geworden!« knurrte er; das hat er mir auch später noch oft vorgehalten. Er muß aber sehr stolz auf mich gewesen sein und führte mich all seinen Bekannten vor. Eine Frau schenkte mir eine grüne Schleife für mein dunkles Haar, und als wir wieder nach Hause zurückkehrten, hat Mutter sich sehr darüber gefreut.

Mitten im Zimmer stand eine Zinkwanne mit dampfendem Wasser, es muß also Freitagnachmittag gewesen sein. Ich wurde gebadet und ins Schrankbett gelegt. Während ich ein Weilchen schlief, badeten Vater und Mutter. Als ich wach wurde, zog Mutter mich besonders schön an, natürlich mit der neuen grünen Schleife im Haar, so fühlte ich mich ganz feiertäglich. Auch die Eltern hatten sich gut angezogen, und so gingen wir auf die Straße.

Draußen war inzwischen alles sauber gefegt. Wo mittags noch die Verkaufsstände waren mit Schmutz und Abfall, sah man jetzt nur noch die blitzeblank geschrubbte Straße. Alle Menschen hatten sich zum Schabbes fein gemacht. Viele gingen noch etwas auf und ab, redeten miteinander oder saßen vor dem Haus.

Wir gingen zu Vaters Eltern, das war so Sitte. In ihrer Wohnung in der Jodenbreestraat versammelte sich am Freitagabend die ganze Familie: Opa Jaap und seine zweite Frau Sien, wir Kinder nannten sie Opu Sien, dann Onkel Ruwie und mein Vater mit ihren Frauen und Kindern und schließlich die fünf Töchter und Söhne aus Opa Japies zweiter Ehe mit ihren Angehörigen. Das war immer ein Fest. In dem einen großen Zimmer erzählten alle von ihren Erlebnissen, Sorgen und Freuden, da wurden Erdnüsse, Datteln und Feigen genascht, Kippesoep (Hühnerbrühe) gegessen, um Rat gefragt und auch gestritten. Manchmal gab es schon nach fünf Minuten Krach, wenn etwa einer ein viel größeres Stück Kuchen genommen hatte als alle anderen, aber nach zehn Minuten waren alle wieder versöhnt. Opa Jaap war die anerkannte Autorität, all seine vielen Kinder und Enkel hörten genau zu, was er sagte.

Nach dem Abendessen, das immer sehr fett war – auch die berühmte jiddische Kugel gab es oft –, wurde viel gesungen. Vor allem Vater und Tante Betje, seine älteste Stiefschwester, sangen zweistimmig nach Herzenslust, während die anderen weiter naschten. Ja, es wurde sogar Theater gespielt. Als Bühne diente der große Bettschrank, auch wir Kinder durften mitmachen. Am liebsten spielten wir »Die Kinder des Kapitän Grant«, und zwischen den Akten spielte Onkel Michel auf der Quetschkommode. Opu Sien pflegte unter dem Bett eine große Schüssel mit Sassefras aufzubewahren, mit ausgepreßten, überreifen Apfelsinen, die nicht mehr verkauft werden konnten. Einmal brach mitten im Theaterstück ein Brett des Bettschranks durch, und der ganze Sassefras floß durchs Zimmer, das gab ein Riesengeschrei.

Opa Jacob Brilleslijper war ein besonderer Mensch. Er war 1865 in Amsterdam geboren, auch seine Eltern Joseph Abraham und Anna Brilleslijper verbrachten dort ihr ganzes Leben. Opa Jaap hat nie eine Schule besucht, sich selbst Lesen, Schreiben und Rechnen beigebracht, schwer gearbeitet und eine gewerbliche Genehmigung als Großkaufmann in Obst und Südfrüchten erworben. Er führte eine ausgedehnte Korrespondenz mit vielen Obstverkäufern im Ausland. Wegen seiner klugen Urteile und großen Erfahrungen war er in den Kreisen der Importeure sehr angesehen. Opa Jaap war einer der ersten, die Apfelsinen und Bananen in Holland einführten. Er war nicht groß, aber stämmig, gütig, konnte aber auch sehr streng sein. Mein Vater sah ihm sehr ähnlich, nur brauchte Opa Jaap keine Brille zu tragen.

Wenn wir drei Kinder – die Große Lin, ihr Bruder Nathan und ich, die Kleine Lin – nach dem Essen, Naschen und Durcheinanderreden müde wurden, legte man uns in den Bettschrank und machte die Türen zu. Abends spät wurden wir dann von den Eltern schlafend nach Hause getragen, einen Kinderwagen konnten sie sich nicht leisten.

Wenn ich am Schabbesmorgen aufwachte, durfte ich ins Bett der Eltern kommen, da haben wir getobt und gelacht. Dann gingen wir spazieren, meist zum Hortuspark, und es gab immer besonders gutes Essen, das Mutter schon tags zuvor zubereitet hatte. Ich hatte immer das Gefühl, daß die Eltern sich sehr liebten und glücklich waren trotz ihrer gegensätzlichen Charaktere, Vater war alles andere als schön. »Was an einem Menschen schöner ist als an einem Affen – ist mitgenommen«, pflegte er zu sagen. Er war sehr lustig und wußte immer wieder neue Geschichten zu erzählen. Viele Leute hatten ihn gern, er war sehr kontaktfreudig. Aber jeden Monat hatte er einen anderen Beruf, manchmal auch gar keine Arbeit. Daher war auch nie genug Geld da, und das machte Mutter große Sorgen!

Im Gegensatz zu Vater war sie eine jüdische Schönheit, sie war klein, warmherzig, verschlossen und oft traurig. Sie konnte nicht darüber hinwegkommen, daß ihre Familie sie so ausgespuckt hatte und keiner von ihren nächsten Verwandten sich um sie kümmerte. Und sie war doch so stolz auf ihre kleine quirlige Tochter. Früher, im Laden ihrer Eltern Gerritse am Zeedijk, ging alles immer planmäßig zu, man war sparsam und fleißig, nichts wurde überstürzt. Sie war dort eine vorzügliche Verkäuferin geworden, wußte aber bei aller Freundlichkeit energisch Distanz zu halten, wenn es nötig war. Und jetzt hatte sie einen charmanten, fröhlichen Mann, der sich überhaupt keine Sorgen machte. Wenn das Geld ausging, vertröstete er immer auf die nächste Woche, dann würde er mit irgendeiner Sache wieder genug verdienen. Aber als die nächste Woche herankam, war wieder nichts da.

Vater gab sich endlich einen Ruck und sprach darüber mit Opa Jaap, der doch als anerkannter Großhändler immer viel Arbeit hatte. So wurde Vater also Knecht – Hilfsarbeiter würde man heute sagen – bei Opa Jaap. Er mußte nun jeden Morgen um fünf Uhr auf dem Großmarkt in der Marnixstraat sein, da kamen auf der Gracht die Schiffe mit Obst an, das Opa gekauft hatte und nun an Kleinhändler weitergab. Die schweren Kisten mußten von den Booten auf Karren verladen und der Rest in einem Lagerhaus bis zum nächsten Tag verstaut werden. Mit dieser Arbeit verdiente Vater jetzt ganz gut. Sonntags früh war der Markt nicht in der Marnixstraat, sondern ganz in unserer Nähe am Waterlooplein. Da brachte Vater immer etwas mit, im Frühsommer Erdbeeren, im Herbst Pflaumen und vor allem im Winter Apfelsinen. er brachte zwar immer nur schon überreife Früchte, die von den Kleinhändlern nicht abgenommen wurden, aber uns schmeckten sie besonders gut. Mein ganzes Leben lang muß seither immer Obst im Hause sein.

Eines Tages aber bekamen Vater und Opa Jaap Schwierigkeiten miteinander. Es gab in Gegenwart von Onkel Ruwie eine Aussprache. Vater hatte gesagt, er wolle sich selbständig machen, er könne ein Geschäft in der Nieuwe Kerkstraat mieten. Und wenn Opa Jaap und Onkel Ruwie ihn finanziell unterstützten, wäre das für ihn das große Glück, für uns eine gesicherte Existenz. Vater konnte sehr gut reden und andere überzeugen, wie immer war er auch diesmal der große Optimist: Ein gutes Geschäft, und dann noch in einer so günstigen Gegend, beinahe an der Ecke Weesperstraat – einer fast ebenso belebten Hauptstraße wie der Jodenbreestraat –, das war die Chance fürs Leben!

Kurz und gut, Opa griff Vater wieder unter die Arme, und wir zogen um, 1916, ich war also drei Jahre alt. An der Ecke Weesperstraat/Nieuwe Kerkstraat war ein großer Käse-Butter-Eier-Laden von Wennink. Was wollte der eigentlich mitten in der Jodenhoek? Wo holte er seine Kunden her? Dann kam unser Haus und direkt neben uns wieder ein Käseladen, aber von Cardozo, der nur koschere Waren verkaufte und daher teurer war als Wennink.

Unser Haus muß ich kurz beschreiben, ich fange ganz oben an. Der Boden bestand aus einem großen Raum mit einem Dachfenster auf der einen Seite. In der zweiten Etage wohnten zwei alte Damen namens Pinto, die ein großes Vorder- und ein kleineres Hinterzimmer hatten, im Korridor war die Küche, und von dort aus führte eine steile Treppe herunter in unser Reich in der ersten Etage. Im Vorderzimmer standen das Bett meiner Eltern, ein iserners Bett mit vier großen Kupferknöpfen an den Ecken und einer gehäkelten Decke, also kein Schrankbett, ferner ein runder Tisch mit vier Stühlen und ein Schrank. Im kleineren Hinterzimmer standen unter einem großen Fenster ein Kochherd und ein Abwaschtisch. Neben der Tür war mein Bett, ich hatte also ein eigenes Zimmer. Der schmale Korridor daneben führte durch eine Ecktür zum Klo auf einer Erhöhung, so daß man immer das Gefühl hatte, man sitzt auf einem Thron. Vom Klofenster aus konnte man die Rückseite eines Textilgeschäfts sehen, es hieß »Die Sonne«. In der Mittagspause war das Personal oft draußen, und wir konnten uns grüßen, das fand ich sehr lustig. Noch eine Treppe hinunter kam man dann in den Laden mit einem Tisch und einer Kupferwaage drauf. Hinter dem Laden war ein Tisch mit Stühlen, dort aßen wir immer, die Küche war gleich nebenan. Es war also, wie meistens in Holland, ein sehr schmales Haus. Auf einem kleinen gepflasterten Innenhof standen eine Badewanne, Fässer, Kisten und Kasten.

Mutter war sehr glücklich, sie konnte jetzt auch wieder etwas tun. Verkaufen, zu den Menschen freundlich sein und mit ihnen schwatzen, das fand sie herrlich. Und Vater kaufte gern ein und freute sich, immer ein bißchen angeben zu können. Wir verkauften praktisch alles, was man auch im Markensteeg bekommen konnte, Obst, Süßigkeiten, Saures, Delikatessen, später auch frische Fische.

Eines Tages wurde ich zu meiner Tante Betje gebracht, der ältesten Stiefschwester meines Vaters. Als mich Vater am nächsten Nachmittag wieder abholte, sagte er mir, daß Mutter etwas krank sei und ich sehr lieb zu ihr sein müsse und daß ich jetzt doch schon größer sei und daß uns der Storch ein ganz kleines Schwesterchen gebracht habe. Mutter lag in dem schönen großen Bett mit den vier Kupferknöpfen, eine sehr dicke Frau war bei ihr und ließ mich mein Schwesterchen sehen. Mutter lächelte mir zu, aber sie weinte auch. Ich wollte aufs Bett kriechen, um sie zu trösten, aber Vater hielt mich zurück und sagte nur: »Weine nicht, Fie, es kommt schon alles in Ordnung.« Er war wieder der große Optimist, diesmal zu Recht.

Mutter hatte nämlich ihrer Familie am Zeedijk eine Nachricht geschickt und gefragt, ob sie sich nach vier Jahren endlich mit uns versöhnen wollte. Das kleine Schwesterchen sollte nämlich den Namen von Mutters Mutter, Marianne, bekommen. Aber drei Tage lang haben die Gerritses nichts von sich hören lassen. Mutter war schon ganz verzweifelt, weil das Schwesterchen solange keinen Namen hatte. Alles hing am seidenen Faden. Da endlich kamen meine Großmutter und ihre Schwester, meine Tante Anna, um sich das kleine Mädchen anzuschauen, und auch mich sahen sie zum erstenmal. Wenn sie nicht gekommen wären, hätte meine Schwester wie Onkel Ruwies Frau geheißen, Vogie, Vögelchen, aber nun bekam sie doch den Namen meiner Großmutter Marianne. Ich war richtig eifersüchtig auf diesen schönen Namen.

Geborgenheit in der Jodenhoek

Vieles wurde seit der Geburt meiner Schwester Jannie (Marianne) anders. Ich war jetzt die ältere von zweien und hatte einen Opa, eine Opu, einige Onkel, Tanten, Nichten und Neffen hinzubekommen. Mutter hatte noch zwei Schwestern und drei Brüder. Großvater Jacob Gerritse habe ich als einen großen, rötlichblonden, bärenstarken Mann im Gedächtnis. Mir war immer etwas bange vor ihm, er hatte verhornte Fingerkuppen, seine Hände sahen wie Klauen aus, später verglich ich ihn mit dem rothaarigen Esau. Die Gerritses waren eine friesische-jüdische Familie, alles große, schöne Menschen. Von den drei Riesenbrüdern hatte ich schon erzählt, der jüngste, Alex, war sogar Boxer, damals etwas ganz Ungewöhnliches, und die jüngste Schwester, Tante Floor, eigentlich Debora, sah stark aus wie eine seeländische Bäuerin. Auf dem Markt war sie in seeländischer Tracht mit einer breiten Haube viele Jahre lang eine sehr populäre Figur.

Opa Jacob Gerritse und seine Frau erzogen ihre sechs Kinder sehr streng und spartanisch, absoluter Gehorsam wurde von ihnen verlangt. Ihre zukünftigen Frauen und Männer wurden von den Eltern ausgesucht, ob dabei noch ein Schadchen, ein Heiratsvermittler, im Spiel war, weiß ich nicht, aber das war damals bei den Amsterdamer Juden noch weit verbreitet. Meine Großeltern Gerritse waren stolz, hart und mißtrauisch. Als ihre Kinder noch nicht verheiratet waren, mußten sie abends immer früh nach Hause kommen, die Eltern wollten ganz genau wissen, was ihre Kinder taten. Um so besser kann man verstehen, warum sie so böse auf ihre Tochter Fijtje – das ist auch ein friesischer Name – waren, die zierlichste und sensibelste von allen, als sie sich ihren Lebenspartner selbst ausgesucht hatte und nach ihrem 21. Geburtstag so mir nichts, dir nichts aus dem Elternhaus wegging. Das war unverzeihlich, deshalb wurde sie verstoßen. Vier Jahre hat es gedauert, ehe sie sich wieder einigermaßen versöhnten.

Die Gerritses waren auf ihre Weise religiös. Obwohl sie am Zeedijk, also nicht in der Jodenhoek, sondern zwischen allen möglichen Seeleuten, Hafenarbeitern und Fischern lebten, feierten sie am Freitagabend den Schabbes, der Laden blieb dann geschlossen.

Ich erinnere mich noch, wie Großmutter Marianne mit den Kerzen gesprochen hat. Als ich Mutter fragte, was das zu bedeuten habe, sagte sie nur: »Sei still, Opu benscht« (Großmutter segnet). Das machte mich auch nicht klüger.

Wir waren nicht oft bei den Gerritses am Zeedijk, und wenn, dann ging Mutter nur mit uns beiden Kindern – ich ging neben ihr, und Jannie trug sie auf dem Arm –, Vater war nie dabei. Als Großmutter Marianne Geburtstag hatte, wurde von uns Enkelkindern ein Bild gemacht bei einem Fotografen in der Utrechtsestraat. Wir mußten eine lange, dunkle Treppe hinaufklettern, der Fotograf hatte einen enormen Schnurrbart, ich hatte Angst vor ihm und heulte erbärmlich.

Lieber ging ich jeden Freitagabend zu Opa Jaap Brillesljper. Da wurde zwar nach altem Brauch gefeiert, aber nicht gebenscht. Ich glaube nicht, daß er wirklich fromm war und oft in die Synagoge ging. Deren gab es ja mehrere in unserer Gegend: die große am Jonas-Daniel-Meijer-Plein, gleich gegenüber die alte portugiesische, eine in der Rapenburgerstraat und noch eine in der Hoogstraat. Alte Sitten aber wurden beibehalten, an den jüdischen Feiertagen kamen alle Kinder und Enkel feierlich zusammen, und zu Pesach gab es Matzes, ungesäuertes Brot. Ich durfte immer mitgehen, wenn die Matzes in großen runden Dosen von de Haans Fabrik auf Vlooienburg für die ganze Familie auf einem kleinen Karren abgeholt wurden. Mein Vater war überhaupt nicht gläubig. Er hatte alle guten Menschen lieb und fühlte sich vor allem als Holländer, er hat ja auch mit Genehmigung der ganzen Brillesljper-Mischpoche am 1. Mai, dem »roten« Tag, geheiratet.

Die Aufregung über Jannies Geburt und die Versöhnung mit den Gerritses hatte sich bald gelegt, der Alltag forderte seine Rechte. Die meiste Arbeit im Geschäft mußte Mutter bewältigen und uns Kinder nebenbei versorgen. Vater schaffte die Waren herbei, half auch Opa Jaap im Obstgroßhandel. Mit dem Einkaufen hatte er auch seine Sorgen.

Vater nahm mich einmal mit, wir mußten in einer langen Reihe warten, um Lebensmittelkarten abzuholen. Ich saß auf seiner Schulter und weiß noch genau, wie er sagte: »Vergiß das nicht, das kommt vom Krieg. Glücklicherweise sind wir hier in Holland nicht im Krieg, aber um uns herum schießen sich die Menschen gegenseitig tot, das ist furchtbar. Deshalb gibt es auch manche Sachen wie Kartoffeln, Linsen, Erbsen, Zucker nur auf Marken, und die müssen wir uns jetzt holen.« Und er fügte hinzu: »Du weißt doch, zu uns in den Laden kommen jetzt viele Meschen aus Belgien, das sind Flüchtlinge, die wegen des Krieges von zu Hause weggegangen sind.« Später hat er uns Kindern noch oft erzählt, daß Krieg etwas Entsetzliches ist, für alle Menschen Schwierigkeiten und Hunger bedeutet, er wollte uns das fast einprägen. Jetzt begriff ich auch, weshalb Mutter gerade manchen belgischen Flüchtlingen, die man ja am flämischen Dialekt erkennen konnte, Lebensmittel verkaufte, ohne sie gleich bezahlen zu lassen. »Ich schreib das schon auf«, sagte sie dann immer mit freundlichem Lächeln.

Vater hat inzwischen dafür gesorgt, daß ich in einen jüdischen Kindergarten gehen konnte, der in unserer Straße ein Stück weiter unten war. Aber Vater gefiel diese Kackschule, wie wir immer sagten, bald nicht, sie war ihm zu fromm jüdisch. Daher wurde ich nach einiger Zeit in eine weltliche Kackschule der Gemeinde Amsterdam in der Roetersstraat überwiesen. Die Familie meiner Mutter war damit zwar nicht einverstanden, aber Vater setzte seinen Willen durch. Ich habe mich dort sehr wohl gefühlt. Mein einziger Kummer war ein richtiger kleiner Kochherd, mit dem ich nie spielen durfte. Und Mutter ärgerte sich immer, wenn ich mit einer schönen Schleife im Haar zum Kindergarten ging, aber ohne Schleife wieder zurückkam.

Obwohl es in den letzten Kriegsjahren schwierig war, Lebensmittel heranzuschaffen, ging es unserer Familie doch nicht so schlecht. Auch als der Krieg schon zu Ende war, wurde noch mit allerlei Dingen gehandelt, die noch nicht überall zu bekommen waren. So erinnere ich mich, daß Onkel Samuel, der Mann von Vaters ältester Stiefschwester Betje – sie hatten schon einige Jahre vorher mit einer richtigen Chuppe geheiratet, bei der ich ein schönes neues Kleid tragen durfte –, einen ganzen Waggon pelzgefütterter Fausthandschuhe irgendwo billig aufgetrieben hatte und damit das ganz große Geschäft machen wollte. Als dann die Ladung genauer untersucht wurde, stellte sich heraus, daß es viel mehr rechte als linke Handschuhe waren. So konnte nur ein Teil der Ladung verkauft werden. Aus dem anderen Teil wurden kleine Pelzkrägelchen genäht, die ganze Familie half dabei. Am Ende wurde aber weniger damit verdient, als es gekostet hatte.

Nach Kriegsende wurde alles allmählich wieder normal, Mutter war glücklich, daß das Geschäft gut lief. Vor dem Haus hatte sie auf dem schmalen Bürgersteig einen Verkaufsstand eingerichtet. Da stand sie nun in ihrer blendendweißen Schürze und verkaufte Obst, das Vater von Opa Jaap holte, jetzt auch wieder Apfelsinen, die es im Krieg nicht gegeben hatte, ferner Saures und Süßes, Oliven, saure Eier, die in großen Gläsern aufbewahrt wurden. Zwiebeln und vor allem frische Fische. Hinten auf dem Innenhof schwammen in der Badewanne und in den großen Bottichen munter lebende Karpfen, Schleie und Hechte. Mein schönstes Spiel war es, mit einem Stock auf das Wasser zu schlagen, da schwammen die Fische ganz aufgeregt durch einander. Ein Stückchen weiter hinauf in der Nieuwe Kerkstraat wohnten jetzt viele polnische und russische Juden, von denen einige erst vor kurzem angekommen waren, sie hatten sogar ihre eigene Synagoge, und sie kauften gern bei Mutter frische Fische.

Ich glaube, daß die Jahre in der Nieuwe Kerkstraat die glücklichsten meiner Eltern waren. Wir Kinder wuchsen in einer Atmosphäre der Herzenswärme und Geborgenheit auf. Unter vielen Nachbarn gewannen die Eltern gute Freunde. Uns gegenüber eröffnete die Familie Flessedrager einen Tabakladen, Vater freundete sich schnell mit ihr an, er hatte ja einmal als Zigarrenmacher gearbeitet und rauchte Zigarren auch jetzt gern.

In unserer Straße war immer etwas los. Um die Ecke, in der Weesperstraat, reihte sich nun Laden an Laden. Und die Sensation: Durch die Weesperstraat fuhr jetzt auch eine Staßenbahn, die Linie 8, vom Zentralbahnhof quer durch die ganze Jodenhoek bis zum Weesperpoort-Bahnhof. Da war die Stadt zu Ende, aber mit der Eisenbahn konnte man von dort weiter nach Bussum, Hilversum und Amersfoort fahren. Die Weesperstraat und auch unsere Seitenstraße wurden wichtige Verkaufsstraßen, ein richtiges neues Einkaufszentrum. Heute ist davon allerdings kaum etwas übriggeblieben. Aus der schmalen Weesperstraat wurde nach dem zweiten Weltkrieg eine breite Autostraße, viele Häuser mußten abgerissen werden, auch unser altes Haus, und jetzt fährt sogar die U-Bahn unter der Weesperstraat bis zum Zentralbahnhof. Die Linie 8 existiert nicht mehr, die ganze Atmosphäre, das Gedrängel und Gewimmel von damals ist verschwunden.

Es gab noch andere Veränderungen. Unser Opa Jaap Brilleslijper hatte seinen Obstgroßhandel mit Fleiß und kluger Sparsamkeit so weit gebracht, daß es ihm wirklich gut ging. Er half seinen Kindern und Neffen, wo und wie er nur konnte. Wer etwas braucht, dem muß geholfen werden, das war seine Devise, und danach hat er immer gehandelt. Er war sehr tolerant und ließ alle seine Kinder ihre eigenen Wege gehen, aber er verlangte auch von ihnen Offenheit, Ehrlichkeit und Herzlichkeit. Onkel Ruwie, Vaters älterer Bruder, war inzwischen reicher geworden und nach dem Krieg mit seiner Frau Tante Vogie und seinen Kindern nach Brüssel gezogen, wo er noch bessere Geschäfte machte. Er war auch an Spielbanken in Namur und Monte Carlo beteiligt.

Jetzt war ich bei Opa Jaap das älteste Enkelkind und bekam von ihm ein Dubbeltje, wenn ich frech genug war und ihn auf die Nasenspitze küßte, nachdem er sich eingeseift und rasiert hatte. Später konnten alle Enkelkinder einmal in der Woche ein Dubbeltje Taschengeld bei ihm abholen. Dabei machte er immer allerlei Scherze. Aber durch die anstrengende Arbeit wurde er auch gebrechlicher. Als nun alle seine Kinder bis auf die zwei jüngsten, Tante Rosette und Tante Anna, aus dem Haus gegangen waren und das Treppensteigen ihm immer mehr Mühe machte, zog er von der Jodenbreestraat in die Rapenburgerstraat um.

An Feiertagen kam auch hier die ganze Familie zusammen. Da saßen wir alle an einem langen, weißgedeckten Tisch, aßen, naschten und lachten viel. Tante Betje mit ihrem hübschen Sopran und Vater mit seinem herrlichen hellen Bariton mußten immer vorsingen. Wir Kinder durften aufbleiben, bis wir vor Müdigkeit umfielen und dann im großen Bett schlafen gingen. Wie liebten unseren Opa. Mein sehnlichster Wunsch war es, wenigstens einmal nicht einzuschlafen, um noch länger am Tisch bleiben zu können. Das ist mir nie gelungen. Auch zu Rosch haschana, dem jüdischen Neujahrsfest, waren wir immer bei Opa Jaap.

Aber noch schöner war es an den Tagen zuvor in der Weesperstraat. Im flackernden blauen Licht der Karbidlampen waren da festlich geschmückte Verkaufsstände mit den allerschönsten Ansichtskarten, ganz kleine und sehr große. Man konnte die Karten auseinanderklappen, und dann sahen sie wie kleine Bühnendekorationen aus. Die Bilder darauf waren vergoldet und mit rotem oder blauem durchsichtigem Seidenpapier beklebt. Viele biblische Geschichten waren da zu sehen, ich kannte sie schon von Vaters Erzählungen. Auf einer Karte wurde Jakobs Traum gezeigt mit einem richtigen papiernen Engel auf der Traumleiter. Auf einer anderen war Moses mit den steinernen Gesetzestafeln in den Händen zu sehen, zwei wunderbare Strahlen kamen aus seinem Haupt. Und da war auch König David, der Harfe spielte. Auf einer anderen Karte wurde Sara von goldenen Engeln verkündet, daß sie ein Kind erwarte. Aber es gab auch Karten mit einem großen Horn, aus dem die schönsten Blumen und andere herrliche Dinge strömten. So eine Karte wollte ich nun brennend gern haben. Aber Vater fand sie viel zu teuer. Immer wieder habe ich mir die Karten angeguckt, aber keine gekriegt. Da bin ich allein zu Opa Jaap in die Rapenburgerstraat gelaufen. Er nahm mich an die Hand, ging mit mir zurück in die Weesperstraat und kaufte für mich eine sehr schöne Karte mit einem himmelblauen Fenster und viel Silber, man sah den kleinen Moses in einem Körbchen liegen, wie er von der Tochter des Pharao gefunden wurde. Ich war überglücklich und gab Opa Jaap einen dicken Kuß. »Aber für Jannie muß ich doch auch noch eine Karte haben«, bettelte ich. Opa kaufte noch eine zweite. Ich ging schnell nach Hause. Als ich ins Zimmer trat, weinte Mutter, sie hatte sich große Sorgen um mich gemacht. Jetzt weinte sie vor Freude, daß ich wieder da war. Jannie schlief schon, und ich durfte die Karte neben ihren Kopf legen.

In der Weesperstraat gab es zwei wunderschöne Konditoreien. Die Spezialität von Snathage waren saftige Ingwertörtchen und Marktorte, aber viel zu teuer, so daß ich sie nie kosten konnte. Der andere Konditor, Nabarro hieß er, war wegen seiner Pralinen stadtbekannt. Wenn man ihn fragte, warum sie so gut schmecken, sagte er schmunzelnd: »Ich spucke rein!«

Ich erinnere mich auch noch an einige Sitten und Gebräuche bei jüdischen Feier- und Festtagen. So gingen wir Kinder vor Pesach von Haus zu Haus Chometz betteln, altes Brot sammeln, denn zu Pesach darf kein gesäuertes Brot mehr im Haus sein, sondern nur ungesäuertes, Matzes. Das zusammengebettelte alte Brot wurde vor der großen Synagoge auf dem Jonas-Daniel-Meijer-Plein zusammengetragen und verbrannt. Für uns Kinder war das immer ein großer Spaß.

Wenn irgendwo in unserer Umgebung eine Hochzeit, eine Brismile (Beschneidung) oder Barmitzwe (Jugendweihe) stattfand, nahmen wir alle daran teil, denn es wurde in der Wohnung und auf der Straße gefeiert, das war immer ein buntes Leben mit viel Musik. Wenn bei einer Hochzeit die Kutsche mit dem Brautpaar vor der Synagoge ankam, stand schon eine Menschenmenge bereit, Segenswünsche wurden ausgesprochen, und die Bettler erwarteten ihren Obolus. Diesen berufsmäßigen Schnorrern war es eine Berufung, die Mitmenschen zu einem Almosen zu zwingen, damit etwas Gutes zu tun und gottgefällig zu sein.

Unter den Amsterdamer Schnorrern gab es einige Typen, die richtige Volksfiguren geworden sind. Da war Sari die Sterregukerin (Sternguckerin) mit ihren stadtbekannten Lügen- und Spottliedern wie »En liegen kan ik goed en de waarheid ook niet spreken – ja!« (Und lügen kann ich gut und auch die Wahrheit nicht sagen). Den Takt dazu schlug sie mit einer Art Schellenbaum auf das Straßenpflaster. Diese Lieder waren gar nicht sentimental, sondern heiter mit mehr oder weniger verschlüsseltem Selbstspott. Da war ferner Japie Schapendief (Schafsdieb), rund und dick, sein rechtes Bein um eine Krücke gelegt. Sara Scheefsnoet (Schiefmaul) war auch immer da, aber sie schnorrte nicht, verkaufte vielmehr allerlei Leckerbissen, einen Handwagen schob sie vor sich her. Sie war häßlich wie die Nacht, anscheinend hatte sie einen Schlaganfall gehabt, ihre rechte Gesichtshälfte war gelähmt, aber mit ihrem schiefen Maul konnte sie laut kreischen und wunderbar fluchen.

Für die armen Juden war es nicht leicht, Familienfeiern zu veranstalten. Oft haben sie monate-, ja jahrelang ihr Brot vom Munde gespart, um ein großes Fest geben zu können. Bei der Barmitzwe mußte der Jüngling in der Synagoge eine Drosche, eine Predigt, halten und öffentlich verteidigen, also auf Fragen und kritische Einwände klug antworten. Es war immer eine große Ehre für die ganze

Familie, wenn der Sohn diese Prüfung mit Würde und guten Argumenten bestand. Das mußte natürlich gefeiert werden. Wenn den Eltern dazu die Mittel fehlten, half die Chewere, die Gemeinde. Auch um zu Pesach Matzes kaufen zu können, zahlte die Chewere dazu. Das war eine gute soziale Einrichtung. Jede Woche einmal erschien in jedem Haushalt der Chewere-Mann. Er war geliebt und gefürchtet: geliebt, weil er Geld für gute Zwecke sammelte, gefürchtet, weil es sehr schlimm war, wenn man ihm nur ganz wenig oder gar nichts geben konnte. Jeder gab, was er irgendwie entbehren konnte. Auch Mutter fiel es oft schwer, etwas Geld für den Chewere-Mann abzuknapsen. Aber wenn dann wieder in der Nähe bei armen Leuten Hochzeit oder Barmitzwe gefeiert wurde, half die Chewere. An der Spitze der Gemeinde stand Rabbiner de Hondt, ein hoch angesehener, ja geliebter, toleranter Mann, der vielen armen Juden wie ein Vater half.

Ich muß noch etwas über den Waterlooplein sagen. Da gab es einen für uns Kinder von den Anwohnern gebauten Spielplatz, aber die Hauptsache war der Markt, auf dem man alles kaufen konnte, was man sich nur denken kann: verrostete Nägel, Handwerkszeug aller Art, Lampen, Stühle, Betten, kitschige Gemälde, Fahrräder und Fahrradersatzteile, ja manchmal sogar eine Pferdekutsche, alles gebrauchte Sachen. Auf diesem Flohmarkt war immer viel los, es gab Interessantes zu entdecken. Dort war auch ein kleines Lokal, »'t Stuivertje«, nach dem viereckigen Fünfcentstück genannt. Für ein Stuivertje konnte man eine Tasse Kaffee oder ein Brötchen mit koscherem Aufschnitt kaufen, am besten schmeckte ein Broodje halfom mit je einer ganz dünn geschnittenen Scheibe Pökelfleisch und Leber. Am Waterlooplein steht auch jetzt noch die Moses-und-Aron-Kirche mit einer großen Christusfigur oben am Giebel. Der Heiland streckt seinen rechten Arm nach vorn, als ob er den ganzen Flohmarkt segnete. Bei den Juden galt das als Warnung. Wenn jemand allzu optimistisch Luftschlösser baute, hieß es immer: »Wacht maar af, de pop op de kerk!« (Warte nur ab, die Puppe auf der Kirche!).

Und noch etwas: In der Jodenbreestraat gab es das »Tip-Top«-Kino, ursprünglich ein sehr volkstümliches Varieté und Kabarett, aber in meiner Jugend wurden dort vor allem kurze Stummfilme

1 Familie Rebling (Wilhelm R., Martha R. und die Söhne
  Werner, Eberhard, Dietrich, v. r.)
2 Goldene Hochzeit der Großeltern Rebling 1924
  (Eberhard hinter den Großeltern)

3 Eberhard Rebling, 1931
4 Eberhard Rebling, 1932

5 Leo Balet, 1932
6 Eberhard Rebling und Heinrich Joachim, 1934

7 Familie Brilleslijper, 1920 (Joseph B., Fijtje B., Lin und Jannie)

8 Lin Jaldati, 1935
9 Im Studio bei Lili Green, 1934 (Lin, zweite v. r.)

10 Lin Jaldati, 1936
11 Lin und Maarten van Gilse, 1936

12 Lin, Solotanz »Jugend«, 1937
13 Nationale Revue, Amsterdam 1937 (Lin, zweite v. l.)

14 Tanzstudie, 1939

gezeigt. Vor und zwischen den Filmen traten die verschiedensten Künstler auf, darunter so bekannte wie Louis Davids, Henriette Davids, Sylvain Poons und Leo Fuld, der später in Amerika berühmt wurde. Sie sangen ihre eigenen »Lebenslieder«, eine Art Chansons, die wie Schlager populär waren und auch heute wieder auf Schallplatten zu hören sind. Heintje Davids, mit der ich kurz vor dem Krieg und einmal auch nach dem Krieg, als sie schon sehr alt war, aufgetreten bin, war eine wahre Volksfigur, häßlich, dick, aber unerhört charmant, mit echt jiddischem Witz und Chutzpe. Der »Tip-Top«-Besitzer Kroonenberg gab aber auch jungen Künstlern eine Chance. Ganze Familien gingen in das Kino. Sie nahmen natürlich immer etwas zu naschen mit, am liebsten Erdnüsse, die Schalen blieben im Saal, daher hieß »Tip-Top« im Volksmund »Kessausi mangelen«-Kino. Es war ein gemütliches Familienkino, heute würde man sagen: Kommunikationszentrum. Wenn ein Künstler auftreten mußte, kam es vor, daß er zum Publikum sagte: »Wartet noch einen Moment, ich muß erst schnell nachsehen, ob die Kinder schlafen!« Alles lachte, wartete geduldig, schwatzte, naschte, und dann ging's weiter im Programm.

So etwa sah die Umgebung aus, in der ich als Kind aufgewachsen bin. Ich war nun sechs Jahre alt, brauchte nicht mehr in die Kackschule zu gehen, sondern kam im August 1919 in eine richtige große Schule. Ein neuer Lebensabschnitt begann.

Der Mohel sang ...

Ich war ganz aufgeregt. Die Schule lag in unserer Straße, aber auf der anderen Seite der Weesperstraat, schräg gegenüber der russischen Synagoge. Mutter nahm mich an die Hand. Wenn die Linie 8 mit dem Anhänger kam, mußte man sehr vorsichtig über die belebte Straße gehen. Ich bekam eine Schiefertafel, einen Griffelkasten und eine Schwammdose mit einem kleinen Schwamm auf der einen Seite und einem Stückchen Leder auf der anderen. Von Opa Jaap erhielt ich ein Dubbeltje extra und war sehr stolz. Wir gingen in einen großen Saal, setzten uns in Reihen und wurden nacheinander aufgerufen. »Rebekka Brilleslijper.« Ich guckte Mutter verstohlen an und dachte: Ist hier noch ein Mädchen Brilleslijper? »Ach du meine Güte«, sagte Mutter leise, »das bist du doch!« Ich schien geträumt zu haben, stand dann auf und sagte zu Fräulein Stomp: »Aber ich werde immer Lientje genannt.« So blieb ich auch in der Schule die Lientje.

Die Schule machte mir großen Spaß. Um neun Uhr fing der Unterricht an, er dauerte bis zwölf, dann kam eine lange Mittagspause, in der man wieder nach Hause ging, und nachmittags von zwei bis vier mußte man noch mal hin. Bei Fräulein Stomp blieb ich zwei Jahre. Ich gab mir große Mühe. Sobald ich einigermaßen lesen konnte, lieh ich mir in der Schule Bücher aus, die man mit nach Hause nehmen durfte, vor allem Märchenbücher.

Zu Hause kauerte ich mich dann auf das Bett mit den großen Kupferknöpfen und las. Mutter war unten im Laden und Vater oft irgendwo auf Reisen. Und wenn ich dann so schön allein war, las ich nicht nur, ich spielte so für mich. Das Bett wurde zu einer großen Kutsche, die durch belebte Straßen fuhr, und die Leute winkten mir zu. Oder ich war eine Prinzessin, die geschmückt zum Ball ging, dazu drapierte ich mich mit Handtüchern aus Mutters Schrank. Oder ich war beim Zirkus und balancierte als Seiltänzerin von einem Ende des Bettes zum anderen. In meiner Phantasie malte ich mir aus, immer irgend etwas Besonderes zu sein. Niemand störte mich dabei, und ich fühlte mich wie im siebten Himmel.

Besonders anregend für meine Phantasie waren einige seltene Besuche bei meinem Uropa Ruben Voet, dem Schwiegervater von Opa Jaap Brilleslijper. Ich durfte mit Vater in der Eisenbahn fahren, und ein paarmal kam auch meine Schwester Jannie mit. Uropa Ruben wohnte in Den Haag bei der Familie Mullens in einem vornehmen, großen Grachtenhaus. Wenn wir klingelten, öffnete ein sauber gekleidetes Dienstmädchen. Sie ließ uns in ein marmornes Vestibül und sagte immer: »Der alte Herr erwartet Sie schon.« Und wenn wir dann ins obere Stockwerk gingen, kam uns Uropa Ruben entgegen und küßte uns, vor allem uns zwei kleine Mädchen, er hatte uns ja so lieb. Obwohl er damals schon weit über siebzig Jahre alt gewesen sein muß, stand er kerzengerade vor uns. Er war klein, schmal, charmant und sehr elegant, wie man sich einen französischen Zirkusdirektor vorstellt. Er trug immer ein helles Kostüm mit einer großen Blume im Knopfloch. Seine Schuhe waren mit Soupieds bedeckt, das sind weiße Deckchen, an der Seite zum Zuknöpfen. Ich fand das äußerst interessant, denn bei uns in der Jodenhoek kannte man so etwas überhaupt nicht.

Im Zimmer stand ein großer Käfig mit einem grünen Papagei: »Willkommen, Jopie, kopje krauw, liebe Süße!« Wir setzten uns an einen feingedeckten Tisch, eine Dame trat herein und brachte Tee. Uropa und Vater kamen schnell ins Erzählen, wie schön es doch in dem Zirkus war, wie sie im Pferdewagen durch das ganze Land gezogen waren, das sei doch das freieste und herrlichste Leben gewesen. Sie hingen mit ganzem Herzen an dieser vergangenen Zeit. Ich glaube, damals schon Vaters Sehnsucht nach ständigem Herumreisen begriffen zu haben. Er hatte eben kein Sitzfleisch, sondern liebte seinen Großvater, die Zirkusluft, das Immer-unterwegs-Sein. Eigentlich haßte er alles, was mit Ein- und Verkaufen zu tun hatte, aber er mußte es tun, um die Familie zu ernähren.

Vater bekam von Uropa immer irgend etwas geschenkt, Kleinigkeiten zwar nur, aber er fand das herrlich. Bei bester Laune erzählte er uns dann auf der Rückfahrt noch viele andere Geschichten über Uropa und sich selbst, die schönsten erzählte er mit viel Phantasie, Liebe und Humor. Auch später noch, als wir schon erwachsen waren, hörten wir ihm gern zu. Er konnte auch wunderbar Witze erzählen und so anschaulich ausspielen, daß man gar nicht ins Theater zu gehen brauchte. Außerdem sang er oft, alle Arien der italienischen Opern kannte er auswendig. In Amsterdam fuhren wir dann mit der Linie 8 in die Weesperstraat, stiegen auf der Brücke der Nieuwe Keizersgracht aus und liefen an einem Blumenladen, der Buchhandlung Joachimstal (die heute noch im Süden Amsterdams existiert), dem Lebensmittelmagazin Simon de Witt und an dem Kleidergeschäft »Die Sonne« vorbei um die Ecke zu unserem Haus. Mutter freute sich, daß wir wieder da waren, und sagte, wir würden in einigen Tagen zu ihren Eltern zum Zeedijk gehen. Da ging Vater nie mit. »Geizhälse, Korinthenscheißer sind das!« rief er dann mürrisch.

Ich erinnere mich auch noch, daß Vater mich einige Male mit seinen zarten, weichen, warmen Händen mitnahm zu unserer uralten Tante Bekkie in der Houtkopersdwarsstraat. Das war eine Schwester von Uropa Ruben Voet, also eine Urgroßtante von mir. Sie war ebenfalls schmal und klein, aber gar nicht elegant wie ihr Bruder. Mir erschien sie wie ein altes Hutzelweibchen aus einem Märchen. Wenn wir bei ihr waren, lächelte sie still, stand von ihrem Stuhl auf, reckte sich lang aus und holte eine in ein seidenes Tuch gewickelte Geige heraus, stimmte die Saiten ein bißchen und begann verschmitzt zu spielen: »Maotzur«, eine schöne Melodie, die immer zu Chanuka gesungen wird. Ich hatte das Gefühl, daß sie wunderschön Geige spielte. Ich weiß nur noch, daß ihre Kinder alle Musiker geworden sind, Geiger, Cellisten und andere.

Gegenüber unserer Schule war in einem Keller ein Süßigkeitsladen. Man ging ein paar Stufen hinunter und konnte schon für einen halben Cent die schönsten Dinge bekommen. Lakritzen kaufte ich besonders gern, harte runde oder eckige, auch weiche, die klebte man auf den Daumennagel und konnte lange dran lutschen. Dann gab es Königsbrot aus Kokos und Bonbons, die erst gelb waren, beim Lutschen rot und schließlich grün wurden. Wenn ich etwas gespart hatte und fünf Cent ausgeben konnte, kaufte ich mir einen noch größeren Bonbon mit noch viel mehr Farben, und wenn man ihn abgelutscht hatte, war eine Mandel drin. Wer weiß denn heute noch, wie gut Süßholz schmeckt, oder Zuckerplätzchen, auf der einen Seite rot, auf der anderen weiß? Oder Zimtmandeln? Und wenn man wenig Geld hatte, konnte man für einen halben Cent Brocken kriegen, Papiertüten, in die alles hineingetan wurde, was so an Resten übriggeblieben war. Aber wenn man Glück hatte, waren auch größere Brocken drin. Unsere Straße war eben doch die schönste der ganzen Stadt.

Eines Tages holte Vater mich von der Schule ab, das tat er sonst nie, weil ich immer mit Jeanette Korper ging, deren Eltern uns gegenüber einen Gemüseladen hatten. Seit einiger Zeit brachte ich sogar meine Schweste Jannie in den Kindergarten. Es war nachmittags, er hatte Jannie schon an der Hand. »Ich bringe euch beide jetzt zu Tante Betje«, sagte er. »Ihr bleibt einige Tage dort, und ich komme euch wieder abholen. Du bist doch schon groß«, wandte er sich an mich, »und Mama hat gesagt, du sollst auf deine kleine Schwester aufpassen.« Wir gingen gern zu Tante Betje, von all meinen Onkel und Tanten war sie mir die liebste.

Einige Tage später kam Vater ganz aufgeregt, strahlend und lachend zurück. Er brachte uns Beschuit mit muisjes, das ist Zwieback mit blauen Aniskörnchen darauf. Er küßte uns, hob uns hoch in die Luft, lachte und weinte gleichzeitig »Das ist ein Wunder, eine Mitzwe, ein Geschenk«, rief er, »wir haben einen Sohn, wir haben einen Jacob, ihr habt jetzt ein Brüderchen, er heißt natürlich nach Opa Jaap!« Er sprang, hüpfte und tanzte vor Freude. »Ein Sohn, was für ein Glück für unsere Familie. Und Opa Jaap hat jetzt einen Enkel, der so heißt wie er!« Immer wieder rief er dasselbe: »Ein Wunder, eine Mitzwe!« – »Aber ihr beide müßt noch bis morgen bei Tante Betje bleiben«, sagte er dann ruhiger, »Mutter ist noch etwas schwach, aber morgen komm ich euch bestimmt abholen.« Tante Betje nahm uns sofort in die Arme. Wir konnten es noch gar nicht fassen.

Am nächsten Tag um zwölf Uhr holte mich Vater dann tatsächlich von der Schule ab, mit Jannie an der Hand. Wir gingen rasch nach Haus. Als wir in das Zimmer traten, war Tante Betje schon da: »Jetzt hast du also auch einen Sohn, einen Kadisch«, sagte sie zu Mutter, denn eigentlich hatte schon ich als Älteste ein Sohn sein sollen. Mutter lag wie eine Königin in dem großen Bett mit den vier Kupferknöpfen und neben ihr in einem Körbchen der kleine Jacob. Ich schaute ihn neugierig an. Mutter streichelte mir das Haar und sagte nur: »Jetzt bist du schon groß.« Ich war stolz, daß wir ein Brüderchen hatten. Jannie brüllte und wollte zu Mutter aufs Bett kriechen, aber Vater nahm sie in die Arme, tröstete sie und sagte zu uns: »Mutter ist noch sehr müde, geht jetzt in die Küche, Tante Betje gibt euch noch mehr Beschuit met muisjes.« Das ist eine alte holländische Sitte, bei der Geburt eines Kindes gibt es eben Beschuit mit muisjes. Tante Betje hat Jannie und mich auch ins Bett gebracht. Wir krochen ganz nah aneinander. Vater kam und erzählte uns noch etwas über unseren Jacob. Wir hörten noch, wie er vor Freude weinte ...

Acht Tage nach diesem 7. Juni 1921 wurde unsere ganze Wohnung geschmückt. Unser kleiner Jacob hatte Brismile, er wurde beschnitten. Das war sehr feierlich. Im Vorzimmer stand ein weißgedeckter Tisch mit einem großen Kissen darauf, Mutter saß im Lehnstuhl, ihr schwarzes Haar hing in zwei langen Zöpfen herunter, auf dem

Kopf trug sie ein schwarzes Spitzentüchlein, das ich noch nie bei ihr gesehen hatte. Sie sah blaß aus, war aber sehr schön, stolz, müde und etwas ängstlich. Die ganze Mischpoche war da, auch einige von Mutters Familie. Die Männer hatten ihre Hüte auf. Der kleine Jacob lag in seinem Körbchen in unserem Hinterzimmer, wo Jannie und ich schliefen und das auch als Küche diente. Die beiden Zimmer waren voll mit Menschen. Opu Sien, Vaters Stiefmutter, hatte meinem Brüderchen eine Münze um den Hals gehängt, in der ein hebräisches *hei* ausgeschnitten war. Nach altem Brauch war das notwendig, um dem Kind die bösen Geister auszutreiben, solange es noch nicht beschnitten war, also noch nicht zu den Juden gehörte.

Vater rannte ganz aufgeregt hin und her, er hatte alles gut vorbereitet und den Mohel bestellt, der die heilige Handlung vollziehen sollte. Aber der Mohel war noch nicht da. Vaters Hose rutschte immerzu runter, und dann zog er sie mit einem nervösen Ruck wieder hoch. Opa Jaap war genauso aufgeregt, denn er war ja der Gevatter, er mußte das Baby festhalten und den Segenswunsch sprechen, das war eine große Ehre. Er rannte auch hin und her, aber komisch, auch seine Hose rutschte immer runter, und er zog sie ebenso wie Vater mit einem Ruck wieder hoch. Ich mußte darüber lachen. Tante Betje gab mir einen Knuff in die Seite, ich brüllte und lief zu Mutter, die mich gleich tröstete. Jannie saß still auf dem Schoß einer unserer Tanten. Und dann war die Hebamme noch da, sie hatte einen enormen Busen. Ihre große weiße Schürze war von Stärke ganz steif.

Endlich fing es an, der Mohel war gekommen. Vater ging ins Hinterzimmer, holte das Kind aus dem Körbchen und übergab es Opu Sien, der Gevatterin. Sie nahm das Kind auf den Arm, zeigte es allen Anwesenden und überreichte es Opa Jaap. Mit einer feierlichen Gebärde hielt er den Jungen hoch, und wieder rutschte seine Hose, aber jetzt konnte er sie nicht hochziehen. »Schlemihl, laß das Kind nicht fallen!« rief eine der Tanten. Da legte er das Kind auf das weiße Kissen mitten auf dem Tisch, zog seine Hose hoch und sprach ein Gebet. Dann kam Opu Sien wieder an den Tisch und wickelte dem Kind die Windel ab. Jetzt war der große Moment gekommen. Der Mohel begann zu singen und beugte sich über das Kind. Es war ganz still im Zimmer. Plötzlich brüllte mein armes kleines Brüderchen wie am Spieß, der Mohel hatte ihm ein Stückchen abgeschnipselt. Alle schrien laut: »Maseltow!« und: »Gesund soll er bleiben bis hundertzwanzig Jahr, Omein!« Mutter weinte vor Freude. Die Hebamme packte das Kind wieder ein. Opa Jaap benschte es, und wieder rutschte seine Hose. Der Mund des Babys wurde noch mit Wein bestrichen, jetzt war es nicht mehr ein Goj, ein Heide, sondern ein richtiger kleiner Jude. Alle brachten ihm Geschenke. Es wurde gefeiert, getrunken und lecker gegessen. Das arme Knäblein durfte nun endlich wieder schlafen. Opa Jaap war glücklich, daß das Geschlecht der Brilleslijper durch seinen kleinen Namensträger weitergeführt wurde. Er und niemand von uns allen konnte ahnen, daß all die guten Wünsche für meinen kleinen Bruder nicht in Erfüllung gehen würden, er wurde 1944 in Auschwitz ermordet ...

Ich glaube, die Brismile meines Brüderchens war einer der glücklichsten Tage in unserer Familie. Der kleine Jacob lag nun in einem alten Kinderwagen draußen auf der Straße, ein Rad war am Gitter von Wenninks Laden nebenan festgebunden. Mutter arbeitete wieder im Geschäft. Ich brachte meine Schwester in den Kindergarten in der Roetersstraat und erzählte in der Schule stolz Geschichten von meinem Brüderchen Jaap. Als ich Fräulein Stomp berichtete, daß der kleine Junge beschnitten wurde, sagte sie: »Das ist doch ganz normal, unser Herr Jesus Christus war es doch auch.« Ich begriff überhaupt nicht, weshalb Jesus Christus beschnitten war, aber wenn später über ihn geredet wurde, dachte ich immer nur: Aha, der war auch beschnitten.

Das Leben wurde ernster, es begann uns schlechter und schlechter zu gehen, die Zahl der Arbeitslosen stieg. Die Armut wurde größer. In der Nähe meiner Schule, in der Manegestraat und der Nieuwe Prinsengracht, wohnten immer mehr arme Juden, die aus Polen und Rußland gekommen waren, Männer mit langen Bärten, schwarzem Kaftan und Ohrlöckchen, die Frauen mit Tüchern auf dem Kopf. Die Männer gingen oft in die ostjüdische Synagoge. Neben der Schule war ein christliches Altersheim hinter einer hohen Mauer mit einem Tor. Auf diesem Steintor stand der Wahlspruch eingemeißelt: »Vrees niet, ik doe geen kwaad maar dwing tot goed, straf is mijn hand, doch liefelijk mijn gemoed« (Fürchte dich nicht, ich tu nichts Böses, sondern zwinge zum Guten, stark ist meine Hand, doch lieblich mein Gemüt). Rechts und links von dem Tor standen zwei böse steinerne Löwen, die schauten auf die Straße herunter und trugen das Wappen von Amsterdam in ihren Pfoten. Das Tor steht noch heute in der Nieuwe Kerkstraat.

Es war sehr lustig, wie diese beiden Löwen am jüdischen Feiertag Simchat Thora, Freude des Gesetzes, zuschauten, als die Männer mit langen Bärten und Jünglinge mit langen Ohrlöckchen hingebungsvoll auf der Straße tanzten mit den heiligen Thorarollen in den Armen und dabei sangen. In einer langen Reihe zogen sie tanzend durch die Straße, hielten die Rollen hoch oder hoben die Arme und den Blick freudig flehend gen Himmel.

Die neu hinzugezogenen Ostjuden sprachen nur jiddisch und wohnten in ganz engen Wohnungen. Es wahr sehr komisch, wenn jiddisch gefragt und auf holländisch geantwortet wurde. Aber sie wohnten friedlich zusammen mit den Juden, die hier schon seit Rembrandts Zeiten ihre Heimstatt gefunden hatten. Alle halfen einander. Wenn irgend jemand krank war oder eine Frau im Wochenbett lag, wurde von Nachbarn und Bekannten Kippesoep, gebracht, das galt als Allheilmittel.

Auch in Mutters Laden kamen viele Ostjuden, meistens um frische Fische zu kaufen. Manche kamen auch erst ganz spät, kurz vor Ladenschluß, weil Mutter dann manches, was bis zum nächsten Tag verderben konnte, billiger loswerden wollte. Was für uns am Freitagabend die Kippesoep oder die Markbrühe war, war für die Ostjuden der Karpfen.

Jeden Freitagnachmittag kochte Mutter einen Riesentopf mit Suppe auf Petroleum, damit die Markknochen oder das Huhn ganz langsam gar wurden, und das roch immer wunderbar. Und oft geschah es, daß jemand an die Tür klopfte. Mutter jagte uns Kinder aus der Küche: »Geht weg, ihr Chutzpeponim, ihr braucht nicht zu sehen, wer da hereinkommt!« Aber wir haben es natürlich doch gesehen, wie Mutter allerlei armen Leuten ein Schüsselchen Suppe abgab. So war das eben, jeder fühlte sich für jeden verantwortlich. Von unserem Bodenfenster ganz oben im Haus konnten wir in ein anderes Haus gucken, da stellte eine Frau auch jeden Freitagnachmittag einen Kochtopf aufs Petroleum. Mutter erzählte uns, daß sie einmal zu dieser Nachbarin ging und den dampfenden Kochtopf sah, aber es roch nicht nach Suppe. Die Frau nahm den Deckel ab, da war nur kochendes Wasser drin. Sie wollte nicht zeigen, daß sie kein Geld für eine Suppe hatte. Ja, die Armut wurde immer schlimmer.

Auch bei uns war Schmalhans Küchenmeister. Fleisch kam kaum noch auf den Mittagstisch, und dann höchstens Herz und Magen. Mutter konnte den Laden kaum mehr allein schaffen, sie verkaufte jetzt nur noch Fische, alles andere machte ihr zu viel Arbeit. Vater arbeitete wieder als Knecht bei Opa Jaap, mußte jeden Morgen früh um fünf aus dem Haus und konnte nicht mehr die vielen anderen Sachen für unseren Laden einkaufen. Mutter schleppte den Fisch frühmorgens in großen Bottichen herbei, beim Verkaufen mußte sie in eiskaltem Wasser hantieren. Wegen der gesalzenen und gepökelten Fische bekam sie oft geschwollene Hände. Und dazu noch der Haushalt mit uns drei Kindern. Sie hatte wirklich nichts zu lachen, und doch habe ich sie nie klagen hören. Und wenn dann der Freitagabend kam, waren alle Sorgen vergessen. Am Schabbes erzählte uns Vater auf seine urkomische Art die ganze biblische Geschichte, das war ganz und gar nicht heilig, sondern sehr lustig und weltlich. Von Opa Jaap bekam ich mein Dubbeltje Taschengeld wöchentlich, aber erst wenn ich ein Lied für ihn gesungen hatte. Zehn Cent war viel Geld, davon durfte ich drei Cent vernaschen, der Rest ging in die Sparbüchse.

In unserer Gegend wohnten viele Diamantenschleifer, die Werkstätten waren ganz in der Nähe. Auch unter ihnen gab es schon Arbeitslose, dabei waren sie die am besten organisierten Arbeiter von Amsterdam. Onkel Isaak, der Mann von Vaters zweiter Stiefschwester Klaartje, war vom Fach. Er redete nur darüber, ob jemand vom Fach war oder nicht, denn diese Arbeiter bekamen mehr Arbeitslosenunterstützung. Er erzählte auch viel von Henri Polak, das sei ein ausgezeichneter Gewerkschaftsführer, der viel für die Arbeiter getan habe. Wer eben bei der Gewerkschaft war, brauchte auch als Arbeitsloser nicht zu hungern und bekam eher wieder regelmäßige Arbeit.

Auch die kleinen Ladeninhaber hatten es immer schwerer. Die große Firma Vroom & Dreesman kaufte das von uns gemietete

Haus, auch das von unserem Nachbarn Cardozo und andere Häuser in der Weesperstraat. Eine andere Firma hatte wieder andere Häuser in unserer Nähe aufgekauft, es wurde gemunkelt, daß alle diese Häuser abgerissen und statt dessen eine große Fabrik gebaut werden sollte. Die Sorgen häuften sich. Wer es sich leisten konnte, zog weg nach dem Süden Amsterdams.

Als es auch für uns immer schwerer wurde, machten Vaters älterer Bruder Ruwie und Tante Vogie meinen Eltern das Angebot, mich eine Zeitlang in Brüssel aufzunehmen und mir in einem Pensionat, in dem auch Große Lin und die kleine Rosette waren, eine gute Erziehung geben zu lassen. Onkel Ruwie war mit allerlei Geschäften steinreich geworden und assimilierte sich, soweit er konnte. Er nannte sich jetzt nicht mehr Ruben, sondern Robert, und aus dem Nathan war Nico geworden. Meine Eltern nahmen das Angebot gern an, und so brachte mich Vater eines Tages nach Brüssel. Aber schon nach wenigen Tagen bekam ich schreckliches Heimweh. Ich heulte ständig, wollte nichts essen, wurde immer dünner und dünner. Schließlich wurde ich krank und bekam Fieber. Onkel Ruwie-Robert schickte daraufhin ein Telegramm nach Amsterdam. Vater kam wieder und versuchte mich noch zu überreden, daß ich es doch zu Hause nicht so gut haben würde wie in Brüssel, daß ich nicht so schöne Kleider haben würde wie meine Kusinen Große Lin und Rosette, daß Onkel und Tante mich doch genauso liebten und mich ebensogut erziehen würden wie ihre eigenen Kinder. Weinend beteuerte ich ihm, daß ich zu Mutter, zu meinen Geschwistern, zu unserer Straße, zu unserer ganzen Umgebung nach Amsterdam zurück wollte. Trotz aller Überredungskünste – Vater konnte wirklich gut reden und überzeugen – beharrte ich fest auf meiner Meinung. Vater blieb nichts anderes übrig, als mich an die Hand zu nehmen und mit mir nach Amsterdam zurückzufahren. Damals schon zeigte es sich, daß ich durchsetzte, was ich wollte, ich hatte eben einen harten Kopf.

In Amsterdam freute ich mich, wieder in die Schule gehen zu können. Ich war inzwischen in der dritten Klasse. Wir hatten nun kein Fräulein mehr, sondern einen Lehrer, Herrn Boon, ein wirklich vorzüglicher Pädagoge, der später Direktor einer Amsterdamer Montessori-Schule, einer Reformschule, wurde. Meine Schule in der Nieuwe Kerkstraat war eine ganz besondere, man nannte sie Lehrschule, weil ihr ein Lehrerbildungsinstitut angeschlossen war, und dort unterrichteten deshalb nur sehr gute Lehrer. Herr Boon verstand es, unser Interesse für viele Dinge zu wecken. Mich fesselte vor allem Geschichte, ich war schrecklich neugierig zu erfahren, wie die Menschen früher gelebt haben. In der dritten Klasse bekamen wir auch schon den ersten Fremdsprachenunterricht, Französisch.

Ich finde es sehr gut, Kinder schon mit acht oder neun Jahren eine Fremdsprache erlernen zu lassen, denn es ist so wichtig im Leben, außer der Muttersprache noch mindestens eine andere Sprache zu beherrschen. Da ich in unserer Gegend viel Jiddisch hörte und nun auch Französisch lernte, hat mir das später sehr geholfen, mich auch woanders zurechtzufinden.

Herr Boon achtete besonders darauf, daß wir ein sauberes Holländisch sprachen, auch Vater legte zu Haus großen Wert darauf. Denn auf der Straße wurde nicht nur Amsterdamer Dialekt, sondern der Jiddisch-Amsterdamer Dialekt mit zischend-lispelndem *s* gesprochen. Die Bewohner der Jodenhoek, vor allem die armen, hatten ihre eigene, unverwechselbare Umgangssprache mit typischen, kaum übersetzbaren Redewendungen. Und wenn Vater uns die biblische Geschichte erzählte, fiel er gleich in diesen Jargon, das klang dann um so komischer. Ich konnte natürlich auch so sprechen, aber weder in der Schule noch zu Hause war das erlaubt.

Mein Theaterdebüt

Vater sang gern. Als es uns finanziell noch gut ging, besuchte er oft die Italienische Oper, die alljährlich in Amsterdam gastierte. Viele Bewohner der Jodenhoek liebten die Italienische Oper wegen der schönen Melodien, der Dramatik und vor allem wegen der wunderbaren Stimmen. Das waren dann meistens keine frommen Juden, denn die ergötzten sich an den schönen Stimmen ihrer Chasonim, der Vorsänger in der Synagoge. Wenn Vater guter Laune war, vor allem am Schabbes, versuchte ich mit ihm zusammen zu singen, bis er eines Tages sagte: »Du hast eine hübsche Stimme und singst gern, wollen wir nicht anfragen, daß du in den Kinderchor von Meyer Hamel aufgenommen wirst?« Das war eine phantastische Idee.

Vater ging also mit mir zum Rabbiner de Hondt, der auch Schirmherr des jüdischen Kinderchors war. Er empfahl uns weiter an Herrn Meyer Hamel, dem ich nur ein paar Töne vorzusingen brauchte, um in den Chor aufgenommen zu werden. An zwei Nachmittagen in der Woche ging ich von nun an einige Jahre lang in eine jüdische Schule in der Hoogstraat zu den Chorproben. Außerdem bekamen wir dort Atemübungen, Stimmbildung und einige Kenntnisse der hebräischen Sprache. Wir haben auch eine große Kantate einstudiert, die Herr Meyer Hamel selbst komponiert hatte. Für uns alle war es ein großes Erlebnis, daß wir diese Kantate zusammen mit einem Erwachsenenchor an einem jüdischen Feiertag auf dem Waterlooplein singen konnten. Ich fand das herrlich, und die Eltern waren sehr zufrieden, daß ich in der Schule gut lernte und mit dem Kinderchor öffentlich auftrat.

Mein Leben wurde so zwar schöner, aber es war auch schwer genug. Mutter rackerte sich ab, Vater war viel weg, und ich mußte frühmorgens, bevor ich zur Schule ging, und nachmittags im Haushalt kräftig mithelfen: meine Schwester Jannie und Brüderchen Jaap versorgen, das Frühstück bereiten, abwaschen, die Wäsche erledigen – Waschmaschinen gab es noch nicht –, im Winter den Ofen heizen, Kohlen heranschleppen und vieles andere mehr. Ich war schon immer blaß und ein bißchen blutarm. Vater sagte oft: »Du siehst ja aus wie eine grüne Birne!«

Wegen meiner guten Zensuren und meiner Blässe wurde ich ausgesucht, mit anderen jüdischen Kindern im nächsten Sommer an einem Ferienlager in Egmond aan Zee teilzunehmen. Ich freute mich sehr darauf, war aber ein bißchen ängstlich, denn ich war noch nie ohne Vater oder Mutter von zu Haus weggefahren. »Sie werden dich dort schon gut aufpäppeln«, meinte Mutter.

Wir schliefen in zwei großen Sälen, je einer für Mädchen und Jungen, jeder hatte ein eigenes Bett. Pflegerinnen sorgten für uns, und wir spielten jeden Tag am Strand. So lange bin ich noch nie an der See gewesen, es war wunderbar. Eine der Leiterinnen studierte mit uns ein Schauspiel mit Musik ein, das wir dann vor den Bewohnern des Dorfes aufführten. Zwei Betreuerinnen spielten vierhändig

Klavier, und wir alle spielten das Märchen vom Rumpelstilzchen. Ich hatte nur eine kleine Rolle, denn da waren auch viele etwas ältere Kinder. Aber was für eine schöne Rolle war das! Ich durfte als Zwerg nach Herzenslust mitsingen und mittanzen. An einen Vers erinnere ich mich heute noch: Auf dem Klavier wurde das Variationenthema aus der A-Dur-Sonate von Mozart gespielt, und wir sangen dazu. Auch das Lied des Rumpelstilzchen kenne ich noch, es war ein Gedicht auf einen Walzer von Johann Strauß.

Mit dem armen Rumpelstilzchen hatte ich großes Mitleid, aber nicht mit der Bauerntochter, denn Rumpelstilzchen wollte so gern mit dem Kind spielen, mußte aber einsam und allein zurückbleiben. Wir haben sehr fleißig geübt und die Kostüme aus krepppartigem bunten Papier selbst gemacht. Bei der Aufführung war ich so begeistert dabei, daß die Fetzen flogen, ich war ein ganz wilder Zwerg, bin wie ein Kobold zwischen die Elfen gefahren und habe mir dabei die Knie aufgeschlagen. Das war mein Debüt beim Theater.

In Egmond hatte ich mich blendend erholt und kam braungebrannt und dicker nach Amsterdam zurück. Mutter war froh, daß ich wieder daheim war, ich auch.

Das Leben ging halbwegs normal weiter, es gab viel Fröhlichkeit, aber die Sorgen wurden größer. Mutter mußte an allen Ecken und Enden sparen, neue Kleider konnten wir uns nicht mehr kaufen, Mutter machte mit viel Geschick aus alten wieder neue, auch zu essen gab es weniger. Trotzdem klopften am Freitagnachmittag Gäste an die Tür, wir wurden aus der Küche gescheucht, und wieder gingen die Fremden mit einer Schüssel Hühnerbrühe weg.

Unser Haus war also an eine große Firma verkauft worden. Eines Tages kam ganz plötzlich eine schreckliche Nachricht: Der neue Hausbesitzer wollte unser Haus und das unserer Nachbarn räumen lassen, statt dessen sollte ein größeres Kaufhaus entstehen. Wir mußten also ausziehen und den Laden aufgeben. Das war eine traurige Zeit. Der eine Opa konnte nicht, der andere wollte nicht helfen, und Mutter weinte oft. Vater tröstete sie dann: »Paß mal auf, Fie, wenn wir eine andere Wohnung haben, verdiene ich besser, und alles wird gut!«

Wir zogen um in die Rapenburgerstraat, schräg gegenüber von Opa Jaap und Opu Sien, der ganze Umzug mußte mit Handwagen geschafft werden. Wir kamen nun in eine richtige Wohnung mit einem Vorder-, einem Hinterzimmer, einem Zimmer für uns Kinder, einer großen Küche und sogar mit einem Stückchen Garten. In der Schule berichtete ich stolz, daß Mutter nun nicht mehr im Laden Fische verkaufen mußte, sondern nur noch für uns zu sorgen brauchte, und daß es uns sehr gut ging. Ich weiß nicht, warum ich das tat, ich wollte eben so gern, daß mein Vater genauso wie andere Väter für die Familie sorgte, meine Mutter wie andere Mütter sich nur um den Haushalt zu kümmern brauchte und ich nicht mehr auf meine jüngeren Geschwister aufpassen mußte. Aber daraus wurde nichts.

In der Schule war ich wie immer mit viel Eifer bei der Sache. Herr Boon äußerte sich mehrfach sehr zufrieden. Ich fand auch Turnen sehr schön und war in diesem Fach immer eine der Besten. Schon einige Male hatte ich meine Eltern gefragt, ob ich nicht in einem Gymnastikklub mitmachen könne. »Das geht nicht«, sagte Vater mürrisch, »entweder Chor oder Gymnastik, beides geht nicht« – aus dem einfachen Grund, weil ich immer im Haushalt mithelfen sollte.

Ich war nun schon zwölf Jahre alt und in der sechsten Klasse. Eines Tages bestellte Herr Boon meinen Vater in die Schule. Ich war mir nicht bewußt, etwas ausgefressen zu haben. Am Tage nach dem Gespräch sagte Vater ganz ernst zu mir: »Mutter und ich, wir müssen mal mit dir reden.« Ich wußte immer noch nicht, was das zu bedeuten hatte. Es war an einem Sonnabendnachmittag, es muß im Frühling gewesen sein, denn der Kastanienbaum in unserem kleinen Garten hatte schon grüne Blätter, wir konnten ihn durch die hohen Fenster im Hinterzimmer sehen. Mutter streichelte mir über den Kopf, als Vater begann: »Weißt du, jetzt bist du schon ein großes Mädchen, und wir haben dich sehr lieb. Ich habe mit Herrn Boon gesprochen, er möchte gern, daß du nach der sechsten Klasse zur Mittelschule in der Manegestraat gehst. Aber ich habe ihm erklärt, daß wir arme Leute sind und kein Geld haben, dich weiterlernen zu lassen, und daß du klug genug bist, um das zu verstehen, und daß du einen guten Beruf erlernen wirst, wenn du vierzehn bist, aber daß wir dich bis dahin im Haushalt brauchen, weil Mutter nicht alles allein schaffen kann. Außerdem bist du ein Mädchen, wozu sollst du auf der Schule noch mehr lernen? Du bist hübsch und gut gebaut und wirst dann sowieso heiraten.« – »Unbeschrien«, rief Mutter dazwischen und klopfte auf den Holztisch. Aber ich fand nicht, daß sie glücklich dreinschaute.

Also das war es. Ich fand es sehr schade, nicht mehr in die Schule gehen zu können, denn ich war sehr neugierig und wollte noch viel mehr wissen. Ich galt nun auch als erwachsen und mußte die Sorgen der Eltern mittragen. Zum Schulabschluß hatten wir im Juli noch ein schönes Fest. Herr Boon sagte mir, es täte ihm sehr leid, er hätte mir gern weitergeholfen. Ich begegnete ihm danach noch manchmal auf der Straße, und er erkundigte sich immer sehr freundlich, wie es mir gehe und was ich so mache.

Erster Tanzunterricht

Für mich als zwölfjährige Erwachsene begann nun ein neuer Lebensabschnitt. Obwohl ich im Haushalt viel zu tun bekam, hatte ich doch mehr Zeit als früher. Schon seit dem Kindergarten war Jeanette Korper meine Freundin, sie wohnte uns gegenüber in der Nieuwe Kerkstraat. Wir spielten viel zusammen und dachten uns immer wieder neue Märchen aus. Entweder sie war der Prinz und ich die Prinzessin oder umgekehrt. Am liebsten spielten wir Figuren, wofür wir uns mit Mänteln, Decken, Handtüchern und anderen Dingen verkleiden konnten. Das Bett meiner Eltern mit den vier Kupferknöpfen war nun nicht mehr nur Kutsche oder Thron, sondern vor allem Bühne, ich tanzte vor Jeanette, und sie war Publikum. Ich dachte mir auch selbst Geschichten aus, aber ich mußte immer berühmt sein als Königin oder Prinzessin. Ich hatte eine blühende Phantasie.

Eines Tages erzählte Jeanette mir, daß sie abends um sieben in den Tanzklub von Florrie Rodrigo in der Plantage Muidergracht, im vornehmen Teil der Jodenhoek, gehen durfte, ich solle doch Mutter fragen, ob ich auch dahin gehen dürfe, ich könne es ja von meinem Taschengeld bezahlen. Ich bekam jetzt ein Kwartje, fünfundzwanzig Cent, pro Woche, davon konnte man wohl dreimal ins Kino gehen. Der Unterricht bei Florrie kostete noch weniger.

Meine Eltern hatten nichts dagegen, und so gingen wir jede Woche zweimal zum Tanzunterricht. Florrie – eigentlich hieß sie Flora Juda Rodriguez – war mit ihrem Mann, dem bekannten fortschrittlichen Schriftsteller Kees de Dood einige Jahre in Berlin gewesen und hatte dort den modernen Ausdruckstanz studiert. Als ich zu ihr kam, war sie noch nicht so bekannt wie in den dreißiger Jahren, als sie mit einigen Tanzspielen Aufsehen erregte, aber ihre Schule hatte schon großen Zulauf. Uns Anfänger unterrichtete ihre Schülerin und Assistentin Greetje Donker, die bald auch eine bekannte Tänzerin wurde. Wir lernten richtig gehen, verschiedene Gangarten vom stolzen Schreiten bis zum ausgelassenen Hüpfen, dazu rhythmische Übungen zu verschiedenen Musiken, überhaupt Musik in Bewegung umzusetzen, und am Schluß jeder Stunde durften wir improvisieren, das fand ich am schönsten, da konnte ich mich richtig austoben. Ich lernte auch bald Sprünge und Schwünge verschiedenster Art. Zwei Jahre lang habe ich das gemacht.

Zurück in die Rapenburgerstraat. Die große Wohnung wurde uns zu teuer. Vater verdiente wenig, bei Opa Jaap oder Onkel Ruwie Geld zu borgen, war er zu stolz, und bei Mutters Familie ging das schon gar nicht. So zogen wir also wieder um, diesmal in die Leidse Dwarsstraat, das war näher bei der Marnixstraat, wo Vater und Mutter jeden Morgen auf dem Großmarkt arbeiten mußten. Aber das war eine schreckliche Wohnung. Wir hatten nur zwei Zimmer und eine Küche mit Plumpsklo wie in meinem Geburtshaus in den Joden Houttuinen. Jannie und ich schliefen im Bettschrank im Hinterzimmer, die Eltern mit Jaap im Vorderzimmer.

Dort erlebten wir viel Unangenehmes. Erst wurde Mutter krank – Jahre später gestand sie mir, daß sie eine Abtreibung gehabt hatte. Auf meinen breiten Schultern, nebbich, lag während dieser Zeit die ganze Last des Haushalts, Mutter mußte ich auch noch versorgen. Ich hatte eine große Verantwortung für meine Geschwister zu tragen. Jannie hat mir später oft den Vorwurf gemacht, ich hätte sie bevormundet. Sie hatte ja recht, aber ich war einfach dazu gezwungen.

Gerade ging es Mutter wieder besser, da wurde mein kleiner Bruder krank, er war erst vier Jahre alt. Er hatte Mittelohrentzündung und mußte operiert werden, das war damals noch eine gefährliche

Angelegenheit. Wir alle hatten Angst, er würde es nicht überstehen. Unser Opa Jaap, der sonst nicht viel vom Beten hielt, bestand jetzt darauf, daß Vater den Jungen benschen ließ. Nach altem jüdischem Glauben kann man nämlich den Todesengel täuschen, aber das darf man nur in höchster Gefahr tun: Man gibt dem Kind einen anderen Namen, der Engel irrt sich, und das Kind bleibt am Leben. Wenn die Gefahr vorbei ist, kann es wieder seinen eigenen Namen tragen. So wurde mein Brüderchen gebenscht und sein Leben gerettet. Als er aus dem Krankenhaus entlassen wurde, war er sehr abgemagert und sein Kopf noch in einen dicken Verband gewickelt. Mit dem Allheilmittel Hühnerbrühe wurde er wieder aufgepäppelt.

Er war gerade ein paar Tage wieder zu Hause, da kam Onkel Samuel, Tante Betjes Mann, ganz aufgeregt auf dem Fahrrad zu uns. Vater und Mutter sollten sofort mitgehen, Opa Jaap ginge es sehr schlecht. An diesem Abend habe ich fürchterliche Ängste ausgestanden, es war sehr kalt im Zimmer. Da bin ich aus dem Schrankbett gekrochen, habe mir eine Decke umgeschlagen und sah allerlei Geister und Tote. Ich machte alle Lichter in der Wohnung an und kauerte mich in einen Stuhl. Als dann endlich die Eltern wiederkamen, waren sie erstaunt, weil alles hell erleuchtet war. Sie weinten beide, trösteten mich aber und brachten mich ins Bett. Bevor Mutter am nächsten Morgen zum Markt ging, nahm sie mich auf den Schoß und sagte ganz traurig: »Weißt du, jetzt haben wir unseren lieben kleinen Jaap wieder, aber dafür hat jetzt der Malech ha mowes«, so nannten die Amsterdamer Juden den Todesengel, »unseren Opa Jaap mitgenommen.« Das war am 18. Dezember 1925. Als wir alle in Opas Wohnung in der Rapenburgerstraat gingen und sich dort viele Onkel und Tanten versammelten, die sich wie Vater ein Stückchen aus dem Revers ihrer Jacken rissen – ein Symbol des traditionellen Zerreißens der Kleider –, begriff ich, daß ich meinen Opa Jaap, den ich so verehrte und liebhatte, nie wieder sehen würde. Dann streuten sich Vater und die anderen Männer etwas Asche auf den Kopf und saßen acht Tage lang auf dem Fußboden und weinten, sie mußten nach altem Brauch Schiwe sitzen, trauern. Das war ganz schlimm.

Dann überstürzten sich die Ereignisse. Onkel Ruwie, der sich jetzt Robert nannte und für uns der reiche Onkel blieb, war aus

Brüssel gekommen, er hatte von dem vielen Geld, das er eingenommen hatte, am Großmarkt in der Marnixstraat ein Haus gekauft. Vater und Onkel Samuel sollten nun den Großhandel von Opa Jaap übernehmen, und Onkel Ruwie wollte ihnen dabei helfen. So mußten wir abermals umziehen, das war gut, denn die schreckliche Wohnung in der Leidse Dwarsstraat hatte uns nur Unglück gebracht. In der Marnixstraat wohnten wir aber weit weg von der Jodenhoek, dem Schtetl, wie die Ostjuden das nannten, in unserer Nähe lebten nur Gojim und ganz wenige andere Juden.

In der ersten Zeit fühlten wir uns in dem neuen großen Haus sehr einsam, weil die Eltern mit uns Kindern aus ihrem angestammten Milieu herausgerissen worden waren. Die Wärme und Nähe unserer großen Familie war auf einmal verschwunden, vor allem Opa Jaap fehlte uns sehr. Meine Onkel und Tanten waren verheiratet, hatten ihre eigenen Kinder und viele Sorgen, sie wohnten beinahe alle in der Umgebung der Weesper- und der Lepelstraat. Jetzt erst begann ich zu begreifen, warum die aus Polen und Rußland zugewanderten Juden so fest zusammenhielten, immer so sehnsüchtig von ihrem Schtetl schwärmten und wir Amsterdamer Juden so sehr an unserer Jodenhoek hingen.

Die Herzenswärme der Menschen untereinander, die Verantwortung des einen für den anderen, ob er fromm, Freidenker oder Sozialist war, diese Solidarität, dieses Aneinanderfesthalten, dieses Bewußtsein, einer großen Familie anzugehören, das alles war nun auf einmal auch für mich weit weg. Gewiß, sie hatten viel Streit und oft auch großen Krach miteinander, aber irgendwie versöhnten sie sich doch wieder. Keiner brauchte zu hungern, von dem Wenigen, das sie besaßen, gaben sie immer noch etwas ab. Die gemeinsame Sprache, der Humor und Selbstspott, dieses Füreinanderdasein war auch in der Amsterdamer Judenhoek sehr stark ausgeprägt. Das alles, die Menschen, die Häuser, das ganze Stadtviertel ist bis auf wenige Reste dem faschistischen Völkermord zum Opfer gefallen.

Im Haus in der Marnixstraat wohnte im Souterrain meine Kusine, Große Lin, mit ihrem Mann, der auch auf dem Obstmarkt arbeitete. Die erste Etage bewohnten wir, im zweiten Stock lebte eine nichtjüdische Familie. Auf dem Boden hatten Jannie und ich ein großes Zimmer, und im zweiten Bodenzimmer wohnte die Schwiegermutter von Onkel Ruwie aus Brüssel, Opu Roos, sie war noch eine sehr schöne Frau, aber meschugge.

Große Lin hatte erst vor kurzem geheiratet. Wie ihr Bruder Nathan und ihre kleine Schwester Rosette war sie in einem guten Brüsseler Pensionat erzogen worden. Als sie achtzehn war, verliebte sie sich in einen nichtjüdischen Belgier. Daraufhin haben ihre Eltern sie nach Amsterdam gebracht und dort mit einem Jüden verheiratet, den sie nicht liebte. Die Eltern meinten, sie müsse so schnell wie möglich unter die Haube gebracht werden.

Das war eine ganz vornehme Chuppe im schicken Amsterdamer Festsaal am Weteringplantsoen. Der Rabbiner kam herein und führte das Brautpaar dreimal um den Baldachin, eben die Chuppe. Dann wurde laut »Maseltow!« gerufen, ein Glas zerteppert. Wir bekamen herrliche Dinge zu essen, auch eine Marktorte, die ich noch nie gekostet hatte. Ich trug das erste Traumkleid meines Lebens, zartlila, ganz plissiert und mit kleinen Marabufedern abgesetzt. Meine kleine Kusine Rosette hatte dasselbe Kleid in Rosa. Ich habe zum erstenmal Wein getrunken und durfte ein Lied singen, das Vater auf eine bekannte Melodie gedichtet hatte. Sonst weiß ich nur noch von der Hochzeit, daß Vater mit Onkel Ruwie in Streit geriet, weil er so viel Geld für die Hochzeit weggeschmissen hatte, ihm aber einen Betrag, den er für den Obsthandel brauchte, nicht borgen wollte. Aber sie haben sich bald wieder vertragen. Ich habe das erst begriffen, als ich Vater zu Mutter sagen hörte: »Ich will keine Almosen, ich will nur, daß er mir so viel borgt, um mir auf die Beine zu helfen. Ich will doch nichts geschenkt haben, will alles zurückzahlen.« Onkel Ruwie scheint ihm dann doch etwas gegeben zu haben.

Aber soweit ich mich erinnern kann, war von allem doch immer zuwenig da.

Vater war kein Kaufmann, kein Händler, das war sein Unglück. Anfangs hatten er und Onkel Samuel zusammen Opa Jaaps Großhandel übernommen. Aber beiden fehlten das Geschick und die Erfahrungen unseres Großvaters Jacob. Die Geschäfte gingen rapide zurück, bald bekamen sie Krach miteinander, bis schließlich Vater den Großhandel allein weiterführte. Er war eigentlich Künstler, sensibel, er hätte Sänger oder Zirkusartist werden sollen. Ob es ihm gut ging oder schlecht, er sang immer. Er blieb stets Optimist, hatte einen unverwüstlichen Humor und konnte so herzhaft lachen. Deshalb liebten wir ihn alle sehr.

Das Geld im Steintopf

Die Marnixstraat ist eine breite, lange Straße, die vom Stadttheater am Leidse Plein bis zur Rozengracht führt. In einem großen Gebäude war der Christliche Verein Junger Männer untergebracht, daneben standen Häuserblocks, von schmalen Grachten unterbrochen. In diesen Grachten legten die Schiffe an, mit denen das Obst und Gemüse von weit her herangeschafft wurde. Ganz schnell mußte dann die Ware ausgeladen und auf den Markt oder in die Lagerhäuser verfrachtet werden. Opa Jaap hatte auch so ein Lagerhaus gemietet, das nun Vater verwaltete. Die offizielle Gewerbegenehmigung hatte er von Opa Jaap geerbt. Dafür also mußte Vater von Onkel Ruwie Geld borgen, das er nun in regelmäßigen Raten abzuzahlen hatte.

Tagsüber war die Marnixstraat sehr ruhig, nur zwei Straßenbahnen, Linie 7 und 10, fuhren regelmäßig. Aber am frühen Morgen, zwischen fünf und acht, war dort der farbige, duftende Markt. Von den Schiffen wurde alles in großen Kisten herbeigeschleppt, Radieschen und Erdbeeren, im Sommer Melonen, Birnen, Äpfel, Tomaten, später im Jahr Apfelsinen, Mandarinen, Bananen ... Ich fand das märchenhaft schön. In ein paar Stunden mußte alles mit Gewinn an Ladenbesitzer oder an Straßenhändler, die mit Handkarren von Haus zu Haus durch die ganze Stadt gingen, verkauft werden. Was übrigblieb, verschwand im Lagerhaus. Und wenn es rasch verderbliches Obst war, mußte es am nächsten Morgen an den Mann gebracht werden. Um acht Uhr waren dann alle Schiffe, Wagen und Handkarren weg. Dann kam die Stadtreinigung mit großen Besen oder spritzte mit langen Schläuchen den Markt sauber. Nun lag die Marnixstraat wieder blitzblank da.

Vater hatte von Opa Jaap auch einen bärenstarken Helfer übernommen, den Stummen Eupie, der schon den Brilleslijpers vor der Hochzeit meiner Eltern bei der Keilerei mit den riesigen Brüdern

Gerritse beigestanden hatte. Stummer Eupie hatte einen Sprachfehler, er hieß eigentlich Joseph, also Jopie, konnte das aber nicht aussprechen und wurde daher Eupie genannt. Schon Opa Jaap kannte ihn so gut, daß er genau begriff, was Stummer Eupie sagen wollte.

Wenn der Markt um acht beendet war, kamen die Eltern nach Hause zum Kaffeetrinken. Ich hatte inzwischen die Wohnung saubergemacht, alles aufgeräumt und den Kaffee vorbereitet. Das Geld, das die Eltern morgens eingenommen hatten, tat Vater in einen großen Steintopf, der im Wäscheschrank aufbewahrt wurde. Ich fand, daß es sehr viel Geld war und die Eltern reich seien, ohne zu begreifen, daß davon neues Obst besorgt werden mußte. Vater ging damals oft auf Reisen, um in Böhmen Birnen und Äpfel oder in Belgien Kirschen einzukaufen, meistens sicherte er sich schon vor der Ernte den Ertrag ganzer Bäume.

In dieser Zeit ging es uns finanziell auch wieder besser, und wir aßen viel Obst. Was schon ein bißchen angefault war, kam in die Wohnung. Für die Eltern war es eine große Erleichterung, direkt am Markt zu wohnen. Aber meine Freundin Jeanette Korper wohnte weit weg, und auch zum Tanzunterricht bei Florrie mußte ich weit laufen.

Außer der Zeitung der sozialdemokratischen Partei »Het Volk« lasen meinen Eltern auch das »Nieuw Israelitisch Weekblad«. In dieser Wochenschrift stand eines Tages eine Anzeige, daß eine jüdische Familie in der Kinkerstraat für ihre dreizehnjährige Tochter eine Freundin suchte. Da war wieder typisch für die Amsterdamer Juden: Wir wohnten in einer nichtjüdischen Umgebung, dazu gehörte auch die Kinkerstraat, die Eltern aber meinten, ihre Kinder sollten um Gottes willen nur jüdische Freunde haben. Ebenso mußten jüdische Mädchen schon früh mit jüdischen Jungen verheiratet werden, damit sie nicht in falsche Hände kamen, auch wenn sie dadurch für ihr ganzes Leben unglücklich wurden. Das war so bei Große Lin wie auch bei Tante Floor, Mutters jüngster Schwester, die in seeländischer Tracht Heringe verkaufte, auch sie durfte einen nichtjüdischen Schiffer, den sie liebte, nicht heiraten, ihre Eltern zwangen sie, mit einem ungeliebten Juden ihr ganzes Leben zu versauern. Wie viele Romeo-und-Julia-Tragödien hat es in dieser Zeit noch gegeben!

Mutter und ich sind also zu dieser Adresse in die Kinkerstraat gegangen, das war ganz in unserer Nähe, und so lernte ich durch das Inserat Frouke Stoppelman kennen, deren Eltern ein Schuhgeschäft hatten. Wir waren gleichaltrig und freundeten uns schnell an. Frouke ging noch zur Schule. Sie wollte wie ich möglichst bald schwimmen lernen, das traf sich gut. Bald teilten wir Lieb und Leid miteinander.

Frouke war Mitglied der jüdischen Jugendorganisation Hatsaïr. Man traf sich auf dem Boden eines großen Hauses mit einem größeren Saal und mehreren kleineren Zimmern an der Amstel. Ich fragte Frouke, weshalb sie denn noch eine Freundin haben wolle, obgleich sie doch in dieser Jugendorganisation viele junge Leute kennengelernt habe. »Ach, weißt du«, antwortete sie mir, »das ist doch ganz etwas anderes. Du bist eben nur *meine* Freundin, wir gehören zusammen, weil wir alles miteinander besprechen wollen, das kann ich doch nur mit einem Mädchen und nicht mit meinem Bruder oder mit anderen.« Sie hatte einen jüngeren Bruder, mit dem sie nichts bereden konnte, was junge Mädchen unseres Alters einander zu erzählen und zu fragen haben. Frouke war ein hübsches Mädchen mit dicken schwarzem Haar und dunklen Mandelaugen. Sie hatte schon einen richtigen Busen, das imponierte mir besonders, denn ich hatte noch nicht viel. Sie war sehr resolut und kontaktfreudig wie ihre Mutter. Unsere Eltern freuten sich sehr, daß wir uns so gut verstanden. Ich nannte sie jetzt nur noch Froukje.

Eines Samstagabends nahm Froukje mich mit zum Hatsaïr. Da wurden Lieder einstudiert, hebräische und jiddische, danach machten einige Jungen Tanzmusik, und wir tanzten nach Herzenslust. Es gab dort sogar eine Leihbibliothek mit Büchern über jüdische Geschichte und auch mit Liederbüchern. Ich schwärmte bald vor allem für »Die Mutter« von Schalom Asch, aber auch für die herrlichen Kurzgeschichten »Aus dem nahen Osten« von Scholem Alejchem. Auch sonntags waren immer ein paar junge Leute da, mit denen man über vieles reden konnte. Froukje und ich waren oft dort, nur abends mußten wir immer spätestens um neun Uhr zu Hause sein. Auch ins Schwimmbad gingen wir regelmäßig zusammen, ich lernte bald sehr gut schwimmen.

Eines Tages wurde erzählt, daß Hatsaïr ein Sommerlager in Nunspeet organisiert. Es war sehr billig, aber die Eltern mußten natürlich ihre Zustimmung geben. Seit dem Ferienaufenthalt in Egmond – das war schon einige Jahre her – war ich noch nie wieder ohne meine Eltern aus dem Haus gewesen. Ich fragte also Vater, ob ich mitfahren dürfe. Er war strikt dagegen und wetterte. Er hatte sowieso schon geschimpft, daß ich dauernd jiddische und hebräische Lieder sang und keine holländischen. »Die sind alle ein bißchen überkandidelt«, rief er, »die suchen doch nur ihre Schäflein, um sie nach Palästina zu schicken.« Aber er hatte wohl auch etwas Angst, weil da im Lager Jungen und Mädchen so dicht beieinander waren. Doch ich ließ nicht locker. Mit Hilfe von Mutter und Froukjes Eltern, die Vater beschwichtigten, durfte ich schließlich doch fahren.

Nunspeet wurde für mich ein großes Erlebnis. Das Lager war in einer wunderschönen weiten Heidelandschaft. Die Jungen schliefen in Zelten und wir Mädchen in einer Art Schafstall auf Stroh. Wir machten lange Wanderungen, diskutierten viel, sangen und tanzten stundenlang Horra, bis wir vor Müdigkeit umfielen. Unser Lagerleiter Pinchas Hollender, er stammte aus Osteuropa, lehrte uns viele Lieder, von ihm habe ich »Rabojssaj«, »Jome, Jome«, »Hawa nagilla« und viele andere Lieder gelernt. Wir bekamen auch ersten Unterricht in Hebräisch, das sei nötig, sagte man uns, denn wenn wir später erwachsen seien und nach Palästina gehen würden, könnten wir mithelfen, dort ein schönes Land aufzubauen. Ich lernte auch einige junge Menschen kennen, Theo van Raalte, Ies und David Mühlrad, Jetty Boas, Berend Beem und andere, deren Lebensweg sich später mit dem meinen oft gekreuzt hat. Es war eine herrliche Zeit, und ich kam als sehr zufriedener kleiner Mensch braungebrannt wieder nach Amsterdam zurück.

Mein sehnlichster Wunsch war es, ein Fahrrad zu haben, denn das hätte mir viele weite Gänge erleichtert. Als ich das zu Haus sagte, meinte Vater: »Lern erst mal richtig radfahren, wenn du es kannst, kriegst du eins von mir!« Vaters Rad stand in der großen Lagerhalle, wo immer das Obst aufbewahrt wurde. Ich spannte mir also ein langes Seil von einem Ende der Halle zum anderen etwa in Schulterhöhe, setzte mich auf Vaters Fahrrad und fuhr, mich mit einer Hand am Seil festhaltend, jeden Nachmittag mindestens fünfzigmal hin und her. Jedesmal wenn ich umzufallen drohte, hielt ich mich krampfhaft am Seil fest. Nach einiger Zeit konnte ich zwar schon gut treten, hatte aber viele blaue Flecke. Eines Tages entdeckte mich Stummer Eupie, er half mir sofort, stellte den Sattel niedriger und übte mit mir hinter unserem Haus.

Als es schon einigermaßen ging, sagte ich zu Vater: »Ich kann jetzt radfahren!« – »Na, laß mal sehen«, rief er etwas spöttisch. Mutter schaute aus dem Fenster zu. Ich bin gut aufgestiegen, fuhr ein Stückchen geradeaus, fing an zu schlenkern und hörte nur noch, wie alle riefen: »Treten, in die Pedale treten!« Ich fuhr direkt auf die Mauer eines Schuppens zu, trat weiter, konnte nicht mehr bremsen – und bums, ich hatte ein Riesenloch im Kopf. Vaters Fahrrad war kaputt. Ich blutete, alles schrie. Mutter kam heruntergerannt, schleppte mich sofort zu einem Arzt in der Van Lennepkade. Zum Trost bekam ich bald meinen Wunsch erfüllt, das Rad wurde auf Stottern abbezahlt.

Jetzt konnte ich also radfahren. Mutter sagte: »Siehst du, Moppie«, so nannte sie mich oft, »wenn du etwas unbedingt willst und alles dransetzt, dann erreichst du es auch, aber du mußt es auch wirklich wollen und keinen Augenblick dran zweifeln!« Das habe ich mir in die Ohren geknöpft und mich immer daran gehalten, immer, auch jetzt noch als alte Frau. Ich höre es in Gedanken noch genau, wie sie das sagte.

In dieser Zeit stürmte vieles auf mich ein. Ich bekam zum erstenmal meine Tage. Daraufhin sprach Mutter sehr ernst mit mir: »Du bist jetzt ein großes Mädchen geworden und mußt nun gut auf dich selbst aufpassen, dich jeden Tag kalt waschen, unbedingt den ganzen Körper. Und wenn du einmal einen jungen Mann sehr liebhaben wirst, kannst du mit ihm Kinder kriegen.« Ich erklärte ihr, daß ich nur sie und Vater und Jannie und Japie sehr liebe und nie jemand anderen lieben würde und auch nicht heiraten wolle, denn wenn man erst einmal verheiratet sei, habe man viel zuviel Sorgen und könne nicht alles tun, was einem Spaß macht. »Aber Moppie«, antwortete sie lächelnd, »natürlich kann man nicht immer nur Spaß haben!« Nun, das wußte ich wahrhaftig selber schon. Und dann hat sie mir eine Maxime mit auf den Lebensweg gegeben, die für mich immer wichtig geblieben ist: »Es wird auch in deinem Leben oft genug vorkommen, daß andere Leute allerlei über dich reden, dir manches in den Mund legen, was du nie gemeint, oder auch Dinge nachsagen, die du nie getan hast, und alles ganz falsch darstellen – merk es dir, das alles ist gar nicht schlimm. Aber eine Sache ist ganz wichtig: Du darfst dich niemals vor dir selbst schämen. Denk mal gut darüber nach. Und denk vor allem immer daran!« Das habe ich stets zu tun versucht.

Einige Wochen später, als ich wie immer zum Tanzunterricht gekommen war, fragte Florrie mich, ob ich nicht in einem großen Tanzspiel, das sie gemacht hatte, mitwirken möchte und ob ich nicht überhaupt Tänzerin werden wolle, denn ich sei dafür begabt. Ich war natürlich Feuer und Flamme. Daß ich tanzbegabt sei, hatte mir noch niemand gesagt. Ich tanzte doch so leidenschaftlich gern, und Tänzerin zu werden, das war doch das Allerschönste, davon hatte ich schon immer geträumt. Und tanzen auf einer richtigen Bühne und vor einem Publikum! Aber ich mußte natürlich erst meine Eltern um Erlaubnis bitten. An diesem Abend radelte ich nicht quer durch Amsterdam zurück in die Marnixstraat, nein, ich flog, ich sang und pfiff den ganzen Weg vor lauter Freude.

Zu Hause erzählte ich das sofort ganz begeistert meiner Mutter, Vater war nicht da. Sie machte eine sehr ernste Miene. »Mach dir nur keine Illusionen, Vater wird das niemals gut finden. Und überhaupt, bald bist du vierzehn, dann mußt du einen richtigen Beruf erlernen, dann gehst du in ein Nähatelier. Und Duifje« – das war eine Schwägerin der Großen Lin, sie hieß eigentlich Debora van Loggem und wohnte nicht weit weg von uns – »hat schon mit ihrer Meisterin im Betrieb gesprochen. Wenn du vierzehn bist, kannst du da anfangen, das ist eine enorme Chance, denn gute Lehrstellen sind heutzutage rar. Also setz dir solche Flausen wie Tänzerin nicht in den Kopf!« Ganz bedeppert bin ich zu meiner Schwester ins Bett gekrochen und habe geheult. Aus meiner schönsten himmlischen Phantasie, einmal Tänzerin zu werden, stürzte ich in die tiefsten Tiefen – bei dem Gedanken an ein Nähatelier. Jannie tröstete mich.

Als am nächsten Morgen Vater vom Markt kam und ich ihm wie immer den Kaffee brachte, bekam er einen Tobsuchtsanfall. »Was denkst du dir bloß, ich bin doch ein ehrlicher Mensch, und ich werde mir mein Kind nicht verderben lassen!« – »Aber ich will doch so gern tanzen«, warf ich verschüchtert ein. »Ich werde dich tanzen lehren«, schrie er auf einmal los, in seinem Jähzorn wußte er nicht mehr, was er tat, die Tassen flogen durch das Zimmer, so hatte ich meinen Vater noch nie erlebt. »Aber ich werde dennoch tanzen!« rief ich trotzig. Da schlug er mir mit einer Bratpfanne auf den Kopf, ich fiel hin, blutete, und vor Schreck war er wieder normal, ging mit mir sofort zum Arzt, und mit einem Verband um den Kopf kam ich wieder nach Hause. Ich heulte und war völlig verzweifelt. Plötzlich stand Mutter neben mir. »Er meint das nicht so ernst mit dir, er hat bloß Angst um dich, das mußt du doch verstehn! Er wird mit Florrie Rodrigo sprechen, und du wirst sehen, es kommt alles in Ordnung. Und du hast doch noch Froukje und den Hatsaïr und das Schwimmen, es wird schon wieder alles gut werden.« Mutter hat mich beruhigt.

Vater hatte sich inzwischen auch wieder beherrscht, und ich glaubte, es würde wirklich alles in Ordnung kommen. Aber Pustekuchen... Als ich einige Tage später wie üblich zum Tanzunterricht kam und Greetje Donker mit uns Übungen machte, wurde ich herausgerufen: »Sofort zu Florrie kommen!« Florrie sagte ganz aufgeregt: »Woher nimmst du nur den Mut, zum Unterricht zu kommen. Zieh dich wieder an, in meiner Schule kannst du nicht mehr bleiben. Ich bin eine anständige Frau, und meine Schule ist durch und durch anständig. Dein Vater hat mich ausgeschimpft, ich sei eine Hure, hier an der Schule seien lauter Huren, er würde wiederkommen und mit seinen Freunden meine Schule zertrümmern, wenn ich nicht meine Pfoten von seinem Kind ließe! Stell dir das mal vor, mir so etwas Ungeheuerliches an den Kopf zu werfen!« Ich fing jämmerlich an zu weinen. Was sollte ich jetzt nur tun?

Florrie war ein sehr lieber, herzensguter Mensch, sie hatte Mitleid mit mir und fand, daß ich wirklich begabt sei. »Kind«, sagte sie, »ich kann dich nicht bei mir behalten, dein Vater schickt mir bestimmt die Polizei auf den Hals, wenn du weiterhin kommst. Ich stehe politisch links und möchte mit der Polizei nichts zu tun haben.« Ich wußte noch nicht, was sie meinte, erst später begriff ich: Sie war Kommunistin. »Aber hör mal gut zu«, fuhr sie fort, »ich gebe dir eine Adresse in der Pieter Pauwstraat, dort ist das Tanzstudio von Lili Green. Geh dorthin und frag, ob du da vortanzen kannst. Sie nimmt dich bestimmt, denn du kannst ja schon allerlei, bist keine Anfängerin mehr. Da brauchst du auch nicht so vorsichtig zu sein. Aber erzähl das um Gottes willen nicht deinem Vater!«

Mir war elend zumute, als ich nach Hause kam. Auf dem ganzen Weg habe ich meinen Vater verflucht und mir fest vorgenommen, auch gegen seinen Willen Tänzerin zu werden. Vater kann machen, was er will, ich werde tanzen! Zu Haus habe ich Mutter gute Nacht gesagt, meinem Vater konnte ich keinen Kuß geben. Dieser Vorfall wirkte auf mich wie ein Schock, ich fühlte mich erniedrigt, im tiefsten getroffen.

Fabrikarbeit und Blumen

Jetzt begann eine schwere Zeit für mich, aber ich fummelte mich durch. Kurz vor meinem vierzehnten Geburtstag ging Mutter mit mir zu Geldersekade in meinen zukünftigen Betrieb, denn Arbeit von Kindern unter vierzehn war damals schon verboten. Wir sprachen dort mit der Besitzerin dieser kleinen Fabrik, in der Oberhemden, Unterwäsche und Pyjamas für Herren hergestellt wurden; es war eine Art Familienbetrieb. In einem langen Raum standen an beiden Seiten je acht elektrische Nähmaschinen. In der Mitte war eine Rinne mit einem Band, darauf wurde die fertige Arbeit gelegt. Wenn genügend Wäsche auf dem Band lag, drückte jemand auf einen Knopf, das Band bewegte sich, und die Wäsche gelagte an das andere Ende des Raumes, wo eine Knopflochmaschine stand. Mutter verabredete mit der Leiterin, daß ich ab nächsten Montag kommen würde, als Lehrlingsgeld wurden mir zwei Gulden fünfzig pro Woche zugesagt.

Für die Arbeit brauchten wir drei weiße Kittel, einen bekamen wir vom Betrieb. Ich fand mich sehr schick in diesem weißen Gewand und stellte mir vor, ich sei Arzt in einem Krankenhaus, meine Phantasie ging mal wieder mit mir durch. Ich hatte eine schnelle Auffassungsgabe und fand es sehr lustig, daß eine ganze Naht auf einmal zusammenflog, wenn ich mit dem Fuß auf die Maschine drückte. Das ging doch viel schneller als auf Mutters alter Singer-Nähmaschine, man brauchte auch nicht zu treten. In dem Raum war immer großer Lärm, wir waren eine lustige Truppe, lauter junge Mädels, während der Arbeit schwatzten und sangen wir viel. Früh um halb acht mußte ich am Arbeitsplatz sein, dann ging es ohne Unterbrechung bis halb zwölf, nachmittags mußten wir von eins bis sechs arbeiten, also neun Stunden am Tag. Schabbes hatten wir frei, sonntags auch.

Wir Lehrmädchen mußten nach Feierabend noch etwas länger bleiben, die Maschinen saubermachen, alle Nadeln vom Fußboden mit einem großen Magneten auflesen und das ganze Atelier ausfegen. Und dann wieder auf dem Fahrrad nach Haus. In den ersten Wochen war ich abends so müde, daß ich mich gleich nach dem Essen ins Bett trollte. Trotzdem war ich sehr zufrieden, daß ich jetzt mein eigenes Geld verdiente. Auf keinen Fall wollte ich so völlig abhängig von einem Mann sein wie Mutter, auch später nicht, als ich erwachsen war.

Mutter konnte ich im Haushalt nun nicht mehr beistehen. Jannie war jetzt zehn, ging in die Schule am Overtoom, wo mein Bruder Jacob auch eingeschult wurde, und half nur wenig. Also mußte etwas geschehen. Und es geschahen zwei wichtige Dinge: Wir bekamen ein Telefon und ein Dienstmädchen. In Deutschland war es auch nach der Inflation mit der Arbeit immer noch sehr schwierig, vor allem aus dem Ruhrgebiet verdingten sich viele junge Gören als Dienstmädchen in Holland. Mein Vater hatte auf ein Zeitungsinserat geschrieben, und eines Tages kam Ottilie Görlich aus Bottrop. Sie war zwanzig, ein handfestes Ding. Sie bekam das Zimmer meines Bruders, der nun in der Zwischenkammer schlafen mußte. Für Mutter war das eine große Erleichterung, für mich auch.

Ich erhielt jetzt fünfzig Cent Taschengeld in der Woche, den Rest meines Lehrlingsgeldes gab ich den Eltern, das war einfach selbstverständlich. Ich dachte immer nur daran, wie ich bei Lili Green vortanzen könnte. Immer wieder träumte ich, daß ich in einem weiten roten Kleid auf einer großen Bühne vor ausverkauftem Saal tanzte und Geige spielte. Dieser Traum ist nie Wirklichkeit geworden. Ich wollte nicht in meinem Badeanzug bei Lili vortanzen, sondern mußte unbedingt einen langen Tanzrock haben, wie sie die Tänzerinnen bei Florrie auch trugen. Von meinem Taschengeld kaufte ich mir drei Meter schwarzen Futterstoff billigster Sorte, meine Lehrmeisterin im Atelier schnitt ihn mir zu, den Rock nähte ich mir selbst.

Als meine Eltern eines Tages nicht da waren, habe ich Mut gefaßt, Lili Green angerufen und gefragt, ob ich ihr mal vortanzen dürfte. Sie war am Telefon sehr freundlich, ich solle doch am nächsten Sonnabend um zehn Uhr kommen und Trainingszeug mitbringen. Was sie damit meinte, wußte ich nicht, ich hatte nur einen Badeanzug, Gymnastikschuhe und meinen neuen Rock, bei Florrie hatten wir immer barfuß getanzt. Ich war wieder mal im siebten Himmel und konnte das Wochenende kaum erwarten. Den Eltern log ich vor, ich ginge mit Froukje weg, aber ich radelte in die Pieter Pauwstraat.

Dort steht heute ein großes Kino, damals war es eine Art Kutschengarage, darüber, also auf dem Boden, gab es hohe Räume mit großen Fenstern. An der Vorderseite wohnte Lili Green zusammen mit Henriette von Lennep. Dann kam ein sehr großer Tanzsaal mit Parkettfußboden, langen Ballettstangen und Spiegeln rundum. Dahinter war noch ein ziemlich großer Raum mit einer richtigen kleinen Bühne. Schließlich gab es noch einen Duschraum. Als ich dort zum erstenmal eintrat, war ich überwältigt von der Größe der Räume, von der zweckmäßigen Einrichtung – in Lilis Zimmer und im Bühnenraum standen richtige Flügel, im Ballettsaal außerdem noch ein Klavier – und von der freundlichen und doch etwas strengen Atmosphäre. Um zehn Uhr standen schon zehn Mädchen an der Stange, Margret Walker, eine Engländerin, gab Ballettunterricht. Ich guckte einige Minuten zu und fand, daß die Mädchen schon viel konnten, ja sogar das Bein im Spagat halten, das konnte ich nicht.

Lili Green kam auf mich zu. Sie war nicht mehr ganz jung, ich schätzte sie so um die vierzig, groß, schlank, sehr einnehmend, gütig, mit aristokratischen Allüren, ohne irgendwie überheblich zu wirken. »Also, du hast schon zwei Jahre bei Florrie getanzt«, sagte sie, »das ist gut, aber diese Gruppe hier ist doch wohl ein bißchen zu weit für dich, die nächste Gruppe beginnt um elf, da kannst du mitmachen.« – »Aber ich habe nicht so ein Trikot wie die Mädchen hier«, wandte ich zaghaft ein, »ich habe nur einen Badeanzug.« – »Das macht nichts, nur die Gymnastikschuhe kannst du hier nicht gebrauchen. Atti, komm mal her!« Sie stellte mir Atti van den Berg vor, sie war etwa gleichaltrig mit mir. Wir hatten dieselbe Schuhgröße, und ich bekam ihre weichen Tanzschuhe.

Um elf nahm ich dann am Unterricht teil, zum erstenmal in meinem Leben machte ich Pliés, Tendus und andere Ballettbewegungen, sehr kleine nur. Margret Walker verlangte unbedingt Präzision. Danach hatten wir bei Henriette von Lennep noch Gehörbildung, mußten allerlei Tonleitern und andere Tonfolgen singen und auch Atemübungen machen. »So«, sagte Lili schließlich zu mir, »und du wolltest uns noch etwas vortanzen? Also bitte!«

Ich war wie benommen. Nun sollte ich improvisieren, das hatten wir bei Florrie auch immer getan. Als Henriette von Lennep sich ans Klavier setzte und zu spielen anfing, schloß ich die Augen, um mich ganz der Musik hingeben zu können, und tanzte alles, was ich so in mir fühlte, meine Freude am Tanz, meine Ängste und Sorgen, mit denen ich mich rumzuschlagen hatte, ich tanzte, schwebte wie auf Wolken und fühlte mich glücklich. Als die Musik aufhörte, erwachte ich wie aus einem Traum, alles jubelte in mir. »Florrie hat recht«, sagte Lili, »du gehörst in unsere Schule.« Ich war so verdattert, daß ich gar nicht merkte, wie all die anderen, die zugeschaut hatten, laut applaudierten und mich küßten.

Lili Green ging mit Henriette von Lennep in ihr Zimmer, ich folgte ihnen. Es war schwer für mich, ihnen deutlich zu machen, daß ich wirklich nur sehr wenig Geld hatte und den Unterricht wohl nicht bezahlen könnte. Aber Jetty regelte alles mit der Schule, sie war sehr verständnisvoll. Ich erzählte von meinem Vater, der strikt dagegen sei, daß ich tanze, von der Fabrik, in der ich außer sonnabends neun Stunden täglich arbeiten müsse und nur fünfzig Cent Taschengeld pro Woche habe, aber daß ich schrecklich gern tanzen wolle. Lili und Jetty guckten sich nur kurz an, und Lili sagte einfach: »Du kannst immer zu uns kommen, wenn du eine freie Minute hast, und mitmachen, zu zahlen brauchst du nichts.« Mir fiel ein Stein vom Herzen, solch eine Großzügigkeit hatte ich wirklich nicht erwartet. Ich muß wohl ein sehr erstauntes, glückliches Gesicht gemacht haben.

In Lilis Schule wurde an allen Wochentagen vormittags Tanzunterricht gegeben, nachmittags gab es theoretische Fächer und Improvisation. Außer montags fanden abends täglich Kurse für Laien statt, auch für dicke Damen. Ich konnte also sonnabends am ganzen Unterricht teilnehmen und in der Woche kommen, wann ich wollte. Da habe ich alles mitgemacht, vom klassischen Unterricht bis zur Gymnastik der dicken Damen.

Ich war nun drei verschiedene Menschen: tagsüber Fabrikarbeiterin, in den Mittagspausen und abends Tanzschülerin, nur zum Abendessen und nachts war ich »privat« zu Haus, sonntags ging ich meist mit Froukje zum Hatsaïr. Tagsüber aß ich meine frühmorgens zubereiteten Butterbrote entweder schon an der Maschine oder auf dem Fahrrad, wenn ich von der Fabrik zu Lili oder zurück zur Fabrik fuhr. Das Trainingszeug trug ich gleich unterm Kleid, um keine Zeit zum Umkleiden zu verlieren. Und das einige Jahre lang bei Schönwetter und Regen, Sommerhitze und Schnee. Ich habe in diesen Jahren wirklich geackert! So lernte ich, meine Zeit genau einzuteilen. Bis zu meinem zwanzigsten Lebensjahr, also fünf Jahre lang, habe ich das durchgehalten.

Meine Freundin Froukje, vor der ich keine Geheimnisse hatte, fand, daß ich verrückt sei. »Wozu strampelst du dich ab? Du kannst doch lieber Feste feiern, zum Hatsaïr gehen, dort haben wir viele Freunde, oder irgendein Dancing. Da kannst du doch auch tanzen, wenn du das so unbedingt gern tust, außerdem noch mit Jungen!« Aber ich blieb bei der Stange, bei der Ballettstange nämlich.

Am ergiebigsten war es bei Lili sonnabends, wenn ich mit den zukünftigen Berufstänzerinnen zusammen war: »Modern« bei Lili Green, »klassisch« bei Margret Walker, spanischen Tanz bei Maria Petrelli und Grundlagen des indonesischen klassischen Tanzes bei Raden Mas Jodjana.

Wenn im großen Ballettsaal Tanzschüler eine Vorstellung gaben, etwa einmal im Monat, konnte man hinterher auf der kleinen Bühne auch eigene Tänze aufführen, rezitieren oder singen. Lili nannte das ihr Kabarett »Der grüne Drachen«. Viele bekannte niederländische Künstler sind hier aufgetreten: Harry van Tussenbroek, der für Lili viele Kostüme entwarf, ließ seine wunderbaren phantastischen Puppen spielen, Tine Medema und Eduard Verkade, zwei der angesehensten Schauspieler jener Zeit, rezitierten oder spielten ganze Szenen, und ich habe hier mein Debüt als Solotänzerin gemacht.

Das kam so. Im Hatsaïr hörten wir uns oft Schallplatten mit jüdischer Musik an. Eine Platte gefiel mir besonders gut, die »Jüdische Melodie« von Joseph Achron für Violine und Klavier, gespielt von Jascha Heifetz. Wir hatten diese Platte oft gespielt, so daß ich die Musik schon beinahe auswendig kannte. Ich bat Theo van Raalte, dem die Platte gehörte, sie mir für einige Zeit zu leihen. Ich hatte mir schon einen Klagetanz dazu ausgedacht. Nach einigem Zögern gab er mir die Platte, ich entwarf eine Choreographie und probte überall, wo ich mich bewegen konnte. Als ich das Lili erzählte, sagte sie nur: »Bring die Platte mit und zeig deinen Tanz im ›Grünen Drachen‹.« Das klang wieder so, als ob das die selbstverständlichste Sache der Welt sei.

Ich zog also meinen neuen schwarzen Tanzrock und eine schwarze Bluse an und betrat die Bühne. Völlige Stille im Saal, als die Platte aufgelegt wurde. Mein Herz pochte bis zum Hals. Ich hörte die schöne Klagemelodie nicht nur von Heifetz gespielt, sie erklang in mir selbst, ich erlebte sie innig und bewegte mich, wie ich es mir vorgenommen hatte, machte im lebhafteren Mittelteil große Schwünge, um zum Schluß wieder in die ruhige Ausgangsposition zurückzukehren. Mir war, als ob ich aus einem Traum erwachte, nachdem die Musik verklungen war. Alle Anwesenden klatschten lange, Lili gab mir einen Kuß auf die Stirn, das war ein ganz großes Lob, ich war wieder glücklich. Dieser Abend bestärkte mich, meinen Weg konsequent weiterzugehen und Tänzerin zu werden. Später habe ich diesen Tanz »Klagelied« in meine Soloprogramme aufgenommen und sehr oft aufgeführt.

Einige Monate später, es muß 1928 gewesen sein, bin ich wieder im »Grünen Drachen« aufgetreten. Zum erstenmal sang ich drei jiddische Lieder und tanzte mein »Klagelied«. Wim de Vries begleitete mich am Klavier. Als ich fertig war, überreichte mir Jenny von Lennep einen Blumenstrauß, die ersten Blumen, die ich in meinem Leben bekam. Lili sagte: »*Das* ist deine Richtung, Mädchen, darauf mußt du dich spezialisieren.« Ich weinte vor Freude und sah nun ein künstlerisches Ziel vor mir. Schlimm war es nur, daß ich zu Haus nichts davon sagen konnte.

Lili Green war für mich viel mehr als nur eine Tanzmeisterin. Sicher, ihr habe ich es zu verdanken, daß ich Berufstänzerin werden konnte und eine gediegene fachliche Ausbildung erhielt. Aber ich wurde in dieser auch durch und durch musischen Atmosphäre ein anderer Mensch. Ich lernte, intensiv Musik zu hören, rhythmische Abläufe und Klangfarben bis ins Detail mitzuerleben und in Tanzbewegungen umzusetzen – Lili war selbst eine ausgezeichnete Pianistin. Durch einige Maler, die oft bei ihr zu Gast waren, wie Jan Sluyters und Corneille de Feer, bekam ich Interesse für die bildenden Künste, auch Dichter und Schauspieler lernte ich dort kennen. Und wenn berühmte Tänzer in Amsterdam gastierten, kamen sie meist bei Lili zu Besuch, und wir konnten uns mit ihnen unterhalten. So lernte ich einige Zeit später den indischen Tänzer Uday Shankar kennen, dessen Kunst einen unvergeßlichen Eindruck auf mich machte. Die in aller Welt verehrte La Argentina wollte mich sogar in ihre spanische Tanzgruppe aufnehmen. Das ging natürlich nicht, da ich noch nicht volljährig war. So war ich in ein Künstlerzentrum gekommen und erhielt im Laufe der Jahre eine umfassende musische Bildung. Im Vergleich zur Jodenhoek und zum Hatsaïr war das für mich eine ganz neue Welt.

Lili kümmerte sich auch sehr um das persönliche Leben ihrer Schüler. Sie hat mir einige Male gute Ratschläge gegeben und mir in verschiedener Hinsicht sehr geholfen, denn dank ihrer reichen Lebenserfahrung, ihrer Lauterkeit und ihrem ausgeprägten Berufsethos sah sie manche Probleme aus einer Distanz, die es mir ermöglichte, viele Dinge in neuen Zusammenhängen zu erkennen und mir groß erscheinende Schwierigkeiten zu relativieren und rascher zu überwinden. Allmählich wurde mir bewußt, daß ich aus einer verhältnismäßig engen Umgebung ausgebrochen war, ich begann bewußter und intensiver zu leben, ich wollte etwas Gutes und Schönes aus meinem Leben machen, nicht so wie meine Eltern leben.

Zu Haus habe ich insgeheim meiner Schwester Jannie berichtet, daß ich regelmäßig zu Lili Green ging. Da sie jetzt größer wurde, bekam ich in ihr eine richtige Vertraute, der ich schon vieles sagen konnte, was die Eltern nicht zu wissen brauchten. Aber Mutter merkte natürlich bald, was mit mir los war, doch sie verließ sich darauf, daß ich nichts Schlechtes tun würde, sie hat mich auch später Vater gegenüber oft gedeckt. Ich kam nun in der Mittagspause nicht mehr nach Haus, und abends ging ich nach dem Essen außer montags jeden Tag weg. Da konnte ich die Notlüge, daß ich mit Foukje zusammen sei, nicht mehr lange gebrauchen.

Mutter verstand mich gut und wußte, daß ich meinen Willen durchsetzen würde, wie sie es in ihrer Jugend gegenüber der Gerritse-Familie getan hatte. Aber Vater? Vor ihm konnte es Mutter auch nicht mehr lange verheimlichen, daß ich zum Tanzunterricht ging. Außerdem hatte er gute Antennen und spürte genau, wenn man ihm etwas verschwieg. Er war zwar immer noch grundsätzlich dagegen, aber er machte mir wenigstens keine Szenen mehr. Lili Green hätte er nie mit der Polizei drohen können, ihr Studio war in der Stadt sehr angesehen, man hätte ihn nur ausgelacht. Wahrscheinlich hat Mutter lange und behutsam auf ihn eingewirkt, bis er sich in das für ihn Unabwendbare fügte. Mutter hatte noch einen schönen Wahlspruch: »Der Mann ist der Kopf der Familie, selbstverständlich, aber die Frau ist der Hals. Wohin sich der Hals dreht, dahin muß sich auch der Kopf drehen!«

Inzwischen war ich schon ein Jahr in der kleinen Fabrik an der Geldersekade tätig. Ich fand, daß ich dort genug gelernt hatte, und bewarb mich als ausgelernte Textilarbeiterin bei der Firma Sluijzer an der Lijnbaansgracht, dort wurden Kleider fabrikmäßig geschneidert. Erstens konnte ich hier mehr verdienen, und zweitens war der Weg zu Lilis Studio kürzer. Ohne meine Eltern zu fragen, ging ich dorthin und wurde angenommen. Aber das war eine größere Fabrik, alles ging viel strenger zu als in dem kleinen Familienbetrieb. Hier mußte ich am Fließband arbeiten, das Tempo war schneller, und zu spät kommen durfte ich hier auch nicht mehr. Jeder Arbeiter mußte am Eingang eine Karte in den Schlitz einer Uhr stecken und einen Hebel herunterdrücken, die Direktion hatte also eine genaue Übersicht, wer pünktlich war und wer nicht. Anfänglich gab ich mir große Mühe, rechtzeitig zur Arbeit zu erscheinen, aber meine Tanzbesessenheit war doch stärker als meine Arbeitsdisziplin in der Fabrik. Nach einigen Monaten kam ich öfter zu spät. Ich wurde ermahnt, dann dringend ermahnt, aber das half nur für kurze Zeit. Nach etwa einjähriger Tätigkeit schmiß man mich hinaus. Ich fand aber schnell eine neue Stelle bei der Textilfirma Wolf an der Herengracht, da verdiente ich auch nicht weniger.

Lili Green war inzwischen in ein großes Atelier in der Spiegelstraat/Ecke Herengracht umgezogen, so daß ich es von meiner neuen Arbeitsstelle zu Lili auch nicht weit hatte. Bei Wolf forderte ich, nur bis halb sechs arbeiten zu müssen. Das wurde mir gestattet. Ich war dort etwa vier Jahre und lernte, schnell und perfekt Oberhemden und Schlafanzüge für Männer zu machen.

Ich tanzte all die Jahre auf mehreren Hochzeiten gleichzeitig. Wie ich das alles geschafft habe, ist mir heute noch ein Rätsel. Für Froukje hatte ich gar keine Zeit mehr übrig, sie auch nicht mehr für mich, denn sie hatte jetzt einen Freund, außerdem fand sie meine Tanzerei überhaupt blöd. Aber zum Hatsaïr ging ich noch gern und oft, wenn es auch zwischen mir und meinen zionistischen Freunden häufiger Differenzen gab. Aus der Bibliothek entlieh ich mir regelmäßig Bücher, denn trotz der zeitlichen Bedrängnis las ich noch immer gern. In den Liederbüchern fand ich viele jiddische und hebräische Lieder, auch solche, die wir im Hatsaïr nicht sangen. Ich prägte mir viele Texte und die Melodien ein, damit ich bei Lili Green immer wieder andere Lieder singen konnte. Ich kaufte mir auch bei Joachimstals Buchhandel einige Liederbücher, die wir später noch sehr oft benutzten, wir retteten sie über den Krieg und haben sie heute noch.

Als ich schon bei Wolf arbeitete, ich war damals sechzehn, geschah etwas Unerwartetes. Ich war Arbeiterin, meine Eltern waren alles andere als reich, mein ganzes Interesse konzentrierte sich auf das Tanzstudium – da verliebte ich mich so mir nichts, dir nichts in Dick Jacobs. Wir hatten uns im Hatsaïr kennengelernt. Er war auf der Oberschule und wollte Medizin studieren. Jeden Sonntag saßen wir in dem kleinen Zimmerchen im Hatsaïr zusammen oder machten lange Spaziergänge durch die Amsterdamer Grachten. Ich fühlte mich ganz glücklich, die Grachten fand ich noch nie so schön. Für uns beide war das die erste richtige Liebe, nicht nur so ein bißchen Flirt, das hatte ich zuvor schon erlebt. Wir machten schon tolle Pläne für unser ganzes Leben. Wenn Dick erst einmal die Schule beendet und sein Studium absolviert haben würde, wollte er nach Palästina gehen und als Arzt in einem Kibbuz arbeiten. Ich sollte natürlich mitkommen, dort eine Tanzschule aufbauen, mit meinen Schülern eine Gruppe bilden, Tanzabende geben, auch jiddische Lieder singen und Tourneen machen. Selbstverständlich würde er die ganze Gruppe medizinisch betreuen. So schwärmten wir für das Ideal, als junge Menschen in einer Gemeinschaft Gleichgesinnter leben und wirken zu können – wie ich das schon im Sommerlager in Nunspeet erlebt hatte.

So malten wir uns die Zukunft in den rosigsten Farben. Dick fand nur, daß ich viel zuwenig Zeit für ihn hatte, ich mußte ja außer sonntags immer irgendwohin fahren, ins Tanzstudio oder in die Fabrik, aber das ließ sich ja nun nicht ändern. Seine Eltern wohnten in einem vornehmen Haus mit Garten in Watergraafsmeer. Dicks Vater war Diamantenhändler, er gehörte also zu den reichen Juden, die nicht mehr in Amsterdam-Süd, geschweige denn in der Jodenhoek wohnten. Natürlich nahm ich Dick auch mit zu meiner Familie in die Marnixstraat. Meine Eltern fanden ihn sehr nett, nur Mutter sagte mir einmal: »Na, Moppie, ob das wohl gutgehen wird?« – »Aber wir lieben uns doch«, antwortete ich erstaunt. Mutter lächelte nur.

Dick versuchte meine Hebräischkenntnisse zu erweitern, denn das brauchten wir doch in der Zukunft. Er besorgte auch Konzertkarten. So hörte ich zum erstenmal im Kleinen Saal des Concertgebouw den Cellisten Tibor de Machula, ich war überwältigt. Wir besuchten auch Abende von Pianisten und Geigern, am schönsten fand ich die Musik von Chopin und Tschaikowski.

Eines Tages übergab mir Dicks Schwester einen Brief ihrer Mutter, sie möchte mich dringend sprechen. Ich fuhr also auf dem Fahrrad nichtsahnend nach Watergraafsmeer. Dieses Gespräch werde ich nie vergessen, es war ein entscheidendes Erlebnis für mich.

Frau Jacobs war zunächst sehr freundlich, sie bot mir Tee und Plätzchen an und begann ganz vorsichtig zu erklären, daß Dick und ich doch noch viel zu jung seien, daß Dick noch eine lange Zeit brauche, bis er sein Studium beenden könne, denn das Medizinstudium dauere doch sehr lange. Ich müsse doch verstehen, daß er sich so jung – er sei erst siebzehn und ich sechzehn Jahre alt – nicht fest binden könne, er müsse noch viel allein arbeiten. Ich wandte ein, daß Dick und ich das alles schon längst besprochen hätten, wir würden beide genügend Geduld aufbringen, so lange zu warten, aber daß wir später unbedingt zusammen bleiben wollten, weil ich ihn sehr gern hätte und er mich auch.

Da wurde die Frau auf einmal ganz streng, ihr Lächeln erstarrte, sie machte eine böse Miene. »Aber das mußt du doch verstehen,

Kleine.« Ja, Kleine sagte sie zu mir! »Das ist doch klar, Dicks Vater ist Diamantär, und Dick selbst wird einmal ein angesehener Arzt sein. Da kann er sich doch nicht an ein Mädchen binden, das aus einem so ganz anderen Milieu kommt!«

Ich riß vor Schreck Mund und Augen sperrangelweit auf. Ich müsse doch begreifen, fuhr sie fort, ja mit meinen eigenen Augen sehen, daß ihre Art zu leben doch sehr verschieden von meiner sei, ich sei doch nur eine Fabrikarbeiterin und komme aus ganz anderen Verhältnissen als Dick. Ich dürfe Dick doch die Zukunft nicht verderben. Und dann kam es heraus: »Dick hat mir schon versprochen, daß ihr euch mindestens ein Jahr lang nicht mehr sehen werdet. Und du mußt auch so vernünftig sein. Ich verbiete dir hiermit, den Kontakt mit Dick aufrechtzuerhalten!«

Ohne Gruß rannte ich aus dem Zimmer, knallte die Tür hinter mir zu und flüchtete aus diesem schrecklichen Haus. Noch nie hatte mich jemand so tief verletzt wie diese Frau. Ich fühlte mich erniedrigt, als ein Mensch zweiter Klasse. Entsetzlich! Ich wollte mir schon das Leben nehmen, schluckte eine Menge Aspirin, fühlte mich aber noch elender. Ich wollte und konnte zunächst mit niemandem darüber sprechen, so tief wurmte es mich.

Es geht also gar nicht darum, daß ein Jude eine Jüdin heiraten muß, sondern nur darum, daß ein Reicher keine Arme zur Frau nehmen darf, daß vornehme jüdische Kaufleute und Fabrikbesitzer mit Arbeitern und kleinen Händlern nichts gemein haben und zwischen ihnen unüberbrückbare Gegensätze bestehen. Das Ideal vom harmonischen Zusammenleben aller Juden, von dem Dick und ich geträumt hatten, brach völlig zusammen.

Da stimmt doch auch bei Dick etwas nicht, sagte ich mir. Ich bin nicht von ihm weggelaufen, ich wurde weggejagt. Aber wenn er zu schwach ist, mich zurückzuholen, wenn die Bindung an seine Familie stärker ist als seine Liebe zu mir, dann kann doch nichts daraus werden! Das hat mir sehr weh getan. Aber auch mein Stolz regte sich wieder, es war, als ob Mutter zu mir spräche. Das alles ging mir lange durch den Sinn.

Der Künstlername

Lili Green übernahm die Leitung eines neuen Niederländischen Balletts. Es hatte zuvor schon mehrmals Versuche gegeben, solch eine repräsentative Truppe aufzubauen, aber da die Subventionen klein waren und nie ausreichten, waren diese Versuche immer wieder gescheitert. Lili wollte es trotzdem wagen und begann mit großem Elan ein Programm auszuarbeiten. Atti van den Berg, Jenny Roders, Joke Hendriks, Pieter van der Sloot und einige andere ihrer besten Schüler sollten als Solisten auftreten, wir, die anderen, bildeten die Gruppe. Für mich war das eine Chance, zum erstenmal in meinem Traumberuf öffentlich auftreten zu können.

Lili hatte mich aufgefordert in dem Tanzbild »An der schönen blauen Donau«, in einem Chopin-Walzer und in dem kleinen Ballett »Ma Mère l'Oye« auf Musik von Ravel mitzuwirken. Die Proben fanden oft am frühen Abend statt, und so verzichtete ich auf das Mittagessen, schlang zwischendurch meine Butterbrote hinunter und fuhr von der Arbeit gleich in Lilis Studio. In meinem Kummer hatte ich ohnehin keine Lust zum Essen. Das Gespräch mit Dicks Mutter wirkte noch lange in mir nach. Ich konnte Dick nicht vergessen. Und nicht die Erniedrigung!

Eines Tages verpaßte ich bei einer Abendprobe einen wichtigen Einsatz, ich war müde und abgespannt. Lili fuhr mich ärgerlich an: »Hast du denn keine Ohren? Kannst du nicht bis drei zählen? Ich beobachte dich schon eine Weile, was ist denn mit dir los?« Ich konnte vor Schreck nicht antworten, die Tränen kullerten nur so, ich heulte hemmungslos. Ich dachte nur: Jetzt ist alles kaputt.

Lili war ganz erschrocken und nahm mich schnell mit in ihr Zimmer. Da schwieg sie zunächst und strich mir über den Kopf. Und jetzt sprudelte ich alles heraus: meine zerstörte Liebe zu Dick, die Demütigung von Dicks Mutter und daß ich zu Haus das alles nicht sagen konnte und daß die Arbeit in der Fabrik so schwer war und so eintönig, daß ich nun gar nichts mehr konnte, auch nicht tanzen, und daß ich eifersüchtig war auf die anderen Mädchen in der Gruppe, die nur zu tanzen und nicht tagsüber schuften brauchten, um Geld zu verdienen, und daß ich immer so viele verschiedene Dinge tun mußte. Da schaute Lili mich an und redete lange auf mich ein. Sie alle in der Schule hätten mich doch so gern, und ich sei doch schon eine Tänzerin, das hätte ich in der Gruppe und auch im »Grünen Drachen« bewiesen, und ich hätte Aussicht, eine gute Künstlerin zu werden. Ich schluchzte immer noch, aber beruhigte mich allmählich. »So, und jetzt gehst du schön unter die Dusche, und dann gehen wir zu den anderen zurück!«

Als ich dann später an diesem Abend nach Hause radelte, war mir schon wohler. In der nächsten Zeit ließ Lili mich viel improvisieren, Wim de Vries am Klavier fühlte das wohl mit, und ich tobte im Tanz alles aus, meine Schmerzen, meinen Kummer, die Verletzungen, die Eifersucht.

Ja, das war eine schwere Zeit für mich, aber ich mußte mich durchbeißen und wollte durch die Arbeit zu mir selbst finden. Zu Haus war ich nicht zu genießen. Mutter muß sehr darunter gelitten haben, sie ahnte ja, was mit mir los war. Finanziell ging es meinen Eltern auch wieder schlechter, die Wirtschaftskrise machte sich schon bemerkbar, sie brauchten das bißchen Geld, das ich ihnen wöchentlich abgab. Monatelang habe ich noch an mir selbst gezweifelt, aber der tägliche Unterricht und das Improvisieren halfen mir sehr. Wenn Wim de Vries spielte, hatte ich das Gefühl, er musiziere für mich, im Tanz konnte ich mich ganz verausgaben.

Mein Vater hatte irgendwoher Wind bekommen, daß das Niederländische Ballett auftreten und ich dabeisein würde. Eines Tages wurde mitten im Unterricht geklingelt, eins der Mädchen ging zur Tür, öffnete und stürzte gleich wieder in den Übungssaal. »Ein Herr Brilleslijper möchte Frau Green sprechen!« Mein Herz stand still vor Schreck. Lili ging hinaus, und ich hörte, was sich nun abspielte.

Draußen auf der Treppe stand Vater, er schimpfte: Ich sei noch nicht volljährig, er werde niemals seine Genehmigung dafür geben, daß ich auf der Bühne tanze, er dulde das alles nicht. Ich zitterte am ganzen Leib. Schrecklich, jetzt wieder so eine Szene! Aber Lili antwortete ruhig, jedoch in strengem Ton: »Wollen Sie bitte die Freundlichkeit haben, sich ein anderes Mal bei mir anzumelden, wenn sie mich sprechen möchten. Ich gebe jetzt Unterricht, bin mitten in der Arbeit, und wenn Sie nicht sofort mein Haus verlassen, muß ich die Polizei anrufen und Sie wegen Hausfriedensbruch wegholen lassen!« Als mein Vater noch etwas erwidern wollte, rief sie scharf: »Ich habe Ihnen nichts mehr zu sagen, verlassen Sie sofort mein Haus!«

Und das Wunder geschah: Vater drehte sich um, stieg die lange Treppe wieder hinunter und verschwand. Zu mir sagte Lili nur: »In solchen Situationen darf man nie die Ruhe verlieren und verzagen. Jetzt arbeiten wir weiter!«

Ich war noch schrecklich aufgeregt, als ich spätabends nach Haus kam. Das Donnerwetter ging gleich wieder los. »Du rennst blind in dein Unglück«, schrie Vater mich an, »ich war in deinem Tanzstudio und habe mich beleidigen lassen müssen, und das alles nur, weil du nicht hören willst. Wir haben es schon schwer genug, und jetzt machst du Rotznase uns das Leben noch schwerer!«

Was sollte ich antworten? Ich sagte nur: »Ja, ja, aber ich gebe euch jede Woche mein Geld«, worauf er nur noch böser wurde. In blinder Wut schlug er auf mich ein.

»Paß auf, Joop, du verletzt sie!« rief Mutter ganz aufgeregt. Da drehte er sich zu ihr um, schrie sie an und schlug mit der Faust mit solcher Kraft auf den Herd, daß die Kochplatte einen Sprung bekam. Seine Hand tat ihm sehr weh, er fluchte fürchterlich. Ich hatte bis dahin noch nicht geheult, aber es saß mir schon wieder hoch im Halse. Ich stürzte aus der Küche, rannte die zwei Treppen hoch in unser Zimmer, dort war meine Schwester, warf mich aufs Bett und weinte mein Herz aus dem Leib.

Irgendwie hatte ich Mitleid mit Vater, denn er hatte wirklich große Sorgen, die Geschäfte gingen immer schlechter, und ich liebte meine Eltern doch sehr. Aber ich konnte nicht anders handeln. Ich wollte weiterkommen und etwas Gutes und Besonderes aus meinem Leben machen. So fühlte ich mich ihm gegenüber als Egoist – und wollte das auch sein. Denn Mutter hatte mir stets geraten: Wenn du etwas unbedingt willst, dann mußt du es gegen alle Widerstände auch durchsetzen! Und das tat ich. Tanzen war eben doch das schönste.

Nach diesem Vorfall versuchte ich meinem Vater soviel wie möglich aus dem Wege zu gehen. Ich ging früh aus dem Haus und kam erst spätabends wieder zurück. In dieser Zeit lernte ich viele andere Menschen kennen.

Meine frühere Freundin Froukje wollte ihre Verlobung feiern und lud mich dazu ein. Auf dieser Party waren auch einige Freunde aus Rotterdam, Ies und David Mühlrad, die ich schon beim Hatsaïr kennengelernt hatte, und ein großer blonder Junge, Berend Beem. Nach dem Verlobungsfest luden die drei Rotterdamer mich ein, irgendwo tanzen zu gehen. In einem Lokal am Rembrandtplein amüsierten wir uns. David arbeitete bei einem Filmverleih, und Berend machte in Rotterdam allerlei Gelegenheitsarbeit, als Sohn eines Hafenarbeiters wollte er Medizin studieren, mußte sich dafür aber das Geld selbst verdienen.

Wir wollten uns von nun an regelmäßig montags sehen. Wenn ich mit der Arbeit fertig war, trafen wir uns meist zu dritt, David, Berend und ich, Ies kam seltener nach Amsterdam. Wir gingen zusammen essen und tanzen. Es gab damals viele Dancings in der Stadt, Bellevue in der Marnixstraat, de Karseboom in der Amstelstraat, einige am Rembrandtplein und anderswo. Da haben wir nach Herzenslust getanzt, Charleston, Black Bottom, die waren damals grade in Mode, meine Lieblingstänze aber waren English-Waltz und Tango. David und Berend waren ehrliche, ernsthafte Jungen, und ich fühlte mich natürlich geschmeichelt, immer gleich mit zwei jungen Männern auszugehen. In Berend habe ich mich sogar verliebt, er war ein hübscher Kerl, blond, blauäugig und sehr lang. David war das ganze Gegenteil, er hatte ein ausgesprochen jüdisches Aussehen, eine gute Figur, war schlank und breitschultrig, und er sprach sehr gut jiddisch, seine Eltern waren aus Osteuropa eingewandert. Die Jungen brachten mich abends, bevor sie wieder nach Rotterdam zurückfuhren, nach Haus. Ich stellte sie auch meinen Eltern vor. Mein Vater hatte sich inzwischen wieder beruhigt und freute sich, daß ich nun zwei so anständige jüdische Freunde hatte, wenigstens keine wunderlichen Künstler. So trat wieder ein bißchen Ruhe ein.

Bei Lili lernte ich im Unterricht ein Mädchen kennen, zu dem ich mich hingezogen fühlte. Sie war mager und eigentlich häßlich. Sie hatte eine sehr große Nase, einen breiten Mund mit schmalen Lippen, sehr schöne Augen, ihre Figur war, ja, man kann nur sagen, ekkig, aber sie war sehr charmant, mit viel Phantasie, so war sie in ihrer Häßlichkeit wieder schön. Sie trug die komischste Kleidung, meist wallende Gewänder in verschiedenen Farben, und lief immer stark geschminkt herum. Da ich von der Fabrik gleich zu Lili radelte, dort der Unterricht aber schon längst angefangen hatte, hielt sie mir an der Ballettstange einen Platz neben sich frei, so daß ich sofort mitmachen konnte. Ich merkte, daß sie mich gern hatte. Sie hieß Hans – eine Abkürzung von Johanna – Verwer.

Aber nun das Wichtigste: Das Niederländische Ballett von Lili Green hatte seine ersten Auftritte in Den Haag, Utrecht, Zutphen und Deventer. Und wenn die Aufführungen nicht zu weit weg von Amsterdam waren – ich mußte ja morgens früh wieder in der Fabrik sein –, konnte ich mitmachen. So schnupperte ich zum erstenmal richtige Theaterluft, es roch nach Schminke, Schweiß, so ein bißchen brenzlich – ein herrlicher Duft, ich liebe ihn auch heute noch. Und dann zog ich mir in der Garderobe meine Kostüme an und schminkte mich selbst. Auf einer richtigen Bühne tanzen zu können war für mich ein wunderbares Erlebnis, so lange hatte ich es mir gewünscht, und jetzt endlich, nach so vielen Mühen und Schwierigkeiten, war mein Traum in Erfüllung gegangen. Ich tanzte und tanzte mit großer Freude, aber eben sehr beherrscht, denn jeder Schritt, jede Bewegung mußte stimmen, Lilis kritisches Auge sah alles. Und ich erhielt jetzt sogar ein paar Gulden dafür. Das war mein erstes Geld, das ich als Tänzerin verdiente, darüber war ich sehr froh.

Doch das war noch nicht alles. Eduard Verkade, ein bekannter holländischer Regisseur, der mit Lili und Jetty von Lennep befreundet war – ich hatte ihn schon im »Grünen Drachen« bewundert, wenn er rezitierte –, suchte für einige Aufführungen von Molières »Schule der Frauen« vier Tänzerinnen für ein Menuett, eine von ihnen sollte auch zwei Sätze sagen. Und wirklich: Ich wurde dafür ausgewählt. Die Proben waren in einem richtigen Theater, im Theater am Plantage Middenlaan. Wir arbeiteten sehr fleißig. Verkade hatte viel Geduld mit mir, denn ich konnte doch nur außerhalb meiner Arbeitszeit proben, außerdem mußte ich noch immer alles von meinen Eltern verheimlichen. Glücklicherweise konnte ich von meiner Chefin, Frau Wolf, mehrmals Freistunden bekommen, natürlich mit finanziellen Einbußen. Außerdem gab es in der Fabrik auch nicht mehr soviel zu tun, die Krise machte auch um die Textilindustrie keinen Bogen, es war jetzt 1931/32. Irgendwie mußte ich meine Eltern beschwindeln, daß wir weniger Arbeit hatten und ich nicht meinen ganzen Lohn nach Haus bringen konnte. Aber es gab schon so viele Arbeitslose, auch in der Textilbranche, daß ich froh sein konnte, eine so verständnisvolle Chefin zu haben.

Es war sehr angenehm, mit Eduard Verkade zu arbeiten. Fientje Berghegge und Didi Canivez spielten die Hauptrollen. Lili hatte mir schon geraten, mir einen Künstlernamen zuzulegen, denn Lientje Brilleslijper, das ginge doch wohl nicht.

Eines Nachmittags holte mich David Mühlrad von der Fabrik ab, und wir tranken am Rembrandtplein eine Tasse Kaffee. Ich war ein bißchen verstimmt, ich hatte mir wegen des Künstlernamens meinen Kopf zergrübelt. Weil es damals Mode war, daß sich Tänzerinnen russische Namen gaben, hatten wir schon allerlei Varianten probiert, Linowskaja, Rebekowna, Brillekowska, aber das klang doch alles lächerlich.

David fragte mich, was mit mir los sei. »Ich kann keinen Bühnennamen für mich finden. Ich brauche einen Namen, der zu mir paßt.« Da fing er an zu lachen und begann ein hebräisches Lied zu singen, das ich gut kannte: »Jalda Jaldati, Jaffa Jaffati ...« (Mädchen, mein Mädchen, Schöne, mein Schönchen ...). »Nenn dich doch Jaldati wie in dem Lied. Du bist doch mein Mädchen, oder nicht?«

Lien oder noch besser Lin Jaldati, das klang gut, damit fühlte ich mich wohl. Ich bedankte mich bei ihm, seit dieser Zeit war ich mit dem neuen Namen ein anderer Mensch geworden. Andere, auch meine Eltern, fanden das komisch, aber ich war glücklich, meine schlechte Laune war längst verflogen. So wurde ich bei Verkade schon Lin Jaldati.

Als die Molière-Vorstellungen zu Ende waren, fragte mich Verkade, ob ich nicht in einem Stück für Kinder, »Bruintje Beer«, mitspielen wolle. Natürlich wollte ich, und wie! Ich spielte zwar nur eine winzige Rolle, ein kleines Mädchen, das von zu Haus weglief, aber es war doch richtiges Theater. Die Vorstellungen waren nur Sonnabend und Sonntag nachmittags, da konnte ich immer mitmachen. Fientjes Berghegge spielte die Prinzessin. Nach den Proben und den ersten Aufführungen konnte ich schon alle Rollen des Stükkes. Das ist bei mir etwas Merkwürdiges: Wenn ich eine Rolle oder ein Lied mehrmals höre, kenne ich das schon nach kurzer Zeit auswendig, das hat mir die künstlerische Arbeit immer sehr erleichtert.

Eines Tages war Fientje Berghegge vor der Aufführung nicht anwesend. Ich sagte zu Verkade: »Ich kann die Rolle schon längst auswendig!« – »Na ja, dann wagen wir's mal, übernimm du die Rolle!« Und jetzt war ich auf einer richtigen Bühne eine richtige Prinzessin – mein Kindertraum! Es ging alles gut, Verkade war zufrieden.

Mit diesem Stück gingen wir auch in andere, von Amsterdam nicht weit entfernte Städte, nach Haarlem, Utrecht, Hilversum. Ich paßte immer gut auf, daß ich selbst oder einer meiner Kollegen den Mitteilungszettel bekam, wann wir wo auftreten mußten. Ich war ganz stolz, daß es mir gelungen war, meine Fabrikarbeit und die künstlerische Tätigkeit unter einen Hut zu bekommen. Ich hatte das Gefühl, endlich alles in Einklang, ins Gleichgewicht gebracht zu haben.

Eines Tages, als ich wieder zu Lili zum Unterricht kam, sagte sie mir, Verkade sei böse auf mich, weil ich nicht nach Enschede mitgekommen sei und auch keine Entschuldigung hinterlassen habe, er müsse mich darum fristlos entlassen. Ich begriff erst gar nichts, denn ich wußte nichts von einer Aufführung in Enschede. Was war geschehen? Man hatte mir den Tourneezettel mit Angaben der Abfahrtszeiten des Busses in meine Wohnung geschickt, aber mein Vater hatte ihn gefunden und zerrissen. Damit hatte er mir wieder einmal etwas kaputtgemacht. Das gab erneut Ärger. Vater schlug mich, Mutter weinte sehr und Jannie auch. Es war schlimm. Vater drohte mir: »Wenn ich dich noch einmal erwische, daß du dich irgendeiner Bühnengesellschaft anschließt, brech ich dir die Beine und mach einen Riesenskandal!« Mir war klar, daß er dazu imstande war. Am Ende hab ich ihn angeschrien: »Jetzt reicht's aber, wenn ich einundzwanzig bin, gehe ich weg, endgültig!«

Vorläufig hatte ich nicht mehr den Mut, mich irgendwo zu bewerben, und niemand fragte mich mehr. Meine Sorgen und Nöte lud ich bei Hans Verwer ab, jetzt nahm ich gern ihre Einladung an, sie in ihrer Wohnung zu besuchen. Sie wohnte im ersten Stock eines alten Hauses an der Prinsengracht. Sie führte mich in ein großes Vorderzimmer. In einem angrenzenden kleineren Raum stand ein breites Bett mit einer schönen Wolldecke drauf. An den Wänden hingen moderne Gemälde, und auf einem Holztisch standen allerlei merkwürdige, sehr ausdrucksstarke, zum Teil noch unfertige Masken. »Hast du die alle gemacht?« fragte ich. – »Ja. Gefallen sie dir?« – »O ja, so etwas möchte ich auch machen können.« – »Warum denn nicht? Komm doch öfter mal zu mir, dann zeige ich es dir.«

Wir unterhielten uns noch lange. »Du bist bei Lili, nicht wahr?« meinte sie. »Aber es gibt ja auch noch andere Tänzerinnen und Tänzer.« Das wußte ich. Ich erzählte ihr, daß ich schon bei Florrie Rodrigo gewesen war. Da lächelte sie verständnisvoll, ich ahnte noch nicht, warum.

Hans Verwer wohnte dort nicht allein. Da war noch ein Maler, und durch einen langen Korridor kam man ins Hinterhaus, hier wohnte eine ältere Indonesierin, sie wurde immer nur Tante Ma genannt. Auch einem großen, dunklen Mann aus Suriname stellte Hans mich vor. Es war also eine Art freie Wohngemeinschaft.

Mir imponierte, daß Hans, obwohl sie nur ein Jahr älter war als ich, so selbständig und von niemand abhängig war. »Was ist denn das da unten im Parterre?« fragte ich sie. »M. A. S. steht da, ein komischer Name. Was ist das?« – »Das ist eine Bibliothek. Liest du gern?« – »Ja, gern und viel. Du hast ja auch viele Bücher.«

Sie ging zu ihrem hohen Bücherschrank und holte ein Buch von Jef Last heraus: »Hier, nimm das mal mit, das ist ein gutes Buch für dich.« Jef Last war ein bekannter kommunistischer Schriftsteller, das wußte ich noch nicht. »Und wenn du Lust hast, kannst du öfter zu mir kommen. Wir können auch mal in den Uitkijk gehen, da gibt es gute Filme.«

Ich ging nun häufiger zu ihr und traf dort immer wieder andere Menschen, sie hatte viel Freunde und Freundinnen, Fotografen, Maler, Bildhauer, Schauspieler, Tänzer, Kunstgewerbler, das fand ich hochinteressant. Sie hatte so eine stille, verschmitzte Art, mich an Dinge heranzuführen, die mir neu waren.

So lernte ich Bücher von Hermann Heijermans, Maurits Dekker, Sem Goudsmit, Theun de Vries und anderen kennen. Sie hatte auch eine schöne Schallplattensammlung. Ich hörte gern gute Musik, besonders Tschaikowskis »Ouvertüre 1812« hatte es mir angetan.

Eines Abends gab sie mir das »Kommunistische Manifest« mit. »Lies das mal, da steht sehr viel Wichtiges drin.« Ich las es, fand es sehr langweilig und begriff rein gar nichts. Als ich ihr das sagte, lächelte sie wieder verschmitzt. »Aber du bist doch Arbeiterin, das ist auch für dich geschrieben. Warte nur, du wirst es schon verstehen.« Ich fühlte mich sehr dumm und nahm mir vor, noch mehr zu lesen.

Wir saßen auch manchmal zusammen in der Küche von Tante Ma im Hinterhaus und tranken Tee. So erfuhr ich einiges über die vielen ungerechten Dinge, die in Niederländisch-Ostindien geschahen. Tante Ma konnte wunderbar kochen, wir aßen indonesische Rijsttafel, das schmeckte! Und wenn jemand kein Geld hatte, konnte man sich bei Tante Ma satt essen, sie hatte immer noch etwas Leckeres übrig. Auch mit dem großen dunklen Surinamer unterhielten wir uns über Politik. So lernte ich ganz allmählich, über die Grenzen Hollands hinaus zu denken.

Die regelmäßigen Verabredungen mit David Mühlrad und Berend Beem waren für mich auch eine schöne Abwechslung und ein Trost für die Spannungen mit Vater. Eines Abends brachte Berend mich allein nach Haus. Wir standen noch eine Weile vor der Haustür... Da sagte Berend: »Wollen wir uns nicht verloben? Dann wird doch alles viel einfacher, ich werde mal mit deinem Vater reden.« Das tat er dann auch, und meine Eltern akzeptierten ihn gern, er war ein ganz Lieber und kam mit Vater gut aus. So besserte sich das Verhältnis zwischen Vater und mir, es war eine Art Kompromiß, so etwas wie bewaffneter Friede. Wir vereinbarten, daß ich regelmäßig einen bestimmten Betrag abgab, aber Vater sollte mir nicht mehr so viele Steine in den Weg legen, denn von meiner künstlerischen Laufbahn war ich nicht mehr abzubringen. So konnte ich wieder beim Niederländischen Ballett mitmachen und versuchen, auch andere Arbeit an der Bühne zu bekommen. Mit Berend habe ich mich also verlobt, allerdings ganz unfeierlich, er schenkte mir sogar einen Ring.

Die Firma Wolf bekam weniger Aufträge. Ich war bei der Arbeit immer ganz fix, konnte auch bei der Knopflochmaschine einspringen und an anderen Maschinen arbeiten. Frau Wolf fand mich zwar wegen meiner Tanzerei verrückt, aber sie mochte mich. Wir vereinbarten, daß ich nur noch an Vormittagen und für halbes Geld arbeitete, so daß ich nun viel mehr Zeit für Unterricht, Proben und Auftritte bei Lili Green frei hatte. Mit dem Ballett zogen wir durch die ganzen Niederlande. Lili entwarf die Choreographien auch zu einigen großen Tanzspielen, die im Amsterdamer Stadion stattfanden, die Leitung hatten Huib Luns, der bald ein Nazi wurde, und Abraham van der Vies. Da mußten wir in antiken Gewändern schreiten, laufen, hüpfen und große Schwünge machen. Mit diesen Auftritten half Lili mir auch finanziell, so daß ich meinen Eltern doch ein Minimum pro Woche abgeben konnte. Für mich selbst brauchte ich sehr wenig, machte mir aus alten Lappen die hübschesten Sachen und konnte sogar noch für andere schneidern, das brachte auch wieder etwas ein.

Ich bewarb mich noch bei einigen kleineren Kabaretts, aber vergebens. Einmal versuchte ich, im Leidseplein-Theater bei Louis Davids Arbeit zu finden. Das mißlang, weil ich noch sehr naiv und unschuldig war. Als ich vorgetanzt hatte, kniff Louis Davids mich in meinen Allerwertesten, ich wurde wütend, gab ihm eine Maulschelle und rannte schnell weg. Auch beim Film habe ich es probiert, aber das ging ebenfalls schief.

In dieser Zeit der großen Arbeitslosigkeit gab es oft Demonstrationen, auch in der Elandsgracht, ganz nahe unserer Wohnung. Ich hörte auch von Konfektionsbetrieben, die geschlossen werden mußten. Mit Hans Verwer ging ich öfters in die M. A. S., ich begriff nun, was das war, die Marxistische Arbeiterschule, da kamen immer viele Arbeiter hin. Es wurde über die Arbeitslosigkeit diskutiert und daß die Arbeiter sich zusammenschließen müßten. Aber es rührte mich noch wenig, ich war ja nicht davon betroffen.

Durch Hans Verwer lernte ich auch einen jungen Fotografen kennen, Bernhard Kowadlo, er war kürzlich aus Polen eingewandert und sprach erst wenig holländisch. Bernhard nahm mich mit zum jiddischen Kulturverein »Sch. Anski«. Der Vorsitzende, Edelstein – er hätte mein Vater sein können –, erzählte mir, daß die Truppe jede Woche einmal zusammenkomme und Gedichte, Lieder und auch Theaterstücke von jiddischen Dichtern und Schriftstellern einstudierte. »Wir können noch ein paar junge Frauen gebrauchen, willst du mitmachen?« Da brauchte ich nicht lange nachzudenken, natürlich wollte ich. Und wenn ich abends frei war, ging ich dorthin. Das

Vereinslokal war auf dem Boden eines Lagerhauses an der Nieuwe Achtergracht. Es war dort sehr gemütlich, man trank Tee, las einander vor, machte Sketche und erarbeitete musikalisch-literarische Programme, alles auf jiddisch. Bei den Aufführungen waren so etwa sechzig bis siebzig Leute anwesend. Hier lernte ich viele Lieder und Literatur kennen, wirkte auch manchmal in den Programmen mit, das machte mir großen Spaß.

So kam ich durch Hans Verwer in ganz andere Kreise, wurde reifer, stolzer und selbstsicherer – ohne große Sprünge machen zu können. Obwohl ich inzwischen zwanzig war, baute ich immer wieder allerlei Luftschlösser. Wenn ich weiter fleißig arbeitete, würde meine große Sehnsucht sicherlich einmal in Erfüllung gehen, in der Stadsschouwburg einen eigenen Abend zu geben. Ich stellte mir vor, wie ich in einem roten Kleid einen Flammentanz mit weiten Sprüngen und vielen Drehungen ausführte, mit dem ich das Publikum wachrütteln wollte, um damit auszudrücken, daß wir wie Feuer sein, vor Liebe und Begeisterung brennen müßten. Ich träumte, die Menschen hätten mich verstanden, sie applaudierten lange und würden die Flamme weitertragen. Ich war ein großer Spinner und glaubte, daß sich alle Menschen lieben müßten. Ich liebte rot, warum, weiß ich nicht. Dieser Traum, diese Sehnsucht kam immer wieder, aber ging nie in Erfüllung.

Flucht aus dem Elternhaus

Das Jahr 1933 hatte begonnen, es änderte sich sehr viel, auch in meinem Leben. Der Schreck fuhr uns allen in die Glieder, als wir hörten, was gar nicht weit von uns hinter der holländischen Grenze geschah. Viele Flüchtlinge kamen aus Deutschland, man sprach über die Verfolgung von Juden, Kommunisten, Sozialdemokraten, über Mord und Totschlag, über Konzentrationslager, über alles, was der braune Dreck, die Moffen – ein holländisches Schimpfwort für Deutsche –, anrichtete. Überall redete man darüber. Hans Verwer nahm mich mit zu einem Vortrag in der M. A. S., dort sprach ein bekannter Kommunist, J. Dieters, über diese Ereignisse. Bei »Sch. Anski« erzählte man viel über die Judenpogrome im zaristischen

Rußland und in Polen, jetzt aber drohten solche Massaker direkt vor der holländischen Tür. Bisher hatte mich die Politik nur wenig berührt, jetzt aber wurde ich mit der Nase darauf gestoßen.

Eines Tages sagte Hans zu mir: »Du tanzt doch gern, willst du nicht mal in einem Laienballett mitmachen? Ich kenne die Leute gut, die Truppe heißt ›Dynamo‹, ich bring dich dahin.« Den Namen fand ich sehr komisch und dachte gleich an den Dynamo an meinem Fahrrad. Außer bei Lili und im Niederländischen Ballett hatte ich in letzter Zeit keine Gelegenheit zum Tanzen, daher sagte ich zu.

Wir fuhren zum Hoogte Kadijk in einem Arbeiterviertel hinter der Jodenhoek. In einem großen, sehr einfachen Saal war eine ganze Truppe versammelt. Hans stellte mich einem Mann vor, Ulco Kooistra, und dessen Frau, Maja Morova, eigentlich hieß sie Mogrobi. »Wir machen hier Tanzspiele«, sagten sie, »wenn du Zeit und Lust hast, kannst du mitmachen. Das sind hier alles Arbeiter wie du, es sind Laientänzer, sie haben nicht so viel Unterricht gehabt wie du, aber eben deshalb können wir dich gut gebrauchen.« Ich sagte, daß ich nur manchmal mit dem Niederländischen Ballett unterwegs sei und nicht immer kommen könne. »Das macht nichts, wir proben sowieso monatelang an einem Stück, wenn du mal nicht kannst, ist das nicht schlimm.«

Ich machte gleich mit. Die Truppe studierte das Tanzbild »Geschichtsunterricht«. Es begann mit einem Tanz aus dem alten Griechenland, Sklaven wurden geschlagen und mußten schwer schuften. Dann kamen Szenen aus dem Mittelalter und schließlich aus der Neuzeit, immer waren es die Unterdrückten und Ausgebeuteten, die die Arbeit machen mußten. Maja choreographierte die Tänze, und Ulco machte die Dekorationen und Kostüme. Ulco hatte aus dünnem Stoff – Schaumgummi gab's damals noch nicht – einen großen Ball gemacht, der mit dünnen Latten gehalten wurde, die aber mit Strippen weggezogen werden konnten. Auf den Ball war ein feistes Gesicht gemalt, darüber eine Jacke gelegt und obendrauf ein Hut. »Das ist der Ausbeuter, der Kapitalist«, erklärte man mir. Am Schluß kam die ganze Truppe in Trachten verschiedener Völker nach vorn. Jeder tanzte einen Volkstanz, ich durfte gleich eine fesche, kräftige Ungarin tanzen, in einem Csárdás natürlich. Der feiste Kapitalist schaute im Hintergrund zu, wurde bei jedem

Tanz etwas nach vorn geschoben. Nach den Volkstänzen bildeten wir einen großen Kreis, zogen an den Strippen, und der Ball fiel in sich zusammen. Es herrschte eine freundliche, kameradschaftliche Atmosphäre in dieser Truppe. Ich glaube, ich konnte von allen am besten tanzen.

Anfangs erfaßte ich noch nicht viel von dem Stück, aber Hans Verwer klärte mich auf. Das sei ein Agitpropstück, die Gruppe arbeite für die Kommunistische Partei. In Gesprächen mit Ulco und Maja wurde immer wieder betont, daß es schon seit den alten Griechen zwei Klassen gegeben habe, die Ausbeuter und die Ausgebeuteten, in der Neuzeit seien das eben die Kapitalisten und die Arbeiter. Und wir müßten dafür kämpfen, daß das nun endlich ein Ende habe.

Auch mit Hans sprach ich viel darüber, und auf einmal wurde mir klar, daß die Geschichte mit Dick Jacobs auch nichts anderes als ein Klassengegensatz war, daß ich besonders von Dicks Mutter jämmerlich verraten worden war. »Klassengegensätze gibt es in allen Völkern, die Juden machen da keine Ausnahme«, sagte sie. Jetzt begriff ich, weshalb auch die Juden nicht so zusammenhielten, wie wir uns das in Hatsaïr und in den Zukunftsträumen mit Dick so naiv vorgestellt hatten, sondern daß immer nur bestimmte gesellschaftliche Gruppen, unter den Juden die Diamantarbeiter und die kleinen Händler in der Jodenhoek, aber eben auch die reichen Juden in Amsterdam-Süd und die Diamantäre wie Dicks Vater, zusammenhalten. »Ja, das sind eben ganz verschiedene Klassen mit gegensätzlichen Interessen, die einen müssen arbeiten, werden unterbezahlt, und die Reichen profitieren von dieser Arbeit«, erklärte sie mir. Jetzt endlich ging mir ein Licht auf. Und daß in dem jiddischen Kulturverein eben nur die Unterdrückten und Gequälten ihre Lieder sangen, sich Geschichten erzählten und Stücke spielten, begriff ich nun auch.

Eines Tages gab es Krawalle auf dem Rembrandtplein. Hans sagte: »Unsere Zeitung, die ›Tribüne‹, hat alle Amsterdamer Arbeiter aufgerufen, gegen einen üblen militärischen UFA-Film zu demonstrieren, der gerade im Rembrandt-Theater läuft. Machst du mit?« Ja, direkt etwas gegen den Faschismus tun zu können, auf die Straße zu gehen und zu protestieren – da mußte ich unbedingt dabeisein. Bei den Aufführungen des »Morgenrot«-Films, in dem der U-Boot-Krieg verherrlicht wurde, gab es turbulente Szenen, Stinkbomben wurden geworfen und weiße Mäuse losgelassen. In allen Zeitungen standen lange, sich widersprechende Kommentare.

Wir gingen also zum Rembrandtplein, da waren schon vor Beginn der Vorstellung viele Menschen, in Sprechchören wurde laut gerufen: »Wir wollen keine Nazifilme!« – »Weg mit der Hitler-Hugenberg-Propaganda!« und ähnliches. Wir mischten uns unter die Demonstranten, schrien mit, so laut wir konnten. Ganz vorn am Eingang des Kinos wollten Demonstranten verhindern, daß Besucher hineingingen. Die Polizei mischte sich ein, drängte die Menschenmassen zurück. Jetzt wurde auf die Polizei geschimpft, es gab einen Riesenkrawall. Es dauerte sehr lange, bis die empörten Menschen den Platz wieder verließen. Wir hatten unserer Wut Luft gemacht, gingen erleichtert wieder nach Hause. In der M. A. S. wurde noch lebhaft weiterdiskutiert. Nein, wir mußten alle verhindern, daß sich der Faschismus auch bei uns breitmachte! Danach habe ich das »Kommunistische Manifest« wieder gelesen und schon viel mehr begriffen.

Und wieder war es Hans Verwer, die mich auf ein besonderes Konzert aufmerksam machte. Ernst Busch gab für die VARA, den sozialdemokratischen Rundfunk, in verschiedenen Städten der Niederlande Konzerte, um über ein Hilfskomitee deutsche Emigranten finanziell zu unterstützen. Ich hatte schon viel Gutes über ihn gehört, aber leider ein Konzert, das er mit Hanns Eisler am Silvesterabend zuvor im Rundfunk gegeben hatte, verpaßt. Der Saal war brechend voll, das Publikum raste vor Begeisterung, ich natürlich auch. Einige seiner Lieder, besonders das »Solidaritätslied«, »Roter Wedding« und die »Ballade von den Säckeschmeißern«, fand ich besonders gut. Wie er mit seiner scharfen Stimme und einer Handbewegung das »... rin mit dem Kaffee in den Ozean« dahinschmetterte, habe ich seit diesem Tage nie vergessen können. Busch hat damals auch eine Schallplatte gemacht, die wir uns in den Jahren danach immer wieder anhörten. Daß ich Jahrzehnte später mit ihm zusammen auf der Bühne stehen würde, hätte ich mir damals nicht in den kühnsten Träumen vorstellen können.

Es muß im frühen Herbst, etwa im September 1933 gewesen sein, als wir eines Nachmittags mit einigen Freunden, darunter Ellen du Thouars und Jan Apon, zwei Schauspielern, auf der Terrasse vom Café Reijnders am Leidseplein, direkt neben der Stadtsschouwburg, eine Tasse Kaffee tranken und wie immer heftig diskutierten. Am Nebentisch nahmen zwei deutsch sprechende Männer Platz. Wir kamen schnell mit ihnen ins Gespräch. Sie erzählten, daß sie mit dem Jooss-Ballett hier seien und einige Vorstellungen in der Stadsschouwburg geben würden. Das wußte ich schon, auch daß Kurt Jooss für sein Antikriegsballett »Der grüne Tisch« im Jahr zuvor den ersten Preis bei einem Wettbewerb in Paris gewonnen hatte. Bei Lili wurde schon viel darüber gesprochen, und wir waren sehr gespannt auf dieses Gastspiel. Sie erzählten, daß sie wohl nicht nach Nazideutschland zurückkehren könnten, der grandiose Erfolg dieses Balletts habe Goebbels in Weißglut versetzt, und Kurt Jooss mit seiner Truppe sei als Kulturbolschewist verschrien worden. Der eine hieß Hans, der andere Erich. Dieser Erich war eigentlich kein schöner Mann, aber er hatte ein sehr intelligentes Gesicht, eine hohe Stirn, schon ein bißchen angegrautes Haar, ganz helle blaue Augen und eine ziemlich kleine Nase, eigentlich gar nicht mein Typ, denn meine Flirts waren meist dunkel. Erich sagte nur wenig, aber schaute mich unentwegt an. Der andere, der sich als Hans vorgestellt hatte, redete dagegen immerfort, daß die meisten Mitglieder der Jooss-Truppe Antifaschisten seien – ich hatte dieses Wort noch wenig gehört, wir sagten immer Nazis oder Moffen – und daß sie nicht wüßten, wie es weitergehen sollte. Sie waren beide sehr höflich und begleiteten mich nach Haus in die Marnixstraat. Unterwegs verabredeten wir, uns am nächsten Nachmittag wieder bei Reijnders zu treffen, am Vormittag hätten sie Proben.

An diesem Abend schlief ich sehr schlecht ein, ich mußte lange daran denken, wie der Erich mich dauernd angeschaut hatte. Vielleicht, so ging es mir durch den Kopf, könnte ich auch durch ihn zu dieser Truppe kommen, das war doch im Augenblick das beste Ballettensemble.

Am nächsten Nachmittag Punkt vier war ich wieder bei Reijnders, wie stets waren da eine Menge bekannter und unbekannter Leute, ganz hinten allein an einem Tisch saß Erich, er hatte mir Blumen mitgebracht. Ich war ganz erstaunt und fand das sehr lieb, ich hatte noch nie von einem Mann Blumen bekommen. Wir gingen dann zusammen ins »Americain« essen. Er erzählte viel von sich selbst und von Berlin. Eigentlich sei er Schriftsteller, aber jetzt arbeite er als Sekretär bei Jooss, allerdings würde er das nicht mehr lange bleiben, er versuche, sich in England oder in Südamerika eine neue Existenz aufzubauen. Dabei schaute er mich immer an, wie mich noch nie jemand angeblickt hatte. Er war wirklich sehr aufmerksam, wählte ein erlesenes Essen aus, so etwas hatte ich noch nie erlebt.

Ich erzählte ihm, daß ich im Niederländischen Ballett bei Lili Green tanze und daß Jooss selbst versprochen habe, in den nächsten Tagen einmal in Lilis Studio zu kommen. Daß ich Textilarbeiterin war und nur sechs Jahre Schule hatte, durfte er um Gottes willen nicht erfahren, das erzählte ich niemandem. Ich fand auch irgendeine Ausrede, daß ich mich in den nächsten Tagen nicht wieder mit ihm verabreden könne, denn ich mußte ja auch arbeiten und ein bißchen Geld verdienen. Er gab mir die Telefonnummer einer Pension in der Vondelstraat, wo er wohnte, damals eine sehr noble Gegend.

Nach ein paar Tagen rief ich ihn an, wir vereinbarten einen Treff im »Americain«. Da fragte er mich, ob ich am nächsten Vormittag eine Probe des Jooss-Balletts sehen wolle, abends werde er mich wieder zum Essen einladen, außerdem werde er für alle Vorstellungen zwei Logenplätze besorgen. Mein Herz hüpfte vor Freude. Eine Probe und mehrere Vorstellungen in der Stadsschouwburg und dann noch abends irgendwo essen gehen, das war doch phantastisch. Er brachte mir jedesmal ein anderes Sträußchen Blumen mit – wie gut hatte ich es doch! Nur mußte ich eine Ausrede finden, um einen Tag in meinem Betrieb schwänzen zu können. Aber das ließ sich schon machen, denn ich habe in dieser Zeit ohnehin viel lügen müssen und allerlei Ausflüchte ersonnen. Wir unterhielten uns noch über Literatur, Stefan Zweigs »Amok« kannte ich schon, diesen Roman hatte mir Dick Jacobs empfohlen. Erich machte mich nun auf Franz Werfels »Die vierzig Tage des Musa Dagh« aufmerksam, das Buch sei gerade herausgekommen und sehr aktuell, ich müsse das unbedingt lesen. Mit ihm mußte ich ja auch deutsch sprechen, und durch das Lesen deutscher Bücher lernte ich die Sprache besser kennen, außerdem konnte ich mich dadurch bilden, auch besser diskutieren lernen und besser begreifen, was da in der Welt um mich herum so geschah.

Am nächsten Vormittag erschien ich pünktlich zur Probe. Ich sah die »Pavane auf eine tote Infantin« und »Großstadt« und war hingerissen. Das waren Tänzer, das war große Kunst, so etwas hatte ich noch nie gesehen, ja, das müßte man können! Der Tod der Infantin hatte es mir besonders angetan: dieses Menschlein, das an der seelenlosen Kälte seiner Umwelt zugrunde geht, und niemand nimmt es wahr, alles geht darüber hinweg. Ich fühlte mich selbst wie dieses arme Kind, bekam schreckliches Mitleid mit mir selbst und wurde innerlich butterweich. Nach der Probe lud er mich zu einer Tasse Kaffee in seine Pension ein.

Abends vor der Vorstellung zog ich mich zu Haus um und sagte meiner Mutter, ich ginge ins Theater und würde erst spät heimkommen. Dieser Abend blieb unvergeßlich, das Kernstück des Programms war »Der grüne Tisch«. Es lief mir kalt übern Rücken, wie die Diplomaten heftig gestikulierend den Krieg vorbereiteten, wie Hyänen sich daran fett mästeten und nur der Tod Sieger blieb. Jooss tanzte selbst den Tod, das war unglaublich eindrucksvoll.

Nachher saßen wir noch bei Reijnders bei einem Kaffee zusammen. Erich machte mir deutlich, was in Deutschland geschah, und wurde sehr nachdenklich. In Holland könne er nicht bleiben, erklärte er, seine Aufenthaltserlaubnis sei bald abgelaufen. Er sei sehr einsam und schon seit Monaten allein. Ich hatte großes Mitleid mit ihm und versuchte ihn zu trösten: »Aber du hast doch wunderbare Arbeit und bist auch noch Journalist.« Aber er schaute mich traurig an und streichelte mir über den Kopf. Ich zitterte vor Wonne. Aber ich durfte mich doch nicht in ihn verlieben, schoß es mir durch den Kopf, das wäre hoffnungslos, er würde wieder abreisen, und außerdem war ich ja schon verlobt. Eigentlich wollte ich mich vorläufig überhaupt nicht binden, ich mußte noch viel lernen und etwas leisten, eine gute Künstlerin werden, ich durfte nicht nachlässig sein, dieses Ziel zu erreichen.

Wir sahen uns regelmäßig, die Tage kleckerten so dahin, ich habe alle Vorstellungen des Jooss-Balletts gesehen, Kurt Jooss kam auch in Lilis Studio. Er teilte uns mit, daß er mit dem Amerikaner Elmhurst in Verbindung stehe, der ihn gebeten habe, in Dartington

Hall, nicht unweit von Cambridge in England, die Leitung einer Schule zu übernehmen, er wolle mit dem größten Teil seiner Truppe dorthin gehen. Er sei auch daran interessiert, Tänzerinnen und Tänzer aus Holland zu gewinnen. Als er das sagte, sah ich mich in meiner Phantasie schon nach England reisen und an dieser Schule intensiv trainieren. Das wäre doch eine unwahrscheinliche Chance! Aber ach, er fügte gleich hinzu, daß jeder das selbst finanzieren müsse, denn er habe selbst kein Geld zur Verfügung. Da schwand meine Hoffnung wieder. Tatsächlich sind da einige Schülerinnen von Lili, die es sich leisten konnten, zu Jooss nach England gegangen, Atti van den Berg, Pem Bekker, Anneke Weinberg, Dola de Jong, sie sind alle weltberühmte Tänzerinnen geworden. Ich leider nicht.

Na ja, es kam dann, wie es kommen mußte. Nach einem längeren Spaziergang ging ich mit ihm auf sein Zimmer. Den Tisch hatte er schon vorher schön gedeckt mit Wein und Blumen, anscheinend hatte er schon mit mir gerechnet. Und da geschah es, er pflückte mich reifen Apfel. Ich fand es aber gar nicht schön und begriff selbst nicht, warum ich das hatte geschehen lassen. Ich war auf mich selbst und auf ihn böse, denn ich fühlte mich beschmutzt und hatte doch immer geglaubt, daß körperliche Liebe so schön sei. Ich ging fort und lief wie eine Irre durch Amsterdam.

Als ich morgens gegen fünf nach Hause kam, fing Mutter mich auf, sie hatte auf mich gewartet. »Ich war mit Freunden spazieren«, sagte ich. Sie flüsterte schnell: »Vater weiß nichts, er schläft. Ich werde die Fabrik anrufen, daß du krank bist. Geh ins Bett und schlaf dich aus.« Ich habe wie eine Tote geschlafen. Mir war klar, daß Mutter alles ahnte, spürte, wußte.

Nach einigen Tagen reiste das Jooss-Ballett nach England. Erich schrieb mir, er liebe mich sehr, habe aber eingesehen, daß er sich in dieser schweren Zeit nicht binden dürfe, die Tage mit mir seien für ihn eine schöne Zeit gewesen, und er danke mir. Das war Erich Freund. Was aus ihm geworden ist, habe ich nie erfahren.

Ich fühlte mich gekränkt, irgendwie betrogen. Aber da war ja noch Berend Beem. Ich schrieb ihm einen langen Brief, in dem ich ihm alles beichtete, auch den Ring schickte ich ihm zurück und gestand ihm unverblümt, daß ich seiner nicht würdig sei – später habe ich solche beschränkten Auffassungen an meine Schuhsohle geklebt! Daraufhin kam er prompt zu mir, um mich auf der Stelle zu heiraten, Vater wollte das auch. Aber ich wollte nicht und sagte geradezu, ich möchte frei sein, Freude am Leben haben, mich nicht einengen lassen. So habe ich die Bande, die ich mir selbst gelegt hatte, zerrissen. Berend ist einige Jahre später nach Palästina gegangen.

Das Jahr 1933 näherte sich seinem Ende, und mein 21. Geburtstag rückte heran. Zu Haus wurde es immer schwieriger, in der Fabrik war es nicht mehr zum Aushalten, die Arbeit zermürbte mich, aber ich mußte ja allwöchentlich mein Geld abgeben und sehen, wie ich mit meinem bißchen Taschengeld auskam.

In diesen Wochen lernte ich noch einen deutschen Emigranten kennen, Heinz Kalman. Er kam eines Tages zu mir, denn er hatte gehört, daß ich jiddische Lieder singe und auch tanze. Mit seinen Eltern besaß er eine kleine Textilfabrik an der Keizersgracht, aber am liebsten spielte er Kabarett und schrieb selbst die Texte dazu. Er fragte mich, ob ich mit ihm auftreten wolle, wir könnten jüdische Programme machen, für die jüdischen Emigranten Geld sammeln und damit etwas Gutes tun. Ich sollte singen und tanzen, ein deutscher Pianist, Hans Krieg, der aus Breslau gekommen sei, wolle mich auch gern kennenlernen und mit mir zusammenarbeiten. Wir könnten im Haus seiner Eltern üben, die sich freuen würden, mich kennenzulernen. So wurden wir schnell Freunde und begannen zu proben. Hans Krieg begleitete mich sehr einfühlsam, er kannte all die jiddischen Lieder. Bald kamen auch die ersten Auftritte für jüdische und andere Organisationen, das machte Freude, und wir verdienten auch etwas damit. Wir hatten viel Erfolg, und ich bekam wieder Mut. Mit einigen Unterbrechungen dauerte diese schöne Zusammenarbeit mehrere Jahre.

Im November war es auch, da sagte Lili mir, Verkade wolle mich doch wieder einsetzen in einem Stück, das in der Stadsschouwburg gespielt werden sollte, aber die Proben waren vormittags in Bellevue, direkt gegenüber. Das war schwierig, weil ich doch in der Fabrik sein mußte. Ich führte mit Vater ein ernstes Gespräch und sagte ihm, daß ich verschiedene Möglichkeiten hätte, mit meiner künstlerischen Arbeit Geld zu verdienen, bei Lili Green, mit Heinz Kalman und auch bei Verkade, aber daß ich die Arbeit in der Fabrik hasse, sie hinge mir zum Halse raus. »Wenn ich euch weiterhin regelmäßig Geld gebe, kann es euch doch gleichgültig sein, auf welche Weise ich das verdiene. Bist du einverstanden, wenn ich tanze, singe und schauspiele?«

Ich sagte das alles ganz ruhig und erwartete eine vernünftige Antwort. Aber Vater wurde wütend und sagte entschieden: »Nein, solange ich noch über dich zu entscheiden habe, kommt das nicht in Frage!« Und dann ging wieder ein Donnerwetter los. »Du kommst in die Gosse, du richtest dich selber zugrunde, kein Mensch wird mehr ein trockenes Stück Brot von dir nehmen, und wir müssen das alles mit ansehen. Bist du wirklich so dumm? Weißt du denn nicht, was du uns antust? Wir müssen uns mit so einer Tochter vor unserer ganzen Mischpoche schämen!« Ich hatte schon auf der Zunge zu fragen, warum er denn früher das Leben im Zirkus so schön gefunden habe, aber damit hätte ich ihn ganz auf die Palme gebracht, das war zwecklos. Da verlor auch ich die Ruhe. »Gut, wenn du nicht willst, dann gehe ich nächsten Monat an meinem 21. Geburtstag aus dem Haus!« – »Wenn du das tust, kommst du mir nie wieder in unsere Wohnung!«

Es war eine schreckliche Zeit, ich ging nur noch zum Essen nach Haus. Besonders für Mutter war es schwer. Aber ich konnte einfach keine Rücksicht darauf nehmen, ich mußte zu mir selbst finden, die Achtung vor mir selbst zurückgewinnen. Mit Hans Verwer verabredete ich, daß ich eine Zeitlang das kleine Zimmerchen neben ihrem großen Vorzimmer beziehen durfte, dort konnte ich auf einer Liege schlafen. Auch Tante Ma war einverstanden, es kostete mich vier Gulden im Monat, das war wenig, aber für mich doch eine ganze Menge. Mutter weinte schrecklich, ich hatte großes Mitleid mit ihr. Jannie, die selbst schon etwas Geld verdiente, sagte nur: »Mach doch nicht solchen Unsinn, du weißt doch, was du Mutter antust, halte noch durch!«

Das hab ich nicht getan, ich konnte nicht anders handeln. Mein Geburtstag verlief sehr traurig. Mutter hatte noch einen Kuchen gebacken, aber er schmeckte uns allen nicht. Und dann packte ich meine Siebensachen und ging weg, sagte aber nicht, wohin. Nur Jannie wußte, daß ich bei Hans sein würde. Da hab ich zum erstenmal wieder allein in einem Bett geschlafen.

Keizersgracht 522

Hans und Tante Ma empfingen mich sehr herzlich, sie hatten alles vorbereitet, neben dem Bett standen ein kleiner Tisch mit zwei Hockern und ein großer Spiegel, das war wichtig für mich, ich schaute – und schau auch jetzt noch – gern in den Spiegel. Von zu Haus konnte ich zwar weglaufen, aber nicht vor mir selber. Eine Nabelschnur – meine Schwester, die oft zu mir kam – verband mich mit dem Elternhaus. An diesem Abend habe ich noch lange geweint, ich brauchte das. Jetzt war ich nur für mich selbst verantwortlich. Ich wollte mich nicht unterkriegen lassen und irgendwo verkümmern, ich wollte, daß meine Eltern einmal stolz auf mich sein würden und sich nicht vor mir zu schämen brauchten. Lili hatte mich darin bestärkt, sie schenkte mir zu meinem Geburtstag ihr Buch »Einführung in des Wesen unserer Gesten und Bewegungen«, das 1929 in Berlin erschienen war und in dem sie ihre Lehre von der »emotionellen Plastik« systematisiert hatte.

Am nächsten Tag ging ich wieder in die Fabrik und kündigte zum 31. Dezember. Damit wurde ich im neuen Jahr 1934 praktisch arbeitslos. Hans nahm mich ein paarmal mit in den Künstlerklub »De Kring«, das war so ein Zentrum der Boheme von Amsterdam. Man diskutierte dort, rauchte, trank ein bißchen – nicht viel, denn das war zu teuer – und tanzte ganze Nächte durch. Da lernte ich wieder andere Menschen kennen, es waren auch manche verrückte Typen dabei, ich fand das mächtig interessant und flirtete nach rechts und nach links. Hier und da verdiente ich ein bißchen Geld, aber sehr wenig, davon konnte ich nicht leben und auch meine Eltern nicht unterstützen. Es ging mir sehr dreckig. Oft hatte ich nichts zu essen, Tante Ma hat mir manchmal eine Schüssel Reis zugesteckt, auch Jannie brachte mir etwas von Mutter.

In diesen Wochen habe ich viel gelesen, Hans gab mir »Den Schihua« von Tretjakow, und aus der M. A. S. entlieh ich mir Gladkows »Zement« in holländischer Übersetzung, da hab ich angefangen, ernsthaft über den Sozialismus nachzudenken.

In einem großen Saal an der Elandsgracht fand ein Protestmeeting gegen den deutschen Faschismus statt. Da wurden Reden gehalten, ich glaube, es war Ko Beuzemaker, der da sprach, ein hervorragender Redner, später Mitglied des Zentralkomitees der Partei, der im Widerstandskampf gefallen ist. Das Programm war klug aufgebaut, es gab Rezitationen, die Agitpropgruppe »Dynamo« tanzte, und ich sang zwei Lieder, das Jakobslied aus Rumänien – »Warum schlägt man uns so, wann wird das Ende sein?« – und das Kampflied »Brider, mir hobn geschlossen«.

Da war auch ein junger Mann, er stellte sich mir als Maarten van Gilse vor und zeigte auf einen Fotografen, der auf einer hohen Leiter stand und fotografierte: »Das ist mein Freund Carel Blazer. Hast du Lust, nachher mit uns einen Kaffee zu trinken? Ich habe dich nämlich schon auf anderen Veranstaltungen gesehen, und ich finde dich lustig. Bist du von hier, oder kommst du aus Deutschland?«

Ich war empört. »Wie kommst du dazu, mich so anzuquatschen? Ich bin gar nicht lustig, komme nicht aus Deutschland und will mit euch keinen Kaffee trinken.« Da war er ganz verdattert und lief hinter mir her. Plötzlich rief der Fotograf Carel von oben: »Mik, hilf mir mal runter.« Beide flüsterten sich was ins Ohr, ich aber verschwand.

Nachdem ich nun einige Wochen von zu Haus weg war, hörte ich von Hans Verwer, daß Simon Dickson einige Tänzerinnen für seine Truppe suche. Ich ging nach Carré, einem großen Theater an der Amstel, wo er arbeitete, da waren viele Bewerberinnen, ich tanzte vor und wurde sofort aufgenommen. Dickson war Tanzmeister, Choreograph und Manager in einer Person. Er trainierte täglich mit der Truppe und vermietete die Mädchen an Kabaretts, Revue-Unternehmen und Kinotheater, denn eigene Tanzgruppen konnte sich kaum eine Institution der Unterhaltungsbranche leisten. Er zahlte den Mädchen jeweils einen Vorschuß auf spätere Einsätze. Ich war nun heilfroh, regelmäßige Einkünfte mit meinem Tanzen zu erhalten, das war mir vorher noch nie gelungen. Ich hatte sogar Aussicht, in eine der großen Revuen zu kommen, die monatelang gespielt wurden; das brachte hohe Gagen ein. Würde nun endlich meine ständige finanzielle Misere zu Ende sein?

Nun mußte ich noch hart arbeiten, um in diesem Revuegenre – heute würde man sagen: Showtanz – die technische Vielseitigkeit zu erreichen, die dazu gehörte. Ich hatte zwar bei Lili Green und Margret Walker eine gute Grundlage im modernen und klassischen Tanz, auch in einigen Volkstanztechniken erhalten, aber Dickson verlangte zu Recht mehr. Er trainierte vor allem modern abgewandeltes klassisches Ballett und Steptanz, das war richtige Knochenarbeit. Aber ich war fix im Aufnehmen neuer Schritte und Bewegungen, außerdem bekam mein Selbstvertrauen einen gehörigen Schubs nach vorn. Ich arbeitete mit Feuereifer, hatte zwar anfangs noch einige Schwierigkeiten, beim Steppen die Beine ganz locker zu schlenkern, aber im Highkick, dem damals modernen Hochwerfen der Beine, übertraf ich bald in Höhe und Ausdauer die anderen Mädchen.

Freudestrahlend berichtete ich Lili, daß Dickson mich engagiert hatte. »Das ist eine sehr gute Lösung für dich«, meinte sie, »und du kannst dort viel Bühnenerfahrung mitbekommen. Aber denke dran, auf die Dauer wird das zuviel Routinearbeit, du solltest dein Spezialgebiet, die jüdischen Tänze, daneben soviel wie möglich weiterentwickeln. Vergiß das nicht!« Ich merkte schon nach einigen Monaten, wie recht sie hatte.

Es war damals noch üblich, daß in den großen Kinos vor dem Hauptfilm ein kleines Revueprogramm gezeigt wurde. Mein erstes Engagement als Dickson-Girl bekam ich schon bald: Ich war eine der acht Tänzerinnen, die in einem Kino am Nieuwendijk, im Zentrum von Amsterdam, das Lied vom Wasserfall, gesungen von einer in glitzerndes Hellblau gekleideten Dame, der gefeierten Vedette Mimi Boesnach, in wellenden Bewegungen austanzen mußten. Ich verdiente damit, wie ich fand, eine ganze Menge. Von diesem Geld kaufte ich mir bei C & A einen Tigermantel, kein echtes Tigerfell natürlich, aber ich fand mich sehr schön darin.

Eines Abends gab es wieder mal ein Protestmeeting, diesmal gegen die schreckliche Arbeitslosigkeit und die reaktionäre Colijn-Regierung. Hier traf ich die beiden Jungen wieder, den Maarten und seinen fotografierenden Freund. Sie wohnten an der Keizersgracht 522, nicht weit von meiner Behausung bei Hans. Maarten, wir nannten ihn nur Mik, sprach ein etwas komisches Holländisch. Er erzählte mir, daß er Holländer sei, aber in Deutschland aufgewachsen. Sein Vater war ein sehr bekannter Komponist, Jan van Gilse, der als Begründer und langjähriger Vorsitzender der Genossenschaft niederländischer Komponisten und auch des Urheberrechtsbüros eine bedeutende Position im Musikleben einnahm. Vor etwa einem Jahr seien seine Eltern, sein älterer Bruder Janric und er aus Berlin wieder nach Holland zurückgekehrt. »Du kannst mir glauben, ich habe mit eigenen Augen gesehen, was da in Hitlerdeutschland los ist, es ist noch schlimmer, als hier in den Zeitungen geschrieben wird.« Miks Eltern waren fortschrittlich, sie hatte ihn in die berühmte Waldschule in Berlin geschickt, er wollte gern Regisseur werden und erzählte, daß er schon bei Piscator assistiert habe. Aber als Hitler an die Macht kam, sei alles zu Ende gewesen, und er versuche nun, hier in Holland eine Existenz aufzubauen.

So befreundete ich mich mit Mik van Gilse, wir trafen uns öfter, er nahm mich zu seinen Eltern mit, die in einer Pension an der Weteringschans wohnten. Seine Mutter Ada hatte mich sehr gern und nannte mich immer Spatz. Miks älterer Bruder Janric war mit Truus van Everdingen verheiratet und arbeitete aktiv in der Kommunistischen Partei, die Eltern waren vermögende Leute und unterstützten ihre beiden Söhne. Ada gab mir viel zu lesen mit, Erzählungen und Romane, Janric fütterte mich mit marxistischer Literatur, und zusammen gingen wir oft ins Kino. Im Tuschinsky-Theater sahen wir »Im Westen nichts Neues«, im Uitkijk Filme aus der Sowjetunion, überhaupt viele avantgardistische Filme, auch aus Frankreich und Italien, manchmal wurden auch ältere Filme als Reprisen aufgeführt.

Das Haus 522 an der Keizersgracht war etwas Besonderes, äußerlich wie viele andere Grachtenhäuser schön, schmal und hoch, aber drin wohnten verschiedene junge Künstler zusammen und doch nicht zusammen, denn jeder hatte seine eigene Etage mit je zwei Zimmern. Außerdem hatten die Fotografen Carel Blazer und Eva Besnyö ein großes Atelier und je eine Dunkelkammer. Es war also eine Art Wohngemeinschaft. In der untersten Etage wohten Eva mit ihrem Mann Johnny Fernhout. Eva war aus Budapest zum Studium bei Moholy Nagy nach Berlin und von dort nach Amsterdam gekommen, Johnny war Kameramann bei Joris Ivens und nannte sich später in Hollywood John Ferno. Ein anderer junger Kameramann, Joep Huiskens, wir nannten ihn immer Pietje, kam auch oft, überhaupt glich das Haus einem Taubenschlag, viele Künstler gingen ein und aus. Manche von ihnen sind später weltberühmt geworden. Es war nichts Ungewöhnliches, daß ich als junge Tänzerin hereinschneite.

Eva war damals schon eine sehr bekannte Fotografin, sie gehörte mit Carel, Cas Oorthuys und Emmi Andriesse zu den Begründern der künstlerischen Fotografie in Holland. Die deutschen Emigranten Kurt Kahle und Hajo Rose arbeiteten eng mit ihnen zusammen. Eva ist bis zum heutigen Tag eine meiner besten Vertrauten geblieben. In der zweiten Etage wohnte auch ein Künstler aus Ungarn, Sandor Bodon, ein bekannter Architekt, wir nannten ihn nur Schanje. Oben im dritten Stock war Carels Domizil, Mik wohnte zeitweilig bei ihm.

Eines Tages sagte Carel zu mir: »Du bist allein, ich bin allein, willst du nicht hierbleiben?« Und so blieb ich bei ihm und habe das nie bereut. Wir hatten es sehr schön zusammen und liebten uns. Ich bin in dieser Zeit menschlich einen ganzen Sprung weitergekommen.

Carel, Eva und andere für die Arbeiterpresse arbeitende Fotografen waren immer dabei, wenn Protestveranstaltungen oder Demonstrationen stattfanden, und wenn ich Zeit hatte, ging ich natürlich mit. Ich war schnell empört und wollte auch etwas tun gegen die vielen politischen und sozialen Mißstände. So auch im Juli 1934: Die Regierung hatte die ohnehin schmale Arbeitslosenunterstützung noch drastisch gekürzt. Erbitterung und Zorn herrschte unter den Amsterdamer Arbeitern. Im Jordaan, einem proletarischen Stadtviertel, gingen sie auf die Straße, demonstrierten, bildeten Sprechchöre, erhoben die Fäuste. Da kam berittene Polizei, trabte in die Menschenmenge, schlug mit Säbeln um sich, es gab Verletzte. Ich zitterte vor Erregung über die Brutalität, mit der die Smerissen auf die hungernden Arbeiter losgingen. Hier habe ich in der Praxis gelernt, was man mir schon vorher vorsorglich eingeschärft hatte: Wenn berittene Polizei kommt, sorg immer dafür, links vom Pferd zu bleiben, auf der rechten Seite kannst du gefährliche Dresche kriegen.

Täglich ging ich pünktlich zu Dickson zum Training. Eines Tages im Frühsommer begann er Tänze für die Nationale Revue einzustudieren, daran durften sechzehn Mädchen mitwirken, er wählte auch mich aus. Mir fiel ein Stein vom Herzen: Bei der Revue, das ist ja fabelhaft, da hab ich für Monate Arbeit, die sehr gut bezahlt wird! Es gab damals in Holland zwei große und etliche kleinere Revue-Unternehmen. Die beiden größten waren die von Bob Peters geleitete Nationale Revue in Amsterdam und die Bouwmeester-Revue in Den Haag. Beide spielten in Amsterdam, Rotterdam und Den Haag jeweils sechs bis acht Wochen hintereinander, sonntagnachmittags sogar noch mit Extravorstellungen, danach folgten noch Abstecher in andere Städte. Bob Peters begann in der Regel im Sommer in Amsterdam mit einem neuen Programm, die Bouwmeester-Revue im Winter in Rotterdam, jede Revue wurde mindestens zweihundertmal aufgeführt. Es gab damals sehr viele arbeitslose Künstler, auch Tänzerinnen, so daß ich glücklich war, ein Engagement zu haben.

»Dat zou je wel willen« (Das möchte dir so passen) hieß die neue Revue von Bob Peters 1934. An einige Tänze erinnere ich mich noch: Das erste Finale stand unter dem Motto »Unser schönes Land«. Wir Girls mußten einen poetischen Frühlingstanz und als Schneeflocken verkleidet einen Wintertanz ausführen, außerdem war da noch im zweiten Teil ein Tanz von Sèvre-Porzellanpuppen auf Spitzen. Die Ausstattung war wie immer großartig, nach Pariser und Londoner Muster. Bob Peters kaufte alljährlich in Paris Kostümzeichnungen von Revuetänzen, anfertigen ließ er die Kostüme im eigenen Atelier im Amsterdam. Ich fand diese Kostüme wunderbar, schon das Anziehen machte mir Spaß.

Inzwischen hatte ich mich mit Vater wieder versöhnt. Als ich noch bei Hans Verwer war, ließ Mutter mir durch Jannie mitteilen: »Wenn du schon nicht mehr zu Hause wohnen willst, so laß dich doch wenigstens mal blicken.« Ich traute mich aber noch nicht, weil ich in diesen Wochen kein Geld hatte, um die Eltern unterstützen zu können. Erst als ich dann bei Dickson arbeitete, wagte ich meinem Vater wieder in die Augen zu blicken. Er mußte sich wohl oder übel damit abfinden, daß sich seine mißratene älteste Tochter gegen ihn durchgesetzt hatte und nun doch bei der Bühne blieb.

Am schlimmsten war diese Zeit für Mutter: Sie verstand mich ja und wußte, daß ich von meinem einmal eingeschlagenen Weg nicht abgehen würde. Desto glücklicher war sie nun, daß sich die Wogen geglättet hatten und ich öfter nach Hause kam. Aber schon bald traf sie und uns alle ein neues Unglück: Vater hatte immer schon schlechte Augen, jetzt aber bekam er Star auf beiden Augen und mußte operiert werden. Während seiner Krankheit hatte Mutter seine Arbeit auf dem Markt zu verrichten, soweit es ihr möglich war. Aber als es Vater gerade wieder etwas besser ging, wurde der Markt in der Marnixstraat aufgelöst. In der Jan-van-Galen-Straat in Amsterdam-West war eine zentrale Markthalle eröffnet worden, und Vaters Geschäfte mußten nun dort abgewickelt werden. Die Miete für die Stände in der neuen Markthalle war viel höher, Vater kam also in neue Schwierigkeiten. Ich war deshalb froh, daß ich ihn nun wieder unterstützen konnte. Das ging einige Wochen so, bis unser Onkel Ruwie-Robert aus Brüssel, der in Scheveningen ein großes Etablissement gekauft hatte, meinen Eltern vorschlug, zu ihm nach Scheveningen zu kommen, da könne er Vater Arbeit verschaffen, die körperlich nicht so anstrengend sei. Da sind also die Eltern mit meiner Schwester Jannie und meinem Bruder Jaap nach Scheveningen gezogen.

In der Revue mußte ich zwei Monate lang jeden Abend auftreten, sonntags außerdem noch nachmittags, das war anfänglich ganz schön hart, ich war oft sehr müde. Aber ich gewöhnte mich auch daran. Als die Vorstellungsserie in Amsterdam zu Ende war, gab es eine unbezahlte Pause von zwei bis drei Wochen, ehe wir in Rotterdam und dann wieder nach einer Pause in Den Haag spielten. In diesen Zwischenzeiten habe ich allerlei andere Sachen gemacht. So wurden einige Dickson-Girls für die Mitarbeit an dem Film »De Jantjes« ausgewählt. Bis Anfang der dreißiger Jahre gab es keine größere Spielfilmproduktion in Holland, gute Regisseure arbeiteten vor allem bei der UFA in Deutschland. Die Nazis hatten aber nicht nur alle jüdischen Filmkünstler, sondern auch Ausländer aus ihrer Filmindustrie vertrieben, darunter auch einige holländische Regisseure, die nun im eigenen Land zu arbeiten begannen.

»De Jantjes« war der erste in einem neuen Studio in Duivendrecht gedrehte holländische Film des Regisseurs Jaap Speyer. Schauplatz war das Proletarierviertel Jordaan in Amsterdam, ich mußte die pieperkleine Rolle einer frechen Göre spielen und dabei zwei Sätze sagen. Der Film wurde ein Riesenerfolg, ich fand es sehr lustig, mich selbst auf der Leinwand zu sehen.

Oft bin ich in den jiddischen Kulturverein »Sch. Anski« gegangen. Auf der winzigen Bühne im obersten Stockwerk eines Lagerhauses gab es Solidaritätsveranstaltungen für jüdische Emigranten. Der Leiter dieser Truppe, Edelstein, war äußerst aktiv. Wir alle arbeiteten gern mit, ehrenamtlich natürlich, denn man mußte doch etwas tun, um unschuldig Verfolgten zu helfen, das war einfach selbstverständlich. Es gab ja nicht nur die von der Regierung geduldeten offiziellen Emigranten, sondern auch viele, die illegal über die Grenze kamen, irgendwo versteckt lebten und ständig der Gefahr ausgesetzt waren, wieder nach Hitlerdeutschland abgeschoben zu werden. Das geschah übrigens mehrmals gerade mit politisch engagierten Emigranten.

Für diese Abende im jiddischen Kulturverein habe ich einige Tänze gemacht, die ich dann später noch oft in meine Programme aufnahm. Neben dem »Klagelied« von Achron tanzte ich in »Dos Jingele« einen chassidischen Schulbuben, in »Di Schnorerke« eine Bettlerin mit viel Chutzpe, und in »Di Mame baj Schabbes ojsgang« kombinierte ich einen Tanz mit dem Lied »Gut woch, a gute woch«, das Mütter in ostjüdischen Familien am Ende des Sabbats singen. Tanzen und Singen gehört ja bei den Ostjuden immer zusammen. Am Klavier begleitete mich wieder Hans Krieg, die Kostüme hab ich mir aus billigstem Stoff selbst gemacht. Ich war überhaupt sehr geschickt im Anfertigen meiner Kleider. Einmal hat David Mühlrad mich zum Filmball mitgenommen, da hab ich mir aus einem Stück Goldbrokat ein wunderschönes Abendkleid – nein, nicht genäht, sondern nur mit Broschen und Nadeln gesteckt, eine Schulter blieb frei. Ich muß wohl ganz geschmackvoll ausgesehen haben, denn viele Leute, auch Damen, schauten sich nach mir um.

Viele aus Deutschland vertriebene Künstler traten jetzt in Holland auf, vor allem die besten Kabarettisten. Da war die »Pfeffermühle« von Erika Mann mit Therese Giehse aus der Schweiz. Wir klatschten uns die Hände wund vor Begeistrung über diese geistreiche antifaschistische Kleinkunst. Da war ferner das Ping-Pong-Kabarett von Louis Davids, einem sehr populärem Künstler, mit Dora Gerson, einer unerhört vieleitigen Künstlerin, die übrigens einen Sohn der Firma Sluijzer heiratete, bei der ich gearbeitet hatte. Und da war die Kabarettbühne »La Gaîté«, die der Kinounternehmer

Tuschinsky eingerichtet hatte. Dort produzierte Rudolf Nelson jeden Monat ein anderes Programm mit vielen bekannten Künstlern wie Fritzi Schadl, Dora Paulsen, die später mit dem holländischen Maler Joop Voskuil verheiratet war, Max Ehrlich, Kurt Gerron und anderen. Diese Abende waren auch für mich nützlich, ich konnte viel für meine eigene Arbeit lernen.

Aus Berlin kam auch eine aus Polen stammende Künstlerin nach Amsterdam, Chaja Goldstein, die das machte, was ich so gern wollte, sie gab ganze Programme mit Tänzen auf jüdische Themen und mit jiddischen Liedern. Sie hatte gleich großen Erfolg und eröffnete eine Tanzschule. Lili Green ging einmal mit mir zu ihr und ließ mich vortanzen. »Vielleicht kannst du an ihrer Schule noch etwas lernen, was du bei mir nicht kriegst.« Als ich mit meinem Tanz fertig war, meinte Chaja Goldstein nur: »Mädchen in diesem Alter haben immer irgendwas zu sagen, aber ich glaube nicht, daß sie begabt ist!« Lili sagte nichts, nahm mich an die Hand, wir gingen weg. »Da arbeitest du eben bei mir normal weiter. So ein Unsinn, nicht begabt. Scher dich nicht drum, Kind, du machst deinen Weg auch ohne sie!«

Es gab sehr rege Aktivitäten der Künstler gegen den Faschismus. Maler organisierten Verkaufsausstellungen, Schriftsteller veranstalteten Lesungen. In Krasnapolski, einem großen Saal mitten in der Stadt, gab es Protestmeetings. Jeder von uns hatte das Gefühl, es müsse noch mehr getan werden, wir waren alle mit Feuereifer dabei. Ich habe an vielen solchen Veranstaltungen, kleinen und großen, mitgewirkt. Da hat mich manchmal auch Nathan Notowicz begleitet, der aus Düsseldorf gekommen war und den ich in einem Komitee für Emigrantenhilfe am Westeinde kennengelernt hatte. Ich wurde auch Mitglied mehrerer Vereinigungen, der Filmliga, dem Arbeiders Toneel Bond, der Agitproptheater-Vorstellungen organisierte, und der VVSU, der Vereinigung der Freunde der Sowjetunion.

Als ich im Sommer 1935 einige Wochen keine Proben und Aufführungen für die Nationale Revue hatte, war ich in Den Haag und wollte nebenbei etwas verdienen, es war immer schwierig, über diese arbeitslosen Sommermonate hinwegzukommen. Vater arbeitete als Gérant, eine Art Geschäftsführer, im Lutine-Palast von

Onkel Ruwie in Scheveningen. Er mußte immer elegant aussehen, die Gäste betreuen und das Geld der Kellner einsammeln. Er machte das nicht gern, aber nach seiner Krankheit war das nicht so anstrengend wie die Arbeit auf dem Markt in Amsterdam.

Der Lutine-Palast war eine Art Vergnügungsunternehmen mit verschiedenen Glücksspielen. Richtiges Roulettespiel wie in Monte Carlo oder Ostende war in Holland gesetzlich verboten, aber es gab eben andere Arten von Spielen, mit denen man sich um die Gesetze herummogeln konnte. Dazu gehörte auch »Straperlo«: In der Mitte einer ganz kleinen Arena war eine kugelförmige Erhöhung. Vier hübsche Mädchen fuhren auf Fahrrädern im Kreis herum und mußten mit einem Stock in der Hand Bälle in numerierte Löcher am unteren Ende der Erhöhung schieben. Die sich um die Arena drängenden Spielgäste konnten nun Wetten abschließen, wieviel Bälle von einem Mädchen in einer bestimmten Zeit in die Löcher bugsiert wurden. Dazu gehörte eine ganze Portion Geschicklichkeit. So bin ich auch auf dem Fahrrad immer im Kreis herumgestrampelt, das wurde sehr gut bezahlt.

Ein anderes Mal wurde ich mit einer kleinen Gruppe von Revuegirls an einen Zirkus in Scheveningen vermietet. Auf Pferden trabten wir mit breitestem Lächeln in die Arena, sprangen herunter und begannen einen Spitzentanz. Und das einen Monat lang jeden Abend. Vom klassischen Ballett bis zum Zirkus habe ich also damals schon so allerhand gemacht.

Der Chef der Nationale Revue, Bob Peters, hatte anscheinend mit Simon Dickson Krach gekriegt, denn der größte Teil unserer Girltruppe wurde von einem holländischen Tänzer übernommen, der als Partner einer englischen Revuetänzerin namens Myril sehr erfolgreich war, in Amsterdam eine School of Dancing gründete und sich seit dieser Zeit Muriloff nannte.

Aus den Dickson-Girls wurden wir nun die Muriloff-Girls. Unter diesem Firmenschild tanzten wir in der nächsten Revue von Bob Peters mit dem Titel »Dat doet je weer goed« (Das tut dir wieder wohl). Das Zugpferd dieser Show war der populäre Schlagersänger und Komiker Lou Bandy. Diese neue Produktion war nach dem Muster der Londoner Crazy-Shows aufgebaut, mit viel Ulk, effektvollen Schlagern, spektakulären Tänzen und phantastischen Kostümen, es soll die bis dahin teuerste holländische Revue gewesen sein. So tanzten wir in einem Bild »Der Garten der Federfächer« mit riesigen Fächern aus echten Straußenfedern. Dann entsinne ich mich noch an einen Tanz mit Sonnenschirmen, die wir hin und her, rauf und runter bewegen und auch schnell drehen mußten, und an ein Bild »The big bad Wolf is dead«, in dem wir als kleine Schweinchen mit Kissen über die Bühne kullern mußten. So hatte ich in der Spielzeit 1935/36 wieder monatelang gutbezahlte Arbeit.

Mit diesen Verdiensten konnte ich auch mein Drittel Kosten für den Haushalt an der Keizersgracht auf meine Kappe nehmen und war froh, unabhängig zu sein. Carel und ich verlebten eine wunderschöne Zeit zusammen. Wenn wir mal tagsüber frei waren, segelten wir auf den Loosdrechter Seen in der Nähe von Amsterdam. Carel hatte sich ein Motorrad zugelegt, so daß wir schnell draußen waren. Wir brauchten uns nicht viel zu sagen, verstanden einander mit Blikken. Er war ein lieber Mensch, aber oft traurig, ja melancholisch. Wenn ich ihn nach den Gründen fragte, schwieg er immer, aber ich spürte, daß ihn etwas bedrückte. Erst als wir schon viele Monate zusammen waren, erzählte er mir nach langem Zögern seinen Kummer, er hatte bisher noch mit niemandem darüber sprechen können. Vor mir hatte er eine Freundin gehabt, beide liebten einander sehr. Aber wie das in diesen Kreisen üblich war, gingen die jungen Mädchen auch mal mit einem anderen, auch die Männer wechselten ihre Partnerinnen. Diese Freizügigkeit und Ungebundenheit war in Holland im allgemeinen noch verpönt, aber sie gab gerade uns jungen Frauen das Bewußtsein der Selbständigkeit und des Gleichgestelltseins mit den Männern. Carels Freundin ging nun auch zeitweilig mit einem anderen Mann und wurde schwanger. Sie kam wieder zu Carel zurück, denn sie liebte ihn wirklich. Offiziell waren Abtreibungen streng verboten, aber glücklicherweise gab es in Amsterdam einige fortschrittliche Frauenärzte, die dieses Risiko eingingen. Aber sie starb nach dem Eingriff. Das war für Carel ein furchtbarer Schock, den er nie überwunden hat. Für mich war es sehr schwer, mich gegen seine Melancholie zu wehren und gegen ein totes Mädchen anzukämpfen. Das hat mir sehr weg getan.

Wir waren beide viel mit Mik zusammen, aber merkwürdig, er blieb für mich immer nur der herzensgute Bruder und Kamerad. Er hatte zwar auch Freundinnen, aber er liebte mich, ohne es mir offen zu gestehen. Erst viel später, als er im Widerstandskampf von den Nazis erschossen wurde, habe ich mir Vorwürfe gemacht, daß ich ihm die Erfüllung seiner tiefsten Wünsche versagt hatte. Von Carel und Mik habe ich gelernt, den Mut zu haben, das Dasein zu nehmen, wie es kam, gegen Schwierigkeiten aller Art anzukämpfen, auch mit wenig Geld nichts zu entbehren. Wir mieteten oft zu dritt ein Segelboot, ließen uns von der weiten Natur verzaubern und vom feuchten Seewind durchwehen. Wir gingen in Konzerte, ins Theater, besuchten Museen und Ausstellungen, mein Kunstverständnis wuchs, ebenso mein Wissen um die politischen Probleme der Welt. Wie Janric war auch Carel Mitglied der Kommunistischen Partei, beide konnten klug argumentieren. Ich erinnere mich auch an eine Zusammenkunft in der Architektenvereinigung »8«, zu der uns Schanje Bodon mitnahm. Dort traf ich einen deutschen Emigranten, Otto Falkenberg, er diskutierte ungemein klar, durchdacht und optimistisch. Er wurde für mich der Inbegriff eines Kommunisten, unsere Freundschaft währte ein halbes Jahrhundert, bis zu seinem Tode.

Lili Green war mit ihrer Schule nach Den Haag gezogen, auch Hans Verwer hatte Amsterdam verlassen, sie wollte in Paris weiterstudieren. So ging ich in dieser Zeit häufig zu Miks Eltern an der Weteringschans. Ada, die Mutter, war immer gut zu mir, bei ihr konnte ich manche meiner Sorgen abladen. Sie war auch die einzige, die sich für meine Arbeiten interessierte und mich ermahnte, neben all den zum Broterwerb notwendigen Bemühungen als Tanzgirl mein eigentliches Gebiet der jüdischen Tänze und jiddischen Lieder nicht zu vernachlässigen. Carel, Mik und die anderen im Haus Keizersgracht 522 wußten sehr wohl, was ich tat, sie fanden, daß die kleine Lientje sich tapfer wehrte und abstrampelte. Aber meine künstlerischen Ambitionen, glaube ich, fanden sie wohl nicht so weltbewegend. Dennoch, ich gefiel mir durchaus in meiner Rolle, wußte Carels und Miks herzerwärmende Kameradschaft zu schätzen, lernte manches dazu und wurde in politische Diskussionen und Aktivitäten einbezogen.

So verfolgten wir alle im November 1935 mit großer Leidenschaft ein politisches Theaterereignis. Albert van Dalsum, einer der angesehensten und mutigsten Schauspieler und Regisseure jener Jahre, inszenierte mit der Amsterdamer Toneelvereiniging in der Stadsschouwburg eine Schauspielversion der Novelle »Der Henker« (De Beul) des Schweden Pär Lagerkvist. Van Dalsum spielte die Hauptrolle. Im zweiten Akt fügte er einige unmißverständliche Passagen über die Grausamkeit des deutschen Faschismus ein, und der Schlußmonolog richtete sich mit einem Aufruf direkt an das Publikum, die Macht des Bösen abzuwenden. Diese Aufführung löste heftige, ganz gegensätzliche Reaktionen aus. Wir alle und die ganze linksgerichtete Presse jubelte, den liberalen und konfessionell gebundenen Zeitungen war das Stück viel zu politisch, so etwas könne man aus ästhetischen Gründen nicht machen, das überschreite doch die Kompetenzen der Kunst. Die kleine faschistische Partei (NSB) schäumte vor Wut, ebenso die Herren der deutschen Botschaft in Den Haag.

Während einer Nachmittagsvorstellung organisierten die Faschisten einen Tumult mit einer richtigen Saalschlacht. Die Sache kam vor den Gemeinderat, man forderte das Verbot des Stückes, aber Bürgermeister de Vlugt verweigerte das. »Vor Terror weiche ich nicht, mit Terror rechne ich ab«, sagte er mit Entschiedenheit. De Vlugt war keineswegs ein linker Politiker, im Gegenteil, er gehörte der königstreuen Antirevolutionären Partei an. Um ihn nicht in noch größere Schwierigkeiten zu bringen, setzten van Dalsum und der Regisseur Defresne selbst das Stück ab. Die Wirkung, die sie erzielen wollten, hatten sie erreicht. »De Beul« ist als eine mutige Tat in die niederländische Theatergeschichte eingegangen.

Der 14. Juli 1936 in Paris

Schon drei Jahre lang kamen immer bedrohlichere Nahrichten aus Deutschland. Die Nazis wurden noch grausamer, auch in anderen Ländern nahmen nationalistische Tendenzen zu. Im Kampf gegen den Faschismus und gegen die zunehmende Kriegsgefahr verstärkten sich die Anstrengungen, eine Einheitsfront aller Linkskräfte zu erringen. Wir jubelten, als Anfang 1936 aus Spanien berichtet wurde, daß eine breite antifaschistische Volksfront gebildet worden war, die bei Wahlen die absolute Mehrheit gewann. Und nochmals freuten wir uns, daß kurz darauf auch in Frankreich die Volksfront einen überwältigenden Wahlsieg errang. Endlich, endlich regten sich mächtige Kräfte, die sich dem Faschismus in den Weg stellten. Wir alle an der Keizersgracht 522 und viele, viele Freunde genossen diesen Frühling, die ganze Welt sah auf einmal viel rosiger aus. Einige Freunde waren nach Paris gereist, sie waren von der Stadt und ihren Bewohnern begeistert. Bis auf einen kurzen Aufenthalt in Brüssel war ich noch nie im Ausland gewesen.

Es muß so um den 8. Juli gewesen sein, es war schön warm, alle Fenster standen offen. Wir bekamen Besuch, Hank Bool, ein Student, kam zu uns herauf. Er war einer der wenigen jungen Leute, die ein Auto besaßen, ein altes Ding zwar, aber immerhin ein Auto. Ich machte uns ein paar Butterbrote, und wir diskutierten – natürlich über die Volksfront und Frankreich. Plötzlich sagte einer von uns, ich glaube, es war Mik: »Sagt mal, wieviel Geld hat jeder von uns noch in der Tasche? Vielleicht reicht es, um mit Hanks Auto nach Paris zu fahren und den 14. Juli dort zu feiern?« Eine glänzende Idee – ja, wenn wir sparsam sein würden, müßte es für eine Woche reichen. Wir gaben Carel all unser Geld, er tauschte es in Francs um, und am nächsten Morgen ging die Fahrt los, über Rotterdam, Brüssel, Maubeuge, St-Quentin nach Paris.

Wir wohnten im Hôtel du Dôme. Kreuz und quer liefen wir durch die ganze Stadt, guckten in den Louvre hinein, bestaunten Notre-Dame, tranken am Boulevard Saint-Michel einen Café, wühlten am Seineufer in den Büchern der vielen Verkaufsstände, stiegen zur Sacré-Cœur hinauf und besuchten einige Freunde. Da lernte ich auch Tilly Visser kennen, eine hochgebildete Kunstwissenschaftlerin, die Verbindungen mit jugoslawischen Genossen hatte, auch Tito war illegal bei ihr, viele bekannte Künstler gehörten zu ihren Freunden. Überall wurden wir als Amis hollandais herzlich eingeladen. Die Jungs sorgten für das Auto, Carel machte Fotos, Mik schrieb Reportagen. Ich lebte wie in einem Traum. Die ganze Stadt bereitete sich auf das Volksfest am Quatorze Juillet vor. Schon am Vorabend wurde im Quartier Latin auf der Straße getanzt, man freundete sich mit wildfremden Menschen an, bis tief in die Nacht saßen wir bei einem Glas Rotwein zusammen.

Und dann kam der 14. Juli mit der großen Parade auf den Champs-Élysées. Danach folgte der Aufmarsch der Arbeitervolksfront mit riesigen Transparenten. In Sprechchören riefen alle »Vive le Front populaire!« und »Les fascistes au poteau!« (Die Faschisten an den Galgen!). Wir wurden in der Menschenmenge mitgezogen und gelangten bis zum Arc de Triomphe. Ich sah so etwas zum erstenmal. Nichts könnte passieren, dachten wir, wenn wir alle so zusammenhalten wir hier die Volksmassen von Paris, dann würden auch die Nazis nicht durchkommen. Wir schwebten wie auf einer riesigen Woge der Zusammengehörigkeit, der Verbrüderung und der Solidarität. Abends gingen wir von einem Quartier zum anderen, jeder war jedem ein Freund, wir wurden umarmt, zu einem neuen Glas Wein eingeladen und tanzten auf den Straßen mit fremden und doch so nahen Menschen. Wir bekamen das Gefühl, uns gehöre die Welt, so freundlich müßten Menschen immer zueinander sein.

Wir waren gerade wieder in Amsterdam, da überraschte uns die Nachricht von dem faschsitischen Putsch des Generals Franco. Täglich hörten wir im Rundfunk die Nachrichten und verfolgten die Presseberichte: Wir jubelten, als die Putschisten in den wichtigsten Städten und Provinzen Spaniens zurückgeschlagen wurden, wir wurden zornig, als Hitlerdeutschland und Mussolini-Italien mit offener Intervention drohten. Schon im August rief die Niederländische Kommunistische Partei zur Solidarität mit der Spanischen Republik auf. Janric van Gilse war einer der ersten, die nach Spanien gingen, um beim Aufbau der Internationalen Brigaden mitzuhelfen. Viele junge Holländer, Genossen und Parteilose, auch einige aus unserem Freundeskreis, meldeten sich freiwillig, um in Spanien gegen den Faschismus zu kämpfen. Wir waren erschüttert, als der Faschist Queipo de Llano über den Rundfunk verkündete: »Vier Kolonnen rücken gegen Madrid vor, die fünfte steht in Madrid. Madrid wird fallen!« Nein, nein, Madrid darf und wird nicht fallen! No pasarán!

Inzwischen hatten Carel und Mik alle Hände voll zu tun. Im August sollte in Berlin die Olympiade zu einem Reklamespektakel für den deutschen Faschismus hochgezogen werden. Holländische Künstler, die sich in dem »Bond van Kunstenaars ter Verdediging van de Kulturele Rechten« (BKVK) zusammengeschlossen hatten, bereiteten gleichzeitig eine antifaschistische Ausstellung vor unter dem Titel »DOOD«, Abkürzung für »De Olympiade onder Dictatuur«. De dood ist aber im Holländischen der Tod. Auch das »Comité ter Bescherming der Olympischen Gedachte«, das Sportler und Sportfunktionäre energisch aufgefordert hatten, die Olympiade zu boykottieren, machte mit.

Cas Oorthuys und Joop Voskuil entwarfen ein suggestives Plakat mit einer Fotomontage: Ein Kugelstoßer wird von einem riesigen Hakenkreuz umschlungen. Die Ausstellung erregte größtes Aufsehen, auch zahlreiche Journalisten aus dem Ausland berichteten ausführlich darüber. Mit vielen Dokumentationen, Fotos, Zeitungsausschnitten, schriftlichen Stellungnahmen berühmter Künstler und mit Kunstwerken wurde bewiesen, wie der Sport, die Wissenschaft und die Künste im Faschismus geknebelt und dafür eine Unkultur reaktionärster rassistischer Provenienz hochgepäppelt wurde. Außer den bildenden Künsten waren auch die Literatur, die Erziehung, das Recht, Schauspiel, Film, Musik, die Frauen- und Jugendbewegung berücksichtigt worden.

An Hand unwiderlegbarer Dokumente zeigte diese Ausstellung das ganze Ausmaß der Vernichtung kultureller und humanistischer Werte im Faschismus. Auch einige in Paris lebende deutsche Künstler hatten sich daran beteiligt, darunter Horst Strempel, dessen Werk schon 1933 auf Grund einer Intervention des deutschen Botschafters in Amsterdam nicht ausgestellt werden konnte. Der in Den Haag lebende Gerd Arntz hatte unter dem Pseudonym A. Dubois seinen wunderbaren, scharf anklagenden Holzschnitt »Das Dritte Reich« zur Verfügung gestellt. »DOOD« war nach »De Beul« eine der imposantesten antifaschistischen Manifestationen holländischer Künstler. Wir alle von der Keizersgracht 522 waren irgendwie daran beteiligt und freuten uns über den starken Besuch wie über die ohnmächtigen Proteste der deutschen Botschaft.

Janric, wegen seines runden Gesichts von uns immer Bolle genannt, schrieb Briefe aus Spanien. Kurze Zeit später gingen auch Carel und Mik nach Spanien. Am liebsten wäre ich mit ihnen gefahren, aber die Proben für die neue Revue, meine dritte, hatten wieder begonnen, wie spielten im September in Den Haag.

Die turbulenten Ereignisse dieses Sommers, das Erlebnis Paris, der Spanienkrieg, waren für mich der letzte Anstoß, jetzt die Konsequenzen zu ziehen. Ich wurde Mitglied der Kommunistischen Partei.

Der Spanische Freiheitskampf bestimmte in den nächsten Monaten, ja zweieinhalb Jahre lang, unsere politischen Aktivitäten. Es gab unzählige Solidaritätsaktionen. Das Comité van Waakzaamheid organisierte Protestkundgebungen und Spanienabende, an denen namenhafte Künstler beteiligt waren wie der Schauspieler Louis van Gasteren, seine Frau Lies Menagé Challa, eine ausgezeichnete Chansonsängerin mit großer, sonorer Stimme, die vor allem spanische Lieder vortrug, die Tänzerin Do van Dalsum, die Frau des Schauspielers Albert van Dalsum, und viele andere. Auch ich habe sehr oft auf solchen Solidaritätsveranstaltungen jiddische Lieder gesungen. Ich entsinne mich noch, wie wir zur Vorbereitung solcher Abende im Haus von Jeanne van Gelder am Amstelveenseweg zusammenkamen und Pläne schmiedeten. Auch das Komitee »Hulp aan Spanje« war äußerst aktiv, wir organisierten Sammlungen, um Pakete mit Kleidung, Lebensmitteln, Spielsachen für die spanischen Kinder und andere dringend benötigte Dinge nach Spanien zu schicken. Mik wirkte in der Agitproptruppe von Hans Tiemeyer mit, die mit dem Stück »Spanje leeft« in vielen Städten auftrat. Wenn ich Zeit hatte, trat ich als spanische Flaggenträgerin auf. Eine andere Agitproptruppe, »De vrolijke Brigade«, in der Mik als Regisseur und Organisator tätig war, wurde sogar für eine Reise in die Sowjetunion ausgewählt. Mik brachte mir aus Moskau ein wunderschön gestricktes usbekisches Käppi mit, das ich oft getragen habe und sogar über den Krieg retten konnte.

Aber die Arbeit als Muriloff-Girl in der Revue beanspruchte viel Zeit. Ob mir das noch Spaß gemacht hat? Ach ja, das war auf alle Fälle immer noch besser als die mechanische Tätigkeit am Fließband in der Textilfabrik. Aber wenn wir in einer Revue über acht bis neun Monate immer dieselben Tänze hundert- oder hundertfünfzigmal gemacht hatten, hing uns das allmählich zum Halse heraus. Trotzdem, es hat Spaß gemacht, und es wurde gut bezahlt.

Die Revue der Spielzeit 1936/37 hieß »Zoek de Zon op« (Such die Sonne auf), der Komiker und Schlagersänger Lou Bandy, wie immer mit Strohhut, war wieder das prominente Zugpferd dieser opulenten Show. Wir wurden als »24 Muriloff National Girls« angekündigt, stürmten im Entrée mit einem turbulenten Tennistanz über die Bühne. Wenn die Vedette Mimi Boesnach den Schlager »Want in heel het levensspel Voert Fortuna het bevel« (Denn in dem ganzen Lebensspiel führt Fortuna den Befehl) tirilierte, tanzten wir als Dominosteine gekleidet um sie herum. Im zweiten Teil gab es ein Bild »Wenn die Mimose blüht«, wir waren natürlich die grellgelben Mimosenblumen. Und das spektakuläre Finale war eine »Wassersinfonie«, in der wir uns als Najaden und Undinen in eng anliegenden Kostümen und auf Spitzen tanzend auf der Bühne tummelten, dabei durfte der obligate Spagat unserer ganzen Gruppe nicht fehlen. Die Kostüme waren immer sehr elegant, teuer, aber dezent. Striptease oder Nacktes wie in Paris gab es im kalvinistischen Holland nicht. Für die Kostüme von uns vierundzwanzig Girls mußten im Atelier fünf Millionen Pailletten angenäht werden!

Im Frühjahr 1937 wurde unsere Nationale Revue eingeladen, im Küchlin-Theater in Basel und im Corso-Theater in Zürich Vorstellungen zu geben. So eine Auslandstournee der ganzen Truppe war natürlich etwas ganz Besonderes, wir probten vorher zu Haus mit doppeltem Eifer. Bob Peters hatte dafür unter dem Titel »Lachende Welt!« eine besonders attraktive »Bühnen-Schau« in deutscher Sprache zusammengestellt. Die großen Stars waren »der charmante Komiker« Lou Bandy, die »singenden Komikerinnen« Mimi Lebret und Clairette Hamé und der »drastische Groteskänzer« Louis Bouwmeester, dazu »50 Darsteller, Girls, Sänger, Artisten«, wie auf einem großen Plakat angekündigt wurde. Als große Attraktion rollten wir in unserem Entrée zu zwölft als richtige Hollandse Meisjes auf dem Fahrrad über die Bühne, ich als vorletzte, da ich eine der kleinsten war. In einem anderen Bild tanzten wir ein ganzes Mädchenpensionat mit allerlei ulkigen Intermezzi. Und den Höhepunkt bildete ein wirkungsvolles »Schweizer Finale« vor einem mit schneebedeckten Bergen und Schweizerhäuschen bemalten Prospekt. Die Frau von Bob Peters, Klaartje Hamme, mit Künstlernamen Clairette Hamé, mochte mich gern und sorgte dafür, daß ich auch einige kleine Nebenrollen übernehmen konnte. Die Schweizer Presse sprach von einem »geradezu sensationellen Beifall« des Publikums.

Die Reise in die Schweiz war wunderbar. Bob Peters wollte nicht das Risiko eingehen, durch das faschistische Deutschland zu fahren, seine Frau war Jüdin und stammte wie ich aus der Jodenhoek. Auch für andere Mitglieder der Truppe hätte eine Fahrt entlang des Rheins gefährlich werden können. Deshalb fuhren wir in zwei Autobussen um Deutschland herum, Lastautos mit den Dekorationen waren schon vorausgefahren. Die Reise ging über Belgien, in den Ardennen ließ Bob Peters uns eine wunderbare Aussicht genießen, ich sah zum erstenmal in meinem Leben richtige Berge. Dann kamen wir durch Luxemburg und Frankreich. In Metz lud uns der Chef zu einem Mittagessen ein, und in Strasbourg bewunderten wir das majestätische alte Münster. Von Basel aus machten wir zwei sehr schöne Ausflüge: Wir besuchten das Goetheanum in Dornach und den Rheinfall bei Schaffhausen, den ich mir viel kleiner vorgestellt hatte, es war imposant, auch der Zürichsee beeindruckte mich. Wie viele schöne Dinge gibt es doch in der Welt, dachte ich mir und genoß alle Sehenswürdigkeiten in vollen Zügen.

Ada von Gilse hatte mir geraten, in Zürich die international bekannte Mezzosopranistin Ilona Durigo zu besuchen, die mit den van Gilses eng befreundet war und Lieder von Jan van Gilse auch in Holland gesungen hatte. Sie war eine stattliche, dunkelhaarige Frau mit gütigen Augen, sie lud mich gleich zweimal zum Mittagessen ein. So sparte ich einige Fränkli von meinem Tagegeld und kaufte mir davon ein paar schöne grüne Schuhe. Ihren Sohn, den Pianisten Tibor Kasics, der mit der »Pfeffermühle« in Amsterdam aufgetreten war, kannte ich schon durch Mik, ein lieber, stiller Mensch, der aber auch sehr lustig sein konnte. Fröhlich und voll neuer Eindrücke kehrte ich nach Amsterdam zurück.

In den jiddischen Kulturverein »Sch. Anski« konnte ich in letzter Zeit wegen all der Aktivitäten für Spanien nur noch seltener gehen. Eines Abends, als ich mal wieder auftauchte, sagte Chawer Edelstein zu mir: »Zu uns wird kommen der weltberühmte jiddische Regisseur Chajim Waislitz aus Vilna. Du hast sicher schon gehört von dem jiddischen Vilnaer Theater, es ist eins der besten in der Welt. Waislitz ist Leiter der Vilnaer Truppe. Er wird mit uns einstudieren das Schauspiel ›Tog un Nacht‹ von Schalom Asch, da brauchen wir dich unbedingt.« Aber gewiß doch, ich hatte schon viel von ihm gehört, man sprach viel über die Vilnaer Truppe. Überhaupt war Vilna ein Zentrum der jiddischen Sprache und Kultur, das litvische Jiddisch galt gegenüber dem galizianischen oder ukrainischen als das klassische Jiddisch.

Und dann ein Stück von Schalom Asch! Ich hatte schon im Hatsaïr seinen Roman »Die Mutter« und später einige seiner anderen Bücher mit großem Interesse gelesen, »Petersburg«, »Moskau«, »Warschau« und seine Erzählungen »Von den Vätern«, und viel daraus über das Leben der Ostjuden erfahren. Zum Glück sollte Waislitz kommen, als meine Revue gerade keine Vorstellungen gab.

Und dann kam er: eine imponierende Persönlichkeit, mit langem Bart und funkelnden Augen, aus denen tiefes Leid sprach, ebenso aber auch weiser Witz und Spott. Mich schaute er nur kurz an und sagte: »Du west tanzn di narische mame.« Das war eine wunderbare Aufgabe. Die Geschichte handelte von einem frommen Rebn, der sich in eine schöne junge Frau verliebt. Deren Sünde verursachte eine furchtbare Pestepidemie in dem Schtetl. Eine junge Mutter, deren zwei Kinder an einem Tage an der Seuche gestorben waren, wird zum Rebn gerufen, der sie auffordert, den Mitzwetanz auszuführen. Halb wahnsinnig vor Schmerz klagt sie den Rebn an: »Rebbe sog, gib a mame retenisch, kan a mame tanzn iber zwej frische bergelech und zwej wajsse brettelech?« (Gib einer Mutter Rätsel auf, kann eine Mutter tanzen über zwei frische Erdhügel und zwei weiße Planken?) Und dann begann sie zu tanzen. Waislitz gab mir nur ein paar Hinweise und machte einige Bewegungen vor. Wie ich den Tanz ausführen sollte, überließ er ganz mir. Wir probten eifrig. Waislitz nickte mir freundlich zu.

Die erste Aufführung sollte in der Stadsschouwburg stattfinden, eine zweite in Krasnapolski. Ich machte mir ein ganz dunkles Kleid mit langen Lappen darüber und schminkte mich als eine schöne junge Mutter mit hohen Augenbrauen, die Augen groß und traurig. Da kam Waislitz in meine Garderobe, schaute mich an und begann schrecklich zu lachen. »Du willst sajn a narische mame?« Er griff in meine Schminkdose und schmierte mir mein Gesicht voll mit allen möglichen Farben. Ich sah aus, als liefe mir Speichel aus dem Mund, meine Augen ganz verheult. Da sagte er sehr ernst: »Wenn du spielst, muß es wahr sein. Kunst muß immer wahr sein. Ein

Künstler muß den Mut haben, häßlich zu sein. So bist du a narische mame!«

Ich habe, glaube ich, an beiden Abenden gut gespielt und getanzt, Waislitz und Edelstein waren jedenfalls zufrieden. An diese Lektion des berühmten Regisseurs habe ich noch oft denken müssen. Den Tanz der wahnsinnigen Mutter behielt ich auch nach dem Krieg in meinem Repertoire.

Ein langer, schlaksiger blonder Kerl

Da ich seit Lilis Weggang aus Amsterdam nur noch bei Muriloff Revuetanz trainieren konnte, meine Tanztechnik aber weiterentwickeln wollte, suchte ich nach Möglichkeiten, entweder mal zu Jooss nach England oder zu der damals schon legendären russischen Ballerina Olga Preobrashenskaja nach Paris zu fahren. Bei Jooss konnte man aber nur längere Zeit, mindestens einige Monate, arbeiten, das blieb für mich ein unerfüllbarer Traum. In Paris bei Preo, wie wir sie nannten, durfte man auch kurze Zeit trainieren, ein oder zwei Wochen. Carel wollte im Juli unbedingt wieder nach Paris fahren, Fotos von Kees van Dongen machen, einem berühmten holländischen Maler, der schon seit Jahrzehnten dort lebte, und die Weltausstellung besuchen. Ich kratzte meine paar Piepen zusammen. Diesmal fuhren wir mit der Eisenbahn, und so verlebten wir ein zweites Mal herrliche Tage in Paris.

Ich studierte zwei Wochen lang bei Preo, das war eine harte Schule. Sie verlangte absolute Exaktheit, lief immer mit einem kleinen Stöckchen zwischen uns Elevinnen hin und her und teilte ab und zu einen Schlag aus, wenn eine Bewegung oder Haltung nicht richtig war. Sie kümmerte sich sehr intensiv um uns alle, ich bekam auch manchmal das Stöckchen zu spüren, lernte aber ungeheuer viel. Während sie unterrichtete, war immer eine kleine Schildkröte bei ihr, die sie wie ein Hündchen pflegte.

So waren die Tage in Paris nicht nur schön, sondern für mich auch sehr nützlich. Natürlich besuchten wir die Weltausstellung, besonders den imposanten sowjetischen Pavillon, und sahen im Pavillon der Spanischen Republik das Gemälde »Guernica« von Picasso.

Am Quatorze Juillet tanzten wir wieder auf den Straßen und feierten in ausgelassenster Stimmung. Das waren die letzten wirklich glücklichen und sorglosen Tage zusammen mit Carel.

Als wir aus Paris zurückgekehrt waren, begannen sofort die Aufführungen der Nationalen Revue in Den Haag. Bob Peters hatte eine niederländische Version der in Basel und Zürich so erfolgreichen Reveu »Lachende Welt« mit einigen Veränderungen unter dem Titel »Schep vreugde in het leven« (Schaff Freude im Leben) zusammengestellt, unsere Tanznummern mit dem Fahrrad-Entrée und dem Schweizer-Finale blieben unverändert. Wir haben auch Filmaufnahmen von diesen Tänzen gemacht und damit zusätzlich etwas verdient. In diesem Film sang Lou Bandy den Schlager »Het leven ist heus niet zo kwaad« (Das Leben ist gar nicht so schlecht), und so hieß dann auch der Film.

Gerade in diesem schlimmen Jahr 1937, als aus Nazideutschland immer wieder neue Schreckensnachrichten kamen, als der Freiheitskrieg in Spanien tobte und in den Niederlanden etwa 400 000 Arbeitslose um ihre Rechte kämpften, wurde in Revuen, Kabaretts und Filmen viel Heiterkeit geboten. Der populäre holländische Revueartist und Komiker Buziau motivierte das mit einem Satz, der damals oft zitiert wurde: »In diesen schlechten Zeiten muß das Publikum aus dem Dreck gezogen werden, wenn auch nur für ein paar Stunden.«

Wenn mir die Arbeit bei der Revue auch noch Spaß machte, so fragte ich mich doch schon bald, was diese ganze Tanzerei eigentlich für einen Sinn habe, mir schien das allmählich eine lächerliche Farce zu sein. Die Zusammenkünfte bei »Sch. Anski«, die Auftritte mit Hans Krieg in jüdischen Organisationen und die Solidartätsabende für Spanien blieben doch immer nur Nebenbeschäftigungen, das war mir zuwenig. In Den Haag ging ich oft zu Cleo Dormitz und ihrem Mann Leo Ziekenoppasser. Ich kannte Cleo schon seit einigen Jahren, hatte sie auch im Gemeinschaftshaus in Voorburg besucht, wir verstanden einander gut. Als ich mit ihr über meine Sorgen sprach, sagte sie nur: »Sei doch froh, daß du diese Arbeit hast. Wenn ich das auch noch könnte, so würde ich sofort wieder mitmachen.«

Sie hatte ja recht, ich sah das schon ein, aber über den Widerspruch zwischen dem Leben mit all seinen Schwierigkeiten und meiner Huppdulerei konnte sie mir auch nicht hinweghelfen.

Ich mußte zufrieden sein, daß ich gut verdiente, so konnte ich auch die Eltern unterstützen. Vater hatte es schon im vergangenen Jahr in dem Scheveninger Vergnügungsunternehmen von Onkel Ruwie nicht mehr ausgehalten und war mit Mutter, Jannie und Bruder Jaap wieder nach Amsterdam gezogen in die Bloys van Treslongstraat, nicht weit entfernt von der neuen Zentralen Markthalle, wo er nun wieder arbeitete. Aber als er gerade ein paar Monate dort war, meldete sich seine Augenkrankheit, er mußte zum zweitenmal operiert werden. Wir fürchteten das Schlimmste. Doch er überstand die Operation, mußte zwar nun eine noch stärkere Brille tragen, konnte aber seine Arbeit wieder aufnehmen. Einige seiner Kollegen unter den Großhändlern haben ihm in diesen schweren Wochen sehr geholfen, sie übernahmen während der Krankheit einen Teil der Arbeit.

Die eigentliche Ursache meiner Unzufriedenheit war aber nicht die Fragwürdigkeit der Arbeit bei der Revue oder Vaters Krankheit. Es wurde immer schwieriger mit Carel. Ich konnte nicht mehr die Kraft aufbringen, ihm über seine Melancholie, seine häufigen Depressionen hinwegzuhelfen. Mit der Treue hielt er es auch nicht so genau. Ich wollte weg, fühlte mich unnütz, konnte andere und auch mich selbst nicht leiden. Ich wollte auch nach Spanien. Als Janric wieder einmal kurz in Amsterdam war, als Kommissar der Internationalen Brigaden kam das immer seltener vor, sagte ich ihm das. Er aber antwortete: »Das geht nicht, nur wenn du eine gelernte Pflegerin wärst, könnten wir dich einsetzen. Die Situation ist hart. Wenn du weiter so an Solidaritätsveranstaltungen mitmachst und hier in Holland für ›Hulp aan Spanje‹ arbeitest, kannst du uns und unserer Sache am meisten nützen.« Er meinte es gut mit mir, ich sah auch ein, daß er recht hatte. Aber ich wollte weg, irgendwie ausbrechen, einfach weg.

Es war inzwischen Herbst geworden, mit der Revue machten wir Abstecher in andere Städte, ich kam aber immer wieder nach Amsterdam zurück, natürlich zur Keizersgracht 522. Endlich entschloß ich mich, aus Amsterdam wegzugehen, zu fliehen und bei der Nationalen Revue und Muriloff zu kündigen. Ich fuhr nach

Den Haag und meldete mich bei Frau Louise Bouwmeester-Sandbergen an. Sie empfing mich sehr freundlich. Ich erklärte ihr, daß ich aus persönlichen Gründen nicht mehr in Amsterdam bleiben wolle, und fragte bescheiden, ob ich in ihrer Revue mitarbeiten könne. Frau Bouwmeester hatte für ihre Revue eine eigene Tanzgruppe aufgebaut, brauchte also weder Muriloff noch einen anderen Manager um Girls zu bitten. »Ich kenne dich, du bist doch schon ein paar Jahre bei Bob Peters gewesen, da haben wir dich beobachtet. Im Januar beginnen wir mit einer neuen Revue in Rotterdam, die Proben fangen Mitte November hier in Den Haag an, ich könnte dich in meine Gruppe aufnehmen. Willst du?« Da brauchte ich mit der Antwort nicht zu zögern, deshalb war ich ja zu ihr gekommen: »Ja, gern.« Erleichtert kehrte ich nach Amsterdam zurück.

Bevor es jedoch soweit war, fuhr ich noch einmal zu Preo nach Paris, diesmal ganz allein, ich hatte mir soviel gespart, daß ich mir das leisten konnte. Ich arbeitete verbissen, um meine Einsamkeit abzureagieren, nahm nur ein bescheidenes Frühstück mit Croissants und Café zu mir und hungerte mich durch. Einige Male gab mir Tilly Visser etwas zu essen, ich konnte auch mal auf ihrer Galerie übernachten, das sparte mir die paar Francs im Hôtel du Dôme. Bei Tilly traf ich oft interessante Menschen, ihre Wohnung in der Rue Lebouis stand ihren Freunden immer zur Verfügung.

Zurück in Amsterdam, rief ich Cleo in Den Haag an, ob ich bei ihr im Gemeischaftshaus ein paar Wochen wohnen könnte, solange die Proben der Bouwmeester-Revue dauerten. Sie sagte nur: »Komm, du kannst bei mir im Zimmer schlafen.« Da nahm ich wieder meine wenigen Siebensachen, ging endgültig von Carel weg und zog nach Den Haag. Jetzt hatte ich wieder das Gefühl, ein selbständiger Mensch zu sein, ich hatte nur für mich selbst zu sorgen und konnte tun, was ich wollte.

Im Gemeinschaftshaus wohnten Cleo und Leo in dem großen Hinterzimmer im ersten Stock, ich bekam die Bodenkammer. Sie war zwar nicht nach meinem Geschmack eingerichtet, aber ich wollte ja allein sein, auch das Bett mit niemandem teilen.

Es war kalt an diesem Tag. Kurz vor dem Mittagessen ging ich ins Gemeinschaftszimmer im Erdgeschoß. Da stand der lange Tisch schon gedeckt und, wie das dort so üblich war, mitten auf dem Tisch eine Rolle Klopapier. Jeder aß nur von einem Teller. Zwischen den einzelnen Gerichten mußte man ihn mit Klopapier saubermachen, für Neulinge war das recht lustig.

Ich begrüßte einige Hausbewohner, ich kannte ja alle. Doch da stand plötzlich so'n langer, schlaksiger blonder Kerl vor mir, gab mir die Hand und sagte: »Guten Tag, ich bin Eberhard Rebling.« Ich stellte mich auch kurz vor. Aber ich war durchgefroren und setzte mich gleich hinter den Ofen. Ich war sehr kurz angebunden und zurückhaltend, kühl.

Ich mußte nun jeden Tag zu den Proben für die neue Bouwmeester-Revue gehen, aber auch etwas Geld verdienen, denn die Proben wurden nicht bezahlt. Ich hatte schon in Amsterdam bei einigen Malern Modell gestanden. In Den Haag bekam ich durch Jan Kann und Lex Metz die Möglichkeit, an der Hochschule für Bildende Künste als Modell zu fungieren, besonders abends. Damit konnte ich schon meinen Unterhalt bei Cleo bestreiten. Zwischendurch trat ich auch noch in Veranstaltungen der Partei auf, das war eigentlich ganz normal, das war Parteiarbeit. Ich hatte also viel zu tun und war meist nur zum Mittagessen und nachts in der Bankastraat. Wenn ich ausnahmsweise mal vormittags dort war, hörte ich den Eberhard im Zimmer über Cleos Wohnzimmer Klavier üben, das imponierte mir sehr, besonders wenn er Chopin spielte.

Wir hatten noch ein wunderschönes Sinterklaas-Fest. Es war ein Gaudium, als Eberhard einige holländische Zungenbrecher aufsagen mußte. Am komischsten fand ich aber Bram Koomen, einen Studenten, der als surrealistischer Nikolaus erschien: Er hatte sich ein kleines Drahtgestell gebaut, über den Kopf gesteckt, daran in Backenhöhe ein Stückchen Watte mit einer Wäscheklammer und oben auf dem Kopf eine pieperkleine eckige Mitra befestigt.

Ein paar Tage danach mußte ich abends wieder mit dem Fahrrad zum Modellstehen in die Akademie fahren. Es hatte geschneit, der Schnee war glatt und festgefahren. Ich rutschte aus und fiel auf die Straße. Ans Modellstehen war nicht mehr zu denken. Ich ging ins Gemeinschaftshaus zurück, mir brummte der Schädel, am rechten Auge bekam ich einen großen Bluterguß.

Mit meinem blauen Auge fuhr ich am nächsten Morgen zur Tanzprobe. Wir arbeiteten gerade an einem Wiener Walzer. Mitten im Drehen wurde es mir schwarz vor Augen, ich fiel um. Frau Bouwmeester ließ mich sofort in die Bankastraat fahren. Der Arzt kam und sagte nur: »Gehirnerschütterung, vier Wochen absolute Ruhe.« So still wie jetzt war es im Gemeinschaftshaus noch nie gewesen, sogar Eberhard durfte nicht Klavier üben. Nach einigen Tagen besuchte mich Frau Bouwmeester, sie tröstete mich, sagte mir finanzielle Unterstützung zu und brachte mir einen Korb Obst. Damals gab es noch keine Gewerkschaft der Bühnenkünstler, also auch kein Krankengeld oder irgendeine andere Unterstützung. Cleo sorgte sich die ganze Zeit rührend um mich.

Nach etwa zwei Wochen durften mich auch die andern Hausbewohner wieder kurz besuchen. Auch Eberhard kam, ich sagte ihm, er könne ruhig etwas üben, mir mache das Freude. Das tat er auch, anfangs nur kurz, aber jeden Tag etwas länger. Auch am Silvesterabend lag ich noch fest. Annetje Cohen, Jan Sorber und Eberhard saßen an meinem Bett, alle drei gaben mir um Mitternacht einen Neujahrskuß. Mitte Januar durfte ich wieder aufstehen, ich ging auch manchmal zu Eberhard hinauf, setzte mich auf den Fußboden in eine Ecke und hörte ihm still zu. Immer Musik um mich und in mir zu haben, das machte mich froh und zufrieden. Und noch ein paar Tage später durfte ich wieder mit der Arbeit beginnen. Die Bouwmeester-Revue spielte in Rotterdam, Frau Bouwmeester und die anderen Mädchen halfen mir, daß ich mich schnell wieder hineinfand.

Im März gab Eberhard ein Hauskonzert, sein Zimmer war brechend voll, ich saß direkt neben ihm und konnte ihn genau beobachten. Es ist doch wunderbar, dachte ich, so schön, mit ganzer Hingabe, kraftvoll, aber auch ganz still und verträumt musizieren zu können. Die E-Dur-Etüde von Chopin mit der sehnsuchtsvollen Melodie hatte er extra für mich eingeübt. Nachher saßen wir noch gemütlich zusammen und amüsierten uns nachträglich darüber, wie die Mutter von Tilly de Vries, einer Mitbewohnerin des Hauses, erschrocken zusammenzuckte, wenn Eberhard im Fortissimo schnaufte.

Ja, und dann fuhr ich noch einmal vierzehn Tage nach Paris und trainierte täglich bei Preo. Die Krankheit war längst vorüber, ich fühlte mich zum Bäumeausreißen stark. Zur gleichen Zeit war Janric aus Spanien nach Paris gekommen, er war voller Sorgen, ganz abgemagert, kein »Bolle« mehr. Es stand nicht gut um die Spanische Republik, viele waren gefallen, auch manche unserer holländischen Kameraden wie Wim de Lathouder, der lustige Draufgänger. Nur ein paar Tage Ruhe konnte Janric sich gönnen, er wollte sich auch einmal frei aussprechen, die Ehe mit seiner Frau Truus war zerbrochen. So verbrachten wir eine schöne, wenn auch nur kurze Zeit. Innerlich gelöst und physisch gestärkt, zog er wieder in den Kampf nach Spanien, und ich fuhr zurück nach Den Haag.

Als ich abends in die Bankastraat kam, sagte mir Cleo: »Wir haben nicht mit dir gerechnet, die Bodenkammer ist belegt. Aber geh doch zu Eberhard, der wartet schon lange auf dich.« – »Ich denke nicht daran!« – »Mach das ruhig«, antwortete sie, »ich weiß wirklich nicht, wo ich dich sonst unterbringen sollte.«

Nun ja, was blieb mir weiter übrig. Der Eberhard, der Einsame, kriegte mich so einfach zugeführt. Ich ging zu ihm rauf. Erst hat er noch ein bißchen Klavier gespielt, ich hab ihm aufmerksam zugehört ...

Ein paar Tage später erfuhr ich, daß alle im Gemeinschaftshaus wußten, was los war, und nur neugierig darauf gewartet hatten, ob die Intrige, die Cleo gesponnen hatte, gelungen war. Verliebt ist man schnell, und ich war ja kein unbeschriebenes Blatt.

Gemeinsames Glück und Elend 1938 bis 1944

Merkwürdig schwermütige Melodien

Endlich, endlich war ich nun nicht mehr allein. Tagelang, nein, wochen- ja monatelang war ich in einer Hochstimmung wie ich sie noch nie erlebt hatte. Kurz nach diesem 27. März mußte ich in der Volksuniversität Den Briel wieder einen Vortrag halten, ich fuhr bei herrlichem Frühlingswetter auf dem Rad dorthin. Es war, als ob das Rad mit mir vorwärtsflog. Es jubelte, jauchzte in mir, mit lauter Stimme sang ich den Schlußchor aus Beethovens »Fidelio«: »Wer ein holdes Weib errungen, stimm in unsern Jubel ein ...« Andere Radfahrer, die mir entgegenkamen, schauten mich erschreckt an, sie dachten wohl, ich sei verrückt geworden. Ja, ich war verrückt, ganz wörtlich: ver-rückt aus meinem bisherigen Dasein.

Lin krempelte vieles in meinem Leben um. »Das Zimmer ist ja so kahl, so langweilig, eine richtige Junggesellenbude.« Ich mußte ihr recht geben. Aus Amsterdam brachte sie Zeichnungen und Graphiken von Steinlen und Daumier mit, auch einige schöne Fotografien, die wir sorgfältig aufhängten. »Na, und dieser wunderbare Balkon, da läßt sich doch war draus machen!« Lins Phantasie sprudelte. Wir besorgten uns weiße Kalkfarbe, strichen die Seitenwände des großen Balkons, erstanden irgendwo ein paar hölzerne Blumenkästen und säten Wicke. Jeden Morgen schauten wir nach, wie die ersten Triebe aus der Erde lugten, wuchsen, sich an weißen Fäden, die wir gespannt hatten, hochrankten, bis die Blüten hervorbrachen, rote, weiße, blaue, violette. »Und überhaupt, was ist schon ein Zimmer ohne Blumen«, sagte sie. Ich fand es schade, dafür das bißchen Geld auszugeben, das ich hatte, ging in den Scheveningse Bos, ganz in unserer Nähe, und klaute klammheimlich die schönsten Frühlingsblumen. Und als dann die Rotdornbäume in der Bankastraat zu blühen begannen, hatten wir wochenlang große Zweige mit dunkelroten Blüten im Zimmer.

Und dann die neue Zeiteinteilung. Ich hatte seit Jahren einen festen Tagesrhythmus: Gegen sieben Uhr stand ich auf, nach dem Frühstück machte ich das Zimmer sauber, und spätestens um neun begann ich mit meinen Tonleitern, Dreiklängen und Etüden; abends arbeitete ich meist bis elf Uhr am Schreibtisch, machte noch einen kleinen Spaziergang, und gegen halb zwölf lag ich im Bett.

Das wurde nun ganz anders. Die Revue dauerte von acht bis gegen elf Uhr abends, eine Viertelstunde später verließ Lin den Bühneneingang, ich wartete draußen auf sie, und zusammen radelten wir dann nach Hause. Nach den Strapazen der allabendlichen Tanzerei brauchte sie noch mindestens eine Stunde Entspannung, bis zur Nachtruhe. Und dann acht Stunden Schlaf.

Wir wußten anfangs noch wenig voneinander, hatten uns also sehr viel zu erzählen. Auf Spaziergängen durch den Scheveningse Bos schaute sie mich mit ihren schelmisch aufblitzenden dunklen Augen an. Bei schönem Wetter radelten wir durch die Dünen ans Meer, wanderten am Strand entlang und badeten. Eines sonntagsmorgens fuhren wir wieder auf einem schmalen Pfad durch die Dünen, ich voran. Da kamen uns drei andre Radfahrer entgegen, ein Herr, dann eine Dame und wieder ein Herr. Ich hatte Mühe, rechts durch den Sand auszuweichen, kam beinahe der Dame ins Rad und mußte absteigen. Ich erschrak. Das war doch Königin Wilhelmina! Lin lachte. »Hast du gesehen? Willemientje.« – »Ja, beinahe hätte ich sie umgefahren!« – »Im Sommer ist sie meist hier in Scheveningen auf Schloß Ruygenhoek, sie fährt gern Rad.« – »Aber stell dir vor, sie wäre durch meine Schuld gestürzt!« Für die Boulevardpresse wäre das ein gefundenes Fressen gewesen: »Deutscher Kommunist überfährt Ihre Majestät!«

Was mich an Lin auch so faszinierte, war ihre Quecksilbrigkeit, ihre herzliche Offenheit, ihre Kontaktfreudigkeit. Gewiß, ich hatte durch Balet und im Gemeinschaftshaus viele neue Freunde gewonnen, Menschen, die mir sehr halfen und denen ich fest vertrauen konnte. Und doch, Lins Umgang mit ihnen war noch viel freizügiger, warmherziger, spontaner, viel weniger reserviert, distanziert, als ich es bisher auch mit guten Freunden immer erlebt hatte. Sie strahlte eine so unmittelbare, unverstellte Gefühlswärme, eine so differenzierte, sensible Menschlichkeit aus, wie sie mir zuvor kaum begegnet war. Daher fand sie auch viel rascher Kontakt zu anderen Menschen als ich, vorausgesetzt, diese öffneten selbst ihr Herz. Andererseits wehrte sie sich energisch gegen falsche Freundlichkeiten, gegen Heuchelei und Unaufrichtigkeit, sie konnte dann sehr abweisend, ja grob und beleidigend werden. Wenn ihre im besten Sinne naive Ehrlichkeit an Zugeknöpftheit oder gar Verlogenheit abprallte, verschloß sie sich sofort. So gab es bei ihr sehr ausgeprägte Zuneigung und Antipathie, und das bis heute.

Dank Lins Zugänglichkeit fanden wir schnell mehrere neue Freunde. Da war unsere liebe Oma Kathinka, wie wir sie nannten, Kathinka Sijthoff, eine herzensgute Siebzigerin mit schlohweißem Haar und verschmitztem Lächeln. Sie war in ihrer Jugend mit dem Maler Piet Mondriaan eng befreundet gewesen, besaß viele Bilder von ihm, war künstlerisch sehr interessiert und hochgebildet. Sie hatte auch meinen Klavierabend besucht und wurde rasch unsere Vertraute. Und dann Jan Carmiggelt, Journalist an der sozialdemokratischen Tageszeitung »Vooruit«, der über diesen Klavierabend eine wohlwollende Kritik geschrieben hatte. Schon nach einigen Begegnungen entwickelte sich eine herzliche Freundschaft zwischen uns. Natürlich stritten wir uns über Fragen der Tagespolitik, seine Meinung wich häufig von der unsrigen ab, aber in unserem Haß gegen den Faschismus, gegen Rassismus, Antisemitismus und heroisierenden Chauvinismus waren wir uns völlig einig.

Engen Kontakt fanden wir auch zu zwei jungen Kommunisten, die oft in die Bankastraat kamen: dem jungen Arzt Gerrit Kastein, ein hervorragender Fachmann, der im Jahr zuvor mit seiner Dissertation »Kritik der Ganzheitstheorien« Aufsehen erregt hatte, und Bob Brandes, Student an der Hochschule für Ökonomie in Rotterdam, Sohn eines bekannten Haager Architekten. Wir diskutierten viel über die faschistische Gefahr, die scheinheilige Haltung Frankreichs und Englands gegenüber der Sowjetunion, über den dialektischen und historischen Materialismus und vieles andere mehr.

Über Bob Brandes lernten wir den Oboisten Haakon Stoijn und seine Frau Mieke kennen, er groß und blond, sie wie Lin klein und dunkel. Haakon war als Schüler seines Vaters Jaap – eines berühmten und populären Musikers, Erster Solooboist am Residenzorchester – ein Jahr in der Schweiz tätig gewesen, er hatte eine schwere Darmerkrankung überstanden und versuchte nun in Holland eine Stellung zu finden. Ich fand es herrlich, wieder regelmäßig Kammermusik machen zu können. Er war froh, einen ständigen Pianisten zu haben. Lin fand sofort Kontakt zu Mieke, wir wurden unzertrennliche Freunde. Meistens kam Haakon zu uns, wir übten einige Stunden zusammen, nachmittags hörte Lin uns oft zu. Und wenn wir die Habañera von Ravel spielten, war das immer ein Zeichen für eine Teepause. Den Tee hatte Lin schon gebrüht. Wir bereiteten uns auf ein Konzert im Haus von Bobs Vater am Hogewal vor, an dem auch Bobs Mutter, eine Laiensängerin, und ein Bratscher teilnehmen sollten.

Jeden Abend mußte Lin in der Revue tanzen. Einige Male besorgte sie mir eine Freikarte, so daß ich sie auf der Bühne beobachten konnte. Für große Revuen hatte ich mich nie interessiert. Jetzt erst begriff ich, welch eine harte Arbeit dazu gehörte, solch eine Schau zustande zu bringen. Die nur manchmal geistreichen Witze der Komiker Buziau und Kaart fand ich läppisch, ich wartete immer nur auf das Erscheinen des Balletts. Und da tanzte sie, mal in einem altgriechischen Gewand, mal als Chinesenmädchen mit langem Zopf, mal in einem Wiener Walzer, mal als Schlittschuhläuferin. Wenn die sechzehn Girls auf der Bühne erschienen, sah ich nur sie. Ich fand, daß sie von all den Mädchen nicht nur die bei weitem Schönste war, nein, es war mehr: Von ihr ging ein besonderes Fluidum aus, etwas Suggestives. Es gab in dieser Revue noch einige Solotänzerinnen, aber keine von ihnen schien mir eine so starke künstlerische Ausstrahlung zu haben wie Lin.

Ich muß sie überzeugen, dachte ich, von der Revue wegzukommen, um ihren eigenen Weg zu finden, um das spezifische Talent, das in ihr steckt, auch wirklich entfalten zu können. Dreihundertmal im Jahr dasselbe, das ist Massenproduktion, Konfektion, das hat mit Kunst nichts mehr zu tun. Für ein wirkliches Talent ist das auf Dauer der künstlerische Tod. Nein, sie muß da heraus. In Gedanken sah ich Lin schon allein auf der Bühne, als Solotänzerin –

aber nicht in einem Showtanz. Hier im Saal der »Scala« überzeugte ich mich davon, daß bei harter, konsequenter Arbeit eine wirkliche Künstlerpersönlichkeit aus ihr werden könnte.

Lin hatte schon mehrmals in meiner Gegewart merkwürdig schwermütige Melodien gesungen. »Was singst du denn da?« – »Das sind jiddische Lieder.« Ich hatte zwar vier Jahre lang Musikwissenschaft studiert, mich noch viel länger mit Musikgeschichte beschäftigt und in diesem Fach sogar promoviert, aber was jiddische Lieder waren, wußte ich nicht. Und nun begann sie zu erzählen, wie sie die Lieder kennengelernt hatte, wo sie in Osteuropa gesungen werden und wie unendlich viele solcher herrlicher Lieder es gibt. Sie sang mir einige vor, kramte zwei schon ganz zerlesene kleine Büchlein hervor, in denen solche Melodien abgedruckt waren. So öffnete sich vor mir eine neue Welt, der ganze Reichtum an Gedanken, Emotionen, Träumen und Phantasien eines unterdrückten Volkes, von dem ich durch Gerhard Fuchs schon einiges erfahren hatte. »Hier lies das mal«, sagte sie und holte aus unserem Bücherschrank »Geschichten aus sieben Ghettos« von Egon Erwin Kirsch und »Aus dem Nahen Osten« von Scholem Alejchem hervor. Ich las und war fasziniert von dieser einzigartigen jiddischen Volkskultur.

Sie erzählte mir auch, daß sie Tänze auf jüdische Themen gemacht hatte. »Hast du die Noten dazu?« fragte ich. »Nein. Hans Krieg, Nathan Notowicz und meine anderen Begleiter kennen diese Musik, sie spielen immer ohne Noten, die Liedbegleitungen improvisieren sie.« – »Na, aber«, wandte ich ein, »das reicht doch nicht, das muß doch alles richtig ausgearbeitet und aufgeschrieben werden!« – »Meinst du? Das hat bisher noch niemand gemacht.« – »Ich will es gern versuchen, aber du mußt mir dabei helfen, das ist etwas ganz Neues für mich.«

So begann ich die ersten Lieder aufzuschreiben, »Amol is gewen a majsse«, »Jome, Jome«, »Rabojssaj« und andere, die Melodien standen in den beiden Büchlein, die Lin schon besaß. Ich ging in die Musikbibliothek und suchte mir Noten von Joseph Achron, Joel Engel, Ernest Bloch und anderen jüdischen Komponisten heraus.

»Ich glaube, du solltest dich ganz auf diese jiddischen Lieder und jüdischen Tänze konzentrieren, das kann ein Stück von dir selbst werden«, sagte ich. »Ach, das hat Lili Green mir schon vor vielen

Jahren gesagt, andere auch, Heinz Kalman, mit dem ich schon öfter aufgetreten bin, und Hans Krieg. Aber wie soll ich denn das machen? Ich muß doch bei der Revue Geld verdienen!« – »Das eine schließt das andere nicht aus, nur für deine spezielle Arbeit mit jüdischer Kunst mußt du noch sehr viel tun, ich möchte dir dabei helfen. Willst du?« – »Ja, gern«, sagte sie. »Diese künstlerische Arbeit ist gerade jetzt bei dem zunehmenden Antisemitismus, auch in Holland, und vor allem als Protest gegen die Judenverfolgungen in Deutschland besonders aktuell und wichtig.«

Es war Juni geworden. Die Vorstellungen der Bouwmeester-Revue in Den Haag waren zu Ende. Lin hatte noch vierzehn Tage Ferien, wir begannen, intensiv an den jiddischen Liedern zu arbeiten.

Eines Tages, es war schon sehr warm, wälzte ich in der Musikbibliothek stapelweise Noten, um geeignete Musik für ihre Tänze zu finden. Wir hatten vereinbart, daß sie mich abholen käme. Aber sie erschien nicht. Ich wurde schon unruhig, gab die Noten ab und ging zum Ausgang. Da stand sie heftig gestikulierend vor einem zwei Meter langen Pförtner. »Gut, daß du kommst«, rief sie erregt. »Der Mann hier will mich nicht reinlassen, nennt mich immer nur Meisje und glaubt, ich sei noch nicht achtzehn!«

Personalausweise gab es damals noch nicht. »Entschuldigen Sie«, sagte ich zu dem Mann, »das ist meine Frau, sie ist fünfundzwanzig Jahre alt!« Er erschrak und sagte: »Pardon mevrouw!« Ein paar Schritte weiter fauchte Lin mich an: »Mein richtiges Alter hättest du ihm auch nicht verraten sollen!« Ich antwortete nur: »Pardon mevrouw!«

Ende Juni mußte Lin nach Amsterdam, die Sommerspielzeit der Revue in der Stadsschouwburg begann. Die Wochen in Amsterdam dürften eine harte Bewährungsprobe für uns beide werden, davon war ich überzeugt. Würden wir zusammenbleiben? Ich zweifelte daran.

Ich mußte mich noch mit Haakon und Bobs Mutter auf das Hauskonzert bei Vater Brandes vorbereiten. Ich nutzte die Gelegenheit, mich in diesem Kreis mit Ravels schwierigem »Gaspard de la Nuit« als Solist vorzustellen. Es wurde ein Erfolg, Vater Jaap Stotijn war glücklich, daß Haakon und ich so gut zusammenarbeiteten. Aber ich war traurig – Lin konnte nicht dabeisein. Ich blieb wieder allein.

Der feste Entschluß

»Glaub ja nicht, daß ich bei dir bleibe«, hatte ich Eberhard gleich am ersten Tage gesagt. Ich wollte nicht, daß er sich Illusionen machte. Ich wollte nicht mehr abhängig sein von einem Mann und schon gar nicht heiraten. Aber in der Bankastraat begann ich mich wohl zu fühlen. Unser Zimmer im zweiten Stock war geräumig, einfach ausgestattet, aber gemütlich. Wir saßen bei gutem Wetter oft auf dem Balkon. Ich hatte das Gefühl, nach mehreren Monaten ruhelosen Umherirrens endlich wieder ein Zuhause gefunden zu haben. Eberhard musizierte viel, allein und mit Haakon. Außerdem war in der Bankastraat immer etwas los. Ich brauchte einfach Menschen um mich.

Am Mittagstisch saßen täglich über ein Dutzend junger Leute, Cleo hatte dafür gesorgt, daß auch immer ein deutscher Genosse mitessen konnte, dessen Namen wir nicht kannten, er hieß bei uns nur Piet. Er war schon älter, hatte als wichtiger Funktionär der KPD vor 1933 und im illegalen Widerstandskampf gegen Hitler viel erlebt. Er warnte uns, den deutschen Faschismus zu unterschätzen, er treibe immer weiter zum Krieg: Österreich habe Hitler schon geschluckt, jetzt entfache er eine Hetzkampagne gegen die Tschechoslowakai, Polen würde auch noch drankommen, und letztlich richte sich seine Eroberungssucht gegen die Sowjetunion. Den westlichen Großmächten sei das gerade recht, die würden, trotz aller gegenteiligen Beteuerungen, nichts gegen das faschistische Deutschland tun. Piet wußte auf alle unsere Fragen stets klare, eindeutige Antworten zu geben. Später, während des Krieges, haben wir oft daran gezweifelt, daß er die jahrelange illegale Tätigkeit überlebt. Wir ahnten nicht, daß wir ihm wenige Jahre nach dem Krieg in der DDR wieder beggenen würden. Er hieß Friedrich Busch und war der Schwiegervater unseres späteren Volksbildungsministers Alfred Lemnitz.

Es gab in der Bankastraat auch oft Solidaritätsabende, vor allem für Spanien, aber auch für China und Indonesien. Wenn ich Zeit hatte, half ich mit, Informationsstände zu organisieren. Da wurden kleine Gegenstände versteigert und das Geld den Hilfsorganisationen übergeben. Ein Abend für Rot-China war besonders interessant. Ein englischer Student, der mit Mao Zedong den langen Marsch 1934/35 mitgemacht hatte, erzählte sehr anschaulich über seine Erlebnisse.

Und dann gab es mehrmals Abende für die Befreiungsbewegung in Indonesien. In Leiden studierten mehrere junge Indonesier, die dann zu uns herüberkamen. Wenn es zu spät geworden war, um noch nach Leiden zurückzufahren, schliefen sie meist bei uns im Haus, irgendwo in Betten, die gerade frei waren, oder im Gemeinschaftszimmer auf Stühlen und auf dem großen Tisch, nur mit Zeitungspapier zugedeckt; sie waren sehr bescheiden.

Die Revue machte mir in den ersten zwei, drei Wochen noch Spaß. Aber dann, immer wieder dieselben Schritte, dieselben Sprünge, das ewige gezwungene Lächeln. Da erlaubten wir uns schon mal einen Scherz. In einem chinesischen Tanz hatten erst die Solotänzerin Riemke van der Voort und dann wir alle vom Ballett die Perücken umgedreht, so daß uns die langen Zöpfe vorm Gesicht baumelten. Wir konnten vor Lachen beinahe nicht mehr tanzen. Hinter der Bühne stand unser Aufpasser Bood. An diesem Abend wurde er völlig konfus, lief händeringend von einer Seite zur anderen, zischte immer nur »pst, pst!« und schimpfte fürchterlich, als wir von der Bühne abgingen. Die Folge: Wir mußten alle einen Gulden Strafe zahlen.

Überhaupt passierte öfter mal irgend etwas Unerwartetes. Als wir im September noch in der Provinz einige Vorstellungen gaben, kamen wir auch nach Breda. Die Bühne dort war sehr abschüssig, wir mußten also ganz vorsichtig tanzen. Eine Solistin der Wiener Tanzgruppe, Kitty Hen, war kurzsichtig, trug aber aus Eitelkeit auch tagsüber keine Brille und kniff lieber ihre Augen halb zu. In ihrem Solotanz, einem rasanten Präludium von Rachmaninow, mußte sie mit großen Sprüngen diagonal über die Bühne tanzen. Sie tat das immer sehr temperamentvoll und landete ... plumps, im Orchestergraben. Glücklicherweise brachte ihr das nur ein paar blaue Flecke ein.

Ja, die Revue, da war immer etwas los. Ich besaß nur einen Büstenhalter für die Bühne. Ich hatte ihn zum Waschen in die Bankastraat mitgenommen. Als ich mich für das erste Bild umzog, merkte ich zu meinem Entsetzen, daß er noch zu Hause zum Trocknen auf dem Balkon hing. Es war schon nach drei Viertel acht, in genau dreizehn Minuten mußte ich in einem etwas durchscheinenden weißen griechischen Kleid auftreten. Ohne BH ging das nicht, das wäre ein Skandal geworden. Ich sauste zum Telefon, rief die Bankastraat an, Cleo. Sie rannte die Treppe hinauf. Eberhard nahm das gute Stück, stürzte sich auf sein Fahrrad und strampelte wie ein Irrer quer durch Den Haag zur »Scala«. Inzwischen stand ich am Bühneneingang. Es war genau drei Minuten vor acht, da kam er, den Büstenhalter hochhaltend... Punkt acht stand ich auf der Bühne!

Mein Traum war es, einmal Solotänzerin zu werden, Programme mit jüdischen Tänzen auszuarbeiten. Aber dazu mußte man Zeit und Geld haben, die Choreographie erdenken, die Musik aussuchen, mit einem Pianisten studieren, Stoffe kaufen, die Kostüme machen und einen Manager haben. Ideen hatte ich schon. Aber das alles neben der Revue zu realisieren schien unmöglich.

Lili Green hatte mich schon gewarnt, zu lange bei der Revue zu bleiben, ebenso Ada van Gilse. Und nun fing auch Eberhard damit an. Er wollte mir helfen, ein Soloprogramm auszuarbeiten. Schön, aber ich wollte doch nicht wieder von einem Mann abhängig werden! Ende Juni mußte ich nach Amsterdam ziehen.

Wieder einmal hatte ich Glück. Direkt gegenüber der Stadsschouwburg am Leidseplein wohnte im Haus eines Polizeireviers oben im vierten Stock eine gute Bekannte, die Schauspielerin Ellen du Thouars. Sie war während der Sommermonate in Paris und stellte mir ihr großes Atelier mit Küche zur Verfügung. Da war ich wieder mitten in der Stadt, zwei Straßen von der Keizersgracht entfernt und gleich neben dem Künstlerklub »De Kring«. Ich richtete mich dort ein, und die Vorstellungen der Revue begannen.

Bald traf ich Carel wieder, das ließ sich gar nicht vermeiden. Er hatte inzwischen eine andere Freundin, die jungenhafte und immerfort aufgedreht-lustig Schlager singende Peter. Ich konnte und wollte mit ihm nichts mehr zu tun haben. Carel wurde später, lange nach dem Krieg, der Grand old man der holländischen Fotografie – was Joris Ivens für den Dokumentarfilm war.

Nach ein paar Tagen klingelte es, Eberhard stand vor der Tür. »Ich bleibe hier!« Das wollte ich eigentlich nicht, aber er blieb. »Ich habe einen Koffer voll Notenpapier, jüdischer Musik aus der Bibliothek und Bücher für meine eigene Arbeit mitgebracht. Tagsüber können wir jetzt deine Tänze ausarbeiten. Ich möchte noch viel mehr jiddische Lieder in deiner Tonhöhe aufschreiben und Begleitungen dazu machen.« Er hatte also gleich ein Arbeitsprogramm für zwei Monate entworfen. »Und ein Klavier gibt's hier auch, na wunderbar!« Er spielte ein paar Läufe und Akkorde. »Und gut gestimmt ist es auch, was wollen wir mehr!«

Und so geschah es dann. Vor- und nachmittags, oft mehrere Stunden hintereinander, arbeiteten wir an meinen Tänzen. Er suchte Musik aus, spielte mir mehrere Varianten vor, wir wählten zusammen das Richtige aus. Ich machte die Choreographien, und er schrieb meine Schritte, Drehungen, Sprünge in seine Noten ein. Außerdem studierten wir viele Lieder. Ich wurde machmal wütend wegen seiner pedantischen Ordnungsliebe. Die Männer, die ich bisher kannte, haben mich eigentlich immer nur ausgenutzt, als Nehmende, ich war die Gebende. Aber jetzt kam einer, der nahm mich wirklich ernst. Bei Eberhard hatte ich das Gefühl, er gibt mir etwas. Ich schätzte seinen Mut durchzuhalten, soviel Geduld mit mir zu haben. Andere Männer wären in ähnlichen Situationen schon längst weggelaufen. Er stand jeden Abend zehn Minuten vor elf am Bühneneingang der Stadsschouwburg, um mich abzuholen. Eberhard achtete mich als Mensch, als Künstler, als Persönlichkeit. Er wies mir den Weg zu mir selbst. Ich fing an zu begreifen, daß körperliche Liebe und echte Liebe zwar verschiedene Dinge sind, doch gehören sie zusammen. Jetzt wuchs langsam echte Liebe in mir. Ich konnte mir vorstellen, mit ihm zusammenzubleiben und ein Kind von ihm zu haben.

Ich nahm Eberhard auch zu meinen Eltern mit. Mutter war sehr freundlich zu ihm, sie spürte wohl, daß er sehr lieb zu mir war. Aber Vater mochte ihn nicht. »Wieder so ein Mof«, sagte er im Nebenzimmer leise zu mir, »und politisch ist er nicht organisiert, vielleicht ist das gar ein Spitzel!« Ich widersprach zwar, aber er ließ sich nicht überzeugen.

Eberhard mußte zwischendurch mal nach Den Haag fahren, um einige Dinge zu regeln. An diesem Abend trat im Kurhaus in Scheveningen Chaja Goldstein auf, ich bewunderte sie sehr. »Geh hin und schau sie dir an«, riet ich ihm, »von ihrem ständigen Begleiter Herman Kruyt kannst du sicher auch viel lernen.« Zwei Tage später kam er zurück, enttäuscht. »Sie ist zwar technisch perfekt«, sagte er, »aber künstlerisch hast du im kleinen Finger mehr als sie im ganzen Körper. Ich habe schon viele Künstler in meinem Leben gesehen und spüre genau, was echt ist und was nicht. Bei ihr geht mir nichts unter die Haut. Aber du mußt technisch noch intensiver arbeiten, um mit ihr konkurrieren zu können, vor allem Gesangsunterricht nehmen.«

Er redete mir zu, im Oktober bei Bouwmeester aufzuhören und selbst mit einem ganzen Programm aufzutreten. »Besorg mir die Adressen von allen jüdischen Organisationen in Holland, ich werde eine Menge Briefe loslassen«, schlug er vor. »Einige werden schon antworten und uns engagieren, du bist ja nicht mehr unbekannt. Außerdem müssen wir sehen, einige Schüler für dich zu bekommen, dann machst du eine Gymnastik- und Tanzschule auf. Ich habe schon mit Cleo darüber gesprochen, du kannst in dem Gemeinschaftszimmer in der Bankastraat Unterricht geben, und alles wird gut.«

Aber das war noch nicht alles, er spann seinen Faden weiter: »Trijn Molenaar, Haakons Mutter, ist eine ausgezeichnete Konzertsängerin und Pädagogin, bei ihr kannst du Gesangsunterricht bekommen, deine Stimme ist noch unentwickelt. Haakon hat mir zugesagt, mit seiner Mutter darüber zu sprechen. Und wenn alles gut geht, werden wir in einigen Monaten einen Impresario aufsuchen, und du wirst eigene Abende geben.«

»Na, na, bau nicht gleich solche Luftschlösser«, antwortete ich, »das ist doch alles gar nicht so einfach, außerdem muß ich noch meine Eltern finanziell unterstützen!« Da wurde er beinahe böse. »Du bist schon bald fünf Jahre von zu Hause weg und hast jeden Monat brav einen gut Teil von deinem Lohn abgegeben, das reicht doch wirklich! Außerdem verdient Jannie auch schon längst, und sogar Jaap bekommt hier und da etwas mit dem Reparieren von Fahrrädern. Also, was willst du?«

Wir stritten uns noch eine Weile über seine Zukunftspläne, ich blieb skeptisch. Wir arbeiteten jeden Tag sehr gründlich, machten schon ein Programm, kauften ganz billige Stoffe für die Kostüme, ich fing an zu schneidern und zu nähen. Ich hatte ja noch mehrere

Wochen Zeit, mich für oder gegen die Revue zu entscheiden. Sollte mein Traum nun doch Wirklichkeit werden?

Ende August waren die Vorstellungen in Amsterdam zu Ende. Ich hatte mich entschieden. Wir kehrten zusammen in die Bankastraat zurück.

Dialektik der Liebe

Bis zum letzten Tag zweifelte ich, ob sie wirklich bei mir bleiben würde. Für mich war sie das schönste Mädchen von Amsterdam. Was sage ich, von Amsterdam? Nein, das schönste Mädchen der Welt! Sie kam mit nach Den Haag, die Bewährungsprobe in Amsterdam war überstanden. Ich war überglücklich.

Durch unser ständiges Zusammensein, nun schon vier Monate lang, war ich ein anderer Mensch geworden. Ich konnte mir ein Leben ohne Lin nicht mehr vorstellen. Daß ich in jeder Hinsicht freier, gelöster geworden war, merkte ich an unserem offenherzigen Umgang mit neuen Freunden. Sie hatte mir über manche Hemmungen hinweggeholfen, ich konnte mich nun ohne Scheu und ganz zwanglos äußern. Ich spürte auch eine Veränderung in meinem Klavierspiel. Früher *wollte* ich dramatisch-temperamentvoll, lyrisch-zart, mal draufgängerisch, stürmisch, mal sanft, verhalten oder sonstwie spielen, der vom Verstand dirigierte Wille lenkte die mittels der Musik auszudrückenden Emotionen und Haltungen. In dem Hauskonzert bei Vater Brandes erlebte ich nun zum erstenmal, daß diese Expressionen viel direkter, unmittelbarer, weniger gewollt, reflektiert und daher auch viel intensiver aus mir strömten. Auch physisch, technisch wurde mein Spiel gelöster.

Ich habe in diesem Sommer vor allem französische Klaviermusik studiert, für die meine Lehrmeisterin Lydia Lenz nur ein mitleidiges Lächeln übrig gehabt hatte. Jetzt ertastete ich mir die Innigkeit, die Sensibilität, ja den Duft und Geschmack, aber auch die überschäumende Freude und Ausgelassenheit mancher Préludes von Debussy und der Suite »Gaspard de la Nuit« von Ravel. Durch das Zusammenleben mit Lin erschlossen sich mir der unendliche Emotionsreichtum zwischen ungeduldig enthemmtem Hinanstürmen und lustvoll synchronem Dehnen der Spannungen bis zum erlösenden Kulminationspunkt wie auch das Auskosten der Entspannung. Das Erleben solch einer Sensibilisierung, emotionellen Differenzierung, eines solchen Aufblühens der Phantasie ermöglichte es mir, jenes feinziselierte Klanggewebe rauschenden Wassers und zärtlichster, fast körperlicher Sinnlichkeit in Ravels »Ondine« viel intensiver wiederzugeben als früher.

Und umgekehrt lernte ich viel von der Kunst des Kammermusizierens, des ständigen Einfühlens in den Partner, des gemeinsamen Gestaltens musikalischer Spannungen und Entspannungen, für die Aneignung der Ars amandi. So übertrugen wir im Scherz musikalische Begriffe wie Fantasiestück, Sinfonietta, sinfonische Dichtung oder auch Sinfonie – das heißt doch Zusammenklang – auch auf unser Zusammensein.

Wir unterhielten uns oft über die Liebe, über das unendlich verfeinerte, wechselvolle, auch widersprüchliche Zu- und Miteinander zweier Individuen sehr unterschiedlichen Charakters, das Zu-sich-selbst-Finden durch den andern, die wechselseitige Bereicherung. »Das ist die komplizierte Dialektik der Liebe«, sagte ich halb ernst, halb spöttisch. Und schon wieder sträubte sie sich: »Ach, du immer mit deiner wissenschaftlichen Gründlichkeit!«

War es nicht gerade diese Verschiedenartigkeit, daß wir uns so zueinander hingezogen fühlten, einander in vieler Hinsicht ergänzten und immer wieder anspornten, uns zusammenrauften und immer wieder zusammenraufen würden? Wir wurden uns bewußt, daß die drei Voraussetzungen für ein glückliches, dauerhaftes Zusammenleben zweier Menschen bei uns erfüllt sind: die widerspruchsvolle Übereinstimmung der Charaktere bei vielen gemeinsamen Interessen, die gleiche politisch-ideologische Haltung und die sexuelle Kongruenz. Hinzu kam das gegenseitige Nehmen und Geben, das Entwickeln neuer Ideen und das Bewältigen ihrer Verwirklichung in der gemeinsamen künstlerischen Arbeit, das schweißte uns noch mehr zusammen.

Doch wir machten uns über das Persönliche hinaus Sorgen um die Zukunft. Die schwarzen Wolken am politischen Himmel zogen immer bedrohlicher herauf. Der faschistische Moloch richtete seine Fangarme auf die Tschechoslowakei, zunächst das Sudetengebiet, das »heim ins Reich« geführt werden müsse. Die Volksfront in Frankreich brach auseinander. Die Spanische Republik wurde durch die Übermacht der faschstischen Interventen erdrückt. Ein großer Krieg drohte auszubrechen.

In der Bankastraat wohnten in unserem Nebenzimmer der Theologiestudent Nico van der Veen, ein christlicher Sozialist, und seine Freundin Jopie, eine Lehrerin. Nico war sehr praktisch und besaß einen guten Radioapparat. Da wir immer gespannt waren auf die neuesten Nachrichten, legte er von seinem Apparat durch die Türritzen eine Leitung mit einem alten Lautsprecher in unser Zimmer. Früh um acht wurden wir dann durch die Nachrichten geweckt. Jeden Tag stellten wir uns die Frage: Werden Frankreich und England gemeinsam mit der Sowjetunion der bedrängten Tschechoslowakei zu Hilfe kommen? Aber nein, sie brachen gültige Verträge und biederten sich bei Hitler an. Am 29. September 1938 schlossen Chamberlain und Daladier mit Hitler und Mussolini das Schandabkommen von München. Der Friede sei gerettet, hieß es. Doch wir wußten, daß Hitler nun noch größenwahnsinniger werden würde und der Ausbruch des Krieges nur hinausgeschoben worden war. München war für uns eine eiskalte Dusche, wir haben uns an den Kopf gefaßt, daß eine so kurzsichtige Politik der Westmächte überhaupt möglich sei.

Doch das Leben ging weiter. Sonntagnachmittags fuhr ich auf dem Fahrrad zu de Graaffs nach Wassenaar, jetzt meist mit Lin zusammen. Das Ehepaar de Graaff und die beiden Balets nahmen Lin wie selbstverständlich in ihren Freundeskreis auf. Wir diskutierten dort immer über das Weltgeschehen, vor allem über die Politik der Sowjetunion, auch über die Moskauer Prozesse. Wir fühlten ein gewisses Befremden, daß die Angeklagten, alle in langem Kampf bewährte Kommunisten, die gegen sie erhobenen Vorwürfe annahmen, sich von ihrer eigenen Vergangenheit distanzierten. Obwohl diese Prozesse in der bürgerlichen Presse eine neue antisowjetische Propagandawelle auslösten, meinten wir, daß es bei der augenblicklichen tödlichen Bedrohung des international isolierten sozialistischen Staates durch die faschistischen Mächte Deutschland, Italien und Japan berechtigt, ja notwendig sei, jegliche Meinungsverschiedenheiten auszuschalten, den demokratischen Zentralismus sehr streng zu handhaben, um den schwierigen, aber erstaunlich schnellen Aufbau des Sozialismus nicht zu gefährden und das Land gegen jede militärische Aggression verteidigen zu können.

In dieser Gesprächsrunde äußerte besonders Leo Balet mancherlei Sekpsis. Da er in Holland keine Möglichkeit gefunden hatte, als Kunstwissenschaftler tätig zu sein, war er entmutigt, ja depressiv. Er hatte seine Fühler ausgestreckt, ob es nicht in Amerika eine Chance für ihn gebe. Er war schon sechzig Jahre alt und hatte wenig Hoffnung, dennoch wollte er nichts unversucht lassen. Er riet mir auch, die Auswanderung nach den USA zu beantragen. Die Aussichten auf Erfolg seien allerdings gering, da die Zahl der Gesuche die beschränkte Einwanderungsquote bei weitem überstieg. Auch de Graaffs meinten, ich sollte es auf alle Fälle versuchen.

Ich ging also eines Tages im Oktober zum USA-Konsulat in Rotterdam. Eine riesige Menschenschlange stand dort schon, ich mußte ein paar Stunden warten, wurde endlich vorgelassen und ließ mich in die Warteliste für deutsche Immigranten einschreiben. Es werde mindestens ein Jahr dauern, ehe ich an die Reihe komme, teilte man mir höflich mit.

Inzwischen mußte ich meinen Paß verlängern lassen. Schweren Herzens ging ich zum erstenmal ins deutsche Konsulat in Den Haag, denn ich fürchtete, man wisse dort etwas über meine Verbindung zu Kommunisten und über mein Zusammenleben mit Lin. Aber nein, anstandslos stempelte man die Gültigkeit für weitere drei Jahre hinein.

Wenn die Auswanderung in die USA gelingen sollte, wäre es aber notwendig gewesen, daß Lin und ich heirateten. Wir wollten unbedingt zusammenbleiben. Ich glaubte sogar, daß sie mit ihren neuen Programmen in Amerika mehr Chancen haben würde als ich. Wir besprachen die Sache. Sie wollte nicht heiraten, aber meinte, doch einzuwilligen, wenn es aus pragmatischen Gründen notwendig sei.

Ich ging also gutgläubig zum Standesamt in Den Haag. »Aber natürlich können Sie die Ehe mit einer niederländischen Staatsangehörigen eingehen«, sagte der nette Beamte freundlich, »als Reichsdeutscher brauchen Sie dazu nur eine Ehebefähigungsbescheinigung der deutschen Behörden. Diese werden Sie nach unseren Erfahrungen innerhalb kurzer Zeit erhalten, wenn Sie alle Angaben über Ihre Person und die Ihrer Verlobten eingereicht haben.« – »Aber eine solche Bescheinigung kann ich doch nicht bekommen«, wandte ich ein, »denn ich bin ein sogenannter Arier und meine Frau ist Jüdin.« – »Ja, dann tut es mir unendlich leid, da kann ich Ihnen nicht helfen.« Und ich wieder: »Hat das Königreich der Niederlande denn damit die schändlichen Rassengesetze der Nazis anerkannt?« – »O nein, Sie sind Reichsdeutscher, und wir sind an unsere Vorschriften gebunden!« Wütend ging ich zur Tür hinaus.

Ich erkundigte mich bei dem aus Deutschland emigrierten Rechtsanwalt Karlsberg. »Es ist so«, sagte er, »auch in den Niederlanden gelten für deutsche Staatsangehörige die Nürnberger Gesetze. Ich rate Ihnen, für vierzehn Tage nach England zu fahren und dort zu heiraten, da ist das möglich.« Aber für eine Reise nach England fehlte uns das Geld. »Dann heiraten wir eben nicht«, meinte Lin gelassen, »wir werden schon irgendwie durchkommen.«

Ich erwog auch die Möglichkeit, die niederländische Staatsangehörigkeit zu erwerben, doch das war bei der damaligen Regierung mit dem gefürchteten erzkatholischen Innenminister Romme total aussichtslos.

Bald darauf, es muß im November gewesen sein, als gerade die Nachricht von dem fürchterlichen »Kristallnacht«-Pogrom uns alle zutiefst erschüttert hatte, erhielt ich von der deutschen Botschaft in Den Haag einen Brief mit der Mitteilung, daß ich als Wehrdienstpflichtiger registriert worden sei und zu gegebener Zeit einer Aufforderung zur Musterung Folge zu leisten habe. Ich erschrak furchtbar. Lin beruhigte mich. »Reg dich nicht auf. Sie können dich nicht zwingen, du lebst doch hier in Holland!« Jaja, das stimmte zwar, aber dieses Damoklesschwert hing von nun an über mir.

Inzwischen hatte ich eine neue Vortragsreihe ausgearbeitet. An fünf Abenden gab ich unter dem Thema »Der Streit um die moderne Musik« einen Überblick über die Entwicklung der Musik seit etwa 1880, zog Vergleiche zu den anderen Künsten, zeigte Lichtbilder und spielte Klavierstücke von Debussy und Ravel, eine Sonatine des Holländers Willem Pijper, die 6. Sonate von Skrjabin, Schönbergs op. 19, die Piano-Rag-Music von Strawinsky, die Toccata von Prokofjew, Zwölftonstücke von Joseph M. Hauer und die 3. Sonate von Hindemith, manches als Erstaufführung für Holland. Ein brisantes Thema. Das Interesse dafür war so groß, daß ich diesen Zyklus gleich mehrmals verkaufen konnte: an die Volksuniversitäten in Amsterdam und Utrecht, dort hatte ich ja schon einen kleinen Stamm von Zuhörern, in Utrecht waren es über siebzig, eine für damalige Verhältnisse hohe Zahl, und an den Kunstring in Den Haag, eine sehr angesehene Vereinigung, die mitten in der Stadt über einen schönen Konzert- und Vortragssaal verfügte; Haakons Vater Jaap und Vater Brandes, beide prominente Mitglieder des Kunstkrings, hatten mich dort empfohlen.

Unser guter Jan Carmiggelt schrieb über jeden einzelnen dieser Vorträge im »Vooruit« lobende Berichte, auch der »Nieuwe Rotterdamsche Courant« brachte eine längere Besprechung. Außerdem konnte ich im Bachsaal des Amsterdamer Konservatoriums einen Vortrag über die »Musik von Bach bis Mozart« halten, über den der »Telegraaf« und das »Algemeen Handelsblad« ausführlich berichteten. Mit diesen sechzehn Vorträgen verdiente ich nicht nur die für meine Verhältnisse enorme Summe von beinahe vierhundert Gulden, sondern avancierte auch in den großen Städten des Landes zu einem bekannten Pianisten und Musikwissenschaftler.

Schließlich bekam ich noch einige neue Klavierschüler und regelmäßige Korrepetitionsstunden mit der bekannten holländischen Mezzosopranistin Julie de Stuers. So hatte ich mir nach zweijährigem Emigrantendasein Ende 1938 eine einigermaßen gesicherte Existenz geschaffen. Ich hatte also genug zu tun. Hinzu kam noch die Forschungsarbeit mit Balet über die Künste des 17. Jahrhunderts in Holland.

Unsere ersten Erfolge

So war ich also doch wieder in der Bankastraat gelandet. Ich hatte mich von Eberhard überreden lassen, auch künstlerisch auf eigenen Füßen zu stehen. Anfangs verdiente ich viel weniger als bei der Revue und konnte nun meine Eltern nicht mehr unterstützen. Ich sagte ihnen das, und da gab's natürlich gleich wieder Krach mit Vater. »Jetzt muß endlich Schluß damit sein, außerdem ist Jannie ja auch kaum mehr bei euch«, rief ich und knallte die Tür zu. Jannie kam tatsächlich oft nach Den Haag, sie hatte sich in Bob Brandes verliebt und traf sich mit ihm im Gemeinschaftshaus. Dort hatte sich manches geändert. Einige Bewohner waren ausgezogen, weil es ihnen zu brenzlich wurde, in einem »kommunistischen Bordell« zu wohnen, wie unser Haus von manchen Leuten in der Umgebung genannt wurde.

In das kleine Vorderzimmer im ersten Stock zog ein ganz liebes Mädchen ein, Anita Schiff, eine deutsche Emigrantin. Sie war erst kürzlich aus Leipzig gekommen, ihr Vater, ein jüdischer Arzt, hatte scheußliche Demütigungen erdulden müssen. Anita arbeitete bei der Jüdischen Gemeinde in Den Haag. Wenn sie über Deutschland erzählte, habe ich oft Angst bekommen. »Aber hier in Holland kann so etwas ja nie passieren«, redete ich ihr und mir ein.

Und dann bekam das Gemeinschaftshaus ein Kind! Anfang November, die Internationalen Brigaden waren aufgelöst worden, auch Janric, der Bolle, kam total abgemagert nach Amsterdam zurück, aber ohne holländischen Paß. Allen Kämpfern für die Spanische Republik wurde auf Grund eines uralten Gesetzes, das Niederländern den »Kriegsdienst« in ausländischem Militär verbot, der Paß entzogen. (Bis Anfang der siebziger Jahre blieben sie staatenlos!) Der Draufgänger Wim de Lathouder hatte in Spanien geheiratet und war kurz darauf gefallen. Jan Kann holte eines Tages die junge Witwe, Rosario, mit ihrem acht Monate alten Söhnchen, das sein Vater nie gesehen hatte, aus Paris ab. Wir nahmen Mutter und Kind in unserem Gemeinschaftshaus auf, sorgten für sie, halfen ihr Holländisch zu lernen und kümmerten uns um das Kind, das auf einmal Mittelpunkt des Hauses wurde.

Ich hatte inzwischen einige Schüler gefunden und gab mehrere Gymnastikkurse, anfangs im Hinterzimmer, wo wir immer gemeinschaftlich aßen. Den großen Tisch schoben wir zur Seite, da hatte ich genug Platz. Bald zog dann Hans IJzerman aus, und wir bekamen das große Vorderzimmer an Stelle des Balkonzimmers im zweiten Stock. Wir ließen an einer Seite Ballettstangen einbauen, erstanden auf einer Auktion ganz billig einen breiten Spiegel, der Flügel kam herunter ins Erdgeschoß.

Auch eine Kinderklasse hatte ich und einen Kursus für dicke Damen. In der Kinderklasse war ein ganz liebes Mädchen, Maja van Raalte, sie hatte etwas X-Beine, ich arbeitete oft mit ihr. Und als sich ihre Haltung nach einigen Wochen besserte und sie auch leicht beschwingt gehen lernte, waren ihre Eltern, ein in Den Haag angesehenes Ehepaar, sehr froh.

Als die beiden Zimmer eingerichtet waren, gaben wir zur Eröffnung ein Hauskonzert. Auch die liebe, weißhaarige Oma Kathinka war wieder da. »Wißt ihr«, sagte sie nachher, »das Konzert war wunderschön, aber die eine große Wand hier im Vorderzimmer ist zu kahl. Ich habe viele Gemälde von Piet Mondriaan, die ich nicht alle in meiner Wohnung aufhängen kann. Eines leihe ich euch.« Das war doch wieder etwas – ein echter Mondriaan in unserem Zimmer! Ein paar Tage später kam sie in einem Taxi vorgefahren und brachte das gute Stück, ein Gemälde aus der Zeit um 1912, als Mondriaan gerade angefangen hatte, sich ganz dem Abstrakten zuzuwenden. Es waren lauter viereckige Kästchen, grau und blau, aber die äußeren Seiten noch auf impressionistische Art verschwommen. Wir waren sehr stolz auf unseren »Baukasten«, auf unser »Kreuzworträtsel«, wie manche sagten. Da wir das Gemälde ständig auf uns einwirken lassen konnten, lernten wir bald die Schönheit, die beruhigende Ausstrahlung dieser Kunst immer mehr schätzen und lieben.

Ich hatte im Oktober angefangen, bei Trijn Molenaar, Haakons Mutter, Gesangsunterricht zu nehmen. Da Eberhard regelmäßig mit Haakon arbeitete, brauchte ich für den Unterricht nichts zu zahlen. Sie gab mir allerlei italienische Übungen von Vaccai. Ich mühte mich redlich, die Kunst des Belcanto zu erlernen, hatte aber wenig Vertrauen, daß mir das nützen würde.

Im September hatte der gründliche Eberhard an alle vierundsechzig jüdische Organisationen, deren Adressen ich im Luach, dem jüdischen Taschenkalender, gefunden hatte, Briefe geschrieben und unsere Programme angeboten. Wir bekamen eine Menge Antworten. Einige Leute, die im Vorstand mehrerer Organisationen waren, hatten sogar zwei oder drei Briefe erhalten! Das hatte sicher Eindruck gemacht. Schon bald bekam ich ein erstes Engagement: Die jüdische Jugendvereinigung »Mogein Dowied« in Amsterdam veranstaltete einen Elternabend, und ich konnte einige meiner Tänze zeigen und Lieder singen. Auf der großen Bühne im Saal der Joodse

Invalide, einem modernen Altersheim am Weesperplein, fühlte ich mich ganz in meinem Element. Am Schluß bekam ich Riesenbeifall, und der Sekretär dieser Organisation, M. H. Gans, fand lobende Worte für unser Auftreten. Mächtig stolz war ich, daß in der nächsten Nummer des »Nieuw Israelitisch Weekblad« ein langer Artikel über diesen Abend erschien und ein ganzer Absatz den »Leistungen dieser jungen, vielversprechenden Künstlerin« gewidmet war. Besonders mein Tanz zum Sukkoth-Fest mit einem langen Palmwedel und das Lied »Fun schtud tsu schtud« (Von Stadt zu Stadt) wurden sehr gelobt.

Zum Chanuka-Fest im Dezember erhielten wir gleich drei Angebote, aus Leeuwarden, Den Haag und Amersfoort. Nach dem feierlichen Anzünden der Lichter und einer Rede konnten wir jeweils mit einem fünfviertelstündigen Programm auftreten. Überall war der Erfolg groß, außer den jüdischen Wochenzeitungen publizierte auch die Lokalpresse anerkennende Berichte. Der »Amersfoortsche Courant« meinte sogar, daß die jiddischen Lieder »in künstlerischer wie auch jüdisch-kultureller Hinsicht meisterhaft« gewesen seien. Jan Carmiggelt im »Vooruit« dagegen urteilte sachlicher: »Ihr künstlerisches Ausdrucksvermögen ist noch nicht genügend in künstlerische Formen umgesetzt.«

Wir traten auch wiederholt in Solidaritätsveranstaltungen für Spanien auf. Li Alma-Heijnen, die Frau des bekannten Malers Peter Alma, hielt flammende Reden, und ich sang jiddische Lieder. Da sich Eberhard aber keinesfalls politisch betätigen durfte, stellten wir das Klavier immer an der Bühnenseite auf, daß er mich zwar beobachten, selbst aber hinter dem Vorhang nicht gesehen werden konnte.

Schon seit einem Monat merkte ich, daß ich schwanger war. Da ich für den März und April eine ganze Reihe von Abenden in Aussicht hatte, kam mir das ganz ungelegen. Was sollte ich tun? Ich ging kurz vor Silvester zu einem bekannten Frauenarzt in Amsterdam. Er nahm den Eingriff vor. Ich mußte noch den ganzen Januar im Krankenhaus verbringen. Eberhard hatte gerade wenig zu tun, wohnte bei Frenny de Graaff am Zwanenburgwal, besuchte mich täglich, brachte mir immer Blumen mit und machte mir wieder Mut. Während dieser Zeit diente unser Zimmer in Den Haag meiner Schwester Jannie und Bob Brandes als Domizil für ihre Flitterwochen. Mama Brandes war damit überhaupt nicht einverstanden. Sie fand, daß ihr Bob etwas viel Besseres verdient hätte als dieses nicht standesgemäße Mädchen aus Amsterdam. In einem langen Telefongespräch versuchte sie Eberhard zu überreden, Bob von ihr abzuhalten, dabei erfand sie allerlei dumme Gerüchte über die Brilleslijper-Familie. Eberhard wehrte ab. »Das ist alles blanker Unsinn. Und Bob weiß selbst genau, was er tut!«

Ich erholte mich überraschend schnell. Während des ganzen Februar arbeitete ich an meinem Programm wie ein Pferd, dazu tägliches Tanztraining, Gesangsstudium und Gymnastikkurse. Ich ging nun auch oft wieder zu Lili Green, die in der Juffrouw-Ida-Straat ein großes Studio hatte, sie ließ mich regelmäßig an ihren Kursen für Fortgeschrittene teilnehmen. Sie mochte Eberhard sehr und freute sich, daß ich nun meinen eigenen Weg eingeschlagen hatte.

Der März 1939 wurde für mich entscheidend wichtig, ich hatte gleich vierzehn Auftritte. Es begann mit einem Abend des Niederländischen Zionistenbundes zum Purim-Fest in Utrecht. Es folgte eine Tournee von mehreren Abenden in der Provinz Utrecht zugunsten der »Jugendaktion Hilfe für notleidende Kinder«, vor allem Kinder jüdischer Flüchtlinge und spanischer Kinder. Angeregt und organisiert wurde diese Aktion von dem »Werkplaats Kindergemeenschap Bilthoven«, der Reformschule von Kees Boeke, einem hervorragenden Pädagogen. Diese Schule hatte einen sehr guten Ruf, sogar Prinzessin Juliane schickte ihre älteste Tochter, die jetzige Königin Beatrix, dorthin. Zwar wurden die Nettoeinkünfte der Jugendaktion zur Verfügung gestellt, aber als Unkostenbeitrag erhielten wir doch noch etliche Tientjes (Zehnguldenscheine) pro Vorstellung. Und vor allem, ich konnte zum erstenmal gleich mehrmals hintereinander in Utrecht, Bilthoven, Zeist und einigen anderen Orten ein abendfüllendes Programm zeigen, die Presse setzte sich außerdem sehr für diese Aktion ein. Eberhard hatte kurz zuvor im »Utrechtsch Nieuwsblad« einen ausführlichen Artikel über »Joodsche Volkskunst« veröffentlicht. Mich ärgerte, daß meine Arbeit immer im Schatten von Chaja Goldstein stand und von allen Kritikern verständlicherweise Vergleiche angestellt wurden. Desto mehr freute ich mich, daß nun das »Utrechtsch Volksblad« schrieb:

»Jetzt, nachdem wir Lin Jaldati gesehen haben, können wir sagen, daß auch eine unserer Landsleute über die besonderen Gaben verfügt, die für diese Arbeit erforderlich sind.«

Den Höhepunkt aber bildeten zwei öffentliche Konzerte, die wir in Amsterdam und Den Haag Ende März gaben. Ich hatte eigentlich noch nicht den Mut zu einem solchen Risiko, aber Eberhard drängte mich. »Nur wenn du dir hohe Ziele stellst, kommst du voran, und du mußt überhaupt erst einmal bekannt werden!« Wir waren also Anfang Februar zu der »Centrale Kunst Organisatie« in Amsterdam gegangen, einer Konzertdirektion, die im Gegensatz zu anderen Agenturen nicht als profitsüchtiger Halsabschneider bekannt war und vor allem junge Künstler förderte. Wir vereinbarten, im Amsterdamer Muzieklyceum und im Saal des Haager Kunstkrings je einen »Joodsche Kunstavond« zu geben. Dafür mußten wir einen gewissen Betrag im voraus zahlen, das Geld lieh uns Jan Kann. Ich war nun mächtig stolz, daß ein großes rotgedrucktes Plakat mit meinem Namen an den Anschlagsäulen beider Städte prangte. Unser guter Jan Carmiggelt hatte einen langen Artikel über mich und meine Arbeit geschrieben, der jeweils zwei Tage vor den Konzerten im »Volk« in Amsterdam und im Haager »Vooruit« erschien.

Nach den Erfahrungen der vorangegangenen Auftritte hatten wir ein Programm von jeweils vier bis fünf Tänzen und fünf Liedern zusammengestellt, dazu spielte Eberhard einige Soli von Scarlatti und Chopin. Vor allem mit vier Tänzen, in denen ich jüdische Frauengestalten verkörperte – »Di mame baj Schabbes ojsgang« mit einem Sabbatlied, »Die Schnorerke«, eine Bettlerin, »Di narische Mame« aus »Tog un nacht« und »Die alte bobe«, eine gewitzte Großmutter –, meinte ich ein Stück des Lebens der Ostjuden anschaulich dargestellt zu haben. Um die Pausen zwischen den einzelnen Tänzen so kurz wie möglich zu halten, half mir Eberhard immer beim Umziehen. Alles mußte vorher genau bereitgelegt werden, nichts durfte fehlen. Dann stürzte Eberhard wieder zum Klavier. In manchen Sälen hatter er auch noch den Vorhang zu bedienen.

Der Besuch in Amsterdam war mäßig, in Den Haag gut. Die Einnahmen deckten gerade die Vorauszahlung, so daß wir Jan Kann das gepumpte Geld gleich wieder zurückzahlen konnten. Eberhard hatte mir nach dem Konzert in Amsterdam einen Strauß Maiglöckchen überreichen lassen, die ich von allen Blumen am meisten liebe, und auf einen Zettel dazu geschrieben: »Ein ganzes Jahr und noch viel mehr . . .« Da erst fiel mir ein, daß wir an diesem 27. März unseren ersten Hochzeitstag hatten.

Wir waren sehr gespannt, was die Kritiker schreiben würden. Die einen fanden die Lieder besser, die anderen die Tänze. Der erzkonservative Werumeus Buning im rechtsgerichteten »Telegraaf« und ein Ungenannter im sozialdemokratischen »Volk« verrissen meine Arbeit nach Strich und Faden. Wenn nur diese Meinungen maßgebend gewesen wären, hätte ich gleich einpacken können. Glücklicherweise blieben das die beiden einzigen wirklich schlechten Kritiken, die ich je bekommen habe. Die anderen waren alle ermutigend, vor allem Jan Carmiggelt schrieb wieder sehr sachlich-kritisch: »Bei Lin Jaldati ist alles, was sie zu einer bedeutenden Persönlichkeit wachsen lassen kann, im Keim vorhanden. Ob das zur Entfaltung kommen wird, ist eine Frage des Studiums, der Selbstkritik und Reifung.« Im »Haagsche Courant« meinte Ben van IJsselstein, ein bekannter Literat: »Ein ausgesprochenes Talent, eine junge Künstlerin, deren Gesang und Tanz ein großes Versprechen beinhalten. Etwas, das mehr sagt, als sie im Augenblick wohl selbst zu würdigen weiß.« Am schönsten aber war die Meinung des Kritikers im »Vaderland«: »Obwohl die Künstlerin erst siebzehn Jahre alt ist, darf jetzt schon festgestellt werden, daß sie viel für die Zukunft verspricht.« Daß er mich beinahe zehn Jahre jünger geschätzt hatte, traf meine Eitelkeit an der empfindlichsten Stelle.

Ich war froh und erleichtert, mein Traum von einem eigenen Abend war in Erfüllung gegangen. Zwar nicht in einem roten Kleid auf der Bühne der Stadsschouwburg, aber immerhin, ich hatte mein Debüt mit Anstand über die Runden gebracht und war im ganzen Land bekannt geworden.

Im Schatten von Hiobsbotschaften

Ich freute mich vielleicht noch mehr als Lin über den Sprung, den sie in so kurzer Zeit gemacht hatte. Schon am 30. Dezember 1938 schrieb ich in einem Brief an Balet: »Über ihren großen Erfolg im Saal des Kunstkrings wird überall geredet. Niemand hatte so etwas von ihr erwartet, die Haltung vieler Menschen ihr gegenüber ist plötzlich ganz anders, weil sie in ihr nicht mehr nur das kleine Mädchen sehen, sondern eine Künstlerin, die wirklich etwas leisten kann. Ich bin sehr froh darüber, denn ihre Minderwertigkeitsgefühle (und auf der anderen Seite das kompensierende Geltungsbedürfnis) verschwinden mehr und mehr. Sie ist in den letzten Monaten unglaublich verändert, ebenso wie ich auch. Und was kann schöner sein, daß wir einander so vollkommen ergänzen und uns einander soviel geben können.«

Die Zusammenarbeit mit Lin war nur ein Teil meiner Tätigkeit. Der starke Widerhall meiner Vorträge über den »Streit um die moderne Musik« regte mich an, noch mehr auf diesem Gebiet zu tun, zumal das Musikleben in Holland, besonders aber in der Residenzstadt, sehr konventionell war. So hatte ich im »Maandblad voor Hedendaagsche Muziek« gegen die engstirnigen Thesen eines gewissen Dr. Piccardt heftig polemisiert. Der Herausgeber dieser Zeitschrift, Danie Ruyneman – er wurde überall nur Ruine-Mann genannt – war von meiner Epistel so begeistert, daß er mich aufforderte, noch mehr Artikel zu schreiben. Besonders meine Ausführungen über »Elektrische Musikinstrumente« von Oskar Vierlings Electrochord über den Theremin-Ätherwellen-Apparat und den Neo-Bechstein-Nernst-Flügel bis zum Trautonium erregte beträchtliches Aufsehen, da man sich in Holland damit noch nicht beschäftigt hatte.

Dann hatte ich einen Vortrag über »Die moderne Bewegungskunst im Vergleich mit den anderen Künsten« ausgearbeitet, mit Bewegungsstudien, die Lin vorführte, Musikbeispielen am Klavier und mit Diapositiven. Die Studentenvereinigung der Akademie für Bildende Künste in Den Haag – man kannte mich dort noch von meinem Vortrag über die moderne Musik vom Februar 1937 – forderte mich auf, vor den Lehrern und Studenten zu sprechen, aber der Direktor, Dr. Plantenga, wollte das nicht. Ob er inzwischen gemerkt hatte, wes linken Geistes Kind ich war, oder ob er eifersüchtig auf Lin war, weil ich mit seiner Tochter Els nicht anbändeln wollte, ich weiß es nicht. Dreimal forderten die Studenten mich an, dreimal weigerte er sich. Erst beim viertenmal setzten sich die Studenten durch, der Vortrag wurde ein Erfolg, auch für Lin.

In Gesprächen mit Jan Carmiggelt und dem Musikkritiker des »Vooruit«, Jan Kasander, einem merkwürdigen Mann mit Kastratenstimme, kamen wir auf die Idee, in Den Haag eine Zweigstelle der International Society of Contemporary Music (ISCM) zu gründen. Es existierte zwar schon eine Sektion Holland, aber diese war nur in Amsterdam aktiv. Wir beschlossen, zunächst mit einigen Hauskonzerten auf uns aufmerksam zu machen. In Amsterdam hatte Paul F. Sanders, einer der konsequentesten Propagandisten neuer Musik in Holland, unserem Plan zugestimmt. Ein bekannter Musikliebhaber, Dr. Spanjaard, stellte uns seine große Wohnung am Oostduinlaan zur Verfügung, und so gaben wir am 25. März 1939 unser erstes Konzert. Haakon und ich spielten als Erstaufführung die im Jahr zuvor komponierte Sonate für Oboe und Klavier von Paul Hindemith und zwei Stücke des Rumänen Stan Golestan. Außerdem wirkten noch einige andere Musiker mit, wir taten das alle aus Freude an der Sache. Das Konzert hinterließ einen guten Eindruck, so daß wir einige Wochen danach noch ein zweites Hauskonzert geben konnten. So hatte sich die Haager Zweigstelle der ISCM rasch einen guten Ruf erworben.

Angeregt durch die Erfolge der Konzerte von Lin und mir in Amsterdam und Den Haag, wollte es nun auch Haakon wagen, mit einem Oboenrezital aufzutreten. Das war damals etwas ganz Ungewöhnliches – und ein Risiko. Für Haakon bedeutete dieser Abend am 18. April im Muzieklyceum in Amsterdam eine künstlerische Selbstbestätigung im Vergleich mit der außerordentlichen Wertschätzung, die sein Vater Jaap genoß. Für mich war das wieder eine Gelegenheit, nicht nur als Haakons Partner, sondern auch mit Werken von Haydn, Strawinsky und Toch solistisch auftreten zu können. Der Besuch war zwar nur mäßig, aber der Applaus dafür herzlich, und die Kritiker schrieben Lobeshymnen. Danach bekamen wir das Angebot, einen Teil des Programms im Rundfunk zu spielen.

Ein gelungenes Risiko spornt bekanntlich den Mut zu höheren Leistungen an. Eines Tages nach diesem Konzert kam Haakon freudestrahlend zu uns in die Bankastraat. »Ich habe einen Prospekt aus Genf bekommen, dort findet Ende Juni ein internationaler Wettbewerb für junge Musiker statt, auch für Oboisten und Pianisten, ich will daran teilnehmen. Kommst du mit?« – »Ja, das ist sicher sehr verlockend«, antwortete ich, »aber wie soll ich denn die Reise und die Unterkunft bezahlen?« – »Das ist alles schon geregelt. Mein Vater stellt uns sein Auto zur Verfügung, er finanziert auch die Kosten für Benzin, Verpflegung und Unterkunft. Mieke fährt natürlich mit, und du mußt mich auf dem Klavier begleiten. Wenn ihr Lust habt, könnt ihr beide mitkommen.« Ich schaute Lin kurz an. Sie sprang hoch und rief: »Das machen wir, eine herrliche Reise, und auf dem Rückweg bleibe ich noch in Paris, um bei Preo weiterzustudieren.«

Ich machte mir zwar keine Hoffnungen, aber es lockte mich schon, bei einem internationalen Vergleich mein Können auf die Probe zu stellen. Auf alle Fälle würde ich viel dabei lernen. Wir meldeten noch am gleichen Tage unsere Teilnahme in Genf schriftlich an. Bedingung war, ein funkelnagelneues Stück zu spielen, das vier Wochen vor Beginn des Wettbewerbs zugeschickt werden sollte.

Pünktlich Ende Mai erhielt ich mit der Post ein »Fantasque« genanntes, sehr brillantes, lustiges Stück von A. F. Marescotti. Darin mußten einige technische Kniffe bewältigt werden. Mir machte das großen Spaß, und ich konnte das Stück schon nach vierzehn Tagen auswendig.

Inzwischen hielt ich noch etliche Vorlesungen an Volksuniversitäten. Das Interesse ließ allerdings etwas nach, die zunehmenden politischen Spannungen machten sich im gesamten Kulturbereich durch rückläufige Besucherzahlen bemerkbar. Auch das Rotterdamer Konservatorium hatte mich zu einem Vortrag über moderne Musik eingeladen, so daß ich nun in allen wichtigen Musikinstitutionen der vier großen Städte des Landes aufgetreten und bis an die Grenze meiner Möglichkeiten freiberuflicher Tätigkeit vorgestoßen war. Ich konnte froh sein, das erreicht zu haben, denn anderen deutschen Emigranten wie dem vor 1933 in Berlin sehr bekannten Musiker Dr. James Simon und dem jungen Musikwissenschaftler

Dr. Eduard Lowinsky war es trotz vieler Bemühungen nicht gelungen, sich in Holland durchzusetzen.

Meine Zusammenarbeit mit Balet ging weiter, wenn ich auch wegen der vielen anderen Tätigkeiten manchmal wochenlang davon abgehalten wurde. Aber auch hier ergaben sich neue Probleme. Balets Bemühungen, nach Amerika auszuwandern, hatten nämlich Erfolg. Ende November 1938 erhielt er einen Lehrauftrag an das Brooklyn College in New York. Er und Käte packten schnell ihre paar Habseligkeiten und schifften sich schon im Dezember ein. Da er von einem Lehrinstitut angefordert worden war, konnte er sofort einreisen.

Unsere Studien wurden damit zum zweitenmal unterbrochen. Wieder war es ganz ungewiß, wie wir unseren Plan einer neuen Veröffentlichung realisieren können würden. Ich versprach ihm, meine anteiligen Texte fertigzustellen. Es ging dabei vor allem um folgendes: Ich mußte begründen, weshalb es nach der Hochblüte der südniederländischen Musik im 15. und 16. Jahrhundert während und nach der bürgerlichen Revolution für Berufsmusiker keine Existenzmöglichkeiten gab, andererseits aber blühte gleichzeitig ein reiches Musikleben in den Bürgerhäusern auf, und vor allem machte das niederländische Volkslied eine erstaunliche Entwicklung durch. Das alles hatten wir schon durchgesprochen. Bis zum Herbst glaubte ich Balet mein Manuskript nach New York zu schicken.

Als Balet abgereist war, nahm ich meine Bemühungen, auch nach Amerika auszuwandern, wieder auf. Noch im Dezember schrieb ich zwei Briefe an meinen verehrten Lehrer Curt Sachs, der als Professor an der Columbia University in New York und an anderen Lehranstalten der USA wirkte, und an den ebenfalls in New York ansässigen Musikschriftsteller Hugo Leichtentritt, den ich schon in Berlin einmal kurz kennengelernt hatte. Von Sachs habe ich zu meiner Enttäuschung nie eine Antwort erhalten, Leichtentritt jedoch schrieb mir nach einigen Wochen einen lieben, sehr ausführlichen Brief, der allerdings die wenigen Hoffnungen, die ich noch hatte, in Luft zergehen ließ: Es gäbe eine sehr große Anzahl von bekannten und unbekannten alten und jungen Musikologen, die sich um Stellungen bewerben, die Universitäten und Colleges begännen erst, musikwissenschaftliche Kurse einzurichten. Wenn man etwas leiste, könne man sich auch durchsetzen, aber Vorbedingung sei, daß man im Lande anwesend ist. Genau darin lag ja die Schwierigkeit für mich.

Im März ging ich noch einmal zum USA-Konsulat nach Rotterdam. Die Schlange war noch länger als beim erstenmal, seit der »Kristallnacht« hatte die Zahl der Ausreisewilligen sprunghaft zugenommen. Wieder mußte ich ein paar Stunden warten. Ich stehe zwar schon seit Oktober auf der Warteliste, meinte der Beamte, aber es werde wohl noch anderthalb Jahre dauern, also nicht vor dem Herbst 1940, ehe ich Aussicht auf Erfolg habe. Außerdem müsse ich ein Affidavit vorweisen, eine eidesstattliche Versicherung eines USA-Bürgers, der auch finanziell eine Bürgschaft für mich übernehme.

Inzwischen häuften sich die Hiobsbotschaften. Schon im Dezember war die Volksfront in Frankreich zusammengebrochen, ein Generalstreik niedergeschlagen. Im Januar fiel Barcelona den Faschisten in die Hände. Im Februar erkannten England und Frankreich das Franco-Regime offiziell an. Am 14. März rief die klerikalfaschistische Hlinka-Partei einen selbständigen slowakischen Staat aus, und einen Tag später ergoß sich die braune Flut über ganz Böhmen und Mähren. Das also war das Resultat von München, die ČSR existierte nicht mehr. Wir sahen Fotos vom Einmarsch der deutschen Truppen in Prag, hinter der Tünche des Jubels blickten uns Gesichter des Grams, der Wut an. Was soll nun aus der »goldenen Stadt« werden? Ich machte mir Sorgen um Heinz Hollitscher, mit dem ich noch regelmäßig korrespondiert hatte, und um all die anderen Freunde und Genossen, die ich dort kennengelernt hatte. Einige Wochen später erhielt ich Nachricht von Heinz aus London, er war wie viele andere auch auf abenteuerlichem Wege von Prag über Polen nach England gekommen.

Kurz nach der Besetzung der Tschechoslowakei fielen Hitlers Truppen ins Memelland ein. Das faschistische Monster näherte sich immer mehr der Sowjetunion. Eine neue Hetzkampagne richtete sich gegen Danzig, gegen Polen. Und was taten die Westmächte? Gar nichts, außer einigen verbalen Protesten, die von niemandem ernst genommen wurden. Die Sowjetunion schlug Frankreich und

Großbritannien mehrmals einen Bündnisvertrag vor. Die Antwort? Ein vorsichtiges Ja, dann nein, dann wieder möglicherweise ja mit vielen Aber. Die sowjetische Regierung drängte, die Westmächte zögerten, verschleppten die Unterhandlungen.

Meinen Eltern schrieb ich ab und zu einen Brief, ohne ihnen irgend etwas über Lin mitzuteilen. Meine Mutter wollte mich schon seit langem mal besuchen kommen. Ich zögerte es so lange wie möglich hinaus, aber im Mai kam sie dann doch. Ich hatte in der Nähe unseres Hauses eine kleine Pension für sie gefunden. An Balet schrieb ich: »Ich mußte aber aufpassen, daß sie nichts von meinem unmoralischen und kulturbolschewistischen Lebenswandel merkte. Aber alles ging gut dank der Rücksichtnahme all unserer Freunde hier im Hause.« Lin war sehr böse, daß sie sich während der Stunde, als meine Mutter in unserem Zimmer war, bei Cleo aufhalten mußte, und mir paßte es auch nicht, ihr die Sehenswürdigkeiten Den Haags zeigen zu müssen. Aber die Woche war schnell um, und ich atmete auf, als sie wieder »heim ins Reich« abdampfte.

Wir bereiteten uns sehr intensiv auf Genf vor. Ganz unerwartet kam eines Tages Jan Carmiggelt in unser Zimmer geschneit. »Eberhard, ich werde wegen meiner vielen anderen Verpflichtungen in der ›Arbeiderspers‹ ab 1. Juli keine Musikkritiken mehr im ›Vooruit‹ schreiben. Als meinen Nachfolger habe ich dich vorgeschlagen.«

Vor Staunen blieb mir der Mund offenstehen. »Und die Bedingungen?« Anfangs eine Probezeit mit einem Gehalt von fünfzig Gulden pro Monat, dann eine Erhöhung auf fünfundsiebzig. Das war zwar nicht viel, aber ich brauchte ja nur abends in Konzerte zu gehen, darüber Kritiken und ab und zu einen etwas längeren Artikel schreiben. Außerdem war noch Jan Kasander als Musikkritiker verpflichtet, wir konnten uns die Aufgabe also teilen. Eine angenehmere regelmäßige Tätigkeit hätte ich mir gar nicht wünschen können. »Ja, aber als Ausländer brauch ich doch für eine feste Anstellung eine Arbeitserlaubnis?« Jan sagte nur: »Ach, das ist unsere Angelegenheit, mach dir darüber keine Gedanken.«

Ich sollte am 1. August beginnen, vorher aber probeweise über ein Konzert berichten, sobald wir aus Genf zurückgekehrt waren. Das freute schließlich uns alle. Zur Vorbereitung für Genf gaben

Haakon und ich noch ein Hauskonzert, und in bester Laune sausten wir Ende Juni bei herrlichem Wetter los.

Genf, ohne Beifall

Nach den beiden Konzerten Ende März begann meine Phantasie wieder zu sprudeln. Ich träumte schon von neuen, viel anspruchsvolleren Tänzen. Es lockte mich, Themen aus der reichen ostjüdischen Literatur in Tanz umzusetzen. Wir hatten gerade einen wunderschönen jiddischen Film nach dem Schauspiel »Der Dybuk« von Anski gesehen. In Gedanken tanzte ich schon das vom Dybuk besessene Mädchen, das sich nach einer Vereinigung mit ihrem Geliebten sehnt – die ihr nur der Tod bringen kann. Auch den Golem wollte ich tanzen, die von Gustav Meyrink nacherzählte Legende aus dem alten Prag hatte mich schon lange fasziniert. Und dann gab es in der Bibel so viele Frauengestalten, die mich reizten, Rebekka am Brunnen zum Beispiel, mit einem großen Krug, oder die feurige Lilith in einem weiten roten Kleid; vielleicht würde mein Kindertraum doch noch einmal in Erfüllung gehen. Für den Dybuk und den Golem brauchte ich allerdings Masken, wer könnte die machen? Vor allem aber mußte ich meine Tanztechnik noch verbessern. Ich wollte nach der Genf-Reise unbedingt wieder zu Preo nach Paris.

Auch meine Gesangstechnik reichte noch nicht aus, die Stimme war zu klein, klang noch zu piepsig. Für meine Lieder brauchte ich eine viel größere Wandlungsfähigkeit der Stimme. Ich gab mir alle Mühe, die italienischen Gesangsübungen von Trijn Molenaar auszuführen. Sie trimmte mich auf einen Belcanto-Sopran, ich konnte sogar schon das »Hojotoho« aus der »Walküre« von Richard Wagner bis zum dreigestrichenen C jauchzen. Aber was nützte mir das für meine jiddischen Lieder? Und das Pathos des Antisemiten Wagner war mir sowieso zuwider. Nein, bei Trijn Molenaar kam ich nicht weiter.

Über diese Probleme sprach ich auch mit der Mutter von Maja van Raalte. »Ich kenne hier einen ausgezeichneten Sänger und Gesangspädagogen«, sagte sie, »der auch jiddische Lieder singt und sicherlich genau weiß, was du brauchst: den Kantor der Liberalen Jüdischen Gemeinde, einen deutschen Emigranten, Erhard E. Wechselmann. Ich werde ihn anrufen, und dann gehst du mal zu ihm. Aber den Unterricht mußt du schon bezahlen, denn er verdient nur sehr wenig.«

Ich hatte schon einige Male mit Eberhard darüber gesprochen, ob ich nicht von einigen reichen Juden so eine Art Stipendium für mein weiteres Studium bekommen könnte. In dem Gespräch mit Frau von Raalte schien mir der Moment günstig, darüber zu sprechen. »Aber ja«, rief sie, »dafür kann ich schon sorgen. Von uns kannst du etwas bekommen, aber ich werde mal mit dem reichen van den Berg von der Unilever reden, du weißt doch, dem Margarine-König, der hat eine große Villa in Wassenaar: Tausend Gulden, das ist für ihn eine Kleinigkeit. Und wenn er nicht will, kann ich noch bei anderen Leuten vorsprechen. Du bist ja jetzt in unseren Kreisen bekannt, und zur Förderung einer jungen Künstlerin geben manche sicherlich gern etwas. Ich kümmere mich darum.«

Ich bedankte mich herzlich bei ihr, glaubte aber noch nicht so recht daran, denn die reichen Holländer waren knauserig und hatten für Kunst nicht viel übrig.

Schon am nächsten Tag rief sie mich an, der Kantor Wechselmann erwarte mich. Ich ging zu ihm. Ein großer Mann mit dicken dunklen Augenbrauen und kahlem Kopf kam mir freundlich entgegen. Ich sang ihm etwas vor, ein lyrisches jiddisches Lied, ohne Klavierbegleitung. Er lächelte. »Schön singen Sie das«, sagte er auf deutsch, das Niederländische schien ihm noch Schwierigkeiten zu machen. »Aber das einzige, was Ihnen wirklich fehlt, ist eine gute Atemtechnik, die läßt sich schnell erlernen.« Ich erklärte ihm, daß Trijn Molenaar eine große Stimme aus mir herausholen wollte. »Unsinn, das braucht man nicht für jiddische Lieder. Natürlich muß die Stimme richtig sitzen, der Text immer verständlich sein, aber Belcanto? Nein, das ist nicht das richtige.« Er sang mir kurz eine liturgische Melodie vor. Ich erschrak über seine große Stimme, seinen wohltönenden Bariton. Ein richtiger Chasn, dachte ich. Und dann sang er ein heiteres jiddisches Lied, aber ganz anders, mit nur ganz wenig Stimme und deutlicher Diktion. Er lächelte dabei verschmitzt. »Ja, das eben genau ist der Unterschied«, sagte er. »Wenn Sie die Stimme einfach fließen lassen, klingt sie auch. Und die verschiedenen Timbres, die Sie für die Lieder brauchen, kommen von ganz allein, sobald Sie den Inhalt nur intensiv nachfühlen.«

Er erzählte mir, daß er bei dem berühmten holländischen Gesangspädagogen Johan Messchaert studiert hatte, der jahrzehntelang an der Berliner Musikhochschule tätig war. »Von ihm habe ich einige Grundübungen übernommen, die zum richtigen Atmen notwendig sind«, fuhr er fort. »Ich gebe Ihnen diese Übungen gern weiter, sie werden Ihnen genauso helfen, wie sie mir und vielen anderen seiner Schüler geholfen haben.«

Wechselmann machte auf mich einen sehr gefestigten, sympathischen Eindruck. Für die Stunde verlangte er fünf Gulden, das war durchaus bescheiden. Im Mai begann der Unterricht. Eberhard kam einige Male mit. Wechselmann schrieb mir die Übungen auf, und zu Haus half mir Eberhard beim Studium. Die Resultate waren wirklich überraschend, schon nach drei, vier Wochen klang meine Stimme ganz anders, viel runder, voller, das Piepsige ging weg.

Im Juni vereinbarte Frau van Raalte dann auch für mich ein Gespräch mit dem Unilever-Boß van den Berg. Eberhard und ich fuhren auf Rädern nach Wassenaar zu seiner Villa. Aber nein, das war ein richtiges Schloß in einem großen, schön angelegten Park. Wir waren dort schon oft vorbeigeradelt, wenn wir zu den Graafs fuhren. Eberhard blieb vor dem Eingang mit den Rädern stehen. »Der soll ruhig etwas blechen, ich hab lange genug am Fließband für den Profit anderer gearbeitet«, sagte ich noch, ehe ich klingelte.

Ein adrettes Dienstmädchen mit zünftigem Häubchen öffnete. Ich wurde durch mehrere Zimmer geführt. In einer Art Bibliothek empfing er mich dann und begrüßte mich in väterlichem Ton. Nach ein paar höflichen Worten kam er gleich zur Sache. »Ja, ich bin gern bereit«, er duzte mich, das war in Holland bei diesen Herren Jüngeren und Untergebenen gegenüber so üblich, »dir eine Studienbeihilfe von tausend Gulden in einem Jahr zu geben. Hier sind die ersten fünfhundert, den Rest dann später.« Ich bedankte mich und versprach, mit diesem Geld einige Wochen bei Preobrashenskaja in Paris zu studieren. »Aber hör mir mal zu«, sagte er noch, »ich möchte dir einen guten Rat geben: Fahr lieber nach Amerika, denn es gibt bald Krieg!« Ich dachte, so schlimm wird's schon nicht werden. Er reichte mir zum Abschied die Hand, das Dienstmädchen geleitete mich wieder hinaus. Ich übergab Eberhard den Briefumschlag, er regelte immer alle finanziellen Dinge – fünfhundert Gulden, für uns ein wahres Vermögen.

Nun also ab nach Genf. Wir hatten vereinbart, für die ersten Tage Proviant mitzunehmen. Ich kaufte Brötchen, Butter, Aufschnitt und einen ganzen Korb voll Pampelmusen. Ganz früh morgens holten Haakon und Mieke uns mit dem Auto ab. »Vitamine haben wir also genug, die beiden Männer können das für den Wettbewerb gut gebrauchen«, sagte Mieke, sie dachte immer sehr real. So gondelten wir in fröhlichster Stimmung los.

Um möglichst schnell in die Schweiz zu gelangen, denn die beiden Musikanten mußten gut in Form bleiben und konnten es sich nicht erlauben, länger als zwei Tage nicht zu üben, hatte Haakon einen Weg über Brüssel, Reims, Nancy nach Bern gewählt. Dort wohnten wir drei Tage bei einem befreundeten Ehepaar. Eberhard und Haakon konnten dort täglich mehrere Stunden ungestört arbeiten, während Mieke und ich durch die Straßen bummelten. Haakon war ein Jahr lang Oboist im Berner Orchester gewesen, er und Mieke kannten also die Stadt gut. Ihre Freunde waren sehr entgegenkommend, aber der Hausherr war ein schrecklicher Pedant. Damit die Hacken von Eberhards Schuhen beim Pedaltreten keine Eindrücke im Teppich hinterließen, legte die Hausfrau einen großen, dicken Stofflappen sorgfältig geglättet unter den Flügel. Im Badezimmer mußten die Zahnbürsten immer genau in gleichen Abständen gerade nebeneinander liegen, die kleinste Abweichung hätte uns schon einen vorwurfsvollen Blick eingebracht. Mich machte das ganz kribblig.

Am Tag vor dem Wettbewerb fuhren wir dann nach Genf. Die Teilnehmer wurden von Professor Marescotti, Prorektor am Genfer Konservatorium, der das Pflicht-Klavierstück komponiert hatte, sehr jovial begrüßt. Haakon mußte am nächsten Tag gleich in der ersten Runde spielen, Eberhard hatte noch drei Tage Zeit.

Haakon und Mieke wohnten in einem Hotel, Eberhard und ich bei einem netten Bildhauer, dessen Adresse uns der Architekt Jo de Vries, seit kurzem Mitbewohner in der Bankastraat, gegeben hatte. Am nächsten Morgen erzählte uns Haakon, er habe einen Kollegen, auch einen Oboisten, aus Bern getroffen, der ihn erstaunt gefragt habe, weshalb er am Wettbewerb teilnehme. »Um einen Preis zu gewinnen«, hatte Haakon geantwortet. Der andere hätte laut gelacht und gesagt: »Mach dir nur keine Illusionen, die Namen der drei Preisträger für Oboe kenne ich schon, das ist ein offenes Geheimnis. Du hast gar keine Chance, auch wenn du wie ein junger Gott spielst!« Haakons Mut sank auf den Nullpunkt. Obwohl er beim Wettbewerb wirklich sehr gut spielte, wie Eberhard bezeugen konnte, stimmte am Ende die Voraussage des Schweizer Kollegen. O weh, Korruption!

Eberhard hatte sich ohnehin keine Hoffnungen gemacht. Ich stand draußen vor der Tür und drückte alle Daumen, als er zur ersten Runde in den Saal mußte. Ich hörte, wie er Bachs Chromatische Fantasie und Fuge spielte, er kam gut durch. Dann folgten mit zwei Unterbrechungen der Anfang und der Schluß der Sinfonischen Etüden von Schumann. Und dann kam der Marescotti. Ein anderer Bewerber vor ihm hatte das Stück zwar noch schneller gebracht als er, aber ich fand, soweit ich das hören konnte, daß er sehr gut spielte. Endlich kam er heraus, bleich und schwitzend. »Schlimm«, sagte er, »es war schrecklich.«

Haakon und Eberhard verschmerzten es schnell, daß sie nicht in die Endrunde kamen. »Da fahren wir schon morgens los und bleiben noch einen Tag länger in Paris«, schlug Mieke vor. Zwei Tage später lasen wir dann die Namen der Preisträger in der Zeitung: Die drei Oboisten, das wußten wir ja schon, den ersten Preis der Pianisten erhielt der Italiener Benedetti Michelangeli.

Die Rückfahrt war wunderschön. Haakon hatte einen kurzen Weg über den Jura in Richtung Dijon ausfindig gemacht, doch bei einer hohen Steigung am Col de la Faucille begann das Auto zu stottern und Wasser zu verlieren. Haakon wurde nervös, aber wir drei nahmen das Mißgeschick mit Humor auf. Im nächsten Dorf kauften wir eine Gießkanne, füllten sie am Dorfbrunnen mit Wasser, Eberhard nahm sie zwischen seine Beine, alle paar Kilometer goß er Wasser in den Kühler.

In Dijon liefen wir von einem Hotel zum andern, alle waren besetzt, weil irgendein Kongreß stattfand. Nach langem Hin und Her sagte uns die Concierge einer obskuren kleinen Absteige: »Oben auf dem Boden haben wir noch ein großes Zimmer mit zwei Doppelbetten, wollen Sie das nehmen?« – »Na wunderbar, das machen wir.«

Das Auto wurde repariert. Unterwegs bewunderten wir die Kathedralen in Auxerre und Sens. In Paris verlebten wir im Hôtel du Dôme noch zwei schöne Tage. Haakon wollte unbedingt mal in die Grand Opéra gehen. Gespielt wurde »Samson et Dalila« von Saint-Saëns. Der Jahreszeit entsprechend waren wir leicht gekleidet, nur Haakon zog seinen dunklen Anzug an. Am Eingang der Oper begutachtete ein uniformierter Torhüter unseren Aufzug: Eberhard durfte nicht hinein, er hatte keinen Schlips um. Was tun? Ich band ihm mein buntes Taschentuch um den Hals. Er sah sehr komisch aus, das Tuch war viel zu kurz. Dem Türhüter drückten wir ein Trinkgeld in die Hand. Ehe wir unsere Plätze einnehmen konnten, mußten wir noch einmal ein paar Franken springen lassen. Uns kam das unterwürfig vor, in Holland gab es so etwas nicht.

Während der Aufführung konnten wir nur mit Mühe unser Lachen unterdrücken. Die Dalila war unglaublich dick, ihr Kostüm zu eng. Am ulkigsten sah es aus, wenn sie neben den grazilen Ballettmädchen stand, für die ich mich am meisten interessierte, sie tanzten technisch versiert, aber unpräzise. Na, dachte ich, die hundertundsovielste Aufführung, das kenne ich ja. Wenn die Dalila den Mund aufmachte, fing das Publikum schon zu zischen an. Überhaupt war die Vorstellung entsetzlich verstaubt, nicht nur die veralteten Dekorationen, auch die stereotypen Gebärden der Sänger nach der Devise: bei einem hohen Ton zwei Schritte nach vorn und die Arme ausgebreitet. Wir fühlten uns ins 19. Jahrhundert zurückversetzt, aber wir hatten unseren Spaß.

Unser Geld war alle. Haakon telegrafierte seinem Vater. Die Antwort kam umgehend: Fünfhundert Franken. Wir gingen zum Postamt, der Beamte war sehr nett, wir beiden jungen schwarzen Frauen schienen ihm zu gefallen, er schaute uns immerfort an. Und dann zahlte er Haakon tausend Franken aus. Der guckte etwas verduzt, dachte aber, na schön, das können wir gut gebrauchen. Lachend zogen wir ab und lebten wie Gott in Frankreich. Etwa eine Woche später bekam Vater Jaap Stotijn in Den Haag eine Aufforderung, die uns zuviel gezahlten fünfhundert Franken zu begleichen.

Er nahm den Irrtum mit einem Lächeln auf und gönnte uns das Vergnügen.

Haakon, Mieke und Eberhard fuhren zurück nach Holland, ich blieb in Paris. In der langen Rue Vaugirard bezog ich ein kleines möbliertes Zimmer und lief jeden Tag zum Studio Wacker in der Rue Wagram, wo Preo ihren Unterricht gab. Sie hatte immer noch ihre Schildkröte bei sich. Trotz ihrer beinahe siebzig Jahre unterrichtete sie mit unvermindertem Elan. Ihr Stöckchen bekam ich jetzt öfter zu spüren, ein Zeichen daß sie sich sehr um mich kümmerte. Während dieser Zeit erhöhte sich meine Standfestigkeit auf Spitzen, meine Sprünge wurden höher und sicherer, meine Drehungen schneller und genauer.

In den freien Stunden, besonders abends, dachte ich viel über meine neuen Tänze nach, entwarf Bewegungsabläufe und Kostüme. Ich grübelte auch über mich selbst, über meine Pläne. Mieke hatte mir bei einem Spaziergang am Genfer See, als die beiden Männer im Konservatorium übten, ein Geheimnis verraten: sie sei schwanger. Sogar Haakon hatte sie noch nichts davon gesagt, vor dem Wettbewerb wollte sie ihm jede Aufregung ersparen. Sie freute sich sehr auf den nächsten Februar, wenn es soweit sein würde. Ich wünschte mir auch sehnlichst ein Kind, aber da ich jetzt so mitten in der Arbeit steckte, meinte ich, noch ein, zwei Jahre warten zu müssen.

Die Wochen in Paris verflogen schnell. Ich ging auch manchmal zu Tilly Visser. Da wurde selbstverständlich heftig diskutiert. Uns war klar, daß die Westmächte darauf hofften, Hitler würde seine Aggressionsgelüste nach dem Osten, erst gegen Polen, dann bald gegen die Sowjetunion, richten. Aber würden Frankreich und England ihren Verpflichtungen gegenüber Polen wirklich nachkommen?

Am 1. August verabschiedete ich mich von Preo, kündigte mein Zimmer und nahm den nächsten Zug nach Den Haag. Steht der Krieg schon vor der Tür? Aber Holland wird bestimmt wie im ersten Weltkrieg verschont bleiben, glaubte ich. Was soll jetzt geschehen.

Ganz niedergeschlagen kam ich zu Haus an. Jeden Tag hatte Eberhard mir nach Paris geschrieben. Ich war heilfroh, wieder bei ihm zu sein.

Der zweite Krieg beginnt

Viel Arbeit wartete auf mich, als ich mit Haakon und Mieke wieder nach Den Haag zurückgekehrt war. Ich mußte mich auf ein halbstündiges Programm unter dem Titel »Naturklänge« für den Rundfunk mit tonmalerischen Stücken von Daquin, Rameau und Couperin vorbereiten, Schumanns »Vogel als Prophet«, zwei Préludes von Debussy sowie einigen Stücken von Ravel und Ernst Toch. Jetzt konnte ich auch wieder das lustige »Wetterleuchten« aufblitzen lassen. Und dann wollte die »Vooruit«-Redaktion meine erste Rezension haben. Man schickte mich ausgerechnet in ein Militärkapellenkonzert, daß war mir weiß Gott nicht sympathisch. Aber His Majesty's Scots Guards spielten zu meinem Erstaunen klangschön und farbenreich, ich kannte ja bisher nur die zackige preußisch-nazistische Militärmusik. Die Koninklijke Militaire Kapel als niederländischer Gastherr gab danach viel lauter und weniger nuanciert noch einige Märsche zum besten. So, und darüber sollte ich sofort eine Kritik schreiben. Ich setzte mich an die Maschine und schrieb und schrieb, und schrieb immer wieder von neuem, die niederländische Kapelle durfte ich ja nicht herabwürdigen. Aus den verschiedenen Fassungen laborierte ich dann endlich fünfundfünfzig Druckzeilen zusammen, setzte mich aufs Fahrrad, steckte meine Epistel in den Briefkasten der Redaktion, und um fünf Uhr – es war schon hell – konnte ich mich schlafen legen. Das war meine erste Nachtkritik in holländischer Sprache. Am nächsten Nachmittag wartete ich klopfenden Herzens auf den Zeitungsjungen. Er kam pünktlich wie immer. Ich schlug die Kulturseite auf: Da stand meine Kritik, die Redaktion hatte nichts geändert!

Am 1. August schneite Lin wieder herein, mir hüpfte das Herz vor Freude. Ich mußte nun drei bis vier Artikel pro Woche abliefern, Lin half mir dabei. Ich schrieb über ein Gastspiel der italienischen Oper, über ein Orgelkonzert in der Haager Grote Kerk, über Paderewskis Klavierspiel in dem Film »Sonate«, vor allem aber über Sinfoniekonzerte des Residenzorchesters, die im Scheveninger Kurhaus schon seit Jahren von Carl Schuricht dirigiert wurden. Wenn ein besonderes Ereignis bevorstand, verfaßte ich auch für die Rubrik »Kunst in der nächsten Woche« zweispaltige Artikel. Da

Paul Hindemith am 14. August ein Konzert mit eigenen Werken dirigieren sollte, konnte ich drei Tage zuvor ausführlich über die Kontroversen Hindemiths und Furtwänglers mit Goebbels berichten, die ich in Berlin aus nächster Nähe miterlebt hatte.

Auf die »entartete« Musik Hindemiths näher einzugehen war mir eine besondere Freude. Das Schreiben ging mir immer flotter von der Hand, zumal ich vom Chefredakteur des »Vooruit«, Voskuil, inzwischen lobende Worte zu hören bekam. Die mit »E. R.« gezeichneten Rezensionen und Artikel wurden ungekürzt veröffentlicht. Ich bekam Mut und wagte auch schon, das altmodische Klavierspiel des englischen Pianisten Marinus Salomons nach Strich und Faden zu verreißen. Meine Furcht, die Probezeit als Musikkritiker nicht zu bestehen, schwand. Ich kaufte mir ein großes Buch und klebte alle meine Artikel fein säuberlich ein, ich besitze es heute noch.

Über Mozarts »Figaros Hochzeit« schrieb ich einen langen Aufsatz, hier fühlte ich mich ganz kompetent, ich brauchte nur nachzulesen, was ich in der »Verbürgerlichung« darüber geschrieben hatte. »Das wird eine blendende Aufführung«, sagte ich zu Lin. »Zieh das weiße Abendkleid an, das du von Hans Sluijzer als Hochzeitskleid geschenkt bekommen hast, wir gehen doch zu einer Hochzeit!« Sie war einverstanden.

Der reiche Sohn der Textilfirma Sluijzer, in der sie zuletzt gearbeitet hatte, war auch etwas verliebt in Lin und hatte ihr ein paar Monate zuvor mehrere Kleider geschenkt, das schönste, lange, sollte sie aber erst zu ihrer Hochzeit tragen.

Es wurde ein wunderbarer Abend. Zum erstenmal seit mehreren Jahren hörte ich wieder die charmante Jarmila Novotna als Cherubino, die entzückende Irene Eisinger als Susanna und Alexander Kipnis als Figaro, drei aus Berlin weggejagte Künstler. Die prominente holländische Oratoriensängerin Jo Vincent sang die Gräfin, das war eine kleine Sensation, denn in der Oper war sie noch nie aufgetreten. Schuricht dirigierte das herrlich musizierende Orchester, und Lothar Wallersteins Regie betonte die gesellschaftlichen Widersprüche ganz im Sinne des realistischen Musiktheaters. Ich war glücklich, daß wir das zu zweit erleben konnten. In der Pause flanierten wir stolz Arm in Arm auf der Kurhausterrasse inmitten des schick gekleideten Elitepublikums, Scheveningen war schließlich ein mondänes Seebad.

Meinen Zeitungsbericht konnte ich schon direkt in die Maschine tippen. Lin hatte noch etwas auszusetzen, sie fand einige Formulierungen zu umständlich, nicht klar genug. Sie hatte recht, ich änderte also. Von nun ab gab ich keines meiner Manuskripte aus der Hand, ohne daß sie ihr Fiat gegeben hatte. Und das blieb so bei all meinen Artikeln und Büchern bis zum heutigen Tag.

Da platzte am 23. August die Nachricht über den deutsch-sowjetischen Nichtangriffspakt herein. In der Bankastraat gingen die Meinungen weit auseinander. Wir bekamen Streit mit unserer Mien, die regelmäßig zum Reinemachen kam, und mit ihrem Mann Dick, einem Arbeiter. Beide wollten ihr Parteidokument hinwerfen. »Guck dir doch das Grinsen Ribbentrops an, wie er Molotow die Hand drückt!« rief er ganz aufgeregt und zeigte auf ein Foto in der Zeitung. Mir war zwar auch etwas mulmig zumute bei dieser demonstrativ zur Schau gestellten Freundlichkeit, aber ich versuchte klarzumachen, daß der Sowjetunion bei der geradezu selbstmörderischen Nachgiebigkeit der Westmächte gegenüber Hitler gar nichts anderes übrigblieb, um den Krieg so lange wie möglich vom eigenen Land fernzuhalten. Wir müssen doch unser Vertrauen zum ersten und einzigen Arbeiterstaat bewahren, argumentierte ich. »Und guck dir doch das hysterische Geschrei der bürgerlichen Presse gegen Moskau an! Wir können im Augenblick zwar noch nicht die Hintergründe durchschauen, aber ich bin davon überzeugt, daß sich einmal herausstellen wird, wie richtig dieser Schritt war.« Mien und Dick gaben ihre Dokumente nicht ab, doch viele Fragen blieben vorerst offen.

Diese Diskussionen waren noch nicht abgeflaut, da traf uns die Nachricht vom Einmarsch in Polen wie ein Schlag! Diesen 1. September werden wir nie vergessen: Der zweite Weltkrieg hatte begonnen. Und die Westmächte? Sie erklärten dem faschistischen Deutschland zwei Tage später den Krieg. Wir erwarteten jeden Augenblick einen Angriff der Franzosen von der Maginotlinie aus. Aber nichts geschah. Während Hitlers Kriegsmaschinerie die polnischen Dörfer und Städte überrollte, ließen Daladier und Chamberlain im Westen ihre gut ausgerüsteten Truppen Däumchen drehen!

Es waren vier aufregende Wochen, bis Hitlers Mordkommandos nach schrecklichen Bombardements das brennende Warschau einnehmen konnten.

Am 4. September schickte ich Balet nach New York mein ganzes Manuskript über das 17. Jahrhundert in Holland. In einem kurzen Brief schrieb ich: »Jetzt stecken wir also wieder in einem Krieg. Ich hoffe nur, daß die Niederlande neutral bleiben können. Sonst wüßte ich nicht, was mit uns geschehen würde. Von deutscher Seite habe ich nichts, aber auch gar nichts mehr gehört. Merkwürdig, nicht wahr? Anscheinend haben sie mich vergessen. Weiterhin ist hier alles, trotz der Mobilisierung, genauso ruhig wie sonst!«

Das Leben ging scheinbar wie gewohnt weiter. Im September gab es wenig Konzerte, ich hatte Zeit für mein Klavierstudium, für die tägliche Arbeit mit Lin und einige anstehende Vorlesungen. Ab Oktober mußte ich wieder mehrere Rezensionen schreiben. Ich freute mich, viele schöne Konzerte mit Lin zusammen erleben zu können, wie etwa einen Klavierabend von Walter Gieseking, das Auftreten der Violinisten Bronislaw Huberman und Carl Flesch, des einzigartigen Cellisten Pablo Casals, des kultivierten französischen Liedersängers Charles Panzéra und vieler anderer. Wenn mir unsympathische Künstler aus Hitlers Drittem Reich gastierten, konnte ich es mir nicht verkneifen, ihnen eins auszuwischen. So schrieb ich über einen Lieder- und Arienabend von Erna Sack: »Sie ist weltberühmt. Nicht jedoch wegen ihrer Musikalität, denn um Musik geht es bei ihr gar nicht. Erna Sack ist ein Phänomen, weil sie alles eine Quinte höher singen kann als andere Koloratursopranistinnen. Sie hat ihren Erfolg der Wolkenkratzerhöhe ihrer Stimme zu verdanken. Ihre Koloraturen sind außerdem beinahe niemals sauber und fehlerfrei. Sie ist und bleibt eine Varieté-Sensation, mehr nicht.«

Meine Kritiken bekamen viel Zustimmung seitens der Redaktion und zahlreicher Leser. Nach einigen Monaten rückte ich zum ersten Musikredakteur auf und bekam Gehaltserhöhung. Endlich hatte ich mir eine gesicherte Existenz aufgebaut.

Sehr erfolgreich waren meine Vorträge an der Volksuniversität Rotterdam, damals der besten ganz Hollands. Auch andere Institutionen und Vereine baten mich um Referate. Da gab es einmal eine urkomische Jahresversammlung der »Vereinigung zur musikalischen Entwicklung der Schuljugend, Abteilung Den Haag«. Ich sollte nach dem offiziellen Teil über »Musikalische Kinderspiele und der Schulmusikunterricht« sprechen. Anwesend waren außer dem Vorsitzenden und dessen Frau als einzigen Mitgliedern dieses Vereins einige unserer Freunde, die nur wegen meines Referats gekommen waren. Glücklicherweise dauerte der erste Teil dieser Hauptversammlung wegen der vom Vorsitzenden sehr beklagten Abwesenheit der anderen Mitglieder nur etwa zwanzig Minuten. Ich sprach dann über musikalische Spiele und Opern für Kinder, gab Beispiele von Hindemith, Paul Dessau, Darius Milhaud und einigen holländischen Komponisten und forderte eine Reform des Schulmusikunterrichts, damit solche Spiele auch aufgeführt werden könnten. Ich kam mir vor wie ein Rufer in der Wüste, denn der bedauernswerte Vorsitzende und seine Frau waren wohl kaum imstande, eine Änderung der Unterrichtspläne durchzusetzen. Lin, einige Freunde und ich verabschiedeten uns höflich und gingen in das nahe gelegene Café de la Paix am Vredespaleis, mit meinem wohlverdienten Honorar lud ich alle ein.

Inzwischen organisierten wir wieder einige Hauskonzerte, die beiden großen Zimmer in der Bankastraat waren dafür vorzüglich geeignet. Jaap Stotijn hatte mit seinem Bläsertrio eine Tournee durch Niederländisch-Ostindien gemacht. Haakon spielte während dieser Woche im Residenzorchester die Erste Oboe, ich gab ihm im »Vooruit« blendende Kritiken. Als Jaap Stotijn zurückgekehrt war, veranstalteten wir ein großes Hauskonzert, außer Jaap und Haakon wirkte noch die Sängerin Julie de Stuers mit. Es kamen etwa hundert Zuhörer, die Zimmer waren gerammelt voll. Wir musizierten nach Herzenslust und verdienten gut dabei, denn die Unkosten waren sehr gering. Nachher saßen wir noch bis tief in die Nacht zusammen, Jaap erzählte sehr humorvoll über allerlei Abenteuer während seiner Ostindien-Reise.

Auch für die ISCM gaben wir wieder einige Konzerte. Eins sollte im Januar 1940 stattfinden. Schon im Sommer zuvor hatten uns der Komponist Siegfried Borris und seine Frau, die holländische Sängerin Condo Kerdijk aus Berlin, in der Bankastraat besucht. Er war Schüler Hindemiths, wurde als »Halbjude« aus seiner Stellung an der Berliner Musikhochschule vertrieben, aber gab noch Privatunterricht und unterhielt Kontakte zu befreundeten Lehrkräften und Studenten der Hochschule, seine Werke durften natürlich in der Öffentlichkeit nicht aufgeführt werden. Er hatte mir einige seiner Klavierwerke gezeigt, und ich versprach ihm, eine Klaviersonate in der Haager ISCM zur Uraufführung zu bringen. Das geschah im Januarkonzert. Es war bitter kalt. Der Zufall wollte es, daß eine gute Bekannte von Borris auf der Durchreise von Berlin nach London – trotz des Kriegszustandes war das noch möglich – einige Tage in Den Haag blieb und dieses Konzert besuchte. Sie und ich, wir schrieben Briefe an Borris und berichteten ihm über den Erfolg seines Stückes.

Und natürlich befragten wir Borris' Bekannte über die Situation und die Meinungen in Berlin. »Macht euch keine Hoffnungen«, sagte sie, »man spricht schon ganz offen darüber, daß sich Hitlers Armeen im Frühjahr die holländische Butter holen werden.« Wir wollten es nicht glauben.

Seit der Vernichtung Polens war eine merkwürdige hochgespannte Ruhe eingetreten. Zwischen Finnland und der Sowjetunion tobte zwar ein Krieg, aber das schien weit weg zu sein. In Mitteleuropa war auch Krieg, aber es passierte nichts. Dieser in Frankreich und England »La drôle de guerre« und »The funny war« (komischer Krieg) etwas bitter benannte Zustand erzeugte eine gespenstische Ungewißheit, eine unheimliche Leere.

Der Antisowjetismus nahm auch in Holland zu. Im finnisch-sowjetischen Krieg ergoß sich in der bürgerlichen Presse und im Rundfunk eine immer gehässigere Hetze gegen die Sowjetunion. Für die Kommunisten wurde es schwieriger, ihre Positionen zu verteidigen. Wir waren in diesen Monaten oft mit Gerrit Kastein zusammen, der als junger Arzt eine Stellung im Haager Krankenhaus »De Volharding« erhalten hatte. Seine klugen politischen Argumentationen bestätigten und vertieften unsere eigenen Anschauungen.

Im Gemeinschaftshaus gab es wichtige Veränderungen. Cleo und Leo zogen in eine eigene Wohnung, an ihre Stelle traten eine solide Hausfrau namens Annetje und ihr Mann Puh, der irgendwo Angestellter war. Mit Cleo verlor das Haus irgendwie an Schwung, viele Aktivitäten, besonders die Solidaritätsabende, waren ihrer Initiative zu danken gewesen. Das änderte sich nun. Die meisten Bewohner waren politisch fortschrittlich. aber obwohl die neue Leiterin das Haus gut in Schuß hielt, waren Ideen für irgendwelche Veranstaltungen von ihr nicht zu erwarten. Bei der zunehmenden antikommunistischen Stimmung jedoch, auch gerade in unserer Wohngegend, war solch eine Entpolitisierung des Hauses für die Sicherheit der Bewohner gar nicht ungünstig.

Das große Zimmer von Cleo und Leo im ersten Stock übernahmen nun der lange Jo de Vries, ein junger Architekt, und seine Frau Mientje de Winter. Sie war künstlerisch sehr begabt, sang jiddische Lieder, spielte ganz passabel Klavier, sie hatte ein Jahr lang am Burian-Theater in Prag studiert. Lin beneidete sie gerade darum sehr. Ich gab Mientje Klavierunterricht. Sie trat aber nicht öffentlich auf, erst lange nach dem Krieg erwarb sie sich Ansehen unter dem Künstlernamen Chanah Milner. Lin dagegen war schon damals auf dem besten Wege, ein eigenes künstlerisches Profil zu gewinnen. Dadurch entstand zwischen Mientje und ihr eine Art kollegialer Spannung, die Lin sehr anspornte.

Das künstlerische Ziel erreicht

Es war nun schon ein Jahr her, seidem ich bei der Revue Schluß gemacht hatte. Die Erfolge mit eigenen Abenden waren zwar ein erfreulicher Beginn, aber ich wußte, daß mir noch harte Arbeit bevorstand.

Die Wochen bei Preo hatten mir wieder mächtigen Auftrieb gegeben, jetzt machte ich jeden Tag meine Exercices zu Haus oder bei Lili Green. Dazu kam der Gesangsunterricht bei Wechselmann. Nach einigen Monaten hatte ich schon ein viel größeres Stimmvolumen, ich fühlte mich freier, auf einmal konnte ich auch längere Melodien mit einem Atem singen. Nur mit dem Pianissimo hatte ich noch einige Mühe. Wenn Eberhard Zeit hatte, begleitete er mich bei den Übungen am Klavier und korrigierte mich immer wieder. Aus meinen Büchern und Sammlungen, die wir in den Bibliotheken fanden, suchten wir uns neue Lieder heraus, außer den jiddischen auch einige hebräische und jemenitische. Eberhard machte schlichte, stilvolle Begleitungen dazu, darauf bedacht, den volkstümlichen Charakter der Lieder zu wahren.

Ich hatte die Adresse des zentralen Forschungsinstituts für die jiddische Kultur in Wilna ausfindig gemacht. Eberhard schrieb auf deutsch einen Brief dorthin – er tippte immer alle »geschäftlichen« Briefe in seine Maschine –, und wir bekamen eine sehr liebe Antwort auf jiddisch. Man war sehr erfreut, daß sich in dem fernen Holland eine junge Künstlerin um die Pflege der jiddischen Kultur bemühte. Und kurz darauf kam ein ganzes Paket mit jiddischen Büchern und handschriflich notierten Liedern, vor allem Nigunim, Melodien ohne Worte, die wir sehr gut für die Musik zu meinen Tänzen gebrauchen konnten. Leider machte der Kriegsbeginn diesem Briefwechsel ein Ende.

So kamen wir in einigen Monaten zu einem Repertoire von beinahe hundert Liedern. Eberhard, der Gründliche, schrieb alle Titel brav auf eine Liste, so daß wir für Auftritte zu bestimmten Ereignissen eine geeignete Auswahl treffen konnten. Und solche Gelegenheit gab es mehrfach.

Schon Ende September 1939 engagierte uns der Jüdische Frauenrat in Den Haag zur Mitwirkung in einer Kulturveranstaltung. In einer vom »Vaderland« am nächsten Tag ausführlich zitierten Ansprache warnte die Vorsitzende dieser Organisation, Frau Schwimmer-Vigeveno: »Wir haben oft das Gefühl, auf einer Insel zu leben. Es wird hier nichts geschehen, denken viele, aber das ist falsch.« Sie wies auf die Ereignisse in Deutschland, Österreich und in der Tschechoslowakei hin. »Und jetzt ist Polen an die Reihe gekommen. Allmählich werden wir wohl zu der Überzeugung gelangen, daß uns das auch geschehen kann!«

Wir dachten in diesen Wochen mit Schrecken daran, was jetzt die Juden in Polen erdulden mußten. Als mir einige Zeit danach Mik van Gilse in Amsterdam erzählte, daß Tausende Juden in Łódź in eine große Kirche getrieben und bei lebendigem Leibe verbrannt worden waren, wollte ich es zunächst nicht glauben. Zu solch entsetzlichem Verbrechen können Menschen unseres Jahrhunderts doch nicht fähig sein, dachte ich. Doch auch von anderen Seiten kamen immer mehr Berichte, daß dort im Osten vor allem an den Juden fürchterliche Untaten begangen wurden.

»Gerade weil das Judentum in Not ist«, sagte die Vorsitzende des Frauenrates, »müssen wir uns der jüdischen kulturellen Werte bewußt werden.« Nach dieser Rede brachte ich ein Programm mit Tänzen und Liedern. Ich sang das alte Jakobslied aus Rumänien, in dem der Singende mit Gott hadert: »Warum schlägt man uns so, o Gott?« Ich sang es jetzt bewußt anklagend. Um den Zuhörern Mut zu machen, sang ich auch einige heitere Lieder und tanzte einige meiner Frauengestalten. »Das Publikum zeigte sich äußerst dankbar«, kommentierte eine Zeitung. Ich bekam das Gefühl, daß meine Tänze und Lieder den Menschen wirklich etwas geben konnten, daß ich gebraucht wurde.

Bald darauf bat mich die Jüdische Loge in Den Haag, bei einer ihrer Zusammenkünfte aufzutreten. Das war eine Art Freimaurerloge, der ausschließlich reiche Juden angehörten. Ich fühlte mich selbst ganz vornehm in dieser Umgebung und bekam ein geradezu fürstliches Honorar. Und zu Chanuka, im Dezember, konnte ich wie im vergangenen Jahr mein Programm gleich in mehreren Städten zeigen. Mit meiner Kinderklasse, die inzwischen auf zwölf Schüler angewachsen war, wirkte ich in Den Haag an einem sehr schönen Chanuka-Kinderfest mit. Ich sang einige jiddische Kinderlieder, die Kinder ließ ich dazu tanzen, und Eberhard begleitete wie immer; das machte uns und den Zuschauern großen Spaß. In einer jüdischen Wochenschrift hieß es: »Das ›Menorah‹-Tänzchen mußte sogar wiederholt werden. Es war entzückend, jede Rolle war bis ins letzte Detail ausgefeilt.«

Inzwischen war noch etwas Wichtiges passiert. Meine Schwester Jannie erwartete ein Baby. Weshalb sollten sie und Bob nicht heiraten? Ich wollte ja nie heiraten, zum Verdruß meiner Eltern. Eberhard und ich führten eine »wilde Ehe«, wie man das nannte, oder in offizieller Redeweise: Wir lebten im Konkubinat, weil wir wegen der famosen Nürnberger Rassengesetze nicht heiraten durften.

Hochzeiten in unserer Familie verliefen nie normal, das war schon bei meinen Eltern so, und nun wiederholte sich das bei Jannie. Sie heiratete, schon mit dickem Bauch, am 9. August in Amsterdam. Meine Eltern waren mit gemischten Gefühlen glücklich: Es war gut, daß sie heirateten, aber Bob war und blieb nun mal ein Goj. Aber was soll's, für die Eltern war die Welt wieder ein bißchen in

Ordnung, die Mischpoche konnte nicht mehr lästern, und es gab ein Fest.

Morgens sind wir auf dem Fahrrad zum Standesamt gefahren, Herman de Kadt aus Rotterdam und ich waren Trauzeugen, die Eltern und das Brautpaar fuhren vornehm in einem Taxi. Als wir zurückkehrten in die winzigkleine Wohnung der Eltern an der Nieuwe Achtergracht, war der Kaffee schon fertig. Mutter hat es weh getan, daß von ihrer Mischpoche nur Fie Gerritse, die Tochter von Onkel Isaak, gekommen war. Aber von Vaters Seite waren alle da: Tante Betje, Tante Klaartje, Tante Rosette, Tante Annie und alle Männer. Jeder hatte etwas mitgebracht, sie fanden, daß die Braut gut aussah. Sie lobten Mutters leckere Kuchen und Häppchen, naschten und schnatterten durcheinander. Und wie es nicht anders auf einer jüdischen Amsterdamer Hochzeit zu erwarten war – es gab wieder Streit. Tante Annie hielt Tante Rosette vor, ihr Hochzeitsgeschenk sei nicht schön, und eigentlich hätte sie es einer anderen geben wollen, jetzt aber aus Verlegenheit Jannie überreicht. Darauf Tante Rosette: »Wie kommst du darauf? Das stimmt ja gar nicht, etwas Schöneres hab ich für Jannie nicht finden können!« Und so kreischten sie sich gegenseitig an. Vater versuchte zu vermitteln, aber als Antwort bekam er zu hören, er habe seine Tochter schlecht erzogen. Jannie wurde nervös, sie fing an zu lachen und zu heulen. Da rief Tante Annie: »Ach, das arme Kind mit ihrem dicken Bauch!« Dann küßten sie Jannie und versöhnten sich wieder. Während der ganzen Zeit saßen unsere beiden Gojim, Bob und Eberhard, still auf dem Fensterbrett – es gab nicht genug Stühle – und schmunzelten still vor sich hin. Bobs Eltern waren irgendwo auf einer Ferienreise, aus Protest dagegen waren alle fünf Schwestern von Bob anwesend, sie amüsierten sich köstlich. Es wurde wieder sehr laut und gemütlich, alles redete durcheinander. Vaters Hose rutschte auch dauernd wieder herunter, ein Zeichen, daß er zufrieden war. Gegen halb sechs kam die obligatorische Suppe auf den Tisch, die niemand so gut kochen konnte wie Mutter.

Meine Schwester und mein Schwager waren glücklich, aber noch glücklicher war Mutter. Obwohl ich die Älteste war, hat Mutter mir nie einen Vorwurf gemacht, daß ich so frei lebte und mich von niemandem kommandieren ließ. Es war das letztemal, daß die ganze

Familie zusammen feierte. Meine Tanten und Onkel habe ich nie wieder gesehen.

Schon am 10. Oktober bekam Jannie einen Sohn namens Robert, genannt Robbie, Maxim (nach Gorki) und Joseph (nach meinem Vater und wohl auch ein bißchen nach Stalin). Es war ein Prachtexemplar. Eltern und Großeltern waren überglücklich und Opa Jopie Brilleslijper mächtig stolz. Ich freute mich sehr über Jannie, war aber auch ganz schön eifersüchtig: Wann würde ich mir so etwas leisten können?

Haakon hatte inzwischen eine Stelle als Oboist am Rundfunksinfonieorchester in Hilversum bekommen. Mieke und er waren aus Den Haag weggezogen. Eines Tages rief Haakon an: »Wir haben eine Tochter, sie heißt René.« Jetzt war ich noch mehr neidisch. Wir versprachen, einmal eine Radtour nach Hilversum zu machen, um den neuen Erdenbürger zu bewundern. Doch daraus wurde zunächst noch nichts, denn ich mußte mich auf zwei große Konzerte vorbereiten, mit denen ich der Öffentlichkeit und mir selbst endgültig bestätigen wollte, daß ich eine selbständige Künstlerin geworden war.

In diesem Winter waren wir viel mit Wechselmann und seiner Frau zusammen. Er war wie ich stolz, daß ich in wenigen Monaten so große Fortschritte gemacht hatte. Er riet mir auch, meine jiddischen Sprachkenntnisse zu erweitern. »Ich kenne in Scheveningen einen frommen Ostjuden«, sagte er, »so einen richtigen mit Bart, Pajis, Streimerl und langem Kaftan, der spricht nur jiddisch, von ihm kannst du viel lernen.« Ich schrieb ihm einen Brief. Er besuchte mich in der Bankastraat und kam von nun an jede Woche einmal zu mir, bei ihm in Scheveningen bin ich nie gewesen. Wir machten Konversation in jiddisch, er ließ mich viel schreiben und verbesserte mich. Er war ein Mann mit Herzenswärme, Lebensweisheit und witzigem Um-die-Ecke-Denken. Es gab eine Schwierigkeit: Er war erst kürzlich aus Südostpolen nach Holland eingewandert und sprach nur den Galizianer Dialekt, während ich mich bemühte, das literarische litvische Jiddisch zu sprechen. Doch er war klug genug, mir nicht seine Redeweise aufzuzwingen. Im Gegenteil, in lyrischen Liedern wie »Samt un schtern« oder »Berjoskele« ließ er mich richtig litvisch sprechen. In heiteren Liedern jedoch, die aus seinem Galizien stammten, wie dem lustigen Spottlied »Rabojssaj«

oder dem Leierkastenlied »Schwarze karschelech«, half er mir sehr mit dem galizischen Platt. Er kannte auch Lieder, die wir in keiner Sammlung gefunden hatten, so etwa »Der balagole un sajn ferdl«, ein Zwiegespräch zwischen einem jiddischen Kutscher und seinem ebenso jiddischen Pferd. Er sang die Melodie, Eberhard schrieb sie auf, machte eine Begleitung dazu, und später habe ich dieses witzige Lied Hunderte Male gesungen.

Als ich Wechselmann mitteilte, daß ich wie im vergangenen Jahr wieder einen eigenen Abend geben wollte, schlug er vor, noch einen zweiten Abend zu veranstalten, den er und wir beide bestreiten sollten. Für mich war es eine große Sache, zusammen mit meinem Lehrer auftreten zu können. Wir bereiteten ein abwechslungsreiches Programm vor: Wechselmann sollte liturgische Gesänge, Kunstlieder von Max Kowalski und Jacob Schönberg singen, ich konnte jiddische und jemenitische Volkslieder und vier Tänze beisteuern, und Eberhard wollte als Erstaufführung für Holland vier jüdische Tänze des sowjetischen Komponisten Alexander Krejn spielen, die Noten hatte er mit viel Mühe in einer Musikalienhandlung erstanden. Das Ganze sollte unter dem Motto »Jüdische Kunst« im Saal des Haager Kunstkrings stattfinden und der Nettogewinn jüdischen Flüchtlingen zur Verfügung gestellt werden. Wir ließen auffällige Plakate drucken, und Eberhard schrieb für den »Vooruit« einen zweispaltigen Artikel über die Geschichte der jüdischen Musik. Wechselmann meinte, daß viele Mitglieder seiner Gemeinde kommen würden und daß bei der Aktualität gerade solch eines Programms der Saal sicher voll besetzt wäre.

Durch unseren Jo de Vries, der bei dem bekannten Architekten Roosenburg ganz in der Nähe unseres Hauses arbeitete, lernte ich dessen Sohn Teun kennen, der an der Akademie Bildhauerei studierte und bereit war, für zwei meiner neuen Tänze Masken zu machen. Für diesen Abend mit Wechselmann bereitete ich zunächst den Golem-Tanz vor. Das war ein Experiment, denn mit einer Maske aus Holz und Papiermaché zu tanzen, in der nur ein paar kleine Löcher zum Gucken und Atmen angebracht waren, erforderte spezielle Übung. Aber ich glaubte es schaffen zu können.

Ein paar Tage vor dem Konzert klingelte es plötzlich an der Haustür, ein Deutscher, ein gewisser Horst Becker, wollte Eberhard sprechen. Dieser Horst war ein Vetter von ihm, den er seit Jahren nicht mehr gesehen hatte. Ich ließ ihn herein, verzog mich aber in ein anderes Zimmer. Als er nach etwa einer halben Stunde wieder wegging, erzählte mir Eberhard kreidebleich die Geschichte: Dieser Vetter war zufällig aus Hitlerdeutschland kurz zu Besuch nach Den Haag gekommen. Nun hing draußen an unserem Haus das große Plakat für das Konzert »Joodsche Kunst«. Eberhard fürchtete, daß ihn dieser Vetter, dessen politische Haltung er nicht kannte, bei der nazistischen Botschaft denunzieren könnte. Aber merkwürdigerweise sprach dieser Mann nur über allerlei Familienangelegenheiten mit ihm, überhaupt nicht über Politik. Eberhard atmete erleichtert auf, als er wieder weg war. Denunziert hat ihn dieser Horst nicht, er schien wohl auch kein Freund der Nazis zu sein.

Wechselmann hatte recht, bei diesem Konzert war der Saal total überfüllt. Wir mußten mit mehreren Zugaben für den Beifall danken. Der Kritiker des »Haagsche Courant« schrieb über mich in den höchsten Tönen: Ich hätte eine »außergewöhnliche Musikalität in den Bewegungen zum Ausdruck gebracht«, eine solche »Zwei-Einheit von Klang und Gebärde« hätte er noch nie zuvor erlebt, ja, ich sei eine »Künstlerin mit ausgesprochener Genialität«! Na, na, dachte ich, das ist doch übertrieben. Auch die anderen Zeitungen waren des Lobes voll, zum erstenmal hatte kein Kritiker mich mehr mit Chaja Goldstein verglichen. Obwohl Jan Carmiggelt im »Vooruit« keine Kunstkritiken mehr schrieb, hat er dieses eine Mal eine Ausnahme gemacht, er beglückwünschte mich zu meinen »Fortschritten, vor allem tanztechnisch und vokal ist viel gewonnen«. Nur in dem Golem-Tanz vermißte er noch die »Urkraft« dieser mythologischen Figur, auch mein Kostüm sei noch nicht dem »Koloß aus Lehm« entsprechend. Später dann habe ich den Tanz neu gestaltet.

Und vierzehn Tage danach, am 20. April, gab ich im selben Saal meinen zweiten eigenen Abend. Wieder dasselbe Schauspiel: Wegen Überfüllung mußten viele draußen bleiben. Ich durfte die Zuschauer nicht enttäuschen, das Programm mußte sich von meinem Abend vor einem Jahr und auch von dem Auftreten mit Wechselmann unterscheiden. Bei den Liedern war das kein Problem, mein

Repertoire war groß genug, ich beschloß den Abend mit dem frechen Leierkastenlied »Schwarze Karschelech«. Von den zwölf Tänzen, die ich erarbeitet hatte, mußte ich einige wiederholen, ich hatte sie schon bei kleineren Veranstaltungen in Den Haag gezeigt, so »Rebekka am Brunnen« mit einem großen Krug und die »Schnorerke« mit weiten Sprüngen.

Die »Narische mame« und vor allem »Tojter un dos mejdel« nach dem »Dybuk« waren für dieses Publikum neu. Ich hatte mir die Aufgabe gestellt, das dem Tode geweihte Mädchen zu tanzen und den Dybuk gleichzeitig durch eine Maske darzustellen. Lange hatte ich daran herumgeknobelt, aber schließlich doch eine Lösung gefunden: Die Maske hielt ich so in der Hand, daß sie vor dem dunklen Hintergrund und der schwarzen Innenseite meiner Ärmel wie eine selbständige Figur wirkte, mit der ich ein getanztes Zwiegespräch führte, bis ich zum Schluß bei der Vereinigung beider die Maske vor mein Gesicht hielt. So konnte ich das Verlangen des Mädchens nach dieser Vereinigung und ihre Angst vor dem Sterben in ständig wechselnden Bewegungsformen darstellen. Zwar gelang mir das beim erstenmal noch nicht so, wie ich es mir vorgestellt hatte, doch das Publikum zeigte sich sehr beeindruckt. Später habe ich noch viel daran verbessert, ich glaube, es war der beste Tanz, den ich je gemacht habe.

Ich bekam viel Beifall und Blumen, Eberhard natürlich auch. Nach den obligaten Zugaben war ich total erschöpft, aber überglücklich. Ich hatte mein Ziel erreicht, als eigenschöpferische Tänzerin und Sängerin in der Öffentlichkeit Anerkennung gefunden. Viele Freunde und Bekannte kamen zu mir hinter die Bühne und gratulierten mir. Da kam auch ein Mann, der sich als belgischer Konzert- und Theaterunternehmer vorstellte. Er sagte, er sei so begeistert von meinem Auftreten, daß er mir im nächsten Winter in Belgien, in der Schweiz und möglicherweise auch in England Abende verschaffen wolle, meine Darbietungen würden in diesen und anderen Ländern starken Widerhall finden. Eberhard gab ihm unsere Adresse. Der Mann versprach, sich in vier bis sechs Wochen bei uns zu melden.

In den nächsten vierzehn Tagen gönnte ich mir etwas Ruhe. Mit Eberhard ging ich in einige wunderbare Konzerte. Wir hörten eine konzertante Aufführung von Mussorgskis »Boris Godunow«, einen Klavierabend von Walter Gieseking, dessen Interpretation von zwölf Debussy-Préludes uns besonders gut gefiel, und in einem Sinfoniekonzert des Residenzorchesters das vom Konzertmeister Sam Swaap gespielte Violinkonzert des schweizerischen jüdischen Komponisten Ernest Bloch. Und dann sahen wir das erste Gastspiel des Sadler's Wells Ballet aus London: Die Aufführung der Ballette »Checkmate« von Robert Helpmann, Frederick Ashtons »Les Patineurs« und »Dante-Sonate« mit Margot Fonteyn und June Brae werde ich nie vergessen. Das war nicht nur technisch großartig, ich bewunderte den enormen Bewegungsreichtum, die außerordentliche Ausdruckskraft, die äußerst phantasievolle Gestaltung, den starken Ideengehalt, kurzum, seit dem Jooss-Ballett hatte ich solch eine reiche, vielfältige Tanzkunst nie wieder erlebt. Mit meinen jüdischen Tänzen fühlte ich mich wieder einmal ganz klein. Und doch, dieses Erlebnis stachelte mich an, noch mehr zu arbeiten, noch ganz andere Solotänze zu machen.

Das war am 6. Mai. Zwei Tage danach kam eine Klavierschülerin von Eberhard unangemeldet im Auto vorgefahren, eine sehr reiche Frau aus Rotterdam, deren lange, rotlackierte Fingernägel ihn manchmal zur Verzweiflung gebracht hatten. Sie zahlte zehn Gulden pro Stunde. »Ich fahre morgen mit einem Schiff nach England, es gibt Krieg. Hier ist das Honorar für drei Monate im voraus. Hoffentlich sehen wir uns mal wieder!« Die Frau verschwand so schnell, wie sie gekommen war. Wir wollten es immer noch nicht glauben, obwohl Dänemark und Norwegen schon vor vier Wochen von der faschistischen Kriegsmaschinerie überrannt worden waren. Wir klammerten uns immer noch an den Strohhalm, Holland würde neutral bleiben.

In der Falle

Bomben auf Den Haag, am 10. Mai 1940 früh um halb sechs. Ich war sofort wach, hörte einige dumpfe Einschläge, das Gedröhn von Flugzeugen, ab und zu war wieder Ruhe, dann neue Detonationen. Jetzt war es soweit, der braune Morast wälzte sich auch über das friedliche Holland. Was sollte jetzt aus uns werden? Lin lag noch ruhig neben mir. War es nun mit unserer gemeinsamen Arbeit vorbei? Das niederländische Heer war in höchster Alarmbereitschaft, es würde Kämpfe geben. Und wann würde ich die Aufforderung zum Wehrdienst erhalten? Wie könnte ich mich dem entziehen? Als Soldat mit einem Gewehr auf einen Menschen schießen, der nicht mein Feind ist? Niemals, das könnte ich nicht. Wieder einige harte Schläge aus südlicher Richtung. Flugplatz Ipenburg? Lin schlief immer noch, dabei gab es im Haus schon Lärm. Alle standen an den Fenstern und schauten auf die Flugzeuge.

Plötzlich ein ganz lauter Knall. Lin schrickt auf. »Was ist los?« – »Der Krieg ist da!« Wir springen aus dem Bett, öffnen die Gardinen und sehen zwei einander beschießende Flugzeuge. Im Haus herrscht ein großes Durcheinander. Nico kommt aus seinem Zimmer im zweiten Stock: »Im Radio wird gesagt, alle müssen in den Häusern bleiben, niemand darf auf die Straße gehen, man soll Ruhe bewahren.« Jetzt Ruhe bewahren?

Was ist das? Da fährt doch die Bankastraat ein ganzer Konvoi schicker Autos herauf. Wir erkennen Königin Wilhelmina, Prinzessin Juliana, Prinz Bernhard und einige Herren. »Die fahren bestimmt nach Scheveningen, um noch nach England zu entkommen«, ruft jemand. Ja, so war es.

Allmählich beruhigten wir uns. »Ich habe noch für einige Tage Vorräte im Haus«, sagte unsere Haushälterin Annetje, »verhungern werden wir nicht. Kommt, wir wollen erst mal frühstücken.« Alle kamen zu uns herunter, wir machten die große Schiebetür auf und blieben beisammen. Jetzt konnten wir nur abwarten.

So dauerte das fünf lange Tage. Wir hörten über den Rundfunk, daß sich das holländische Heer an der Grebbelinie heldenhaft verteidigte und den Deutschen Verluste zufügte, daß aber ein massiver Vorstoß im Süden entlang des Rheins und der Maas Rotterdam bedrohte.

Die Faschisten kündigten an, Rotterdam zu bombardieren, wenn an diesem 14. Mai bis drei Uhr nachmittags Holland nicht kapitulieren würde. Da kam die Nachricht, eine Gruppe hoher niederländischer Offiziere mit weißer Fahne ginge bis zur Mitte der Maasbrücke, um die Kapitulationsurkunde zu überreichen. Es war noch einige Minuten vor drei. Die Kapitulation wurde vollzogen. Doch die Flugzeuge, mit ihrer schrecklichen Bombenlast waren schon unterwegs, die Nazis behaupteten, daß sie nicht mehr zurückgerufen werden konnten. Wenige Minuten später wurde die ganze Innenstadt von Rotterdam in Schutt und Asche gelegt. Die Erde erzitterte. Wir sahen, wie Rotterdam brannte, dicke Rauchwolken verdunkelten die Sonne. Es war grauenhaft.

Uns war schrecklich zumute. Einen Augenblick war es still in unserem Zimmer, da hörten wir im ersten Stock beängstigendes Stöhnen, es kam aus Anitas Zimmer. Lin und ich eilten hinauf. Anita lag bleich auf ihrem Bett, ein kleines Glasröhrchen war ihr aus der Hand gefallen. Lin hob ihren Arm, er fiel schwer zurück. Es war für uns die erste Tote dieses Krieges.

Lin erinnerte sich, Anita hatte einmal gesagt, ihr Vater, ein Arzt, habe ihr eine sofort tödlich wirkende Dosis Arsen mitgegeben, die sie immer bei sich trug. Wir waren tief betroffen. Wenige Tage danach begruben wir sie auf dem Friedhof ganz in der Nähe. Inzwischen hörten wir, daß in dieser Nacht nach der Kapitulation viele Menschen ihrem Leben selbst ein Ende gemacht hatten, so Menno ter Braak, ein hervorragender Schriftsteller und Kunstwissenschaftler, der vielen deutschen Juden geholfen hatte, der Amsterdamer Gemeindevertreter Boekman, Professor van Gelderen mit seiner ganzen Familie und viele deutsche Flüchtlinge.

Wir fürchteten, es würde bald Pogrome geben, wie wir das aus Polen vernommen hatten. Und wir glaubten, das Gemeinschaftshaus würde von deutschen und holländischen Faschisten durchsucht werden. So verbrannten wir manche Bücher oder warfen sie abends im Dunkeln in eine der Grachten.

Doch es kam zunächst anders. Die Geschäfte wurden wieder geöffnet. Das normale Leben schien zurückzukehren, als ob nichts geschehen wäre.

Unter dem Eindruck dieser Ereignisse schrieb ich am 17. Mai an Balet: »All unsere Bekannten, die an der Front waren, sind unverletzt zurückgekehrt, und auch bei dem großen Bombardement von Rotterdam, das besonders das Stadtzentrum schwer zerstört hat, ist keiner unserer Freunde umgekommen. Ihr könnt Euch vorstellen, daß hier jedermann in einer unglaublichen Nervenspannung lebte von dem Augenblick an, als wir vor einer Woche durch die Bombardierungen der Flugplätze Ipenburg und Waalsdorp aus dem Schlaf gescheucht wurden ... Manchmal war der Himmel schwarz von Flugzeugen, ab und zu sah man auch eine getroffene Maschine brennend hinabstürzen.« Die Selbstmorde, auch den von Anita, erwähnte ich nur kurz.

Wohl um unsere Freunde in den USA zu beruhigen – auch das Ehepaar de Graaff war wie alljährlich im Vorfrühling nach Oregon gefahren, wo ihr ältester Sohn Jan eine Tulpenfarm aufgebaut hatte, Frenny de Graaff war schon vor ihren Eltern nach Amerika gereist –, schrieb ich weiter: »Im Augenblick ist wieder alles ruhig und gelassen. Die Kinos spielen, Zeitungen erscheinen im normalen Umfang, in den Büros wird wieder gearbeitet. Die große Veränderung im ökonomischen Leben (der Handel mit England und Ostindien ist gestoppt, neuer Handel mit Deutschland usw.) vollzieht sich langsam, und Störungen können natürlich nicht ausbleiben.«

Über uns selbst fügte ich hinzu: »Die Musiksaison in Scheveningen wird wahrscheinlich in beschränktem Umfang stattfinden, so daß auch Musikkritiken gebracht werden müssen. Meine Unterrichte gehen – bis auf einige Ausnahmen – normal weiter. Finanziell wird es also wohl gehen. Alles andere hängt vom weiteren Verlauf des Krieges ab. Ich vermute, daß wir noch sehr, sehr viel erleben werden.«

Diesen Brief bekam ich zwei Tage später mit der Bemerkung zurück, die Verbindungen mit dem Ausland seien noch unterbrochen. In einem Zusatz schrieb ich am 30. Mai: »Seit heute morgen sind Briefsendungen nach Amerika wieder möglich ... Die Ausgabe der Zeitung ist verkürzt worden, und man hat mir gesagt, daß ich künftig kein festes Gehalt mehr bekomme, sondern pro Konzert bezahlt werden würde. Alles hängt also davon ab, wie viele Konzerte es geben wird. Das Rotterdamer Orchester hat während des Bombardements viele Instrumente und das gesamte Notenmaterial, darunter auch einige unersetzliche Manuskripte, verloren. Auch das amerikanische Konsulat in Rotterdam ist weg. Was nun aus meiner Immigrationsfrage werden wird, ist völlig ungewiß. Wir müssen also warten, bis der Krieg zu Ende ist ...«

Wochenlang herrschte eine stille Verwirrung. Am 29. Mai fand zum erstenmal wieder ein Konzert statt, im Gemeindemuseum wurde altniederländische Musik gespielt. Außer einem Kammermusikabend gab es bis zu Beginn der Scheveninger Spielzeit Mitte Juni kaum etwas zu berichten. Inzwischen hatte der Chefredakteur des »Vooruit«, Voskuil, alle Mitarbeiter zu einem Gespräch eingeladen. Er sagte, jetzt sei eine schwere Zeit angebrochen, wie lange sie dauern werde, wisse niemand. Die Zeitung würde nach deutsch-faschistischem Muster gleichgeschaltet, jeder müsse es mit seinem Gewissen selbst verantworten, was er tue. Wer bleibe, müsse sich zwangsweise der zu erwartenden strengen Zensur unterwerfen, veröffentlicht werden könne nur, was den Besatzern ins Konzept passe. Er selbst, Voskuil, werde sich nicht beugen und gehen. Einige andere schlossen sich ihm sofort an. Da ich nun freier Mitarbeiter war, meinte ich mich mit Musikkritiken heraushalten zu können. Sollte ich gezwungen werden, über nazistische Propagandakonzerte hochjauchzend zu berichten, würde ich das selbstredend ablehnen.

Außer unseren Unterrichtsstunden gab es in diesen Wochen für Lin und mich wenig Arbeit. So fuhren wir eines Tages per Rad nach Rotterdam. Der Anblick der verwüsteten Innenstadt war entsetzlich. Straßen, die wir gut kannten, fanden wir nicht wieder. Zum erstenmal erblickten wir Trümmerberge. Grauenhaft, was die Faschisten innerhalb weniger Stunden angerichtet hatten!

Und dann holten wir unseren bereits Anfang Mai geplanten Besuch bei Haakon und Mieke in Hilversum nach. Mit Wonne betrachteten wir die kleine René. Würden wir es gerade jetzt wagen, ein Kind zu bekommen? Noch zögerten wir. Trotz der fürchterlichen Ereignisse war Haakon hoffnungsvoll. die Arbeit im Rundfunksinfonieorchester machte ihm Freude, er hatte sogar begründete Aussicht, Erster Oboist am Amsterdamer Concertgebouw-Orchester zu werden, für ihn die Krönung seines ganzen Strebens. Dieser Besuch machte uns wieder Mut. Es muß und wird weitergehen. Aber welche Prüfungen stehen uns noch bevor?

Auf der Rückfahrt besuchten wir in Amsterdam Lins Eltern. Vater, der große Optimist, meinte, seine Kollegen auf dem Markt hätten ihm bei allem ihre Unterstützung zugesagt. Wir gingen auch in das Gemeinschaftshaus, das nach dem Beispiel der Haager Bankastraat vor knapp einem Jahr an der Nieuwe Herengracht gegründet worden war. Die älteste Schwester von Bob Brandes, Aleid, leitete den Haushalt vorbildlich. Auch Janric van Gilse war nach seiner Rückkehr aus Spanien dort eingezogen. Doch wir trafen ihn nicht. Mit anderen führenden Genossen der Kommunistischen Partei gehörte er zu den ersten, die halb legal oder auch schon illegal leben mußten. Es bestätigte sich, daß die niederländischen Faschisten eine Liste mit den Namen der aktivsten Antifaschisten, vor allem der Kommunisten, aber auch einiger Sozialdemokraten und anderer, den deutschen Behörden in die Hände gespielt hatten. Daß bereits Haussuchungen stattfanden, sprach sich wie ein Lauffeuer herum. Zu den ersten Verhafteten gehörte unser Freund Herman de Kadt in Rotterdam, ein hervorragender marxistischer Wirtschaftswissenschaftler. Seine Frau Betty war schwanger. Es stellte sich heraus, daß die fünfte Kolonne der Faschisten in Holland sehr aktiv gewesen war, sogar deutsche Dienstmädchen, die hier Arbeit gefunden hatten, entpuppten sich plötzlich als militante Mithelfer der Okkupanten.

Der »Reichskommissar für die besetzten Niederlande«, der aus Österreich bekannte berüchtigte Faschist Seyß-Inquart, zog Ende Mai in Den Haag ein. Seine erste Rede im traditionsreichen Ridderzaal war noch gemäßigt. Er mahnte, Ruhe zu bewahren, und versprach, das bisher geltende niederländische Recht zu respektieren. Zwar faselte er über die »Blutbande zwischen Niederländern und Deutschen«, aber über die niederländischen Juden sagte er nichts. Alles würde normal weitergehen. Der Amsterdamer Bürgermeister Dr. de Vlugt teilte sogar einigen bekannten jüdischen Persönlichkeiten der Stadt mit, der deutsche Militärbefehlshaber Christiansen habe ihm in einem Gespräch versichert, man werde den Juden in den Niederlanden nichts antun, sie seien gleichberechtigte Niederländer.

Uns war sofort klar, daß die deutschen Machthaber hier in dem seit Jahrhunderten als tolerant angesehenen westlichen Staat nur eine andere Taktik verfolgten als in den östlichen besetzten Ländern. Man wollte erst mal Ruhe schaffen. Wir zweifelten daran, daß es so bleiben würde. Nach der Antrittsrede von Seyß-Inquart machte sich anfangs unter der Bevölkerung, auch der jüdischen, sogar eine Stimmung bemerkbar, daß ja alles nicht so arg sei, wie man es sich vorgestellt habe. Die deutschen Soldaten traten betont freundlich und friedfertig auf. Wir sahen sie bei schönem Wetter in der Rotunde und in anderen Cafés am Strand von Scheveningen gewaltige Portionen Schlagsahne verzehren und Schokolade trinken.

Die niederländische Regierung hatte in den vorangegangenen Monaten große Vorräte an nichtverderblichen Lebensmitteln und Konsumgütern anlegen lassen und auch die Bevölkerung zum Kaufen aufgefordert. Tatsächlich gab es vorerst noch genug. Doch der größte Teil der Vorräte verschwand sehr bald nach Deutschland, man holte sich wirklich die holländische Butter, wie es die Bekannte von Siegfried Borris im Januar vorausgesagt hatte. Holland war rasch leer geplündert, nach einigen Monaten mußte nach deutschem Muster eine Lebensmittelrationierung eingeführt werden.

Im Juni begann sich das Musikleben zu normalisieren, wenn auch in bescheidenerem Umfang als früher. Das Haager Gemeindemuseum organisierte eine schon seit langem vorbereitete Ausstellung zum 100. Geburtstag von Tschaikowski. Der bekannte fortschrittliche Pianist Hugo van Dalen hielt einen Vortrag über den russischen Komponisten und spielte einige seiner Klavierwerke. Van Dalen hatte in den vorangegangenen Jahren mehrmals ausgedehnte Konzertreisen durch die Sowjetunion gemacht und seine Sympathien für das sozialistische Land stets offen bekundet. Und da das Besatzungsregime den Nichtangriffspakt mit der Sowjetunion abgeschlossen hatte, konnte er jetzt vor einem großen Zuhörerkreis seine Zuneigung zur russischen Musik bedenkenlos zum Ausdruck bringen. Bei dieser Veranstaltung herrschte jedoch eine merkwürdige Atmosphäre, viele Anwesende empfanden den Vortrag van Dalens als eine Kundgebung gegen die Besatzungsmacht, der Beifall war ungewöhnlich lang und herzlich.

Auch das Eröffnungskonzert der Scheveninger Sommersaison am 14. Juni stand im Zeichen der neuen politischen Situation. Nach einer mehrwöchigen erzwungenen Pause trat das Residenzorchester erstmalig wieder auf. Trotz des regnerischen, sehr kühlen Wetters war der Saal ausverkauft, obwohl das mondäne Seebadpublikum nur spärlich vertreten war. Mit offensichtlich programmatischer Absicht erklang zunächst die selten gespielte Orchestersuite

»Oud Nederland« des Holländers Julius Röntgen. Beethovens »Eroica« wurde dann als eine musikalische Bestätigung des Freiheitswillens der Niederländer aufgefaßt. Den Trauermarsch empfanden wohl alle als eine wortlose Huldigung für die vielen Opfer, die der fünftägige Krieg gekostet hatte, die aber mit Worten nicht geehrt werden durften. Und das jubelnde Finale erweckte Hoffnungen auf einen zunehmenden Widerstand gegen die faschistischen Eindringlinge in einem Land, das über hundert Jahre lang keinen Krieg auf seinem Territorium zu führen brauchte. Das Orchester musizierte an diesem denkwürdigen Abend so intensiv und brillant wie schon seit langem nicht mehr.

Und nun folgten bis Ende August allwöchentlich vier Orchesterkonzerte mit meist niederländischen Dirigenten und Solisten. Nur zweimal erschien Hermann Abendroth aus Köln am Dirigentenpult und ab Ende Juli auch wieder Carl Schuricht. Wie ich von Jaap Stotijn hörte, hatten die deutschen Autoritäten gewünscht, den beliebten Konzertmeister Sam Swaap »nicht zuviel in Erscheinung treten zu lassen« und »seinen Stuhl etwas weiter nach hinten zu setzen«, weil er ihnen »zu jüdisch aussah«. Dem konnte nicht stattgegeben werden, denn er war nun einmal Erster Konzertmeister, den man nicht einfach vom ersten Pult versetzen konnte. Man lächelte nur über solch ein dumm-freches Ansinnen. Und als am 24. Juli der aus Berlin vertriebene, vorsorglich als ungarischer Violinist und Pädagoge angekündigte Carl Flesch mit dem Dvořák-Konzert auftrat, reagierte das Publikum ostentativ »mit stürmischen Ovationen«, wie ich im »Vooruit« schrieb.

Ein Höhepunkt der Spielzeit war das erste Wiederauftreten des Rotterdamer Philharmonischen Orchesters unter seinem Dirigenten Eduard Flipse. Nach der Vernichtung des Rotterdamer Stadtzentrums wurde unter maßgeblicher Leitung von Jan van Gilse eine große Hilfsaktion für Musiker eingeleitet. Die anderen Orchester des Landes stellten Instrumente und Notenmaterial zur Verfügung. Das Residenz- und das Concertgebouw-Orchester gaben Sonderkonzerte zugunsten ihrer Rotterdamer Kollegen, Musikliebhaber sammelten Geld, so daß die Gehälter normal ausbezahlt und persönliche Schäden ersetzt werden konnten. In ähnlicher Weise unterstützten Schriftsteller, Maler, Bildhauer und Theaterleute des Landes ihre betroffenen Rotterdamer Kollegen. Das war die erste große, gegen die Okkupanten gerichtete Solidaritätsaktion niederländischer Künstler.

Obwohl die Zeitungen darüber kein Sterbenswörtchen verlauten lassen durften, sprach sich das sehr schnell herum. Und als die Rotterdamer am 2. Juli im Scheveninger Kurhaus wieder auftraten, wurden sie vom Publikum begeistert begrüßt. Flipse hatte mit Werken von César Franck, Dvořák und dem Holländer Willem Pijper ein Programm ausgewählt, das sich gezielt einer zu erwartenden faschistischen Kulturpolitik widersetzte. Überhaupt wurde in dieser Sommerspielzeit auffallend viel Musik französischer, tschechischer, russischer und niederländischer Komponisten aufgeführt. Ein Zufall?

Trotz aller Beschwichtigungsversuche machte sich bereits während der Sommermonate ein zunehmendes nationales Selbstbewußtsein, ein Sichbesinnen auf die eigenen Werte und Traditionen mit Zielrichtung gegen die Okkupanten bemerkbar. Ein sichtbares Symptom dafür war der »Anjerdag«, der Tag der Nelke am Geburtstag Prinz Bernhards, dem 29. Juni. In Den Haag und auf dem Boulevard in Scheveningen trugen viele Spaziergänger eine Nelke im Knopfloch als demonstratives Bekenntnis zum Königshaus Oranje. Das war aber erst ein Beginn.

Der Geburtstag der Königin Wilhelmina, der 31. August, galt seit Jahrzehnten als Nationalfeiertag. Der »Koninginnedag« 1940 wurde zu einem einmütigen nationalen Festtag zu Ehren des in London weilenden Staatsoberhauptes. Nur durch vorangegangene Mundpropaganda angeregt, trug mindestens jeder zweite Straßenpassant in der Residenzstadt und im Seebad Scheveningen traditionsgemäß eine goldgelb leuchtende Königinnenblume, eine Tagetes. Mit lächelndem Einverständnis blickten die Spaziergänger einander wortlos an. Eine so einhellige Bekundung nationalen Stolzes hatte die Besatzungsmacht wohl kaum erwartet. Dem niederländischen Volk gab dieser Tag neuen Mut, neue Zuversicht. Die durch die militärische Überrumpelung verursachte nationale Demütigung war einem wiedererlangten Nationalbewußtsein gewichen. In allen Familien, in den Wohnungen, auch im Gemeinschaftshaus wurde diese spontane Demonstration mit Jubel begrüßt. Seit dem

31. August waren sich die meisten Niederländer einig in dem Wissen, sich der Besatzerwillkür nicht zu beugen.

Auch für die Kommunistische Partei kam diese antifaschistische Aktion völlig überraschend. Vorher hatte es schon in der Parteiführung und an der Basis heftige Auseinandersetzungen über den Charakter dieses Krieges und über die Haltung der Kommunisten gegenüber den deutschen Besatzern gegeben. Wie in anderen kommunistischen Parteien westeuropäischer Länder, besonders in Norwegen, waren einige führende Genossen, vor allem Paul de Groot, der Meinung, daß es sich um einen Krieg zwischen imperialistischen Großmächten handle und die Kommunisten deshalb eine neutrale Haltung einnehmen müßten. Andere Genossen, besonders A. S. de Leeuw, vertraten die Auffassung, daß der Krieg den Charakter des Befreiungskampfes gegen die faschistische Vorherrschaft angenommen habe und eine breite Front aller nationalen Kräfte gegen die Okkupanten gebildet werden müsse.

Als die Juninummer der theoretischen Monatsschrift der Partei »Politiek en Cultuur« erschien, lasen wir mit Empörung im Leitartikel: »Das höchste Interesse der niederländischen Bevölkerung erfordert, daß sie weder direkt noch indirekt die Kriegführung der Alliierten unterstützt, sondern Deutschland gegenüber eine wahre Neutralität in acht nimmt . . . Das bedeutet auch, daß das niederländische arbeitende Volk Haltung annehmen muß.«

Wie sich herausstellte, hatte sich der Chefredakteur der Zeitschrift, A. S. de Leeuw, scharf gegen die Veröffentlichung dieses vermutlich von Paul de Groot verfaßten Artikels gewandt. Wir hörten das von Bob und Jannie, in deren Wohnung im Bazarlaan A. S. de Leeuw einige Zeit untergetaucht war.

Es kam aber noch schlimmer. Am 24. Juni hob Seyß-Inquart – von seiner Warte aus bei solch einer Kapitulation der Parteiführung durchaus logisch – das schon von der niederländischen Regierung zuvor ausgesprochene Verbot der kommunistischen Parteipresse wieder auf. Daraufhin erschien am 26. Juni eine einzige Nummer des »Volksdagblad« mit einem Leitartikel gleichen Inhalts. Das bewirkte eine totale Verwirrung. Manche Unterabteilungen der Kommunistischen Partei weigerten sich, diese Nummer ihrer Zeitung zu verbreiten.

Am 19. Juli wurde die Partei offiziell verboten. Ihre Mitglieder waren auf die Illegalität ungenügend vorbereitet. Die Leitung entschied, daß eine Gruppe von drei Genossen mit Paul de Groot an der Spitze die Führung in der Illegalität übernehmen sollte. Die drei tauchten aber irgendwo im Süden des Landes, weit weg von den Zentren der Großstädte, unter und entfernten sich damit von der Basis. Trotz der Unsicherheit, die durch diese letzten Artikel hervorgerufen wurde, nahm die überwältigende Mehrheit der Mitglieder eine eindeutige antifaschistische Haltung ein. Besonders die örtliche Leitung in Amsterdam stellte sich rasch auf die Bedingungen der Illegalität um, daran hatte Janric van Gilse großen Anteil. In den kommenden Monaten entfaltete gerade die Amsterdamer Leitung eine sehr wirksame antifaschistische Aktivität.

Von jetzt ab gebrandmarkt

Wir ahnten, was da so kommen würde, und hatten es doch nicht geglaubt. Zunächst waren wir wie zerschlagen. Besonders der Tod Anitas und das brennende Rotterdam lasteten wie ein Alpdruck auf mir. An öffentliche Auftritte mit Eberhard war nicht mehr zu denken. Meine Gymnastik- und Tanzkurse gingen weiter, ich bekam bald noch mehr jüdische Schüler. Auch an mir arbeitete ich weiter, setzte den Unterricht bei Wechselmann und bei dem ostjüdischen Chawer aus Schevenigen fort, der sich wegen seines jüdischen Aussehens schon bald nicht mehr auf die Straße traute. Eines Tages erschien er jedoch wieder bei mir, ich erkannte ihn kaum wieder. Er hatte sich seinen Vollbart und seine Ohrlöckchen abrasiert. So glaubte er, auf der Straße nicht mehr aufzufallen. Was für eine Überwindung muß das diesen herzensguten, frommen Menschen gekostet haben.

Daß Hitler den Krieg verlieren würde, bezweifelten wir keinen Augenblick. Nur wie lange er dauern würde, ein, zwei oder gar drei Jahre, und wie wir diese Zeit durchstehen würden, das blieb ein großes Fragezeichen. Ich arbeitete jedenfalls unentwegt weiter, um die künstlerische Laufbahn sofort nach dem Krieg fortsetzen zu können.

Seit den schrecklichen ersten fünf Kriegstagen grübelte ich, wie ich meine Programme auf die Gegenwart beziehen könnte. Meine Tänze auf Themen aus dem ostjüdischen Leben, nach Legenden und der Bibel, das war alles gut und schön, aber es reichte mir nicht. Eine Zeitungsnotiz vom Sommer 1939 war mir nie aus dem Kopf gegangen: Hitlerdeutschland hatte eine Gruppe von Juden polnischer Staatsangehörigkeit ausgewiesen und über die Grenze nach Polen abgeschoben, aber dort nahm man sie nicht auf. So hausten diese unglücklichen Menschen monatelang auf einem Stückchen Niemandsland zwischen Deutschland und Polen, bis Hitlers Kriegsmaschinerie sie zermalmte. So entstand die Idee für einen neuen Tanz »Mutter auf Niemandsland«. Mit Eberhards Hilfe fand ich die geeignete Musik dazu und probierte lange daran herum.

In den Sommermonaten wurde es schwer, die Verbindung zu vertrauten Genossen aufrechtzuerhalten. Unsere gute Mien, die Haushalthilfe in der Bankastraat, der ich pünktlich meinen Parteibeitrag ablieferte, kam nicht mehr. Einmal sah ich sie noch, da sagte sie, es werde nun zu gefährlich für sie, weiter ins Gemeinschaftshaus zu kommen. Außerdem ließ sie durchblicken, daß einige Genossen unter diesen Umständen Eberhard nicht mehr vertrauten, er sei doch kein Parteimitglied, man müsse jetzt ganz besonders vorsichtig sein.

Zu Jannie ging ich anfangs noch oft, aber schon bald nahm sie gefährdete Genossen in ihrer Wohnung auf. Außerdem bekam sie eine Abziehmaschine, um Flugblätter zu vervielfältigen. »Komm jetzt nicht mehr so oft zu mir«, sagte sie, »du gefährdest uns und dich selbst damit, wir müssen jetzt wie ein Schießhund aufpassen.« Auf meine Frage, ob sie mir wegen Eberhard nicht mehr vertraue, antwortete sie erstaunt: »Aber nein, bestimmt nicht. Wie kommst du darauf?« – »Ach, nur so«, sagte ich ausweichend. Es war schlimm für mich, gute Genossen, ja meine eigene Schwester meiden zu müssen.

Da ging ich zu Dr. Rhijnvis Feith, dem ich voll vertraute. Er war Jonkheer, aus einem alten Adelsgeschlecht stammend, und nur wenige wußten, daß er Genosse war. Sein Beruf war Psychoanalytiker. Trotz seiner kleinen verkrüppelten Gestalt mit großem Buckel – die Folge einer spinalen Kinderlähmung – machte er einen sehr gefestigten, ausgeglichenen Eindruck. Wenn ich irgendwelche politische oder andere persönliche Fragen hatte, ging ich zu ihm, er wußte immer Rat. Ein prächtiger Mensch. Er wohnte nicht weit von der Bankastraat in einem vornehmen Grachtenhaus und unterhielt dort eine sehr gut besuchte Praxis. Kein Mensch konnte ahnen, daß dieses Haus bald zu einem Zentralpunkt illegaler kommunistischer Tätigkeit wurde. Auch Gerrit Kastein und Janric van Gilse gingen häufig zu ihm.

Mit Rhijn, wie wir ihn nannten, besprach ich meine Sorgen wegen der mangelnden Verbindungen zu Genossen und auch den Verdacht gegen Eberhard. »Aber Mädchen«, rief er lächelnd, wir kennen doch deinen Eberhard, das sind doch alles haltlose Spekulationen. Aber hör gut zu: Eberhard ist Reichsdeutscher, und niemand kann wissen, ob, wann und wie er von den Moffen beobachtet wird. Deswegen dürft ihr nicht mehr so oft zu mir und zu anderen Genossen gehen. Wir müssen verdammt vorsichtig sein. Es ist schwer, sich daran zu gewöhnen. Das hat aber nichts mit unserem Vertrauen zu Eberhard zu tun. Früher oder später werden die Moffen ihn anfordern, sie brauchen in diesem Krieg jeden einzelnen. Und nun zu dir: Im Augenblick brauchen wir dich noch nicht, aber wenn ich dich benachrichtige, mußt du für uns bereit sein. Jetzt meide mich soviel wie möglich. Es muß sein. Einverstanden?« Natürlich war ich einverstanden. Doch es blieb eine schwierige Situation, ich fühlte mich irgendwie kaltgestellt.

Mich von Eberhard zu trennen war mir nicht möglich. Wir wollten, ja mußten zusammenbleiben. Natürlich drohte immer die Gefahr, verpfiffen zu werden, wir waren ja in der Öffentlichkeit bekannt. Den meisten Menschen in unserer Umgebung konnten wir vertrauen, aber es gab auch Neider. Ich kriegte einige anonyme Briefe: »Du dreckige Jüdin, wir werden schon dafür sorgen, daß du nicht länger mit einem Deutschen zusammenlebst.« Irgendwie, und das ist das merkwürdige, hatten wir trotz allem das Gefühl, daß uns nichts passieren könnte. Die ständige Gefahr, unter der wir lebten, war schon etwas Selbstverständliches geworden.

Ich besuchte ab und zu wieder mit Eberhard Orchesterkonzerte im Scheveninger Kursaal. Schöne Musik zu hören war für mich immer ein Fest. Und ich half Eberhard beim Schreiben seiner Rezensionen.

Außer dem Koninginnedag gab es während des Sommers eigentlich nichts Aufregendes, doch die Ungewißheit, was alles noch kommen würde, nahm zu. Nico und Jopie zogen aus der Bankastraat in eine eigene Wohnung, auch einige andere Freunde verließen das Haus, neue kamen hinzu. Da war die lustige Elsie Hooft, sie arbeitete bei der KLM bis zum Krieg als Stewardeß. Da war Isabelle Kolthoff, ein wunderschönes dunkles Mädchen. Beide bezogen Bodenkammern. Und da war schließlich Jolle Huckriede, auch in einer Bodenkammer, ein hochbegabter Musikant, eigentlich Oboist, aber am liebsten spielte er Cello. Im Haus wurde wieder viel Musik gemacht.

In unserer Umgebung wurden sechs oder sieben junge Frauen schwanger. Nun ja, sie waren eben in dem Alter zum Kinderkriegen. Im Scherz sagten wir, sie laufen alle mit einem »Jaapie« herum. Jan Kann und Ben Polak sahen Vaterfreuden entgegen. Cilia und Albert de la Court, die schon drei Jungen und ein Mädchen hatten, kurz vor Kriegsbeginn aus Bandung nach Holland zurückgekehrt waren und nun die Wohnung von Cilias Eltern, den alten de Graaffs, in Wassenaar bezogen hatten, sollten im November einen fünften Nachkömmling erhalten. Jannie und Bob waren trotz der illegalen Arbeit mit ihrem kleinen Robbie, der im Oktober schon ein Jahr alt wurde, sehr glücklich, ebenso Haakon und Mieke mit ihrer René in Hilversum. Haakon hatte tatsächlich die Stelle im Concertgebouw-Orchester bekommen und war mit Familie in die Johannes-Verhulst-Straat 26, gleich hinter dem Concertgebouw, gezogen. Diese Adresse sollte in Zukunft sehr wichtig für uns werden.

Anfang November rief Jan Kann uns an. Wiep hätte das Kind bekommen, wir sollten uns doch unbedingt in den nächsten Tagen einmal in Amsterdam sehen lassen. Gut, wir reisten diesmal mit der Bahn. Es war ein schöner, ungewöhnlich milder Sonntag. Das Kind – mir wurde ganz warm ums Herz, als sich das Würmchen mit seinen Fäustchen an meinen beiden kleinen Fingern festklammerte.

Eberhard und ich, sollten wir noch zögern? Wir schwiegen uns aus, aber ich fühlte, daß Eberhard dasselbe dachte, trotz aller Bedenken wegen der ungewissen Zukunft. »Ein Kind bringt immer Glück«, sagte ich. Als wir dann abends wieder in der Bankastraat waren . . . ein Wunschkind. Diesen 10. November, mitten im ersten

Kriegsjahr, werde ich mein Lebtag nicht vergessen. Manche von unseren Freunden und auch Balet in einem Brief aus Amerika erklärten uns für irre: In dieser Zeit ein Kind?

Da ich mit Eberhard nicht mehr auftreten konnte, hatte ich mich an Ida Rosenheimer, eine sehr gute Pianistin in Den Haag, gewandt, ob sie mich begleiten wolle, denn ich hatte von der jüdischen Loge und für Chanuka im Dezember von einigen anderen Organisationen Anfragen für Auftritte erhalten. Wie gut, daß Eberhard alle Liedbegleitungen aufgeschrieben hatte, so brauchte ich nicht lange mit ihr zu proben.

Die Auftritte verliefen wie erwartet, allerdings war die Stimmung unter den Juden schon recht gedrückt. Ida hatte aus irgendwelchen Quellen vernommen, daß die Juden in Polen und auch in der Tschechoslowakei zwangsweise in Ghettos zusammengepfercht und alle, die auch nur den geringsten Widerstand leisteten, in neu errichtete Konzentrationslager verschleppt wurden. »Wir dürfen uns keinem Wunschdenken hingeben«, sagte sie, »daß man mit uns in Holland anders verfahren wird. Hitler hat seit zwanzig Jahren immer wieder gesagt, daß er die Juden vernichten will, im Osten hat er damit schon angefangen, und auch wir werden an die Reihe kommen. Schließlich wird er uns alle nach Polen oder sonstwohin abschieben, verlaß dich drauf!« – »Aber wie wollen die denn das überhaupt machen?« wandte ich ein. »Schließlich gibt es in Holland ungefähr hundertvierzigtausend Juden, die kann man doch nicht so mir nichts dir nichts abschieben.« – »Warte nur ab«, wandte sie ein, »du wirst noch oft an meine Worte denken!« Mir war bang ums Herz, ich konnte es mir nicht vorstellen, daß es so weit kommen würde.

Aber inzwischen waren die ersten »Verordnungen« bekanntgemacht worden. Schon ab September durften Beamte, die »entweder ganz oder teilweise jüdischen Blutes« waren, nicht angestellt, ernannt oder befördert werden. Von Entlassung war noch nicht die Rede. Im Oktober mußten alle Angestellten der öffentlichen Schulen und Hochschulen eine Erklärung unterschreiben, ob sie »Arier« waren oder nicht. Und schon im November wurden jüdische Lehrer, Hochschuldozenten und -professoren nicht etwa entlassen, sie wurden nur »vorläufig ihres Amtes enthoben«. Man ging nur schrittweise vorwärts, um die Hoffnungen zu schüren, es würde doch alles nicht so schlimm werden.

Es gab sofort energischen Widerstand. In einigen Schulen wie dem Vossius-Gymnasium in Amsterdam wurde gestreikt. An der Leidener Universität hielt der Dekan der Juristischen Fakultät, Professor Cleveringa, vor allen Studenten eine leidenschaftliche Protestrede, die in Tausenden von Exemplaren vervielfältigt und in ganz Holland illegal verbreitet wurde. Cleveringa wurde daraufhin gefangengesetzt, die Leidener Universität geschlossen. In Amsterdam erschien das illegale Blatt »De geus onder de studenten«. An der Landwirtschaftshochschule in Wageningen wurde aus Solidarität mit drei »des Amtes enthobenen« Dozenten gestreikt. Und obwohl das offizielle niederländische Pressebüro betonte, daß von Entlassung keine Rede sein könne, erhielten alle Betroffenen einige Wochen später kein Gehalt mehr. Also doch entlassen. Das wurde in Windeseile überall bekannt.

Großes Aufsehen erregte die imponierende Haltung des Präsidenten des Obersten Gerichtshofes, Dr. L. E. Visser, des Vaters unserer Freundin Tilly Visser. Als er im November von den Nazis und ihren Kollaborateuren des Justizministeriums entlassen wurde, erklärte er, die Königin als Staatsoberhaupt hätte ihn ernannt, und nur sie sei befugt, ihn auch wieder zu entlassen, alles andere sei rechtswidrig.

Wir begrüßten auch die illegal verbreitete, in vielen Kirchen verlesene Erklärung des Pfarrers Dr. J. J. Buskes, in der er sich gegen die antisemitischen Maßnahmen wandte, sie stünden im Widerspruch zur christlichen Barmherzigkeit und auch zu den Versprechungen Seyß-Inquarts.

Diese und andere Protestaktionen machten uns Mut. Nein, die deutschen Faschisten täuschten sich, wenn sie meinten, mit den Holländern leichtes Spiel zu haben!

Doch das war erst der Anfang. Am 9. Februar 1941 drangen holländische Faschisten und deutsche Soldaten in das Café-Kabarett »Alcazar« am Thorbeckeplein in Amsterdam ein, weil dort jüdische Künstler auftraten. Es entstand ein unbeschreiblicher Krawall, die Polizei mußte eingreifen, es gab viele Verletzte, auch unter den Polizisten. Daraufhin formierten sich in Amsterdam verschiedene jüdische Knokploegen, Kampftruppen. Dem zunehmenden Terror der Nazis etwa tatenlos zusehen, das wollten und konnten viele nicht. Wir werden kämpfen, das war die feste Überzeugung vieler Niederländer, Juden und Nichtjuden, besonders auch unter der Jugend.

Die Amsterdamer Arbeiter sagten: Das sind unsere Juden, wir haben zwar oft Streit mit ihnen, aber wir leben schon seit drei Jahrhunderten mit ihnen zusammen, sie sind ein Stück von uns selbst. Die Nazis lassen wir nicht an sie heran, wenn es sein muß, gehen wir für sie auf die Barrikaden.

Die Kampfstimmung steigerte sich, als am 11. Februar eine Gruppe bewaffneter Nazis neunzehn junge jüdische Männer in der Jodenhoek auf offener Straße verhaftete und zwei Tage später ganze Teile des Judenviertels mit einem hohen Zaun eingegrenzt wurden. Überall, auch in der Nähe der Wohnung meiner Eltern, standen da plötzlich große Schilder: »Juden-Viertel Joodsche Wijk«

Es war erstaunlich, wie schnell sich alle positiven spontanen Regungen im Lande herumsprachen. Es gab in Amsterdam eine Boxergruppe des jüdischen Sportvereins »Maccabi«, die seit jenem Feburar mehrmals erfolgreich operierte.

Am 19. Februar kam zum erstenmal ein jüdischer Knokploeg in Aktion. In der Van-Wou-Straat, im Süden Amsterdams, gab es den beliebten jüdischen Eissalon »Koco«, der den holländischen Faschisten schon lange ein Dorn im Auge war. Einige Besucher bildeten eine Kampftruppe und installierten am Eingang des Ladens eine mit Ammoniakgas gefüllte Metallflasche. Als nun eine Patrouille der »Grünen Polizei« in den vollbesetzten Laden eindrang, wurde sie mit einer beißenden Flüssigkeit besprizt. Die Polizisten schossen wild um sich und schleppten die Besitzer des Eissalons, die deutschen Emigranten Cahn und Cohn, mit einigen Gästen weg. Cahn wurde vierzehn Tage später von einem faschistischen Mordkommando erschossen.

Die »Koco«-Affäre hatte die Nazis aufs äußerste gereizt. Hinzu kam, daß es im Norden Amsterdams in einigen Werften zu Proteststreiks gekommen war, weil Arbeiter nach Deutschland geschickt werden sollten. Außerdem waren die Preise in den letzten Monaten beträchtlich gestiegen, die Löhne aber durften nicht erhöht werden.

Warum soll es den holländischen Arbeitern besser gehen als den deutschen – war ein beliebtes, viel zitiertes Argument der Faschisten.

Am 22. und 23. Februar starteten die Okkupanten eine Großoffensive. Sie organisierten die ersten Razzien auf Juden, vor allem auf dem Jonas-Daniel-Meijer-Plein, direkt neben den beiden größten Synagogen der Stadt. Wie stets am Sonnabendnachmittag und Sonntagvormittag strömte dort eine große Menschenmenge zusammen. Plötzlich erschienen mehrere Polizeiautos mit SS-Leuten und deutschen Soldaten, schlugen willkürlich junge Männer zusammen und schleppten sie weg.

Und nun geschah etwas Außerordentliches. Die verbotene Kommunistische Partei verbreitete schon am nächsten Tag überall in der Stadt ein Flugblatt. Darin hieß es: »Die Nazis haben in Stadtgebieten mit starker jüdischer Bevölkerung wie Tiere gehaust. Diese Judenpogrome sind ein Angriff auf die ganze arbeitende Bevölkerung. Organisiert in allen Betrieben Proteststreiks. Seid solidarisch mit dem jüdischen Teil des arbeitenden Volkes. Entreißt jüdische Kinder der Nazigewalt, nehmt sie in eure Familien auf. Streikt, streikt, streikt!!!«

Am 25. Februar in aller Frühe standen die Genossen bei den Depots der Straßenbahnen und forderten die Männer auf, nicht auszufahren. Der Aufruf wurde befolgt, wenige Straßenbahnen, die sich in Bewegung gesetzt hatten, wurden aufgehalten. Auch die Männer der Müllabfuhr, hier war die Partei besonders stark, streikten. Wie ein Lauffeuer verbreitete sich die Nachricht von dem Streik. Die Kumpel in den Fabriken legten die Arbeit nieder. Auch die Beamten des Rathauses erschienen nicht zur Arbeit. Es konnte nicht geheiratet und begraben werden. Die Läden blieben geschlossen, Zeitungen wurden nicht gedruckt und ausgetragen. Der Streik griff auch auf andere Städte Nordhollands über.

Die deutschen und auch die niederländischen Faschisten gerieten in Panik, sie ließen ganze Bataillone auffahren und forderten überall durch Lautsprecher auf, sofort wieder an die Arbeit zu gehen. Wir sahen auch in Den Haag Polizeiautos wild durch die Straßen rasen. Nein, so was hatte es sicher bisher in keinem der von den Deutschen besetzten Ländern gegeben!

Der zweitägige Februarstreik wirkte unglaublich stimulierend auf die ganze Bevölkerung. Gewiß, es gab Tote und Verletzte, danach Verhaftungen, Geiselnahmen, Erschießungen, aber die Amsterdamer Arbeiter hatten bewiesen, daß man sich auch gegen den schlimmsten Terror wehren kann und muß!

Die bei den Razzien verhafteten 389 Männer wurden schon drei oder vier Tage später nach Buchenwald und dann nach Mauthausen verschleppt. Von dort trafen nach wenigen Monaten Benachrichtigungen ein: Gestorben an Lungenentzündung, Sonnenstich, Herzklappenfehler, Nierenentzündung ... Kein Mensch in Holland wollte das glauben. Mauthausen wurde zu einem Schreckenswort. Von diesen jungen Männern ist kaum einer zurückgekehrt.

Inzwischen hatten die Besatzer allerlei weitere Verordnungen erlassen. Im Januar mußten alle Holländer ihre Rundfunkapparate abliefern. Von London aus sendete Radio Oranje täglich in niederländischer Sprache, das wurde natürlich überall gehört. Die Königin selbst ermunterte auf diesem Wege ihre Landsleute zum Widerstand. Die Nazis wollten das Abhören solcher Sendungen verhindern.

Der Erfolg war mager. Abgegeben wurden beinahe nur alte, kaum mehr brauchbare Apparate, die guten wurden versteckt, und allabendlich hörte man weiter Radio Oranje aus London oder den Moskauer Rundfunk. So blieben wir immer gut informiert. Es gab auch Menschen, die sich offen weigerten, ihren Apparat abzugeben, Miekes Vater beispielsweise, ein Sozialdemokrat und Jude. Er wurde daraufhin verhaftet, verschleppt und ermordet. Unser guter Jan Carmiggelt war schon Wochen zuvor verschwunden, auch er ist umgekommen.

Im Oktober 1940 wurde ein Personalausweis für jeden Erwachsenen eingeführt. Das Besondere daran war ein dünner Papierüberzug auf der Rückseite des Paßfotos mit dem Fingerabdruck der betreffenden Person. Bei der Abgabe mußte man einen zweiten Ausweis eigenhändig unterschreiben und mit dem Fingerabdruck versehen, dieses zweite Exemplar wurde in einer Zentralstelle in Den Haag deponiert. Auf diese Weise wollte man das Fälschen solcher Ausweise erschweren. Die Ausgabe der Personalausweise zog sich über mehrere Monate hin.

Am 10. Januar 1941 erschien eine Verordnung, daß sich alle Juden, auch sogenannte Halb- und Vierteljuden, registrieren lassen mußten. Bei Weigerung wurden schwere Strafen angedroht. Wer schon einen Personalausweis hatte, bekam ein dickes J eingestempelt. Damit war er von jetzt ab gebrandmarkt. Viele haben sich nicht registrieren lassen, auch Jannie nicht. Sie hat nie das J hineingestempelt bekommen – und niemand hat sie je danach gefragt.

Ich habe mich nie um solchen bürokratischen Kram gekümmert und mich auch nicht in Den Haag polizeilich angemeldet. Offiziell wohnte ich also immer noch bei meinen Eltern in Amsterdam. Dort begann die Ausgabe der Personalausweise erst im April, die Juden kriegten dann gleich ihr J hineingepfeffert. Wie ich an meinen Ausweis gekommen bin, weiß ich nicht mehr, auf alle Fälle bekam ich einen mit dem J.

Es muß auch etwa im April gewesen sein, als Mik van Gilse, den ich in Amsterdam noch einige Male getroffen hatte, zu mir in die Bankastraat kam. »Du hast doch viele Bekannte«, sagte er, »wir brauchen dringend Personalausweise für viele Untergetauchte, vor allem jüngere. Überrede deine Freunde, ihren Ausweis einfach zu verlieren und offiziell einen neuen zu beantragen. Das geht, wir haben Beweise dafür. Denke dran, das ist ein Auftrag für dich!« Ich war froh, endlich auch etwas tun zu können.

Zuerst ging ich bei uns um die Ecke zur Familie Roosenburg. Teun, der die Masken für mich gemacht hatte, zögerte. Da mischte sich sein Vater, der Architekt, ein. »Was, du hast deinen Ausweis noch nicht verloren? Eine Schande, gib ihn sofort her! So, und dann gehst du zum Rathaus und sagst, du hast ihn verloren, und du forderst ein Duplikat, das können sie dir nicht verweigern.« So fing es an. Ich ging auch zu Lili Green. Sie hatte zwei liebe Freundinnen, die immer bei ihr waren, Seer und Kool. Sie gaben mir ihre Ausweise sofort. Auch eine der dicken Damen, die ich unterrichtete, zögerte nicht, sie hatte einen Ausweis ohne J. Als ich so etwa ein halbes Dutzend geschnorrt hatte, fuhr ich zu Mik nach Amsterdam. »Fein, Mädel«, sagte er, »das ist ein guter Anfang, aber das reicht noch nicht. Wenn's nicht anders geht, dann klau welche, du bist doch quick und wendig.«

Also gut. Schon um Neujahr herum war ich sicher, ein Kind zu bekommen. Auch Eberhard freute sich schrecklich darauf. Im

Frühjahr hamsterten wir Wolle für Kinderkleider, vor allem aber Sanostol und andere Vitaminpräparate, so daß wir für mindestens zwei Jahre genug davon hatten. Obwohl mein Bauch schon recht rundlich zu werden begann, ging ich ab Mai bei schönem Wetter in eine Badeanstalt. Seit April war es per »Verordnung« Juden zwar verboten, in öffentliche Schwimmbäder, auf Sportplätze, in Kinos, Theater, Restaurants und was weiß ich sonst noch alles zu gehen. Da hingen deutlich sichtbar die Schilder »Voor Joden verboden«. Aber ich scherte mich nicht darum.

Im Schwimmbad waren die Umkleidekabinen nur durch dünne Wände voneinander getrennt. Ich kroch also drunter durch oder kletterte drüber hinweg und stahl in den Nebenkabinen Personalausweise. Das machte ich mehrmals. Ich klaute wie ein Verbrecher. Mik strahlte, als ich sie ihm brachte. Im Anfang nahm ich jeden Ausweis, den ich kriegen konnte. Aber einmal mußte ich zum Beispiel einen Ausweis für eine etwa fünfunddreißigjährige Frau mit schwarzem Haar haben, das war schon schwieriger. Ich war natürlich nicht die einzige, die so etwas tat. In Cafés und Hotelzimmern sind da die tollsten Sachen passiert.

Nach kurzer Zeit reichte das nicht mehr aus. Es wurde zu riskant, einen Illegalen mit dem Ausweis eines anderen zu versorgen, der ihm ähnlich sah. Bei Kontrollen wurde das schon einige Male gemerkt. Ich sprach darüber mit Mik, er antwortete: »Wir haben jetzt eine neue Methode entwickelt. Unsere Grafiker«, er brauchte mir keine Namen zu nennen, ich wußte schon, wen er meinte, »haben eine raffinierte Technik gefunden, die Paßfotos auf den Ausweisen zu spalten, so daß die Rückseite mit dem Fingerabdruck nicht verletzt wird. Das neue, ganz dünne Foto wird daraufgeklebt und das Stückchen Stempel nachgezeichnet. Unsere Leute sind darauf spezialisiert, sie haben schon Hunderte solcher Ausweise gefälscht. Nur der Fingerabdruck stimmt nicht, aber das kann ja bei Straßenkontrollen nicht nachgeprüft werden.«

Als das so gut gelungen war, gab er mir noch einen zweiten Auftrag. »Hier hast du einige Personalausweise«, sagte er, »die schon gesperrt sind. Geh damit zum Distributionsbüro im Laan van Meerdervoort. Wenn dort ein Genosse von uns sitzt, gehst du zu ihm, gibst ihm die Ausweise, und er händigt dir dann die Lebensmittelkarten für den nächsten Monat aus.« Er beschrieb mir den Genossen genau, ein Irrtum war ausgeschlossen. »Aber denke dran, nur bei diesem Genossen, der arbeitet für uns. Wenn ein anderer da sitzt, gehst du einfach wieder weg.«

Mein Bauch wurde schon dicker, im Schwimmbad konnte ich mich nicht mehr sehen lassen. Aber zum Lebensmittelkartenbüro konnte ich noch gehen. Ich erkannte den Genossen hinter dem Schalter sofort. Als ich ihm das erstemal mehrere Ausweise gab, puckerte mein Herz zwar laut, aber er verzog keine Miene und gab mir die Karten. Ein merkwürdiges Gefühl, einem Menschen gegenüberzustehen, den ich nie gesehen hatte und der doch ein vertrauter Genosse war, sich dabei ganz ungezwungen zu verhalten und doch im gleichen Augenblick zu wissen, daß er und ich etwas Gefährliches tun, um anderen, gefährdeten Genossen zu helfen.

So begann also meine illegale Tätigkeit. Nach Amsterdam hin- und herzufahren gehörte dazu. Aber auch wegen einer anderen Sache mußte ich mehrmals nach Amsterdam: Schon im Winter hatte ich von einem Dr. Levie die Anfrage erhalten, ob ich mit einigen jüdischen Künstlern, die wie ich nicht mehr öffentlich auftreten durften, zusammenarbeiten wolle. Levie beabsichtigte, Kabarettabende für jüdisches Publikum zusammenzustellen. Zu diesen Künstlern gehörten einige prominente deutsche Emigranten wie Max Ehrlich, Otto Wallburg, Max Hansen und bekannte holländische Kabarettisten wie Henriette Davids.

Nach einiger Zeit konnte ich meinen Zustand nicht mehr verheimlichen. Da meinte Max Ehrlich: »Endlich haben wir mal eine begabte junge Künstlerin – da wird sie schwanger.« Mit meiner Mitarbeit war es aus. Das war mein Glück, denn die ganze Truppe schickte man schon bald nach Westerbork, dem »Auffanglager« für Juden, sie mußte dort ihre Programme fortführen, allerdings ohne Henriette Davids. Alle wurden später nach Auschwitz abtransportiert, und keiner überlebte.

Meine Tanz- und Gymnasikkurse liefen noch weiter, ich bekam mehrere neue Schüler dazu. Alle Übungen machte ich immer vor, aber als im Juni mein Bauch schon ganz schön rund war und ich mich nach hinten beugte, riefen einige: »Hör auf, uns wird angst und bange!« – »Aber wieso denn«, entgegenete ich, »ein gut durchtrainierter Körper verträgt das ausgezeichnet.« Ich unterrichtete bis zum 1. Juli. Der Arzt hatte ausgerechnet, das Kind käme in den letzten Julitagen.

Wir waren auf das große Ereignis vorbereitet. Zu Ostern hatte der Maler Willem Witjens, ein guter Freund unserer lieben Oma Kathinka, uns beide eingeladen, zehn Tage Urlaub in seinem schön und einsam gelegenen Landhaus in Heusden an der Maas zu verbringen. Witjens malte am liebsten Schneelandschaften und arbeitete im Winter am intensivesten. Diese Ostertage waren für uns nach all den Aufregungen seit dem vorigen Mai eine schöne Abwechslung. Witjens und seine Frau sorgten sich rührend um uns. Wir spazierten viel, beobachteten, wie das Kind in meinem Leib wuchs, freuten uns über die ersten spürbaren Bewegungen, fragten uns, ob es ein Junge oder ein Mädchen werden würde – Eberhard wünschte sich ein Mädchen – und bauten allerlei Luftschlösser, was nach dem Krieg aus dem Kind alles werden könnte.

In der Bankastraat mieteten wir außer unserem großen Zimmer im Erdgeschoß noch eine Bodenkammer, direkt neben der von Jolle Huckriede, richteten sie als Kinderzimmer ein und kauften alles, was man so für ein Baby im ersten Jahr braucht. Wir entschieden uns gegen die altmodischen Windeln, denn es gab damals in Holland eine neue Erfindung, die Babymatte. Das Kind liegt auf einer Gummimatte mit fingerdicken Löchern, darunter steht eine große Schale, wie Fotografen sie zum Entwickeln ihrer Bilder gebrauchen, ein großes Cape wird um die ganze Matte gelegt, damit es das Kind schön warm hat. Man brauchte also keine Windeln zu waschen. Mieke und andere Freundinnen hatten damit sehr gute Erfahrungen gemacht, also kauften wir zwei solcher Babymatten mit allen dazugehörigen Kissen, Capes und Kleidern.

Endlich, am 8. August, fühlte ich die ersten Wehen. Ich zwängte meinen dicken Bauch zwischen die Lenkstange des Fahrrades – Taxis gab es schon seit Monaten nicht mehr – und fuhr mit Eberhard zur »Volharding«, dem Genossenschaftskrankenhaus. Eine gute Freundin von uns, Joop Moes, die oft im Gemeinschaftshaus war und gerade ihr Arztexamen absolviert hatte, arbeitete jetzt dort, sie sollte das Kind holen ... Abends um 9.20 Uhr kam es dann, ein Mädchen, Kathinka Anita. Diesen Namen hatten wir vorher schon verabredet. Kathinka nach unserer Oma Kathinka, und weil es ein russischer Name war, und Anita als Erinnerung an unsere liebe Anita Schiff.

Endlich hatte ich mein eigenes Kind im Arm, danach hatte ich mich schon so lange gesehnt. Joop Moes lächelte nur. »Du hast einen guttrainierten Körper«, sagte sie, »und du wolltest das Kind haben, darum ging alles so leicht und normal.« Als Eberhard aus einem Sinfoniekonzert in der Pause um halb zehn anrief, ging Joop selbst ans Telefon: »Gratuliere, Kathinka ist da, Mutter und Tochter wohlauf!«

Jetzt waren wir zu dritt. Unser ganzes Leben änderte sich.

Mein Damoklesschwert

Ich muß noch einmal kurz in das Jahr 1940 zurückblenden. Hitler hatte versucht, durch Bombardements, besonders auf London, Großbritannien so gefügig zu machen, daß eine Invasion ebenso »blitzartig« erfolgreich sein würde wie der Feldzug gegen Frankreich. Doch hier stieß der faschistische Größenwahn zum erstenmal an die Grenze seiner Möglichkeiten. Die deutschen Soldaten grölten zwar auch in Holland ihr »Wir fahren gegen England«, aber die Invasion fand nicht statt.

Trotzdem hatte das alles Folgen für Holland. Im Herbst 1940 wurde in einem zehn Kilometer breiten Küstenstreifen eine nächtliche Ausgangssperre ab zehn Uhr abends eingeführt, das galt auch für Den Haag. Deshalb mußten alle Konzerte, Theater- und Filmvorstellungen spätestens um neun Uhr beendet sein. Hinzu kamen die Beschwernisse der strikten Verdunkelung der Straßen und Häuser. Die meisten Konzerte wurden daher während des Winters auf die Wochenenden verlegt.

Gegen früher war das Musikleben sehr eingeschränkt. Außer einigen deutschen Solisten wie Walter Gieseking, Georg Kulenkampff und Elly Ney und einem Gastspiel der Wiener Staatsoper traten nur noch einheimische Musiker auf. Unter den Bedingungen der Okkupation war außerdem die Programmauswahl viel schmaler geworden. Im Oktober erklang in einem Konzert des Residenzorchesters noch einmal ein Werk des bei den Nazis verpönten Béla Bartók, die »Musik für Saitenistrumente, Schlagzeuge und Celesta«.

Meine Kritikertätigkeit war nicht mehr als eine Routineangelegenheit. Nur ein letztes Auftreten Carl Fleschs mit dem Violinkonzert von Brahms während einer Weihnachtsmatinee wurde noch einmal eine musikalische Demonstration gegen den nazistischen Rassenwahn.

Wenn sich mir eine Gelegenheit bot, die faschistische Unkultur wenigstens in verdeckten Formulierungen anzuprangern, tat ich das natürlich, so etwa in einem Artikel über den »Messias« von Händel. Darin schrieb ich offen über den demokratisch-humanistischen Gehalt von Händels Oratorien »Judas Maccabäus«, »Israel in Ägypten« und »Deborah«, die in Deutschland schon längst nicht mehr gespielt werden durften.

Als Willem Mengelberg, der sich übrigens durch ein begeistertes Interview mit dem »Völkischen Beobachter« über den deutschen Einmarsch in sein Heimatland beim holländischen Publikum total verhaßt gemacht hatte, einmal die »Egmont«-Ouvertüre dirigierte, wies ich nachdrücklich darauf hin, daß Beethoven diese Musik zu Goethes Schauspiel über den heldenhaften Freiheitskampf der Niederländer gegen die spanische Herrschaft komponiert hatte.

Doch es geschah auch mal etwas Ergötzliches. So erzählte mir Jaap Stotijn nach einer Aufführung der Bachschen »Matthäuspassion« am Palmsonntag folgendes – was vielleicht etwas modifiziert, im Kern aber wahr gewesen sein mag: Seyß-Inquart war im Saal zugegen. In der Pause schickte er seinen Adjutanten ins Künstlerzimmer zu Jo Vincent, die in dieser Aufführung die Sopranpartie gesungen hatte, sie war wegen ihrer drastischen Redeweise bekannt und bei manchen auch gefürchtet. Als ihr der Adjutant offiziell mitteilte, der Herr Reichskommissar wünsche sie zu empfangen, antwortete sie schnippisch: »In Holland ist es Sitte, daß die Herren zu den Damen kommen!« Der Adjutant zog wieder ab, und kurz darauf erschien Seyß-Inquart höchstpersönlich und wünschte Frau Vincent zu sprechen. Da schloß Jo Vincent die Tür zum Künstlerzimmer ab und rief laut: »Das geht nicht, ik sta in mijn onderbroek!« (Ich steh in meiner Unterhose.) Worauf sich der Herr

Reichskommissar zurückzog. Ganz Holland hat über diese Geschichte gelacht.

Ich hatte mehrere Klavierschüler bekommen und arbeitete auch mit einer neu aufgebauten Ballettgruppe unter der Leitung des deutschen Emigranten Alfred Hiltmann zusammen. Dann trat in Den Haag ein zwölfjähriges holländisches Mädchen unter dem Namen Anika Hemowna als Tänzerin auf, die ich auch pianistisch betreuen mußte. Zu den Soli, die ich zwischendurch spielte, gehörte als ein kleiner Protest auch Béla Bartóks »Allegro barbaro«. Schließlich kamen noch einige Rundfunkauftritte mit Julie de Stuers und Haakon Stotijn dazu. Das alles wurde gut honoriert, so daß wir viel hamstern konnten, um für die nächste Zeit gerüstet zu sein.

Mit der Lebensmittelversorgung wurde es im zweiten Kriegsjahr schon schwieriger. Dafür blühte der Schwarzhandel um so üppiger. Unsere Elsie Hooft im Gemeinschaftshaus hatte da so allerlei Verbindungen. »Wollt ihr noch alte Bücher haben?« fragte sie uns einige Male. Das war Schinkenspeck, sie versorgte uns auch mit Räucherzungen, die man lange aufbewahren konnte. Meinen Bechstein-Flügel ließ ich mir noch neu befilzen, mein Freund von der Klavierfirma hatte mich gewarnt, bald stünde nur noch Papiermaché an Stelle des guten Filzes zur Verfügung.

Der Briefwechsel mit Balet in New York funktionierte immer noch. Ich fragte ihn, ob ich meinen Teil unserer Arbeit über das 17. Jahrhundert in Holland für eine gesonderte Publikation vorbereiten könne, selbstverständlich werde ich seinen Anteil gebührend würdigen. Seine Antwort war positiv. Ich äußerte die Hoffnung, einen Verleger finden zu können, denn – so schrieb ich – »die Chancen, so etwas über die niederländische Kultur zu veröffentlichen, sind nicht gering«. Doch das war Wunschdenken, dieses Buch ist erst einige Jahre nach dem Krieg unter dem Titel »Den lustelycken Mey, Muziek en Maatschappij in de Zeventien Eeuw in Nederland« erschienen.

Ich berichtete Balet auch, daß Ben Polak endlich sein Arztexamen gemacht hatte, das war also im Sommer 1941 noch möglich. Er wolle »eine Arztpraxis für seine Glaubensgenossen eröffnen«, fügte ich hinzu. Außerdem teilte ich ihm mit, daß ich mich viel mit den Verbindungen zwischen den modernen Künsten beschäftigte

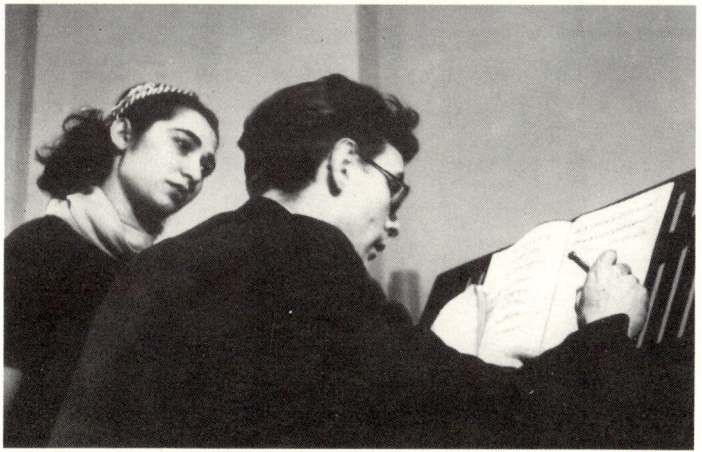

15 Lin, beim Training, 1938
16 Bei der Arbeit an einem Lied, 1938

17 Lin, Solotanz »Der Tod und das Mädchen«, 1940
18 Solotanz »Die Bettlerin«, 1938
19 Solotanz »Die Haarabschneiderin«, 1939

20 Lin und Eberhard,
zusammen mit Erhard E. Wechselmann, 1939

21 Das »Hohe Nest«

22 Mietvertrag für das »Hohe Nest« zwischen den Damen Jansen und J.-J. Bos (1. Februar 1943)

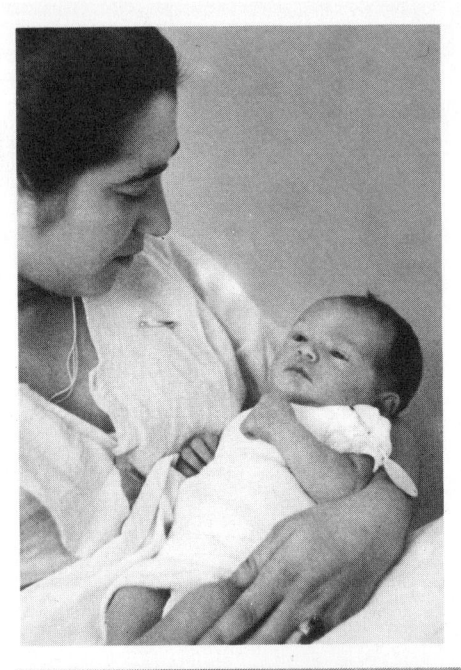

23 Kathinka, eine Woche alt, August 1941
24 Eberhard Rebling. Falscher Betriebsausweis als
    Ingenieur der Nederlandsche Ford Automobiel Fabriek

25 Lin und Kathinka, Juni 1943

```
                Programma Huisconcert 14-4-'45
                   Muziek voor hobo en piano
              uitgevoerd door Haakon Stotijn en Piet Verhoeve

    I.  Hobo-concert                              Benedetto Marcello
           Allegro moderato - Adagio - Allegro

    II. Sonate Es-Dur op. 81a, "Les Adieux", voor piano L. v. Beethoven
           " Les Adieux, Das Lebewohl", Adagio - Allegro
           " L'Absence, Die Abwesenheit", Andante expressivo
           "Le Retour, Das Wiedersehen", Vivacissimamente

    III. Hobo en piano: Aria                      Max Reger
                        Piece                     Claude Debussy
                        Habanera                  Maurice Ravel

    III. Piano: La cathédrale engloutie           Claude Debussy
                Allegro barbaro                   Béla Bártok
                Sonnenspiel                       Ernst Toch
                De Jongleur                       Ernst Toch

    IV. Sonatine voor hobo en piano               Marcel Mihalovici
           Pastorale - Scherzo - Notturno - Ronde
```

26 Programm für ein illegales Hauskonzert
27 August 1945

und in der bekannten literarischen Zeitschrift »Criterium« einen Aufsatz über »Poesie und Klang« veröffentlicht hatte, einen Vergleich zwischen Dichtkunst und Musik zur Zeit des französischen Symbolismus und Impressionismus.

Über politische Probleme stand in diesen Briefen natürlich nichts. Nur in kurzen Sätzen bekundete ich am 19. Juni meinen Optimismus: »Dies wird der letzte Brief sein, mit einer Antwort rechne ich nicht mehr. Und bevor wir wieder in Kontakt treten können, wird wohl sehr, sehr viel geschehen sein. In einigen Jahren wird alles ganz anders aussehen.« Ich rechnete also damit, daß der Krieg noch mindestens zwei bis drei Jahre dauerte. Wie schrecklich diese Jahre allerdings werden würden, konnte sich niemand vorstellen.

Drei Tage nach diesem Brief gab es wieder eine große Aufregung – Hitler hatte die Sowjetunion überfallen. Meine erste Reaktion war: Das ist der Anfang vom Ende. Der Faschismus hatte aufs neue bewiesen, daß er abgeschlossene Verträge skrupellos brach, wenn es ihm in den Kram paßte. Die Zeitungen berichteten in überschwenglichen Tönen, dies sei wieder eine hervorragend vorbereitete »Blitzaktion«. Nach jubelnden Berichten (!) über deutsche Luftangriffe auf Odessa, Kiew, Sewastopol, Kaunas und Minsk hieß es im »Algemeen Handelsblad« vom Montag, dem 23. Juni: »In deutschen Kreisen meint man, daß der Feldzug in drei Wochen beendet sein wird.« Wegen jener größenwahnsinnigen Prophezeiung habe ich mir diese Zeitung aufgehoben.

Wir ergingen uns in allerlei Spekulationen, wie lange der Krieg nun noch dauern werde. »Jetzt ist's bald zu Ende«, frohlockten einige Übereifrige. »Unterschätzt nicht das gewaltige Kriegspotential Deutschlands und aller von Hitler besetzten Gebiete«, meinten andere, »die Sowjetunion wird dem Faschismus den Todesstoß versetzen, daran ist nicht zu zweifeln, aber das geht nicht so schnell, wie wir uns das wünschen.« Als dann in den kommenden Wochen und Monaten die Nazis riesige Gebiete der Sowjetunion eroberten, waren wir erschüttert, uns wurde klar, daß die Jahre bis zum endgültigen Sieg noch entsetzlich viele Opfer fordern würden.

Soweit noch mal ein Rückgriff in die Monate vor der Geburt unserer Kathinka. Bei dem Sinfoniekonzert am 8. August, das Lin bereits erwähnte, habe ich nur mit halbem Ohr zugehört. Ich hatte das Gefühl, daß das Streicherdivertimento von Sutermeister kein Ende nehmen wollte. Ohne den Applaus vor der Pause abzuwarten, rannte ich hinaus, schwang mich aufs Fahrrad und raste im Prestissimotempo in die Bankastraat. Als mir Joop Moes am Telefon die freudige Nachricht mitteilte, wußte ich vor Aufregung nicht, was ich tun sollte. Ich sprang die Treppe hinauf, teilte den Mitbewohnern die Neuigkeit mit und umarmte alle. Nur mit Mühe tippte ich meinen Bericht in die Maschine. Wie mag das Kind wohl aussehen? Ich hatte mit Lins Mutter vereinbart, daß sie mich abends nach dem Konzert noch anrufen sollte. Das Gespräch kam, wir gratulierten uns gegenseitig, und sie sagte mir, mit welchem Zug sie am nächsten Vormittag nach Den Haag käme, damit wir zusammen in die »Volharding« gehen könnten.

Sie kam. Wir mußten noch ein ganzes Stück bis zum Krankenhaus laufen. Ich war schon ganz ungeduldig, weil Mutter nur langsam gehen konnte. Und dann sahen wir die strahlende Lin und das Kind. Ich glaube, daß ich in diesem Moment genauso verrückt gespielt habe wie alle gerade Vater gewordenen jungen Männer.

Vier Tage danach schrieb ich an Balet: »Es ist eine Tochter, Kathinka Anita, sieben Pfund, dunkle Haare, helle Augenbrauen, dunkelblaue Augen, die Nase von der Mutter, den Mund vom Vater. Glücklicherweise ist alles gut verlaufen, und Lin läßt sich von all unseren Bekannten und reichen Schülern mit Blumen, Obst, Pralinen (richtige gute alte!), Kuchen usw. schändlich verwöhnen.«

Jan Kann war aus Amsterdam gekommen und hatte von Mutter und Kind noch im Krankenhaus die ersten Fotos gemacht, eine für uns bis heute wertvolle Erinnerung an jene schönen Tage. Um Balets Sorgen über unsere Zukunft ein wenig zu mildern, schrieb ich noch, daß die Lebensmittelrationen für Kinder sehr gut seien, sie erhielten extra Haferflocken, Reis, Vollmilch, Seife und doppelt soviel andere Nahrungsmittel wie Erwachsene. »Für die nächsten anderthalb Jahre brauchen wir uns wenigstens um das Baby keine Sorgen zu machen.« Damit deutete ich an, daß die Rationen für Erwachsene bereits drastisch eingeschränkt waren.

Dieser Brief vom 12. August war mein letzter, den Balet noch erhalten und aufgehoben hat, danach funktionierte die Schiffspost nach Übersee nicht mehr. Als Deutschland nach dem japanischen Überfall auf Pearl Harbour am 7. Dezember auch den USA den Krieg erklärte, brach alle Verbindung ab.

Und dann kamen Lin und Kathinka in die Bankastraat. Alle waren glücklich mit uns. Lin nährte das Kind selbst. »Bin ich nicht eine gute Kuh?« Mit der Babymatte ging alles vorzüglich. Lin begann gleich mit Kindergymnastik, Kathinka schien das herrlich zu finden. Eines Morgens aber war sie völlig apathisch, sie verdrehte die Augen, röchelte, wir waren sehr erschrocken. »Ruf sofort Joop an«, sagte Lin ängstlich. Joop kam, guckte das Kind an und fragte: »Lin, was hast du gestern gegessen oder getrunken?« – »Nichts Besonderes – nein, doch, jemand hat eine Flasche Sekt aufgetrieben, und da haben wir auf das Wohl des Kindes angestoßen.« Joop lachte laut. »Du, dein Kind ist betrunken!« Uns fiel ein Stein vom Herzen – das hätten wir doch selbst bedenken können.

Wenn Kathinka mal nicht einschlafen wollte und brüllte, mußte im benachbarten Bodenzimmer Jolle Huckriede zu Hilfe kommen. »Jolle, spiel bitte Dvořák!« Sobald er den energischen Anfang des Cellokonzerts spielte, war Kathinka still. So wuchs sie schon in den ersten Wochen mit Musik auf.

Etwa vierzehn Tage lang lebten wir in einer Hochstimmung. Da bekam ich mit der Post einen Brief: In knapp vier Wochen hatte ich mich zur Musterung für den Wehrdienst bei einer deutschen Dienststelle in Den Haag einzufinden! O Gott, dachte ich, jetzt saust das Damoklesschwert auf mich herab. »Geh sofort zu Rhijn und frag ihn, was du tun kannst«, riet Lin.

Ich ging also zu Rhijnvis Feith und erklärte ihm die Situation. »Wieviel wiegst du?« – »So etwa siebenundsechzig Kilo.« – »Und du bist etwa ein Meter achtzig groß. Na, da machen wir mit dir eine Hungerkur. Ich bringe dich auf fünfzig bis zweiundfünfzig Kilo. Du mußt eine ganz traurige Figur machen, wenn du erscheinst. Und was für eine Krankheit könnten wir dir noch andichten?« – »Mein zweiter Bruder, drei Jahre älter als ich, hatte einmal eine schwere Nierenerkrankung und wurde deswegen vom Wehrdienst freigestellt.« Das hatte mir meine Mutter vor einiger Zeit geschrieben. »Gut«, sagte Rhijn, »ich gebe dir etwa eine Woche oder zehn Tage vor dem Termin eine Rhabarber-Medizin, damit kannst du ihnen im Urin eine frühere Nierenentzündung nachweisen. Nur, das Zeug schmeckt scheußlich.« Ich war mit allem einverstanden. Er schrieb mir eine Diät vor.

»So«, fuhr er fort, »und dann arbeite nachts bis etwa drei Uhr, trinke mehrere Tassen starken Kaffee, schlafe ein oder zwei Stunden, nicht mehr, setz dich aufs Fahrrad und strample in schnellem Tempo zehn bis zwanzig Kilometer ab. Und dann komm zweimal in der Woche zu mir. Du bist jetzt mein Patient. Zwar ohne Psychoanalyse, aber mit Psychologie hat deine Kur ja auch etwas zu tun.«

Das hab ich dann drei Wochen lang eisern durchgehalten. Unsere Mitbewohner hatten beim gemeinsamen Essen schreckliches Mitleid mit mir, ich versuchte mit Humor drüber hinwegzukommen. Am schlimmsten war immer das Aufstehen früh um fünf, wie ein Irrer raste ich dann auf dem Rad durch Den Haag. Mit dem Rhabarberpräparat hatte ich auch meine Mühe, es schmeckte wirklich gräßlich. Ich wurde von Tag zu Tag bleicher und magerer. Lin beneidete mich schon. »So schlank wie du möchte ich auch mal wieder sein.«

Es war eine merkwürdige Situation: Wir genossen unser höchstes Glück zu dritt, jeden Tag entdeckten wir an Kathinka etwas Neues, jede ihrer Regungen, ihrer Bewegungen, jedes Schreien erfüllte uns mit Freude. Wir hatten zwar keine finanziellen Sorgen, aber wir lebten in verbotener Ehe. Jetzt die Hungerkur. Und eine völlig ungewisse Zukunft: Die Hitlerarmeen drangen tief in die Sowjetunion ein.

Rhijn kontrollierte mich regelmäßig und war zufrieden. Bei der Musterung stand da nun wirklich eine ganz traurige Figur nackt vor der Kommission, einigen wohlgenährten Männern in strammen Uniformen. »Gewicht einundfünfzig Kilo, ein bißchen wenig«, rief eine Stimme. Sie beguckten mich argwöhnisch. »Haben Sie irgendwelche körperliche Beschwerden?« – »Ja, ich bin sehr kurzsichtig.« – »Unwichtig.« – »Ich habe Spreizfüße und kann nicht lange laufen.« – »Na, eben nicht Infanterie, wir brauchen Leute für die Flak!« – »Ich hatte als Kind dreimal Mittelohrentzündung.« – »Ach was, Sie können doch als Musiker gut hören, nicht wahr?« – »Und ich hatte zweimal eine schwere Nierenentzündung.« – »Bedingt kv, Sie werden von uns hören.«

Einigen anderen vor und nach mir war mitgeteilt worden, sie würden sofort eine Einberufung erhalten. Bedingt kv hieß, nicht sofort, also »bedingt kriegsverwendungsfähig«.

Als ich wieder nach Hause kam, empfing mich Lin mit einer frischen, gekochten Scholle, die ich sofort mit Heißhunger verspeiste. In den nächsten Tagen aß ich wie ein Scheunendrescher, mein Normalgewicht holte ich bald wieder ein. Aber jetzt hing das Damoklesschwert der Einberufung bedrückend über mir.

Ich grübelte, was ich tun sollte, wenn dieser Befehl käme. »Die verhaßte Uniform anziehen, mich für unsere Feinde einsetzen, nein, das ist unmöglich. Jetzt sind hier schon Tausende untergetaucht, wenn ich den Aufruf kriege, geh ich auch in die Illegalität, da kann ich wenigstens was gegen die braunen Hunde tun. Und wenn sie mich finden, dann weiß ich wenigstens, wofür ich gekämpft habe.« Lin hörte still zu. »Wenn du meinst? Sprich mal mit Rhijn darüber.«

Ich teilte Rhijn meinen Entschluß mit. »Das ist gut«, sagte er nur, »aber rede außer mit Lin und mir mit niemandem darüber. Wenn es soweit ist, werden wir schon einen Weg finden.«

Ich gab also weiter meine Klavierstunden, korrepetierte mit Julie de Stuers und einem älteren Sänger, van der Elshout, der am liebsten Lieder von Hugo Wolf sang, arbeitete mit dem Niederländischen Ballett, begleitete eine Gruppe bei Lili Green in Schumanns »Carnaval« und schrieb routinemäßig meine Kritiken. Das Musikleben war sehr mager geworden. Lin begann auch wieder zu arbeiten, mit ihr neue Lieder auszusuchen und sie zu begleiten machte mir die größte Freude.

Meinen Geburtstag und Sint Niklaas feierten wir wieder, zwar nicht mehr mit der obligaten Ananastorte, aber immerhin noch fröhlich. Am Tag darauf dann das Verhängnis: Ich erhielt den Befehl, mich am 15. Januar 1942 in Wolfenbüttel zu einer bestimmten Uhrzeit bei einem benannten Regiment einzufinden. Das längst Gefürchtete wurde Tatsache. Die Entscheidung mußte fallen. Ich begriff, weshalb sie mich trotz meines »Bedingt kv« doch schon holten. Der Aufmarsch im Osten begann ins Stocken zu geraten, im November machte die erste sowjetische Gegenoffensive am Don den Deutschen schwer zu schaffen, vor Moskau kamen sie nicht weiter, der Winter stand bevor, vom Blitzkrieg war schon lange nicht mehr die Rede. Das alles bestärkte mich in meinem Entschluß, den Wehrdienst zu verweigern.

Mir blieben noch etwa fünf Wochen, um alles gut vorzubereiten. In der Redaktion kündigte ich, meinen Klavierschülern gab ich konkrete Hinweise, wie sie selbständig weiterarbeiten konnten. Meine Bücher und Noten packte ich in einige kleinere Kisten, die Julie des Stuers, Jolle Huckriede und seine Frau Ankie van Rappard bis zum Ende des Krieges in Verwahrung zu nehmen bereit waren.

Rhijn fand einen ersten illegalen Unterschlupf bei Bobs ältester Schwester Aleid, die mich gut kannte, und ihrem Ehemann, Jan Hemelrijk, einem Mathematikstudenten. Sie waren bereit, mich in ihrem Häuschen in Bergen aufzunehmen. Das war günstig, denn in Bergen oder überhaupt in Nordholland war ich noch nie gewesen. Außerdem hatte Jan Hemelrijks Vater, ein pensionierter Gymnasialdirektor und leidenschaftlicher Antifaschist, durch sein langes Wirken in dem Städtchen sehr viele Verbindungen zu vertrauenswürdigen Familien, für mich also notfalls Ausweichmöglichkeiten. Nur Rhijn durfte wissen, wo ich sein würde. Lin sollte meinen Aufenthaltsort keinesfalls erfahren, da wir nicht wissen konnten, welche Nachforschungen die Gestapo anstellte, um mich aufzuspüren; Lin durfte erst keinen direkten Kontakt mit mir haben. Rhijn schlug vor, selbst die einzige Zwischenperson zu sein, auch für gegenseitige Briefe.

Meinen Eltern hatte ich von dem Einberufungsbefehl nichts mitgeteilt. In einem kurzen Brief am Tag meines Verschwindens schrieb ich ihnen, daß sie in Zukunft nur noch selten Nachricht von mir bekämen, sie sollten sich deswegen keine Sorgen machen, mir ging es »ausgezeichnet«. Was sie sich dabei denken würden, kümmerte mich herzlich wenig.

So war also alles abgesichert. Die bevorstehende Trennung fiel uns beiden sehr, sehr schwer, denn gerade auch die äußere Bedrohung hatte uns nur um so fester zusammengeschmiedet. Für Lin würde das Alleinsein nach beinahe vierjährigem ununterbrochenem Zusammenleben durch die Sorge für das Kind wenigstens ein wenig gemildert sein. Für mich aber bedeuteten der Abschied und die unvermeidliche Isolierung von der Außenwelt einen Rückfall in bittere Einsamkeit. Ich wollte mir auf alle Fälle genügend Bücher mitnehmen, um mich darin vergraben zu können und über die Zusammenhänge und Widersprüche der modernen Künste, besonders des Tanzes, weiter zu forschen. Zeit dafür würde ich ja nun im Überfluß haben.

Silvester feierten wir bei Lins Eltern in Amsterdam, auch Jannie kam mit ihren beiden Kindern. Nach Robbie hatte Jannie nämlich im September, als Bob schon untergetaucht war, eine Tochter bekommen, sie gab ihr die Namen Liselotte Dolores, nach Liselotte Herrmann und Dolores Ibarruri, der spanischen Passionaria. In strengster Vertraulichkeit hatten wir Jannie und die Eltern schon wissen lassen, daß ich untertauchen würde. Darüber war besonders Vater sehr froh, sein Mißtrauen mir gegenüber war auf einmal verflogen, jetzt erst akzeptierte er mich als Schwiegersohn.

Zum neuen Jahr wünschten wir der Sowjetunion entscheidende Siege, England und Amerika den Entschluß zur Eröffnung einer zweiten Front in Westeuropa, den Faschisten den Weg in den Untergang und Hitler persönlich den Tod. Uns selbst machten wir Mut, bis zum endgültigen Sieg durchzuhalten und gesund zu bleiben. Unsere tiefe Traurigkeit überspielten wir mit optimistischen Wunschträumen. Am 2. Januar fuhren wir wieder nach Den Haag zurück.

Am 14. Januar war es dann soweit. Ich tippte auf einen Zettel meine neue Adresse in Wolfenbüttel, hängte sie deutlich sichtbar an das Schwarze Brett des Hauses, verabschiedete mich schweren Herzens von Lin und Kathinka, fuhr mit meinem Koffer zum Bahnhof und stieg in einen Zug – nicht in Richtung Deutschland, sondern nach Amsterdam. Lins Mutter hatte Geburtstag, wir feierten gemeinsam. Wir redeten viel über uns selbst, vor allem aber über die drei Enkelkinder, auf die die Eltern sehr stolz waren.

Am nächsten Tag ließ ich mir in der Jodenhoek mein Haar ganz kurz schneiden, ich wußte ja nicht, wann ich wieder zum Friseur gehen konnte, und umarmte die Eltern zum Abschied. Auch sie durften nicht wissen, wohin ich fahre. Im lebhaften Berufsverkehr am Nachmittag, als es schon dunkel war, nahm ich den Zug nach Alkmaar, stieg dort um auf die Bimmelbahn, genannt »Bello«, nach Bergen und erschien zum Abendessen bei Jan und Aleid, die mich mit rührender Herzlichkeit aufnahmen. Den Weg vom Bahnhof und das Haus am Karel-de-Grote-Laan hatte mir Rhijn vorher genau beschrieben.

Rhijn hatte auch dafür gesorgt, daß ich einen falschen Personalausweis bekam. Ich war nun Jean-Jacques Bos. Der Verlierer dieses Ausweises war etwa in meinem Alter, ebenfalls Pianist, hatte aber eine schrecklich verwickelte Unterschrift, so daß ich wochenlang viel Papier verkritzelte, um sie einigermaßen nachahmen zu können. Ich prägte mir das neue Geburtsdatum und die Adresse genau ein. Eberhard Rebling war vom Erdboden verschwunden.

Ein Engelchen über mir

Der Mensch ist doch ein merkwürdiges Wesen. Jahrelang hatte ich mich danach gesehnt, ein Kind zu bekommen. Jetzt war es da, und schon sehr bald bekam ich das Gefühl, daß das Leben mit dem Kind etwas so Selbstverständliches, Normales war, als ob es nie anders gewesen wäre. Kathinka war jetzt Mittelpunkt, alles drehte sich um sie, die Uhrzeiten, zu denen ich sie stillen mußte, bestimmten den Tagesablauf. Aber das kleine Luder konnte auch sehr temperamentvoll sein. Meinen linken Tepel biß sie mir blutig, das war sehr schmerzhaft. (Tepel oder Pünktchen sind die lieblichen holländischen Worte für so etwas Schönes, Zartes, Liebes, das im Deutschen nur mit dem gräßlichen Wort Brustwarze bezeichnet werden kann.) Wenn sie mir einen Tropfen Blut abgesaugt hatte, spuckte sie gleich ganz verächtlich und schaute mich mit ihren blauen Augen vorwurfsvoll an.

Im September begann ich wieder mit meinen Kursen. Ich kriegte immer mehr Schülerinnen, weil Juden die Tanz- und Gymnastikschulen von Lili Green, Peter Leoneff und anderen nicht mehr besuchen durften.

Und die illegale Arbeit nahm zu. Schon seit Monaten erschien die »Waarheid«, das illegale Blatt der Kommunistischen Partei, dazu kamen »De vrije Katheder«, eine Zeitschrift für die Intelligenz, und verschiedene Flugblätter aus aktuellem Anlaß. Alle diese Schriften mußten an möglichst viele Menschen weitergegeben werden. Das war gefährlich, man konnte deswegen ins Gefängnis oder KZ gebracht werden.

Ein günstiger Treffpunkt war die Mütterberatungsstelle. Mit unseren Kinderwagen kamen wir dort regelmäßig zusammen, Betty de Kadt mit ihrem Söhnchen und ich. Wir holten unsere Kinder in dicken Decken aus den Wagen, machten einen Schwatz, begutachteten, wie unsere Kleinen sich entwickelten, und tauschten die Decken aus, in denen dicke Packen illegalen Materials steckten. Nach der Untersuchung ging jeder mit seinem Kind samt Decke, Zeitschriften und Kinderwagen wieder nach Haus. Einmal hatten wir auch einen Stoß illegaler Flugblätter, die bei Jannie auf der Hektografiermaschine abgezogen waren. Wir haben das gemacht, ohne zu fürchten, daß wir uns und unsere Kinder der größten Gefahr aussetzten. Es mußte eben getan werden. Betty ist später mit ihrem Söhnchen in Auschwitz umgekommen.

Wir deponierten die verbotenen Schriften immer kurz in unserem unverdächtigen Bechstein-Flügel und verteilten sie dann weiter. Wenn die Besitzer der Firma Bechstein, die schon lange vor 1933 Hitler mit reichen Spenden finanzierten, erfahren hätten, daß ihr Produkt in der Haager Bankastraat unter die illegalen Kämpfer geraten war, hätten sie sich bestimmt blau und grün geärgert – wie wohl auch Eberhards untadeliger Vater, Major a. D., über seinen doch so begabten Jüngsten!

Ich fuhr ab und zu wieder nach Amsterdam, um bei Mik gesperrte Personalausweise abzuholen und sie beim nächstenmal mit den Lebensmittelkarten zurückzubringen; der mir unbekannte und doch so vertraute Genosse in der Ausgabestelle im Laan van Meerdervoort war immer an seinem Platz. Es kam jetzt schon häufiger vor, daß in der Eisenbahn und auf den Bahnhöfen die Ausweise kontrolliert wurden. Ich habe mich da immer irgendwie durchgeschummelt. Mit einem J im Ausweis! Ich bin ziemlich frech in Zügen gefahren, auch wenn Kontrollen waren. Eigentlich ein Wunder, daß dabei nichts passierte. Ich hatte das Gefühl, es gäbe ein Engelchen über mir, das mir auf den Kopf pinkelt. Kathinka nahm ich immer mit, mußte sie ja zwischendurch stillen. Sie war für mich der beste Blitzableiter. Alle schauten immer nur auf das Kind mit dem dünnen strohblonden Haar und den lustigen blauen Augen. Man schäkerte mit ihr, ohne auf mich zu achten. Glücklicherweise ging das immer gut, diese Fahrten wurden schon zur Routine.

In Amsterdam besuchte ich auch andere Freunde, um ihnen Kathinka zu zeigen. Ada van Gilse freute sich mit mir über das Kind. Ihr Mann, Jan van Gilse, hatte eine große Volksoper »Thijl« nach Charles de Coster komponiert, in der er Till Eulenspiegel als Kämpfer im niederländischen Freiheitskrieg darstellte. Die Direktorin des Concertgebouw-Orchesters hatte ihn verpflichtet, in diesem Herbst zwei Konzerte zu dirigieren und dabei auch die Trauermusik aus dem »Thijl« als selbständiges Instrumentalstück zur Uraufführung zu bringen. Im Mai jedoch waren alle jüdischen Orchestermusiker fristlos entlassen worden. Daraufhin sagte Jan van Gilse die beiden Konzerte aus Protest ab. Als ich bei Ada war, hatte er gerade erfahren, daß Jaap Spaanderman aus Arnhem an seiner Stelle das Konzert dirigieren würde und statt seiner Trauermusik ausgerechnet »Till Eulenspiegels lustige Streiche« von Richard Strauss ins Programm aufgenommen hatte. »So eine Geschmacklosigkeit, empörend!« rief er. »Jetzt werde ich Eduard Flipse bitten, die Uraufführung in Rotterdam zu dirigieren, er hat mir das schon angeboten.« Flipse hat das dann auch getan, die Konzerte der Rotterdamer Philharmonie fanden jetzt in der nicht zerstörten Koninginnekerk statt. (Die szenische Uraufführung seiner Oper »Thijl« erlebte Jan van Gilse nicht mehr, sie ging erst 1980 über die Bühne.)

In Amsterdam besuchte ich auch Haakon und Mieke. Wir waren froh, uns nach längerer Zeit wieder einmal aussprechen zu können. René war schon zwanzig Monate alt, sprach aber noch kein Wort. Mieke machte sich darüber Sorgen, ich versuchte sie zu trösten: »Das eine Kind redete früher als das andere, mit drei Jahren brabbeln sie dir die Ohren vom Kopf!« Mieke war wieder schwanger. »Ob es diesmal ein Sohn wird?«

Haakon erzählte, welche Kontroversen sich im Orchester abgespielt hatten, als die jüdischen Musiker hinausgeworfen wurden, darunter auch der Solocellist Zeelander, dem das schon einmal in Berlin passiert war. Einige hatten vorgeschlagen zu protestieren, andere meinten, das nütze sowieso nichts, oder es habe nur negative Folgen, und sie müßten doch alle an ihre Familien denken. Viele waren jedoch bereit, den Entlassenen zu helfen, auch finanziell, wenn sie in noch größere Schwierigkeiten geraten sollten. Mit Humor habe das ganze Orchester dem Dirigenten Jaap Spaanderman, der mehrere Konzerte übernommen hatte, eine Lektion erteilt, erzählte Haakon schmunzelnd. »Alle fanden den Dirigenten fade, langweilig, er läßt alles im Arnhemschen Einheitstempo herunterspielen. In Debussys ›Fêtes‹ müssen die Blechbläser an einer Stelle plötzlich in lebhaftem Tempo einsetzen. Auf der Probe ließ er uns das viel zu langsam spielen. Aber am Abend, das hatten wir verabredet, gab unser erster Trompeter mit drei rhythmischen Fußtritten das vorgeschriebene Tempo an. Jetzt ging's richtig los, keiner schaute mehr auf den Dirigenten, der hinkte hinterher und kam nicht mehr mit.«

Noch etwas Wichtiges teilte mir Haakon mit: »Die Mittwoch- und Donnerstagkonzerte sind immer völlig ausabonniert. Seitdem unsere jüdischen Kollegen hinausgeworfen wurden, haben viele Abonnenten ihre Plätze weiterbezahlt, sie sind aber nicht gekommen. Der Saal ist jetzt oft halb leer, das hat es noch nie gegeben. Stell dir vor, ein Streik der Konzertbesucher!« Ja, das war eine prima Sache. »Könnte man so etwas nicht auch in Den Haag organisieren?« fragte ich. »Der Versuch ist schon gemacht worden«, antwortete er, »aber die vornehmen Hägenaars«, sie pflegten ihre Stadt Den Hääg auszusprechen, »sind viel zu arrogant und stupide dazu.«

Die jüdischen Orchestermusiker hatten jetzt unter Albert van Raalte ein eigenes Orchester gebildet, das in der Hollandsche Schouwburg mitten in der Jodenhoek nur vor jüdischen Publikum auftreten durfte. Haakon bestätigte, daß es ganz ausgezeichnet sei. »Kunststück, viele unserer besten Leute sitzen darin.« Auch das Kleinkunst-Ensemble, für das mich Dr. Levie engagieren wollte, gab jetzt regelmäßig Vorstellungen. Ich war eigentlich froh, unter solchen beschämenden Bedingungen nicht dabeizusein. Außerdem mußte ich ja für Kathinka sorgen.

Während des Unterrichtens war ich immer sehr intensiv bei der Sache. Einmal ist es mir sogar passiert, daß meine Schüler mich unterbrachen: »Das Kind heult so erbärmlich, was ist denn los?« O je, die Zeit zum Füttern hatte ich verschwitzt.

Im Dezember hatte ich wieder einen Chanuka-Auftritt, mit Ida Rosenheimer probiere ich noch kurz vorher. Sie war ganz niedergeschlagen. »Ich habe gehört«, sagte sie, »daß sie jetzt die Juden in

Polen in den Konzentrationslagern nicht nur aushungern und sich totarbeiten lassen, sie verwenden jetzt Gas, um Menschen zu ermorden. Wir werden noch alle nach Polen geschickt!« Ich zweifelte immer noch, daß so etwas menschenmöglich sei. »Glaube mir, es wird noch ganz bös für uns alle!«

Dann kam der Januar, es war schon recht kalt. Eberhard war verschwunden, schrecklich. Und da gab es noch ein Problem. Bei den Leuten, wo er sich aufhielt, mußte er natürlich Lebensmittelkarten abgeben. Für den Januar hatte er noch seine eigenen, aber ab Februar schickte ich ihm über Rhijn meine Karte, ich lebte nun nur von Kathinkas Kinderkarte – ein Glück, daß ich das Kind all die Monate selbst ernähren konnte.

Zwei Tage nach Eberhards Abreise saß ich abends gegen zehn noch unten in unserem Zimmer. Plötzlich gab es einen entsetzlichen Knall. Ein Flugzeug hatte eine Bombe fallen lassen, sie schlug schräg gegenüber unserem Haus ein. Alle Fensterscheiben zersprangen. Meine erste Reaktion: das Kind. Wie eine Irre rannte ich die drei Treppen hoch, andere hatten sich unter den Treppen verkrochen, um Schutz zu suchen. Aber Kathinka schlief fest. Die Fensterscheibe in ihrem Kämmerchen war die einzige im ganzen Haus, die nicht kaputtgegangen war. Wir waren mit dem Schrecken davongekommen und verklebten die zerbrochenen Scheiben mit Verdunkelungspapier. Oh, dieser verdammte Krieg!

Ich freute mich jedesmal, wenn ich bei Rhijn einen Brief von Eberhard abholen konnte, den ich aber aus Sicherheitsgründen gleich vernichten mußte. Ende Februar läutete einmal das Telefon, abends um elf. Annetje ging an den Apparat. Ich hörte sie nur sagen: »Nein, der ist schon lange nicht mehr da, er ist doch nach Deutschland gefahren!« Die Adresse in Wolfenbüttel hing immer noch am Schwarzen Brett. Ich fragte sie, wer da angerufen habe. »Irgendein Mann wollte wissen, wo Eberhard ist.« Das wiederholte sich noch ein paarmal bis zum April, meist zu den ungewöhnlichsten Zeiten, mal früh um fünf, ein andermal nachts um zwei. Annetje argwöhnte schon: »Was die bloß wollen? Und dann zu den verrücktesten Zeiten!« Innerlich schmunzelte ich nur. Sie suchten ihn also und wußten nicht, wie sie ihn aufspüren konnten. Nur gut, daß niemand im Haus, auch Annetje nicht, etwas wußte.

Im Februar bat mich eine Freundin, die Fotografin Dop Heinz, ob sie nicht einige Aufnahmen von Kathinka machen könne. »Das Kind sieht aus wie Hollands Welvaren«, sagte sie. Das ist so eine holländische Redensart für strotzende Gesundheit. »Ich brauche solche Kinderfotos, die kann ich gut verkaufen«, meinte sie. Ich war für dieses Angebot sehr dankbar. Sie knipste also meine Kathinka, die gar nicht aussah wie eine kleine Brilleslijperin, Aufnahmen von vorn und hinten, nackig und mit Kleidchen, die ganzen gymnastischen Übungen verewigte sie, auch die »Krafttour«, wenn ich die Kleine an den Fußgelenken hochhielt mit dem Kopf nach unten und rund gestrecktem Rücken, dabei krähte sie immer aus purem Vergnügen. An diesen Fotos haben wir heute noch unseren Spaß.

Tatsächlich gab mir Dop einige Zeit danach einen Prospekt »Eet hollandsche Tomaten«, auf dem mich mein blondes Kind lächelnd anschaute. Auch auf der Packung der beliebten »Liga Kindervoedsel«, eine Art weichen, in Milch auflösbaren, vitaminreichen Gebäcks, strahlte mir sein Gesichtchen entgegen. Als Eberhard und ich schon längst zusammen untergetaucht waren, sahen wir oft auf Plakaten an Anschlagsäulen und in Schaufenstern diese Packungen mit unserem Kind: das Kind einer Jüdin und eines deutschen Deserteurs als Prototyp der »rein arischen« Holländer!

Im Februar hatte ich Rhijn schon einige Male vorgeschlagen, daß ich mich mit Kathinka und Eberhard mal irgendwo treffe, vielleicht in Amsterdam. Ende des Monats war er damit einverstanden. »Da sie noch keine Spur von ihm gefunden haben, könnt ihr das jetzt riskieren«, meinte er. Wir vereinbarten einen Treff am 28. Februar bei meinen Eltern in der Nieuwe Achtergracht. Ich freute mich schrecklich darauf. Was für Augen wird er machen, wie Kathinka inzwischen gewachsen ist...

Mit Schnurrbart und Hut

Jan und Aleid führten mich in ihrem Häuschen am Karel-de-Grote-Laan in ein Bodenzimmer, dort sollte ich mich einrichten. Zum Essen und abends, wenn sie keine Gäste erwarteten, konnte ich unten bleiben. Das Haus verlassen durfte ich auf keinen Fall.

Wenn ich mal unten war und es klingelte, ging ich schnell die Treppe hoch in mein Bodenstübchen. Es war merkwürdig, die beiden kümmerten sich rührend um mich, aber nach all den Jahren mit Lin im Gemeinschaftshaus fühlte ich mich doch sehr einsam. Jan hatte viele Bücher. Ich las und las, um mich von quälenden Gedanken abzulenken. Vor allem russische Literatur suchte ich mir heraus.

Jan hatte mich gleich Piet genannt, diesen gebräuchlichen Namen behielt ich während der ganzen Illegalität. Es gab damals sehr viele falsche Piet, Jan, Henk und Klaas in Holland. Abends hörten wir immer Radio, Jan hatte einen sehr guten Apparat, raffiniert in einem Schrank versteckt. Radio Oranje aus London und die Sendungen aus Moskua in englischer und deutscher Sprache informierten uns zuverlässig über die Kriegsereignisse. Vor Moskau tobte ein mörderischer Kampf. Daß die Moffen keinen Schritt weiterkamen, ja bis Moshaisk zurückgeschlagen wurden, freute uns. Wir mußten uns leise verhalten, denn die Nachbarn in den Nebenhäusern durften nichts merken – obgleich sie dort sicher dieselben Sendungen abhörten wie wir.

Ich ließ mir einen Schnurrbart wachsen und hatte mir schon in Den Haag eine ganz andere Brille und einen Hut gekauft; niemand auf der Straße durfte mich gleich wiedererkennen, wenn mir mal irgendein Bekannter begegnen sollte.

Ab und zu erhielt ich, wie verabredet, mit Rhijns Absender Briefe von Lin. Ich las sie wohl hundertmal immer und immer wieder. Sie schrieb über Kathinka, über ihre Schüler, die Bombe und die zerbrochenen Fensterscheiben und über allerlei Tratsch in der Bankastraat. Ich schrieb ihr auch. Liebeserklärungen, sonst nichts, ich erlebte ja wenig. Der Inhalt meiner Briefe durfte sie nicht gefährden.

So gingen die ersten vierzehn Tage vorbei. Es war auch in Holland schrecklich kalt, bis zu achtundzwanzig Grad, eine Seltenheit bei dem Seeklima. Wir ertrugen diese Kälte gern; aus den deutschen Wehrmachtsberichten war deutlich erkennbar, daß die faschistischen Truppen nach ihrer Blitzkriegsstrategie nicht auf den grimmigen russischen Winter vorbereitet waren, der als Grund dafür herhalten mußte, daß sie nicht mehr weiterkamen oder eine »Frontbegradigung« herstellen mußten – im Klartext hieß das Rückzug.

Anfang Februar überraschte mich Jan mit einer Nachricht: »Wir leben hier in einem kleinen Städtchen, jeder kennt jeden. Ich hab eine bessere Adresse für dich. Ganz in der Nähe gibt es ein Bildhaueratelier, ein einziger großer Raum. Das steht jetzt im Winter leer. Die Besitzerin kenne ich sehr gut, sie ist zuverlässig. Dort kannst du einziehen. Zum Schlafen habe ich noch eine andere Adresse. Am Breelaan, in nördlicher Richtung vom Bahnhof aus, wohnt auch eine verläßliche Familie, in der großen »Villa Maria«. Dahinter, ganz im Walde versteckt, steht ein Sommerhäuschen, das nur von Mai bis August von Badegästen bewohnt wird. Wenn wirklich mal etwas passieren sollte, kannst du gleich in den Wald entkommen. Dort kannst du abends hingehen und morgens wieder ins Atelier zurückkehren, etwa fünfzehn Minuten Fußweg. Wir glauben, das ist jetzt die beste Lösung für dich. Aleid wird dich ab und zu im Atelier besuchen und dir die Briefe und die neuesten Nachrichten überbringen.«

Ich hatte den Eindruck, daß mein Bodenstübchen für einen anderen Illegalen gebraucht wurde. Ob das nun stimmte oder nicht – ich freute mich darauf, täglich mindestens eine halbe Stunde an die frische Luft zu kommen.

Ich zog also in das Atelier ein, ging abends im Dunkeln zu meiner Schlafstelle, morgens gegen neun, wenn die Geschäfte öffneten, wieder zurück und kaufte unterwegs ein. Außer in den Läden sprach ich mit niemandem, jetzt war ich ganz allein. Ich vertiefte mich den ganzen Tag über in meine mitgebrachten Bücher, machte mir Notizen und schmiedete einen Plan, ein Buch über die Geschichte der Tanzkunst und speziell des Balletts zu schreiben, so etwas existierte noch nicht.

Lin hatte mir inzwischen einige kleine Fotos von sich und Kathinka geschickt. Und dann kam ihre Mitteilung, daß wir uns am letzten Februartag in Amsterdam treffen könnten. Vor Erregung schlief ich nächtelang nicht, den Tag konnte ich kaum erwarten. Mit Schnurrbart und Hut machte ich mich auf den Weg, abends, im Dunkeln natürlich.

Lin und Kathinka waren schon bei den Eltern. »Der Schnurrbart steht dir gut«, sagte Lin. Kathinka schien auch dieser Meinung zu sein. Als ich sie auf den Arm nahm und an mich drückte, begann sie an den Härchen unter meiner Nase zu zupfen. Vater und Mutter freuten sich mit uns. Mutter holte aus der Küche einen frischgebackenen Kuchen, sie war wohl am meisten froh darüber, daß sich Vater nun gut mit mir verstand. Wir verbrachten einen gemütlichen Abend, auch Bruder Jaap war dabei, es war schöner als bei irgendeiner Geburtstagsfeier. Auch den nächsten Tag blieben wir zusammen.

Da klopfte es plötzlich an die Tür, Leo Fuks, der in der Etage über den Eltern wohnte, trat ein und flüsterte: »Radio Moskau hat gerade angekündigt, daß eine neue Sinfonie von Schostakowitsch aus Kuibyschew übertragen wird, Eberhard soll sofort heraufkommen.« Vater sagte: »Gut, er kommt, aber den Eberhard gibt's nicht mehr, er heißt jetzt Piet!«

Leo, der aus Polen stammte und Russisch verstand, erklärte mir, der Ansager habe mitgeteilt, daß Schostakowitsch diese Sinfonie im belagerten Leningrad unter ständigem Bombenhagel komponiert habe, die Partitur sei ausgeflogen worden und erklinge jetzt zum erstenmal im Rundfunk. Anfangs hörte ich nur ein schreckliches Knattern, zwischendurch aber immer wieder Orchestermusik. Ein viertöniges Motiv, das wegen der Quart- und Quintsprünge beinahe leer klang, wurde ständig wiederholt, immer lauter und drohender. »Damit kann Schostakowitsch nur den faschistischen Raubzug gemeint haben.« Dann konnte ich hören, daß ein langsamer Satz voll innerlicher Ruhe, ja Verklärtheit folgte. Ein Störsender kam immer wieder dazwischen, das Knattern wurde lauter, den Schluß konnten wir nicht mehr hören.

In der Tat, wir waren in diesem Moment Zeuge der Uraufführung eines Werkes, das – wie ich damals nur ahnen konnte – Geschichte machen sollte, der Leningrader Sinfonie. Antifaschistische Musik im Osten, Tausende Kilometer von uns entfernt, und Musiker im Widerstandskampf gegen den Faschismus im Westen, in Holland. Dort wie hier standen wir zusammen gegen den Todfeind!

Die beiden Tage in Amsterdam waren wunderbar. Wir machten uns schon Gedanken, ob wir uns nach einigen Wochen noch einmal treffen könnten. Lin mußte mit Kathinka wieder nach Den Haag, ihre Kurse gingen weiter, sie mußte jetzt Geld für uns drei verdienen. Glücklich und traurig zugleich nahmen wir Abschied. Ich fuhr in meine Einsamkeit nach Bergen, Lin durfte über den Ort immer noch nichts wissen, ahnte es aber.

In meinem Atelier zeigte mir Aleid am nächsten Tag ein illegales Flugblatt. Darin wurden die Künstler aufgefordert, sich nicht als Mitglied von »Künstlergilden« anzumelden, deren Gründung von der Besatzungsmacht als Pflichtorganisation angekündigt worden war. Und bald darauf, es war schon wärmer geworden, gab sie mir den illegal verbreiteten »Brandarisbrief«. Jetzt wurden alle Künstler aufgerufen, das gesamte Kunstleben zu sabotieren und die Mitgliedschaft in der inzwischen formierten »Kulturkammer« zu verweigern. Wenn das nicht möglich wäre, so bei größeren Künstlerkollektiven, Schauspieltruppen und Orchestern, sollten die Künstler Stücke und Musiken spielen, deren Inhalte sich mehr oder weniger versteckt gegen den Besatzerterror richteten, oder aber schlecht arbeiten, disziplinlos sein, miserable Leistungen zeigen. Wenn es so etwas schon 1933 in Deutschland gegeben hätte! Ich war ganz stolz auf die Holländer, die sich nicht unterkriegen lassen wollten.

Anfang April trafen Lin mit Kathinka und ich zum zweitenmal bei den Eltern in Amsterdam zusammen. Tags zuvor stand in der gleichgeschalteten Presse zu lesen, daß kein Künstler mehr öffentlich auftreten dürfe, der nicht Mitglied der »Kulturkammer« sei. Lin ging sofort zu Mik, um zu hören, was nun geschehen würde. Sie kam freudestrahlend zurück und erzählte, daß die resolute Jo Vincent sofort darauf reagiert habe, sie werde alle ihre bereits angekündigten Liederabende und Mitwirkungen bei Oratorienaufführungen absagen und statt dessen in ihrer Villa in Overveen Hauskonzerte geben. Damit wolle sie ein Signal geben für alle Vokal- und Instrumentalsolisten oder Kammermusikgruppen, das offizielle Konzertleben zu sabotieren und illegal Hauskonzerte zu veranstalten.

Ich umarmte Lin vor Freude über diese Nachricht. »Das ist aber noch nicht alles«, sagte sie, »Mik hat mir auch Namen von Schriftstellern, Malern und Bildhauern genannt, die nicht bereit sind, in die Kulturkammer einzutreten. Außerdem ist eine illegale Künstlerorganisation gegründet worden, ›De Vrije Kunstenaar‹. Einige reiche Leute haben dafür schon Geld gespendet, und die erste Nummer einer illegalen Künstlerzeitschrift ist in Vorbereitung.«

Diese Nachrichten machten uns wieder Mut. Wir dachten schon

daran, in Amsterdam eine illegale Adresse für uns drei zu suchen. Denn im Mai mußte ich das Atelier in Bergen verlassen, auch in das Häuschen, in dem ich schlief, würden wieder Sommergäste einziehen. Lin wollte mit Mik darüber sprechen. Diesmal fuhr ich in der Hoffnung nach Bergen zurück, daß wir nun bald wieder zusammensein würden.

Hunderttausende Judensterne aus Papier

Eberhard hat vergessen, noch etwas Wichtiges zu berichten. Vater war zwar guter Laune, weil wir wieder einmal zusammen waren, aber selbstverständlich haben wir auch über die immer schwierigere Lage der Juden geredet. Und da legte er los: »Ist es nicht ein Skandal, daß Asscher und Cohen Vorsitzende eines Jüdischen Rates geworden sind? Die Moffen brauchen nur noch ihre verbrecherischen Anordnungen zu schreiben. Die geben sie diesen beiden Halunken, und die führen dann die Befehle aus. Die springen gleich los, veröffentlichen das im ›Joodsche Weekblad‹ und garantieren dafür, daß auch ja nichts schiefgeht. Das war so bei der Arisierung jüdischer Unternehmen, bei der Registrierung von uns allen und guck hier«, er holte aus dem Schrank das »Joodsche Weekblad« vom 27. März, »lies dir das mal durch.« Da stand in dicken Buchstaben: »Bekanntmachung. Wie uns von den betreffenden deutschen Autoritäten mitgeteilt wird, ist den Juden das Ehelichen und der außereheliche geschlechtliche Umgang mit Nicht-Juden verboten. Der Jüdische Rat für Amsterdam A. Asscher, Prof, Dr. D. Cohen, Amsterdam, 25. März 1942.«

»Das ist doch unglaublich«, wetterte Vater, »und in den Tageszeitungen steht darüber kein Wort. Damit meinen die beiden Herren wohl sich selbst retten zu können, während wir anderen alle hops gehen. Jetzt müssen die Juden sogar ihre Fahrräder abgeben. Wir müssen zwischen Mitternacht und sechs Uhr früh zu Hause bleiben, dürfen Nichtjuden überhaupt nicht mehr besuchen, keine Straßenbahn, keine Eisenbahn mehr betreten. Wie soll ich denn jetzt zum Markt kommen? Soll ich das ganze Ende etwa laufen? Ich bin doch nicht meschugge!« Er machte eine kurze Verschnaufpause und zog seine Hose hoch wie immer, wenn er erregt war. »Merken die Gangster Asscher und Cohen denn nicht, daß alle diese Maßnahmen nicht auf einmal, sondern schrittweise verordnet werden, um uns kusch zu halten? Eine perfide Taktik haben sich die Moffen da ausgedacht, echt moffisch! Und der nächste Schritt? Der kommt bestimmt, darauf kannst du Gift nehmen. Die Moffen haben alles schon in der Schublade. Und wenn's soweit ist, werden die beiden Hampelmänner wieder aufs Tapet gerufen, müssen strammstehen, und dann lesen wir's wieder in diesem Scheißblatt!«

Er hatte ja recht, wir dachten alle so, es war wirklich zum Kotzen. Und trotzdem, diese beiden Tage bei den Eltern waren wieder wohltuend, diese Herzenswärme, dieses Gefühl, zusammenzusein, sich aufeinander verlassen zu können, gerade jetzt!

Ich fuhr mit Kathinka wieder in die Bankastraat, gab Unterricht, erbettelte oder mopste noch einige Ausweise, holte Lebensmittelkarten auf gesperrte Ausweise, na eben das Übliche.

Wir brauchten gar nicht lange zu warten, da kam die nächste Verordnung, diesmal eine besonders abscheuliche des »Generalkommissars für die öffentliche Sicherheit und Höheren SS- und Polizeiführers« H. A. Rauter: Ab Sonntag, dem 1. Mai – ausgerechnet – mußten alle Juden einen gelben Stern tragen. Alles war bis ins letzte vorbereitet, man hatte ja schon Erfahrungen damit in Deutschland und in den besetzten Gebieten im Osten gemacht. Die Herrenmenschen besorgten die Sterne, beinahe eine halbe Million, und Asscher plus Cohen mußten sie an den Mann bringen, innerhalb von drei Tagen. Jeder mit einem J im Ausweis, und Kinder ab sechs Jahre konnte je vier Sterne kaufen, ja kaufen, sie mußten sie also selbst noch bezahlen und von der Textilkarte einen Punkt dazu abgeben! Die Bestimmungen, wie und wo die Judensterne zu tragen waren, zeichneten sich wieder durch deutsche Gründlichkeit aus: in Brusthöhe, deutlich sichtbar auf Mantel, Anzug oder Kleid fest angenäht, zu tragen auf Straßen und Plätzen, auch in Höfen, Gärten, Vorgärten, vor Haustüren – nichts war vergessen.

Ein Sturm der Empörung brach los. Die illegale Zeitung »De Vonk« brachte Hunderttausende Judensterne aus Papier in Umlauf, viele Holländer hefteten sie sich aus Protest an die Brust. In einigen Schulen trugen Jungen und Mädchen gelbe Sterne mit »Protestant«

oder »R. K.« (römisch-katholisch) darauf. Die illegal arbeitende Kommunistische Partei organisierte an jenem 1. Mai in belebten Straßen und auf Plätzen zu verschiedenen Zeiten kurze Protestdemonstrationen. Wenn die eine zu Ende war und die SS wütend, aber zu spät heranbrauste, begann schon die nächste an einer entfernten Straßenecke, das wiederholte sich mehrmals.

Ich habe nie den Stern getragen, Jannie und viele andere auch nicht. Andererseits gab es Nichtjuden, die aus Protest mit dem Stern herumliefen, wie unsere Freundin Ans Blau, eine Krankenschwester. Den Nazis war das egal, sie wurde verhaftet und nach Auschwitz verschleppt.

So wurde die Lage immer brenzlicher, auch für mich. In Den Haag war ich viel zu bekannt. Deshalb zog ich mit Kathinka im Mai nach Amsterdam. Durch Mik hatte ich eine illegale Adresse an der Prinsengracht bei Frau Cornelius, einer Indonesierin, bekommen. Sie hatte zwei Töchter, die ältere, Violette, war schon außer Haus, ich kannte sie gut, sie war mit dem Pianisten Jan Huckriede, einem Bruder Jolles, verheiratet. Die jüngere, Deetje, wohnte noch bei der Mutter. Eberhard kam aus Bergen auch dorthin. So waren wir wieder zusammen.

Meinen Unterricht in Den Haag konnte ich nicht mehr weiterführen, es war nicht mehr möglich, daß meine Schüler mit dem Judenstern auf der Brust ins Gemeinschaftshaus kamen. Ich mußte aber noch mehrmals hinfahren, um Kleider, Noten, Bücher, gehamsterte Lebensmittel und frisches Gemüse zu holen. Kathinka stillte ich nur noch zweimal am Tag, frühmorgens und abends. Wenn ich weg mußte, war Eberhard der Hausmann, er sorgte den ganzen Tag für sie.

Eines Tages mußte ich in Den Haag meinen letzten Unterricht geben und an der bewußten Stelle Lebensmittelkarten holen. Wie stets legte ich meine Tasche mit den gesperrten Ausweisen und den Karten in ein Körbchen, das ich hinten auf dem Gepäckträger des Fahrrades festschnallte. Ich kam zum Bahnhof, wollte mein Fahrrad zur Aufbewahrung geben und erschrak fürchterlich – das Körbchen mit der Tasche war weg. Ich ging denselben Weg zurück, den ich gekommen war, suchte und suchte vergeblich, bis zur Bankastraat. Wenn die Tasche in falsche Hände käme, hätten verschiedene

Menschen hochgehen können, und die Illegalen erhielten ihre Lebensmittelkarten nicht. Es waren so etwa fünfzehn Ausweise und Karten. Ich fand immer noch nichts. Was sollte ich nun machen? Ich wußte mir keinen Rat. Plötzlich klopfte mir ein wildfremder Mann auf die Schulter. »Ist das vielleicht ihre Tasche?« Sie war es. Ehe ich ihm danken konnte, war er schon fort. Er mußte also die Tasche gefunden, all die Papiere darin entdeckt und dann lange gewartet haben, es war ja mindestens eine Stunde vergangen, seit ich sie verloren hatte.

Nach diesem Vorfall schlief ich nächtelang sehr unruhig. Mik war ein paar Tage weg, wir hatten verabredet, daß ich die Ausweise und Karten dem Fotografen Hans Sibbelee geben sollte, der auch eine Zeitlang im Gemeinschaftshaus gewohnt hatte, jetzt aber in Amsterdam illegal arbeitete. Ihm mochte ich mein Glück im Unglück nicht erzählen.

Einige Tage danach fuhr ich noch einmal nach Den Haag. Ankie und Jolle Huckriede übernahmen jetzt unser großes Zimmer im Erdgeschoß. Wir vereinbarten, daß sie den Bechstein-Flügel bis zum Ende des Krieges benutzen konnten, dann wollten wir ihn wieder abholen. Sollten wir das Kriegsende nicht mehr erleben, dann könnten sie das gute Stück behalten.

Ich wollte gegen elf Uhr abends wieder in der Prinsengracht sein, Kathinka mußte ich noch die Brust geben, und um zwölf war Sperrzeit. Ich stand auf dem Bahnhof in Den Haag, der Zug hatte Verspätung, er war gerammelt voll. Frech, wie ich nun einmal war, stieg ich in ein Abteil »Nur für Angehörige der Deutschen Wehrmacht«, da war noch Platz. Unterwegs blieb der Zug lange stehen. Ich wurde schon ganz ungeduldig. Endlich fuhr der Zug wieder, wir näherten uns Amsterdam. Ich guckte auf die Uhr: zehn Minuten nach zwölf! Um Gottes willen, das Kind wird schreien und Eberhard in höchsten Ängsten schweben. Und jetzt mußte ich noch durch die Kontrolle am Bahnhof. Wie kann ich mich da hindurchmogeln? Einer der Soldaten, ein großer, schlaksiger, schaute mich immerzu an. Während die anderen lärmten, blinzelte ich ein paarmal verstohlen zu ihm hin. Als wir in Amsterdam ankamen, lief er auf dem Bahnsteig gleich hinter mir her. »Darf ich Sie ein Stückchen begleiten?« – »Ja, aber es ist doch Sperrzeit, wie soll ich denn nach Hause kommen?« – »Ach, machen Sie sich keine Sorgen.« Wir kamen an die Kontrolle. Neben dem holländischen Beamten, der die Billetts in Empfang nahm, standen zwei SSer. Mein »Beschützer« sagte nur kurz: »Die Dame geht mit mir mit!« Wir waren durch. Die Straßenbahn fuhr nicht mehr. Wir liefen in Richtung Prinsengracht, es war stockduster. Als wir am Westermarkt waren, sagte ich: »Ich wohne hier ganz in der Nähe, meine Mutter macht sich bestimmt schon große Sorgen, wo ich bleibe« – und sauste los. Er blieb ganz verdattert stehen. In der Rozengracht schaute ich mich kurz um, dann nahm ich die andere Richtung zu unserem Versteck. Erst nach halb eins kam ich in unser Zimmer. Eberhard hatte schon gegrübelt, was zu tun sei, wenn ich nicht gekommen wäre. Er verstand ja vieles, konnte das Kind versorgen, aber ihm die Brust geben, das konnte er nicht.

Als Mik wieder zurück war, ging ich zum ihm und berichtete über meine beiden abenteuerlichen Reisen. »Was hast du eigentlich für einen Personalausweis?« fragte er. »Meinen eigenen.« – »Also Rebekka Brilleslijper und mit einem J? Du bist wohl wahnsinnig!« Er wurde richtig wütend. »Du schnorrst und klaust Ausweise für andere und hast selbst keinen? Das darf doch nicht wahr sein.« Er schüttelte nur den Kopf. »Du darfst nie wieder mit dem Zug fahren, ehe du einen anderen Ausweis hast, verstehst du?« Nach ein paar Tagen gab er mir einen neuen mit meinem Paßfoto. Jetzt hieß ich Antje Sillevis und war in Surabaya geboren. Ich hatte mein Haar immer hinten locker hängen lassen, jetzt steckte ich es mir hoch, spielte eine Halbindonesierin, und wenn es sein mußte, sprach ich auch mit einem rollenden r.

Aber meine Reiserei nach Den Haag war noch nicht zu Ende. Ich mußte noch einmal in die Bankastraat, um die letzten Sachen zu holen, diesmal mit falschem, aber sicherem Ausweis. In Den Haag ging ich erst zu einer guten Freundin, Zus Blanken, um von dort aus vorsichtshalber in der Bankastraat anzurufen, sicher ist sicher, dachte ich. Ich bekam gleich Ankie an den Apparat, ihre Stimme klang ganz anders als sonst, sie schien sehr aufgeregt zu sein. »Aber nein, gnädige Frau«, hörte ich sie sagen, »wir haben doch nichts für heute verabredet, sondern erst übermorgen. Sie müssen sich irren, auf Wiedersehen.« Und schon legte sie den Hörer auf.

Jetzt wußte ich, was los war, das konnte nur eine Haussuchung sein. Ich blieb noch bei Zus Blanken, die einige Stunden später Ankie wieder anrief und an einer dritten Adresse einen Treff mit ihr vereinbarte. Tatsächlich, eine Haussuchung. Sie dachten Eberhard irgendwo zu finden. Ankie und die anderen Hausbewohner beteuerten immer wieder, Eberhard sei nach Wolfenbüttel gefahren, schon im Januar, seine Adresse sei hier am Schwarzen Brett zu lesen. Nach ein paar Stunden vergeblichen Suchens zogen die Schnüffler wieder ab. Wenn ich vorher nicht angerufen hätte, wäre ich glatt ich die Falle gelaufen. Das gewisse Engelchen über mir hatte mich wieder mal gerettet.

Ich nahm mir vor, nicht noch einmal nach Den Haag zu fahren. Doch nein, da geschah etwas anderes. Ein Lehrer aus Voorburg, der meine letzten öffentlichen Auftritte besucht hatte, kam schon im Winter zuvor einige Male zu uns und bat uns, doch mal bei ihm in Voorburg ein Programm mit jiddischen Liedern zu geben. Doch da wurde nichts draus. Im Mai schrieb er mir über die Adresse von Haakon und Mieke, die ich ihm gegeben hatte, er würde gern ein Hauskonzert mit uns organisieren, er verbürge sich dafür, nur zuverlässige Leute einzuladen. Dieser Mann machte einen sehr guten Eindruck auf uns. Er bot uns von sich aus Hilfe an, falls wir untertauchen müßten. Sein Name ist mir leider entfallen. Ich rief ihn an, und wir vereinbarten, am 3. Juni zu ihm nach Voorburg zu kommen. Er lud uns ein, Kathinka mitzubringen und noch einen Tag länger sein Gast zu sein.

Ich fuhr also doch noch einmal nach Den Haag, diesmal mit meinem schnurrbärtigen Piet mit Hut und mit unserem Kind. Eberhard fand es nach beinahe einem halben Jahr doch recht komisch, als Jean-Jacques Bos auf dem uns so vertrauten Bahnhof in Den Haag auszusteigen. Mit der Straßenbahn fuhren wir dann den Koningin-Wilhelmina-Laan entlang, am alten Gemeinschaftshaus vorbei zur vereinbarten Adresse. Wir wurden sehr herzlich empfangen.

Abends gaben wir dann unser erstes illegales Hauskonzerrt. Es kamen etwa fünfzig Leute, die beiden Zimmer waren bis in die letzte Ecke besetzt. Zum erstenmal seit über zwei Jahren traten wir wieder zusammen auf. Die Anwesenden spürten das Außergewöhnliche dieses Abends, es war eine warme, intime Atmosphäre, ich sang aus vollem Herzen. Eberhard konnte keine Soli zwischendurch spielen, er hatte ja monatelang nicht üben können. (Aber das Programm, auf der Maschine geschrieben, hat er, der Ordentliche, bis heute aufgehoben.) Ich sang vor allem heitere Lieder, aber auch das Jakobslied aus Rumänien. Draußen lief vielleicht gerade ein SSer vorbei, aber hier drinnen erklang jiddische Volkskunst, verbotene Musik, vorgetragen von zwei »verbotenen« Menschen. Manchen standen die Tränen in den Augen, ich sang deshalb noch zwei lustige Lieder.

Nachher sprachen einige der Gäste noch mit uns, aber keiner fragte uns nach unseren Namen oder Adressen. Einige boten ihre Hilfe an, wenn wir sie brauchen sollten. Eintritt hatte der Gastgeber nicht erbeten, aber an der Tür stand eine Dose, alle warfen etwas hinein, manche sogar einen Zehnguldenschein, das Geld konnten wir gut gebrauchen. Am nächsten Abend verabschiedeten wir uns wieder, wir waren gewiß, dieses Konzert werden alle, auch wir, nicht vergessen. Die Rückfahrt verlief ohne Zwischenfälle und Kontrollen.

Kathinka entwickelte sich prächtig, sie lachte gern und schwatzte in ihrer Babysprache. Eines Morgens, wir hatten sie in unser Bett genommen, sagte sie ganz deutlich ihr erstes Wort: »Pa-pa!« Eberhard meinte zwar Jahre später, sie habe zuerst »Ma-ma« gesagt und dann erst »Pa-pa«; er ist nun mal eigensinnig. Wir konnten uns jetzt viel um das Kind kümmern, Arbeit hatten wir nicht mehr. Mik versprach uns zu helfen, wenn unser Geld alle war, auch Lebensmittelkarten verschaffte er uns. Woher er sie hatte, weiß ich nicht, aber es gab Gerüchte, daß die Illegalen sie auf dem Transport von der Druckerei zu den Ausgabestellen in größeren Mengen »organisierten«.

Wir fühlten uns bei Frau Cornelius in der Prinsengracht sehr wohl, es gingen immer viele Menschen aus und ein. Das war zwar sehr gesellig, aber uns wurde es zu gefährlich. Man konnte nie wissen, ob unter ihren Freunden Schwätzer und Wichtigtuer waren, die aus Angeberei weitererzählten, daß dort Untergetauchte lebten. Es ist oft genug vorgekommen, daß durch solche Gedankenlosigkeit Versteckte aufgespürt wurden. Wir mußten dort also weg.

Von Jan Hemelrijk hörten wir, daß wir von Mitte Juli bis Mitte August in einem Haus in Bergen wohnen könnten, deren Bewohner in dieser Zeit irgendwo im Lande Urlaub machten. Und danach würde das Sommerhäuschen wieder frei werden, in dem Eberhard schon ein Vierteljahr lang geschlafen hatte. Nach seiner Ansicht könnte das für uns mindestens bis zum nächsten Sommer ein sicheres Versteck werden.

Aber inzwischen ereigneten sich schreckliche Dinge. Ende Juni hörten wir zum erstenmal, daß in Amsterdam registrierte Juden einen Aufruf mit dem Befehl erhalten hatten, sich innerhalb weniger Tage an einer bestimmten Stelle einzufinden, um zum »Arbeitseinsatz« nach Deutschland verschickt zu werden. Zunächst waren aus Deutschland emigrierte Juden an der Reihe, ab 5. Juli jedoch häuften sich die Nachrichten, daß viele Bewohner der Jodenhoek und Juden aus Amsterdam-Süd solche Aufrufe erhielten. Es müssen einige tausend gewesen sein.

Ich machte mir Sorgen um die Eltern und um Bruder Jaap. Es stellte sich bald heraus, daß vor allem Männer zwischen sechzehn und vierzig Jahren betroffen waren. Jaap war also am meisten gefährdet. Überall wurde heftig diskutiert, was man tun könne. Manche meinten, jetzt mitten im Kriege hätten die Deutschen viele Arbeitskräfte nötig, dafür wollten sie nun die Juden einsetzen, sie würden sie also aus eigenem Interesse gut behandeln. Andere zweifelten daran und glaubten, wenn die Aufgerufenen erst einmal weg seien, kämen sie nie wieder, sie landeten doch im KZ.

Die Gutgläubigen folgten dem Aufruf, viele andere aber tauchten unter. Die Faschisten waren wütend, daß nur ein Teil erschien, sie organisierten deshalb am 14. Juli eine Razzia, bei der sie einige hundert Juden, meist junge, verhafteten. Da wir am nächsten Tag nach Bergen fahren wollten, ging ich zu meinen Eltern und beschwor sie, doch auch zu verschwinden. »Uns wird schon nichts passieren«, meinte die gute Mutter. Da kam der Nachbar Leo Fuks herein, jetzt auch mit dem gelben Stern auf der Brust, und zeigte uns eine soeben erschienene »Extra Editie« des jüdischen Wochenblattes. Ja, da stand es: »Die Sicherheitspolizei teilt folgendes mit: Ungefähr 700 Juden wurden heute in Amsterdam gefangengenommen. Wenn in dieser Woche nicht die 4000 dafür angewiesenen Juden in die Arbeitslager nach Deutschland abreisen, werden die 700 Arrestanten in ein Konzentrationslager in Deutschland überstellt.«

»So also machen die Schweine das«, rief Vater wütend, »wer nicht erscheint, wird mitschuldig am Tod der siebenhundert. Also wieder Geiseln. Immer den einen gegen den anderen ausspielen, das machen sie perfekt. Und die Verräter Asscher und Cohen unterschreiben auch noch diesen Scheißbefehl, es ist wirklich entsetzlich!« Ich sagte zu Vater und Mutter noch einmal, sie müßten sich jetzt entscheiden. Ihre Antwort: »Jannie hat uns das auch schon ans Herz gelegt, na, wir werden mal sehen!«

Am Tag drauf fuhren Eberhard, Kathinka und ich mit Kinderwagen und Koffern nach Bergen. Wir waren froh, dem Hexenkessel Amsterdam den Rücken zu kehren.

Als Handelsreisender in Sachen jüdischer Kinder

Seit jener ergebnislosen Haussuchung in der Bankastraat hatte ich das Gefühl, mich als Mijnheer Bos ziemlich frei bewegen zu können. Wo sollten sie mich auch suchen? Ich war für sie eine Stecknadel im Heuschober. Und da jetzt viele Juden untertauchten, die Suche sich also auf jüdisch aussehende Menschen konzentrierte, war es für mich weniger gefährlich geworden. Ich konnte von Bergen aus noch zwei-, dreimal nach Amsterdam fahren und bei Frau Cornelius unsere restlichen Habseligkeiten abholen.

So fuhr ich auch am 7. August, einen Tag vor Kathinkas erstem Geburtstag, wieder nach Amsterdam. Ich wollte versuchen, ein paar Naschereien schwarz zu kaufen, denn in den Läden war sogar auf Zuckermarken kaum noch etwas zu bekommen. Deetje Cornelius erzählte mir, am Tag zuvor habe es wieder eine Razzia auf Juden gegeben. Von ihr bekam ich auch eine neue Sonderausgabe des Jüdischen Wochenblattes (vom 6. August), das ich zwischen Hemd und Hose kleingefaltet versteckte.

Abends studierte ich mit Lin zusammen dieses Blättchen. Auch zwischen den Zeilen war noch mancherlei Interessantes zu entdecken. In einem ersten Abschnitt hieß es: »Alle Juden, die nicht unverzüglich den an sie gerichteten Aufruf zum Arbeitseinsatz in Deutschland Folge leisten, werden gefangengenommen und in das Konzentrationslager Mauthausen gebracht.«

»Sieh mal an«, meinte Lin, »jetzt müssen sie schon öffentlich zugeben, daß sich sehr viele nicht gemeldet haben, das will schon was heißen!« – »Das war die Peitsche, gleich darauf kommt das Zuckerbrot.« Wir lasen weiter: »Diese oder eine andere Strafe wird nicht angewandt auf Juden, die sich noch hinterher bis spätestens Sonntag, 9. August 12 Uhr, melden oder erklären, daß sie bereit sind, am Arbeitseinsatz teilzunehmen.« Lins Kommentar: »Wer darauf reinfällt, muß meschugge sein!«

Aber nun Punkt zwei: »Alle Juden, die keinen Judenstern tragen, werden in das Konzentrationslager Mauthausen gebracht.« Mein Kommentar: »Jetzt haben sie entdeckt, daß der Stern von vielen sabotiert wird. Und schon wieder diese Drohung mit Mauthausen, weil in Holland jeder weiß, daß dort keiner mehr länger als ein halbes Jahr lebt. Als ob sie inzwischen in Polen nicht noch ganz andere, viel größere KZ aufgebaut hätten!«

Und jetzt Punkt drei: »Alle Juden, die ohne Zustimmung der Autoritäten ihren Wohnort oder ihre Wohnung ändern – auch wenn sie das nur zeitweilig tun –, werden nach dem KZ Mauthausen gebracht.« – »Das gilt dir«, sagte ich zu Lin. »Aber hör mal«, antwortete sie, »hier geben sie schwarz auf weiß zu, daß viele untergetaucht sind, das müssen doch schon ein paar tausend sein! So einfach lassen sich die Holländer nicht zur Schlachtbank führen!« So abscheulich dieses Pamphlet auch war, wir freuten uns über jedes Zeichen der Befehlsverweigerung und des Widerstandes.

»So, nun aber Schluß damit, jetzt bauen wir Kathinkas Geburtstagstisch auf«, sagte Lin. Viel hatten wir nicht, aber wir wollten ihr und uns einen schönen Tag bereiten. Kathinka machte gerade die ersten Gehversuche, mit einem geborgten Fotoapparat habe ich das dokumentarisch festhalten können. Es war für uns wirklich ein Festtag. Wie auf einer Insel genossen wir die Sonne, die Blumen, den stillen Sommertag.

Am 16. August zogen wir dann in das Häuschen am Breelaan. Es war eigentlich eine große hölzerne Laube, ein Bungalow, würden wir heute sagen. Vorn über die ganze Breite erstreckte sich ein größeres Zimmer mit einer Aussicht nach drei Seiten, für unseren Zweck ganz wichtig. Bis zur Straße war noch ein Abstand von etwa dreißig Metern. Unser Häuschen stand schon zwischen Bäumen, und dahinter war tiefer Laubwald. Es gab noch zwei kleinere Schlafzimmer, das eine kannte ich schon zur Genüge, und eine pieperkleine Küche. Wir waren ganz auf uns selbst angewiesen und fühlten uns schnell heimisch.

Inzwischen war Jannie mit ihren beiden Kindern auch nach Bergen gekommen. Von ihr erfuhren wir, was sich in Amsterdam abgespielt hatte. Lins Bruder Jaap arbeitete mit einem nichtjüdischen Jungen, Henk Buchette, unweit der elterlichen Wohnung in einer Aufbewahrungsstelle für Fahräder. Da gingen viele Leute aus und ein, einige brachten und andere holten dort Päckchen für die Illegalen. Eines Tages wurde Jaap von einem Polizisten gewarnt, er müsse sofort verschwinden. Er fuhr zu Jannie nach Den Haag. An seiner Stelle wurde Vater als Geisel verhaftet und in das Gefängnis an der Weteringschans gebracht. Über ihre Beziehungen zur Illegalität bemühte sich Jannie sofort, Vater frei zu bekommen, er sei doch mit einer Gerritse, einer nichtjüdischen Frau, verheiratet. Das Unwahrscheinliche geschah: Vater wurde nach etwa zehn Tagen wieder entlassen. Die Eltern konnten nun nicht mehr in ihrer Wohnung bleiben, Jannie holte sie nach Den Haag. Jetzt wurde die Situation auch in ihrer Wohnung unhaltbar. So zogen sie nach Bergen um, wo sie am Buerweg ein Häuschen mieten konnten. Vater und Bruder Jaap fuhren im Möbelwagen mit. Auch Bob kam von seiner illegalen Adresse in Amsterdam nach Bergen.

Das Haus am Buerweg war etwa fünfzehn Minuten Fußweg durch den Wald von uns entfernt, wir standen nun wieder in ständigem Kontakt miteinander. Bruder Jaap zog zu uns in das Sommerhäuschen.

Ein paar Tage später kam Jan Hemelrijk zu uns: »Wir müssen jetzt viele jüdische Kinder unterbringen. Könnt ihr noch einen Jungen von sechzehn Jahren aufnehmen?« Wir sagten selbstverständlich zu. Und so holte ich von der Hobbemakade in Amsterdam, wo die Eltern noch wohnten, Herbert Speyer nach Bergen. Wir waren alle froh, daß das gelang, denn auf dem Amsterdamer Zentralbahnhof waren die Kontrollen sehr verschärft worden. Ich kannte die Sicherheitspolizisten in Zivil, die »Stillen«, wie wir sie nannten, schon genau. Sie blickten mit unbeweglichen Mienen auf die Menschenmenge, die von den Bahnsteigen eine schmale Treppe hinab zum großen Mittelgang nach dem Ausgang strömten, oder umgekehrt. Die Polizisten standen immer unten am Treppenabsatz, von da aus konnten sie die Passanten am besten beobachten. Zwei- oder dreimal hielt man auch mich an. »Ihren Ausweis bitte!« Ich faßte in die Westentasche, zeigte den Ausweis. Jetzt kommt der Moment, dachte ich. Natürlich bubberte das Herz. Aber: »In Ordnung!« Das waren immer nur Sekunden, doch in solch einer Situation können Sekunden sehr lang dauern. Glücklicherweise passierte das nie, wenn ich einen Begleiter durchlotsen mußte, ich reckte mich dann im Gehen hoch auf, um meinen Schützling hinter meinem Rücken den suchenden Augen so wenig wie möglich auszusetzen.

Durch dieses Nadelöhr auf dem Amsterdamer Bahnhof mußte jeder gehen, der nach Nord- oder Südholland reisen wollte. Noch lange nach dem Krieg erlebte ich manchmal in Angstträumen diese bangen Sekunden. Auch heute noch, nach vielen Jahrzehnten, klopft mir das Herz, wenn ich bei einem Besuch in Amsterdam diese Treppe zum Bahnsteig benutzen muß.

Es war im September, als wir frühmorgens durch eine wilde Schießerei von der See her geweckt wurden. Unser erster Gedanke: Ein Angriff der Alliierten? Stalin hatte doch in einer Rede gesagt, die zweite Front käme noch in diesem Jahr. Und was Stalin aussprach, war für uns wie ein Orakel. Wir schalteten unseren kleinen Radioapparat ein, weder aus London noch aus Hilversum war durch den Kopfhörer etwas von einer Invasion zu hören. Wie oft schon hatten wir darauf gehofft!

In jenen Tagen, es war sonniges Herbstwetter, kam Gerrit Kastein zu uns nach Bergen. Wir wußten, daß er im Auftrag der Partei gefährliche Missionen ausführte, er war maßgeblich an Anschlägen auf besonders rabiate holländische Kollaborateure beteiligt, die den Tod vieler Genossen auf dem Gewissen hatten. Gerrit, Bob und ich machten einen langen Spaziergang durch die Dünen. Gerrit trug jetzt auch einen Schnurrbart und einen Hut. »Wenn ich Geheimpolizei wäre«, sagte ich, »würde ich alle Schnurrbärtigen herausfischen.« – »Gott sei Dank sind sie nicht so schlau, wie wir oft denken, wir sind eben schlauer«, rief er lachend.

»Wir sprachen eben von der zweiten Front. Macht euch keine Illusionen. Die Rote Armee hat zwar an der Wolga einen entscheidenden Sieg errungen. Aber Stalingrad ist noch weit weg von Berlin. Die Briten und Amerikaner werden erst angreifen, wenn die sowjetischen Truppen mindestens schon in Polen und Ungarn stehen, eher nicht. Churchill, der gerissene Fuchs, will, daß sich Russen und Moffen gegenseitig abschlachten, um erst in einem Moment, wenn Hitler sehr geschwächt ist, loszuschlagen und als lachender Dritter in Berlin einziehen zu können.«

Wir diskutierten auch darüber, was aus Deutschland nach dem Krieg werden würde. »Die Verbündeten in Ost und West müssen sich einigen, daß Deutschland unter ihrem Besatzungsregime ein entmilitarisierter Staat wird, der nie wieder einen neuen Krieg entfesseln kann. Aber ich fürchte, die Amerikaner und Engländer werden uns noch einen Knüppel zwischen die Beine hauen, ihre Sowjetfeindlichkeit bekommt wieder Oberhand, täuschen wir uns nicht.«

Wir verstanden Gerrits Vorhersagen nicht recht. Erst mußte der faschistische Moloch besiegt werden, darum ging es, alles weitere würde sich schon ergeben.

Vor dem Krieg war Holland bekannt als ein Land mit weit fortgeschrittener Gesundheitsfürsorge. Unter den Bedingungen der Okkupation verschlechterte sich die Lage rapide. Im Spätsommer herrschte in Amsterdam eine Kinderlähmungsepidemie. Wie waren froh, in Bergen zu sein. Aber Ende September brach hier eine Ruhrepidemie aus. Nicht weit von unserem Versteck am Breelaan befand sich neben einem kleinen Teich ein deutsches Soldatenlager. Es wurde gemunkelt, daß die Krankheit von dort ausgegangen sei, die Soldaten badeten in diesem Tümpel. Viele Kinder aus unserer Umgebung bekamen Dysenterie. Neben uns wohnte eine katholische Familie mit elf Kindern, zwei starben. Auch Kathinka wurde krank. Es war furchtbar, sie schiß und schiß Blut, magerte entsetzlich ab, wollte keine Nahrung zu sich nehmen. Ein mit der Hemelrijk-Familie befreundeter Arzt, Dr. Poot, kam, gab eine Medizin und verordnete Reis mit Zimt, nichts anderes. Reis hatten wir noch, Zimt besorgte uns Jan. Erst wollte die Kleine das nicht schlucken. Es dauerte etwa acht bis zehn Tage, ehe sie sich einigermaßen erholte, die größte Gefahr schien vorbei zu sein. Sobald sie wieder etwas Liga-

Kindernahrung zu sich nehmen konnte, ging es dann erstaunlich rasch aufwärts. Wir atmeten erleichtert auf.

Die Lebensmittelrationen wurden allmählich schmaler, die Karten holte ich allmonatlich aus Amsterdam. Wir suchten Pilze, die es im Wald hinter unserem Versteck in rauhen Mengen gab, Pfifferlinge. Besonders die beiden Jungen aßen wie Scheunendrescher, und Lin weckte für den Winter über ein Dutzend Gläser mit Pfifferlingen ein. Man hatte uns erzählt, daß eine bestimmte Art rötlich schimmernder Baumschwamm besonders schmack- und nahrhaft sei. Wir fanden viel davon. Lin bereitete diesen Schwamm wie ein Beafsteak, so ernährten wir uns einige Wochen lang hauptsächlich von »Beafsteakschwamm«.

Im Oktober wurde es schon kalt. Jaap und Herbert verpflichteten sich, Holz zu sammeln. Aber als im Dezember Frost kam, reichten die trockenen Äste nicht mehr aus. Jaap sagte zu mir: »Besorg uns eine Säge, dann fällen wir einfach ganze Bäume.« Gesagt, getan, einen Förster hatten wir nicht gesehen. Jan besorgte uns eine Säge. Lin und ich mußten Schmiere stehen, und die Jungen fällten Bäume, zersägten sie und heizten damit den eisernen Ofen im großen Zimmer. Sie konnten sich dabei richtig austoben. Und drinnen war es mollig warm.

Wenn ich in Amsterdam war, besuchte ich auch Herberts Eltern, die immer noch in der Hobbemakade wohnten. Als ich im November zu ihnen kam, waren sie in großer Sorge. Ihre zwölfjährige Tochter Elleke war in Amsterdam untergetaucht, mußte aber aus ihrem Versteck zu einer anderen Adresse nach Velsen gebracht werden. Ich bot ihnen an, das zu tun. Sie beschrieben mir genau, wie Elleke aussah, was für einen Ausweis sie hatte, wann und wo ich sie abholen konnte und wie der Weg vom Bahnhof in Velsen zu ihrer neuen Adresse zu finden sei. Einige Tage danach nahm ich sie in Empfang, wir entwischten den Kontrollen, ich lieferte Elleke in ihrem neuen Versteck ab.

Ich hatte die Zeit so berechnet, daß ich von Velsen über Alkmaar noch den letzten Bummelzug nach Bergen bekommen würde, die Sperrzeit war inzwischen auf zehn Uhr abends vorverlegt worden. Als ich von Velsen aus zurückfahren wollte, fiel ein Zug aus, der letzte »Bello« war schon weg. Mir blieb nichts anderes übrig, als die etwa sechs Kilometer nach Bergen zu laufen. Ich kannte den Weg nicht, nur die Richtung. Es war eine kalte, klare Nacht. Ich lief querfeldein. Auf dem Weg zu unserem Sommerhäuschen mußte ich zwischen dem deutschen Soldatenlager und dem kleinen Teich hindurch, einen Umweg gab es nicht. Im Lager sah ich einen Soldaten Wache stehen, er bemerkte mich nicht.

Kurz vor elf kam ich endlich in unserer Laube an. Lin war in Tränen aufgelöst, aber jetzt schluchzte sie vor Freude. In ihrer Angst hatte sie sich schon ausgemalt, ich sei der Gestapo in die Hände gefallen und sie müßte mit Kathinka und den beiden Jungen aus unserer Behausung verschwinden. Es war wieder einmal gut gegangen. Jan Hemelrijk nannte mich im Scherz schon »Handelsreisender in Sachen jüdischer Kinder«.

Die Familie im großen Vorderhaus an der Straße war immer sehr freundlich zu uns, wenn wir etwas brauchten, half man uns. Die Leute waen auch taktvoll genug, sich niemals bei uns hinten sehen zu lassen. Sie mußten schon längst gemerkt haben, daß außer der »Familie Bos« noch andere Personen da waren. Untertauchen war etwas so allgemein Übliches geworden, daß man eben so tat, als ob man nichts merkte. Anfang Dezember luden sie uns drei zum Mittagessen ein. Wir sprachen wie gar nicht anders möglich über den Krieg, über die zu erwartende zweite Front, die Gesundheit der Kinder und über ein Gerücht, das seit Tagen die Runde machte: Die deutschen Besatzer beabsichtigten, den Atlantikwall entlang der Küste bis an die Spitze von Nordholland zu verlängern und alle Einwohner innerhalb eines zehn Kilometer breiten Küstenstreifens evakuieren zu lassen. Wir meinten, das wäre doch kaum möglich, dann mußte auch ganz Bergen geräumt werden. Wir waren sehr besorgt, das Gerücht könnte wahr werden.

Wenn ich nach Amsterdam fuhr, besuchte ich meistens auch Haakon und Mieke in der Johannes-Verhulst-Straat. Mieke lud uns zu dritt ein, sie ein paar Tage zu besuchen. So fuhren wir zwei Tage vor Weihnachten nach Amsterdam. Lin hatte Miekes zweite Tochter, Marion, die nun bald ein halbes Jahr alt war, noch nicht gesehen. Wir verlebten einige sehr schöne Tage. Haakon und Mieke versicherten uns, daß wir immer auf sie rechnen könnten, sollten wir in Schwierigkeiten geraten.

Als wir kurz vor Silvester wieder nach Bergen zurückkehrten, wurde bekanntgegeben, ab 1. Feburar müßte der ganze Küstenstreifen geräumt sein, die Organisation Todt bereite sich vor, die Verteidigungslinie auszubauen.

Was sollten wir tun? Irgendwo eine Adresse für alle, Bob und Jannie, die Eltern, Jaap und uns, zu finden, erschien uns fast aussichtslos. Ich setzte mich in die Eisenbahn und machte Forschungsreisen in einige Orte mit vielen Einzelhäusern. So fuhr ich eines Morgens über Amsterdam und Hilversum nach Hollandse Rading. Ich ging die Hauptstraße entlang, klingelte an vielen Häusern, fragte immer wieder, ob irgendwo ein Sommerhäuschen oder Zimmer zu vermieten sei. Alles vergebens. Aber ich wollte nicht aufgeben.

Ich war schon etliche Kilometer gelaufen, da sah ich am Nachmittag, als es bereits zu dunkeln begann, ein riesengroßes Haus, dessen lange Fenster mit Jalousien geschlossen waren, daneben standen noch einige kleinere Häuschen. Das wäre doch was, dachte ich.

Aus einem der Häuschen strahlte Licht, ich klingelte. Ein Mann öffnete. Ich nannte mein Anliegen. Der Mann wurde ganz böse. »Nein, völlig ausgeschlossen.« Er verriegelte die Tür. Also wieder nichts. Ich fuhr nach Bergen zurück und erzählte meine Erlebnisse. Lin, Jaap und Herbert begannen schrecklich zu lachen. »Was ist denn los?« rief ich entsetzt. »Warum lacht ihr mich aus?« Da sagte Lin: »Weißt du, was das für ein Gebäude war?« – »Nein, keine Ahnung.« – »Das Schloß Soesterberg der Königin!« Mir war gar nicht zum Lachen zumute.

An einem der nächsten Tage kam Jan zu uns. »Ich hab etwas«, sagte er. »In Huizen gibt es ein einsam gelegenes Haus, das nur im Sommer von zwei reichen Damen benutzt wird, hier die Adresse. Das Haus ist groß genug für euch alle.«

Tags darauf gingen Bob und ich in unseren besten Anzügen zu den beiden alten Damen Jansen am Apollolaan in Amsterdam, einer sehr vornehmen Gegend. Wir erklärten ihnen unserer Zwangslage und baten sie, ihr Sommerhaus bis zum Ende des Krieges mieten zu dürfen. Sie fanden uns anscheinend sympathisch und sagten zu. In zwei Tagen sollten wir wiederkommen, bis dahin hätten sie die Mietverträge aufgestellt. Wir fuhren noch schnell nach Huizen und sahen uns »'t Hooge Nest« von außen an, es lag für unsere Zwecke wirklich ideal.

Pünktlich zwei Tage danach erschienen wir wieder bei den Damen. Sie überreichten Bob und mir je einen Mietvertrag in zweifacher Ausführung. Wir mußten für das möblierte Haus 112,50 Gulden pro Monat zahlen, ein redlicher Preis. Wir verpflichteten uns, sorgsam mit dem Mobiliar umzugehen und das gute Service nicht zu benutzen. Wir versprachen den beiden Damen mit freundlichstem Lächeln, nach dem Krieg alles zu ersetzen, falls etwas beschädigt oder entzweigehen sollte. Mej. C. M. Jansen und J.-J. Bos, wir unterzeichneten am 30. Januar 1943 einen der beiden Verträge, ich besitze ihn heute noch.

»Bitte melden Sie sich vorher beim Bürgermeister von Naarden an, der ist dafür zuständig«, sagte die eine Dame Jansen zu mir, »denn sonst läßt er das Haus vielleicht beschlagnahmen, und das wollen wir auf keinen Fall.« – »Aber gewiß doch, meine Damen, das wird pünktlich erledigt«, antwortete ich. Sie waren also froh, daß wir das Haus gemietet hatten.

Dann redeten wir noch ein Weilchen, wir waren uns einig, daß der Krieg wohl in einem Jahr zu Ende sein würde. Da sagte die andere Dame Jansen: »Sagen Sie mal, Herr Bos, Sie sprechen gar nicht wie ein Hägenaar, wie kommt denn das?« – »Wissen Sie«, antwortete ich mit treuherziger Miene, »ich bin als Kind in Limburg aufgewachsen, das wird man mir wohl bis an mein Lebensende anmerken.« – »Ach, ich habe mir so etwas schon gedacht.« Wir verabschiedeten uns in gutem Einvernehmen.

Nun noch die letzte Hürde: Der Bürgermeister von Naarden war ein Nazi! In seinem Sprechzimmer hingen zwei große Bilder von Hitler und Mussert, dem niederländischen Faschistenführer. Als ich eintrat, saß er hinter seinem breiten Schreibtisch, stand auf und grüßte mit »Heil Hitler!«. Da mußte ich wohl oder übel auch den rechten Arm hochstrecken, es war das erste- und letztemal in meinem Leben. Ich erklärte ihm unsere Lage, legte den Mietvertrag vor und ein Attest des lieben Arztes Dr. Poot in Bergen, in dem er dringend befürwortete, daß »Kathinka Anita Bos« nach ihrer schweren Dysenterie zur Rekonvaleszenz zeitweilig an einen höher gelegenen Ort in der Gemeinde Naarden umziehe. »Und ihre Personalien bitte«, sagte er. Ich legte meinen Ausweis vor, nannte Namen und Geburtsdaten von Antje Bos geborene Sillevis und Kathinka. »Wir werden ja nur zeitweilig hierbleiben«, sagte ich beiläufig. Er war einverstanden und gab mir die gewünschte Bescheinigung mit Unterschrift und Stempel.

Jetzt konnte der Umzug beginnen. Das war nicht einfach, denn wir mußten ja alle Versteckten durch das Nadelöhr am Zentralbahnhof in Amsterdam schleusen! Ich fuhr erst einige Male schwer bepackt hin und her, das fiel nicht weiter auf, da viele Menschen aus dem Küstengebiet ins Innere des Landes umziehen mußten. Dann fuhren Lin und Jannie mit weniger Gepäck, um nicht weiter aufzufallen, und getrennt voneinander. Ich mußte dann nacheinander Japp, Mutter und Vater einzeln nach Huizen lotsen. Herbert ging nicht mit uns, er zog in ein anderes Versteck.

Die Fahrt war ziemlich umständlich, von Bergen mit der Bimmelbahn nach Alkmaar, dann im Zug nach Amsterdam, dort umsteigen nach Bussum und im Dunkeln noch einige Kilometer zu Fuß. Es wäre zu riskant gewesen, dreimal hintereinander mit jeweils einer anderen verdächtig aussehenden Person die Straßenbahn von Bussum nach Huizen zu benutzen.

Mit Jaap ging alles gut, mit Mutter auch, am schwierigsten war es mit Vater, nach seinen beiden Staroperationen konnte er trotz seiner dicken Brille sehr schlecht sehen, außerdem war es an diesem Abend regnerisch und stockdunkel. Im Zug hatte er schon immerfort ängstlich um sich geblickt. Von Bussum aus nahm ich ihn dann fest am Arm, achtete auf jeden seiner Schritte, und so landeten wir schließlich alle gut im »Hohen Nest«.

Nächtliche Stille im »Hohen Nest«

Mit einem Gefühl der Erleichterung richteten wir uns ein. Nach dem mehrfachen Umherziehen dachen wir: Hier bleiben wir bis zum Ende des Krieges, die ganze Familie zusammen. Wir hätten wirklich kein besser geeignetes Unterkommen finden können. Das »Hohe Nest« lag auf einer Anhöhe, umgeben von Sträuchern und Bäumen, ein großer Garten, halb Heide, halb Wald, gehörte dazu.

Das nächste Haus in Richtung Huizen war etwa hundert Meter entfernt.

Die Eingänge zur Diele und zur Küche lagen auf der Rückseite. Wenn jemand hineinwollte, mußte er erst auf einem Kiesweg um das Haus herumgehen, man sah ihn also vom Vorderzimmer aus. Alle Fenster konnten mit dicken Holzluken verschlossen werden. All das war für ein Versteck besonders günstig. Und groß war das Haus: unten drei Zimmer und Küche, im ersten Stock vier Zimmer und Badezimmer, ganz oben unterm Dach noch einige Bodenkammern. Die Damen Jansen müssen wohl immer viel Besuch gehabt haben.

Wir waren zehn: Bob und Jannie mit zwei Kindern als einzige, die offiziell nach Naarden umzogen, die Eltern, Jaap und wir drei. Bob war inzwischen »legalisiert« worden und arbeitete in einem Lebensmitteldistributionsbüro in Weesp, auf halbem Wege zwischen Amsterdam und Huizen. Er fuhr frühmorgens mit dem Rad weg und kam am Nachmittag heim. Wir hatten Platz noch für mehrere andere Illegale. Haakon und Mieke waren sehr froh, daß wir die rothaarige Puck Walvis aufnehmen konnten, bei ihnen war es unsicher geworden. Bob und Jannie hatten gute Freunde in Den Haag, ein älteres Ehepaar Bram und Loes Teixeira da Mattos, deren Tochter Rita und Schwiegersohn Willi Jaeger, die nicht wußten, wo sie unterkommen sollten. Und dann war da Jetty Druif, ein kluges Mädchen, und Simon van Krefeld, Sohn eines bekannten Kinderarztes. Bei allen war Not am Mann, also kamen sie zu uns.

Und wie oft geschah es noch in den kommenden anderthalb Jahren, daß Verfolgte wirklich auf der Straße standen. Da wurden wir angerufen – Telefon hatten wir auch! –: Der und der möchte gern einmal zu Besuch kommen.

Natürlich wurden aus den erbetenen »ein paar Tagen« meist ein paar Wochen oder Monate.

So waren wir mindestens siebzehn, manchmal über zwanzig Personen. Leo Fuks und seine Freundin Loes, die Nachbarn der Eltern in Amsterdam, nahmen wir eine Zeitlang auf, ebenso das Ehepaar Pam und Hennie Juliard, sie war hochschwanger und mußte im Frühling 1944 eine andere Adresse finden; eine Geburt in unserem Hause wäre viel zu gefährlich geworden. Sie gebar dann eine Tochter in einem anderen Haus in Huizen. (Diese Tochter stellte sich uns beinahe vierzig Jahre später in Tel Aviv vor.)

Die vielen Menschen mußten alle versorgt werden, das war recht kompliziert. Jannie und ich zogen jeden Tag, unabhängig voneinander, auf dem Fahrrad los und kauften in Huizen, Blaricum oder auch in Laren ein, etwa zehn Kilometer von uns entfernt. Wir waren richtige Packesel. In einem Laden konnte jede von uns nur für eine Familie einkaufen, mehr nicht, das hätte sofort Verdacht erregt. So kauften wir in einem großen Milchladen in Blaricum Joghurt, in zwei oder drei Läden Gemüse und Kartoffeln, bei dem Drogisten Bochove in Huizen Seife, Waschmittel und anderes, Fleisch gab es kaum mehr. Milch wurde in Holland immer ins Haus gebracht. Wir waren offiziell zwei Familien mit drei Kindern, daher konnten wir auch von zwei verschiedenen Lieferanten unsere Milch besorgen lassen.

Eines Tages kaufte ich bei Bochove wieder einmal ein, außer mir war gerade niemand im Laden. Da sagte er leise: »Sie haben doch Leute versteckt, nicht wahr? Sie kaufen immer viel Klopapier!« Das war eine Warnung. Aber er fügte gleich hinzu: »Seien Sie unbesorgt, ich habe hier oben bei mir auch einige aufgenommen.« So wurden wir Freunde.

Gekocht haben die Frauen des Hauses abwechselnd, das ging gut. Wenn wir im Dorf mal Fisch bekamen, bereitete Vater ihn zu. Mutter backte am liebsten Fischbuletten. Wir aßen gemeinsam in unserem großen Vorderzimmer. Eberhard verteilte das Essen. Die Kinder bekamen immer zuerst, aber es bei so vielen Leuten allen recht zu machen war immerhin schon ein Kunststück.

Eberhard fuhr regelmäßig nach Amsterdam, um Geld und Lebensmittelkarten zu holen. Eines Tages sagte sich Mik an, er wollte mal schauen, wie es uns ging. »›De vrije Kunstenaar‹ ist nun eine weitverzweigte illegale Organisation geworden«, berichtete er. »Wir haben einige reiche Geldgeber, der Bierbrauer-König Heineken hat uns sogar eine Million Gulden zur Verfügung gestellt, na ja, er verdient ja an den biersaufenden Deutschen genug. Geld haben wir also. Und ihr?«

Bob verdiente selbst, unsere Illegalen bezahlten, soweit sie es konnten. Aber wir drei und die Eltern hatten nichts. »Gut«, sagte

Mik, »ihr beide als illegal lebende Künstler bekommt von jetzt ab ein festes monatliches Gehalt, damit könnt ihr auskommen. Ich geb euch die Adresse einer Kontaktperson in Laren, ihr könnt es euch dort abholen. Und eure Lebensmittelkarten?« Das war auch so ein Problem, die Eltern und Jaap hatten keine, die anderen Versteckten schnorrten oder kauften sie; es wurde ein blühender Handel damit getrieben. »Wir bekommen jetzt geklaute Karten«, fuhr Mik fort, damit können wir euch versorgen. Aber erzählt das niemandem!«

Das war wieder eine große Sorge weniger. Auch die Zeitschrift »De vrije Kunstenaar« bekamen wir jetzt regelmäßig mit dem Geld und den Lebensmittelkarten. »Wenn Eberhard mal was für uns schreiben will, wir nehmen es gern auf«, schlug Mik vor. So schrieb Eberhard also wieder. Ich korrigierte seine bissigen Kommentare zu den »arisierten« Bearbeitungen von Händels Oratorien oder über das sinfonische Chorwerk »Führerworte« von Gottfried Müller, das in Dresden aufgeführt worden war. Zunächst erschien das Blatt nur hektografiert, ab 1943 aber richtig gedruckt.

Wir sprachen auch über die Opfer, die der Widerstandskampf forderte. Daß der Schriftsteller A. M. de Jong in seiner Wohnung hinterrücks erschossen worden war, wußten wir schon. Mik berichtete uns, daß unser lieber Genosse Gerrit Kastein nicht mehr lebte. Er hatte seinen Auftrag, den Kommandanten der niederländisch-faschistischen Freiwilligenlegion, Generalleutnant Seyffardt, zu erschießen, am 5. Februar erfüllt, war danach bei einem illegalen Treff in Den Haag verraten worden und nach einem Verhör durch die Gestapo kurz entschlossen aus einem Fenster gesprungen – sicher in der Absicht, mit Verletzungen ins Krankenhaus eingeliefert zu werden. Von dort wäre es ihm als Arzt vielleicht möglich gewesen zu entkommen. Er fiel aber so unglücklich auf den Kopf, daß er sofort tot war.

»Paßt auf«, sagte Mik uns noch zum Abschied, »daß ihr hier nicht zu viele Leute versteckt, das kann auf die Dauer nicht gut gehen.« – »Aber wenn jemand in Not ist, müssen wir doch helfen!« – »Ich wollte euch nur warnen, seid vorsichtig!« Als er ging, küßten wir ihn. Würden wir uns je wiedersehen?

Eines Tages ging ich mit Kathinka im Wald spazieren. Plötzlich kam mir ein schlanker Mann entgegen, den ich aus Amsterdam kannte, er hatte nur sein Haar blond gefärbt. Es war Karen Poons, ein Tänzer, der noch vor einem Jahr im Ballett von Yvonne Georgi gearbeitet hatte. Er war ganz in der Nähe bei der Kunstgewerblerin Teet Hanedoes in einer modern gebauten Villa untergetaucht. Wir nannten das Haus nur »Mausefalle«. Von jetzt ab besuchten wir ihn häufig. Teet hatte ihn eingeladen, bis zum Ende des Krieges bei ihr zu wohnen. Aber er brauchte Lebensmittelkarten. Über Mik konnten wir dafür sorgen, daß er sie jetzt regelmäßig bekam.

Eine Bekannte von ihm, auch Tänzerin, hatte in Laren ein kleines Studio mit Ballettstangen und Spiegeln. Dort haben wir uns nun zweimal wöchentlich getroffen und eifrig trainiert. Wir wollten doch nach dem Krieg gleich fit sein!

Wir machten schon Pläne, was wir alles tun würden, wenn der Spuk endlich vorbei war. Ich erzählte von meinen Erfolgen in Den Haag. Dabei erwähnte ich auch, daß ich bessere Masken brauchte. »Da kann ich dir vielleicht helfen«, sagte er, »Teet hat mir von einer Malerin in Blaricum erzählt, die auch mit Masken experimentiert, Grietje Kots, sie soll ganz in Ordnung sein, geh doch mal zu ihr.«

So lernte ich Grietje Kots kennen, eine herzensgute Künstlerin. Ihr Vater war Bäcker, sie wohnte am Noolse Weg in Blaricum, ganz allein, in einem Atelier, das von den Nachbarhäusern und von der Straße aus kaum zu sehen war. Sie machte wunderschöne Sachen, aber nur für sich selbst, sie wollte sich von ihren Werken nicht trennen und verkaufte kaum etwas. So lebte sie recht isoliert zwischen ihren Gemälden, Zeichnungen und Masken, versorgte ihren schönen Garten und hielt mit den Vögeln Zwiesprache, die ihr Körner aus der Hand pickten. Ich erzählte ihr von meinen Tänzen und fragte sie, ob sie dafür Masken machen könne. »Schau mal«, antwortete sie, »ich hab hier ein Klavier, bring doch deinen Mann mal mit und tanz mir vor, wie du dir das gedacht hast.«

Wir gingen also zu zweit zu ihr. Ich tanzte vor. Sie machte zunächst viele Zeichenentwürfe und dann wunderbare Masken aus ganz ordinärem Zeitungs- und Butterbrotpapier, ganz leicht, nicht so klobig wie die von Teun Roosenburg. »Und du singst auch?« fragte sie. »Ja, jiddische Lieder«. – »Na, sing mal was!« Und ich sang, Eberhard-Piet begleitete. Sie war ganz begeistert. »Ich mach euch einen Vorschlag. Ich kenne hier im Umkreis viele Maler und

Bildhauer, die auch nichts mit der Kulturkammer zu tun haben wollen. Das Bedürfnis nach guter Kunst ist sehr groß, gerade jetzt. Wollt ihr nicht mal ein Konzert geben?« Und ob wir wollten.

So gaben wir im Atelier von Grietje Kots im Laufe eines Jahres mehrere Hauskonzerte. Das waren herrliche Stunden für die Zuhörer und für uns. Ich sang jedesmal wieder andere Lieder, und Piet spielte dazwischen Klaviermusik von Mendelssohn Bartholdy, Chopin, Krejn und Chatschaturjan. Den Erlös dieser Konzerte übergaben wir der Organisation »De vrije Kunstenaar«, das wurde überall in Holland bei Hauskonzerten so gemacht. Übrigens ist uns kein einziger Fall bekannt, daß illegal auftretende Künstler denunziert wurden.

Wir gingen oft zu Grietje, sie malte und zeichnete mich, entwarf die Masken, führte sie in mehreren Varianten aus und besuchte uns auch im »Hohen Nest«. Ihre Masken zu »Tojter un dos mejdel« und »Der Golem« habe ich nach dem Krieg oft auf der Bühne getragen. Sie bot mir auch an, ein Kleid für meine Liedvorträge zu machen.

So erlebten wir zwar ausgefüllte Tage, doch der Alltag brachte uns immer wieder neue Sorgen und Ängste. Wie in Amsterdam ganze Straßenzüge abgesperrt und auf der Suche nach Illegalen »durchkämmt« wurden, so geschah das auch in kleineren Orten, Huizen nicht ausgenommen. Unser Drogist Bochove hatte viele Verbindungen, auch zur Polizei. Wenn eine Razzia durchgeführt werden sollte, wurde die örtliche Polizei am Tage zuvor darüber informiert, sie mußte ja mitmachen. Bochove rief uns dann an und sagte nur: »Holt die Wäsche heute nacht herein!« Da wußten wir Bescheid.

Nachts war es bei uns im Haus ganz still. Nur die von England in Richtung Deutschland fliegenden Maschienen der Royal Air Force hörten wir abends über uns und Stunden später wieder zurückkehren. Bei einer Razzia begann das Geratter von Jeeps und Polizeiautos meist schon früh gegen vier Uhr. Von unserem Haus aus konnten wir genau verfolgen, auf welchen Straßen sie fuhren. Wir hielten jedesmal den Atem an und fürchteten, daß sie auch auf unsere Anhöhe kommen würden. Aber nein, das »Hohe Nest« lag abseits, wir blieben verschont. Man hörte dann nur Hundegebell, ab und zu auch einen Schuß. Wenn die Polizisten dann wieder abzogen, atmeten wir auf.

Das wiederholte sich alle paar Wochen. Nachher hörten wir von Bochove, daß sie Versteckte gefunden hatten, manchmal viele – manchmal auch gar keine. Die Fischer, Bootsleute und Kleinhändler in Huizen waren ein eigenwilliges, stolzes Völkchen, das von den Nazis nichts wissen wollte.

Um für alle Eventualitäten gerüstet zu sein, baute Jaap mit seinen goldenen Händen in allen Zimmern der beiden oberen Etagen Verstecke. Zur holländischen Wohnkultur gehören eingebaute Schränke, die gab es auch in unserem »Hohen Nest«. Unter und über diesen Schränken und in den Bodenzimmern zwischen den Zimmerwänden und dem Dach befanden sich Hohlräume, größere und kleinere. Jaap hat nun diese Hohlräume in Verstecke für eine oder für zwei Personen verzaubert. Die Eingänge zu diesen Verstecken, aufklappbare Deckel, tarnte er so geschickt, daß sie als solche nicht erkennbar waren. Außerdem montierte er in allen oberen Zimmern, ebenfalls versteckt, Klingeln, deren Leitungen zu einem unsichtbaren Knopf am Treppengeländer direkt neben dem Hauseingang führten. Wenn Gefahr drohte, braucht diese Signalanlage nur durch einen Knopfdruck betätigt zu werden, und alle illegalen Bewohner verschwanden in ihren Verstecken. Wir haben dieses Alarmsystem mehrmals geprobt, es klappte wie am Schnürchen.

Außer den gefürchteten Razzien gab es noch andere Situationen, die uns Ängste einjagten. Eines Tages im Sommer riefen die Damen Jansen an, sie wollten uns mal besuchen. Es war schönstes Wetter, unsere Illegalen hatten wir hinaus in den Wald geschickt. Alles war vorbereitet, das ganze Haus blitzeblank geputzt. Sie kamen pünktlich mit der Straßenbahn. Eberhard und ich als Herr und Frau Bos führten sie in unser Zimmer im Erdgeschoß. Jannie war auch dabei. Wir redeten über dies und das, es sei sehr angenehm hier, und wir seien ihnen dankbar, hier wohnen zu können. Ja, die Mietzahlungen hätten sie immer rechtzeitig erhalten. Da öffnete sich nach Programm die Tür, unsere Puck trat ein und stellte ein Tablett mit sauberen Deckchen, Teekanne, Tassen und den obligaten Koekjes auf den Tisch. Mit einem zünftigen Knicks begrüßte sie die Gäste. Sie hatte sich eine weiße Schürze umgebunden, ein Häubchen aufgesetzt – wo hatte sie das nur aufgetrieben? – und ihr auffallend rotes Haar in zwei seitwärts abstehende Zöpfchen geflochten. Sie sah urkomisch aus. »Dag, mevrouw«, sagte sie pflichtgemäß. »Nehmen Sie Zucker oder Milch?« Die Damen Jansen schauten sie neugierig an, als sie den Tee servierte. »Ach«, sagte die eine, »bist du von hier?« Dienstmädchen wurden in Holland von den Gnädigen immer geduzt. »Ja, mevrouw.« – »Wie heißt du denn?« – »Aagje Honing, mevrouw.« – »Das ist aber nett, wir kennen doch die Familie Honing aus Huizen. Bist du mit Tante Betsie Honing verwandt?« – »Hm, hm, nein mevrouw, es gibt hier doch zwei Familien Honing!« Wir lenkten das Gespräch schnell auf ein anderes Thema, Puck eilte hinaus. »Ja, wissen Sie«, sagte ich, »sie ist etwas seltsam, etwas zurückgeblieben, aber sehr lieb und fleißig.«

Nach dem Tee wollten die Damen Jansen sich noch im Haus umschauen. Wir zeigten ihnen das Zimmer von Bob und Jannie nebenan, gingen die Treppe hinauf, lotsten sie gewandt an den Schlafzimmern mit den vielen Betten und Matratzen vorbei. Auf dem Boden schauten sie sich interessiert ihr teures Service an. Natürlich hatten wir es benutzt, aber jetzt standen Teller und Schüsseln wie unangerührt an ihrer Stelle. Wir schwitzten Blut und Wasser, lächelten aber.

Als die Damen wieder weg waren, fragte Puck: »Hab ich die Unschuld vom Lande nicht prima gespielt?« Wir lachten. »Ein bißchen weniger wäre vielleicht gut gewesen.« – »Aber wieso denn? Sie sollen ruhig glauben, daß ich dämlich bin. Bei der Inzucht in diesem Kaff gibt es genug Blöde!« Ob die Damen Jansen etwas gemerkt haben? Jedenfalls kamen sie nie wieder zu Besuch.

Einmal ging ich mit Kathinka die Straße nach Huizen hinunter, da kam mir ein Trupp deutscher Soldaten entgegen, an der Spitze ein Offizier. Er schaute mich an. Mir blieb vor Schreck das Herz stehen: Kurt Kahle, ein aus Deutschland emigrierter Fotograf, der mit Carel und Eva gut befreundet war und in der Keizersgracht 522 aus und ein ging. Ich wollte vom Erdboden verschwinden. Kein Zweifel, er mußte mich erkannt haben. Mit schlotternden Knien ging ich zurück nach Hause, raste auf dem Fahrrad nach Laren zu unserer Kontaktperson und erzählte alles. Doch bis die Antwort aus Amsterdam da war, vergingen zwei Tage. Inzwischen überlegten wir schon, wie wir das »Hohe Nest« auflösen könnten. Wir mußten weg, das war klar. Da endlich kam die Antwort: Keine Sorge, Kurt arbeitet für uns, er war sogar monatelang als Beauftragter der Wehrmacht auf dem Amsterdamer Zentralbahnhof eingesetzt und hat uns sehr geholfen. Diesmal fiel mir ein Felsblock vom Herzen!

Das war die letzte Botschaft von Mik. Am Freitag, dem 1. Oktober, schlug ich die Zeitung auf, da stand in großen Lettern: »Neunzehn Todesurteile in Amsterdam. Strafe für die Morde an General Seyffardt, Exminister Posthuma u. a.«. Mit Entsetzen las ich die Namen: Leo Frijda aus Amsterdam, Hans Katan aus Amsterdam, dreimal der Name Boissevain, und da – an zwölfter Stelle: ». . . der Journalist Maarten van Gilse aus Amsterdam, geb. 12. Juni 1916 in München.« Dann Petrus Pooters aus Amsterdam, Anton Koreman, der Gitarrist, auch ein Freund von mir aus Amsterdam, der Schriftsteller Walter Brandligt aus Epe und vier andere, alles junge Leute. Es war furchtbar. Der liebe, treue Mik, sie haben ihn ermordet und die anderen auch. Es verschlug mir die Sprache. Uns blieb nur die Erinnerung an einen guten Menschen.

Kurz darauf hörten wir, wie das geschehen war. Mik wohnte mit seiner Freundin Marianne im Obergeschoß eines Hauses an der Prinsengracht. Das Haus wurde umstellt, er verbarrikadierte in aller Eile die Tür, verbrannte alle Papiere, Manuskripte, Adressen, sein Notizbuch, alles. Draußen wurde schon wild auf die Tür gehämmert: »Sofort aufmachen!« Mik stürzte zum Fenster, wollte über die Dächer entkommen, da waren sie schon hinter ihm her, verhafteten Marianne. Sie schossen auf ihn, er wurde nur leicht verletzt, kam aber nicht weiter, sie fingen ihn. Danach Gefängnis und Verhöre. Nichts bekamen sie aus ihm heraus, er schwieg. Todesstrafe, erschossen.

In der gedruckten Novembernummer des »Vrije Kunstenaar« wurden ihm und Walter Brandligt zu Herzen gehende Nachrufe gewidmet, mit Fotos. Als ein kostbares Andenken haben wir dieses illegale Blatt bis heute bewahrt.

So war unser Leben in dieser Zeit: Ständig in Angst um unsere Kinder, um das Leben unserer Angehörigen, Genossen und Freunde, um das eigene Leben, die Hoffnung auf das baldige Ende dieses Mordens und dann solche Nachrichten ... Und dennoch, das Leben ging weiter, die Sorge um das Wohl unserer Versteckten, die illegalen Hauskonzerte, die Arbeit an neuen Programmen, der Blick auf eine friedliche Zukunft nach dem Krieg. Wir haben uns abgerackert, wir haben gelacht, geliebt, Luftschlösser gebaut, manchmal auch in geselliger Runde.

An einem Novemberabend, Jetty hatte Geburtstag, waren wir vergnügt beieinander. Ich hatte einige Lieder gesungen, Eberhard Klavier gespielt. Gegen halb elf gingen alle in ihre Schlafzimmer. Plötzlich hörten wir schwere Schritte auf dem Kiesweg unseres Vorgartens. Unsere Nerven waren zum äußersten gespannt. Und schon wurde hinten an die Haustür geklopft. »Aufmachen!« Eine Stimme auf deutsch. Ich drückte auf die Alarmklingel, Jannie und Eberhard räumten verdächtige Gegenstände und illegales Material weg. Ich öffnete die kleine Luke der Haustür und rief: »Bitte, gehen Sie zum Kücheneingang!« Einige Sekunden waren gewonnen. Dann machte ich die Küchentür etwas umständlich auf. Vor mir stand ein deutscher Soldat in Tarnuniform. »Entschuldigen Sie bitte« – Was, er entschuldigte sich? »Wo führt denn hier der Weg zum Meer?«

Also keine Gestapo. Hinter dem ersten Soldaten erschienen noch mehrere andere, alle im gleichen Aufzug. Meine Aufregung war weg. »Kommen Sie doch erst mal herein.« – »Ja, aber wir sind ein ganzer Trupp und haben uns nur verlaufen. Haben Sie etwas zu trinken?« – »Aber ja.«

Eberhard und Jannie kamen jetzt auch in die Küche. Wir gaben ihnen von unserem Frühstücksjoghurt. »Bemühen Sie sich bitte nicht, Wasser ist auch gut«, sagte der Truppführer. »Wir machen eine Übung und müssen ans Meer.« – »Das ist nicht weit von hier«, sagte ich fröhlich. »Sie müssen immer in diese Richtung gehen, quer über die Heide, ganz schmale Fußwege.«

Inzwischen kamen etwa ein Dutzend Soldaten in unsere kleine Küche und tranken. »Können Sie nicht mit uns gehen, uns den Weg zeigen?« – »Nein, das geht nicht, längst Sperrzeit.« – »Ich gebe Ihnen einen Erlaubnisschein.« Der Truppführer kramte in seinen Taschen, schrieb auf einen Zettel: »Herr und Frau Bos sind berechtigt, während der Sperrzeit ihr Haus zu verlassen.« Mit Unterschrift. »Und der Stempel?« fragte ich. – »Gut, also auch noch der Stempel.«

Und da liefen wir nun, ein deutscher Dienstverweigerer und eine holländische Jüdin, an der Spitze eines Trupps von etwa zwanzig deutschen Soldaten nachts über die Heide zum IJsselmeer, früher Zuiderzee. Vor Jux kniffen wir uns in den Po. Nach etwa einer halben Stunde waren wir zurück. Jannie hatte alle im Haus aus den Verstecken geholt und beruhigt. Da öffnete sich die Tür des Badezimmers, heraus kam der alte Bram Teixeira da Mattos, er litt an Hämorrhoiden: »War was los?« Wir haben schallend gelacht. Der Erlaubnisschein wurde mit verändertem Datum noch einige Male benutzt.

Siege im Osten und die zweite Front

Lin ist schon bis zum November vorausgeeilt, aber ich muß noch einiges nachtragen. Als ich das »Hohe Nest« zum erstenmal betrat, sah ich in einem der Vorderzimmer ein Klavier. Jetzt konnte ich endlich wieder üben. Ein ganzes Jahr lang war mir das versagt, so lange hatte ich noch nie ein Instrument entbehren müssen.

Ich hatte nun viel Zeit, spielte jeden Tag einige Stunden, kaufte mir in Amsterdam die Noten des 3. Klavierkonzerts von Prokofjew und studierte es gründlich. An jenem Geburtstag von Jetty im November spielte ich das ganze Konzert erstmalig vor und summte, sang oder brummte die wichtigsten Orchesterstimmen dazu. Lin konnte jetzt auch wieder ihre täglichen Gesangsübungen machen, wir arbeiteten an vielen alten und neuen Liedern. Für die Hauskonzerte bei Grietje Kots brauchte ich Klaviermusik auf jiddische Melodien, Brahms oder Chopin paßten nicht gut in diese Programme, und die Tänze von Krejn reichten mir nicht aus.

Vor dem Krieg hatten wir aus Wilna mehrere wunderschöne Nigunim geschickt bekommen. Ich suchte mir die vier geeignetsten aus und arrangierte sie zu Klavierstücken. Lin half mir, Begleitungen zu den jiddischen Liedern zu finden, so lernte ich auch etwas zu improvisieren. Das machte mir Mut, die Nigunim für Klavier zu bearbeiten. Es war nur ein Arrangement, keine Komposition, die Melodien ließ ich unverändert im Diskant, im Baß oder als Mittelstimme erklingen. Ich gab ihnen Überschriften wie »Sehnsucht«

oder »Fröhlicher Tanz«, das letzte dieser Stücke nannte ich »Lied des Widerstandes«: Die Melodie spielte ich erst ganz langsam ohne Begleitung, dann etwas stärker mit Gegenstimmen, etwas schneller mit einem ostinaten Begleitmotiv und zum Schluß mit aller Kraft in Oktaven im schnellsten Tempo. Das war ein Aufruf zum Kampf gegen Faschismus und Krieg. Also doch eine Komposition?

Bei Grietje Kots habe ich diese vier Stücke uraufgeführt, später in anderen illegalen Konzerten vorgetragen und nach dem Krieg immer wieder gespielt, das »Lied des Widerstandes« wohl tausendmal in allen Ländern, in denen wir bisher aufgetreten sind. (In der DDR wurden diese Stücke gedruckt, auch andere Pianisten spielten sie.)

Im »Hohen Nest« haben wir viel musiziert. Ich ließ mich als J. J. Bos in einer Amsterdamer Musikbibliothek einschreiben, lieh mir neben anderen Noten Klavierauszüge von Opern aus, die wir dann von A bis Z am Klavier durchnahmen, ich spielte und sang dazu Baß, Tenor oder auch Koloratursopran. So gaben wir Vorstellungen von Mozarts »Entführung«, »Figaros Hochzeit« und der »Zauberflöte«, die Befreiung Florestans durch Leonore in Beethovens »Fidelio« wurde für uns ein Gleichnis im antifaschistischen Widerstandskampf.

Großen Spaß machte mir jeden Tag auch die letzte halbe Stunde vor dem Mittagessen. Ich nahm Kathinka auf den Schoß, wir setzten uns ans Klavier und sangen holländische Kinderlieder. Natürlich fanden Lin und ich, daß unsere Tochter die Melodien schneller als andere Kinder lernte, nach etwa einem halben Jahr konnte sie schon vierzig bis fünfzig sauber singen. Manchmal fummelte sie mit ihren Patschhändchen auf dem Klavier herum, dann spielten wir Donner, Blitz, Regen und sonstwas. Ob sie später auch Musikerin werden würde? Vielleicht, das würde sich zeigen, zwingen wollte wir sie auf keinen Fall. Jeden Nachmittag rief sie schon: »Papa, wann singen wir Lieder?« Sie sang auch viel draußen beim Spielen mit Robbie und Lilo oder auf Spaziergängen. Dabei hüpfte und sprang sie immerfort herum, sie konnte nicht stillstehen. So wird auch Lin an der Hand ihres Vaters als kleines Mädchen in der Jodenbreestraat herumgehopst sein.

Eines Vormittags, ich übte gerade das Prokofjew-Konzert, kam Lin erregt ins Zimmer. »Du hast uns ja was eingebrockt«, rief sie.

»Ich stehe beim Gemüsehändler in der Schlange, es gibt gerade Tomaten, Kathinka hüpft herum und singt ›Hop Marianneke‹, aber statt ›Fransen‹ singt sie ›Moffen‹! Die Frauen haben zwar alle gelacht. Aber das geht doch nicht, ich bin gleich weggelaufen.«

Kathinka sang dieses Lied gern, es stammt aus der Zeit der napoleonischen Besetzung der Niederlande. Da heißt es: »Vroeger hadden we een Prins in 't Land en nu de kale Fransen« (Früher hatten wir einen Prinzen im Land und jetzt die kahlen Franzosen). Ich hatte mal aus Jux statt Fransen »Moffen« gesungen, Kathinka schnappte das ahnungslos auf, und nun hatten wir den Salat! »Entschuldige«, antwortete ich Lin, »ich werde das nie wieder tun. Kathinka können wir schon erklären, daß sie nicht mehr ›Moffen‹ singen soll. Sie ist klug genug, das zu begreifen.«

Für die Kinder war es nicht leicht, sich in unserer extremen Situation zurechtzufinden. Wir haben zwar alles getan, unsere Probleme von ihnen fernzuhalten, aber die ständigen Spannungen und psychischen Belastungen spürten sie doch. Andererseits war es ein Glücksfall, daß sie mit ihren Eltern und Großeltern ständig zusammensein konnten. Es gab damals viele kleine Kinder, die in mehrmals wechselnde, für sie fremde Umgebungen hineingerissen wurden, wenn ihre Eltern illegal tätig oder gar deportiert waren.

Für Vater und Mutter war es ein großer Trost, ihre drei Enkelkinder immer um sich zu haben. Vater war besonders in Robbie vernarrt, aber die Mädels vernachlässigte er deshalb nicht. Er konnte doch so wunderbar Geschichten erzählen. Abends vor dem Schlafengehen fabulierte er die unwahrscheinlichsten Abenteuer eines Hundes namens Tippie. Die Kinder hingen an seinen Lippen. Wenn er mal am nächsten Tag vergessen hatte, wo er stehengeblieben war, ließ er sich den Schluß seiner letzten Geschichte von den Kindern nacherzählen. Und wenn ihm über Tippie nichts mehr einfiel, erzählte er Episoden aus der Bibel im Jiddisch-Amsterdamer Dialekt.

Manchmal gab es auch Krach im Haus, das schien unvermeidbar. Der Anlaß war meistens irgendeine Lappalie. Dann eilte Mutter die Treppe herunter und mischte sich ein. »Kinder, hört auf, streitet euch doch nicht um Kleinigkeiten, wir können doch froh sein, daß wir noch leben.« Ihre in langer, harter Erfahrung gewonnene Klugheit, ihre Besonnenheit strahlte eine solche überlegene Ruhe aus, daß die Kräche und auch ernstere Konflikte meist schnell wieder abflauten.

Im Versteck der Eltern hatte Jaap einen Radioapparat installiert. Vater war immer »Hörer vom Dienst« und berichtete uns dann genau, was London und Moskau gesendet hatten. In ihrem Zimmer hing eine große Landkarte der westlichen Sowjetunion. Den Verlauf der Ostfront markierte Vater mit Stecknadeln. Ortsnamen wie Kursk, Wjasma, Brijansk, von denen wir früher nie etwas gehört hatten, wurden uns vertraut. Die gewaltige, entscheidende Schlacht am Kursker Bogen verfolgten wir mit höchster Spannung. Jeden erfolgreichen Angriff auf die faschistischen Stellungen empfanden wir als ein Stück auf dem Weg zu unserer Befreiung. Doch immer stellten wir uns die Frage: Wann endlich wird die zweite Front kommen? Aber sie kam nicht. Gewiß, den Rückzug Rommels in Nordafrika und die Landung der Alliierten auf Sizilien begrüßten wir, doch das war ein Kinderspiel im Vergleich zu den gewaltigen Schlachten im Osten.

Und immer wieder hörten wir von Freunden aus Amsterdam und über Radio Oranje, wie die Juden zu Zehntausenden aus ihrer holländischen Heimat zum »Arbeitseinsatz« getrieben wurden. Daß man sie vom Auffanglager Westerbork nach Polen deportierte, erfuhren wir schon in Bergen. Den Namen Auschwitz hörten wir erst im Oktober 1942, als dort die Gaskammern schon auf vollen Touren liefen. Wir hatten bereits von Ida Rosenheimer und bald auch über den englischen Rundfunk erfahren, daß viele, viele Menschen durch Vergasen umgebracht wurden, zunächst durch Autoabgase in Lastkraftwagen, dann auch in Gaskammern. Aber wie das geschah und in welch riesigem Umfang, das konnten wir uns nicht vorstellen.

Aus Westerbork sickerten Nachrichten durch, daß jede Woche ein langer Güterzug mit etwa fünfzehnhundert Gefangenen nach Auschwitz abging. Auschwitz wurde zum Inbegriff des Schreckens. Daß in Maidanek, Treblinka und anderen Orten Polens weitere Vernichtungslager existierten, hatte Radio London auch schon gemeldet. Im Herbst 1943 rechneten wir uns aus, daß schon in einem Jahr etwa siebzigtausend niederländische Juden nach Polen deportiert worden waren. Sollten nicht doch die meisten von ihnen zur Arbeit in Rüstungsbetriebe gekommen sein? So viele Menschen kann man doch nicht in so kurzer Zeit ermorden! Wir konnten uns das einfach nicht vorstellen, wollten es auch nicht glauben.

Noch zwei- oder dreimal bekam ich den Auftrag, jüdische Kinder von einer Adresse zu einer anderen zu bringen, zum Glück verlief das ohne Zwischenfälle. Nach Amsterdam fuhr ich in der Regel einmal monatlich. Von Bussum aus brauchte ich nicht bis zum Zentralbahnhof zu fahren, ich stieg schon an der Station Muiderpoort aus, dort waren weniger Kontrollen. In den Zügen wurde auch mein Koffer kontrolliert – als gerade nichts Verbotenes drin war. Aber wie häufig geschah es auch, daß ich illegale Schriften oder schwarz eingekaufte Lebensmittel bei mir hatte, rechts und links von mir wurde Gepäck durchschnüffelt, doch ich blieb ungeschoren. Daß ich in solchen Augenblicken keine Angst gehabt hätte, wäre eine Lüge.

Im Sommer 1943 herrschte in Amsterdam eine schwere Poliomyelitis-Epidemie, viel schlimmer als im Jahr zuvor. In den Zeitungen und im Rundfunk wurden alle auswärts wohnenden Menschen aufgefordert, nur in ganz dringenden Fällen in die Stadt zu fahren. In diesen Wochen habe ich nur kurz meine Kontaktadressen aufgesucht und bin schnell wieder zurückgekehrt. Von Mieke, die große Ängste um die Gesundheit ihrer Kinder durchstehen mußte, hörte ich, daß es einigen unserer Freunde gelungen war, über Belgien, den besetzten und dann den unbesetzten Teil Frankreichs in die Schweiz zu gelangen, Jan Kann, David Mühlrad und Dick, ein Sohn des bei uns versteckten Ehepaares Teixeira da Mattos, gehörten dazu. Das war ein beschwerlicher, risikoreicher und teurer illegaler Weg. Viele versuchten es, manche wurden unterwegs geschnappt, einigen gelang es, bis ans Ziel zu gelangen. Doch es kam auch vor, daß ein Flüchtling die Schweiz erreichte, von dort aber nach Deutschland ausgewiesen und nach Auschwitz deportiert wurde. Ich hörte auch, daß es Carl Flesch, dem berühmten Geiger, durch Fürsprache Wilhelm Furtwänglers gelungen war, auf legalem Weg aus Holland über Ungarn in die Schweiz zu gelangen.

Gegen Ende des Jahres mußte ich einmal eine Adresse in der Nähe der Jodenhoek aufsuchen. An der Amstel entlang bis dicht an den Waterlooplein gehend, schaute ich in mehrere Straßen. Sie waren wie ausgestorben, nichts mehr war von dem einst brausenden, lärmenden Leben dieser Gegend zu spüren, manche Häuser standen verlassen da, die Fensterscheiben zerschlagen, Haustüren eingetreten, nur wenige Menschen sah ich, aber viel Polizei. Die Jodenhoek war tot, eine dreihundertjährige Tradition zerstört, zertrampelt, vernichtet. Im »Hohen Nest« verschwieg ich das gegenüber den Eltern.

Die Bombenangriffe von England aus nahmen zu. Wenn wir die Flugzeuge abends in Richtung Osten brummen hörten, konnten wir uns schon ausrechnen, daß ihre Ziele Hannover, Braunschweig, Magdeburg oder Berlin waren. Die Bestätigungen bekamen wir am nächsten Tag durch den Rundfunk. Die Maschinen in nördlicher Richtung nach Bremen und Hamburg konnten wir auch noch verfolgen.

Eines Nachmittags hatte uns der Drogist Bochove in seine Wohnung eingeladen. Dort war ein deutsches Ehepaar aus Berlin versteckt, das schon seit 1933 im holländischen Exil lebte, aber beide sprachen nur sehr gebrochen Holländisch. Wir kamen auch auf die Bombenangriffe zu sprechen. »In Berlin können die nichts ausrichten«, sagte der Mann stolz, »da ist die Luftabwehr viel zu stark, die Reichshauptstadt bleibt unversehrt!« Wir opponierten, denn sogar aus den schöngefärbten Wehrmachtsberichten ergab sich das Gegenteil. Doch er blieb stur bei seiner Meinung. Ein versteckter deutscher Jude und solch eine blinde Überheblichkeit – wir waren empört. Um Streit zu vermeiden, gingen wir bald wieder.

Die Wintermonate vergingen ohne erwähnenswerte Ereignisse, der ständige Druck war für uns ein längst normaler Dauerzustand geworden. Ich bemühte mich, die Zeit möglichst produktiv zu nutzen. Neben dem täglichen Klavierstudium beschäftigte ich mich mit verschiedenen wissenschaftlichen Untersuchungen, soweit dies ohne regelmäßige Besuche einer großen Bibliothek möglich war. Mit der Geschichte der Tanzkunst und des Balletts kam ich nicht weiter, mir fehlten vor allem Quellen über das russische und sowjetische Ballett. Um mich darauf vorzubereiten, begann ich im Selbststudium russisch zu lernen, eine kleine Grammatik mit Lesebuch konnte ich mir beschaffen.

Um mein Denken zu schulen, schrieb ich Studien über die Dialektik in der Natur, der Gesellschaft und in den Künsten, an eine spätere Veröffentlichung dachte ich nicht, es waren einfach Denkübungen. Schließlich begann ich an einem umfangreichen Manuskript »Stilvolles Klavierspiel« zu arbeiten, in dem ich all meine praktischen Erfahrungen als Pianist mit meinen theoretischen Einsichten über Interpretationsfragen verbinden wollte. Diese Arbeit konnte ich nie zu Ende bringen.

Lin trainierte inzwischen mit Karel Poons weiter und frischte ihre Kenntnis des Jiddischen mit Leo Fuks auf. Außer bei Grietje Kots gaben wir auch noch in Laren und in Bussum Hauskonzerte mit jiddischen Liedern. Wir wollten uns damit auf die Nachkriegszeit vorbereiten und uns gleichzeitig von den täglichen Sorgen ablenken. Die Versteckten mußten ja nicht nur versorgt werden, sie brauchten auch Unterhaltung, Ermutigung und ein wenig Abwechslung.

Für die Kinder gab es kaum mehr etwas zu kaufen, keine Kleidung, kein Spielzeug. Ein Glück, daß Lin so gut nähen konnte. Für Kathinka zauberte sie aus alten Stoffresten hübsche Kleidchen, Hosen und Hemden, aus alten Strumpfresten machte sie eine richtige Stoffpuppe, das einzige gute Stück, das Kathinka immer mit in ihr Bettchen nahm.

Feiertage begingen wir nach wie vor, um unseren Mut und Optimismus zu stärken. Es war schon schwierig geworden, den Kindern für Sint Niklaas ein paar Überraschungen zu besorgen, wir waren alle anspruchslos geworden und freuten uns über jede Kleinigkeit. Mit viel Phantasie und Geschick gelang es doch immer wieder, unsere Truppe der Versteckten an solchen Tagen bei guter Laune zu halten. So begingen wir den 1. Mai 1944 mit einem richtigen »Menü«. Dafür hatte Puck Tischkarten mit einer roten Blume gemalt. Es gab nicht weniger als sieben Gerichte, darunter »Hors d'œuvre de Premier Mai«, »Salade de Prolétariat«, »Viande rouge«, »Pouding à la Révolution« und zum Schluß eine »Tarte des plongeurs« (Untertauchertorte). Wir hatten unseren Spaß daran.

Eines Tages gab Bochove uns einen guten Rat. »Der Bürgermeister von Huizen ist zwar ein Nazi«, sagte er, »aber der kümmert sich wenig um die tägliche Verwaltung. Der Gemeiderat dagegen, Groenestein, ist ein königstreuer, christlicher Mann, dem ihr voll vertrauen könnt. Geht einfach mal zu ihm und sagt, ihr hättet eure Personalausweise verloren, er gibt euch dafür neue, echte, das hat er schon einige Male getan.« Wir gingen also ins Rathaus von Huizen, obwohl wir in der Gemeinde Naarden wohnten. Herrn Groenestein beteuerten wir, uns sei etwas Schreckliches passiert, wir seien auf dem Fahrrad über die Heide nach Blaricum gefahren, hätten unterwegs unsere Ausweise verloren und trotz mehrfachen Suchens nicht wiedergefunden. Herr Groenestein hörte sich das mitfühlend an, bat uns um Paßfotos, und zwei Tage später überreichte er uns anstandslos neue Ausweise auf unsere falschen Namen. Eigentlich hätte er beim Zentralbüro in Den Haag nachfragen müssen, dann wäre der Schwindel sofort geplatzt. Er tat es nicht, wohl vermutend, was mit uns los war. Jetzt waren wir als Jean-Jacques und Antje Bos dokumentarisch verheiratet. Dadurch war es nun für uns viel sicherer, bei Kontrollen oder auch bei einer Haussuchung unsere (falsche) Identität zu beweisen. Jetzt konnten wir allmonatlich auch die uns zustehenden Lebensmittelkarten abholen.

Wir erzählten das Karel Poons, der bald darauf auch seinen falschen Ausweis verlor und einen echten erhielt. Am Pfingstsonntag waren wir bei Teet Hanedoes und Karel im Garten der »Mausefalle«. Es war wunderschönes Frühlingswetter, ich warf Kathinka hoch in die Luft – davon haben wir noch ein Foto. Ihr machte das einen Heidenspaß, je höher ich sie warf, desto mehr kreischte sie.

Der Vormarsch der Roten Armee im Osten erfüllte uns aufs neue mit Zuversicht. Die Blockade Leningrads war durchbrochen, Kriwoi Rog, Odessa und die Krim befreit, mit einer bald zu erwartenden neuen Offensive würden die Grenzen Polens und Ungarns erreicht sein. Da endlich, endlich, am 6. Juni 1944, landeten die Engländer und Amerikaner bei Caen in Nordfrankreich. Die so lang ersehnte zweite Front war da! Wir waren nun fest davon überzeugt, daß der Krieg im Herbst, jedenfalls vor dem nächsten Winter zu Ende sein würde.

Und doch, immer noch und immer wieder erreichten uns alarmierende Nachrichten, daß Häuser mit Versteckten, auch nicht weit von uns in Bussum, Laren und Hilversum, durch Verrat entdeckt worden waren. Die Folgen: Alle Verhafteten kamen in Konzentrationslager, die Juden nach Westerbork, andere nach Amersfoort oder Vught. Wir mußten noch vorsichtiger sein und Sicherheitsmaßnahmen treffen. Jaap kam auf die Idee, von dem kleinen Zimmer im Erdgeschoß an der Rückseite des Hauses aus einen langen Gang bis in den Garten zu graben, so daß man unterirdisch fliehen konnte. Seit einiger Zeit schliefen und frühstückten Lin, Kathinka und ich in diesem Zimmer. Jaap machte zunächst in den Holzfußboden eine Klappe, die von einer großen Matte und einem Teppich bedeckt war. Dann gruben Jaap und zwei andere kräftige junge Versteckte unter dem Zimmer einen großen Hohlraum und von dort aus einen Gang unter der Hausmauer hindurch. Den Sand schleppten sie in Eimern auf die Heide. Das war eine anstrengende Arbeit, die nur langsam vorankam, die Jungen konnten nur buddeln, wenn die Kinder außer Haus waren.

Mit geschickten Händen bastelte Jaap außerdem an einem Geschenk für Kathinka zu ihrem dritten Geburtstag im August. Aus dem Garten holte er sich dünnere Zweige und dickere Äste, schnitt sie zurecht und machte daraus ein Puppenhaus mit mehreren richtig möblierten Zimmern. Er bastelte wochenlang daran. So vertrieb er sich die Zeit.

Bob und Jannie hatten zwei gute Freunde, die uns an Wochenenden oft besuchten: Frits Reuter, Mitglied der illegalen Parteileitung, und seine Freundin Cor Snel. Sie war hellblond, hatte eine Stupsnase, beherrschte mehrere Sprachen, Stenografie und Maschinenschreiben, spielte aber ein dümmliches Mädchen in ihrer wichtigen Funktion als Chefsekretärin des faschistischen Gewerkschaftsbosses Woudenberg. Dort hatte sie Zugang zu vertraulichen Dokumenten und war auch bei Gesprächen ihres Chefs mit anderen Nazigrößen anwesend. Ihre Informationen waren für die illegale Partei von großem Nutzen. Als sie mit Frits häufig ins »Hohe Nest« kam, hatte sie diese nervenaufreibende Tätigkeit jedoch bereits aufgegeben.

Cor und Frits brachten uns immer die neuesten Nummern der »Waarheid« und anderer illegaler Blätter mit. Wir erfuhren, daß Janric van Gilse, der im Auftrag der Partei die Militärspionage leitete und gefährliche Widerstandsaktionen unternahm, bei einem illegalen Treff in Den Haag verraten worden war, man hatte ihn sofort erschossen. Wieder war einer unserer besten Genossen und Freunde im Kampf gefallen, besonders für Lin war diese Nachricht ein fürchterlicher Schock. Die Eltern van Gilse, Jan und Ada, waren schon lange untergetaucht, ich hatte sie von Bergen aus einmal in ihrem Versteck bei dem jungen Komponisten Rudolf Escher in Oegstgeest unweit von Leiden besucht. Der Verlust erst des jüngeren, Mik, und nun des älteren Sohnes mußte ihnen großes Leid bereiten.

Ende Juni begann nun die bereits erwartete Großoffensive der sowjetischen Streitkräfte an der zentralen Front in Belorußland. Die Eroberung von Witebsk, Mogiljow und Minsk wie auch der Vormarsch der Engländer und Amerikaner in Nordfrankreich hielt uns in ständiger Hochspannung und bestärkte unsere Hoffnungen auf einen baldigen Sieg. Noch ein paar Monate durchhalten, und wir würden frei sein!

Am 8. und 9. Juli, einem Wochenende, waren Cor und Frits wieder bei uns, wir schmiedeten schon Pläne, was wir nach der Befreiung alles machen würden. Leider hatte Frits am nächsten Tag sehr viel zu tun, und so entschlossen sie sich, schon abends mit dem letzten Zug nach Amsterdam zurückzufahren.

Am nächsten Vormittag, es war halb neun, Lin, Kathinka und ich saßen gerade am Frühstückstisch, hörten wir draußen Lärm. Wir sahen mehrere Polizisten vor unserem Fenster vorbeilaufen, und schon wurde an die Haustür gedonnert. »Aufmachen!« Jetzt waren auch wir an der Reihe.

Verhaftung, Trennung, Befreiung 1944 bis 1945

Haussuchung und Gefängnis

Ja, jetzt war es soweit. Unsere erste Reaktion: Alle verdächtigen Dinge verschwinden lassen. Eberhard stellte den Tisch beiseite, rollte den kleinen Teppich zurück, schlug die Strohmatte um und öffnete den Holzdeckel zum Versteck unter dem Fußboden. Kathinka wußte nichts davon und guckte verdutzt zu. »Du sagst niemandem etwas, du weißt gar nichts und hältst deinen Mund!«

Wir hatten Zeitungen, die jiddischen Lieder und anderes verbotenes Material immer in einem bereitstehenden Koffer verwahrt. Eberhard nahm den Koffer, warf ihn in das Erdloch, schloß den Deckel, rollte die Matte und den Teppich zurück und stellte den Tisch drauf. Das geschah in wenigen Sekunden, wir hatten es schon geprobt.

»Sofort aufmachen!« Ich ging zur Haustür, drückte auf den Alarmknopf und öffnete umständlich. Ein Mann mit einem Bullengesicht stürzte herein. »Haussuchung!« schrie er auf holländisch. Nach ihm kamen zwei andere herein, wie der Bulle in Zivil, und dahinter mehrere gewöhnliche Polizisten in Uniform. Mir schien es, daß das Haus von etwa zwanzig Mann umstellt war.

Die Visage des großen Bullen erkannte ich sofort: Schaap. Sein Foto war in illegalen Zeitungen veröffentlicht worden, als Warnung vor diesem besonders gefährlichen SSer. Der zweite, schmalere, ganz blaß mit kalten Augen, stellte sich kurz als Hiemstra vor, der dritte, schon ein älterer Mann mit ergrauten Schläfen, benahm sich untertänig gegenüber den beiden anderen, er hieß Punt.

»Wo sind die anderen alle?« schrie Schaap mich an – er schien überhaupt nur brüllen zu können. »Welche anderen?« fragte ich.

Eberhard und Kathinka standen schon neben mir. »Ihr geht erst mal hier in das Zimmer«, schnauzte er weiter, »Punt, paß auf sie auf. Wir durchsuchen jetzt das Haus.«

Wir gingen ins große Vorderzimmer. Schaap und Hiemstra rannten die Treppe hinauf. »Aber ich habe doch hier vor einem Fenster von draußen einen jungen Mann stehen sehen«, hörte ich Hiemstra rufen. Das kann nur Willi gewesen sein, dachte ich entsetzt, der ist immer so neugierig. Anscheinend hatte er aus dem Fenster geschaut, als er den Lärm hörte – das hatten wir streng verboten, so ein Dummkopf. Bob hatte wie stets das Haus längst verlassen, Jannie war mit Robbie zu einem illegalen Treff nach Amsterdam gefahren, die fiebernde kleine Lilo blieb in Pucks Obhut.

Wir saßen also unter Punts Bewachung im Zimmer eingesperrt. Ich dachte sofort an die Vase. Im Vorderzimmer im ersten Stock stand auf dem Fensterbrett eine große Vase als Erkennungszeichen für jeden Besucher: Wenn die Vase da stand, hieß das, alles ist in Ordnung. Die Vase mußte weg. Nach wenigen Minuten kam Schaap wieder zu uns. »Wo sind die anderen?« brüllte er noch lauter. Wir zuckten nur mit den Achseln. »Und wenn wir das Haus kurz und klein schlagen, wir werden sie finden!« Er rannte wieder hinauf.

Einen Augenblick ging Punt aus dem Zimmer. Ich flüsterte Kathinka ins Ohr: »Geh ganz schnell hinauf ins Vorderzimmer, ich folge dir!« Sie rannte weg, ich schrie und tobte hinter ihr her, bis wir beide oben waren. Hiemstra kam dazu. »Was ist hier los?« Ich schimpfte Kathinka aus, sie rannte vor mir her. Mit einer Armbewegung schob ich die Vase vom Fensterbrett, sie zerbrach in tausend Stücke. Ich redete auf Kathinka ein, das arme Kind wußte nicht, was ihm geschah und heulte erbärmlich. Hiemstra schubste uns die Treppe hinunter. Da saßen wir wieder unten, von Punt bewacht. Aber die Vase war weg, Gott sei Dank! Schaap kam und holte Eberhard, Puck und mich nacheinander heraus. »Wo sind die anderen?« Wir stritten alles ab. Da holte er einen Zettel aus der Tasche und hielt ihn mir vor die Nase. »Hier auf der Liste stehen noch über ein Dutzend Namen, die hier versteckt sind. Wo sind die?«

Woher hatte er nur die Liste? Ich sah nur, daß Pam und Hennie darauf standen, die schon längst nicht mehr bei uns waren. Irgend jemand mußte uns also schon vor Monaten verpfiffen haben! Wir grübelten nach, wer das gewesen sein könnte; bis heute wissen wir es nicht. Tatsache ist, daß einige, die von den Nazis erwischt wurden, durchgeschlagen haben. Geholfen hat ihnen das nicht, aber auf diese Weise sind viele Illegale verraten worden. Ich sagte zu Schaap: »Ich kenne diese Namen nicht!« – »Du brauchst nicht zu lügen, wir finden sie alle«, schrie er wütend. Bei Puck und Eberhard hatte er ebensowenig Erfolg.

Auch Kathinka holte er aus dem Zimmer. Als sie wieder zu uns kam, sagte sie mir ganz leise: »Er wollte mir Schokolade geben, ich hab sie nicht genommen. Ich hab nur gesagt: Ihr seid böse!« Ich schloß sie fest in meine Arme.

Da saßen wir immer noch, von Punt bewacht. Der gab sich plötzlich ganz freundlich. »Sagen Sie doch alles, Ihnen passiert ja nichts. Ein paar Tage Verhör, und Sie sind wieder frei!« Jaja, dachte ich, jetzt das Zuckerbrot und dann die Peitsche, das kennen wir! Aber was kann ich nur tun, daß die Kinder nicht mit uns ins Gefängnis müssen?

Die Minuten schienen uns Stunden zu sein. Natürlich, oben in den Zimmern waren noch unaufgeräumte Betten, da lagen Nachtzeug, Zahnbürsten und alles mögliche herum. Daß da noch mehr Menschen sein mußten, konnten sie sich ja denken. Nach etwa einer Stunde gab es Getrampel auf der Treppe, Jetty und Simon wurden zu uns ins Zimmer geschoben. »Na also«, schrie Schaap triumphierend, »die ersten haben wir schon«! Er und Hiemstra hatten auf dem Boden die ganze Holzverkleidung aufgebrochen und ihr Versteck entdeckt.

Nach etwa einer weiteren Stunde fanden sie Loes und Bram Teixeira da Mattos. »Wie heißen denn die Leute«, schnauzte Schaap uns an. »Keine Ahnung«, sagte ich ruhig, »fragen Sie sie doch selber.« Sie wollten immer einen gegen den andern ausspielen. Aber keiner von uns sagte etwas.

Inzwischen war es so gegen zwei Uhr geworden. Da kam plötzlich Robbie ahnungslos hereingeschneit und kurz nach ihm Jannie. Er war ihr vorausgelaufen. Jannie mit zwei Taschen voller Lebensmittel hatte zwar gesehen, daß die Vase weg war, aber sie wollte Robbie nicht allein lassen. Sie wurden beide zu uns ins Zimmer geschubst. Schaap und Hiemstra machten sich in der Küche über unsere Essenvorräte her. Dann kamen sie wieder. Schaap schrie: »Ihr kommt alle ins Gefängnis.« Er rannte von neuem hinauf. Ich flüsterte Kathinka schnell ins Ohr: »Hab keine Angst!« Dann ließ ich mich umfallen und spielte einen Tobsuchtsanfall. Ich rollte mit den Augen, schlug wild um mich und rief mehrmals ganz laut: »Könnt Ihr nicht wenigstens die Kinder verschonen!«

Punt erschrak und versuchte mich zu beruhigen. Ich schrie aber nur noch lauter. Eberhard tat gar nichts, er merkte, was ich inszenierte. Da fragte Punt: »Wohin sollen wir die Kinder denn bringen?« Jannie antwortete: »Zu unserem Arzt, aber auf keinen Fall ins Gefängnis!«

Ich tobte noch wilder. Punt dachte ein Weilchen nach, dann sagte er: »Wir bringen die Kinder zum Arzt. Wer ist das?« Jannie nannte Dr. Schaberg. Eberhard meinte, Kathinka könne man zu Dr. van den Berg bringen, das war ein christlicher Mann, der uns schon einige Male betreut hatte, Kathinka würde ihm auch vertrauen.

Als ich mich wieder beruhigt hatte, rief Punt zwei Polizisten herein, sie sollten bei den Ärzten nachfragen, ob sie unsere Kinder für kurze Zeit aufnehmen könnten. In Huizen hatte es sich schon herumgesprochen, daß das »Hohe Nest« durchsucht wurde.

Nach einiger Zeit kamen die Polizisten wieder zurück. Die Ärzte waren bereit. Jannie und ich suchten in aller Eile Kinderkleider zusammen, machten Bündelchen daraus und gaben sie den Polizisten. Robbie, Lilo und Kathinka weinten. Ich konnte Kathinka noch schnell einmal ans Herz drücken. »Sei lieb, bleib ruhig, alles wird wieder gut!« Dann zogen die Polizisten mit den Kindern ab. Mir wurde wieder leichter ums Herz, die schlimmste Sorge war vorüber. – Nach dem Krieg hat Punt sich darauf berufen, daß er unsere Kinder gerettet hat. Daher erhielt er als Kollaborateur nur eine geringe Strafe. Schaap dagegen bekam in einem Prozeß einige Jahre nach dem Krieg die Todesstrafe, wir waren auch als Zeugen geladen. Die Strafe wurde aber nicht vollstreckt.

Am Nachmittag kam ein Kleinbus vorgefahren. Wir durften nur wenige Sachen mitnehmen, Nachtanzug, Seife, Rasierzeug, Zahnbürsten. Außer Jannie, Puck und uns beiden wurden die vier bereits Gefundenen in den Bus verfrachtet, die anderen fünf hatten sie noch nicht entdeckt. Jannie schrieb die Telefonnummer von Bobs Büro auf einen Zettel, steckte ihn auf dem kurzen Weg vom Haus zum Kleinbus einem Polizisten zu und flüsterte ihm ins Ohr: »Bitte anrufen: *Nicht* nach Hause kommen!« Und wirklich, Bob erzählte später, er hätte kurz danach einen anonymen Anruf mit dieser kurzen Mitteilung bekommen. Da fuhr er gleich nach Amsterdam zu seiner Kontaktadresse bei Trees Lemaire. Wenn er wie üblich nach Büroschluß ins »Hohe Nest« gekommen wäre, hätte er vielleicht nicht nach der Vase geguckt und wäre in die Falle gelaufen. Ein unbekannter Polizist aus Huizen also hat ihm das Leben gerettet!

Von zwei SSern bewacht, fuhr man mit uns nach Amsterdam zum Gebäude der Gestapo in der Euterpestraat. Wir wurden in einen Keller mit langen Holzpritschen gebracht. Es war stickig und dunkel, nur eine Glühbirne brannte. Da saßen schon andere Leute, die den ganzen Tag darauf gewartet hatten, verhört zu werden. Man ließ uns etwa eine Stunde dort sitzen. Leise vereinbarten wir untereinander, wie wir uns bei den Verhören verhalten sollten. Jannie konnte sich auf ihre eigenen Verbindungen berufen, die anderen und ich sollten alle Fragen, wie sie an Ausweise und Lebensmittelkarten gekommen seien, an Jean-Jacques Bos weiterleiten, damit wir uns nicht in Widersprüche verwickelten und Eberhards Aussagen nicht durchkreuzt werden konnten.

Gegen fünf Uhr holte man uns zusammen mit einigen anderen heraus. In einem geschlossenen Polizeiauto mit zwei nach hinten aufschlagenden Türen, einer Grünen Minna, wie man auch in Amsterdam sagte, fuhren wir auf den Innenhof des damals noch modernen Gefängnisses in der Marnixstraat. Das von der SS bewachte eiserne Tor zur Straße schloß sich. Alles wurde uns abgenommen, genau registriert. Ich bat, mich mit meinem Mann zusammen in eine Zelle zu lassen. Die meisten Gefängniswärter waren Sozialdemokraten, das wußten wir. Und tatsächlich, man gab uns beiden eine Zelle, unser Nachtzeug durften wir mitnehmen.

Am nächsten Morgen ging es wieder per Grüner Minna in die Euterpestraat, wieder in einen dunklen Keller. Unterwegs spähten wir aus, ob wir irgendwie fliehen könnten. Aber immer stand bewaffnete SS neben oder hinter uns. In dem stickigen Keller warteten wir stundenlang. Ab und an kam ein SSer herein und rief einen Namen. An diesem ersten Tag wurden nur Jannie, die Teixeiras und ich aufgerufen, Eberhard noch nicht. Bei meinem Verhör fragte mich

Schaap zunächst auf die freundliche Tour: »Sagen Sie uns alles, wir erfahren es sowieso. Von wem bekommen Sie Lebensmittelkarten und Geld? Nennen Sie uns noch andere Adressen. Welche Verbindungen hat Ihr Mann?« Ich stritt alles ab. Er drängelte mich: »Wenn Sie aussagen, lassen wir Sie sofort frei!« Ich sagte nichts. Da wurde er böse. »Wenn du weiter so verstockt bleibst, haben wir noch andere Mittel, dich zum Reden zu bringen!« Damit entließ er mich. Abends ging es dann wieder zurück ins Gefängnis. Die Teixeiras wurden schon vorher herausgeholt und gleich nach Westerbork geschickt.

Als wir gerade in unsere Zelle geführt wurden, kamen uns im Gang Vater und Mutter kreidebleich entgegen. »Uns haben sie erst spät am Nachmittag gefunden«, flüsterte Vater aufgeregt, »wir haben über dreißig Stunden im Versteck gehockt. Jaap und die anderen wurden schon heute vormittag entdeckt. Sie haben auch Eberhards deutschen Paß gefunden!« Mehr konnte er nicht sagen.

Jetzt schien alles aus zu sein. Eberhard hatte einige Papiere von uns beiden, auch seinen Paß, in einer Blechbüchse aufgehoben und im Garten vergraben – er ist doch so schrecklich ordentlich! Anfang Juli hatte er einmal nachgeschaut und entdeckt, daß die Papiere klitschnaß und zum Teil unleserlich geworden waren. Er legte sie fein säuberlich zum Trocknen in das sicherste Versteck des Hauses, in den Schrank der Eltern. Nach ein paar Tagen wollte er die Papiere wieder vergraben. Und ausgerechnet jetzt mußte die Haussuchung kommen! Das war schlimm, sehr schlimm.

Was sollten wir tun? Für Eberhard war jetzt alles völlig aussichtslos geworden. Ich würde nun wohl auch nach Westerbork kommen, denn da sie wußten, wer er war, gehörte nicht viel Spürsinn dazu, meinen Namen zu erfahren.

Am nächsten Tag saßen wir wieder im Gestapokeller, wohl zum letztenmal. Wir waren ruhig und gefaßt. Vater, der ewige Optimist, sagte noch: »Die Alliierten stehen schon tief in Frankreich. In einigen Monaten ist der Krieg aus, bis dahin werden wir noch durchhalten!« Vater und Mutter wurden getrennt voneinander verhört, sie sagten nichts aus, sie wußten ja auch kaum etwas. Eberhard kam jetzt an die Reihe. Auch Jannie wurde verhört. Immer dieselben Fragen, sie gab nichts zu.

Mein zweites Verhör war ganz anders. Jetzt kam die Peitsche. Der Chef des faschistischen Sicherheitsdienstes höchstpersönlich, Lages, fragte mich auf deutsch aus, neben ihm saß ein SSer. Lages hielt meinen Ausweis in der Hand. »Ist der falsch?« fragte er und hielt ihn gegen das Licht, um das Wasserzeichen zu erkennen. »Ja, der ist falsch«, sagte ich auf holländisch. »Woher haben Sie den?« – »Von einem Freund aus Amsterdam.« – »Na, das werden wir noch prüfen.« Er steckte den Ausweis weg. Zum Glück glaubte er mir, denn wenn er gemerkt hätte, daß unsere Papiere echt waren, hätte das den Gemeindesekretär Groenestein und viele andere Kopf und Kragen gekostet. Dann fragte er wieder nach Adressen. Ich antwortete nicht. Da schlug er mir mit seiner Pranke ins Gesicht und schrie: »Du wirst schon singen, mein Vögelchen. Wir holen dein Kind, das geht mit dir mit. Und jetzt raus mit dir!« Ich weiß nicht, was ich getan hätte, wenn Kathinka mit mir konfrontiert worden wäre ...

Als wir abends wieder weggebracht wurden, mußten Vater, Mutter, Jaap und einige andere schon beim alten Gefängnis an der Weteringschans aussteigen. Würden wir uns je wiedersehen? Jannie, Eberhard und mich luden sie wieder in der Marnixstraat ab.

Zu unserem Erstaunen brachten sie Eberhard und mich wieder in dieselbe Zelle. Wir verbrachten die letzte Nacht zusammen. Wir schwiegen lange. »Unsere Sache ist aussichtslos.« Aber Eberhard hatte immer noch ein Fünkchen Hoffnung. »Wenn wir uns jemals wiedersehen sollten«, begann er, »dann bei Haakon und Mieke in der Johannes-Verhulst-Straat.« Ich heulte. Er tröstete mich wie immer.

Dann wurden wir ganz ruhig, dachten noch einmal zurück. Wir hatten unser Leben genossen, hatten uns Mühe gegeben, etwas daraus zu machen. So nahmen wir Abschied voneinander. Abschied für immer?

Jannie hatte mir eine Luminaltablette gegeben. Ich gab Eberhard eine halbe davon, damit er gut schlafen würde, um beim Verhör am nächsten Tag ausgeruht zu sein. Er schlief wirklich ganz fest. Mir ging noch vieles durch den Kopf. Mit seinem Optimismus hatte er ja schon oft recht gehabt. Wenn ich in einer depressiven Stimmung war, sagte er immer: »Ich weiß es!« Das sagte er jetzt nicht mehr, trotz seiner Prophezeiung, wir würden durchkommen. Aber ich war nicht mehr zuversichtlich. Unser Leben war wohl doch zu Ende.

Am nächsten Morgen, es war der 13. Juli, trennte man uns. Wir waren ganz ruhig, ohne Tränen. Eberhard wurde wieder in die Euterpestraat gebracht, ich kam in das alte Stadtgefängnis an der Weteringschans. Man steckte mich in eine Zelle mit fünf Frauen und einem kleinen Mädchen. Jetzt konnte ich gar nichts mehr tun, nur noch warten.

Eine ganz liebe Frau, Lini Biet-Gazan, wollte mir noch ein wenig Mut machen, dabei hatte sie schon Sorgen genug mit ihrem Kind, das unentwegt weinte. Dem Mädchen Anita, es war etwa sieben, acht Jahre alt, hab ich Märchen erzählt, ich sang auch mit ihr. Ihre Mutter war eine kluge, sehr schöne Frau. Ihr Mann konnte noch nach England entkommen, sie selber war zwei Jahre lang zusammen mit ihrer Tochter und einem Freund untergetaucht. Sie war sehr vermögend und in der Illegalität einem Erpresser in die Hände gefallen, der sie verraten hatte. Auch das gab es, gewissenlose Leute machten mit Untergetauchten, vor allem Juden, ihre schmutzigen Geschäfte.

Lini fragte auch nach meinen Erlebnissen. Ich erzählte ihr von der schönen Zeit mit Eberhard und sagte, daß wir nicht heiraten durften.

Daraufhin riet sie mir, bei der nächstbesten Gelegenheit einen Brief nach draußen zu schmuggeln und eine englische Heiratsurkunde anzufordern, Rechtsanwalt Dr. Kotting, der in solchen Dingen sehr erfahren sei, könne für echt aussehende falsche Papiere sorgen. Durch eine Mischehe sei ich wenigstens ein bißchen geschützt und mit meiner Schwester Jannie gleichgestellt. Lini hatte irgendwo noch etwas Geld und auch gute Verbindungen zu einigen Gefängniswärterinnen, unter denen es keine einzige Nazisse gab. Sie versprach mir, für Papier und einen Bleistift zu sorgen. Damit machte sie mir ein ganz klein wenig Hoffnung.

Am Abend des zweiten Tages, einige Frauen redeten über belanglose Dinge, rief eine: »Seid mal still, es klopft jemand!« Tatsächlich, ich konnte auch ein regelmäßiges Pochen hören, mal kurz, dann wieder lang, wie Morsezeichen. Die Frau fragte mich »Heißt du Bos?« – »Ja.« – »Du mußt wissen, das hier ist unser Telefon. Eine

Nachricht für Frau Bos wurde durchgegeben: Bos und Tochter sind in Sicherheit.«

Mein Herz stand still. Beide in Sicherheit? »Ist das wirklich so durchgegeben worden?« fragte ich. »Aber ja, ich kenne die Klopfsprache, ein Irrtum ist ausgeschlossen.« Ich konnte es nicht glauben. Lini nahm mich in ihre Arme. »Alles wird wieder gut...«

Der 14. Juli 1944

Ja, diese Nachricht stimmte. Meine Flucht und Kathinkas Entführung an diesem Julitag, meinem unvergeßlichen Quatorze Juillet, war Tagesgespräch in Amsterdam, bei den Illegalen wie bei der Gestapo und der Polizei, es durchdrang sogar die Kerkermauern.

Zunächst noch mal zurück zu meinen Verhören in der Euterpestraat. (Nach dem Krieg wurde die Straße in Gerrit-van-der-Veen-Straat umbenannt, nach einem ermordeten Widerstandskämpfer.) Ich wurde erst am zweiten Tag der Haft aus dem Keller geholt. Ja, es war Lages persönlich, der mir gegenübersaß, ich kannte sein feistes Gesicht von Zeitungsfotos. Auch bei mir wieder dieselbe Taktik, erst höflich, sogar freundlich. »Wie können Sie, der Sohn eines Majors, so etwas tun?« Aha, dachte ich, er hat sich also bei der Militärverwaltung in Den Haag über mich informiert, ich bin also ein interessanter Fall. Was sollte ich darauf antworten? Ich schwieg. »Aber Sie wissen bestimmt noch mehr, Sie haben doch Verbindungen gehabt. Nennen Sie uns nur ein paar Namen und Adressen. Wir werden Sie freilassen!« Red doch nicht solchen Unsinn, ging es mir durch den Kopf, mich, einen Deserteur, freilassen?! Aber ich wollte doch irgendwie Zeit gewinnen und teilte ihm mit, daß ich die Lebensmittelkarten von einem gewissen Jan bekäme, mit dem ich mich allmonatlich an einer belebten Straßenkreuzung in Amsterdam träfe. Als nächster Termin sei ein Zeitpunkt in der kommenden Woche festgelegt. Ließe er mich zu diesem fingierten Treff gehen, so meinte ich, dann hätte ich vielleicht eine Chance zu fliehen. Er ging natürlich nicht darauf ein. »Und von wem haben Sie die falschen Ausweise?« Ich nannte einen willkürlichen Namen und irgendeine Adresse in Rotterdam. »Wir werden das überprüfen«, sagte er. Das war alles. Aber mir war klar, daß auch bei mir die Peitsche kommen würde.

Am nächsten Tag sah ich, wie Lin abgeführt wurde. Ihren letzten Blick werde ich nie vergessen. Wir hatten mit dem Leben abgerechnet. Ich wunderte mich über mich selbst, ich war gefaßt. Bei den vielen Verhören war es mir, als ob nicht ich redete, sondern es redete aus mir. Ich hörte meine Stimme wie die eines anderen. Angst vor dem Tod hatte ich in diesem Augenblick nicht, auch später nie. Aber dieses merkwürdige Gefühl, lebend nicht mehr zu leben, habe ich nur damals gehabt.

Nach dem Abschied von Lin kam ich wieder in den Gestapokeller. Alle anderen waren schon weg, nur Jannie nicht, aus ihr wollten sie auch noch mehr herausquetschen. Als ich wieder hinaufgeführt wurde, fuhr Lages das große Geschütz auf. »Wenn Sie weiter störrisch sind und nichts sagen« – immerhin, er sagte noch Sie zu mir. Ob er mich auch schlagen wird? –, »können wir ja noch andere Mittel anwenden, Sie zum Reden zu bringen. Ihre Lage ist Ihnen doch klar, oder?« Ich antwortete nicht. »Also, ich teile Ihnen offiziell mit: Sie erhalten die Todesstrafe wegen Fahnenflucht, Landesverrat, Sabotage und Rassenschande. Das reicht!« Ich rührte mich nicht, ich war ja nicht mehr ich. Nach einer kurzen Pause fuhr er fort: »Morgen übergeben wir Sie dem Militärgericht. Die machen kurzen Prozeß. Verstanden?« Ich schwieg. Dann versuchte er es noch einmal: »Seien Sie nicht so verstockt! Wollen Sie nicht doch noch aussagen?« Keine Antwort. »Dann kann ich Ihnen auch nicht helfen. Abführen!« Abends ging es dann wieder zurück in die Marnixstraat, jetzt nur mit Jannie.

Am 14. Juli, es war ein wolkenloser Sommertag, wurden wir wie üblich geweckt und dann in die Grüne Minna geschubst. Außer Jannie und mir war nur noch ein älterer Häftling im Polizeiauto. Zwei Polizisten in Zivil saßen an der Tür und bewachten uns. Durch die beiden offenen Fenster in der Tür konnte man nach hinten hinausschauen. Merkwürdig, das Auto fuhr nicht in Richtung Euterpestraat, sondern entgegengesetzt, Richtung Norden. »Was ist denn los?« fragte Jannie. »Wir fahren erst nach Nord, um noch jemanden abzuholen«, antwortete der eine Polizist. Jannie und ich schauten uns wortlos an. Sie begann mit dem Mann ein Gespräch und fragte andeutungsweise, was wohl geschehen würde, wenn sie uns laufenließen. Da wurde er ganz böse und zog nur den Revolver aus der Tasche.

Wir fuhren über die Haarlemmerstraat in die Spaarndammerstraat. Ich kannte dieses rote Arbeiterviertel. Plötzlich hielt das Auto. Auf der gegenüberliegenden Bank saß der eine Polizist und neben ihm der ältere Häftling. Rechts von mir saß Jannie und neben ihr der andere Beamte. Der öffnete die Tür, stieg aus und sagte: »Ich komme gleich wieder.« Jetzt wurden wir nur von dem einen Mann bewacht. Ich blickte Jannie kurz an und vermutete, sie würde auf die Türklinke drücken und hinausspringen. Aber nein, in freundlichstem Ton begann sie ein belangloses Gespräch mit dem Polizisten, neigte sich zu ihm hin, rückte ganz nach vorn auf die Bankkante. Ich begriff sofort, was sie wollte. Das war der Augenblick, ich durfte nicht zögern, ich hatte ja nichts zu verlieren. Jetzt war ich wieder ganz da, die Nerven zum äußersten gespannt und . . .

Blitzschnell hüpfe ich auf die Bank, zwänge mich hinter Jannies Rücken durch das Fenster und springe hinunter. Im gleichen Augenblick fällt Jannie dem Polizisten in den Arm. Es dauert vielleicht zwei oder drei Sekunden, ehe er sie zur Seite stoßen kann. Er will mich noch am Bein packen, erwischt aber nur einen Zipfel meines dünnen Regenmantels. Ich stehe schon auf der Straße und zerre, der Mantel zerreißt. Ich renne weg, so schnell ich nur kann. Jetzt wird er schießen, denke ich. Oder sitzt neben dem Fahrer noch einer, der auf mich zielen wird? Aber nein, kein Schuß fällt.

Ich renne weiter auf dem Bürgersteig, an Menschen vorbei, die sich nach mir umdrehen. Da plötzlich, ich sehe einen Polizisten vor mir, da ist ein Polizeirevier. Jetzt komme ich vom Regen in die Traufe! Zurück kann ich nicht, auf die andere Straßenseite zu laufen ist zwecklos. Weiterrennen, denke ich, an dem Polizisten vorbei. Er tut, als ob er mich nicht sieht! (Viel später hörte ich, daß ich in dieses Polizeibüro hätte gehen können: Zuverlässige Leute, sie hätten mich versteckt. Im September sind sie alle untergetaucht!)

Ich schaue mich kurz um, niemand folgt mir. Ich renne weiter, völlig außer Atem. Vor der nächsten Straßenecke laufe ich in einen offenen Hauseingang und komme in ein Zimmer. Da sitzt eine Frau und versorgt ihr Kind. »Sie sind hinter mir her. Können Sie bitte meinen Mantel vernichten?« Sie sagt nichts, nimmt den Mantel. Ich gehe wieder auf die Straße. Niemand sieht sich mehr nach mir um. Seelenruhig spaziere ich wie ein normaler Bürger weiter, mein Herz schlägt noch wild.

Am Ende der Spaarndammerstraat sehe ich einen großen Platz und eine Brücke, davor zwei SSer in Uniform. Ich habe nichts bei mir, keinen Ausweis, keine Papiere. Nein, da kann ich nicht rüber. Ein paar hundert Meter weiter eine andere kleine Brücke. Doch da steht wieder ein Uniformierter. Ich komme näher und sehe, es ist nur ein Brückenwärter. Ich gehe also ruhig über die Brücke und auf der anderen Seite der Gracht zurück in Richtung Stadtzentrum. Nach etwa zweihundert Metern blicke ich mich um: Die Brücke wird hochgezogen und bleibt offen. Sollten sie mich suchen und alle Brücken des Spaarndammer Viertels kontrollieren? Zu spät, ich bin schon drüben!

So, jetzt muß ich nur noch die belebte Haarlemmerstraat überqueren. Es gelingt, ich gehe wieder in eine Seitenstraße, niemand beachtet mich. Inzwischen habe ich mich einigermaßen gefaßt und überlege, welche Adresse am günstigsten ist. Ja, Dr. Joop Moes, die Lin bei Kathinkas Geburt betreute, und ihr Mann Joop van Santen, sie wohnen Herengracht 8 oder 18, die Nummer weiß ich leider nicht genau, ich war noch nie bei ihnen. Das kann nicht weit von hier sein. Ich schlendre weiter, aber passe höllisch auf, nicht in eine Kontrolle zu geraten. Ja, hier fängt die Herengracht an. Ich finde das Haus Nummer 8, aber keine Dr. Moes wohnt da, auch nicht in Nummer 18. Sollten sie vielleicht umgezogen sein? Ich bin immer noch aufgeregt und wage nicht anzuklingeln und zu fragen. (Sie wohnten Nummer 28, ich ging vorbei, ohne es zu ahnen.)

Am besten ist es wohl, denke ich mir, zur Leidsekade zu gehen, dort wohnen Lex Metz mit Teuntje und Eva Besnyö mit ihrem Mann Wim Brusse in einem Haus, in einer der beiden Wohnungen wird schon jemand anzutreffen sein. Das ist außerdem im Zentrum, da kenne ich noch ein paar Adressen. Am liebsten ginge ich zu Haakon und Mieke, aber das ist zu weit weg. Ich gehe also die Heren-, dann die Keizers- und Prinsengracht entlang bis zur Leidsekade 59, gar nicht weit vom Gefängnis Weteringschans, wo Lin ist. Wenn sie nur wüßte, daß ich entflohen und nicht weit weg von ihr bin!

Ich klingle erst bei Lex Metz. Niemand öffnet. Dann bei Eva. Sie macht auf, ich stürze die Treppe hoch. Sie sieht mich völlig perplex an, als wäre ich von den Toten auferstanden. »Wo kommst du denn her?« – »Entflohen!« Ich erzähle ihr kurz alles. Ganz aufgeregt vor Freude sagt sie: »Vorläufig kannst du hierbleiben.« – »Gut. Aber jetzt muß ich erst wissen, was mit Kathinka ist.« – »Ich werde anrufen, daß Bob schnell kommt.« Sie ruft Trees Lemaire an, Bob möge kommen, es sei dringend. Unterdes ist es zehn Uhr.

Bob kam etwa eine Viertelstunde später. »Deine Jannie hat mir das Leben gerettet!« – »Ich habe auch eine gute Nachricht für dich«, sagte er. »Kathinka wurde vor anderthalb Stunden bei Dr. van den Berg entführt und ist jetzt bei Freunden in Blaricum versteckt. Es geht ihr gut!«

Wir setzten uns an einen Tisch, und Bob erzählte: »Als Kathinka zu dem Arzt kam, mußte der gute Mann schwören, das Kind nur der Polizei zu übergeben, er werde eine Aufforderung dazu erhalten. Als frommer Christ fühlte er sich verpflichtet, diese Zusage zu halten. Schon zwei Tage später ging Jan Hemelrijk zu ihm und bat ihn freundlich, ihm doch Kathinka zu übergeben. Nein, Dr. van den Berg weigerte sich strikt. Am Tag darauf, als die Frau des Arztes mit ihren Kindern und Kathinka in Huizen auf der Straße war, wollte Jan Kathinka einfach entführen. Doch die Frau schrie fürchterlich, der Versuch mißlang. Danach wurde das Haus des Arztes tagsüber ständig von einem Polizisten bewacht!

An diesem Freitagmorgen, dem 14. Juli, um halb neun, gingen Karel Poons, der in der ›Mausefalle‹ untergetaucht war, und Marion van Binsbergen, eine beherzte junge Frau, zum Hintereingang des Hauses von Dr. van den Berg. Marion eilte die Treppe hoch, fand die Arztfrau und Kathinka im Badezimmer. Kathinka war schon angezogen. Die Arztfrau beschäftigte sich noch mit einem ihrer Kinder und fing wieder zu schreien an. Da stieß Marion sie kurzerhand in die Badewanne, nahm Kathinka auf den Arm, rannte die Treppe hinunter. Sie und Karel setzten sich auf Fahrräder, radelten über die Heide nach Blaricum und brachten das Kind zu der Familie LeFebvre, Johnny und Anneke. Dort war Kathinka nun in Sicherheit.

Aber jetzt der Clou. Etwa eine halbe Stunde später kam die Gestapo zu dem Arzt, um Kathinka abzuholen. Aus Amsterdam hatte man nach Huizen telefoniert, du wärst entkommen. Man wollte Kathinka als Geisel für dich verhaften! Kathinka war schon weg. Der Gestapomann wurde wütend und verhaftete Dr. van den Berg.« Etwas später erfuhren wir, daß man ihn am selben Nachmittag wieder freigelassen hatte.

Soweit der Bericht von Bob, wie er ihn Eva und mir gab. Jahre später hörten wir, daß sogar mein systemtreuer Vater in Thale am Harz für kurze Zeit inhaftiert wurde. Von ihm konnten sie wirklich nichts erfahren; er hatte ja keine Ahnung, was mit mir los war. Anscheinend schäumte die Gestapo vor Wut, daß ich, für sie ein fetter Brocken, entwischen konnte.

Einige Tage darauf wurde uns mitgeteilt, in Huizen sei ein Steckbrief verbreitet worden: »Gesucht wird Kathinka Anita Bos, geb. 8. 8. 1941!«

So war das also an jenem 14. Juli. Man stelle sich vor, Karel und seine Begleiterin hätten gezögert und Kathinka erst eine halbe Stunde später entführen können. Dann wäre es zu spät gewesen, und Kathinka wäre zu Lin ins Gefängnis gekommen – nicht auszudenken!

Bob erzählte auch noch, daß er am 10. Juli nachmittags den anonymen Anruf bekommen hatte. Ich konnte ihm nun sagen, daß ein Polizist aus Huizen den Mut dazu gehabt hatte. Die Lemaires wollten versuchen, uns mit einer hohen Summe aus dem Gefängnis herauszukaufen. Das wäre beim holländischen Personal gelungen, aber nicht bei der SS, die das Gefängnistor Tag und Nacht bewachte; daran scheiterte der Plan.

Als Bob gegangen war, sagte Eva mir, sie hätte gerade an diesem Tag eine Näherin in der Wohnung, ich müßte mich beim Lunch ganz ungezwungen verhalten. Ich rasierte mir den Schnurrbart ab, und Eva machte ein neues Foto von mir, ich mußte nun einen anderen Personalausweis bekommen.

Schon wenige Stunden danach brachte sie mir einen neuen Ausweis, ich besitze ihn noch. Jetzt hieß ich Cornelis Marinus Verhoeve, war am 3. Juni 1909 in Schweinfurt/Deutschland geboren, Niederländer, von Beruf »bouwkundig Ingenieur« und wohnte in der Van-Bree-Straat 88 I in Amsterdam. Der Ausweis war echt, irgendwo geklaut, mit eigenem Fingerabdruck und persönlicher Unterschrift.

Bob kam nun öfter zu mir. Er hatte dafür gesorgt, daß Robbie und Lilo von Dr. Schaberg nach Den Haag gebracht wurden, später konnte er sie bei einem Bauern südlich von Amsterdam verstecken, dort bekamen sie genug zu essen. Nach einigen Tagen brachte er mir auch den Koffer mit all meinen Manuskripten, den jiddischen Liedern und illegalen Zeitungen, den Lin und ich im Versteck unseres Schlafzimmers im »Hohen Nest« deponiert hatten. Als das Haus nicht mehr bewacht wurde, waren einige Freunde eingestiegen und hatten Kinderkleider und viele andere nützliche Dinge herausgeholt. Dabei hatten sie gemerkt, daß bei der Haussuchung dieses Versteck nicht gefunden worden war. Welch ein Glück.

Bei Eva blieb ich bis zum 15. August. Ich durfte natürlich nicht auf die Straße gehen, hatte nun entsetzlich viel Zeit und las einen Roman nach dem anderen. Allmählich begann ich mich wieder meinen Studien zuzuwenden. Aber ich dachte dabei immer an Lin und grübelte, wie wir sie herauskriegen oder ihr wenigstens mitteilen konnten, daß Kathinka und ich frei waren. Und die gute Jannie, hatte man sich an ihr gerächt?

KZ Westerbork

Wir hatten uns schon auf die Pritsche gelegt und versuchten zu schlafen, da gab es plötzlich im Haus Lärm. Es wurde geschossen, Türen knallten, Befehle wurden geschrien. Einige von uns sprangen auf und rammelten mit den Fäusten gegen die Zellentür. Merkwürdig, ich hatte keinen Moment Angst. Ich wollte nur raus, weg von der Strohpritsche, weg aus dieser stinkenden Zelle. Wir hörten noch mehr Schreien und Schießen, dann wurde es ganz still. Von den Wärterinnen erfuhren wir am nächsten Tag, dem 17. Juli, was los gewesen war. Im Gefängnis waren einige bekannte Kommunisten, die erschossen werden sollten. Eine Gruppe von Kämpfern hatte versucht, das Haus mit Waffengewalt zu stürmen und die Genossen zu befreien. Aber der Überfall mißlang, es gab einige Tote.

Eines Tages wurde mir ein kleines Päckchen in die Zelle gereicht.

Sie denken also da draußen an mich, sicher Mieke oder Trees. Da waren ein paar Sachen zum Anziehen drin, Unterwäsche, ein Kleid, auch etwas zu essen, zwei belegte Brötchen. Ich durchsuchte alles gründlich. In einem der Brötchen entdeckte ich ein zusammengerolltes Zettelchen, darauf stand: »E. u. K. sind frei!« Es stimmte also, was da durchgeklopft worden war. Ich weinte vor Freude. Jetzt wollte ich auch versuchen herauszukommen. Aber wie?

Am 20. Juli wurde uns mitgeteilt, daß wir am nächsten Morgen nach Westerbork abtransportiert werden sollten. Lini riet mir, jetzt den Brief zu schreiben, vielleicht könnte ich ihn unterwegs jemandem geben. Ich adressierte ihn an die Familie Stotijn, Johannes-Verhulst-Straat 26, und schrieb mit Bleistift: »Ihr Lieben! Ich hab noch eine Chance, Euch zu schreiben. Versucht meine englische Heiratsurkunde aufzufischen und geht damit zu Dr. Kotting. Ich bin ein uneheliches Kind, am 13. Dezember 1912 geboren, meine Eltern haben am 1. Mai 1912 geheiratet. Versucht mich herauszuholen. Sorgt gut für das Kind und schickt mir ein Päckchen mit Kleidern, Essen usw. Ich hab nichts, helft mir. J. sitzt im Avw. Grüßt alle, und viele Küsse, Lin. Versucht auch, mein S wegzukriegen, Küsse für mein Jongetje.« Eberhard hat diesen Brief vom 21. 7. 1944 aufbewahrt, daher kann ich ihn wörtlich zitieren. J. ist Jannie, sie war im Gefängnis Amstelveenseweg. S bedeutet Strafgefangene.

Morgens um vier wurden die Zellentüren geöffnet. Wir mußten mit unseren wenigen Sachen im Gang antreten und die Treppen hinuntergehen bis zum Eingangstor, wir waren ungefähr dreißig Frauen. Auf der anderen Straßenseite stand eine Straßenbahn bereit. Polizisten mit dem Gewehr im Anschlag bewachten uns. Ich ging über die Vorderplattform direkt am Straßenbahnfahrer vorbei, steckte ihm unauffällig den unfrankierten Brief in die Tasche und flüsterte ihm zu: »Bitte wegschicken!«

Auf dem Zentralbahnhof wurden wir in einen Personenzug verfrachtet, auch aus anderen Gefängnissen kamen Häftlinge. Als wir losfuhren, zehn Gefangene in einem Abteil, war der Bahnhof wie ausgestorben. Ich setzte mich direkt neben die Tür und wollte versuchen, unterwegs zu entkommen. Ein dicker Mann mir gegenüber sagte ganz laut: »Wenn Sie versuchen sollten herauszuspringen, werde ich schreien. Denken Sie daran: Die Grüne Polizei bewacht uns und schießt sofort scharf!« Der Zug fuhr ziemlich schnell und hielt nirgends. Mir war sehr elend zumute.

Westerbork liegt in der landschaftlich wohl trostlosesten Gegend der Niederlande, in der Provinz Drente, fernab größerer Städte und Straßen, nicht weit von der deutschen Grenze. Als wir dort ankamen, sahen wir einen endlos langen Zaun um das ganze Lager, mit Wachtürmen. Soldaten hielten Ausschau. Einige wenige durften ins Familienlager, die meisten, ich auch, wurden ins Straflager gesteckt. Beide Teile des Lagers waren durch einen hohen Zaun voneinander getrennt, wir bekamen jeder einen Overall mit einem S auf einer Armbinde und durften keine Verbindung zum Familienlager aufnehmen.

Die Häftlinge im Familienlager hatten einige Vorteile. Sie konnten ihre eigenen Sachen mitnehmen, eine Familie durfte zusammen in einem Zimmer leben, die meisten hatten auch Geld und konnten dafür im Lagerladen einiges kaufen. Lini und ihre Tochter Anita waren dort untergekommen, auch Jetty und Simon, die bei uns versteckt waren; irgendwie haben sie sich mit Geld dieses Privileg verschaffen können. Es hieß, die Insassen des Familienlagers hätten die Chance, nach Bergen-Belsen oder Theresienstadt geschickt zu werden, die galten als »bessere« Lager. Von Bergen-Belsen aus konnte man vielleicht sogar durch das Rote Kreuz nach Schweden kommen und gegen deutsche Kriegsgefangene eingetauscht werden. Manche reiche Familie hat es sich ein Vermögen kosten lassen, in solch einer Austauschliste registriert zu werden.

Im Straflager gab es für Frauen und Männer getrennte Baracken. Wenn ein neuer Transport aus Amsterdam kam, das war jetzt im Juli immer seltener der Fall, gaben alle Obacht, ob Verwandte oder Bekannte dabei waren. So traf ich meine Eltern, Bruder Jaap, Puck und die Teixeiras wieder. Trotz allem waren wir froh, beisammen zu sein. Mutter besorgte mir eine Decke und Eßgeschirr. Sie versuchte mich immer wieder zu trösten: Wir hätten nun schon so lange zusammengehalten, wir könnten doch dankbar sein, daß die Enkel gerettet waren. Wir sollten den Mut nicht verlieren, lange könnte es nicht mehr dauern.

Trotz des strahlenden Sommerwetters war das Lager trist und grau. In der langen Lagerstraße mit den Baracken an beiden Seiten roch es nach Armut, Schweiß und Staub. Wir schliefen jeder auf einer Pritsche mit einem Strohsack. Nach all den Aufregungen der Verhaftung und den zehn Tagen in zwei Gefängnissen schlief ich in der ersten Nacht wie ein Block.

Am nächsten Tag kam Sam Polak in unsere Baracke, er suchte unter den Neuankömmlingen Frauen für die Arbeit aus. Ich kannte ihn aus Den Haag, er war der ältere Bruder von Ben und Hans Polak. Er war schon längere Zeit im Lager und als Vorarbeiter tätig. Ich sagte ihm zu. So ging ich jeden Morgen in die Arbeitsbaracke. Wir mußten Batterien mit einem Schraubenzieher aufbrechen und die metallenen Kerne herausholen, die in einem Behälter gesammelt wurden. Das war sehr langweilig, aber ich konnte dabei nachdenken über mich selbst, über meine Lage, über Eberhard und Kathinka.

So probierte ich, mich ans Lagerleben zu gewöhnen. Nachmittags und abends war ich viel mit Mutter zusammen. Sie fing mich immer wieder auf, wenn ich deprimiert war. Wir hofften, daß Jannie auch irgendwie entkommen könnte. Jeden Tag erfanden wir neue Geschichten. In früheren Monaten ging jede Woche ein Transport nach Auschwitz ab, das wußten wir schon lange. So waren alle meine Tanten und Onkel, Kusinen und Vettern, Nichten und Neffen – mit einer Ausnahme: Mein Vetter Manuel van Loggem war untergetaucht – deportiert worden. Jetzt aber gab es scheinbar keinen Transport mehr.

Die Häftlinge des Straflagers waren sonst immer die ersten, die nach Auschwitz mußten. So machten wir uns allerlei Illusionen, träumten von der baldigen Befreiung und waren manchmal euphorisch, Optimisten. Mein Bruder Jaap hatte sich ein Mädchen angelacht und spazierte abends mit ihr über die Lagerstraße.

Die Männer arbeiteten in einem Kabelreparaturbetrieb. Vater konnte wegen seiner schlechten Augen nicht mitmachen. Früher hatte er immer Luftschlösser gebaut, jetzt aber war er überzeugt, daß sie uns alle nicht überleben lassen würden. Er schimpfte auf die jüdischen Aufseher, die grob und korrupt waren, um für sich selbst bei der Lagerleitung Vorteile herauszuschinden. Die Nazis kamen nicht ins Straflager, wir waren für sie Ausschuß, Dreck, Ungeziefer. Ich hatte Mitleid mit Vater, er ließ sich nicht trösten.

Nach ein paar Tagen fragte mich Sam, ob ich am nächsten Sonntag, wenn die Aufseher nachmittags nicht da waren, am Ende der Lagerstraße vor einer Mauer etwas singen wolle. Im Familienlager hätten sie ein richtiges Kabarett mit Max Ehrlich, Willy Rosen und anderen deutschen Emigranten gehabt, der Lagerkommandant Gemmeker sei sehr stolz auf sein »Hoftheater« gewesen. Aber das war nun auch verboten. Im Straflager könne man nur an diesem einen Tag etwas machen, es würden auch noch einige andere rezitieren oder singen. Natürlich sagte ich zu.

Viele Häftlinge kamen am Sonntagnachmittag dorthin. Einige sagten Gedichte auf, andere sangen, ich gab ein paar jiddische Lieder zum besten. Ohne Begleitung. Ich sang »Rajsele« und dachte an Eberhard, dann »In chejder« für meine Kathinka, auch noch einige lustige Lieder, und das anklagende Jakobslied aus Rumänien: »Warum jagt man uns, warum schlägt man uns so, Gott, wann wird das Ende sein?« Jetzt erst, hier im Lager, begriff ich das fürchterliche Elend, den Hader mit Gott in diesem Lied. Sam war sehr zufrieden, daß eine Menge Menschen zuhörten und dabei ihre Sorgen und Nöte ein wenig vergessen konnten. Alle waren doch aus einem behüteten Leben, auch wenn es oft schwer war, nach hier in ein teuflisches Lager gekommen, ohne zu wissen, was mit ihnen geschehen würde.

Ab und zu durften wir mal einen Brief schreiben. Ich schrieb an Mieke und bat sie, mir zwei Decken, Handtücher, Nachtsachen und ein paar jiddische Lieder zu schicken.

Morgens und nachmittags gingen wir zur Arbeit. Eines Tages sagte Sam Polak, an der Pforte zum Familienlager wolle mich jemand sprechen, ich solle um zwölf Uhr dortsein und dürfe deshalb etwas eher mit der Arbeit aufhören. Ich war unruhig, Jannie war noch nicht da, aus Amsterdam kamen fast keine Transporte mehr. Man hätte schon glauben können, der Krieg und die Gefangenschaft seien beinahe vorbei.

Ich ging zur Pforte, eher eine Art Schlagbaum. Auf der anderen Seite stand Lini mit ihrer kleinen Anita. Sie sagte mir, sie habe Ida Rosenheimer, die mich seinerzeit in Den Haag am Klavier begleitet hatte, und noch einige andere Leute gesprochen, die Geld gesammelt hätten, damit ich aus dem Straflager ins Familienlager kommen und auf einer Liste für Theresienstadt registriert werden könne. Ich war tief gerührt und bedankte mich herzlich. Aber ich wollte lieber bei meinen Eltern und bei meinem Bruder bleiben, vielleicht würde meine Schwester auch noch zu uns kommen. Lini war zwar enttäuscht, aber sie konnte mich verstehen. Ich ahnte nicht, daß ich aus einem unbestimmten Gefühl die richtige Entscheidung getroffen hatte.

Eines Tages, es war inzwischen schon Anfang August, wurde mitgeteilt, für mich sei ein Paket angekommen. Sollte Mieke so rasch reagiert haben? Tatsächlich, sie schickte mir die Decken, einige andere Sachen, und da waren auch Texte und Noten. Aber das ist doch Eberhards Handschrift! Ja, kein Zweifel, Eberhard hatte Texte und Noten einiger jiddischer Lieder für mich aufgeschrieben, »Rajsele«, »Wer der erschter wet lachn« und einige andere. Es jubelte in mir, er ist also wirklich in Sicherheit. Ich ließ gleich alles meine Eltern sehen, auch ein kurzes Briefchen von Mieke. Mutter sagte nur: »Siehst du, Moppie, vielleicht kommt doch noch alles gut!« Ich guckte mir alle Lieder an, die Eberhard aufgeschrieben hatte. Da war eines, das wir beide kannten, aber ich hatte es nie gesungen: »Wos bistu Katinke barojges«, also über Kathinka! Ganz aufgeregt las ich:

> »Wos bistu Katinke barojges,
> Wos gejstu arobgelost di nos?
> Un efscher wilstu wissn majn jiches
> Un fun wanen un fun wos.«

Das ist die erste Strophe, ein altes Spottlied. Aber dann:

> »Si is baj di fun 't hof,
> Di mame ganwet fisch in mark . . .«

Das heißt doch nicht so, da hat der Eberhard in jiddisch selbst gedichtet: »Si is baj di fun 't hof«, sie ist bei denen vom Hofe. Mir schoß es durch den Kopf: Das sind doch unsere lieben Freunde de la Court, Albert und Cilia mit ihren fünf Kindern in Wassenaar! Also war Kathinka jetzt das sechste Kind im Haus. In Sicherheit!

Aber wie kam der Eberhard an diesen Text? Der lag doch im Koffer mit all den anderen Liedern im Versteck im »Hohen Nest«? Also müssen sie alle Dinge aus diesem Versteck irgendwie herausgeholt haben!

Eberhard und Kathinka sind wirklich frei! In allem Unglück war ich glücklich.

Doch dann kam ein neuer Transport aus Amsterdam, einer der letzten. Jannie war dabei. Jetzt waren wir alle beisammen. Jannie erzählte, wie Eberhard entfloh. Sie wurde im Gefängnis am Amstelveenseweg von den Nazis geschlagen, weil sie Eberhard geholfen hatte, sie hatte noch die blauen Flecken. Sie wußte auch, daß Bob und ihre Kinder in Sicherheit waren.

Mutter hat noch mehrmals sehr ernst mit uns geredet: »Ihr müßt unbedingt immer zusammenbleiben, was auch kommen mag. Ihr müßt einander immer festhalten.« Wie oft haben wir in den nächsten Monaten an diese Worte gedacht, wie recht hatte sie doch. Sie mahnte uns, innerlich und äußerlich stets sauber zu bleiben. »Die Menschen können über dich reden, was sie wollen, das wichtigste im Leben ist doch, daß du dich nie vor dir selbst zu schämen brauchst. Das ist oft schwer, aber du mußt dich immer im Spiegel selbst anschauen können, sonst bist du kein Mensch mehr!« Jetzt, in dieser elenden Situation, hat sie uns viel Kraft und Mut mit auf den Weg gegeben. Sie war ein wunderbarer Mensch, wir hatten sie sehr lieb.

Nachdem der neue Transport gekommen war, füllten sich die Baracken des Straflagers wieder. Da war auch die Familie Frank, Otto und Edith mit ihren Töchtern Margot und Anne, die Eltern waren sehr besorgt um die beiden Mädel. Ich hatte vor allem mit Edith Frank guten Kontakt, wir trafen uns täglich bei der Arbeit. Sie war ein liebenswerter, warmfühlender Mensch. Sie erzählte uns viel, wir hatten das Gefühl, daß sie sich jetzt, nachdem sie mit ihrer Familie über zwei Jahre lang in einem Hinterhaus der Prinsengracht untergetaucht war, endlich aussprechen mußte, ihre Sorgen, ihre Ängste. Ihre Töchter waren zwei hübsche junge Mädchen, wie viele andere zwischen fünfzehn und achtzehn Jahren.

Zwei Tage nach dem Transport kam wieder ein Brief für mich, diesmal ohne Anschreiben, nur mit der Fotokopie einer englischen

Heiratsurkunde. Da stand es schwarz auf weiß: »Eberhard Rebling und Rebekka Brilleslijper, 26 und 25 Jahre alt, haben am 28. März 1938 in London geheiratet«, mit Unterschrift und Siegel! Mieke hatte also den Brief aus dem Gefängnis bekommen, der unbekannte Straßenbahnfahrer hatte ihn abgeschickt! Jetzt war ich also offiziell eine Mischehe eingegangen und mit Jannie gleichgestellt. Die Urkunde wurde im Büro am Lagereingang zu meinen Papieren getan.

So verging die Zeit in Westerbork, wir waren zwischen Angst und Hoffnung hin und her gerissen. Ich sang noch einmal an einem Sonntagnachmittag an der Mauer. Würden wir bald frei sein? Wir hofften, bis dahin in Westerbork bleiben zu können. Immerhin, Ende August war Paris schon befreit, die Alliierten rückten in Richtung Belgien und die südlichen Niederlande vor, das wurde auch im Lager bekannt. Die wildesten Gerüchte gingen um. Da hieß es einmal, es würde gar keine Transporte mehr geben. Am nächsten Tag wurde gesagt, demnächst gebe es wieder welche, aber nicht mehr nach Auschwitz, sondern nach Wolfenbüttel, da sei auch ein Arbeitslager.

Plötzlich hörten wir, daß ein großer Transport nach Theresienstadt abgehen sollte. Jetty und Simon, etliche deutsche Emigranten, darunter Max Ehrlich, Willy Rosen und Erich Ziegler, und viele andere der Westerborker »Prominenz« waren dabei. Ich wäre auch mitgegangen, wenn sie mich ins Familienlager eingekauft hätten. Wir mußten in unseren Baracken bleiben, Blocksperre hieß das, als der lange Zug mit Personenwaggons abfuhr. Später hörte ich, daß diesen Privilegierten all ihr Geld und ihre Sonderstempel nichts genutzt hatten. Sie kamen nach Theresienstadt, von dort aber bald nach Auschwitz. Kein einziger überlebte. Dann ging noch ein kleiner Transport, auch im Personenzug, nach Bergen-Belsen, ebenfalls mit Häftlingen, die Geld, Edelsteine und Diamanten gegeben hatten, um bevorzugt behandelt zu werden. Lini Biet und ihre Anita waren dabei.

Rita und Willi Jaeger wurden ins Familienlager geholt. Willi war Bäcker, das war seine Rettung. Mit dem letzten Transport wurde auch ein Bäcker deportiert, jetzt brauchte man ihn. Die Gerüchte im Lager überschlugen sich. Sam erzählte uns, daß Gemmeker und die ganze Nazileitung nervös geworden seien, weil die Alliierten schon bis Limburg, die südlichste niederländische Provinz, vorgerückt waren.

Vater ging es nicht gut, wie viele andere sagte auch er jetzt: »Macht euch keine Illusionen, sie werden uns bestimmt nicht gehen lassen und sich an uns Zurückgebliebenen rächen.«

Aber es geschah immer noch nichts, nur die Bewachung wurde schärfer. Der Ordnungsdienst (OD) kontrollierte jetzt oft, daß wir uns nicht in Gruppen zusammenfanden, ich konnte auch nicht mehr für die Mitgefangenen singen. Die Leute vom OD waren Menschen wie wir, aber sie waren korrumpiert, durch Beziehungen oder Geld hatten sie ihre Stellung und damit etwas Macht über andere Menschen erhalten, sie mußten uns bewachen und gefügig machen. Damit kriegten sie eine ganz kleine Chance, weiterhin in Westerbork bleiben zu können. Manche von ihnen waren schon so verdorben, daß sie ihr bißchen Macht, ihre Aggressionen an uns ausließen.

Und dann, an einem Sonnabend, es war der 2. September, mußten wir im Straflager plötzlich Appell stehen. Lange Listen von Namen wurden aufgerufen, weit über tausend Menschen müssen es gewesen sein, dabei waren in ganz Westerbork nur noch etwa viertausend Häftlinge. Alle unsere Namen wurden genannt. Wir sollten am nächsten Morgen auf Transport gehen. Wohin, wurde nicht mitgeteilt. Manche sagten, nach Bergen-Belsen, aber das Gerücht, wir gingen nach Wolfenbüttel, hielt sich am hartnäckigsten. Nach Auschwitz, wurde auch gemunkelt. Doch das konnte einfach nicht wahr sein, die Rote Armee war ja bereits in Polen, Lublin war schon gefallen, und von dort war es doch nicht mehr weit bis Auschwitz! Unsere persönlichsten Sachen durften wir mitnehmen.

Nachmittags und abends sah man die Familien beieinandersitzen, gearbeitet wurde nicht mehr. Mutter hatte uns alle um sich geschart, wir saßen auf ihrer Pritsche. »Lebt das bißchen Leben, so gut es geht«, sagte sie, »denkt immer daran, auch das geht vorüber.« Sie mahnte Jannie und mich noch einmal, immer zusammenzubleiben. »Über Vater und mich braucht ihr euch keine Sorgen zu machen, wir kümmern uns schon um uns selbst. Jaap ist jung und stark, er wird schon durchhalten!«

Wir glaubten in ein Arbeitslager zu kommen, denn das wurde immer wieder gesagt. Wir werden schwer schuften müssen, aber das würden wir auch noch überstehen. Wir machten uns Sorgen um Vater, er war sehr zusammengefallen und sah schlecht aus. Am nächsten Morgen würde bestimmt ein großes Durcheinander herrschen, wir würden dann wohl kaum noch miteinander reden können, daher nahmen wir jetzt voneinander Abschied.

Am 3. September wurden wir noch im Halbdunkel geweckt. Der OD trieb uns mit großem Geschrei aus den Baracken zur Eisenbahn, jeder schleppte mit, was er noch hatte. Der Obersturmbannführer Albert Konrad Gemmeker persönlich, der sich sonst nie im Straflager blicken ließ, stand mit seinen schneidigen SSern und Hunden an der Seite, beobachtete uns und scherzte. Es war kein Personenzug, eine lange Reihe von Viehwagen stand da, ungefähr zwanzig, ich hatte den Eindruck, der Zug nehme kein Ende. Meine Eltern verloren wir aus den Augen, sie waren wohl schon mit den alten Teixeira da Mattos in einen Waggon getrieben worden, in jeden Wagen etwa siebzig bis achtzig Menschen. Wie Vieh wurden wir abgezählt. Wenn ein Waggon voll war, wurde die breite Tür zugeschoben, von außen mit einer eisernen Stange abgeschlossen, die man in einen schweren Haken fallen ließ. Jannie und ich blieben so nah wie möglich beieinander. Im Waggon standen nur zwei Kübel zum Austreten, ein Eimer Trinkwasser, sonst nichts. Nur Menschen, Menschen, die kaum Platz fanden, sich auf den Fußboden zu setzen. Ziemlich hoch waren nur schmale Luftschlitze, durch die man ein Stückchen Himmel sehen konnte.

Wir hatten Angst. Da man uns in Viehwagen verfrachtet hatte, ahnten wir nichts Gutes. Alte Menschen weinten, einige Mütter redeten ihren Kindern gut zu. Es dauerte eine Ewigkeit, ehe sich der Zug in Bewegung setzte. Wir waren noch nicht lange unterwegs, etwa zwischen Meppel und Zwolle, da blieb der Zug stehen. Draußen gab es Lärm, auf deutsch wurde gebrüllt, Männer schienen hin und her zu laufen. Dann ging die Tür unseres Waggons auf, und noch mehr Menschen wurden hineingestoßen; sie erzählten, was los war. In einem der letzten Waggons hatten ein paar beherzte Häftlinge eine Säge mitgeschmuggelt, einen Aufseher überwältigt, in die Hinterwand ein großes Loch gesägt und sich während der

Fahrt zwischen die Schienen fallen lassen, sechs waren entkommen. Der Waggon wurde abgekoppelt, die Menschen kamen in die anderen Waggons. Lange nach dem Krieg hörten wir, daß nur zwei leicht verletzt blieben, einem Mädchen wurden beide Hände abgefahren. Jacques Posno, der den Fluchtplan ersonnen hatte, verlor auch eine Hand. Ap Groenteman verletzte sich den Rücken, und einer war tot. Bauern der Umgebung hatten die Verwundeten heimlich in ein Krankenhaus nach Zwolle gebracht, wo sie behandelt wurden.

Der Zug fuhr wieder los. Wir versuchten ein wenig zu schlafen. Jannie und ich hatten eine Haltung gefunden – Rücken an Rücken –, um stehend schlafen zu können. Neben uns standen zwei Frauen, die eine, Ruth Feldmann, erzählte uns, daß sie Pflegerin war und mehrere Freunde hatte, die wir auch kannten. Die andere war Elly de Jong, ich kannte ihre Schwiegertochter Fanny Kelk sehr gut, die oft in das Haus Keizersgracht 522 gekommen war. Wir verstanden einander gut und hatten uns viel zu sagen.

Aber da waren auch andere Menschen, die gereizt und zänkisch aufeinander einredeten. Es war eine abscheuliche Fahrt. Wir hatten noch Glück, daß auf dem Kübel in unserer Nähe ein Deckel war. Als zivilisierte Menschen schämten wir uns, den Kübel zu benutzen. Es stank fürchterlich. So fuhren wir durch Deutschland. Der Tag ging vorbei und auch eine Nacht. Am Morgen blieb der Zug irgendwo stehen. Wir durften zu je zwanzig Häftlingen hinaus auf einen Bahnsteig, um Wasser zu holen und uns schnell etwas frisch zu machen. Auch die Kübel wurden geleert. Dann hörten wir wieder die Eisenstange in den großen Haken fallen. Das war das letztemal, daß wir noch ein Stückchen Natur sehen konnten.

Mal fuhr der Zug schneller, mal wieder ganz langsam. So gingen auch der zweite Tag und die zweite Nacht vorbei, wir waren todmüde.

Wir hatten noch einige Brote bei uns, aber wegen der Müdigkeit und des Gestanks konnten wir schon am zweiten Tag nichts mehr durch die Kehle kriegen. Am dritten Tag fuhr der Zug immer noch. Aber so weit weg ist doch Wolfenbüttel nicht! Sollten wir doch . . . ? Nein, das kann nicht wahr sein. Doch mitten in der Nacht, der dritten, hielt der Zug auf einem grell erleuchteten Bahnhof. Wir waren in Auschwitz-Birkenau.

Es fällt mir sehr schwer, das alles niederzuschreiben. Jetzt noch, vierzig Jahre danach, bekomme ich Alpträume, wenn ich an diese fürchterliche Zeit zurückdenke.

Hungerwinter in Amsterdam

Bis Mitte August brauchte ich die Wohnung nicht zu wechseln. Eva war nach einigen Tagen zu ihrem Mann, Wim Brusse, irgendwo aufs Land gefahren, ich blieb meist allein. Bob kam regelmäßig zu mir, brachte mir Lebensmittel und die neuesten Nachrichten, er blieb auch manchmal nachts in der Wohnung. Ich las und schrieb viel, ohne Arbeit konnte ich nicht leben.

Ich möchte noch kurz erzählen, wie Kathinka zu Cilia und Albert de la Court kam. Nach ihrer Entführung aus Huizen war sie zunächst bei Johnny und Anneke LeFebvre in Blaricum, ganz in der Nähe von Grietje Kots, wo wir die Hauskonzerte gegeben hatten. Dieses Ehepaar hatte zwei Kinder, einen Jungen und ein Mädchen, wir lernten die ganze Familie erst nach dem Krieg kennen. Kathinka war zunächst völlig durcheinander, weinte viel und rief immer wieder nach ihrer Mama und ihrem Papa. Anneke und Johnny waren sehr lieb zu ihr, so fühlte sie sich bald heimisch. Nach einigen Tagen fand dort auch eine Haussuchung statt. Die drei Kinder spielten gerade im Garten, und die strohblonde Kathinka fiel nicht auf. Da sie aber steckbrieflich gesucht wurde, mußte sie schleunigst aus dieser Gegend verschwinden. Von Freunden wurde sie zu Jolle und Ankie Huckriede gebracht, die in Den Haag aus der Bankastraat in eine andere Wohnung gezogen waren. Aus irgendwelchen Gründen konnte sie dort auch nicht lange bleiben.

Durch Bob hatte ich inzwischen Verbindung mit Cilia und Albert de la Court aufgenommen, die sich sofort bereit erklärten, Kathinka als sechstes Kind aufzunehmen, dort war sie am sichersten. Wenn Lin und ich nicht überlebt hätten, wäre sie dort geblieben. Das war für Cilia und Albert eine Selbstverständlichkeit, und wir hätten die Gewißheit gehabt, daß das Kind in unserem Sinne erzogen worden wäre. In diesen Zeiten der großen Not erwiesen sich gute Freude als echte Vertraute, die ohne jegliche Vorbehalte jederzeit bereit waren, neue Schwierigkeiten und alle Risiken auf sich zu nehmen. Zum Glück hatten wir viele solcher Freunde. Sie sind es für immer geblieben.

So kam also Kathinka zu den de la Courts, die von Wassenaar nach Hazerswoude, einem kleinen Ort östlich von Leiden, evakuiert worden waren, denn in Wassenaar hatten die Nazis eine Abschußrampe für die V 2-Raketen nach England aufgebaut. Kathinka wurde jetzt also eine de la Court, nannte Cilia Mama, Albert Papa und freundete sich mit ihrem Geschwistern, drei Jungen und zwei Mädchen, schnell an. Vor allem mit der kleinen Cieltje, die kaum ein Jahr älter war als sie, spielte sie viel zusammen.

Nun noch etwas über die englische Heiratsurkunde. Als wir Lins Brief aus dem Gefängnis bekamen, sagte Eva gleich, daß Freunde von ihr, der Schriftsteller Binnendijk und seine Frau, vor einiger Zeit in England geheiratet hätten. Sie besorgte deren Heiratsdokumente. Wim Brusse und Otto Treumann, Spezialisten im Fälschen von Dokumenten, tippten Lins und meine Personalien auf kleine Zettelchen, legten diese auf die Originalurkunde und machten ein Foto davon. So einfach ging das mit unserer Londoner Heirat. Dr. Kotting, der auch dafür gesorgt hatte, daß Evas ungarisch-jüdische Großeltern zu »Ariern« erklärt worden waren, brauchte deshalb nicht konsultiert zu werden, er hatte ohnehin mit »Arisierungen« genug zu tun.

Es gab illegale Verbindungen zwischen Widerstandskämpfern in Amsterdam und Westerbork. So war es Nathan Notowicz und Werner Sterzenbach gelungen, einige Gefangene aus dem Lager herauszuschmuggeln. Bob nahm mit Nathan, wir nannten ihn damals schon Noto, Verbindung auf, der versuchen wollte, auch Lin und Jannie herauszukriegen. Das mußte sehr gründlich vorbereitet werden, etwa durch einen fingierten Befehl des faschistischen Sicherheitsdienstes, beide noch einmal zu Verhören nach Amsterdam zu beordern. Alles schien gut abgesichert zu sein, der Plan sollte Anfang September realisiert werden. Doch es war zu spät, der letzte Transport ging am 3. September ab. Nach unseren Informationen sollten die Frauen dieses Transportes in ein Frauenlager nach Wolfenbüttel gebracht werden. Daß das Ziel doch Auschwitz war, erfuhren wir erst nach der Befreiung. Wir haben noch ein Paket mit

Decken und Kleidern für Lin und Jannie nach Wolfenbüttel geschickt und mehrere Briefe geschrieben – die nie ankamen.

Ich war inzwischen im Westen Amsterdams bei der Genossin Gien Proosdij untergetaucht, deren Mann von den Nazis ermordet worden war. In den ersten Septembertagen überschlugen sich die Nachrichten. Paris hatte sich befreit, der rasche Vormarsch der Alliierten in Belgien bis nach Limburg bewirkte in ganz Holland die euphorische Erwartung, daß die Armeen ebenso schnell über die Schelde, Maas und den Rhein vordringen und die Großstädte der Provinzen Süd- und Nordholland erreichen würden.

Wir alle frohlockten, daß nun endlich der lang ersehnte Augenblick unmittelbar bevorstehe. Die Nazis und ihre niederländischen Kollaborateure erfaßte panische Angst. Die deutschen SSer und hohen Offiziere begannen ihre Büros und die von ihnen requirierten Häuser zu verlassen. Sie machten Razzien auf die wenigen noch übriggebliebenen Privatautos und sogar auf Fahrräder, um so schnell wie möglich abzuhauen. Auch niederländische Faschisten setzten sich Hals über Kopf in Trab. Am 5. September, der als »Dolle Dinsdag« in die Geschichte eingegangen ist, ergoß sich ein Strom von Autos, Motorrädern und Fahrrädern in Richtung Deutschland. Die Flüchtenden hatten Angst vor einem Tag der Abrechnung, einem »Bijltjesdag«, an dem die geschundene Bevölkerung Rache an ihren Peinigern nehmen könnte.

Doch es kam alles ganz anders. Als die Briten am 17. September Luftlandetruppen bei Arnhem droppen ließen, gingen die Faschisten zum Gegenangriff über und schlugen die Engländer zurück. Noch am selben Tag forderte die niederländische Regierung in London über Radio Oranje alle Eisenbahner zum Streik auf, man meinte auch dort, der Krieg sei beinahe zu Ende. Vierzigtausend Eisenbahner folgten dem Aufruf.

Und jetzt rächten sich die Okkupanten. Es wurde geflüstert, Seyß-Inquardt und der Militärbefehlshaber Christiansen hätten angesichts der Flucht vieler Nazis Tobsuchtsanfälle gekriegt. Am 18. September und in den Tagen danach dröhnte ganz Amsterdam von Explosionen. Nein, das waren keine Bombeneinschläge von Luftangriffen oder Artillerieduellen, wir hatten gelernt, solche Geräusche deutlich voneinander zu unterscheiden. Der Lärm kam aus der Richtung des Flughafens Schiphol und aus dem Amsterdamer Hafen. Über den Rundfunk aus London und Moskau erfuhren wir, was geschah: Die Nazis hatten in ihrer Wut die Startbahnen in Schiphol und die Hafenanlagen in die Luft gesprengt. Das ganze Hafengebiet wurde abgesperrt, die Bewohner verjagte man aus ihren Wohnungen.

Auch Gien Proosdij, die mich einige Wochen lang in rührender Weise versorgt hatte, mußte eine Hafenarbeiterfamilie aufnehmen. Für mich war es besser, nicht allzu lange auf einer Untertauchadresse zu bleiben. Die Genossen hatten inzwischen festgestellt, daß bei dem heillosen Durcheinander der ersten Septembertage mein Fall von der Gestapo nicht weiter verfolgt wurde. Ich konnte mich also als C. M. Verhoeve wieder auf der Straße zeigen, zumal ich noch durch einen zweiten falschen Ausweis der »Rüstungsinspektion Niederlande« gesichert war: Als Ingenieur der Ford-Automobilfabrik leistete ich angeblich wichtige Arbeit und durfte bei Straßenkontrollen nicht festgenommen werden. Bob hatte bei der Familie Jan de Jager an der Stadionkade im Süden der Stadt ein neues Unterkommen für mich gefunden. Auf dem Fahrrad fuhr ich quer durch Amsterdam, als gerade das dumpfe Grollen der Explosionen beinahe ununterbrochen zu spüren war.

Vom Ehepaar de Jager wurde ich wie ein Sohn aufgenommen, ihre Herzenswärme und echte Sorge um mein Wohlbefinden erleichterten meine innere und äußere Isoliertheit. Ich bedauerte sehr, daß ich seit der Inhaftierung vor über zwei Monaten keine Gelegenheit mehr zum Klavierüben hatte. Frau de Jager wußte Rat: Bei einer befreundeten Familie in Amstelveen, die natürlich nicht wissen durfte, wer ich wirklich war, konnte ich nun mehrmals in der Woche ein paar Stunden am Instrument arbeiten, das war für mich so wichtig wie das tägliche Brot. Ich bekam das Gefühl, außer dem Schreiben auch pianistisch aktiv werden und mich auf Konzerte nach der Befreiung vorbereiten zu können. Aber die Wohnung in Amstelveen war etwa eine halbe Stunde Fußweg von de Jagers entfernt, Straßenbahnen fuhren nicht mehr, und auf dem Fahrrad dorthin zu kommen war zu riskant, immer wieder wurden alle möglichen Fahrzeuge von der Sicherheitspolizei auf der Straße konfisziert. So ging ich eben zu Fuß nach Amstelveen, das war nach der erzwungenen Bewegungslosigkeit eine wahre Erholung für mich.

Die Nazis hatten schon längst einen verpflichtenden Arbeitsdienst für junge Niederländer eingerichtet, aber mit wenig Erfolg, weil sehr viele untertauchten. Jetzt brauchten sie wegen ihres Zweifrontenkrieges noch viel mehr Menschen im arbeitsfähigen Alter. Daher wurde öffentlich bekanntgemacht, alle gesunden Niederländer im Alter von achtzehn bis sechzig könnten zur Zwangsarbeit in Rüstungsbetrieben eingesetzt werden. Zehntausende von Männern wurden bei Razzien von der Straße oder aus ihren Wohnungen weggeholt. Mein falscher Arbeitsausweis bewahrte mich vor der Zwangsverschickung.

Im Oktober und November verschlechterte sich die Lage rapide. Die Kohlengruben im Süden des Landes gehörten bereits zum befreiten Gebiet, Eisenbahnen fuhren nicht mehr, der Mangel an Heizmaterial, Elektrizität und Nahrungsmitteln verschlimmerte sich von Woche zu Woche, Strom und Gas wurden für Privathaushalte abgeschaltet, der Kaloriengehalt der Lebensmittelzuweisungen für Erwachsene verringerte sich auf wöchentlich etwa tausend, Ende Dezember sogar auf fünfhundertfünfzig Kalorien pro Person, der »Hungerwinter« begann. Wer noch Geld oder Wertsachen hatte, machte sich per Fahrrad, Handkarren oder Kinderwagen auf den Weg, um bei Bauern auf dem Land Lebensmittel zu horrenden Schwarzmarktpreisen zu kaufen oder gegen Schmuck, Teppiche oder sonstige Gegenstände einzutauschen. Aber niemand wußte, ob er auf dem Rücken eines solchen »Hungerzuges« nicht von den Nazis beraubt werden würde, jeder war vogelfrei.

In den Straßen wurden Bäume gefällt, Holzbohlen zwischen den Straßenbahngleisen herausgebrochen, überhaupt alles Brennbare gestohlen. In der Jodenhoek stürzten verlassene Häuser ein, weil Fußböden, Treppen und Dachbalken herausgerissen wurden. Viele Menschen starben vor Hunger und Kälte. Bald konnten sie nicht einmal mehr begraben werden, es waren ihrer zu viele, und Särge gab es nicht.

Nachdem ich einige Wochen bei de Jagers war, bedrückte es mich, daß sie sich immer mehr Sorgen machten, wie sie für sich selbst und für mich das Notwendigste zum Leben beschaffen könnten. Bob hatte mir schon gesagt, daß Haakon und Mieke mich trotz aller Schwierigkeiten gern aufnehmen würden. So zog ich Ende Oktober in die Johannes-Verhulst-Straat 26, es war meine zehnte Untertauchadresse in knapp drei Jahren. Im stillen dachte ich, jetzt bin ich da, wo ich mich mit Lin nach der Befreiung verabredet hatte. Ich zweifelte nicht daran, daß sie noch lebte, die Hoffnung auf unser Wiedersehen erlosch keinen Augenblick.

Auschwitz

Die Tür wurde mit großem Krach aufgerissen. »Dalli, dalli, raus, schnell, raus mit euch!« Wir waren von der grellen Beleuchtung draußen fast geblendet, todmüde, es schien uns unwirklich, gespenstisch. Männer in grauen Streifenanzügen mit einem gelben Streifen auf dem Rücken jagten uns aus der Düsternis und dem Gestank des Viehwagens. »Alles Gepäck liegenlassen, nichts mitnehmen!« wurde geschrien. Auch die neuen Decken, die Mieke uns geschickt hatte, mußten wir zurücklassen. Eine Frau nahm noch eine kleine Handtasche mit, sie wurde draußen sofort geschlagen, die Tasche riß man ihr weg. Die Männer in den Streifenanzügen flüsterten uns eilig zu: »Nicht auf die Wagen gehen! Nicht auf die Wagen gehen!« Wir waren verwirrt und begriffen nicht, warum sie das sagten. Dann hörten wir eine Stimme über einen Lautsprecher. Wir verstanden nichts, nur das Wort »erschießen«. Es war ein wildes Durcheinander. Dann brüllte eine Stimme: »Ruhe!« Eine schreckliche Angst stieg in mir hoch. Jemand sagte: »Auschwitz!« Mir wurde eiskalt.

Auf einem langen Bahnsteig mußten wir uns in Reihen aufstellen, die Männer auf einer Seite, Frauen und Kinder auf der anderen. Auf einer Erhöhung stand ein großer SS-Mann und schrie: »Alte und Kinder auf die Lastkraftwagen!« Viele Alte, Gebrechliche, auch Frauen mit Kindern stürzten auf die Wagen. Ich glaubte, in der Ferne noch meinen Bruder Jaap gesehen zu haben. Die Eltern erblickten wir nicht mehr. Jannie und ich hielten uns an den Händen fest. Die LKWs fuhren los.

Da schrie der SSer: »Ruhe! Ich rufe fünfzig Namen auf. Extraschutzhaftbefehl!« Auf einmal war alles still. Wir hörten die

Namen: »Brandes, Marianne ... Feldman, Ruth ... de Jong, Elly ... Rebling, Rebekka ...« Aha, das war wegen der falschen Heiratsurkunde. Wir fünfzig dachten, das ist nun das Ende. Zuerst mußten die Männer abmarschieren, dann die Frauen, nur unsere kleine Gruppe blieb übrig. Wir warteten. Ein undefinierbarer Gestank nach Brand, Staub und Dreck hing in der Luft und legte sich auf uns. Endlich mußten wir auch losmarschieren. Meine Füße klebten an der Erde. Ich wollte nicht mehr weiter und fing an zu heulen. Da redete Jannie mir zu: »Hör auf, wir brauchen jetzt unsere Kraft, Moppie!« Wie Mutter sprach sie. Etwas löste sich in mir, ich ließ mich führen. Direkt vor uns lief eine ältere Frau, sie muß über siebzig gewesen sein. Wir nahmen sie in unsere Mitte, stützten sie. »Ich bin Luise Kautsky«, sagte sie leise, »danke schön.« Kautsky? Die Witwe des alten Sozialdemokraten Karl Kautsky, der vor dem Krieg in Amsterdam gestorben ist? Sie war es.

Wir kamen an ein niedriges Gebäude, es sah aus wie eine riesig lange Halle. Wir wurden hineingejagt. »Ausziehen, alle Kleider hinlegen!« brüllte eine Stimme. »Dalli, dalli, schneller, na wird's bald!« Völlig nackt standen wir da, wir hatten nichts mehr. »Ihr werdet desinfiziert«, rief einer der Häftlinge in Streifenkleidung. Wir mußten an langen Tischen vorbei, SSer mit Peitschen und großen Schäferhunden liefen herum, auch Männer und Frauen in KZ-Kleidung. Ich hatte Angst und versuchte immer in Jannies Nähe zu bleiben. Männer rasierten uns die Scham, Frauen die Köpfe. Innerlich ging bei mir etwas kaputt, wir kamen uns entwürdigt, gedemütigt, verlassen vor. Jannie war kurz vor mir, das machte mir wieder ein bißchen Mut.

Da packte jemand meinen linken Arm. Ich fühlte nur geringen Schmerz, die Nummer 88420 wurde mir eintätowiert. Jetzt waren wir keine Menschen mehr, nur noch Nummern, wie Schlachtvieh. Es war vielleicht gut, daß mir so dumpf, so benommen zumute war, sonst hätte ich geschrien.

Wir wurden weitergetrieben. »Dalli, dalli!« Die Peitschen knallten, wir kamen in einen großen Duschraum. Da strömte Wasser, entweder kochend heiß oder eiskalt. Seife gab es nicht, auch keine Handtücher zum Abtrocknen. Manche von uns wankten wie betrunken hin und her. »Dalli, dalli, schneller!« Immerzu dieses

Gebrülle. Luise Kautsky fiel hin, Ruth Feldman stand neben ihr und half ihr wieder auf. In dem Duschraum hing so dicker Dampf, daß man kaum etwas sehen konnte, es schien die Hölle zu sein. Unsere menschliche Würde wollten sie uns rauben; uns erniedrigen und Angst machen, das wollten sie. Jannie und ich sagten zueinander: »Wir müssen hier durch! Wir wollen leben!« Plötzlich wurde das Wasser abgedreht. Wir froren, naß wie wir waren. Dann mußten wir durch eine Tür hinaus.

Da lagen auf einem großen Haufen allerlei Lumpen. Eine Frau gab uns ein paar alte Klamotten zum Anziehen, wir durften untereinander tauschen. Auch je eine Decke kriegten wir, ein kostbarer Besitz, und einen Löffel. Auf einem anderen Haufen lagen alte Schuhe, linke und rechte durcheinander, unsere guten, festen Schuhe hatten wir schon vorhin liegenlassen müssen. Jannie, Ruth und ich erwischten holländische Klompen, Holzschuhe, die uns paßten. »So behalten wir wenigstens trockne und warme Füße«, sagte Ruth, wir waren ja an Klompen gewöhnt. Plötzlich fiel Luise Kautsky wieder um, Ruth fühlte ihren Puls. »Sie ist tot!« Sie war die erste Tote unserer kleinen Gruppe. Eine junge Frau führte uns ein Stückchen weiter. »Hier wartet ihr, bis ihr in eure Baracken gebracht werdet. Keiner von euch geht allein weg, das wäre euer Tod!« Frau Kautsky mußten wir liegenlassen.

Da standen wir nun, kahlgeschoren, in Lumpen, und setzten uns auf herumliegende Steine, zu müde, um noch ein Wort zu sagen. Es fing schon an, hell zu werden. Da kamen einige ausgemergelte Gestalten vorbei und fragten, ob wir Brot hätten. Wir hatten aber keines.

Wir warteten lange. Endlich kam eine Frau in Streifenkleidung mit einem Band um den Arm. Wir mußten uns in Reihen aufstellen und weitergehen. Wir kamen an einem niedrigen Gebäude mit einem breiten Schornstein vorbei, aus dem dicker, schwarzer Rauch hervorquoll, ab und zu züngelten auch Flammen empor. Es stank fürchterlich. Wir fragten unsere Begleiterin, was das für eine Fabrik sei. »Was, Fabrik?« sagte sie. »Das ist euer Transport, der geht jetzt durch den Kamin!« Das sagte sie uns einfach so ins Gesicht, als ob es die normalste Sache der Welt war. Täglich wurden Tausende in die Gaskammern geschickt und dann verbrannt. Wir schwiegen. Die

Gefangenen hier lebten damit. Aber damit konnte man doch nicht leben! Wir fühlten uns total zerschlagen.

Zunächst wurden wir in den Quarantäneblock gebracht, dort sollten wir ein paar Tage bleiben. Als wir eintraten, kriegten wir den nächsten Schock: Das war ein großer Stall. Auf drei breiten Pritschen übereinander mußten sechsunddreißig Frauen wie in einem Verschlag hausen, alle dicht nebeneinander, wie Sardinen in einer Büchse. Jannie und ich, auch die anderen Holländerinnen, versuchten möglichst nah beisammen zu bleiben.

Nach all dem Grauenhaften, Unvorstellbaren seit der Abfahrt aus Westerbork hatten wir nun Zeit zum Besinnen. Warum waren ausgerechnet wir fünfzig für diesen Extraschutzhaftbefehl ausgesucht worden? Wir konnten es nur vermuten. Wohl weil wir im Widerstand tätig gewesen, daher als Verbrecher eingestuft, aber genau registriert worden waren. So hat uns diese bürokratische Gründlichkeit davor bewahrt, wie die Eltern und die vielen anderen sofort in die Gaskammern geschickt zu werden. Wie wir erst Jahrzehnte später erfuhren, kam mein Bruder Jaap am 30. September in Auschwitz um. Wie mir meine Kusine Jannie van de Kar, die den Experimentierblock in Auschwitz überlebt hatte, mitteilte, hatte sie ihn Ende September noch einmal kurz gesehen.

Das Lager Auschwitz-Birkenau – welch ein Hohn dieser Name, keine einzige Birke war da – erschien uns endlos, Baracken hinter Baracken, so weit der Blick reichte. Drum herum ein riesiger Doppelzaun, schon in den ersten Tagen hörten wir, daß er elektrisch geladen war. Manch ein Häftling rannte da in seiner Verzweiflung hinein und verbrannte. Der Boden war trocken, hart und rissig, kein Hälmchen Gras grünte. Ungeziefer gab es in Massen, am schlimmsten waren die Ratten, vor allem für die Gefangenen auf den untersten Pritschen. Wir versuchten daher immer, oben hinauf zu gelangen. Irgend etwas Eßbares, ein Stückchen Brot etwa, aufzuheben war sinnlos, die Ratten fraßen es sofort weg. Und dann die Läuse, wir juckten uns am ganzen Leibe. Die Mücken waren harmlos dagegen. Und dann immerfort dieser Schornstein, die Flamme, der schwarze Qualm, der Gestank nach verbranntem Menschenfleisch. Der Boden war übersät mit kleinsten Knochenresten, die aus dem Rauch herabfielen.

Also die Hölle? Ja, gewiß, aber eine durch und durch organisierte Hölle zur industriemäßigen Vernichtung von Menschen. Jeder bekam täglich eine dünne Kohlrübensuppe, etwas Muckefuck, ein Stückchen Brot, alle zwei Tage ein Stückchen harte Wurst oder Harzer Käse und etwas Margarine.

An einem der ersten Tage kam plötzlich Annetje Kupferschmidt zu uns. Sie war schon lange in Auschwitz und arbeitete in der Küche. Sie hatte gehört, daß wieder ein Transport aus Holland angekommen war, und suchte nach Verwandten und Freunden. Einige Male brachte sie mir in den nächsten Tagen etwas zu essen mit. Das war streng verboten, sie tat es trotzdem. Uns wurden auch Blutproben entnommen und danach Blut abgezapft. Vielleicht für verwundete deutsche Soldaten. Dafür war ihnen dann auch jüdisches Blut gut genug. Jannie hatten sie sehr viel Blut abgenommen, sie war lange sehr schwach.

Nach einigen Tagen kamen wir in einen anderen Block. Unsere Blockälteste, Rosa hieß sie, eine runde, gutaussehende polnische Jüdin, trieb uns jeden Morgen hinaus zum Appell, da wurden wir von den Kapos gezählt. Aber wehe, wenn die Zahl nicht stimmte, dann mußte wieder von vorn angefangen werden, das dauerte oft stundenlang. Es wurde nur geschrien und gebrüllt. Dann wurden wir zur Arbeit eingeteilt. Wir mußten schwere Steine von einer Seite zur anderen schleppen, aufstapeln und am nächsten Tag wieder zurücktragen. Also sinnlose Arbeit, um uns zu zermürben.

An einem der ersten Abende in der Baracke gab es Fliegeralarm. Großes Geschrei der Kapos: »Blocksperre, alle auf den Pritschen bleiben, keiner darf runter!« Sie rannten durch die Gänge, kontrollierten, ob wir alle lagen, und verschwanden.

Wir fühlten uns elend nach all dem Erlebten und hatten Heimweh. Doch was konnten wir tun, um uns etwas Mut zu machen? Da fing eine von uns an, ein Lied zu singen, ein holländisches Volkslied »Waar de blanke top der duinen . . .«. Wir stimmten leise mit ein. Da erklang von einer anderen Pritsche ein anderes Lied, das wir nicht kannten und verstanden. Das könnte aus Jugoslawien sein, dachten wir. Auch dieses Lied klang traurig, wehmütig. Eine andre von uns stimmte ein Lied an, das wir in der kommunistischen Jugendbewegung viel gesungen hatten, den »Marsch der fröhlichen

Jugend« – ein lebensfrohes, optimistisches Lied. Wir sangen ganz leise, holländisch, der Funke sprang über von Pritsche zu Pritsche, wir hörten Französisch, Polnisch und andere slawische Sprachen, auch Ungarisch. Aus der Baracke wurde im Dunkeln ein Saal, eine Versammlung Gleichgesinnter. Wir kletterten von den Pritschen herunter, vergaßen die Angst, das Elend und die herumlaufenden Ratten. Wir umarmten uns, weinten und lachten, sangen noch einige andere Lieder und versprachen uns, soweit es irgend möglich war, zusammenzubleiben. Das Lied hatte uns vereint, hatte neuen Mut gemacht. Unsere kleine Gruppe hielt zusammen, wir halfen einander, wenn jemand beim Appellstehen schlappmachte oder beim Verteilen der Suppe keine Schüssel oder keinen Löffel hatte. Irgendwie hat uns das geholfen, wir waren nicht mehr allein. Rosa hat mehrmals versucht, uns auseinanderzubringen, es gelang ihr nicht.

Ein Mädchen in unserer Baracke bekam Scharlach. Auch ich kriegte hohes Fieber und wurde ins Revier, den Krankenblock, gesteckt. Ich hatte keine Widerstandskraft mehr. Mir war hundeelend, ich wollte sterben. Nach einigen Tagen kam eine tschechische Ärztin zu mir und sagte: »Komm mit, deine Schwester steht draußen.« – »Ich kann nicht, bin krank.« Jannie bestand darauf, daß ich wieder in unsere Baracke kam. Das Fieber war etwas zurückgegangen, ich folgte Jannie. Wenn ich nicht mit ihr gegangen wäre, hätten sie mich, wie viele andere Kranke auch, ins Gas geschickt. Nur nicht ins Revier gehen, hieß es bei uns, da wird man erst richtig krank. Was ich gehabt habe, weiß ich nicht, erst im Sommer 1949, als wir Auschwitz zum erstenmal nach dem Krieg wieder sahen, hörte ich, daß beinahe alle Häftlinge an Malaria litten.

Ende September oder Anfang Oktober, wir hatten die Tage schon lange nicht mehr gezählt, begann es zu regnen, nein, in Strömen zu gießen, viele Tage lang. Der harte, trockne Boden verwandelte sich in eine scheußliche Schlammwüste. In der Baracke bildeten sich Pfützen, an einigen Stellen regnete es durch. Auch im strömenden Regen mußten wir Appell stehen, die Kapos schrien nur noch lauter. Unsere dünnen Lumpen trockneten überhaupt nicht mehr. Jetzt waren wir froh, Holzschuhe zu haben. Und trotzdem, der Schlamm war so tief, daß er auch in die Klompen drang. Das nasse Elend kroch von unten durch Mark und Knochen bis ins Gehirn. In der Waschbaracke wuschen wir uns täglich gründlich, von oben bis unten, wie Mutter es uns immer gesagt hatte. Aber die Füße bekamen wir nicht mehr sauber. Nachts war es schon empfindlich kalt, wir froren.

Der ständige Gestank ließ nicht nach, und der große Schornstein qualmte weiter. Es hieß, jetzt seien Transporte aus Theresienstadt und aus Ungarn gekommen, die gleich ins Gas geschickt wurden. Wir wurden immer nur angebrüllt und lebten in der ständigen Angst, morgen könnte es aus sein. Wenn wir in Reihen zur Arbeit gingen und beim Appellstehen mußte man immer dafür sorgen, in der Mitte zu bleiben. Wer außen ging oder stand, bekam oft Schläge. Beim kleinsten Vergehen wurde geschlagen. Jannie und ich sind glücklicherweise klein, wir fielen nicht so auf, große Frauen wie Elly de Jong oder Ruth Feldman kriegten eher etwas ab.

Eines Tages saßen Ruth und ich nebeneinander im Scheißhaus, der Latrine, die nur aus langen Brettern bestand, auf die man sich setzen mußte. Ruth hatte Durchfall, eine Art Ruhr. Da kam eine Kapo, um uns hinauszujagen, Ruth konnte nicht aufstehen. Die Kapo wurde wütend, wollte sich auf Ruth stürzen und sie hinunter in die Scheiße stoßen. Aber ich war schneller, ich nahm einen meiner Klompen, schlug der Kapo auf den Kopf, Ruth war gerettet. Eine Stimme schrie: »Weg, weg!« Ich rannte zwischen den Baracken hindurch. Die wütende Kapo hat mich nicht gefunden. Hätte sie mich erwischt, wäre ich von ihr erschlagen worden. Ich hatte diese Geschichte völlig vergessen, Ruth erzählte sie mir Jahre später in Amsterdam.

Eines Tages Mitte Oktober, es regnete nicht mehr, hieß es: »Läusekontrolle. Alles ausziehen, raus, dalli, dalli!« Jemand sagte: »Wenn wir uns ausziehen müssen, schicken sie uns bestimmt ins Gas.« Wir ließen unsere paar Klamotten liegen, nackt und kahlgeschoren standen wir draußen. Es war kein Appell, wir waren uns selbst überlassen. Inzwischen suchten die Kapos drinnen nach Läusen und vermutlich auch nach anderem, nach illegalem Material. Es war kalt, wir froren und drückten uns zusammen. »Wollen wir nicht etwas singen?« fragte Michelle, ein französisches Mädchen. Und sie fing gleich selbst an: »Le Chevalier de la Table ronde«, aber mit einem neuen Text, einem Spottvers auf Hitler und die Vichy-

Kollaborateure. Einige von uns summten mit. Dann sang ich zwei jiddische Lieder, lustige Lieder, um uns etwas aufzuheitern. Allmählich bildeten alle einen großen Kreis. Ein makabres Bild: Einige hundert nackte Frauen, vor Kälte zitternd, hörten sich die Lieder an, klatschten Beifall und schienen für Augenblicke zu vergessen, wo sie waren. Von Michelle hatte ich das französische Partisanenlied »Le Chant de la Libération« gelernt. Jetzt sangen wir es zu zweit. Einige Frauen übersetzten für ihre Landsleute, was wir sangen. Ich sang noch mehrere Lieder, bei »Rajsele« sangen einige polnische Frauen mit, auch bei »Sog nischt kejnmol, as du gejst dem letztn weg« (Sag nie, du gehst den letzten Weg), dem jiddischen Partisanenlied, dessen vollständigen Text ich damals noch nicht kannte.

Dieses merkwürdige Konzert dauerte so eine Weile, da kamen zwei Frauen nach vorn, eine dunkelhaarige mit schönem Gesicht und eine blonde. Ich hatte beide im Block vorher noch nicht gesehen. Die blonde sang mit hellem Sopran auf deutsch »Am Brunnen vor dem Tore«. Die andere, Adelheid, stellte sich in die Mitte und sang mit prachtvollem Alt Schuberts »Frühlingsglaube« mit solcher Innigkeit, daß wir alle tief ergriffen waren. Und als sie sang: ». . . nun muß sich alles, alles wenden«, da waren auch wir davon überzeugt, daß sich bald alles wenden würde. Wir fühlten uns nicht mehr verlassen. Das Singen hat uns wieder bewußt gemacht, daß wir noch gerührt sein, noch Wärme fühlen konnten, daß wir Menschen waren. Wir hatten unsere menschliche Würde bewahrt durch die Musik, durch das Lied.

Acht Jahre später, in der Berliner Staatsoper, damals noch im Admiralspalast in der Friedrichstraße, sah ich plötzlich im Zuschauerraum eine schöne, dunkelhaarige Frau. Unsere Blicke trafen sich. Wir gingen aufeinander zu und umarmten uns. Es war Adelheid, inzwischen Professor Adelheid Müller-Heß, eine bekannte Altistin und Pädagogin.

Wir wurden weniger, Michelle hatten sie kaputtgeschlagen, auch Elly de Jong. Eine ganze Gruppe von Französinnen wurde auf einen LKW geladen, sie sangen Le Chant de la Libération und die Marseillaise, als sie abfuhren . . . ins Gas. Vor den Kapos hatten wir Angst. Jannie und ich durften nicht zu nahe beieinander bleiben, wenn sie gemerkt hätten, daß wir Schwestern waren, hätten sie uns auseinandergetrieben. Ein Mädchen, Lien de Vries, hatte einmal eine freche Antwort gegeben, zur Strafe mußte sie einen ganzen Tag lang auf einem Stein knien und mit den Händen einen großen Stein hoch über ihrem Kopf halten. Wenn sie ihre Arme nur etwas herunterließ, bekam sie Schläge. Die Kapos, meist Polinnen, blickten oft verächtlich auf uns Holländerinnen oder die Französinnen herab, wir waren ihnen zu verweichlicht, zu »zivilisiert«. Es ist kaum zu begreifen, wie normale Menschen wie unsere Rosa, sie war viel jünger als ich, zu solchen Sadisten werden konnten, ihre Aggressionen auf uns abluden, um sich selbst zu retten. Es ging einfach ums Überleben, die Nazis ließen nicht nach, uns Häftlinge gegeneinander aufzuhetzen. Aber wenn ich mal jiddische Lieder sang, wurde Rosa ganz sentimental und steckte mir ein Stückchen Brot extra zu.

Ich schlief immer mit meinen Klompen unterm Kopf, damit sie nicht gemopst werden konnten. Eines Morgens erwachte ich – meine Holzschuhe waren weg. Ich wollte sie unbedingt wieder haben, denn ohne Schuhe in dem Schlamm zu waten war entsetzlich. Ich guckte mich überall um und fand schließlich das Mädchen, das meine Schuhe trug. Ich wollte sie ihr wieder abnehmen, da fing sie schrecklich zu schreien an. An einem Schuh haben wir beide gezogen, mit dem andern schlug sie mir ins Gesicht, ich bekam einen großen blauen Fleck am rechten Auge. Aber meine Klompen hatte ich wieder.

Am meisten Angst hatten wir vor Selektionen, wir wußten, was das bedeutete: Mit einer Handbewegung schickte Dr. Mengele die Abgemagerten, die »Muselmänner«, nach der einen Seite, in die Gaskammern, die noch einigermaßen Gesunden durften auf die andere Seite, zur Arbeit oder auf Transport. Da hatten sich schon vorher schreckliche Dinge abgespielt. Eine Frau hatte sich selbst immerzu ins Gesicht geschlagen, um rote Wangen zu haben, wenn sie bei Mengele vorbeikäme – wir nannten ihn nur Malach ha mowes, den Todesengel. Eine andere hatte sich mit dem bißchen Margarine, das wir bekamen, ihre Haut eingefettet und meinte, so etwas besser auszusehen. Für ein kleines Stückchen Lippenstift gab eine andere mehrere Tagesrationen Brot.

Eines Tages, Anfang November, hieß es: »Großer Appell, Antreten zur Selektion!« Da standen wir stundenlang, wurden auf die lange Rampe geprügelt und mußten nackt der Reihe nach bei Mengele vorbei. Ich war schon ganz dünn geworden. Jannie hatte noch etwas mehr Widerstand gehabt als ich, sie ist beherrschter, wie Mutter es war, und reagiert nicht so emotional, so aufbrausend wie ich. Sie stand etwas hinter mir. Als ich an die Reihe kam, fing Mengele schrecklich an zu lachen. »Woher hast du denn das Veilchen?« rief er. Ich wußte nicht, was er meinte. »Ich habe kein Veilchen«, sagte ich ganz verdutzt. Er zeigte auf mein blaues Auge. »Und was ist das hier?« – »Ach so«, sagte ich, »ja, ich hab mich mit einem Mädchen gestritten, und sie hat mich mit einem Holzschuh aufs Auge geschlagen.« Da lachte er noch lauter, gab mir eins auf den Hintern und ließ mich laufen.

So bin ich noch einmal mit einem wirklich blauen Auge davongekommen. Jannie kam auch durch.

Dann mußten wir uns in Reihen aufstellen, bekamen andere Kleider zugeworfen und mußten auf der Rampe ein Stück weitergehen zu einem Eisenbahnzug. Jeder kriegte ein Stück Brot, etwas Margarine, ein Stückchen Wurst und Harzer Käse. Dann wurden wir dalli, dalli in Viehwagen gepfercht. Da standen wir die ganze Nacht, erst morgens fuhr der Zug los.

Wieder ging es quer durch Deutschland, jetzt in umgekehrter Richtung, nach Westen. Die Nazis hatten Angst vor dem nächsten Angriff der Roten Armee, die schon hinter der Weichsel stand. Das war der erste Transport zur Evakuierung von Auschwitz. Wir hatten Glück, später mußten die Gefangenen laufen, viele Tage lang. Irgendwie fühlten wir uns erleichtert. Weg aus dieser Hölle, weg von Auschwitz. Wohin, wußten wir nicht. Aber noch arger kann es nicht werden, dachten wir.

Die Fahrt dauerte wieder drei Tage und drei Nächte. Einmal blieb der Zug lange stehen. Wir hörten Pfeifsignale von anderen Zügen, die ein ganz besonderes Geräusch machten. Jahre später entdeckte ich: das war die Berliner S-Bahn. Dieses Geräusch hat mich noch oft an die Fahrt im Viehwagen erinnert. Dann fuhren wir wieder ein Stück. Es hieß, wir seien in Ravensbrück. Aber wir wurden nicht rausgelassen, das Frauenlager wollte uns nicht aufnehmen. Wir fuhren weiter, es erschien uns wie eine Ewigkeit. Wieder einmal hielt der Zug. »Wir sind in Celle«, rief eine Frau, die hoch oben im

Wagen durch eine Ritze geschaut hatte. Der Zug fuhr noch ein Stückchen und blieb dann auf offenem Gelände stehen. Die Türen wurden aufgeschoben. »Schnell raus, ihr Dreckschweine, dalli, dalli . . .«

Bei Haakon und Mieke

Das Concertgebouw-Orchester spielte schon längst nicht mehr, seit September waren alle Theater, Konzertsäle und Kinos geschlossen. Abends saßen wir in der Küche, da war es noch am wärmsten, eine kleine Ölfunzel verbreitete etwas Licht. Da es keinen Strom gab, konnten wir auch nicht mehr Radio London und Moskau hören. Jetzt waren wir nur auf die illegalen Zeitungen und die offiziellen Wehrmachtsberichte angewiesen. Unsere Enttäuschung war groß, als der Aufmarsch der Alliierten steckenblieb und die angeschlagenen deutschen Armeen in den Ardennen sogar noch einen Gegenangriff unternehmen konnten.

Einige Orchestermitglieder kamen mehrmals bei Haakon zusammen, um einen neuen Status für das Orchester auszuarbeiten. Der weltberühmte Klangkörper war juristisch nicht unabhängig und noch stets ein Anhängsel der Gesellschaft »Het Concertgebouw«, die das Gebäude verwaltete. So konnte ein Gremium von teils völlig inkompetenten Leuten die künstlerischen Belange des Orchesters mitbestimmen, ein unhaltbarer Zustand.

Haakon bezog mich in die Diskussionen um einen neuen Status mit ein, nachdem ich mich bereits mit Jan van Gilse an der Ausarbeitung von Richtlinien für eine Föderation künstlerischer Berufsvereinigungen beteiligt hatte, so etwas existierte in Holland noch nicht. Diese Föderation wurde gleich nach dem Krieg gegründet und erwarb sich rasch eine angesehene Stellung im gesellschaftlichen Leben. Nach langem Tauziehen bekam auch das Orchester seine juristische und verwaltungsmäßige Selbständigkeit. Das alles wäre ohne die gründliche Vorarbeit während der Illegalität nicht möglich gewesen.

Eines Tages im November wurde mir angeboten, einen Klavierabend in einer Privatwohnung zu geben, dort hätten schon mehrere solcher illegalen Hauskonzerte stattgefunden, dem Zuhörerkreis sei zu vertrauen. Ich sagte gern zu und bereitete ein Programm vorwiegend mit Werken damals verbotener Komponisten vor, Lieder ohne Worte von Mendelssohn Bartholdy, Stücke von Prokofjew, Chatschaturjan und Bartók. Bei Haakon und Mieke konnte ich ungestört üben, das fiel in einer Musikantenwohnung nicht auf, zudem spielte ja auch Mieke recht passabel Klavier.

Zur vereinbarten Zeit – das Konzert sollte um sechs Uhr beginnen, um acht Uhr war Sperrzeit – ging ich zu Fuß in die Roelof-Hart-Straat. Im Dunkeln erregte es keine Aufmerksamkeit, wenn viele Leute in eine Wohnung kamen. Als ich das Zimmer betrat, in dem das Konzert stattfinden sollte, war der Raum bereits bis in die letzte Ecke besetzt. Auf dem Klavier konnte ich mich also nicht mehr einspielen, schlug nur ein paar Akkorde an und bemerkte zu meinem Schrecken, daß die Stimmung etwa einen halben Ton zu tief war. Ich wurde von den Gastgebern sehr freundlich als Pianist Cornelis Verhoeve angekündigt und begann mit Bachs Chromatischer Fantasie und Fuge. Die Fantasie brachte ich noch gut zusammen, aber ich habe nun einmal absolutes Gehör, und statt d-Moll hörte ich cis-Moll, in Gedanken mußte ich alles transponieren. In der recht komplizierten Fuge verhedderte ich mich schrecklich, so etwas war mir noch nie passiert! Ich mußte mittendrin abbrechen und entschuldigte mich bei den Zuhörern, die laut zu klatschen anfingen und mir zulachten. Dann ging alles gut weiter, aber ich habe doch noch einige Male Blut und Wasser geschwitzt. Am Ende gab es großen Beifall, die Menschen waren wirklich sehr lieb und dankbar. Die Zeit drängte, ich konnte nur eine Zugabe spielen, Chopins E-Dur-Etüde, dabei dachte ich nur an Lin. Gerade noch rechtzeitig vor acht Uhr war ich wieder bei Haakon und Mieke.

Nach diesem Klavierabend wurde mir so recht bewußt, wie sich trotz des schlechten Instruments meine Interpretation mancher Werke durch die Extremsituation der Illegalität verändert, vertieft und differenziert hatte. Vor allem Chopin spielte ich jetzt ganz anders als früher. Seine Musik bildete im antifaschistischen Widerstand Polens ein wichtiges, bewußtseinsförderndes Element, das hatte ich in einer Sendung von Radio Moskau gehört. Chopins Gedanken- und Gefühlswelt begriff ich nun viel besser. Er war wie ich

Emigrant, er verging vor Heimweh – ich allerdings nicht! – und brachte den Stolz seines unterdrückten Volkes in Klängen zum Ausdruck. Die As-Dur-Polonaise spielte ich jetzt kraftvoller, auch in seinen Nocturnes und Etüden entdeckte ich Elemente nationaldemokratischen Selbstbewußtseins, die ich nun aus Solidarität mit den kämpfenden Genossen und Brüdern im Osten klanglich, dynamisch, in der Phrasierung und Agogik stärker profilierte. Ähnlich erging es mir mit Chatschaturjans Toccata und mehreren Stücken Béla Bartóks.

Es muß Ende November gewesen sein, als an einem Sonntagvormittag – Haakon war wieder auf einer »Hungertour«, um Lebensmittel zu beschaffen – plötzlich englische Flugzeuge im Tiefflug über die Stadt rasten. Mieke, die Kinder und ich rannten runter und verbargen uns im Treppenhaus, dort war es am sichersten. Wir hörten einige Bombeneinschläge, gar nicht weit weg. Nach ein paar Minuten war alles vorüber. Es sprach sich schnell herum, was passiert war: Die Royal Air Force hatte das Gestapobüro des »Sicherheitsdienstes« in der Euterpestraat und die gegenüberliegende »Zentralstelle für die Deportation der Juden« haargenau getroffen, beide Gebäude wurden verwüstet, viele Akten, vielleicht auch meine, verbrannten. Dort hatten wir im Keller gesessen und die Verhöre der Herren Lages und Schaap erdulden müssen. Aber warum haben sie das erst jetzt getan? Wenn sie das ein Jahr oder wenigstens einige Monate früher unternommen hätten, wäre viel Leid erspart geblieben. Wie oft hatten wir schon gehofft, sie würden diesen Schreckensort kaputtbombardieren. Jetzt war es viel zu spät.

Im Dezember gab es auf Lebensmittelkarten so gut wie gar keine Kartoffeln mehr, dafür aber Zuckerrüben. Wir säuberten sie, schnitten sie klein, und Mieke kochte den Brei. Der Sirup war schön süß, das freute die Kinder. Und den ausgelaugten Brei verzehrten wir dann. Er schmeckte wie Kleister und lag wie ein Stein im Magen, aber wir waren für einige Stunden das bohrende Hungergefühl los.

Geburtstage feierten wir nicht mehr, dazu waren wir nicht in Stimmung. Nur zum Sint Niklaas machten wir für die Kinder ein paar kleine Überraschungen. Besonders an Lins Geburtstag gab es für mich immer nur die eine Frage: Lebt sie noch?

Mitte Dezember kam Haakon wieder einmal von einer zweitägigen Beschaffungstour zurück. Freudestrahlend berichtete er, einer seiner ehemaligen Schüler, Gerard Blomsma in Oegstgeest, habe ihn aufgefordert, mit Mieke und den beiden Mädels zu ihm zu kommen. Gerard sei Vertreter einer Butangas-Firma und hätte im Keller noch Dutzende von Gasflaschen liegen, so daß gekocht, geheizt, für Licht gesorgt und Rundfunk gehört werden könne. Vor allem aber tausche er die Flaschen bei Bauern der Umgebung gegen Weizen, Milch, Butter und Eier ein, so hätten wenigstens die Kinder genug zu essen. Außerdem habe er einen schönen Flügel und eine große Schallplattensammlung, er beabsichtige, für Freunde regelmäßig Hauskonzerte zu veranstalten. »Ja, aber . . .«, warf ich ein. Haakon unterbrach mich: »Mach dir keine Sorgen, Piet. Ich hab Gerard gesagt, wir hätten noch einen Untertaucher bei uns, das sei recht gefährlich. Gerard wehrte sofort ab, bring ihn mit, ich will gar nicht erst wissen, was mit ihm los ist!« Ja, so waren die Menschen damals.

Aber wie sollten wir nach Oegstgeest kommen? Eisenbahnen fuhren nicht. Mit den beiden Kindern und dem Gepäck auf Fahrrädern zu reisen war ausgeschlossen, also dann: nur ein Schiffstransport. Haakon gelang es, für uns eine Fahrt in einem kleinen Frachtschiff von Amsterdam nach Leiden zu organisieren. Frühmorgens am 30. Dezember zogen wir los, trotz der Kälte waren die Wasserwege noch nicht zugefroren. Unterwegs wurden wir bei Schiphol kontrolliert, mein Ausweis als Rüstungsspezialist erwies sich wieder als rettendes Papier. Erst abends gegen sieben Uhr kamen wir im Hafen von Leiden an.

Der Kai im Leidener Hafen bot einen beinah gespensterhaften Anblick. Riesige V 2-Raketen wurden von einem Schiff auf große Lafetten verfrachtet und in Richtung Wassenaar abtransportiert. In der Dunkelheit schien alles noch viel größer zu sein. Wir liefen dann mit unserem Gepäck noch etwa fünf Kilometer nach Oegstgeest zu den Blomsmas am Emmalaan 5. Jetzt war ich also auf meiner elften illegalen Adresse. Sollte es die letzte werden?

Riet und Gerard empfingen uns mit einer opulenten Mahlzeit. Riet hatte frisches Brot gebacken, Gerard bei Bauern richtige Butter besorgt, so fürstlich hatten wir seit langem nicht mehr gegessen.

Außerdem waren die beiden ineinandergehenden Wohnzimmer warm geheizt, und es brannte richtiges Licht. Gerard legte eine Platte mit Mozarts Requiem auf. Wir verlebten einen Abend – wie in vorweggenommener, glücklicher Friedenszeit.

Bergen-Belsen

»Na, wird's bald, schneller, dalli, dalli!« schrien die SSer. Wir wurden aus dem Waggon gestoßen. Viele waren unterwegs krepiert, wir mußten die Leichen hinaustragen und liegenlassen. Ich war so benommen von dem Gestank und von der Müdigkeit, daß ich auf nichts mehr achten konnte. Jannie und ich, wir hielten uns fest an den Händen, wir hatten Angst, uns zu verlieren.

Da standen wir nun auf einer breiten Chaussee, rechts und links war Wald, Kiefern und Tannen. Aber man ließ uns keine Zeit zum Schauen. Wir wurden geschubst und geschlagen, bis wir in Zehnerreihen standen, eine lange Schlange von ausgemergelten, zerlumpten Gestalten. Den Anfang der Schlange konnten wir nicht sehen, auch das Ende nicht. Die Aufseher brüllten durcheinander, Hunde bellten. Fliehen war unmöglich, die Hunde hätten uns zerfleischt. Die Schlange setzte sich in Bewegung, die Füße schlurften über die Erde. Aber es roch nach Wald, und die Luft war frisch. Kein Gestank wie in Auschwitz und im Zug. Unterwegs begegneten uns viele Menschen, auf Fahrrädern, auf Pferdewagen und auch Fußgänger, alle haben uns gesehen. (Aber nach dem Krieg hat kaum noch einer etwas gewußt!)

Dann mußten wir auf einem Sandpfad weiterlaufen, jetzt in Fünferreihen. Der Wald, die Heide, die Luft erinnerten uns an Holland. Wir gingen durch eine Zaunöffnung und dann noch einmal durch einen Stacheldrahtzaun – der war nicht elektrisch geladen –, bis wir auf einem riesigen Appellplatz stehenblieben. Wir waren in Bergen-Belsen. Jeder bekam wieder einen Blechnapf, einen Löffel und eine Decke. Jannie und ich hatten noch Glück, am Ende der Schlange haben viele nichts mehr gekriegt. Wir froren, hüllten uns in unsere Decken und waren zum Umfallen müde. Und doch atmeten wir auf. Hier gab es keine Gaskammern, kein Krematorium …

Endlich bekamen wir etwas zu essen, eine Suppe mit ein paar Stückchen Mohrrüben drin. Mohrrüben etwas ganz Seltenes. Dann konnten wir frei herumlaufen. Jemand sagte uns, oben auf einer Anhöhe könne man sich waschen. Wir gingen hinauf, da war eine lange Wasserleitung mit vielen Hähnen. Mit frischem, kaltem Wasser waschen, das hatten wir seit Auschwitz nicht mehr tun können. Wir schlugen wieder unsere Decken um, da kamen uns zwei magere, kahlgeschorene Gestalten entgegen, sie sahen aus wie kleine frierende Vögelchen. Wir lagen uns in den Armen und weinten. Es waren Margot und Anne Frank. Wir fragten nach ihrer Mutter. Anne sagte nur: »Selektiert.«

Zu viert gingen wir zum Appellplatz zurück, an Baracken vorbei. Dann kamen wir zu mehreren großen Zelten, es schien als ob sich ein Zirkus hier niedergelassen hätte. In einem dieser Zelte wurden wir untergebracht. Wir lagen auf Stroh und krochen zu viert unter unseren Decken zusammen.

In den ersten Tagen war es ruhig, wir schliefen viel. Es fing an zu regnen. Auch unter unseren Decken wurden wir nicht warm. Läuse gab es auch hier wieder.

Dann wurden wir zur Arbeit gerufen. In einer Baracke mußten wir von alten Schuhen die Sohlen abtrennen, das war mühsam. Aber wir bekamen dafür etwas Suppe und ein Stückchen Brot. Bald fingen die Hände an zu bluten und zu eitern. Anne und ich mußten zuerst mit der Arbeit aufhören, es ging einfach nicht mehr. Jannie und Margot hielten etwas länger aus.

Nach ein paar Tagen tobten schwere Novemberstürme. Die Zirkuszelte brachen zusammen, es gab Verletzte. Wir wurden in eine Scheune getrieben, in der Lumpen, alte Schuhe und andere Sachen aufgestapelt lagen. Anne fragte: »Warum wollen sie, daß wir wie Tiere leben?« Jannie antwortete: »Weil sie selbst Raubtiere sind.«

Dann wurden wir in Baracken untergebracht. Es gab immer wieder Tote, vom Hunger zermürbt. Neue Transporte kamen an. Wo sollten all die Menschen hin? Man vertrieb uns aus unserem Block. Jetzt hatten wir kein Dach mehr überm Kopf. Täglich gab es Zählappelle. Aber am Abend mußten wir in einem Block sein, sonst hätte man uns erschossen. Wir mußten selbst sehen, wo wir unterkamen. Wir waren den Launen der Wachmannschaften ausgesetzt, die nur schreien und fluchen konnten. Endlich hatten wir wieder für ein paar Nächte eine Baracke gefunden.

Jeden Abend kam ein bewaffneter Aufpasser zu uns, ständig besoffen. Mit Gebrüll rückte er die Pritschen hin und her. »Ihr Dreckschweine, ich werd's euch zeigen!« So konnte es passieren, daß wir von den oberen Pritschen herunterfielen. Eines Abends verabredeten wir, von unserer Pritsche oben auf die gegenüberliegende zu springen, wenn er wieder zu rütteln anfing. Er kam, fluchte wie üblich, fing wieder an, die Pritschen hin und her zu schütteln. Da sprangen wir hinüber, die Pritsche krachte um. Der Aufpasser fiel auf den Hintern, er wurde noch wütender, aber zog ab. Wir lachten ... doch, da auf dem Fußboden lag ein gerade erst angebrochenes Päckchen Zigaretten, dem Brüllaffen aus der Tasche gerutscht. Zigaretten, eine Kostbarkeit! Wir verteilten sie, hatten noch tagelang unser Vergnügen: Wir tauschten sie für Brot.

Jemand sagte mir, ich solle zum großen Zaun kommen, der unser Straflager vom Familienlager trennte. Ich ging hin, da stand auf der anderen Seite Lini Biet, sie hatte gehört, daß ich nach Bergen-Belsen gekommen sei. Sie war mit ihrer kleinen Anita aus Westerbork hier in das »Sternlager« eingewiesen worden. Wie in Westerbork konnten auch hier die Familien zusammenbleiben, sie bekamen auch etwas bessere Verpflegung. Lini warf mir über den Zaun einige Stückchen Zucker und Brot zu. Wir trafen uns dort noch einige Male, dann wurde uns das verboten.

Wir mußten nochmals den Block wechseln und wurden von anderen holländischen Frauen getrennt. Trotzdem hielten wir Kontakt miteinander. Besonders mit Sonja van Amstel hatten wir uns angefreundet, der Tochter eines Genossen. Sie war mit ihrer Familie nach Auschwitz gekommen, ihr Vater und ihr Bruder gingen irgendwohin auf Transport und starben. Sie war in Auschwitz von ihrer Mutter getrennt worden und nun ganz allein.

Eines Tages im Dezember bekamen wir alle ein extra Stückchen Harzer Käse und etwas Marmelade. Die SS und die Aufseherinnen zogen sich nachmittags zurück und feierten. Es war Weihnachten. Mit Margot und Anne Frank und den Schwestern Daniels waren wir jetzt drei Schwesternpaare. Wir wollten an diesem Abend Sint Niklaas, Chanuka und Weihnachten auf unsere Weise feiern.

Jannie hatte eine Gruppe von Ungarinnen kennengelernt, von denen einige in der SS-Küche arbeiteten. Mit deren Hilfe gelang es ihr, zwei Hände voll Kartoffelschalen zu »organisieren«. Anne gabelte irgendwo ein Stückchen Knoblauch auf, die Schwestern Daniels »fanden« eine rote Rübe und eine Mohrrübe. Ich sang in einem anderen Block vor Aufseherinnen einige Lieder und tanzte einen Walzer von Chopin, die Melodie sang ich selbst dazu, dafür bekam ich eine Handvoll Sauerkraut. Wir sparten uns ein bißchen Brot vom Munde ab, und jeder bereitete für die anderen mit diesem Brot kleine Überraschungen vor. Etwas Muckefuck hatten wir in einem Blechnapf noch vom Morgen aufbewahrt, wir wärmten ihn auf einem Öfchen und rösteten Kartoffelschalen. So feierten wir. Leise sangen wir holländische und jiddische Lieder, auch lustige wie »Constant hat een hobbelpaard«. Wir erzählten uns Geschichten und malten uns aus, was wir alles tun würden, wenn wir wieder nach Hause kämen. »Dann werden wir bei Dikker und Thijs, einem der teuersten Restaurants von Amsterdam, ein Festessen machen«, meinte Anne. Und wir stellten uns schon das Menü zusammen, lauter leckere Sachen. Wir träumten – und waren in diesem Augenblick sogar etwas glücklich. Wir sahen einander in die Augen, runde Augen mit einem grünlichen Schimmer, wir waren immer magerer geworden.

Aus dem »Sternlager« kamen bald darauf etwa sechzig Frauen und Kinder zu uns ins Straflager, die Männer waren irgendwohin auf Transport gegangen. Man ließ bestimmte Listen privilegierter Gefangener »platzen«, wie wir das nannten, meist gerade an jüdischen Feiertagen, das war so eine besondere Freundlichkeit. Eine SS-Aufseherin kam in unseren Block und fragte, wer Pflegerin sei. Jannie meldete sich und hob auch meinen Arm hoch, obwohl wir früher außer einem Kursus für erste Hilfe nie eine Ausbildung gehabt hatten.

So wurden wir Pflegerinnen und kamen in einen anderen Block, wo die holländischen Frauen und Kinder untergebracht waren, ganz in der Nähe des Familienlagers. Wir bekamen ein Stückchen Brot extra und konnten versuchen, anderen zu helfen. Wir mußten für den ganzen Block Wasser und Essen holen, die Baracken sauberhalten und die Kranken versorgen. Die meisten dieser Frauen waren schon lange im »Sternlager« gewesen, immer in der Hoffnung, über Schweden gegen deutsche Kriegsgefangene ausgetauscht zu werden. Und jetzt waren sie von ihren Männern getrennt worden und in das schlechteste Lager gekommen. Zu ihnen gehörten zwei Freundinnen von Anne Frank, Roosje Pinkhoff und Carry Vos. Margot und Anne kamen jetzt öfter in unseren Block, auch wir schauten immer wieder nach, wie es ihnen ging.

Mit den Ungarinnen und einer Gruppe jugoslawischer Frauen, die bei der Lagerleitung reinemachen mußten, hatten wir engen Kontakt, es waren auch einige Genossinnen darunter. Sie waren gut informiert und brachten uns die neuesten Nachrichten. »Wir müssen durchhalten, durchhalten«, sagten sie immer wieder, »jetzt kann es wirklich nicht mehr lange dauern, die Deutschen werden von zwei Seiten in die Enge getrieben!«

Im Januar und Februar war es bitter kalt, es lag hoher Schnee. Manchmal gab es tagelang nichts zu essen und zu trinken. Wenn mal etwas kam, stellten die Aufseherinnen den Kübel mit Suppe einfach hin, und alle stürzten sich heißhungrig darauf. Was sich dabei abspielte, ist nicht zu beschreiben. Fiel mal ein Kübel um, bekamen wir gar nichts. Es herrschte ein immer größeres Durcheinander. Ruhr und Flecktyphus breiteten sich aus. Wir hatten außer unseren dünnen Lumpen keine wärmende Kleidung. Auschwitz war die organisierte Hölle. Bergen-Belsen war jetzt die Hölle ohne Gnade, das Chaos. Auch ich fühlte mich immer elender.

In den Baracken standen immer drei Pritschen übereinander, für acht bis neun Menschen. Auf der Pritsche uns gegenüber lag eine Mutter mit drei Kindern, Marianne Asscher. Ihr Mann, der in Holland im Diamanthandel gearbeitet hatte, mußte mit zwei Kindern über vierzehn Jahre auf Transport, sie sind alle drei umgekommen. Marianne kam schon krank in unseren Block. Sie sorgte sich besonders um ihr jüngstes Kind, ein Mädchen von knapp zwei Jahren. Es war in Westerbork geboren, konnte noch nicht sitzen, reagierte nur mit großen traurigen Augen und wimmerte leise vor sich hin. Die Mutter gab ihm ab und zu ein wenig Milchpulver, das sie aus dem Familienlager mitgebracht hatte, und kleine Stückchen Brot, die sie vorher weich kaute. Es war uns ein Rätsel, daß dieses kleine Geschöpf noch lebte.

Jannie, ich und eine Frau Schwarz, die selbst ein Mädchen von sechs Jahren bei sich hatte, wir kümmerten uns um die beiden anderen Asscher-Kinder: Bram war etwa elf und Jopie etwa sieben Jahre alt. Zuerst haben wir ihnen draußen die Haare abgeschnipselt und dann vorsichtig alle zwei Tage die Läuse aus der Kopfhaut gekrabbelt und den Kopf mit Schnee- oder Pfützenwasser gekühlt.

Marianne Asscher hatte schon tagelang hohes Fieber, eines Morgens lag sie in Agonie. Bald darauf starb sie. Wir legten sie in eine unserer Decken und trugen sie zu sechst zur großen Grube. Als wir Brom und Jopie schonend beibringen wollten, daß ihre Mutter tot war, kam gerade eine Kapo mit einer Liste in unsere Baracke und rief: »Ein Abgang, Marianne Asscher.« Für die Jungen war das entsetzlich. Brammetje nahm ich in meine Arme und versuchte ihn zu trösten. Jannie nahm Jopie auf ihren Schoß, er weinte, bis er einschlief.

Auch das Baby hatte Fieber, trockene Haut und Knochen kämpften gegen den Tod. Dann mußten wir auch dieses kleine Etwas in die Grube legen. Brammetje und Jopie waren verzweifelt. Wir haben sie wie unsere eigenen Kinder gepflegt und bis zur Befreiung durchgeschleppt. Nach dem Krieg lebten sie in Amsterdam bei einer Tante, wir besuchten sie einmal. (Als wir im Dezember 1983 nach Tel Aviv kamen, brachte mir ein Mann von etwa fünfzig Jahren einen großen Blumenstrauß und umarmte mich. Ich erkannte ihn sofort, es war Brammetje. Er hatte in einer Zeitung gelesen, daß ich mit meiner Familie in Israel Konzerte geben würde.)

Wie Marianne Asscher und ihr Baby starben in unserem Block viele Frauen und Kinder an Typhus und Hunger. Leichen zu sehen und wegzutragen war für uns alle, auch die noch lebenden Kinder, etwas Alltägliches geworden. Jannie und ich schrubbten die Baracke sauber, so gut es ging. Wir versorgten auch die Kranken. Die einzigen Mittel, die wir hatten, waren Aspirin und Verbandszeug aus Papier. Wir alle litten auch an Ruhr, Jannie und ich glücklicherweise nicht gleichzeitig, so daß wir einander helfen konnten. Es gab leider aber auch Frauen, die ihr Elend auf uns abladen wollten. Wenn sie Ruhr hatten, mußten wir ihre Pritsche säubern. Und wenn wir dann kein Wasser hatten, schimpften sie noch. Eines Abends schrie eine von ihnen so laut, daß die Wachmannschaft herbeieilte, einer schoß mitten in die Baracke. Daß wir nicht getroffen wurden, war ein Wunder.

Als sich im Februar und März der Flecktyphus immer mehr ausbreitete, bekam auch Sonja van Amstel hohes Fieber und starb. Von der ganzen Familie überlebte nur die Mutter. Eine andere Frau hatte in Bergen-Belsen ein Kind zur Welt gebracht und war glücklich, doch Mutter und Kind starben an Flecktyphus.

Vor einigen Tagen, also jetzt nach vierzig Jahren, bekam ich von einer gewissen Chelly aus Israel einen Brief, ich erinnere mich nicht mehr an sie. Sie schreibt: »In Bergen-Belsen waren wir auch zusammen, und dort mußtest du mir mitteilen, daß meine Schwiegermutter, Henriette van Amerongen, gestorben war, und du gabst mir ihre wenige Habe, auch ihren Trauring, den ich jetzt noch trage. Ich hab das niemals vergessen. Das war eine ehrliche Tat und in dieser Zeit nicht immer selbstverständlich.«

Wir fragten Margot und Anne Frank, ob sie nicht zu uns kommen wollten. Aber Margot hatte abscheulichen Durchfall und konnte sich nicht mehr halten. Wegen der Ansteckungsgefahr des Bauchtyphus mußte sie im alten Block bleiben. Anne sorgte für sie, so gut es ging. In den Wochen danach besuchten wir uns oft gegenseitig, wir konnten ihnen auch ab und zu etwas Essen mitbringen. Es muß im März gewesen sein, der Schnee war schon geschmolzen, als wir sie wieder einmal aufsuchen wollten, aber sie waren nicht mehr im Block. In der Krankenbaracke fanden wir sie. Wir beschworen sie, nicht dortzubleiben, denn sobald man sich hinlegte und keinen Widerstand mehr aufbrachte, ging es zu Ende. Anne sagte nur: »Hier können wir zu zweit auf einer Pritsche liegen, wir sind beisammen und haben Ruhe.« Margot flüsterte nur noch, sie hatte hohes Fieber.

Am Tag darauf gingen wir wieder zu ihnen. Margot war von der Pritsche gefallen, kaum noch bei Bewußtsein. Anne fieberte auch, sie war freundlich und lieb. »Margot wird gut schlafen, und wenn sie schläft, brauch ich nicht mehr aufzustehen.« Wenige Tage danach war ihre Pritsche leer. Wir wußten, was das bedeutete. Draußen hinter der Baracke fanden wir sie. Wir legten ihre dünnen Körper in eine Decke und trugen sie zur großen Grube. Das war alles, was wir noch zu tun vermochten.

Was sich in diesen letzten Wochen im Lager abspielte, kann ich in Worten nicht wiedergeben. Unvorstellbar, entsetzlich. Es wurde nur noch gestorben, ganz leise gestorben. Die Leichen blieben draußen irgendwo liegen. Die noch Lebenden hatten nicht die Kraft, sie wegzuschaffen.

Wir fieberten alle, ich noch eher als Jannie. Ich lag schon in Fieberträumen, als ich eines Tages Tee und eine Apfelsinenscheibe bekam, die Ungarinnen hatten das organisiert . . .

Illegale Hauskonzerte

Das Haus der Blomsmas war nicht groß. Im Obergeschoß hatten sie das Vorderzimmer für Haakon, Mieke und ihre beiden Mädels frei gemacht, sie selbst schliefen im Hinterzimmer, ihre beiden Jungen in einer kleinen Kammer. Für mich hatten sie eine Liege unter der Treppe bereitgestellt. So richteten wir uns häuslich ein. Gerard machte gleich Pläne für Hauskonzerte: Wir könnten jede Woche zwei veranstalten, eins sollten Haakon Stotijn und Piet Verhoeve bestreiten, für ein zweites würde er gern seine Schallplatten zur Verfügung stellen. In der Umgebung wären sicherlich vierzig bis fünfzig Bekannte sehr an solchen Konzerten interessiert, meinte er. »Die Menschen haben ja schon über zwei Jahre lang keine gute Musik mehr genießen können.« Unseren Einwand, das könne doch gefährlich werden, wehrte er ab. »Wir hatten hier in Oegstgeest schon seit Monaten keine Razzien mehr. Die Nazis haben jetzt andere Sorgen, die meisten sind schon weg, in Richtung Kriegsfront. Nein, nein, macht euch keine Sorgen, außerdem sind die Leute in unserer Umgebung absolut zuverlässig, Faschisten und Verräter gibt's hier nicht.«

Und so geschah es dann. Jeden Sonntag und Mittwoch gaben wir Konzerte, fünf Monate lang. Ich tippte die Programme auf Gerards Schreibmaschine mit mehreren Durchschlägen, die wurden im Bekanntenkreis verteilt, zusätzliche Stühle besorgten die Nachbarn. Jeweils um halb sieben begannen wir, denn zur Sperrzeit um acht mußten alle wieder zu Haus sein, obwohl es danach auf der Straße so gut wie gar keine Kontrollen mehr gab. Etwa ein Dutzend dieser getippten Programme habe ich aufbewahrt.

Im ersten Konzert, am 10. Januar 1945, spielte ich Beethovens Sonate »Les Adieux«, in Gedanken an Lin, da konnte ich all meine Sorgen und Hoffnungen in Klänge umsetzen. Im ersten Satz, dem »Abschied«, dachte ich an unsere letzte gemeinsame Nacht im Gefängnis, der zweite, »Abwesenheit«, war für mich der gegenwärtige Zustand der Ungewißheit, des Zweifels, der Angst, im dritten aber, dem »Wiedersehen«, träumte ich von unserer Wiederbegegnung. Ich habe dieses wunderbare Stück wohl selten mit solcher Hingabe gespielt wie an jenem Abend. Haakon und Mieke wußten und fühlten mit mir, alle anderen konnten nicht ahnen, weshalb gerade diese Sonate mir so am Herzen lag, sie waren zufrieden und klatschten. An diesem Abend spielte Haakon das Oboenkonzert von Marcello, dann folgten einige kürzere Stücke von Debussy, Ravel und Toch und zum Schluß die Oboensonate von Hindemith, also zum Teil Musik, die damals den Reiz des Verbotenen hatte.

Im nächsten Konzert erklang auf Platten eine Aufführung des Oratoriums »Elias« von Mendelssohn Bartholdy, auch streng »verpönte« Musik. Ein in der Nähe wohnender Musikliebhaber, Jan Haverkamp, gab eine Einführung dazu. Für uns wurde der Prophet Elias zu einem Symbol der Rechtschaffenheit und Willenskraft in grausamer Wirklichkeit.

In den folgenden Wochen spielten Haakon und ich unser ganzes Repertoire, manchmal machten auch Laienkünstler mit: ein schräg gegenüber wohnender Angestellter, P. J. Teebaal, der recht gut Geige spielte, die Sängerin Catharina Smink und die Frau des Atomphysikers Kramer von der Leidener Universität, Anna Kramer-Petersen, sie war Dänin und hatte ihren Mann in Kopenhagen kennengelernt, als er bei Niels Bohr studierte. Frau Kramer war ein liebenswerter Mensch, sie hatte eine wunderschöne Sopranstimme, ich begleitete sie einmal in einem ganzen Zyklus von Hugo-Wolf-Liedern. Am 25. Februar kam sogar Haakons Vater, Jaap Stotijn, auf dem Fahrrad aus Den Haag zu uns, wir gaben schon vormittags zu dritt ein Konzert: Jaap und Haakon spielten das speziell für sie von Alexander Voormolen komponierte Konzert für zwei Oboen und Orchester, ich begleitete am Flügel, und Jaap spielte mit mir die

Piet-Hein-Rhapsodie von P. van Anrooij in einer Bearbeitung für Klavier vierhändig, ein lustiges Stück. Zu manchen Schallplattenkonzerten gab ich auch Einführungen, wie zu Hector Berlioz' Fantastischer Sinfonie und zu Bachs Matthäuspassion, die wir im April zu Ostern in zwei Konzerten vorführten. Einmal improvisierte ich auch einen Vortrag über den französichen Impressionismus.

Auf die Konzerte mußten Haakon und ich uns intensiv vorbereiten, wir hatten also alle Hände voll zu tun. Das war für mich nach all den Monaten der erzwungenen Untätigkeit sehr nützlich. Die beiden Wohnzimmer bei Blomsmas waren stets voll besetzt. Die Besucher bekundeten immer wieder ihre Dankbarkeit, ich kam auch mit vielen ins Gespräch, aber keiner von ihnen fragte mich jemals, woher ich gekommen sei und was ich vor dem Krieg getan habe. Daß Piet Verhoeve ein Pseudonym war, konnten sie sich wohl denken, aber alle bewahrten Diskretion.

Bei Blomsmas konnten wir nun täglich wieder die Nachrichten aus London und Moskau empfangen. Wir jubelten, als die sowjetischen Heere am 12. Januar eine gewaltige Offensive von den Karpaten bis zur Ostsee starteten, in kurzer Zeit bis zur Oder vordrangen und damit den Krieg auf das Gebiet des faschistischen Deutschlands selbst vorantrieben. Nach der Befreiung von Auschwitz am 27. Januar hörten wir auch zum erstenmal Einzelheiten über die geradezu unvorstellbaren Verbrechen an diesem Schreckensort, die Verbrennung und Vergasung von Millionen Menschen. Daß Lin, Jannie und die anderen auch dort gewesen sein könnten, vermuteten wir nicht, wir glaubten immer noch, sie seien in Wolfenbüttel. An der Westfront zeichnete sich der Hauptstoß des Vormarsches auf Deutschland ebenfalls ab, so daß die Niederlande nördlich der großen Flüsse nur Flanke bleiben und nicht entscheidendes Schlachtfeld werden würden. Wir merkten das auch daran, daß sich vom Februar an außer in der Stadt Leiden überhaupt keine deutschen Soldaten, SSer oder Sicherheitspolizisten mehr blicken ließen.

Gewaltigen Schrecken jagten uns aber die Abschüsse der V 2-Raketen von der Rampe in Wassenaar ein. Wie wir deutlich sehen konnten, flogen sie mit großem Getöse meist ein Stückchen hoch, dann senkten sie sich wieder, gingen nochmals hoch, um dann irgendwo wie eine Riesenbombe herunterzufallen. Nur ganz wenige stiegen auf in Richtung England. Die meisten landeten in der Nordsee, in den Dünen oder gar in Den Haag. Die Einwohner durchlebten immer Ängste, wenn so ein Monster hochging und irgendwo in der Stadt einschlug. Auch das Haus Bankastraat 131 wurde von einer V 2 zerstört.

Unsere Freunde Ankie und Jolle Huckriede waren mit unserem Bechstein-Flügel glücklicherweise schon vorher ausgezogen. Erst Jahre später erfuhren wir die Ursache der fehlgesteuerten V 2-Starts: Die Raketen wurden im KZ Dora, einem Außenlager von Buchenwald, gebaut, und die Gefangenen sabotierten die ordnungsgemäße Montage. Während Hitler und Goebbels immer noch von einer Wunderwaffe faselten, sahen wir mit eigenen Augen, wie mindestens vier von fünf V 2-Abschüssen danebengingen.

Es war ein kalter Winter, zwar nicht so schlimm wie drei Jahre zuvor, dennoch gab es von Mitte Januar bis Ende Februar viel Schnee, für Holland eine ungewöhnlich lange Kälteperiode. Wir konnten froh sein, daß bei Blomsmas die beiden Wohnzimmer geheizt waren, aus Amsterdam erreichten uns erschreckende Nachrichten. Die offiziellen Lebensmittelrationen schrumpften auf fünfhundert Gramm Brot, noch weniger Kartoffeln und ansonsten etliche Zuckerrüben pro Person und Woche zusammen. Gerard tauschte zwar Butangasflaschen gegen Lebensmittel zusätzlich ein, aber auch das wurde weniger. Zuerst dachten wir immer an die Kinder.

Doch es gab etwas, um den Hunger zeitweise vergessen zu machen: Oegstgeest liegt in der Nähe großer Tulpenfarmen. Gerard und Haakon schleppten auf Fahrrädern, deren Gummibereifung inzwischen notdürftig durch Taue ersetzt wurde, ganze Säcke mit Tulpenzwiebeln herbei. Den Kern mußte man herausschneiden, um Magenkrankheiten zu vermeiden, die Zwiebeln aber konnte man essen. Gekocht oder zu Brot gebacken, schmeckten sie zwar süßlich-fade, sie hatten wohl auch keinen Nährwert, aber immerhin, neben dem Zuckerrübenbrei war das eine willkommene Abwechslung.

Schon im Januar besuchte ich Ada van Gilse, die bei Rudolf Escher in Oegstgeest illegal lebte. Die Ermordung ihrer beiden Söhne war für Jan und Ada ein furchtbarer Verlust. Jan wurde krank, unter falschem Namen in ein Krankenhaus in Leiden eingeliefert, er starb im September 1944 an Krebs und wurde ebenfalls unter einem Pseudonym beigesetzt. Ada war nun ganz allein, sie schien sehr gefaßt zu sein, als ich zum erstenmal zu ihr kam. Ihre einzige Lebensaufgabe sei es nun, sagte sie mir, sich nach dem Krieg für das Werk ihres Mannes einzusetzen, auch ihre Söhne als Helden des Widerstandes sollten nie vergessen werden. Ich sagte ihr zu, sie nach Kräften dabei zu unterstützen. Meinen Vorschlag, eine Monographie über Jan van Gilse zu schreiben, nahm sie dankbar entgegen. Dieses Versprechen habe ich gehalten.

Oegstgeest liegt nicht weit entfernt von Hazerswoude, wo Kathinka bei der Familie de la Court war. Ich wollte sie unbedingt besuchen. Gerard zeigte mir auf einer Karte einen günstigen, etwa sechzehn Kilometer weiten Weg um die Stadt Leiden herum durch Dörfer, über Wiesen und Felder, wo es keine Kontrollen gab. So machte ich mich eines Sonnabends Mitte Januar zum erstenmal auf den Weg, per Rad mit Taureifen, und fand auch gleich die richtige Adresse. Ich kam unerwartet, denn die Post funktionierte sehr schlecht, und telefonieren konnte man schon lange nicht mehr. Albert öffnete mir die Tür, umarmte mich vor Freude und holte Kathinka, die gerade mit Cieltje spielte. Sie flog mir um den Hals. »Papa, das ist mein richtiger Papa!« Dann guckte sie mich erstaunt an. »Wo ist denn dein Schnurrbart?« Sie hatte mich nicht vergessen! Wir verlebten ein paar wunderschöne Stunden. Etwas Proviant hatte Riet Blomsma mir mitgegeben, damit die große Familie de la Court nicht noch für mich etwas abknapsen mußte.

Cilia und Albert baten mich, öfter zu Besuch zu kommen. Natürlich mußte ich ihnen auf dem Flügel auch etwas vorspielen, besonders die As-Dur-Ballade von Chopin wollten sie gern hören. Kathinka saß dann wie früher still beiseite und lauschte. Am Nachmittag mußte ich wieder zurückfahren, noch vor Einbruch der Dunkelheit. Ich hatte mein Kind wiedergefunden und war glücklich.

Ich fragte die Blomsmas, ob ich Kathinka für ein paar Tage nach Oegstgeest bringen könnte. Sie stimmten sofort zu. Anfang Februar, im tiefen Schnee, holte ich sie auf dem Fahrrad. Riet hatte zum Empfang wieder ein Vollkornbrot gebacken. Wir Erwachsenen waren sparsam, jeder bekam eine Scheibe, Kathinka durfte essen, soviel sie wollte. Sie verputzte vier ganze Scheiben, dick mit Butter drauf – sie hatte Hunger. Nachts ließ ich sie auf meiner Liege schlafen, ich legte mich auf ein Kissen neben sie auf den Fußboden. Die Blomsmas waren auch zu Kathinka sehr lieb. Wir bauten im Vorgarten einen dicken Schneemann, hatten aber keine Mohrrübe für die Nase. Nach zwei Wochen brachte ich sie wieder nach Hazerswoude zurück.

Mit den Fahrrädern wurde es immer schwieriger, es gab nun auch kein Reifentau mehr. Also ging ich ab Ende Februar jede Woche einmal zu Fuß die zweiunddreißig Kilometer nach Hazerswoude und zurück und freute mich jedesmal auf Kathinka wie ein Verliebter auf ein Rendezvous. Ich zeigte ihr auch Fotos von Lin, damit sie ihre richtige Mama nicht vergesse. »Sie kommt bestimmt wieder, wenn der Krieg zu Ende ist«. Eine innere Stimme sagte mir: Lin kommt zurück!

Als ich im März bei schönem Frühlingswetter wieder einmal zu Kathinka unterwegs war, begegnete mir in Leiderdorp auf einer einsamen Straße eine kleine Gestalt, die ich schon aus der Ferne am Gang erkannte: Maja van Raalte, Lins Schülerin aus Den Haag. Sie erzählte mir kurz, daß ihre Eltern mit ihr dort in der Nähe untergetaucht seien. Ich berichtete ihr auch von unseren Erlebnissen, und wir verabredeten, uns nach der Befreiung, in einigen Wochen, in Den Haag wieder zu treffen.

Mit fiebernder Ungeduld verfolgten wir die Ereignisse: In Pommern und Schlesien rückten die sowjetischen Armeen voran, Ungarn wurde befreit, die Amerikaner besetzten Köln und überquerten bei Remagen den Rhein. Ende März stießen Briten und Kanadier von Wesel aus nach Norddeutschland vor, sie ließen die Niederlande links liegen. Es war allerhöchste Zeit, daß sie auch uns befreiten, der Hunger wurde schlimmer. Und die Nazis tobten weiter. In ihrer Zerstörungswut ließen sie Schleusen öffnen und das Seewasser in fruchtbare Landstriche Nordhollands strömen, die nun für Jahre unbestellbar blieben.

Es war ein merkwürdiger Widerspruch: Seit Ende März überschlugen sich die Siegesnachrichten, wir aber konnten nichts tun, wir konnten nur warten, warten, bis es nun endlich, endlich soweit sein würde. In Oegstgeest herrschte eine gespenstische Ruhe. Jeden

Tag erwarteten wir die erlösende Nachricht von der Kapitulation Hitlerdeutschlands. Aber die Wochen verstrichen, sie schienen uns immer länger zu dauern. Mitte April begannen die sowjetischen Truppen Berlin einzukreisen, die Briten erreichten die Elbe. Das entsetzliche Gemetzel mußte doch nun ein Ende nehmen! Radio Oranje berichtete aus London, daß die englischen Truppen bei der Befreiung von Bergen-Belsen Berge von Leichen mit Bulldozern wegräumen mußten. Das war also die Wirklichkeit in diesen »Vorzugslagern« der Nazis!

In den letzten Apriltagen erschienen Flugzeuge der Royal Air Force am hellichten Tage, sie flogen ganz niedrig. Dünn und abgemagert wie wir waren, liefen wir auf die Straßen und winkten ihnen mit großen weißen Laken zu. So nah waren uns jetzt die Befreier! Sie warfen große Pakete auf einem Feld unweit von Oegstgeest ab. Es waren Lebensmittel: Milchpulver, harte Kekse, Eipulver und ähnliches. Das wurde von den Verantwortlichen für die Lebensmittelversorgung geborgen und verteilt. Auch wir bekamen etwas ab.

Die Briten eroberten Bremen, die wenigen übriggebliebenen deutschen Truppen in den Niederlanden waren abgeschnitten.

In Berlin tobte ein erbittertes Ringen, Hitler beging Selbstmord. Da endlich, endlich, am Freitag, dem 4. Mai, abends gegen acht Uhr kapitulierten die in Holland und Nordwestdeutschland eingeschlossenen restlichen deutschen Truppen.

Wir waren frei! Die Menschen liefen auf die Straße, umarmten einander, weinten vor Freude. Ein unbeschreibliches Gefühl der Erlösung erfüllte uns alle. Ich war traurig zugleich, ich dachte an Lin. Zweifel stiegen in mir auf. Werden wir uns wiedersehen?

Am 6. Mai, es war ein Sonntag, ein klarer Sonnentag, gaben wir abends um acht Uhr, die Sperrzeit gab es nicht mehr, ein »Festprogramm anläßlich der Befreiung« mit beinahe ausschließlich Werken niederländischer Komponisten. Alle Berufs- und Laienkünstler, die schon vorher bei uns aufgetreten waren, wirkten mit, Gerard Blomsma spielte Oboe, Haakon wurde in einem Stück auch von Mieke am Flügel begleitet, ein Rezitator sprach vaterländische Gedichte. Und Piet Verhoeve wurde als Eberhard Rebling vorgestellt. »Aber für uns bleibst du Piet!« riefen einige. Die beiden Wohnzimmer bei Blomsmas waren zu klein, um alle Zuhörer aufzunehmen.

Wir machten die große Fenstertür zum Vorgarten auf, draußen kamen immer mehr Menschen zusammen und hörten uns zu. Es war ein Fest.

»Und dieses ist das Glücke...«

Länger hätte es auch für uns nicht mehr dauern dürfen, dieses Grauen, Am 15. April wurde das Lager von den Engländern befreit. Ich erinnere mich nicht mehr daran, ich war ohne Bewußtsein. Ich träumte, ich sei in der Hölle, unter mir war Feuer. Ich meinte, ich werde geröstet, um mich herum waren viele Teufel, sie sahen aus wie große Fledermäuse und bedrängten mich mit riesigen Spritzen.

Als ich wieder zu mir kam, befand ich mich im Militärkrankenhaus in Belsen. Ich lag in einem Bett, allein, auf einem sauberen weißen Laken. Auf dem Nachttisch neben mir stand eine Tasse mit wäßriger Milch, auch etwas Weißbrot lag da und zwei Zigaretten. Eine Krankenschwester mit Häubchen sorgte sich um mich.

Ich war noch zu schwach, um es fassen zu können: Ich war wieder geboren, wieder Mensch geworden! Später erklärte Jannie mir den Traum: Die Engländer waren mit hellen Kapuzen und Schutzanzügen ins Lager gekommen, spritzten DDT gegen die Seuchen, legten die Schwerkranken auf Tragbahren und schoben kleine, tragbare Öfchen darunter, es war noch recht kalt.

Wie lange ich im Koma gelegen hatte, wußte ich hernach nicht. Ein Arzt sagte mir, es sei ein Wunder, daß ich wieder erwachte, ich hätte tagelang fast zweiundvierzig Grad Fieber gehabt und wog achtundzwanzig Kilo. Von den Engländern wurden wir gut versorgt, die Frau des Generals Montgomery kümmerte sich persönlich um uns. Ganz vorsichtig gab man uns jeden Tag etwas mehr zu essen, aber nichts Fettes. Es dauerte lange, bis ich wieder einigermaßen bei Kräften war, daß ich aufstehen und die ersten Schritte machen konnte.

Aber ich war allein. Und wo war Jannie? Zum erstenmal seit Westerbork waren wir getrennt worden. Ich hatte Angst um sie. Unvorstellbar, daß ich allein am Leben geblieben war, sie mußte doch noch leben! Ich begann sie zu suchen, schlich von einem

Krankenzimmer zum andern. Aber Jannie war nicht zu finden. Ich wurde schon ganz unruhig und fragte die Oberschwester nach ihr. »Sie liegt in Saal zwei.« Das war gleich nebenan. In meiner Benommenheit hatte ich immer in der falschen Richtung gesucht.

Jannie konnte noch nicht aufstehen. Sie hatte die Befreiung bewußt miterlebt, zwar schon mit Fieber, aber als die Krankheit bei ihr den Höhepunkt erreichte, wurde sie bereits im Hospital versorgt. Nun waren wir wieder beisammen. Als es auch ihr wieder besser ging, konnten wir etwas spazierengehen, wir bekamen im Krankenhaus sogar ein Zimmer für uns allein. Alle waren freundlich zu uns, redeten wie normale Menschen, wir konnten uns mit warmem Wasser waschen. Wir waren aus der tiefsten, unmenschlichsten Hölle ins Paradies gekommen.

Allmählich wurde uns bewußt, daß die Befreiung nicht zwei oder drei Tage später hätte kommen dürfen, dann wären wir auch nicht mehr dagewesen. Man sagte uns, daß die Engländer darüber entsetzt waren, was sie an diesem Schreckensort vorgefunden hatten: Sie zählten etwa fünfzehntausend nicht begrabene Leichen. Sechzigtausend Häftlinge erlebten die Befreiung, aber sie waren so erschöpft, daß in den folgenden Tagen und Wochen noch etwa dreizehntausend trotz aller Fürsorge starben.

Wir konnten auch Rundfunk hören. Als die Nachricht kam, daß Hitler tot war, sehnten wir uns noch mehr danach, bald nach Haus zu kommen. Aber über Radio Oranje erfuhren wir Schreckliches: Holland habe einen furchtbaren Hungerwinter durchstehen müssen, allein in Amsterdam seien Tausende vor Hunger und Kälte gestorben, vor allem Kinder und alte Leute. In meiner Phantasie malte ich mir schon aus, wir kämen zurück, aber die Kinder wären nicht mehr da. »Ach, red doch nicht solches Zeug«, mahnte Jannie mich, »Bob und Eberhard werden bestimmt gut für sie gesorgt haben und unter einigen Tausend von vielen Millionen müssen doch nicht gerade unsre sein!« Sie hatte, wie so oft, recht, doch die Angst blieb.

Am 4. Mai hatte man mich soweit aufgepäppelt, daß ich aus dem Hospital entlassen werden konnte. Ich kam in einen Block mit vielen Zimmern, worin früher die SS gewohnt hatte, jetzt waren alle gesunden Holländer dort untergebracht. Wir schliefen in bequemen Betten und wurden ausgezeichnet versorgt. Am selben Abend hörte ich über den Rundfunk, daß Holland befreit war. Im ganzen Block wurde gemunkelt, wir würden bald heimkehren. Ich jubelte vor Freude bei diesem Gedanken, die Angst jedoch nagte weiter.

Dann hieß es, wir könnten einen Brief nach Haus schreiben, der über das Rote Kreuz oder über die Feldpost nach Holland gelange. Am 7. Mai schrieb ich an Haakon Stotijn, daß Jannie und ich leben, sehr krank gewesen seien und uns danach sehnen, zurückzukommen. »Wir hoffen, daß Ihr alle gesund seid und nichts mit Euch geschehen ist«, fügte ich hinzu. Es war ein komisches Gefühl, nach so langer Zeit wieder einen Federhalter in der Hand zu haben, meine Hand zitterte wie die einer alten Frau. Wann oder ob dieser Brief überhaupt ankommen würde, wußte ich nicht, er war der erste Versuch, wieder Kontakt mit zu Hause zu finden.

Drei Tage danach wurde Jannie aus dem Krankenhaus entlassen. Als sie gerade bei mir war, kamen zwei junge Holländer in unseren Block. Sie waren auf einem Motorrad aus Groningen gekommen, hatten noch irgendwo verstecktes Benzin aufgetrieben und die schriftliche Erlaubnis erhalten, innerhalb von drei Tagen nach Bergen-Belsen und zurück zu fahren, um nach verschollenen Verwandten zu fahnden. »Schreibt Briefe, wir nehmen sie mit«, sagten sie. In aller Eile schrieben Jannie und ich auf einen Zettel, daß wir leben und auf Antwort warten. Den steckte ich in einen Briefumschlag, adressierte ihn wieder an Haakon Stotijn und schrieb als Absender: »Rebling/Brandes, Bergen-Belsen bei Hannover, Block MB 22, Zimmer 19«. Die Groninger Jungen versprachen, den Brief mitzunehmen und in Holland weiterzuleiten. Jetzt hatten wir alles nur Mögliche getan, um unseren Lieben ein Lebenszeichen zu geben.

So verstrichen die Tage, wir schliefen viel und vergingen vor Heimweh. Nach etwa einer Woche hieß es, morgen geht ein Transport nach Holland, aber nur ganz Gesunde dürfen mit. Natürlich waren wir gesund! Ich war zwar immer noch sehr dürr, wog aber jetzt schon fünfunddreißig Kilo. Allein der Gedanke, bald bei unseren Familien zu sein, beflügelte uns.

Am nächsten Morgen standen Lastautos bereit, etwa vierzig Frauen und zwölf Männer aus Holland und ungefähr ebenso viele Franzosen stiegen hinauf, und los ging es. Am ersten Tag fuhren wir durch die Lüneburger Heide nur bis Soltau. Irgend jemand von uns hatte dort entdeckt, daß im Keller einer ehemaligen SS-Kaserne allerlei leckere Dinge versteckt lagen. Wir liefen hin und stopften unsere Taschen voll mit Rosinen, Marzipan und Schokolade. Eine Frau sagte nur: »Tut das nicht, das gehört jetzt doch den Engländern!« Wir haben's doch getan, ans Organisieren waren wir ja gewöhnt.

Am nächsten Tag fuhren wir weiter auf den LKWs nach Sulingen und schliefen dort in einem Bauerngehöft. Ich hatte nur ein langgestreiftes Kleid an, nichts drunter, und tauschte mir eine alte Soldatenjacke gegen Zigaretten ein. Von Sulingen ging es dann weiter über Osnabrück nach Rheine. Wir frohlockten, jetzt waren wir schon ganz nahe der Grenze. In Rheine verabschiedeten wir uns von den Franzosen. Ganz ungeduldig passierten wir Gronau, und endlich, da war die Grenze!

Wir stiegen von den Autos runter. Jemand hatte eine holländische Fahne aufgegabelt. Wir haben gelacht und geheult. »Wieder zu Haus!!« Einer fing an, die niederländische Nationalhymne zu singen. Da standen wir nun am Schlagbaum, dünne Gestalten, und sangen ganz feierlich aus voller Brust »Wilhelmus van Nassouwe...«. Komisch, früher haben wir darüber nur gelacht und die Internationale gesungen, aber jetzt überwältigte uns das Gefühl, wieder im eigenen Lande zu sein. Die Autos setzten sich wieder in Bewegung, wir kamen bis nach Enschede.

Anscheinend war man auf unsere Ankunft nicht vorbereitet. Man steckte uns in ein Schulgebäude. Dort waren aber schon holländische Nazis einquartiert. Ein Skandal! Wir protestierten heftig, bis man uns in eine andere Schule brachte. Zu unserer Enttäuschung erfuhren wir, daß wir vorläufig in Enschede bleiben müßten, die großen Städte seien wegen der Seuchengefahr hermetisch abgeriegelt, niemand könne hinein oder heraus. Na ja, soviel Geduld wollten wir jetzt auch noch aufbringen.

Ich war von der viertägigen Reise ganz schön mitgenommen, hatte aus Versehen zuviel Digitalistabletten geschluckt und bekam Herzbeschwerden. Trotzdem wollten Jannie und ich etwas unternehmen. Wir gingen zum Büro der Kommunistischen Partei in der Gronauerstraat. Die Genossen empfingen uns mit großem Hallo, wir wurden gleich registriert. In Bergen-Belsen hatten wir nur ein

DP bekommen, ein Identitätspapier für »displaced persons«. Die Genossen versprachen, unsere Namen nach Holland durchzugeben. Wir könnten ihnen auch einen Brief nach Amsterdam geben, sie würden versuchen, ihn durchzubekommen. So ging also ein dritter Brief weg an Haakon und Mieke, Jannie schrieb ihn, ich fühlte mich elend, dennoch fügte ich am Schluß noch ein paar Zeilen hinzu. Post und Telefon funktionierten noch nicht, aber irgendwie, meinten wir, würden wir schon Verbindung mit Amsterdam bekommen.

Ich kannte in Enschede eine Pianistin, Miep Menko, sie hatte mich früher mal begleitet. Nach einigem Suchen fand ich sie, wir umarmten uns. Sie war während des ganzen Krieges in der Nähe untergetaucht gewesen. Ich machte ihr gleich den Vorschlag, ein kleines Konzert mit jiddischen Liedern für unsere Mit-Befreiten und für Interessierte aus Enschede zu geben. Der Gedanke, zum erstenmal wieder in Freiheit singen zu können, ließ mich meine Schwäche und Beschwerden vergessen. Sie war sofort Feuer und Flamme, am nächsten Sonntag, dem 27. Mai, könnten wir das machen. Ich ging nun jeden Tag zu ihr, wir probten und hatten unsere helle Freude daran.

Am Sonnabendnachmittag, ich machte mit Miep Menko gerade eine Art Generalprobe, kam jemand zu mir. »Du mußt sofort in die Schule kommen!« Ich kriegte einen Schrecken. Ist mit Jannie etwas passiert? Ich ging zur Schule, schnell laufen konnte ich noch nicht. Da stand Jannie und flüsterte mir zu: »Morgen früh fahren wir nach Amsterdam. Aber sag niemandem etwas, wir Widerstandskämpfer dürfen als erste fahren, die anderen dürfen das nicht wissen, sonst gibt's mit ihnen Schwierigkeiten.«

In dieser Nacht konnte ich vor Aufregung nicht schlafen. Zu packen hatten wir nichts, nur die Rosinen und die Schokolade hab ich in ein altes Tuch gewickelt. Am nächsten Morgen wurden wir abgeholt, ein paar Straßen weiter stand ein großes, altmodisches Auto, ein Sechssitzer. Der Fahrer stellte sich als Arzt vor, neben ihm fuhr ein Kanadier zu unserer Sicherheit mit, dann waren da noch die Frau des Arztes, zwei andere Frauen und wir, also sieben. »Wenn alles gut geht, können wir mittags in Amsterdam sein«, sagte der Arzt. Wir konnten es fast nicht glauben, aber wir fuhren los.

Nach unserem »Befreiungskonzert« am 6. Mai in Oegstgeest wollte ich so schnell wie möglich einmal nach Amsterdam fahren, um in der Johannes-Verhulst-Straat eine Nachricht für Lin zu hinterlassen, falls sie wider alle Erwartungen doch plötzlich zurückkommen sollte. Wenn sie wirklich käme und die Wohnung war verschlossen, wäre das ein Schock für sie. Wir wußten zwar, daß die Provinzen Süd- und Nordholland wegen der Seuchen völlig abgeriegelt waren, aber man konnte ja nie wissen . . .

Gerard gab mir ein Fahrrad, die Reifen aus Tau waren schon längst kaputt, also fuhr ich auf den Felgen, das stuckerte und rumpelte fürchterlich. Ich nahm den kürzesten Weg, immerhin noch etwa vierzig Kilometer. Westlich von Amsterdam kam ich am Flughafen Schiphol vorbei, Maschinen der Royal Air Force warfen Lebensmittelpakete für die hungernden Amsterdamer ab, landen konnten sie nicht, die Landebahnen hatten die Nazis gesprengt.

Die Stadt sah schrecklich aus: keine Bäume mehr, an manchen Stellen die Straßendecke aufgebrochen, die Menschen dünn und ausgemergelt. Kanadische oder britische Soldaten sah ich nicht, sie kamen erst an diesem 8. Mai von Osten her in die Stadt. Noch in der Illegalität hatten sich Tausende von Männern und Frauen bereitgehalten, die Stadt mit Waffengewalt zu befreien, falls die Nazis sie verwüsten sollten. Es war nicht notwendig. Jetzt hatten sie sich zu den BS, Binnenlandse Strijdkrachten, vereinigt und in ihren blauen Overalls für Ruhe in der Stadt gesorgt. So kam ich in die Johannes-Verhulst-Straat und klebte einen Zettel an die Tür: »Brief für Lin und Jannie bei den Nachbarn in Nr. 28.« Bei Jopie deponierte ich den Brief. Sie und alle anderen Freunde, die ich sprach, waren entsetzt über eine Schießerei, die sich am Nachmittag zuvor noch auf dem Dam, ganz in der Nähe des Königlichen Palais, abgespielt hatte. Obwohl die Kapitulation von den deutschen Okkupanten unterzeichnet worden war und alle Kampfhandlungen am 5. Mai eingestellt werden mußten, schoß eine Gruppe fanatischer Nazis zwei Tage danach vom Großen Klub der Kriegsmarine aus wahllos in die Menschenmenge, die sich voll Freude über die Befreiung auf der Straße versammelt hatte, neunzehn Menschen starben, über hundert wurden verletzt. Auch an anderen Stellen der Stadt wurde noch geschossen. Das waren sie, die Nazis!

Am Tag darauf fuhr ich wieder zurück nach Oegstgeest, die nächsten Hauskonzerte mußten vorbereitet werden, wir musizierten nicht nur im Hause Blomsma, auch andere Freunde baten uns, bei ihnen zu spielen. An einem der folgenden Tage fuhr ich zu Ankie und Jolle Huckriede nach Den Haag, die unseren Flügel verwahrten. Auch die Residenzstadt sah fürchterlich aus, an verschiedenen Stellen sah ich zerstörte Häuser, Folgen der mißglückten V 2-Abschüsse. Nach Hazerswoude zu Kathinka ging ich wieder zu Fuß. Cilia und Albert versicherte ich, Kathinka auf alle Fälle zu mir zu nehmen, wenn Lin nicht zurückkehren sollte.

Eigentlich hatte ich keinen Grund, noch einmal die Strapaze einer Radtour nach Amsterdam auf mich zu nehmen, doch irgendeine unwiderstehliche Kraft zog mich zur Johannes-Verhulst-Straat. So machte ich mich am 16. Mai wieder auf den Weg, es war ein Mittwoch. Ich fand im Hause Stotijn alles unverändert vor. Plötzlich, am Donnerstag früh um acht, klingelte es. Ich ging hinunter, ein bewaffneter Angehöriger der BS in blauem Overall übergab mir einen Zettel, Haakon Stotijn oder eine Person an seiner Stelle sollte sofort in das nächstgelegene Büro der BS am Jan-Willem-Brouwers-Plein gegenüber dem Concertgebouw kommen. Ich ging gleich hin.

Ein freundlicher Offizier sagte mir: »Jemand von unserem Gesundheitsdienst hat gestern abend einen Brief mitgebracht, der ihm in Arnhem von zwei jungen Männern aus Groningen übergeben worden war. Der Brief ist an Haakon Stotijn adressiert und kommt aus Bergen-Belsen.« Mir lief es eiskalt über den Rücken. Stotternd vor Aufregung erklärte ich ihm, daß Haakon Stotijn in Oegstgeest sei und ich heute wieder zu ihm hinfahre. Da übergab er mir den Brief. Ich erkannte sofort Lins Handschrift. Sie lebte also wirklich, und Jannie auch! Vor Freude sprangen mir die Tränen in die Augen, ich schämte mich ihrer nicht in Gegenwart des BS-Offiziers. Ich wollte ihm kurz erklären, was dieser Brief für mich bedeutete. Er winkte nur ab. »Ich verstehe alles, wir freuen uns über jedes Lebenszeichen eines Totgeglaubten. Sie haben Glück, das ist überhaupt der erste Brief, den wir aus einem ehemaligen Nazi-KZ bekommen haben!« Ich rannte hinaus auf den Platz.

Draußen öffnete ich hastig das Kuvert. Auf der einen Seite hatte

Lin geschrieben: ».. . ich sehne mich schrecklich nach Dir und dem Kind . . . Jannie und ich haben Flecktyphus gehabt, daß wir leben, ist ein Wunder – ich kann keinen Federhalter mehr festhalten . . . wir haben so entsetzlich viel gelitten und mitgemacht . . . schreib uns schnell zurück, unsere Adresse . . .« Auf der anderen Seite hatte Jannie ähnlich an Bob geschrieben.

Da stand ich nun auf dem Jan-Willem-Brouwers-Plein, heulte, lachte auch und las den Brief gleich mehrmals. Vorbeikommende Fußgänger schauten mich neugierig an, ich beachtete sie nicht. Also hat mich mein Vorgefühl doch nicht getrogen. Wir werden uns wiedersehen! Was für ein Fest wird das werden!

Ich lief zurück, nahm das reifenlose Fahrrad: Jetzt muß ich erst zu Bob, ihm den Brief zeigen! Es war heiß an diesem Tag. Ich strampelte nach Weesp, wo Bob wieder im Lebensmittel-Distributionsbüro arbeitete. Völlig außer Puste und schwitzend kam ich an. »Hier, guck mal . . .« Als wir uns einigermaßen gefaßt hatten, verabredeten wir, daß jeder von uns sofort einen Brief an die Adresse in Bergen-Belsen schreiben würde.

Ich radelte zurück und überlegte schon, was ich alles in dem Antwortbrief mitteilen könnte. In der Johannes-Verhulst-Straat zeigte ich Lins Brief erst den Nachbarn, sie freuten sich mit mir. Dann schrieb ich: »Amsterdam, 17. Mai. Mein Allerliebstes, mein Alles . . . Als ich vorhin Euren Brief vom 10. Mai in der Hand hielt, hab ich erst wie ein kleines Kind geheult . . . Wir hatten ja keine Ahnung, daß Ihr in dem berüchtigten Bergen-Belsen wart, alle unsere Briefe nach Wolfenbüttel habt Ihr ja nie gekriegt . . .« Ich schrieb, daß wir alle gesund seien, wo Bob, ich und die drei Kinder lebten und daß wir zu dritt vorläufig bei Haakon und Mieke wohnen könnten. Auf den Umschlag schrieb ich: »Spoed, Speed, Eile – If removed please forward, bitte durchsenden.«

Bei der BS wollte man den Brief nicht annehmen. »Wir haben überhaupt keine Verbindung dorthin, das geht leider nicht«, sagte der freundliche Offizier, »aber versuchen Sie es mal beim Roten Kreuz.« Also dort hin. Da guckten sie mich ganz verstört an: »Sie haben einen Brief aus Bergen-Belsen bekommen? Wie ist so was möglich? Das gibt's doch gar nicht!« Ich zeigte den Brief, die Leute wollten es nicht glauben. »Aber ich will sofort diese Antwort abschicken«, rief ich ungeduldig. »Also, Verbindungen nach Deutschland haben wir noch nicht, aber wir wollen es versuchen. Lassen Sie Ihren Antwortbrief hier.«

Wie lange mein Brief dort gelegen hat oder wo er hingeschickt wurde, weiß ich nicht, etwas zerdrückt bekam ich ihn einige Wochen später wieder zurück. Beide Briefe habe ich wie ein Kleinod bewahrt.

Nachmittags fuhr ich dann wieder nach Oegstgeest, alle freuten sich mit mir. Am nächsten Tag wanderte ich wieder nach Hazerswoude und nahm einige Fotos von Lin mit. Ich zeigte sie Kathinka. »Deine richtige Mama lebt und kommt bald zurück. Ich hab es dir doch versprochen!« Auch Cilia und Albert strahlten vor Freude. Was sie für Kathinka und uns getan haben, ist in Dankesworten nicht abzugelten. »Ach, laß doch die Worte«, sagten sie, »das war doch selbstverständlich.«

Am 20. Mai mußten wir wieder ein Konzert geben, ausgerechnet Ravels schwieriger »Gaspard de la Nuit« stand auf dem Programm. Ich dachte an dem Abend nur an unser baldiges Wiedersehen und spielte schlecht. Aber die Leute klatschten begeistert, sie wußten, wie mir zumute war.

In den Mini-Zeitungen, die damals herauskamen – nur die in der Illegalität bewährten Zeitungen durften erscheinen –, standen beinahe täglich Listen von »Befreiten Gefangenen«. Diese Listen las ich immer zuerst. Tatsächlich, im »Parool« vom 22. Mai waren über hundert Namen ganz klein abgedruckt. Bergen-Belsen, da stand es also schwarz auf weiß: »Marianne Brandes, 24. 10. 16«, und ein Stückchen weiter: »Karolien Repling, 13. 12. 02, Bankastraat 131 Den Haag«. Ach je, jetzt hat man sie schon um zehn Jahre älter gemacht! Und nicht Brillesslijper, sondern »Repling« (mit Druckfehler!), die falsche Heiratsurkunde hatte sich also bewährt.

Zwei Tage später fuhr Haakon auf dem schon ganz ramponierten Fahrrad nach Amsterdam und kam mit der Nachricht zurück, das Concertgebouw-Orchester würde Anfang Juni mit den Proben beginnen. Wir mußten also wieder nach Amsterdam. Aber wie? Die Eisenbahn fuhr nicht, Autos oder Busse gab es nicht, also wieder per Schiff. Es gelang Haakon, für den 4. Juni eine Fahrt für uns zu organisieren.

Vorher wollten wir uns noch von den Blomsmas und all den anderen Freunden in Oegstgeest mit einem festlichen Hauskonzert verabschieden. So kündigten wir für Sonntag, den 27. Mai einen Bach-Abend an. In den beiden Wohnzimmern in Blomsmas Haus saßen die Menschen dichtgedrängt, alle wollten dabeisein, wir waren ja in den fünf Monaten eine Art verschworene Gemeinschaft geworden. Der Flügel stand direkt an der großen Fenstertür zur Straße. Ich begann mit der Chromatischen Fantasie und Fuge, danach spielten Haakon und Teebal das Konzert für Oboe und Violine mit mir am Flügel, und als Höhepunkt führten wir zum Schluß eine ganze Kantate auf. Neben mir standen Frau Kramer, die dänische Sängerin, und der Oboist Haakon, seitlich von ihnen saß ganz eng zusammengerückt ein Steichquartett mit Teebal und drei Leidener Professoren.

Von Enschede fuhren wir über Deventer, Apeldoorn erst nach Harderwijk, eine der beiden Frauen wollte dorthin, der Arzt mußte außerdem Insulin für Zuckerkranke abliefern, dann ging es weiter in Richtung Amsterdam. Bei Amersfoort kamen wir an einen Schlagbaum, hier war die Grenze zu den abgeriegelten Westprovinzen. Unser Kanadier stieg aus, nahm unsere DP-Ausweise und die Papiere des Arztes mit und sagte: »Please, wait a minute.« Wir warteten. Es dauerte eine ganze Weile, mir erschienen die Minuten wie eine Ewigkeit. Da kam der Kanadier wieder zurück, gab uns unsere Papiere, verabschiedete sich und rief strahlend: »Go ahead! Good luck!« Der Schlagbaum öffnete sich.

Ich war furchtbar aufgeregt. Hilversum, Bussum, Naarden und, ja wirklich, da konnte man schon die Vororte von Amsterdam sehen, Diemen. »Wo wollen Sie denn hin in Amsterdam?« fragte der Arzt.

»Wir fahren erst zu Tante Willemien am Overtoom«, rief Jannie. »Nix davon, wir fahren zur Johannes-Verhulst-Straat, dort hab ich mich mit Eberhard verabredet«, fuhr ich laut dazwischen, »weißt du denn überhaupt, ob Tante Willemien noch dort ist?«

»Na, na, warum denn gleich Streit«, sagte der Arzt, »ich fahre erst in die Johannes-Verhulst-Straat, das ist näher, zum Overtoom kommen wir dann ja immer noch.«

Unseren Zwist vergaßen wir gleich wieder, als wir durch die Straßen von Amsterdam fuhren. »Dort ist das Concertgebouw«, sagte ich, »wenn sie jetzt links hineinfahren, sind wir schon da, auf der rechten Seite ist die Nummer sechsundzwanzig.« Wir hielten vor dem Haus. Ich stürzte hinaus, da hing ein Zettel an der Tür in Eberhards Handschrift: »Brief für Lin und Jannie nebenan.« Wir klingelten, vor Aufregung zitternd. Eine Frauenstimme rief von oben: »Was wollen Sie?« – »Hier muß ein Brief für uns liegen.« – »Ein Brief, ein Brief, ich weiß von nichts!« – »Doch bestimmt, der muß dasein!« – »Wer sind Sie denn?« – »Jannie und Lientje!«

Da rannte die Frau die lange Treppe runter, umarmte uns. »Kommt doch herauf!« – »Nein, nein, wir wollen zu unsern Männern und Kindern. Wo ist der Brief?« Sie rannte wieder hinauf und kam mit dem Zettel zurück. Ich las: »Ich bin in Oegstgeest, Emmalaan 5, mit Haakon und Mieke. Uns allen geht es ausgezeichnet... Bob wohnt jetzt Amstel 101 ... Eberhard.«

Da geriet Jannie in Panik. »Und kein Brief von Bob?« – »Red doch keinen Unsinn«, antwortete ich, »hier steht doch: ›Uns allen geht es ausgezeichnet‹!«

Wir fuhren die Amstel hinunter. »Nummer hunderteins, das ist dort an der Ecke.« Da saß Bob vor einem weitgeöffneten Fenster und las gerade eine der Mini-Zeitungen. Er sprang heraus und sah nur seine Frau. Ich fühlte mich daneben etwas verlassen. »Kommt, gehen wir erst einmal rein«, sagte Bob. Da kam Robbie, mein kleiner Neffe, rannte auf die Straße und schrie ganz laut: »Ich habe meine Mami wieder, ich hab meine Mami wieder!« Bob sagte zu mir: »Bleib doch hier, du kannst hier auch übernachten!« – »Nein, ich muß weiter nach Oegstgeest«, erwiderte ich und schaute den Arzt fragend an. Der sagte nur: »Steigen Sie ein, ich bringe Sie hin!«

Unterwegs merkte ich plötzlich, daß ich vor Aufregung Eberhards Zettel mit der Oegstgeester Adresse bei Bob hatte liegenlassen. Ich erinnerte mich nur, daß da Emmalaan stand. »Das macht nichts«, sagte der Arzt, »ich kenne Oegstgeest gut, der Emmalaan ist nicht lang. Sie sehen dort vielleicht irgendein bekanntes Gesicht. Wir werden das schon finden.«

Wir kamen nach Oegstgeest und fuhren ganz langsam den Emmalaan entlang. Ich sah kein bekanntes Gesicht, Da, schon ganz am

Ende der Straße, hörte ich eine Oboe. »Da muß es sein!« schrie ich. Wir hielten vor dem Haus . . .

Wir waren beinahe am Ende unseres Bach-Konzerts, wir spielten die Hochzeitskantate »Weichet nur, betrübte Schatten«. Frau Kramer endete gerade mit der Arie »Wenn die Frühlingslüfte streichen . . ., daß ein Herz das andre küßt« und sang mit jubilierender Stimme das Rezitativ:

> »Und dieses ist das Glücke,
> Daß durch ein hohes Gunstgeschicke
> Zwei Seelen einen Schmuck erlanget,
> An dem viel Heil und Segen pranget.«

Da hält vorm Haus ein Auto. Wir hatten ja schon seit Monaten kein Privatauto mehr gesehen. Während ich noch am Flügel sitze, sehe ich plötzlich zwei große, dunkle Augen vor der Fenstertür. Ich springe mitten im Spiel auf. Ich weiß nicht mehr, ob ich über oder unter dem Flügel zur Fenstertür gestürzt bin, ich öffne die Tür . . .

Wir weinen vor Freude. Viele Zuhörer greifen zum Taschentuch. »Kommt doch herein«, ruft Gerard. »Ach, ihr macht gerade Musik«, sagt Lin nur, »laßt euch nicht stören, Ich hab so lange keine gute Musik gehört, macht bitte weiter.«

Ein paar Leute vorn in der ersten Reihe rücken zusammen, Lin zwischen ihnen. Und wir beginnen von neuem: »Und dieses ist das Glücke . . .«

Frau Kramer ist so tief bewegt, daß ihre lange Koloratur auf »Segen« beinahe in Schluchzen übergeht. Aber als Haakon mit seinem Solo der nächsten Arie beginnt, beherrscht sie sich wieder und singt mit voller Stimme:

> »Sich üben im Lieben,
> In Scherzen sich herzen,
> Ist besser als Florens vergängliche Lust . . .«

Und ich begleite am Flügel, die Noten schwimmen mir vor den Augen.

Zwischendurch blicke ich immer wieder zu Lin, sie schaut mich an. Da singt Frau Kramer das Rezitativ:

>»So sei das Band der keuschen Liebe,
Verlobte zwei,
Vom Unbestand des Wechsels frei...«

Dann kommt die letzte Gavotte, Haakon läßt seine Melodie tänzeln:

>»Sehet in Zufriedenheit
Tausend helle Wohlfahrtstage,
Daß bald bei der Folgezeit
Eure Liebe Blumen trage.«

Alle stehen auf, klatschen Beifall, wir verneigen uns dankend. Nur Lin bleibt sitzen, sie ist erschöpft. Gern hätte sie sich noch bei dem Arzt bedankt, doch das Auto war längst weggefahren. Sie weiß den Namen des Arztes nicht. Wir haben ihn nie wieder gesehen.

Als die Leute gegangen waren, setzten wir uns ganz ruhig zusammen. »Ich erzähl euch alles später. Es war furchtbar. Wir waren in Auschwitz und Bergen-Belsen«, sagte Lin sehr still. Wie bleich und dünn sie doch war in ihrer Soldatenjacke mit dem Kleid darunter. Aber in ihren Augen funkelte die Freude des Wiedersehens.

»Laßt mich jetzt schlafen, ich kann nicht mehr!« Ich legte sie auf meine Liege. »Morgen früh hole ich Kathinka«, sagte ich nur und küßte sie. Ich lag in dieser Nacht auf Kissen neben ihr auf dem Fußboden.

Am nächsten Morgen radelte ich nach Hazerswoude, Cilia und Albert erzählte ich nur kurz, was geschehen war, und fuhr mit Kathinka hinten auf dem Gepäckständer wieder zurück. »So, jetzt ist deine richtige Mama wieder da!« Als wir wieder bei Blomsmas waren, nahm Lin sie in die Arme.

»Aber Mama, was hast du denn für komische Haare?« fragte Kathinka erstaunt. Auf den Fotos, die ich ihr gezeigt hatte, sah ihre Mama doch ganz anders aus. »Das haben die bösen Nazis getan«, antwortete Lin, erst haben sie mich kahlgeschoren, und dann sind mir durch eine scheußliche Krankheit Haare ausgefallen. Aber das wächst wieder nach!«

In den nächsten Tagen kamen viele unserer Konzertbesucher und brachten etwas für uns: Kleider, Schuhe, Bettlaken, Handtücher und vieles andere. Wir hatten ja nichts. Anfang Juni fuhren wir dann mit einem Schiff nach Amsterdam...

Hiermit endet die Geschichte unseres ersten Lebens. Ein neues, zweites Leben begann. Einige Wochen wohnten wir zunächst bei Haakon und Mieke. Eberhard brachte mich auf dem Fahrrad zu Dr. Roos, einem ausgezeichneten Arzt. Er untersuchte mich, gab mir Medizin und riet mir, viel zu ruhen. Jetzt, da die Spannung von mir gewichen war, schlief ich immerzu, vier oder fünf Monate lang, nur zu den Mahlzeiten stand ich auf. Der Schlaf erhielt mir das Leben. Später zeigte Dr. Roos uns seine Diagnose bei meinem ersten Besuch, da stand: »Zurückgekommen, um zu sterben.« Er hatte nicht geglaubt, daß ich es schaffen würde.

In Amsterdam hatte es sich schnell herumgesprochen, daß eine Ex-Gefangene aus Bergen-Belsen zurückgekehrt war. In den ersten Wochen kamen jeden Tag Menschen, um mich nach Verwandten und Freunden zu fragen. Ich konnte unmöglich mit allen reden. Eberhard richtete eine Art Sprechstunde ein: Klingelte jemand, schrieb er Namen und Adresse auf und sagte, er sollte zu einer bestimmten Stunde wiederkommen. Die meisten kannte ich nicht, das war einleuchtend bei über hunderttausend Deportierten. »Nur wenn jemand nach Sonja van Amstel oder den Mädchen Frank fragen sollte, bring sie gleich zu mir«, sagte ich. Nach einigen Wochen kam Sonjas Mutter, sie hatte Auschwitz überlebt, und bald auch Otto Frank, er war in Auschwitz befreit worden und über Odessa nach Holland zurückgekehrt. Beiden mußte ich mitteilen, daß das Liebste, was sie hatten, nicht mehr da war.

Am 30. August trat ich zum erstenmal wieder auf. Unsere Freunde in Voorburg, bei denen wir unser erstes illegales Hauskonzert gegeben hatten, empfingen uns mit Jubel. Vier Wochen später holte ich dann das Konzert in Enschede nach, Miep Menko und die anderen waren am 26. Mai sehr enttäuscht gewesen, als ich so schnell verschwunden war, aber sie sahen ein, daß ich nicht anders handeln konnte. Dieses Konzert am 30. September mit Eberhard am Flügel war schön, aber es strengte mich an, tanzen konnte ich noch nicht.

So begann ich allmählich wieder ein normaler Mensch zu werden. Eberhard bekam sofort Arbeit: Ab Juni 1945 wurde er fest angestellter Musikredakteur der »Waarheid«, damals die Zeitung mit der größten Auflage. Schon im August veröffentlichte er zwei Artikel über Jan van Gilse.

Jeder Tag war für uns ein neues Erlebnis. Frei zu sein, wieder arbeiten zu können, Pläne für die Zukunft zu schmieden, Luftschlösser zu bauen, Freude an Sonne, Wolken, Blumen, an unserem Kind und an uns selbst zu haben – wir genossen das Leben in vollen Zügen.

Und doch, die tiefen Wunden heilten nur sehr, sehr langsam. Würden sie jemals vernarben können? Zu viele unserer besten Freunde, beinahe alle meine Familienangehörigen waren erschossen, erhängt, erschlagen oder vergast worden. Warum konnten wir drei wie durch ein Wunder – nein, durch eine ganze Kette von Wundern – überleben und viele, viele andere nicht? Immer wieder stellten wir uns diese Frage und fanden keine Antwort.

Aber eines stand für uns seit jenem 27. Mai 1945 fest: So etwas darf nie, nie wieder geschehen. Wir werden laut rufen und uns heftig dagegen wehren, wenn jemals wieder Faschismus, Rassismus, nationalistische Überheblichkeit und Kriegstreiberei ein neues Blutvergießen vorbereiten. Den Schwur von Buchenwald kannten wir noch nicht, aber unser Wille zum Handeln, zum Kämpfen stimmte damit überein. An dieses Versprechen, das wir uns damals gaben, haben wir uns immer gehalten.

Personenverzeichnis
(Auswahl)

Abendroth, Hermann 302
Achron, Joseph 192, 225, 249
Alejchem, Scholem 182, 249
Alma, Peter 264
Alma-Heijnen, Li 264
Alpar, Gitta 44
Amerongen, Henriette van 425
Amstel, Sonja van 226, 425, 446
Andriesse, Emmi 117, 132, 222
Anski, Scholem 74, 208, 225, 236, 239
Anrooij, P. van 428
Ansermet, Ernest 47
Apon, Jan 212
Aravantinos, Panos 46
Arntz, Gerd 233
Asch, Schalom 236, 237
Ashton, Frederick 295
Asscher, Abraham 338, 339, 346
Asscher, Bram 424
Asscher, Jopie 424
Asscher, Marianne 423, 424

Bach, Johannes Sebastian 20, 21, 22, 23, 31, 37, 39, 42, 50, 51, 52, 56, 59, 60, 62, 69, 101, 111, 113, 125, 261, 278, 416, 428, 442, 444
Bach, Wilhelm Friedemann 93
Backhaus, Wilhelm 37
Balet, Käte 85, 86, 89, 102, 121, 133, 258, 270, 271
Balet, Leo 69, 70, 72ff., 75, 76, 78, 83, 84, 86, 87, 89, 90, 92, 93, 95, 98, 102, 103, 104, 105, 106, 109, 111, 112, 120, 121, 122, 133, 135, 246, 258, 259, 261, 268, 271, 273, 284, 297, 308, 320, 322
Bandy, Lou 227, 234f., 239
Bartók, Béla 48, 319, 320, 416, 417
Becker (Landrat) 14
Becker, Horst 293f.
Beem, Berend 183, 201, 206, 215, 216
Beethoven, Ludwig van 18, 19, 23, 25, 35, 36, 37, 38, 39, 49, 50, 51, 57, 58, 62, 63, 69, 82, 95, 96, 101, 244, 302, 318, 366, 427
Bekker, Pem 215
Benn, Gottfried 67
Berg, Alban 46
Berg, Atti van den 189, 198, 215
Berghegge, Fietje 203, 204
Berlioz, Hector 428
Bernert, Annie 70
Besnyö, Eva 221, 222, 386, 387, 388, 389, 401
Beuzemaker, Ko 218f.
Bieder, Hugo 12, 13, 14, 17, 25
Bieder, Kurt 26
Biet-Gazan, Lini 382, 383, 390, 391, 393, 394, 421
Binsbergen, Marion van 387
Blanken, Zus 342, 343

Blau, Heinz 58
Blazer, Carl 219, 220, 221, 222, 228, 229, 231, 232, 233, 238, 239, 240, 241, 253, 362
Blech, Leo 44, 80, 100
Bloch, Ernest 249
Blomsma, Gerard 418, 419, 426, 429, 430, 431, 432, 438, 439, 442, 444
Blomsma, Riet 418, 429, 430, 431, 432, 439, 442
Blum, Léon 116
Blume, Friedrich 56, 57
Boas, Jetty 183
Boccherini, Luigi 60
Bode, Rudolf 47
Bodky, Erwin 38
Bodon, Sandor 222, 229
Boeke, Kees 265
Boesnach, Mimi 220, 235
Böhm, Karl 81
Bohnen, Michael 44
Bohr, Niels 427
Bood, Henk 252
Bool, Hank 231
Borodin, Alexander 47
Borowski, Alexander 37
Borris, Siegfried 285, 286, 301
Bouwmeester, Louis 136, 147, 233, 235, 242, 250, 255
Bouwmeester-Sandbergen, Louise 241, 242, 243, 250, 255
Braak, Menno ter 297
Brae, June 295
Brahms, Johannes 19, 37, 41, 58, 60, 70, 101, 106, 365
Brailowski, Alexander 37
Brandes, Aleid 300, 326, 333, 335, 337
Brandes, Bob 247, 248, 250, 262, 265, 289, 290, 300, 304, 308, 326, 348, 349, 353, 354, 356, 358, 362, 373, 376, 378, 379, 387, 388, 395, 400, 403, 405, 434, 440, 443

Brandes, Liselotte Dolores 327, 348, 366, 376, 378, 395
Brandes, Marianne 152, 153, 154, 158, 164, 165, 166, 167, 170, 172, 174, 176, 178, 184, 185, 188, 193, 200, 204, 217, 218, 224, 233, 240, 255, 261, 262, 265, 289, 290, 291, 304, 306, 308, 327, 329, 340, 346, 348, 353, 355, 356, 358, 362, 364, 365, 373, 377, 378, 379, 380, 381, 382, 384, 385, 387, 389, 390, 394, 395, 396, 398, 399, 401, 402, 405, 406, 407, 408, 409, 410, 414, 419, 420, 422, 424, 428, 433, 434, 435, 436, 437, 438, 439, 440, 441, 442, 443
Brandes, Robert Maxim Josef (Robbie) 291, 327, 348, 366, 367, 376, 378, 385, 389, 443
Brandligt, Walter 363
Brecht, Bertolt 67
Brilleslijper, Fijtje 141, 142, 143, 144, 145, 146, 147, 148, 150, 152, 153, 154, 155, 156, 158, 160, 161, 162, 164, 165f., 167, 168, 169, 170, 172, 174, 175, 176, 177, 178, 179, 181, 182, 183, 184, 185, 186, 187, 188, 193, 194, 196, 197, 199, 200, 203, 204, 207, 214, 215, 217, 223, 224, 240, 254, 289, 290, 299, 322, 327, 336, 342, 345, 346, 353, 355, 356, 357, 367, 380, 381, 394, 395, 397, 406, 414
Brilleslijper, Jaap (Opa) 144, 148, 149, 150, 154, 156, 157, 158, 161, 162, 165, 166, 167, 169, 173, 176, 177, 178, 179, 180, 181
Brilleslijper, Jacob (Bruder) 149, 165, 166, 167, 170, 172, 174, 176, 184, 188, 224, 240, 255, 336, 345, 356, 358, 361, 368, 373, 380, 381, 391, 392, 394, 397, 405, 407
Brilleslijper, Joseph (Jopie) 141, 142, 143, 144, 146, 148, 149, 150,

151, 152, 154f., 156, 157, 162, 163, 164, 169, 170, 171, 172, 173, 174f., 176, 177, 178, 179f., 181, 183, 184, 185f., 186, 187, 189, 190, 193, 194, 199, 200, 201, 203, 204, 206, 207, 215, 216, 217, 223, 224, 226f., 240, 254, 261, 289, 290, 291, 299, 327, 336, 338f., 345, 346, 348, 353, 355, 356, 367, 368, 380, 381, 392, 394, 397, 398

Brilleslijper, Kathinka 317, 318, 321, 322, 323, 324, 326, 327, 328, 329f., 331, 332, 333, 334, 335, 336, 337, 339, 340, 341, 344, 346, 347, 350, 352, 354, 355, 358, 362, 366, 367, 371, 372, 373, 374, 375, 376, 377, 378, 383, 387, 388, 389, 393, 394, 395, 400, 401, 429f., 439, 440, 441, 445

Brilleslijper, Ruben 142, 141, 144, 145, 146, 148, 151, 152, 157, 170, 176, 177f., 179, 180, 224, 227, 240

Brilleslijper, Sien 144, 148, 149, 166, 173

Brilleslijper, Vogeltje (Vogie) 142, 144, 146, 148, 152, 157, 170

Bruckner, Anton 39, 96
Brüning, Heinrich 66
Brusse, Wim 117, 119, 120, 386, 400, 401
Buchette, Henk 348
Budzislawski, Herrmann 78
Busch, Adolf 48
Busch, Ernst 68, 75, 78, 211
Busch, Friedrich 251
Busch, Fritz 45, 79, 81, 82, 100
Buskes, J. J. 310
Buziau, Johan 239, 248

Cahier, Madame Charles 40
Canivez, Didi 203
Carmiggelt, Jan 247, 261, 264, 266, 267, 269, 273, 293
Casals, Pablo 48, 284

Casella, Alfredo 125
Chamberlain, Arthur Neville 258, 283
Chatschaturjan, Aram 360, 416, 417
Chodowiecki, Daniel 89
Chopin, Fryderyk 18, 22f., 31, 36, 123, 124, 125, 137, 196, 198, 242, 266, 360, 365, 416, 422, 429
Christiansen, F. C. 402, 411
Churchill, Winston 350
Clementi, Muzio 21, 22
Cleveringa, R. P. 310
Cohen, Annetje 137, 243
Cohen, D. 338, 339, 346
Cohn, Jonas 74, 125
Colijn, Hendrik 220
Collin, Darja 122f., 124, 125, 132
Cornelius, Deetje 340, 344, 346
Cornelius, Violette 340
Coster, Charles de 330
Couperin, François 281
Court, Albert de la 128, 131, 133, 308, 394, 400, 401, 429, 439, 441, 445
Court, Cilia de la 128, 131, 133, 308, 394, 400, 429, 439, 441, 445
Court, Cieltje de la 401, 441
Czerny, Carl 18, 35

Daladier, Edouard 258, 283
d'Albert, Eugen 38
Dalen, Hugo van 301
Dalsum, Albert van 229f., 234
Dalsum, Do van 234
Darwin, Charles 51
Daumier, Honoré 245
Davids, Henriette 161, 316
Davids, Louis 161, 207, 225
Debussy, Claude 37, 61, 101, 119, 125, 256, 260, 331, 427
Dedering (Klavierlehrerin) 48
Defresne, August 230
Degas, Edgar 119
Dekker, Maurits 205

Dessau, Paul 48, 285
Dessoir, Max 57
Dickson, Simon 219, 220, 222f., 227
Dieters, Jan 208
Dimitroff, Georgi 80
Djagilew, Sergej 47
Donisch, Max 87f.
Donizetti, Gaetano 45
Donker, Greetje 176, 186
Dood, Kees de 176, 234
Druif, Jetty 356
Durigo, Ilona 236
Dvořák, Antonín 76, 77, 302, 303, 323

Ebert, Carl 45
Ehrlich, Max 225, 316, 393, 396
Eisinger, Irene 282
Eisler, Hanns 75, 107, 211
Elshout, van der 325
Emsellem, Sam 101
Engel, Joel 249
Engels, Friedrich 71, 74, 90
Erdmann, Eduard 37
Escher, Rudolf 373, 429
Eberdingen, Truus van 221

Fall, Leo 20
Falkenberg, Otto 229
Feer, Corneille de 193
Feith, Rhijnsvis 306f., 323, 324, 325, 326, 328, 332, 333, 334
Feldmann, Ruth 399, 406, 407, 411
Fernhout, Johnny (John Ferno) 221
Feuchtwanger, Lion 58
Feuermann, Emanuel 81
Fichte, Johann Gottlieb 98
Fischer, Edwin 35, 36
Flesch, Carl 48, 82, 101, 284, 302, 319, 369
Flipse, Eduard 302, 303, 330
Fonteyn, Margot 295

Franck, César 303
Frank, Anne 395, 420, 421, 422, 423, 425, 446
Frank, Edith 395, 420
Frank, Margot 395, 420, 421, 422, 423, 425, 446
Frank, Otto 395, 446
Freud, Sigmund 58
Freund, Erich 210, 211, 213, 214, 215
Fried, Oscar 40, 80
Frijda, Leo 363
Fuchs, Gerhard 52f., 55, 58, 63, 67, 83, 94, 249
Fuchs, Siegbert 53
Fuks, Leo 336, 345, 371
Fuld, Leo 161
Furtwängler, Wilhelm 39, 40, 42, 44, 67, 75, 81f., 282, 369

Gábor, Andor 75
Gans, M. H. 264
Gasteren, Louis van 234
Gelder, Jeanne van 234
Gelderen, J. van 297
Gemmeker, Albert Konrad 393, 396, 397, 398
Georgi, Yvonne 359
Gerritse, Jacob 143, 153
Gerritse, Marianne 143, 152–154
Gerron, Kurt 226
Gerson, Dora 225
Gert, Valesca 47
Gide, André 122
Giehse, Therese 225
Gieseking, Walter 37, 42, 284, 318
Gigli, Benjamino 45
Gilse, Ada van 221, 229, 236, 253, 330, 379, 429f.
Gilse, Jan van 221, 229, 236, 302, 330, 373, 415, 429f., 447
Gilse, Janric van 221, 229, 232, 233, 240, 244, 262, 300, 305, 307, 373
Gilse, Maarten van (Mik) 219,

220f., 228f., 321, 232, 233, 234, 288, 291, 314, 315f., 329, 337, 338, 340, 341, 342, 343, 357, 358, 359, 363, 416
Ginsberg, I. 102
Gladkow, Boris 218
Goebbels, Josef 80, 81, 108, 212, 282, 429
Goethe, Johann Wolfgang von 16, 24, 319
Goldberg, Simon (Szymon) 81
Goldstein, Chaja 226, 254f., 265, 293
Golestan, Stan 269
Göring, Hermann 80, 85
Görlich, Ottilie 188
Götz, Hermann 88
Goudoever, Henri van 113
Goudsmit, Sem 205
Goya, Francisco 132
Graaff, Franziska de 86, 103, 105, 107, 110, 112, 120, 128, 258, 297
Graaff, Fren de 85, 86, 121, 264, 297
Graaff, Jan de 298
Graaff, Willem A. de 86, 94, 103, 109, 110, 112, 121, 258, 297
Green, Lili 186, 188, 189, 191, 192, 193, 194, 195, 198, 199, 200, 201, 202, 204, 205, 207, 209, 212, 213, 214, 216, 218, 219, 220, 226, 229, 238, 249, 253, 265, 287, 314, 325, 328
Groenteman, Ap 399
Groot, Paul de 304, 305
Grosz, Georg 49
Güttler, Clara 106

Haeckel, Ernst 51
Hamé, Clairette 235, 236
Hamel, Meyer 172
Händel, Georg Friedrich 20, 98, 134, 319, 358
Händschke, Fritz 59f.

Hanedoes, Teet 359, 372
Hansen, Max 316
Hanslick, Eduard 96
Haselbach, Albrecht 13, 30, 70
Hauer, Joseph M. 260
Haydn, Joseph 19, 68, 69, 70, 71, 98, 269
Havemann, Gustav 82
Haverkamp, Jan 427
Hen, Kitty 252
Hegel, Friedrich 58, 74, 125
Heifetz, Jascha 192
Heine, Heinrich 53
Heines, Edmund 66, 91
Heinz, Dop 333
Helpmann, Robert 295
Hemelrijk, Jan 326, 344, 348, 350, 352, 387
Hemkowna, Anika 320
Hendriks, Joke 198
Herrmann, Liselotte 327
Herrmann, Max 58
Hesse, Hermann 63
Heijermans, Hermann 205
Hiltman, Alfred 320
Hindemith, Paul 42, 48, 60, 67, 77, 81, 83, 261, 269, 282, 285
Hollender, Pinchas 183
Hollitscher, Heinz 43, 45, 54, 58, 63, 67, 83, 91, 103, 107, 272
Hooft, Elsie 308, 320
Hornbostel, Erich 56, 83
Horowitz, Wladimir 37
Horváth, Ödön von 52
Huberman, Bronislaw 48, 284
Huckriede, Jan 340, 400
Huckriede, Jolle 308, 317, 323, 326, 340, 341, 429
Huiskens, Joop 321
Humperdinck, Engelbert 20, 21

Ibarruri, Dolores 327
Ibert, Jaques 46
IJsselstein, Ben van 267

IJzerman, Hans 117, 119, 262
Impekoven, Niddy 47
Ivens, Joris 221, 253
Ivogün, Maria 45

Jacobs, Dick 195, 196, 197, 198, 210, 213
Jaeger, Rita 396, 403
Jaeger, Willi 396, 403
Jager, Jan de 403, 404
Joachim, Heinrich 60, 78, 83, 87, 91, 98, 99, 100, 101, 102, 105
Jong, A. M. de 358
Jong, Dola de 215
Jong, Elli de 399, 406, 411, 412
Joos, Kurt 212, 213, 214f., 228, 238, 295
Juliard, Hennie 356f.
Juliard, Pam 356

Kaart, Johan 248
Kadt, Betty de 300, 328
Kadt, Herman de 300
Kahle, Kurt 222, 362, 363
Kalman, Heinz 216, 250
Kann, Jan 117, 118, 120, 121, 132, 242, 262, 266, 308, 322, 369
Kant, Imanuel 58, 89, 96
Kar, Jannie van 407
Kasander, Jan 269, 273
Kasicz, Tibor 236
Kastein, Gerrit 247, 286, 307, 349, 350, 358
Katan, Hans 363
Kautsky, Karl 406
Kautsky, Louise 406, 407
Kelk, Fanny 399
Keijzer, Heinz 120, 132
Kemp, Barbara 46
Kempff, Wilhelm 37
Kentner, Ludwig 37
Kerdijk, Condo 285
Kipnis, Alexander 44, 282
Kiepura, Jan 45

Kisch, Egon Erwin 249
Kleiber, Erich 46, 47, 80
Klemperer, Otto 41, 42, 80, 82
Knuttel, J. A. N. 86
Köhler, Wolfgang 57
Kolthoff, Isabelle 308
Kooistra, Ulco 209, 210
Kool, Jaap 47
Koomen, Bram 242
Koreman, Anton 363
Korper, Jeanette 175, 181, 192
Kots, Grietje 359, 360, 365, 366, 371, 400
Kowadlo, Bernhard 207
Kowalski, Max 292
Kramer, H. A. 427
Kramer-Petersen, Anna 427, 444
Krasselt, Rudolf 19
Kraus, Else C. 67
Krefeld, Simon van 356
Kreisler, Fritz 39
Krejn, Alexander 292, 360, 365
Krenek, Ernst 46
Kreutzer, Leonid 37, 76
Krieg, Hans 216, 225, 239, 249, 250
Kruyt, Herman 255
Kuchnia, Katharina 13, 59
Kulenkampff, Georg 318
Kullak, Theodor 35
Kwast, James 35

La Argentina 193
Lagerquist, Pär 230
Lages, W. P. F. 381, 383, 384, 417
Lamond, Frederick 37
Landowska, Wanda 48
Last, Jef 205
Lathouder, Wim de 117, 244, 262
Lathouder, Rosario de 262
Lauffs, Cläre 30
Lauffs, Else 30, 72
Lavater, Johann Kaspar 96
Lebret, Mimi 235
Leeuw, A. S. de 111, 112, 304

Le Febvre, Anneke 387, 400
Le Febvre, Johnny 387, 400
Lehár, Franz 20
Leibniz, Gottfried Wilhelm 95
Leichtentritt, Hugo 271
Leisner, Emmi 42
Leistikow, Gertrud 124
Lemnitz, Alfred 251
Lemaire, Trees 379, 387, 388
Lengyel, Elisabeth von 17–20
Lenin, Wladimir Iljitsch 71, 74, 90, 125
Lennep, Henriette von 189, 190, 192, 202
Lenz, Lydia 21, 22, 23, 29, 31, 32, 33, 34, 35, 37, 41, 42, 48, 49, 50, 52, 54, 55, 58, 61, 70, 76, 265
Leoneff, Peter 118, 123, 328
Liebenberg, Eva 42, 61
Lifar, Serge 47
Liszt, Franz 36, 52, 57, 59, 123
Loeb, Epi 117, 118, 121, 132, 137
Loggem, Debora van 185
Lowinsky, Eduard 270
Lukácz, Georg 75
Luns, Huib 207

Machula, Tibor de 196
Mahler, Gustav 40, 81
Malone, Richard 63f., 65, 71, 72, 87, 109
Mann, Erika 225
Mann, Heinrich 58
Mann, Thomas 58, 63
Marcello, Benedetto 427
Marescotti, A. F. 270, 277, 278
Marx, Karl 69, 90
May, Karl 31
Mayer-Mahr, Moritz 38, 76
Medema, Tine 191
Menagé Challa, Lies 234
Mendelssohn Bartholdy, Felix 18, 26, 58, 81, 360, 416, 427
Mengelberg, Willem 40, 111, 319

Mengele, Josef 413, 414
Menko, Miep 437, 446
Messchaert, Johan 276
Metz, Lex 117, 118, 120, 133, 242, 386, 387
Metz, Theun 117, 118, 386
Meyrink, Gustav 274
Michelangeli, Arturo Benedetti 278
Milhaud, Darius 46f., 285
Moes, Joop 317, 318, 322, 323, 386
Moholy-Nagy, Laszlo 221
Molenaar, Trijn 255, 263, 274, 275
Molotow, Wjatscheslaw M. 283
Mondrian, Piet 247, 263
Monet, Claude 119
Monod de Froideville, Edmée 123, 124, 125, 132
Montgomery, Bernard 433
Morova, Maja 209, 210
Moser, Hans-Joachim 56, 67
Mozart, Wolgang Amadeus 18, 19, 39, 40, 43, 50, 56, 62, 88, 106, 111, 118, 125, 132, 173, 261, 282, 366, 419
Muck, Karl 39
Mullens, Willy 145
Mühlrad, Ies 183, 201
Mühsam, Erich 75
Müller, Gottfried 145
Müller-Heß, Adelheid 412
Müller, Walter 60, 88, 101
Muriloff 223, 234, 235, 238, 240, 241
Mussert, Anton Adrian 354, 355
Mussorgski, Modest 37, 58, 138, 293

Nelson, Rudolf 226
Newman, Ernest 104
Ney, Elli 38, 318
Noljora, Beatrice 19
Novotna, Jarmila 282

Odnosopoff, Ricardo 101
Öhmann, Carl Martin 41
Oistrach, David 116

Onegin, Sigrid 44
Oorthuys, Cas 222, 233
Ossietzky, Carl von 116

Pachmann, Wladimir von 36
Pallenberg, Max 52
Palucca, Gret 47
Panzéra, Charles 284
Pattiera, Tino 44
Patzak, Julius 42
Paulsen, Dora 225
Peeters, Emil 19
Pergament, Moses 99
Peters, Bob 223, 227, 235, 236, 239, 241
Petersen, Julius 58
Petrelli, Maria 191
Petri, Egon 37
Pfitzner, Hans 46
Piatigorsky, Gregor 48
Picasso, Pablo 132, 238
Pijper, Willem 260, 303
Pinkhoff, Roosje 423
Piscator, Erwin 221
Plantenga, Els 269
Plantenga, I. H. 120, 269
Polak, Ben 105, 114, 116, 117, 118, 125, 136, 137, 308, 320 f., 392
Polak, Hans 392
Polak, Henri 169
Poulenc, Francis 116
Poons, Karel 359, 371, 372, 387
Poons, Sylvain 161
Pooters, Petrus 363
Pos, Edgar 129
Posno, Jacques 399
Pozniak, Bronislaw von 70
Preobrashenskaja, Olga 124, 238, 241, 243, 270, 276, 280, 287
Prokofjew, Sergej 37, 47, 49, 59, 70, 75, 116, 260, 365, 366, 416
Proosdij, Gien 402, 403

Quiel, Hildegard 21, 22, 23

Raalte, Albert van 331
Raalte, Maja van 263, 274, 430
Raalte, Theo van 183, 192
Rachmaninow, Sergej 38, 100, 252
Raden Mas Jodjana 191
Rappard, Ankie van 326, 350, 406, 440, 446
Ravel, Maurice 119, 198, 248, 256, 257, 260, 427, 441
Rasch, Hugo 84
Rauter, H. A. 339
Rebling, Christian Gottlob Wilhelm 29
Rebling, Dietrich 9, 11, 12, 16, 17, 18, 25, 32, 52, 54, 62, 65, 91
Rebling, Franz 28
Rebling, Gustav 29
Rebling, Johann Friedrich Theodosius 29
Rebling, Marie 27
Rebling, Martha 9, 10, 11, 12, 13, 14, 15, 16, 17, 18, 19, 20, 21, 22, 25, 26, 30, 32, 33, 52, 58, 61, 63, 66, 97, 104, 273, 323, 326
Rebling, Oskar 24, 25, 27, 28, 29, 30, 31, 59
Rebling, Werner 9, 11, 12, 15, 16, 17, 20, 26, 32, 33, 52, 62
Rebling, Wilhelm 9, 10, 11, 12, 13, 15, 16, 17, 18 f., 22, 23, 25, 26, 27, 28, 30, 33, 34, 48 f., 52, 53, 54, 56, 60, 61, 62, 63, 65 f., 72, 76 f., 88, 91, 97, 98, 102, 104, 273, 326, 329, 388
Reger, Max 41, 77
Reuters, Frits 378, 384
Rippentrop, Joachim von 283
Rimski-Korsakow 47
Röbling, Johannes A. 29
Roders, Jenny 198
Rodrigo, Florrie 175, 176, 181, 185, 186, 188, 189, 190, 205
Röntgen, Julius 302
Roosenburg (Architekt) 292, 314

Roosenburg, Theun 292, 314, 359
Rose, Hajo 222
Rosenberg, Alfred 76
Rosen, Willy 392, 396
Rosenheimer, Ida 308, 331, 368, 393
Rosenthal, Moritz 36, 37
Rößler, Richard 37, 62
Rost, Nico 112
Rouault, Georges 47
Ruyneman, Daniel 268

Sachs, Curt 56, 83, 130, 271
Sack, Erna 284
Saint-Saëns, Camille 279
Salomons, Marinus 282
Sandberg, Herbert 99
Sanders, Paul F. 111, 269
Santen, Joop van 386
Satie, Eric 119, 125
Sauer, Emil von 36, 37, 81
Sauguet, Henri 47
Scarlatti, Domenico 111, 125, 266
Schacht, Hjalmar 26
Schadl, Fritzi 225
Schaljapin, Fjodor 37
Schering, Arnold 55, 56, 57, 83f., 92, 93, 95, 96, 97
Schiff, Anita 262, 318
Schiller, Friedrich 57, 95
Schillings, Max von 44
Schnabel, Arthur 35, 36, 76
Schönberg, Arnold 40, 47, 67, 81, 260
Schönberg, Jacob 292
Schostakowitsch, Dmitri 336
Schreker, Franz 46
Schubert, Franz 18, 21, 37, 412
Schubert, Kurt 49
Schuitema 118, 119, 120
Schumann, Elisabeth 42
Schumann, Robert 31, 50, 58, 88, 98, 101, 123, 278, 325
Schünemann, Georg 56

Schuricht, Karl 281, 282, 302
Schütz, Heinrich 20
Schützendorf, Leo 46
Schweitzer, Albert 39
Schwimmer-Vigeveno, A. 288
Serkin, Rudolf 37
Seyß-Inquardt, A. 300, 304, 310, 319, 402
Shankar, Uday 56, 193
Sibbelee, Hans 341
Sijthoff, Kathinka 247, 263, 317, 318
Simon, James 270
Sinding, Christian 123
Sloot, Pieter van der 198
Sluyters, Jan 193
Sluyzer, Hans 282
Smijers, Albert 113f.
Smink, Catharina 427
Snel, Cor 373f.
Sorber, Jan 137, 243
Spaanderman, Jaap 224, 330, 331
Speyer, Elleke 351
Speyer, Herbert 348, 351, 353, 355
Spranger, Eduard 57, 95f.
Stabile, Mariano 46
Stalin, Josef W. 90, 291, 349
Steglich, Rudolf 103
Steinlen, Robert 245
Sterzenbach, Werner 401
Stiedry, Fritz 80
Stoppelman, Frouke 182, 183, 191, 194, 195, 201
Stotijn, Haakon 248, 250, 251, 255, 261, 263, 269, 270, 274, 277, 278, 279, 280, 281, 285, 291, 299, 308, 320, 330, 331, 343, 344, 352, 356, 381, 405, 415, 416, 417, 418, 426, 428, 429, 435, 437, 439, 440, 441, 442, 443, 444, 445, 446
Stotijn, Jaap 248, 250, 261, 269, 270, 279, 285, 302, 379, 427f.
Stotijn, Marion 426
Stotijn, Mieke 248, 270, 277, 278,

280, 281, 299, 308, 313, 317, 330, 352, 356, 369, 381, 393, 394, 396, 405, 417, 426, 437, 440, 443, 446
Stotijn, René 291, 299, 330, 426
Strauß, Johann 173
Strauß, Johannes 38
Strauss, Richard 20, 46, 80 f., 330
Strawinsky, Igor 41, 47, 67, 80, 81, 119, 260, 261
Strempel, Horst 233
Stuers, Julie de 261, 285, 326
Sutermeister, Heinrich 322
Swaap, Sam 296, 302
Swaine, Alexander von 61, 125 f., 129, 132
Szigeti, Joseph 48

Tauber, Richard 43 f.
Teebal, P. J. 427, 442
Teixeira de Mattos, Bram 356, 365, 377, 379, 380, 391, 398
Teixeira de Mattos, Dick 369
Teixeira de Mattos, Loes 356, 377, 399, 380, 391
Terpis, Max 47
Thälmann, Ernst 67, 70, 75, 76
Thibaud, Jacques 116
Thouars, Ellen du 212, 253
Tiemeyer, Hans 234
Tiessen, Heinz 67
Tietjen, Heinz 45
Tito, Josip Broz 231
Toch, Ernst 49, 59, 116, 269, 427
Tolstoi, Lew N. 58
Toscanini, Arturo 45 f., 80
Trefilowa, Vera 124, 132
Tretjakow, Sergej M. 218
Treumann, Otto 401
Trümpy, Berthe 47
Tschaikowski, Peter 37, 101, 196, 205, 301
Tscherepnin, Alexander 41
Tussenbroek, Harry van 191

Urlus, Jacques 40

Veen, Gerrit van der 383
Veen, Jopie van der 258, 308
Veen, Nico van der 258, 296, 308
Verdi, Guiseppe 45
Verkade, Eduard 191, 202, 203, 216
Verlaine, Paul 120
Verwer, Hans 201 f., 204 f., 206, 207, 208, 209, 210, 211, 217, 218, 219, 223, 229
Vierling, Oskar 268
Vies, Abraham van der 207
Vinvent, Jo 282, 319, 337
Vinci, Leonardo da 132
Visser, L. E. 310
Visser, Tilly 231, 241, 280, 298, 310
Vlugt, W. de 230, 300
Voet, Ruben 145, 146, 162 f., 164
Voormolen, Alexander 427
Voort, Riemke van der 252
Vorländer, Karl 57
Vos, Carry 423
Voskuil, Joop 222, 233, 282, 299
Vries, Jo de 277 f., 287, 292
Vries, Theun 121, 205
Vries, Tilly de 243
Vries, Wim de 192, 199

Waagenvoort, H. 113
Wagner, Richard 44, 57, 80, 274
Waislitz, Chajim 236 ff.
Walker, Margret 189, 190, 191, 219 f.
Wallburg, Otto 325
Wallerstein, Lothar 282
Walter, Bruno 40, 45, 80, 82
Walwis, Puck 356, 362, 371, 376, 377, 378, 391
Weber, Annemarie 26
Weber, Carl Maria von 57
Weber, Georg 14, 15
Weber, Leni 14 f., 17, 21, 26

Wechselmann, Erhard E. 275f., 287, 291, 293, 305
Weill, Kurt 67
Weinberg, Anneke 215
Weinert, Erich 75, 78
Werfel, Franz 45, 213
Werumeus Buning, J. W. F. 267
Wigman, Mary 47, 108, 124
Wijnkoop, David 121
Winter, Mientje de 287
Winterfeldt, Detlef von 10
Witjens, Willem 317
Wolf, Hans 117
Wolf, Hugo 325, 427
Wolf, Johannes 56
Wunderlich, Willi 70

Yao, Chin-hsin 62, 63, 76, 78, 83, 98, 106, 107

Zemlinsky, Alexander von 47, 80
Zetkin, Clara 75
Ziegler, Erich 396
Ziekenoppasser, Cleo 117, 118, 119, 122, 123, 125, 132, 133, 135, 136, 139, 239, 241, 242, 243, 244, 251, 253, 255, 286, 287
Ziekenoppasser, Leo 117, 118, 132, 239f., 241, 286, 287
Zola, Émile 58
Zweig, Stefan 81, 213

Bildnachweis

26 Vorlagen: Archiv der Autoren
1 Vorlage (5): Verlag der Kunst Dresden

Inhalt

Ein Wort zuvor 7

Eberhard – Berlin 1911 bis Den Haag 1938

Der erste Krieg 9
Klavierunterricht mit Schwierigkeiten 15
Großvater Rebling 24
Musik und Schule 34
Meine »kopernikanische Wende« 55
Die braune Flut 75
Unsere »Verbürgerlichung« 98
Als Emigrant im Gemeinschaftshaus 110
Reise nach Niederländisch-Ostindien 126
Auf den ersten Blick 132

Lin – Amsterdam 1912 bis Den Haag 1938

Die Schlacht auf dem Nieuw Markt 141
Geborgenheit in der Jodenhoek 153
Der Mohel sang 161
Mein Theaterdebüt 171
Erster Tanzunterricht 175
Das Geld im Steintopf 180
Fabrikarbeit und Blumen 187
Der Künstlername 198

Flucht aus dem Elternhaus 208
Keizersgracht 522 218
Der 14. Juli 1936 in Paris 230
Ein langer, schlaksiger blonder Kerl 238

Gemeinsames Glück und Elend, 1938 bis 1944

Merkwürdig schwermütige Melodien 245
Der feste Entschluß 251
Dialektik der Liebe 256
Unsere ersten Erfolge 261
Im Schatten von Hiobsbotschaften 268
Genf, ohne Beifall 274
Der zweite Krieg beginnt 281
Das künstlerische Ziel erreicht 287
In der Falle 295
Von jetzt ab gebrandmarkt 305
Mein Damoklesschwert 318
Ein Engelchen über mir 328
Mit Schnurrbart und Hut 333
Hunderttausende Judensterne aus Papier 338
Als Handelsreisender in Sachen jüdischer Kinder 346
Nächtliche Stille im »Hohen Nest« 355
Siege im Osten und die zweite Front 365

Verhaftung, Trennung, Befreiung, 1944 bis 1945

Haussuchung und Gefängnis 375
Der 14. Juli 1944 383
KZ Westerbork 389
Hungerwinter in Amsterdam 400
Auschwitz 405
Bei Haakon und Mieke 415
Bergen-Belsen 419
Illegale Hauskonzerte 426

»Und dieses ist das Glücke...« 433
Personenverzeichnis 449
Bildnachweis 459

ISBN-3-371-00010-9

2. Auflage 1988
Lizenznummer: 48–48/27/88
LSV 7003
Lektor: Günter Grimm
Gesamtgestaltung: Helmut Mahnke
Schutzumschlaggestaltung unter Verwendung eines Fotos aus dem Bildteil
Printed in the German Democratic Republic
Druck und Bindearbeit: Druckhaus Aufwärts, Leipzig
III/18/20–104/88
Bestellnummer: 695 603 2
01750